O suicídio
no Ocidente e no Oriente

Dados Internacionais de Catalogação na Publicação (CIP)
(Câmara Brasileira do Livro, SP, Brasil)

Barbagli, Marzio
  O suicídio no Ocidente e no Oriente / Marzio Barbagli ; tradução de Federico Carotti. – Petrópolis, RJ : Vozes, 2019.

  Título original: Congedarsi dal mondo : Il suicídio in Occidente e in Oriente
  Bibliografia.
  ISBN 978-85-326-6061-9

  1. Suicídio – Aspectos sociológicos 2. Suicídio – História I. Título.

19-23788   CDD-362.2809

Índices para catálogo sistemático:
  1. Suicídio : Ocidente e Oriente Médio : Problemas sociais : História   362.2809

Cibele Maria Dias – Bibliotecária – CRB-8/9427

MARZIO BARBAGLI

O suicídio
no Ocidente e no Oriente

Tradução de Federico Carotti

EDITORA VOZES

Petrópolis

© 2009 by Società editrice il Mulino, Bolonha.

Título do original em italiano: *Congedarsi dal mondo – Il suicidio in Occidente e in Oriente*

Direitos de publicação em língua portuguesa – Brasil:
2019, Editora Vozes Ltda.
Rua Frei Luís, 100
25689-900 Petrópolis, RJ
www.vozes.com.br
Brasil

Todos os direitos reservados. Nenhuma parte desta obra poderá ser reproduzida ou transmitida por qualquer forma e/ou quaisquer meios (eletrônico ou mecânico, incluindo fotocópia e gravação) ou arquivada em qualquer sistema ou banco de dados sem permissão escrita da editora.

CONSELHO EDITORIAL

Diretor
Gilberto Gonçalves Garcia

Editores
Aline dos Santos Carneiro
Edrian Josué Pasini
Marilac Loraine Oleniki
Welder Lancieri Marchini

Conselheiros
Francisco Morás
Ludovico Garmus
Teobaldo Heidemann
Volney J. Berkenbrock

Secretário executivo
João Batista Kreuch

Editoração: Leonardo A.R.T. dos Santos
Diagramação: Mania de criar
Revisão gráfica: Nilton Braz da Rocha / Nivaldo S. Menezes
Capa: Felipe Souza | Aspectos
Ilustração de capa: O suicida, Édouard Manet (cerca de 1877/1881)

ISBN 978-85-326-6061-9 (Brasil)
ISBN 978-88-15-13787-6 (Itália)

Editado conforme o novo acordo ortográfico.

Este livro foi composto e impresso pela Editora Vozes Ltda.

Sumário

Introdução, 7

I – No Ocidente, 29

1 O pecado e o delito mais grave, 31

2 A chave da nossa prisão, 101

3 Matar a Deus, a si mesmo e aos outros, 148

4 Se a miséria não protege, 178

II – No Oriente, 259

5 Antes de enviuvar, 261

6 Para fazer tremer os poderosos, 302

7 O corpo como bomba, 363

Conclusões, 407

Apêndice – As estatísticas sobre o suicídio, 433

Notas, 443

Referências, 477

Índice analítico, 531

Índice geral, 545

Introdução

Pelo menos até agora, nunca me passou pela cabeça me matar. Mas, ao longo da minha vida, despediram-se do mundo cinco pessoas que conheci razoavelmente bem: um colega de escola, dois colegas de trabalho, a esposa de um caro amigo meu e uma parente distante. Totalmente inesperados, esses cinco eventos me causaram enorme espanto e grande perturbação. Ainda me lembro bem que, muitos anos atrás, passando férias na Toscana, quando vim a saber por telefone que a esposa de um meu amigo tirara a vida, fiquei algumas horas imóvel, sentado numa poltrona, pensando naquela mulher e na sua vida e me indagando sobre os motivos da sua decisão.

O que me levou a estudar a morte voluntária, porém, foram outras surpresas menos penosas, experimentadas na minha atividade de docência e de pesquisa. Nos cursos que ministrava, muitas vezes falava aos estudantes sobre a teoria sobre o suicídio mais importante de que dispomos, aquela que foi proposta em 1897 pelo estudioso francês Émile Durkheim, um dos pais fundadores da sociologia, e geralmente despertava grande interesse. Sempre lhes dizia que essa teoria não nos ajuda a entender por que os meus dois colegas se mataram e eu, pelo meu lado, nunca sequer pensei em fazê-lo, mas que ela é de grande utilidade para explicar as variações nos índices de suicídio no tempo e no espaço, as diferenças entre períodos históricos, países, grupos sociais. Aos poucos, porém, percebi que essa teoria era cada vez mais inadequada, porque havia em muitos países novas e inesperadas tendências em curso que ela não era capaz de explicar. Assim, comecei (em 2001) a fazer pesquisas sobre esse tema, seguindo pistas e utilizando fontes muito diferentes, mas escolhendo desde o início uma abordagem histórico-comparada. Apresento neste livro os principais resultados a que cheguei.

1 Integração e regulamentação social

A teoria de Durkheim remete todas as variações na frequência das mortes voluntárias a apenas duas grandes causas: a integração e a regulamentação social. A integração consiste na quantidade e na força dos vínculos que unem um indivíduo aos vários grupos. A taxa de suicídio é baixa quando essa integração é equilibrada, ao passo que aumenta quando ela é escassa ou quando é excessiva. No primeiro caso, tem-se o suicídio "egoísta", típico da sociedade moderna: "o indivíduo se isola porque os vínculos que o uniam aos outros seres são afrouxados ou rompidos, porque a sociedade nos seus pontos de contato não se revela suficientemente integrada"[1]. O afrouxamento desses vínculos provoca um enfraquecimento da "ligação que une o homem à própria vida"[2], e ele corre o risco de ceder ao mínimo choque das circunstâncias e se matar. Quando, inversamente, a integração é excessiva, tem-se o suicídio "altruísta". Este normalmente ocorre nas "sociedades inferiores", nos "povos primitivos", nos quais há "uma estrita subordinação do indivíduo ao grupo"[3], e "o eu não pertence a si, mas se confunde com algo diferente de si e o polo da conduta se encontra do lado de fora, isto é, num grupo do qual o indivíduo faz parte"[4]. Nesses povos, "se o homem se mata, não é porque toma esse direito, mas, muito diversamente, porque tem esse dever"[5].

A segunda causa consiste na regulamentação social. "A nossa sensibilidade", observa Durkheim, "é um abismo sem fim que nada pode preencher". Os nossos desejos são "ilimitados" e "por definição insaciáveis". Contudo, em toda sociedade, são as normas que colocam um freio na nossa "sede insaciável"[6]. São precisamente as normas que definem os direitos e deveres dos ocupantes das diversas posições sociais e estabelecem as recompensas que cabem a essas pessoas. Se uma sociedade regula de maneira demasiado insuficiente, tem-se o suicídio "anômico", ele também típico da sociedade moderna. Quando ocorre uma rápida mudança, quando se tem um período de crise ou de forte expansão econômica, as normas se enfraquecem e então "não se sabe mais o que é e o que não é possível, o que é correto e o que não é correto, quais são as reivindicações e as esperanças legítimas, quais são as exageradas. E assim não há nada a que não se aspire"[7]. A falta de regulamentação causa sofrimento nos homens e leva ao aumento do número de suicídios anômicos. Se uma sociedade regula em demasia, tem-se o suicídio "fatalista": aquele cometido pelas pessoas "que têm o futuro completamente fechado, com paixões violentamente reprimidas por uma disciplina opressiva": por exemplo, os casais muito jovens, as mulheres casadas sem filhos, os escravos[8]. Durkheim, porém, considerava esse quarto tipo "pouco importante" e lhe dedicou apenas poucas linhas numa nota do seu livro.

2 Conceitos e dados

Quase totalmente ignorado por meio século após a sua publicação[9], o livro de Durkheim afirmou-se definitivamente entre os sociólogos a partir dos anos de 1950. Desde então, todos os que o leram foram conquistados pela sua agradável prosa, pelas suas rigorosas argumentações, pela sua inigualável capacidade de explicar os fatos, ficando com a impressão de estarem diante de um marco da literatura científica. Apesar disso, são inúmeras as críticas ao livro de Durkheim. Não podendo repassar aqui todas elas[10], relembrarei as duas mais importantes.

A primeira se refere aos conceitos do sociólogo francês, que, segundo muitos estudiosos, não são definidos e usados com clareza e rigor suficientes e às vezes se sobrepõem. Alguns, por exemplo, afirmam que não há nenhuma diferença significativa entre elas. Para Durkheim, são as duas grandes causas da morte voluntária, a integração e a regulamentação social e, portanto, não há qualquer motivo para distinguir entre suicídio egoísta e suicídio anômico[11]. Mas mesmo os que consideram que há uma diferença entre esses dois conceitos divergem sobre ela[12]. Todos, porém, concordam em dizer que o conceito de integração não é definido com clareza e é empregado para designar coisas muito diferentes[13].

A segunda crítica se refere aos dados usados por Durkheim: as estatísticas oficiais. Alguns estudiosos sustentam que elas subestimam o número real dos suicídios e que essa subestimação é seletiva, isto é, varia no espaço e no tempo, porque depende da eficiência dos mecanismos de registro e da atitude da população frente a esses eventos. Portanto, segundo esses estudiosos, se a taxa de suicídios aumenta de uma década para outra, é somente porque os mecanismos de registro se tornaram mais eficientes, e não porque o grau de integração social tenha diminuído. Se essa taxa é menor num país do que em outro, é porque no primeiro os suicídios são menos aceitos e é maior a tendência de ocultá-los, e não por alguma outra diferença de natureza social ou cultural[14].

Essas críticas têm algum fundamento. É verdade que os conceitos propostos por Durkheim nem sempre são definidos e empregados com rigor. Também é verdade que as estatísticas sobre os suicídios nascem de um processo complexo e, às vezes, as variações das taxas dependem de mudanças ocorridas no sistema de registro[15]. Mas nenhuma dessas críticas é realmente conclusiva. Integração e regulamentação social indicam fenômenos provavelmente ligados, mas podem se manter analiticamente distintas e, como veremos, ainda nos ajudam muito a entender o que aconteceu na Europa também no último século. Quanto às estatísticas oficiais, os debates teóricos e as pesquisas empíricas chegaram à conclusão de que elas subestimam de certa forma o número real dos suicídios, mas que essa subestimação não é seletiva. De fato, ela depende em larga medida de motivos técnicos (a dificuldade de identificar a causa de algumas mortes) e muito pouco do juízo moral da população e dos funcionários dos mecanismos de registro[16]. As estatísticas, portanto, podem (e devem) ser usadas, quando se tem a sorte de encontrá-las, com a cautela exigida por todo e qualquer dado ou documento.

3 Duas mudanças imprevistas

Com base na teoria de Durkheim, era possível prever duas grandes tendências de fundo no futuro. Em primeiro lugar, o desaparecimento do suicídio altruísta, típico dos "povos primitivos", conforme se reduzia a subordinação do indivíduo ao grupo. No final do século XIX ainda restavam leves traços seus no exército, mas esses também foram desaparecendo nas décadas seguintes.

Em segundo lugar, o incessante crescimento dos suicídios egoísta e anômico, produzido pelo desenvolvimento das sociedades industriais, com a alternância de fases de expansão e crise na economia, e pela diminuição da integração e da regulamentação social.

No entanto, nas quatro décadas finais do século XX, houve duas tendências exatamente contrárias. De súbito, os suicídios altruístas adquiriram uma relevância extraordinária. O seu número cresceu com grande rapidez e a sua difusão territorial se ampliou enormemente, mas não só. Em muitos países do mundo, eles tiveram consequências políticas e sociais jamais vistas antes. Ao mesmo tempo, a frequência dos suicídios (egoístas e anômicos) na Europa Ocidental diminuiu progressivamente.

Para os suicídios altruístas, a guinada começou em Saigon em 11 de junho de 1963, quando um monge budista ateou fogo a si mesmo e morreu entre as chamas para protestar contra o governo do seu país. Desde então, o seu gesto foi repetido centenas de vezes na Índia, no Vietnã, na Coreia, mas também nos Estados Unidos ou na Tchecoslováquia, onde, em 16 de janeiro de 1969, o estudante universitário Jan Palach se matou ateando fogo a si mesmo, para se opor à ocupação soviética do seu país[17]. Outra forma de suicídio altruísta se afirmou a partir de 23 de outubro de 1983, dia em que, em Beirute, um militante do Hezbollah sacrificou a sua vida lançando-se a toda velocidade, com um caminhão carregado de bombas, contra um edifício do quartel-general dos Marines, matando um grande número deles. Desde então, as missões suicidas (assim se chamam esses atos hoje em dia) têm sido realizadas com frequência cada vez maior, em muitos países do mundo, por homens e mulheres de diversos credos religiosos, que renunciam à vida para atingir os inimigos do seu povo.

A redução da taxa de suicídio, inversamente, começou em 1964 na Grã-Bretanha e durou dez anos. Foi retomada em meados dos anos de 1980 na Dinamarca e, após breve prazo, também na Alemanha, Suécia, Áustria, Suíça, França e em muitas outras zonas da Europa Ocidental. Como veremos, essa mudança partiu das classes mais elevadas dos grandes centros metropolitanos e das regiões mais ricas e desenvolvidas e agora está se difundindo entre o restante da população.

Esses dois grandes e inesperados processos de sinal contrário, junto com muitos dados apresentados nas páginas a seguir, demonstram a inadequação da teoria que dominou inconteste nas ciências sociais por mais de um século e que ainda hoje continua a ser a estrela-guia para quem se aprofunda nesse difícil campo de pesquisa. Não é possível relacionar a crescente importância dos suicídios altruístas em grande parte do mundo, nem o rápido declínio dos suicídios egoístas e anômicos na Europa Ocidental, com variações da integração e da regulamentação social. A documentação reunida para este livro prova que os suicídios altruístas não se verificam apenas quando há um excesso de integração, quando há um estado de absoluta subordinação do indivíduo ao seu grupo. Certamente não é por essa razão que, nos últimos quarenta anos, milhares de pessoas (frequentemente com um alto nível de instrução, uma mentalidade cosmopolita, o conhecimento de diversas línguas, uma grande familiaridade com o mundo imaterial da rede) imolaram-se por uma causa coletiva, para ajudar o seu próprio povo e combater os seus inimigos. Mas, como veremos, nem mesmo as viúvas e as "solteiras fiéis" nos séculos XVII e XVIII que, na China, se matavam por motivos altruístas, depois da morte do marido ou do noivo, eram mulheres passivas, submissas às exigências superiores da sociedade do seu tempo. Por outro lado, não há de passar pela cabeça de ninguém a hipótese de que a diminuição na Europa Ocidental do número de pessoas que tiram a própria vida, nas últimas décadas do século XX, deve-se ao aumento do grau de integração. Se esse número diminuiu nesse período, certamente não foi porque houve um fortalecimento cada vez maior dos vínculos que unem os indivíduos à família, aos parentes, à paróquia, às associações voluntárias, aos sindicatos e aos partidos políticos.

Uma teoria do suicídio que queira explicar as novas tendências que há quarenta anos estão em curso em muitos países, bem como os numerosíssimos dados e fatos revelados pelas pesquisas de historiadores, antropólogos, sociólogos, cientistas políticos, psicólogos e neurobiólogos, não pode se limitar a considerar apenas duas causas – a integração e a regulamentação social –, nem continuar a empregar uma classificação dos tipos de suicídio baseada apenas nessas duas únicas causas.

4 Tipologias dos suicídios

A exigência de encontrar ordem na infinita variedade das formas de suicídio, de distingui-las e classificá-las com base nas semelhanças e diferenças, antecedeu a pesquisa científica moderna em muitos séculos. As primeiras tipologias foram propostas pelos especialistas na análise das normas e suas transgressões, a saber, os teólogos e os juristas. Como veremos, foi justamente um eminente jurista, o inglês Henry de Bracton, que no século XIII classificou as pessoas que tiravam a própria vida em três tipos: os suspeitos de crimes, os deprimidos e os loucos e imbecis. E foi um ardoroso fiel anglicano, John Sym, quem apresentou em 1637, no primeiro tratado inteiramente dedicado à questão da morte voluntária, uma articuladíssima tipologia.

Várias outras classificações foram propostas por antropólogos, psicólogos, sociólogos e demógrafos. Todavia, a única que se afirmou, que foi retomada e utilizada infinitas vezes, é a de Durkheim que, como vimos, prevê quatro tipos de suicídio: altruísta, egoísta, fatalista e anômico. É uma tipologia completamente diferente de todas as outras, formulada, como reconhece o próprio estudioso francês, "invertendo a ordem da pesquisa"[18]. Todas as outras, de fato, sempre fazem referência às intenções dos que tiram a própria vida e apontam semelhanças e diferenças entre elas. A de Durkheim, por seu lado, é uma classificação "etiológica" das "causas geradoras" dos suicídios. Assim, por exemplo, quando o eminente alienista londrino George Henry Savage propôs pela primeira vez, em 1892, uma diferenciação entre suicídios egoístas e altruístas, tinha em mente apenas os propósitos dos indivíduos[19]. No entanto, quando o sociólogo francês, cinco anos depois, retomou esses dois tipos[20] e acrescentou mais dois, foi invocando apenas as grandes causas sociais que citamos (excesso ou falta de integração ou de regulamentação).

Como se observou em outros lugares[21], uma classificação "etiológica" seria sustentável apenas se as causas identificadas fossem as únicas existentes. Caso contrário, ela se torna "restritiva e desviante"[22]. E dado que, como veremos, a integração e a regulamentação social não são as únicas nem as mais importantes causas da variação no espaço e no tempo das taxas de suicídio, a tipologia proposta pelo grande sociólogo francês não é mais de grande utilidade[23].

Nas páginas a seguir, utilizarei uma tipologia diferente, baseada nos propósitos dos indivíduos e no significado que eles atribuem ao seu gesto[24]. Esperando que ela fique clara ao final deste livro, limito-me aqui a dizer que essa tipologia prevê quatro tipos diferentes de suicídio, levando em consideração duas dimensões desses propósitos: as pessoas *pelas* quais e *contra* as quais se tira a vida. Os primeiros dois tipos se referem às pessoas pelas quais se realiza esse gesto. Eles conservam o nome de "egoísta" e "altruísta" e correspondem aos propostos não por Durkheim, mas por George Henry Savage, isto é, referem-se somente às intenções dos indivíduos e não às causas (sociais) que os geram: pode-se despedir do mundo *somente* por si mesmo ou *também* pelos outros.

Os outros dois tipos se referem à segunda dimensão, as pessoas contra as quais se tira a própria vida, por exemplo, por vingança. Os estudiosos costumam desconsiderar as ações realizadas com essas intenções[25], provavelmente porque sempre foram estranhas ao repertório cultural da Europa cristã e pareciam peculiares e incompreensíveis. Mas, pelo menos desde 1602, ano em que o jesuíta Matteo Ricci relatou que, na China, os homens e em especial as mulheres se matavam "para fazer mal a outros"[26], os missionários, os mercadores e os exploradores europeus encontraram esse costume em muitas populações da Ásia, da África e das duas Américas. Além disso, como veremos, também existia na Europa pré-cristã.

No último século, essa forma de morte voluntária despertou o interesse de alguns pesquisadores de diversas áreas: de etnólogos e historiadores do direito e das instituições no final do século XIX[27], de antropólogos e de historiadores da Ásia em data mais recente[28]. As missões suicidas praticadas nos últimos vinte e cinco anos, além de confirmar a importância dessa forma de morte voluntária, levam-nos a distinguir dois tipos diferentes. De um lado, há os que se matam "para fazer mal aos outros" por motivos pessoais, individuais, como as mulheres e os homens chineses encontrados por Matteo Ricci, ou de algumas castas indianas ou, ainda, os pertencentes a muitas tribos estudadas pelos antropólogos. Por outro lado, porém, há os que agem assim por uma causa coletiva (política ou religiosa), considerada nobre, como os *kamikazes*. Chamarei o primeiro suicídio de "agressivo", o segundo de "arma de luta".

5 Uma pluralidade de causas

Dois fatores cruciais, de natureza bem diferente, influenciaram a formação da teoria durkheimiana: o temor de que a sociedade dos países europeus se desagregasse e o desejo de que a sociologia obtivesse o pleno reconhecimento do mundo acadêmico[29]. O primeiro levou a considerar o suicídio como um sintoma de patologia social; o segundo, a explicá-lo somente com (algumas) categorias sociológicas e a ignorar a contribuição das outras ciências humanas[30]. São duas limitações sérias de abordagem, que é preciso superar. O que procurarei demonstrar nos três primeiros capítulos deste livro, analisando as mudanças ocorridas nos últimos quatro séculos nos países ocidentais, é que o aumento no número de mortes voluntárias que ocorreu até o início do século XX não se deve apenas nem principalmente a processos de desagregação social. Por outro lado, faz-se cada vez mais evidente que não é possível chegar a uma explicação exaustiva das razões pelas quais se tira a própria vida sem levar em conta os resultados das pesquisas realizadas pelos historiadores e pelos antropólogos, pelos psicólogos e pelos cientistas políticos[31]. Talvez ainda mais do que outras ações humanas, o suicídio depende de um grande número de causas, psicossociais, culturais, políticas e também biológicas, e deve ser analisado a partir de pontos de vista muito diferentes[32].

A teoria durkheimiana utiliza somente algumas categorias sociológicas, as estruturais, enquanto negligencia as culturais[33]. Assim, considera o suicídio egoísta como produto de uma única causa estrutural: a falta de integração. Explica o anômico pela ausência dessas normas, não pelo seu conteúdo. Por outro lado, relaciona o altruísta não só a uma causa principal (o excesso de subordinação), mas também a uma secundária: a presença de normas[34]. Mas, nesse caso, vê os indivíduos como seres passivos, em total dependência dessas normas: ideia hoje dificilmente aceitável.

Como já disse, algumas variações da taxa de suicídio ocorridas no último século, tanto nos países ocidentais quanto nos orientais, assim como as diferenças que se registram para essa taxa entre certos grupos sociais, podem ser explicadas com as duas variáveis durkheimianas, o grau de integração e o de regulamentação. Contudo, a tese que sustentarei em todo este livro é que os fatores que mais influíram sobre a frequência dos diversos tipos de suicídio são culturais, isto é, são patrimônio de esquemas cognitivos e sistemas de classificação, de crenças e normas, de significados e símbolos de que dispõem os homens e as mulheres[35].

Esse patrimônio varia no espaço e no tempo. Não só entre os grupos sociais, mas também entre países e períodos históricos, há diferenças nos repertórios culturais que definem e limitam a gama de escolhas possíveis dos indivíduos em relação ao suicídio. Os aspectos mais relevantes desses repertórios me parecem ser quatro: as intenções de quem tira a própria vida, o modo como o faz, o significado que a pessoa e os outros atribuem ao seu gesto, os ritos que são celebrados antes e depois da sua execução.

Em relação às intenções, enquanto o suicídio egoísta é previsto por todos os repertórios (mesmo sendo julgado de modo muito diferente), os outros três tipos (altruísta, agressivo e arma de luta) são contemplados somente por alguns deles. Algumas culturas, ademais, consideram certas formas de morte voluntária mais nobres do que outras e as reservam (ou, pelo menos, consideram-nas mais adequadas) para determinadas pessoas definidas com base na idade, no gênero, no estado civil e na classe ou casta a que pertencem.

Quanto ao modo, cabe distinguir entre os meios e a cena. O número de maneiras para tirar a própria vida é ilimitado. "Para qualquer lado que dirijas o olhar", dizia Sêneca, "vês o fim dos males. Vês aquele precipício? Dali se desce em direção à liberdade. Vês o mar, aquele rio, aquele poço? Lá no fundo se encontra a liberdade. Vês aquela árvore mirrada, ressequida, estéril? Dali pende a tua liberdade. Vês a tua garganta, o teu pescoço, o teu coração? São rotas de fuga da servidão"[36]. Mas cada país, cada período histórico e cada grupo social têm as suas preferências. Quanto à cena, em certas culturas o suicídio é um ato privado, realizado na solidão e em segredo, enquanto em outras também pode acontecer em público, na presença de dezenas ou centenas de testemunhas.

Os significados atribuídos ao ato podem se referir tanto às causas quanto aos efeitos. Conforme as culturas, a morte voluntária é explicada relacionando-a a fatores sobrenaturais ou naturais, a um evento dramático e ao estado de espírito de quem tirou a sua vida ou às ações de outrem que o levaram a essa ação. Quanto às consequências, o suicídio, em alguns lugares e períodos históricos, é considerado como fonte de desgraças e desventuras; em outros, como um evento afortunado, capaz de conferir poderes extraordinários ao seu autor; em outros ainda, como um fato não muito diferente da morte natural.

Algumas culturas preveem ritos antes da realização do ato, que podem envolver em medidas variadas os familiares, os parentes e os conhecidos de quem quer tirar a vida e, às vezes, incluem as pessoas com maior autoridade da comunidade à qual se pertence. Com mais frequência, porém, os ritos são celebrados após o ato e variam muito conforme as culturas. Em algumas, o corpo de quem tirou sua vida é tratado com deliberada brutalidade e submetido a um processo de desumanização; em outras, porém, é celebrado e glorificado por centenas ou milhares de pessoas; em outras ainda, é enterrado às escondidas, em silêncio, por poucos familiares, durante a noite.

Uma das maneiras como a cultura pode influenciar a decisão de um indivíduo de tirar a própria vida, em presença de várias outras condições, passa pelas emoções que ele sente. A tristeza, a raiva, o medo, a vergonha, o desgosto e a alegria são sentimentos universais, que todos os seres humanos sentem, em todas as sociedades e períodos históricos. A cultura, porém, condiciona tanto a expressão quanto a produção de emoções. Quanto à expressão, há normas sociais que indicam quem, em que ocasiões e com quem pode mostrar uma emoção (p. ex., nos concursos de beleza, somente a vencedora pode chorar, enquanto as perdedoras devem sorrir)[37]. Quanto à produção, a influência da cultura pode se exercer, uma vez mais, por meio das normas sociais que nos dizem o que se deve e o que não se deve sentir em determinadas situações. Mas o mais frequente é que ela passe por um mecanismo mais simples e sutil. A emoção nasce de um processo cognitivo e valorativo. O que nos desperta tristeza ou alegria não é só uma situação ou um evento, mas o significado e o valor que lhe atribuímos. Diante do mesmo fato, duas pessoas pertencentes a culturas diferentes e com finalidades, interesses e desejos diferentes sentem emoções diferentes (o aparecimento de uma víbora suscita medo nas pessoas comuns, mas satisfação e alegria entre os herpetólogos)[38].

Os fatores políticos também têm grande importância. As relações de força, as interações e os conflitos entre os que dão ordens e os que devem cumpri-las, o poder de ação e o poder de ameaça influem em muitas ocasiões na formação dos repertórios dos modos de viver e de morrer. Era frequente que se condenasse o suicídio nos países e nos períodos históricos em que a vida dos homens e das mulheres pertencia a um senhor. Por outro lado, tirava-se a própria vida não só pelos outros, mas também contra eles. Como veremos, isso ocorria algumas vezes nos conflitos pessoais, para fazer desaforo a uma pessoa, para puni-la, para vingar-se dela. Mas, às vezes, isso ocorria e ocorre por causas coletivas, contra um grupo e a favor de outro, do qual se faz parte ou com o qual a pessoa se identifica. Suicídios desse tipo nascem principalmente de situações políticas particulares, muitas vezes caracterizadas por uma diferença de religião entre as duas partes em luta e sempre por uma forte assimetria nas relações de força existentes entre elas, e são usados pelos mais fracos para tentar compensar a desvantagem em que se encontram.

No início, esses tipos de suicídio são uma verdadeira inovação, proposta por um pequeno grupo de pioneiros. Geralmente vem acompanhada por uma ideologia, que legitima o seu uso em determinadas condições, fornece algumas chaves de leitura, as quais permitem interpretar a realidade social, explicar as atribulações do seu próprio povo, as injustiças e as prepotências que sofre, identificar os responsáveis, e propõe um programa de ação. Mesmo sendo parcialmente nova, essa ideologia inspira-se no repertório cultural do país em que é proposta.

Quando mostram que conseguem alcançar, pelo menos em parte, os fins desejados, essas inovações se afirmam, são retomadas com frequência sempre maior e, no final, vêm a enriquecer a gama dos modos de agir e morrer previstos pela tradição. Às vezes, aliás, elas se revelaram tão eficazes que foram adotadas também por povos ou grupos com culturas diferentes. O exemplo mais recente de mortes voluntárias assim nascidas e usadas como arma de luta é o das missões suicidas. Mas houve muitos outros nos últimos dois séculos.

Os fatores explicativos até agora lembrados (culturais e políticos, além da integração e da regulamentação social) servem-nos para explicar as diferenças dos diversos tipos de suicídio entre períodos históricos, países e grupos sociais, mas pouco explicam as diferenças entre indivíduos residentes no mesmo país ou pertencentes ao mesmo grupo social. Para esse fim, são muito mais úteis os fatores psicológicos e psiquiátricos, até agora negligenciados pelos estudiosos de ciências sociais[39].

Numerosíssimas pesquisas mostram que pelo menos 98% dos que se matam sofrem de distúrbios mentais[40]. Evidentemente, isso não significa que todas ou sequer a maioria das pessoas com tais distúrbios se matem. Pesquisas rigorosas, por exemplo, mostram que os esquizofrênicos que se suicidam no decurso da vida são 4,9%[41]. Por outro lado, isso significa que o portador de distúrbios desse tipo corre um risco muito maior de se suicidar do que o restante da população.

Todavia, há diferenças importantes em função dessas doenças[42]. A síndrome obsessivo-compulsiva, caracterizada por pensamentos persistentes e invasivos e por comportamentos repetitivos (p. ex., lavar as mãos em intervalos regulares durante o dia, acender e apagar as luzes muitas vezes antes de sair de um quarto) é um dos poucos distúrbios mentais que não comportam um aumento do risco de suicídio. Todavia, os que sofrem do distúrbio *borderline* de personalidade e de esquizofrenia se matam sete ou oito vezes mais do que o resto da população. O primeiro, caracterizado por uma acentuada incapacidade de controlar as emoções e por instabilidade referente à própria identidade, manifesta-se em súbitas quedas da autoestima e do humor. O segundo abrange uma classe de distúrbios na forma e no conteúdo de pensamento (p. ex., velocidade associativa maior ou menor do que a média, delírios), da afetividade (p. ex., passagens súbitas da alegria para a raiva), da percepção, dos instintos e da ação.

Os que sofrem de depressão maior e de distúrbio bipolar correm um risco ainda mais elevado de tirar a própria vida (de quinze a vinte vezes maior do que o restante da população). A primeira é caracterizada por um estado patológico de melancolia, que perdura por muito tempo, pela falta de interesse e de desejos em relação à vida e ao mundo, pela tendência em considerar essa condição inevitável, por um intenso sofrimento mental. O segundo é marcado pela alternância de episódios maníacos (ou eufóricos) e depressivos. Fala-se de distúrbio bipolar I quando esses episódios são de gravidade análoga, e de distúrbio bipolar II quando os segundos são mais graves do que os primeiros.

Alguns traços de personalidade podem aumentar o risco de suicídio. A decisão de tirar a própria vida é, às vezes, fruto de um longo processo de planejamento, que pode se prolongar por semanas ou meses. Mas, às vezes, acontece de repente, poucas horas ou até uma hora antes do ato. Isso nos ajuda a entender por que, segundo os resultados de muitas pesquisas, aumentam as probabilidades de uma decisão dessas quando a pessoa é impulsiva[43], isto é, se tem "tendência a reações rápidas e não programadas a estímulos internos e externos, sem consideração pelas consequências negativas que essas ações podem ter para si mesma ou para os outros[44].

As relações entre variáveis psicológicas e psiquiátricas, de um lado, e as culturais, políticas e sociais, de outro, no que concerne ao suicídio, são complexas e não suficientemente estudadas, mas sem dúvida são numerosas e de grande relevância.

Em primeiro lugar, o significado que se atribui aos sintomas de alguns distúrbios (mentais e físicos) que, em presença de outras condições, podem levar uma pessoa a tirar a sua vida, varia conforme a cultura. Tomemos o caso de Virginia Woolf, a escritora inglesa que, antes de se afogar no Rio Ouse, em 28 de março de 1941, tentara se matar outras duas vezes: em 1905, depois da morte do pai, jogando-se pela janela, e em 1913, durante outra crise, tomando uma dose excessiva de Veronal. Sofria de distúrbio bipolar e passava de fases maníacas a fases depressivas. Durante as primeiras, sentia-se arrebatada, tornava-se eufórica, falava incessantemente e sofria de alucinações visuais e auditivas. Assim, por exemplo, durante um desses ataques, ouvira os pássaros no jardim conversarem em grego diante da sua janela e falara ininterruptamente por três dias e três noites, até entrar em coma[45]. Mas, depois de algum tempo, passava para uma fase oposta, em que se sentia mergulhar no poço escuro da depressão e não falava mais, não queria comer nem dormir. Foi sempre nessas fases que tentou se matar, quando sentia "o horror":

> Oh, está começando, está vindo – o horror – fisicamente como uma onda de dor crescendo em volta do coração – me atirando ao alto. Sou infeliz infeliz! Me derrubando – Deus, queria estar morta. Pausa. Mas por que estou sentindo isso? Quero observar a onda subir. Observo. Vanessa. As crianças. Fracasso. Sim; percebo isso. Fracasso, fracasso. (A onda sobe.) Oh eles riram do meu gosto pela tinta verde! A onda se quebra. Queria estar morta! Tenho só uns poucos anos de vida, espero. Não consigo mais encarar esse horror – (esta é a onda se estendendo sobre mim)[46].

Como Virginia Woolf se comportaria se vivesse na Idade Média? Ninguém há de saber, naturalmente. Mas é provável que interpretasse o que sentia de modo muito diferente, atribuindo o "horror" à ação de satanás.

Em segundo lugar, a influência dos distúrbios mentais sobre os diversos tipos de suicídio varia muito nas diferentes culturas. Os seus efeitos sobre a morte voluntária certamente são fortes nas sociedades ocidentais contemporâneas. Provavelmente são menores sobre a morte voluntária altruísta nos países orientais do passado. Por fim, são nulos nos suicídios como arma de luta, pelo menos no suicídio dos *kamikazes*, pelos motivos que veremos adiante.

Em terceiro lugar, a impulsividade constitui um fator de risco somente nas culturas em que as pessoas se matam na solidão e em segredo, e não naquelas em que o ato suicida é precedido por ritos longos e complexos, solenes declarações de intenções, procissões e cantos.

Em quarto lugar, os fatores psiquiátricos podem ter consequências sociais relevantes, ou seja, produzir variações nas taxas de suicídio de populações humanas ou de grupos populacionais. Se, por algum motivo, a cota de pessoas que sofrem de distúrbios mentais (ou que não recebem nenhum tipo de tratamento para esses distúrbios) é maior numa população do que em outra, é muito provável que, em igualdade de condições, a taxa de suicídios seja maior na primeira do que na segunda. É quase impossível identificar a existência de conexões entre essa taxa e a difusão dos distúrbios mentais nos períodos históricos e nos países para os quais não temos dados. Mas, como veremos, é possível detectar esses nexos nos países ocidentais nas últimas décadas do século XX.

Portanto, nos sete capítulos deste livro, o leitor verá o suicídio reconduzido a fatores culturais, sociais, políticos e, muito mais raramente, psicológicos e psiquiátricos. Precisamente por isso, é bom lembrar que, ao contrário do que considerava Durkheim[47] e do que pensam muitos estudiosos de ciências sociais ainda hoje, ele tem também um componente hereditário. Os amantes da literatura do século XX sabem que o prêmio Nobel Ernest Hemingway, que se suicidou aos sessenta e dois anos, fazia parte de uma família em que, no prazo de sessenta anos e no decorrer de quatro gerações, nada menos que cinco pessoas tiraram a própria vida[48]. Os resultados das pesquisas realizadas nos últimos trinta anos levam a pensar que o caso da família Hemingway não é excepcional.

Algumas investigações compararam gêmeos idênticos ou monozigóticos e os fraternos ou dizigóticos. Os primeiros nasceram de um único óvulo materno fecundado apenas por um espermatozoide paterno, têm o mesmo patrimônio genético e as mesmas características físicas (a mesma cor dos olhos ou dos cabelos); os segundos, por sua vez, provêm de dois ou mais óvulos, cada um fecundado por um espermatozoide diferente. A comparação mostrou geralmente que, mesmo em relação ao comportamento suicida, há uma concordância muito maior entre os primeiros do que entre os segundos, o que foi interpretado como prova da importância dos fatores genéticos[49].

Os céticos, porém, observaram que os gêmeos monozigóticos são idênticos não apenas pelo patrimônio genético, mas contam também com um ambiente mais homogêneo do que os dizigóticos, porque são habitualmente tratados do mesmo modo pelos pais, pelos parentes e por todas as outras pessoas com as quais interagem; portanto, a maior concordância entre eles em relação à morte voluntária poderia se dever apenas a fatores sociais.

Para vencer essas objeções e medir o diferente peso dos fatores genéticos e ambientais, realizaram-se pesquisas com pessoas que haviam sido adotadas, partindo da simples ideia de que uma criança adotada, ao deixar a família de origem logo após o nascimento, compartilha o patrimônio genético com os pais biológicos, mas compartilha com os pais adotivos o ambiente social e cultural e as experiências vividas na infância e na adolescência. Comparando uma amostragem de indivíduos adotados que se mataram e um grupo de controle de adotados que continuavam em vida, viu-se que entre os parentes biológicos dos primeiros havia um número de suicidas muito maior do que entre os segundos.

Mas mesmo os distúrbios mentais que comportam maior risco de se matar (a depressão maior, o transtorno bipolar, a esquizofrenia) têm uma natureza parcialmente hereditária, e por isso os estudiosos indagaram se é esta a razão pela qual a probabilidade de morte voluntária entre pessoas com pais ou parentes que tiraram a vida é maior do que entre as demais. As pesquisas, porém, mostraram de modo convincente que a predisposição hereditária ao suicídio é independente da dos outros distúrbios psiquiátricos[50].

Embora os conhecimentos sobre esse processo ainda sejam limitados, os estudos feitos até agora levam a pensar que os genes responsáveis são os relativos ao funcionamento do sistema serotoninérgico. A serotonina é uma substância que atua sobre o sistema nervoso central, como neurotransmissor, regendo as interações entre as células nervosas, entre o cérebro e o corpo e entre as diversas regiões cerebrais, e desenvolve um papel especialmente importante na regulação do humor, do sono e da sexualidade. Várias pesquisas destacaram que, se o nível da serotonina é baixo demais e há obstáculos para a sua transmissão, a impulsividade e a agressividade das pessoas aumenta e pode levar à violência contra os outros e também contra si mesmo[51].

6 Plano do livro

Este livro se compõe de duas partes: uma sobre a Europa e, de modo mais geral, sobre o Ocidente, a outra sobre a Ásia (ou, mais exatamente, a Índia e a China) e o Oriente Médio. Nas duas partes, procurei reconstruir e explicar as variações espaçotemporais na frequência dos suicídios, além das diferenças existentes entre os vários grupos sociais, entre homens e mulheres, jovens e velhos, casados, solteiros, viúvos ou divorciados, entre pertencentes às classes mais altas e às mais baixas, entre católicos, protestantes, judeus, muçulmanos e hindus, entre crentes e não crentes, imigrantes e autóctones, brancos e negros, homo e heterossexuais.

No primeiro capítulo, abordo a questão do andamento da frequência das mortes voluntárias na Europa na longuíssima duração, desde a Idade Média até o início do século XX, procurando identificar quando, em que zonas geográficas e em que grupos sociais começou aquele grande aumento do número dos suicídios que tanta preocupação despertou, na segunda metade do século XIX, nos intelectuais europeus. No segundo capítulo, relaciono esse crescimento com algumas profundas transformações sociais e culturais iniciadas nas últimas décadas do século XVI e nas primeiras do século XVII, que assinalaram a crise e o declínio daquele conjunto de normas, crenças, esquemas interpretativos, símbolos e ritos ligado ao cristianismo que, por muitos séculos, manteve os homens e as mulheres distantes da tentação de tirarem a própria vida. Para sustentar essa tese, no terceiro capítulo comparo as duas tendências da taxa de suicídio e de homicídio no período que vai do final do século XV ao início do século XX e apresento algumas hipóteses interpretativas. No quarto capítulo, reconstituo e tento explicar as variações da taxa de suicídio causadas por alguns eventos extraordinários e mudanças do século XX: as duas guerras mundiais, a crise de 1929 e o rápido desenvolvimento econômico após 1945, o nascimento e a queda do regime nazista e do soviético, a perseguição aos judeus e aos "inimigos do povo".

A segunda parte é dedicada à Ásia e ao Oriente Médio, e analisa alguns tipos de suicídio desconhecidos na Europa cristã, mas difundidos em certos períodos históricos em outros continentes. Ela se abre com o quinto capítulo, em que me ocupo da Índia, com a vasta gama de formas de morte voluntária (proibidas, admitidas ou premiadas) que foram praticadas por séculos, concentrando-me, porém, numa delas, a do suicídio altruísta por excelência, o *sati*, o da "esposa virtuosa, casta e fiel" que, após a morte do marido, imola-se na pira junto ao corpo dele, e procuro estabelecer quando, em quais castas e por quais motivos esse costume nasceu, como se desenvolveu e quando se iniciou a sua parábola descendente. O sexto capítulo é dedicado à China, que possui hoje uma taxa de suicídio bastante alta e com alguns aspectos peculiares em relação às camadas da população com maior risco. Também aqui, para procurar entender se essas peculiaridades são uma novidade das últimas décadas ou se existiam já no passado, recuo temporalmente até o período das dinastias Ming e Qing, dos meados do século XIV ao início do século XX, para reconstruir o vasto repertório cultural das formas de morte voluntária desse país. Por fim, no sétimo capítulo, analiso o nascimento do fenômeno das missões suicidas no Oriente Médio e seu posterior e rapidíssimo desenvolvimento em muitos países do mundo.

Reconstituir as variações da taxa de suicídio na longa e na longuíssima duração parece, à primeira vista, uma tarefa impossível. Para grande parte dos países europeus, dispomos de estatísticas satisfatórias apenas para o último século e meio. Os dados quantitativos disponíveis sobre o Oriente Médio e a Ásia são ainda mais escassos e se referem somente aos últimos vinte anos do século XX ou, em alguns casos esporádicos, ao início daquele século[52]. Sair da Europa dos últimos cento e cinquenta anos, portanto, significa enveredar por caminhos escuros e inacessíveis, enfrentar enormes dificuldades para obter qualquer tipo de documento sobre o suicídio, correr o risco de cometer erros, até graves. Todavia, com o passar do tempo, enquanto me aventurava por esses caminhos, depois de pensar diversas vezes que me perdera (sem conhecer, em alguns casos, a língua das populações que estava estudando), convenci-me de que é possível fazer pelo menos algumas conjecturas razoáveis sobre as linhas de fundo do andamento da taxa de suicídio. Para a Europa do *Ancien Régime*, isso é exequível não só por documentos de natureza variada (judiciária, literária, iconográfica), mas também graças a dois tipos de fontes quantitativas: os dados estatísticos reunidos pelas autoridades civis e religiosas para alguma área circunscrita, como, por exemplo, uma paróquia ou uma cidade (publicados, às vezes, em trabalhos já esquecidos), e os resultados das pesquisas quantitativas realizadas pelos historiadores nas últimas duas décadas[53]. Para a Ásia, há várias outras fontes que fornecem fragmentos preciosos de conhecimento: os relatos de viagens dos exploradores, dos missionários e dos mercadores europeus (que utilizei em grande escala), os monumentos comemorativos das pessoas (principalmente mulheres) que se imolaram por uma causa nobre (na Índia), as honrarias atribuídas durante muitos séculos pelo imperador aos que tiravam a vida por um motivo nobre (na China).

Em todo caso, a reconstituição do andamento da taxa de suicídio na Europa, na Índia e na China e no Oriente Médio é somente um dos objetivos que me proponho alcançar. O outro, não menos importante, é a identificação e descrição dos repertórios culturais relativos à morte voluntária em diferentes países e períodos históricos, segundo os quatro aspectos que apontei: as intenções de quem tira a sua vida, a maneira como o faz, o significado que ele e os outros atribuem ao seu ato, os ritos que são realizados antes e/ou depois da consumação do ato. Nessa perspectiva, a análise histórico-comparada permite responder a perguntas de grande relevância sobre as diferenças culturais existentes entre Ocidente e Oriente, quando nasceram e quando aumentaram ou diminuíram.

Agradeço pelas informações e conselhos que me deram a Evgeny Andreev, Giancarlo Angelozzi, James Benn, Barbara Biseto, Beverly Bossler, Silvia Bruzzone, Cesarina Casanova, Martina Cvajner, Giovanni Dall'Orto, Francesca Decimo, Christoph Eggenberger, Christian Goeschel, Bryna Goodman, Christine Hartig, Martin Illi, Linda Ivanits, David Lederer, David Lester, Weijing Lu, Giovanni Lupinu, Elisa Martini, Gian Paolo Masetto Ariel Merari, Erik Midelfort, Anna Oppo, Alessandro Pastore, Laura Piretti Santangelo, Gianfranco Poggi, Valentina Poggi, William Alex Pridemone, Colin Pritchard, Raffaella Sarti, Camille Schmoll, Vladimir Shkolnikov, Pieter Spierenburg, Kathy Stuart, Giulia Tabacco, Jeffrey Watt, Tahereh Ziaian, Andrea Zorzi.

Agradeço aos que participaram nos debates nos locais onde apresentei, em 2005 e 2006, alguns resultados das minhas pesquisas: a Faculdade de Sociologia de Nápoles, o Departamento de Sociologia de Turim, a Faculdade de Sociologia de Trento. Agradeço em especial, pelas observações que fizeram nessas ocasiões, a Filippo Barbera, Giuseppe Bonazzi, Massimo Borlandi, Luca Ricolfi, Giuseppe Sciortino, Amalia Signorelli.

Tive grande auxílio das equipes da Green Library da Universidade de Stanford, da Main Library da Universidade de Berkeley, da Butler Library da Columbia University, da New York Public Library. Recebi auxílio ainda maior da equipe da Biblioteca Mario Gattullo, do meu departamento. Por muitos anos, Viviana Fortunato e Alberto Scarinci atenderam com gentileza, rapidez e profissionalismo a todas as minhas solicitações, obtendo artigos e livros que pareciam impossíveis de encontrar. Vendo-os trabalhar, convenci-me de que a distância entre as grandes bibliotecas americanas e algumas das italianas, que antes parecia intransponível, diminuiu muito.

Pelos comentários e críticas a uma versão anterior deste livro, agradeço a Federico Barbagli, Asher Colombo, Piergiorgio Corbetta, Francesca Decimo, Uberto Gatti, Rossella Ghigi, Mauro Mirri, Giovanna Movia, Ottavia Niccoli, Anna Oppo, Donatella Pannacci, Maurizio Pisati, Gianfranco Poggi, Marco Santoro, Chiara Saraceno, Raffaella Sarti, Giuseppe Sortino.

Agradeço o grande auxílio que recebi de três moças extraordinárias de Il Mulino: Giovanna Movia, Laura Marra e Laura Xella.

A pessoa a quem mais devo, sem dúvida, é a minha esposa Donatella. Por anos a fio, ouviu-me com paciência e interesse discorrer sobre o suicídio dos outros. Por anos a fio, aconselhou-me e apoiou-me com grande afeto.

I
No Ocidente

1
O pecado e o delito mais grave

1.1 O aumento dos suicídios, "fato dolorosíssimo"

Foi a preocupação pela sorte da sociedade de que faziam parte que levou muitos estudiosos europeus, na segunda metade do século XIX, a se ocuparem do suicídio. Para encontrar uma resposta aos seus temores, embrenharam-se na imensa selva de estatísticas que os governos de algumas nações tinham começado a publicar alguns anos antes, e procuraram verificar a sua credibilidade, elaborá-las e interpretá-las. Mesmo sendo muito diferentes por formação científica, credo religioso e ideias políticas, todos eles chegaram à mesma conclusão. Os dados existentes – escreveu Enrico Morselli em 1879 – mostram "esse fato dolorosíssimo": desde o início do século, o suicídio aumentou e continua a aumentar em quase todos os estados civis da Europa e do Novo Mundo"[1]. "De um século para cá", repetiu Durkheim vinte anos depois, produziu-se um "enorme aumento das mortes voluntárias"[2].

Como veremos, muitas vezes já haviam se expressado temores análogos em data anterior, a partir pelo menos do século XVI. Contudo, a explicação oferecida pelos estudiosos oitocentistas era diferente. O número anual de suicídios – observou em 1846 Karl Marx – é apenas o "sintoma da organização deficiente da nossa sociedade"[3]. Matar-se, "que antigamente constituía um invejável privilégio das classes superiores, tornou-se uma moda na Inglaterra também entre os proletários, e muitos pobres se matam para escapar à miséria, da qual não sabem como se salvar de outra maneira"[4], acrescentou Friedrich Engels. Os suicídios sem dúvida eram, salientou Enrico Morselli, um "flagelo social" assustador[5]. "A nossa organização social", observou Émile Durkheim, "deve ter-se alterado profundamente se foi capaz de determinar no decorrer do século tamanho aumento da taxa de suicídios".

Quatro anos antes, o grande sociólogo francês explicara em outro texto no que consistia essa alteração: "As nossas sociedades são ou tendem a se tornar essencialmente industriais. Uma forma de atividade que ocupa lugar tão importante no conjunto da vida social não pode ficar tão desprovida de regras sem que isso resulte nas mais graves desordens. Ela é essencialmente uma forma de desmoralização geral"[6]. Assim, o aumento do número dos suicídios se devia à diminuição do grau de integração e de regulamentação social produzida pela industrialização, ao rápido desenvolvimento econômico, à alternância cíclica de fases de expansão e depressão e ao aumento da mobilidade social. A prova mais evidente da validade dessa teoria consiste na sucessão temporal de dois processos, isto é, no fato de que esse "enorme aumento" se iniciara nas primeiras décadas do século XIX, logo após a Revolução Industrial, considerada o grande divisor de águas entre a sociedade tradicional e a sociedade moderna.

Uma comparação entre a situação dos diversos países durante o século XIX desperta algumas dúvidas sobre a validade dessa interpretação. Antes de mais nada, na Inglaterra, a pátria da Revolução Industrial, o crescimento do número das mortes voluntárias foi mais lento do que em muitos outros países da Europa Centro-setentrional, economicamente menos avançados. Em meados do século XIX, a taxa de suicídio da Inglaterra era muito mais baixa do que a da Bélgica, França, Alemanha e Dinamarca. E no início do século XX as diferenças entre o país mais industrializado e os outros estados continentais eram, desse ponto de vista, ainda maiores[7]. Em segundo lugar, os Estados Unidos mantiveram durante todo o século uma taxa de suicídios menor do que a França e a Suíça, a Áustria e a Alemanha, a Bélgica, a Dinamarca e a Suécia. Durkheim não propôs nenhuma explicação dessas duas anomalias. Morselli, porém, ficou surpreso com a segunda delas. "Certamente é de se admirar", observou ele, "uma proporção tão moderada de suicídios, pensando na febril atividade do comércio e nos efeitos do rapidíssimo desenvolvimento da civilização dos anglo-americanos"[8]. Em terceiro lugar, à diferença dos estudiosos oitocentistas, hoje conhecemos outros casos singulares: dois países muito distantes do Velho

Mundo, como a pequena Cuba e a enorme China, onde o risco de que uma pessoa tirasse a sua vida era muito mais alto do que na Europa.

Mas nascem outras dúvidas ainda maiores sobre a validade das teorias oitocentistas, a partir dos resultados das pesquisas históricas realizadas nas últimas duas décadas, sobre o início do aumento do número de suicídios na Europa.

1.2 O início do aumento

Por mais que a documentação insuficiente dificulte muito reconstituir o andamento da frequência dos suicídios na Europa na longa e na longuíssima duração, mesmo assim existem dados e testemunhos, fragmentários e dispersos, que permitem traçar um quadro geral das grandes mudanças ocorridas. Esse quadro ainda é incerto e passível de muitas retificações, mas não deixa dúvidas sobre um ponto: o crescimento do número de suicídios teve início mais de um século antes do que pensavam Durkheim e os outros estudiosos que, na segunda metade do século XIX, preocupados, interessaram-se pelo fenômeno.

Na Idade Média, o suicídio às vezes assume o significado de um ato de heroísmo ou de martírio. Em certos momentos, algumas pessoas pertencentes a grupos de fiéis perseguidos pelos cristãos se mataram coletivamente. Nos séculos XIII e XIV, foi o que fizeram algumas vezes os cátaros ou albigenses, lançando-se em massa ao fogo, ou os judeus, que se mataram uns aos outros para escapar dos inimigos[9]. Apesar disso, o número de pessoas que tiravam a própria vida, durante séculos, manteve-se muito baixo[10]. No século XVI, algumas grandes personalidades tiveram a impressão de que a frequência das mortes voluntárias estava em rápido crescimento. Em 1542, por exemplo, Lutero afirmou que havia na Alemanha uma epidemia de suicídios, tese que foi várias vezes repetida nas décadas seguintes pelos pastores protestantes[11]. Erasmo e Montaigne fizeram observações da mesma natureza[12]. À falta de dados precisos, não temos motivos para pensar que o grande aumento tenha se iniciado naquela época. Os resultados de algumas pesquisas históricas mostram que, em algumas zonas da Alemanha, a taxa de suicídio teve um brusco aumento algum tempo depois, nas últimas décadas do século XVI, então retornando ao nível de partida[13]. Assim, tratava-se provavelmente de uma mudança de curta duração, e não do início do grande aumento verificado posteriormente.

Na Rússia, nos últimos quinze anos do século XVII, houve suicídios em massa. Entre 1684 e 1691, pelo menos vinte mil homens e mulheres se mataram ateando fogo a si mesmos. Faziam parte do movimento religioso cismático dos "Velhos Crentes", nascido em resposta às mudanças introduzidas no ritual e na liturgia pelo patriarca da Igreja Ortodoxa de Moscou. Além de se considerarem os únicos intérpretes dos valores autênticos da tradição religiosa do seu país, eles estavam convencidos de que o fim do mundo se aproximava e podia ser acelerado com o sacrifício purificador de si mesmos e, quando foram atacados pelos soldados, alguns deles se mataram[14]. Foram explosões dramáticas, mas isoladas, e não marcaram o início do grande aumento das mortes voluntárias, tanto é verdade que a Rússia manteve por todo o século XIX uma taxa de suicídio bastante baixa.

O grande aumento começou, em verdade, nos países da Europa Ocidental nas últimas décadas do século XVIII. Depois de 1680, verificaram-se na Inglaterra inúmeros casos de mortes voluntárias entre pessoas pertencentes às classes mais elevadas: foram episódios de grande repercussão, pelo menos entre o público culto. Condes, baronetes, cavaleiros, ricos burgueses, profissionais liberais, editores, altos prelados, funcionários de Estado, até um ministro, se mataram. Estudiosos e publicistas começaram então a falar do "mal inglês" e a indagar sobre as suas causas. Um dos primeiros foi William Congreve, que em 1698 afirmou que havia na Inglaterra um número de "homicídios de si mesmo e de lunáticos melancólicos" muito maior do que nos outros lugares[15]. Em 1711, Defoe foi além, observando que, limitando-se a Londres, tinha-se a impressão de que o número de pessoas que tiravam a própria vida na Inglaterra superava o de todos os outros países europeus somados[16]. O Abade Prévost estava tão convicto disso que chamava o suicídio de *"remède anglois"* e pensava que os seus compatriotas não precisavam disso, por serem dotados de recursos físicos e mentais superiores[17]. O escritor

Destouches (Philippe Néricault), que permanecera na Inglaterra desde 1717 até 1723, observou que o suicídio era o tipo de morte preferido pelos habitantes daquele país e, numa das suas comédias, inseriu esse epitáfio para caracterizar o inglês médio: "Aqui jaz Jean Rosbif escudeiro, que se enforcou para se distrair"[18].

César de Saussure visitou a Inglaterra em 1727 e, nas cartas à família, escreveu que ficara impressionado tanto "com a liberdade concedida pelo governo" quanto "pela desenvoltura com que os homens se matam". Ficou tão sugestionado que começou, ele também, a se sentir mal: "aos poucos, perdi o apetite e o sono. Sofria de uma grande ansiedade e inquietude, sem nenhum motivo. No fim, caí na mais profunda e negra melancolia [...]. Todas as coisas me deixavam triste e ansioso [...]. Se fosse inglês, teria posto fim aos meus sofrimentos"[19]. Em 1733, em *The English Malady*, um livro que teve grande repercussão, George Cheyne revelou "um aumento diário dos homicidas de si mesmos" (*self-murderers*), maior no seu país do que em outras partes da Europa, e o atribuiu à "variabilidade do nosso tempo", à "riqueza e abundância dos habitantes", à "inatividade das ocupações sedentárias" e ao "viver em cidades grandes, populosas e consequentemente insalubres"[20].

Em 1749, Montesquieu escreveu: "Os ingleses se matam sem que se possa imaginar nenhuma razão que os determine, matam-se até em plena felicidade [...]. É o efeito de uma doença [...] gerada pelo clima, que atinge a alma a tal ponto que leva ao desgosto por todas as coisas, até pela vida"[21]. Em 1759, em *Candide*, Voltaire reapresentou essa ideia, em que a "velha" dizia: "vi um número prodigioso de pessoas que execravam a própria existência; mas não vi mais do que doze porem um fim voluntário à sua miséria: três negros, quatro ingleses, quatro genebrinos e um professor alemão de nome Robeck"[22]. Madame de Staël, em 1813, também se dizia convencida de que os suicídios na Inglaterra eram frequentes, mas negava que a causa fosse o clima, porque "o céu da liberdade sempre me pareceu o mais puro de todos"[23].

Essa moda inglesa também foi motivo de ironias. Houve quem dissesse que era altamente aconselhável postergar um duelo com um inglês durante alguns dias, pois era provável que ele tiraria a vida com as suas próprias mãos. Jacob Zimmermann observou, por outro lado, que "um inglês afetado pela melancolia dá um tiro na cabeça. Um francês, afetado pela mesma doença, se enclausura num mosteiro. Trata-se, na verdade, da mesma coisa: um inglês não se mataria se tivesse mosteiros"[24].

Os dados estatísticos disponíveis[25] indicam que foi precisamente nesse período que começou o grande aumento do número de pessoas tirando a própria vida (gráf. 1.1). Em Londres, a taxa de suicídio (por dez mil mortos) começou a subir desde 1686 a um ritmo muito rápido, a tal ponto que, no quinquênio 1706-1710, alcançara o dobro do valor de partida. Sofreu uma leve baixa na década seguinte, mas voltou a subir e atingiu o pico em 1731-1735, com um nível que era o triplo do inicial. Voltou a diminuir, de maneira muito discreta, na década seguinte, para depois retomar a escalada.

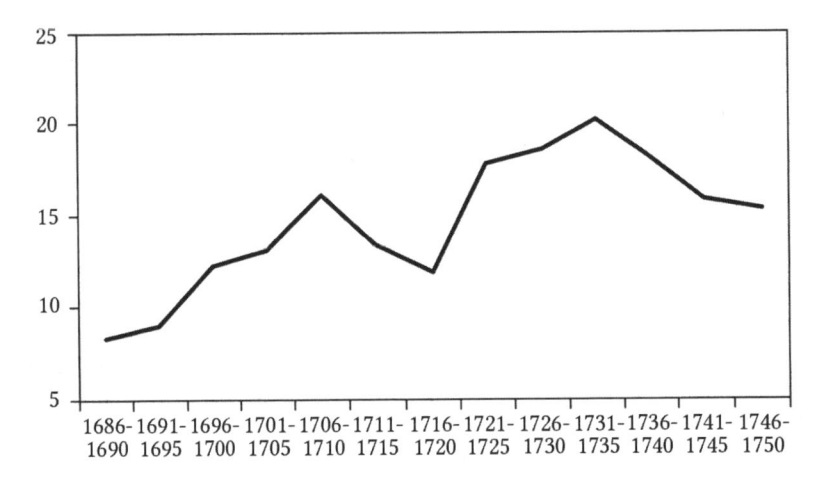

GRÁF. 1.1. NÚMERO DE SUICÍDIOS POR 10 MIL MORTOS EM LONDRES, DE 1686 A 1750.
FONTE: ELABORAÇÕES SOBRE DADOS EXTRAÍDOS DE SÜSSMILCH (1761).

Logo, porém, os observadores mais atentos perceberam que o "mal inglês" chegara ou estava chegando também a outros países europeus. Em 4 de maio de 1759, numa carta de Veneza, *lady* Montagu escrevia: "o *spleen* estende o seu domínio não só na Inglaterra": "a nova moda despontou também nessa parte do mundo. Falo do suicídio". Naquela semana, na cidade italiana, um padre e um jovem monge haviam se matado sem motivo aparente. O primeiro deixara uma folha no chapéu, em que manifestava "o seu desejo de imitar a indiferença de Sócrates e a magnanimidade de Catão"[26].

Desse ponto de vista, são interessantes as observações das cartas de Madame Palatine, esposa do duque d'Orléans e cunhada de Luís XIV. Em 1696, ela narrou o teor de uma conversa com a rainha da Inglaterra, segundo a qual os suicídios haviam se tornado cada vez mais frequentes entre os seus súditos. Mas, somente três anos depois, partindo de alguns *faits-divers* ("também na segunda-feira passada um advogado de Paris se matou no seu leito com um revólver"), Madame Palatine escrevia que esse fenômeno também estava se difundindo na França. E vinte anos depois, voltando ao tema, anotava numa carta: "Hoje em Paris, é moda desfazer-se da própria vida. A maioria se afoga, muitos se jogam da janela e partem o pescoço, outros ainda se apunhalam"[27].

A bem da verdade, o tema da morte voluntária entrara com grande destaque nos salões parisienses já no final de abril de 1671, e por muitos dias fora o centro daquelas conversas brilhantes e refinadas que eram muito apreciadas pelos homens e sobretudo pelas mulheres da alta sociedade. O que despertara um interesse tão apaixonado fora o suicídio, não de um nobre, mas do mordomo de uma grande nobre, porém consumado em defesa de um bem ao qual a própria aristocracia atribuía um valor inestimável: a honra. O episódio, narrado inúmeras vezes e que ganhou grande fama[28], veio a público em duas cartas de 24 e 26 e abril de 1671, pouco depois da ocorrência, escritas por Madame de Sévigné que, com sua insuperável capacidade de magnetizar a atenção dos interlocutores, era uma animadora incansável das conversas daqueles salões.

O príncipe de Condé organizara uma grande festa no castelo de Chantilly. O rei chegara quinta-feira à noite e tudo – escreveu Madame de Sévigné – seguia "maravilhosamente": "a caça, as lanternas, o luar, o passeio, o lanche, num local forrado de narcisos". Mas de súbito irrompe na cena do grande teatro da corte um fato inesperado e inquietante. Monopolizando a atenção de todos os convidados, o mordomo do príncipe, François Vatel, tornava-se a contragosto o personagem principal, pondo à sombra a figura do soberano. Durante o jantar, devido à quantidade de comensais que excedia o número esperado, em algumas mesas faltara carne. Vatel, perturbado por esse incidente, o qual, porém, não podia de maneira alguma ser atribuído a uma ineficiência sua, não teve paz e repetira várias vezes: "A minha honra está perdida, não conseguirei suportar essa afronta".

As afetuosas palavras de encorajamento que o príncipe lhe dirigira, reiterando a sua estima e reduzindo o inconveniente surgido a um pequeno incidente, não serviram muito para acalmá-lo. Profundamente abalado e se sentindo de repente inseguro sobre as suas capacidades de previsão, Vatel enfrentava com ansiedade crescente a noite que o separava da prova irrecorrível que tinha pela frente: o almoço do dia seguinte que, aos seus olhos, deveria resgatar a sua honra profissional. Tratava-se de uma refeição à base de peixe (obrigatório num dia de guarda): o mordomo havia encomendado grandes quantidade nos portos do Norte da França e esperava nervosamente a sua chegada. Quando, por volta das quatro da manhã, pedira notícias sobre a entrega a um criado pouco informado e soubera que chegara apenas um pequeno número de caixas, sentiu-se tomado de desespero: incapaz de enfrentar a perspectiva de mais um fracasso, Vatel se fechou no seu quarto, apoiou a espada contra a porta e a fez se cravar no coração. Enquanto isso, por uma fatal ironia, tudo começava a andar devidamente: "O peixe fresco", relata Madame de Sévigné, "nesse meio-tempo chega de todos os lados. Procuram Vatel para distribuí-lo. Vão ao seu quarto. Empurram, arrombam a porta, encontram-no mergulhado numa poça de sangue"[29].

Desde então, passou a falar cada vez mais de mortes voluntárias na França. O duque de Saint-Simon, por exemplo, nas suas *Mémoires*, descreveu detalhadamente nada menos que doze casos de pessoas que haviam tirado a vida, o primeiro deles ocorrido em 1693. Em 1768, Grimm propôs a proibição desse tema nas apresentações teatrais, mas no ano seguinte houve em Paris 147 casos de suicídio. Em 1772, um parisiense escreveu no seu diário que os casos de suicídios estavam em constante aumento na sua cidade, onde já parecia ter-se instalado "a inclinação peculiar dos ingleses"[30]. Poucos anos depois, Louis-Sébastien Mercier escreveu que havia 150 suicídios ao ano em Paris, mais do que em Londres, a qual, além disso, era mais populosa[31], e os dados disponíveis indicam que ele não estava errado. Entre a capital inglesa e a francesa, segundo ele, havia outra diferença importante. Em Londres, eram principalmente os ricos que se matavam, porque "o inglês é o mais caprichoso dos homens e, por conseguinte, o mais entediado", ao passo que, em Paris, os suicídios "se encontravam nas classes inferiores" e são perpetrados principalmente "nos celeiros e nos quartos alugados"[32]. Era uma ideia compartilhada por muitos outros observadores. Na França – observou Stendhal quarenta anos depois –, "nunca se viu um ministro poderoso como Lorde Castlereagh ou um advogado célebre como Sir Samuel Romilly tirar a própria vida"[33].

Em 1781, para tranquilizar um pouco os ânimos, o *Correspondence secrète* contava aos seus leitores a história de um sapateiro de Saint-Germain que, infeliz com a família, trabalhava o dia todo, passava em casa apenas para contar o dinheiro e transcorria a noite na taverna falando de literatura com os amigos. Uma noite, voltando para a sua moradia, descobriu que a esposa tinha fugido com outro homem, a filha fora presa por comportamentos obscenos, o filho se alistara no exército e lhe haviam roubado todo o dinheiro. Desesperado, decidiu seguir a onda do momento e se matar, deixando uma carta de despedida. Depois de ter escrito algumas linhas, pensou que seria elegante terminar com alguns versos de Molière. Mas – perguntou-se – eram mesmo de Molière ou seriam de Rousseau? Na dúvida, decidiu adiar a morte por um dia e consultar os amigos. Um deles atribuiu os versos a Corneille, outro a Marmontel. Para apurarem melhor, deram-se uma semana de prazo. Mas, durante aqueles dias, o sapateiro chegou à conclusão de que devia dar graças a Deus por ter ficado sozinho e tinha diante de si todo o tempo necessário para reservar algumas economias e renunciou definitivamente à sua intenção[34].

Em 1797, a *Encyclopaedia Britannica* afirmou que a morte voluntária era mais frequente em Paris do que em Londres. Com efeito, as poucas estatísticas existentes nos dizem que, no século XVIII (como, aliás, em grande parte do século XIX), a taxa de suicídio na capital inglesa era cerca de 9 para cada 100 mil habitantes, enquanto a de Paris era duas ou três vezes superior[35]. Na capital francesa, o número de mortes voluntárias cresceu rapidamente, alcançando em 1782 o número de 150 casos, equivalente a uma taxa de 28 por 100 mil habitantes[36], semelhante ao que a França iria alcançar ao final do grande aumento, nas últimas décadas do século XIX. Em 1793, ano mais dramático do período do "Terror", teve-se um brusco crescimento do número das mortes voluntárias, jamais registrado antes, pois subiram para 1.300[37] (com uma taxa estimada de 230 por 100 mil habitantes). Naquele mesmo ano, o suicídio chegou ao topo das instituições políticas: em quatro anos, nada menos do que 27 membros da *Convention nationale* se mataram ou tentaram se matar[38]. Dois ministros, Étienne Clavière e Jean-Marie Roland de la Platière, e o prefeito de Paris, Jérôme Pétion de Villeneuve, também tiraram a vida.

As informações disponíveis sobre outras zonas da Europa ainda são escassas e insatisfatórias. Mas, com o acúmulo progressivo dos resultados históricos, evidencia-se cada vez mais que, mesmo em outros países, o aumento das mortes voluntárias começou muito antes do que se pensava até agora. Por exemplo, sabemos com certeza que na Suécia, tanto em Estocolmo como na região agrícola de Smaland, o crescimento da taxa de suicídio teve início nos anos de 1690[39], e foi muito acentuado, nessas e em outras localidades, na segunda metade do século XVIII[40]. Na Finlândia, o aumento se verificou depois de 1790[41]. Em meados do século XVII, os párocos de Zurique denunciaram "o impressionante número de casos de suicídio" que ocorreram na cidade, e em 1691 Anton Klinger, a mais alta autoridade religiosa, publicou um volume de quinhentas páginas sobre os "horrores" das mortes voluntárias que se haviam tornado cada vez mais frequentes. Os dados de que dispomos (cf. adiante o gráf. 3.1) mostram que também essas impressões eram fundadas, pois em Zurique o número de mortes voluntárias, depois de se ter mantido estável durante o século XVI, subiu rapidamente ao longo dos séculos XVII e XVIII[42].

Em Genebra, a taxa de suicídios aumentou moderadamente na primeira metade do século XVIII, triplicou nos trinta anos seguintes e dobrou mais uma vez nos vinte anos seguintes[43]. Esse grande aumento não foi precedido nem acompanhado pelos processos de industrialização e de urbanização. Embora a sua população tenha crescido, Genebra continuou, durante todo esse período, a ser uma cidade pequena, tanto é que tinha apenas 29 mil habitantes no final do século XVIII[44].

O grande aumento do número de suicídios começou – e foi por longo tempo mais rápido – em algumas zonas geográficas e em algumas camadas da população. Teve início nos países da Europa Ocidental-setentrional, na Suécia, Inglaterra, França, Alemanha, nas áreas urbanas[45], nas classes sociais mais elevadas[46] e foi mais rápido que em outros lugares. Assim, até meados do século XIX, houve uma ampliação contínua da diferença na taxa de suicídios entre Estocolmo, Paris, Londres, Berlim e a população dos campos e dos centros menores dos respectivos países[47].

É mais difícil dizer se essa grande mudança se iniciou antes na população masculina ou na feminina. Os dados estatísticos disponíveis (tab. 1.1) indicam que, na Europa, dos meados do século XIII aos meados do século XIX, sempre houve uma frequência de mortes voluntárias maior entre os homens do que entre as mulheres[48]. Contudo, a relação numérica entre os suicídios masculinos e os femininos variou no espaço e no tempo. Voltarei várias vezes, nas páginas deste livro, à questão dessa diferença e às suas causas. O que mais interessa aqui é que em Genebra, na segunda metade do século XVIII, o aumento do número de mortes voluntárias foi maior na população masculina do que na feminina e, portanto, a diferença entre as duas ficou maior[49]. Nem por isso podemos concluir, porém, que o grande aumento da taxa de suicídio começou entre os homens, visto que em Paris, de 1766 a 1835, ocorreu exatamente o contrário, e a relação numérica entre as mortes voluntárias masculinas e femininas diminuiu (tab. 1.1).

Tab. 1.1. Relação entre o número de suicídios masculinos e femininos em alguns países europeus (1250-1850)

País	Período	Suicídios masculinos/femininos
Alemanha	1350-1450	5,66
Áustria	1851-1854	4,59
Finlândia	1781-1790	6,00
França	1250-1400	1,50
	1836-1840	2,89
Genebra	1542-1700	1,48
	1701-1750	1,07
	1751-1798	2,69
Inglaterra	1200-1500	1,83
	1485-1714	5,20
	1859-1860	2,55
Itália	1864-1866	4,09
Nuremberg	1400-1600	2,57
Paris	1766-1789	3,43
	1795-1801	3,35
	1834-1835	2,70
Prússia	1816-1820	4,11
Rússia	1875	3,88
Schleswig-Holstein	1600-1800	2,25
Suécia	1781-1790	3,09
	1831-1840	4,06
Zurique	1500-1790	2,67

Fonte: Elaborações sobre dados coletados em Brierre de Boismont (1865); Morselli (1879); Verkko (1951); Cobb (1978, 6); Schär (1985); Merrick (1989); MacDonald e Murphy (1990); Midelfort (1995); Murray (1998); Lind (1999, 190); Watt (2001); Butler (2006b).

Não parece que houve diferenças etárias significativas nas camadas da população em que começou o grande aumento, o qual se deu mais ou menos na mesma medida entre os jovens, os idosos e os de meia-idade[50]. Assim, também nos séculos XVII e XVIII, havia entre a fase da vida e a frequência com que as pessoas se matavam provavelmente a mesma relação apontada em todos os dados do século XIX, e que os estudiosos da época consideraram como uma "lei estatística": tanto na população masculina quanto na feminina de toda a

Europa, a taxa de suicídio era raríssima na infância e na adolescência, começava perto dos dezesseis anos, subia continuamente até os oitenta anos, então sofrendo uma leve queda entre os poucos ainda mais longevos[51].

1.3 As causas do crescimento

Não podemos, portanto, relacionar o aumento aparentemente irrefreável do número de mortes voluntárias apenas (ou sobretudo) à desorganização social produzida pela industrialização e pela urbanização. Como explicar, então, o aumento multissecular da taxa de suicídio iniciada, dependendo do país, entre as décadas finais do século XVII e a primeira metade do século XVIII? Durkheim excluiu implicitamente que ele pudesse ser atribuído a fatores culturais, a mudanças nas normas e "valorações morais", no modo de pensar dos homens e mulheres, na sua sensibilidade, na ideia que tinham sobre a vida e a morte, na felicidade e nos meios para alcançá-la. Mesmo convencido de que essas mudanças haviam ocorrido, ele jamais levou em consideração a hipótese de que tivessem exercido efeitos sobre a frequência dos suicídios.

Segundo o ilustre sociólogo francês, as normas sociais relativas ao suicídio na Europa nos últimos dois mil anos passaram por duas fases principais, tornando-se cada vez mais severas. Na primeira fase, correspondente ao período da civilização greco-latina, um indivíduo não podia se matar por iniciativa própria, mas podia fazê-lo se tivesse autorização do Estado. Na segunda fase, porém, a condenação é "absoluta e irrestrita. A faculdade de dispor de uma vida humana, quando a morte não for punição de um crime, é subtraída não só ao indivíduo, mas também à sociedade. O direito agora é subtraído tanto ao arbítrio coletivo quanto ao privado, e o suicídio é considerado imoral em si e por si, quaisquer que sejam os participantes. Assim, com o avançar da história, a proibição, em vez de se atenuar, torna-se cada vez mais rigorosa"[52]. A bem da verdade, ao longo do século XIX, multiplicaram-se os indícios de que a atitude da sociedade em relação a quem tira a própria vida se tornara cada vez mais tolerante, e não escaparam a Durkheim. Mas ele julgava estar diante de um breve parêntese, e não de uma inversão de tendência. "Se hoje a consciência pública parece menos categoria em seu julgamento", escrevia ele, "esse estado de desorientação deve derivar de causas acidentais e passageiras, porque contraria qualquer verossimilhança que a evolução moral, depois de avançar durante séculos no mesmo sentido, recue a tal ponto"[53]. Fora levado a essa conclusão pela ideia, em que acreditava convictamente, de que a reprovação ao suicídio aumentava conforme se desenvolviam os direitos do indivíduo em relação ao Estado e a pessoa humana era considerada uma coisa sagrada, "aliás, a coisa sagrada por excelência, contra a qual ninguém pode atentar [...]. O homem se impregnou de religiosidade e se tornou um deus para os homens. É por isso que qualquer atentado contra ele nos parece um sacrilégio, e o suicídio é um desses atentados. O suicídio, portanto, é reprovado porque viola esse culto da personalidade humana sobre o qual se assenta toda a nossa moral"[54].

Na verdade, a história das "valorações morais" desse ato na Europa foi muito diferente. É verdade que, como veremos nas páginas seguintes deste capítulo, por mais de um milênio as populações europeias tiveram um sistema e normas extraordinariamente (e, aos nossos olhos, incrivelmente) severas em relação a quem quisesse tirar a sua vida. Mas esse sistema começou a apresentar fissuras entre o final do século XVI e o início do século XVII, e já desaparecera parcialmente na época em que Durkheim estava escrevendo.

A tese que defenderei neste e nos dois próximos capítulos é que tal conjunto de normas e crenças, de símbolos e significados, de esquemas cognitivos e sistemas classificatórios, enquanto se manteve operante, forte e sólido, contribuiu para manter os homens e as mulheres distantes da morte voluntária, mas a sua crise e declínio favoreceram o grande aumento no número de suicídios.

1.4 Reações do passado

"O suicídio", escreveu Cesare Beccaria em 1764, "é um crime que parece não poder admitir uma pena propriamente dita, pois ela não pode recair sobre os inocentes nem sobre um corpo frio e insensível"[55]. Essa tese, que encontrou grande ressonância na elite culta de muitos países europeus nas últimas décadas do século XVIII e nas primeiras do século XIX, hoje é totalmente incompreensível, porque se refere a uma realidade social que desapareceu. De fato, como veremos, o suicídio durante a Idade Média e no início da Idade Moderna, na Europa, despertava emoções, pensamentos e ações radicalmente diferentes dos que desperta hoje. Para reevocar aquele mundo distante, convém partir de três casos, relativos a períodos históricos e locais muito diferentes.

Comecemos por Rügen. Em 1525 ou nos anos imediatamente seguintes, quem passasse pelas ruas dessa cidadezinha alemã podia se deparar com um grupo de homens, munidos de enxadas, pás, martelos e outras ferramentas, trabalhando ao redor de uma casa. Às vezes, cavavam um túnel por baixo da porta principal da habitação, às vezes faziam um buraco de grandes dimensões numa das paredes. Se o passante não fosse alemão ou francês, mas viesse da Itália, Espanha ou Portugal, e não conhecesse os costumes locais, podia se perguntar o que faziam aqueles homens. Podia, talvez, imaginar que estavam abrindo um buraco na parede para criar uma nova janela. Mas qual o sentido de cavar um túnel sob a porta de entrada? Naturalmente, ninguém iria pensar que aqueles homens estariam construindo as estruturas para a entrada de água e a saída de esgoto, pois nas casas da época não havia banheiros nem pias na cozinha. Mas, se o passante tivesse paciência de esperar que os trabalhos terminassem, veria com os próprios olhos para o que serviam. Dali a pouco, pelo túnel escavado por baixo da porta de entrada ou pela abertura feita na parede sairia o cadáver de alguém que se enforcara dentro de casa. Esse rito, desconhecido nos países do Mediterrâneo, foi seguido por muito tempo na Alemanha e em algumas zonas da França[56].

Passemos agora para o Noroeste da França, em Boulogne-sur-Mer[57]. Em 27 de março de 1725, movido por comentários das pessoas, o responsável pela polícia e pela justiça, Achille Mutinot, foi verificar pessoalmente a presença de um cadáver enforcado numa árvore, num pântano próximo da cidade. Prontamente ele abriu um inquérito sobre as causas da morte e pediu ao escrivão que preparasse um relatório preciso sobre o corpo encontrado, a posição do rosto e das pernas, a presença de lesões e ferimentos, a espessura e o comprimento da corda na qual o defunto estava pendurado, a descrição das suas roupas. Além disso, colocou na testa do cadáver um selo de cera com o brasão da cidade e ordenou que o corpo fosse transferido para as prisões. Mas, antes da transferência, outro funcionário municipal encarregou dois médicos de irem ao local onde fora encontrado o cadáver e fazerem uma cuidadosa descrição clínica. Com base em todos os elementos reunidos, o inquérito concluiu que a pessoa encontrada no pântano era um soldado inválido, Jean Beaucourt, e que a causa da morte fora o suicídio.

A esse ponto, o procurador fiscal pediu ao magistrado que nomeasse um procurador para realizar "o processo ao cadáver". Iniciado o processo, convocaram-se cinco testemunhas, que foram acareadas com o suspeito de ter cometido o crime (nesse caso, o corpo sem vida de Jean Beaucourt) e solicitadas a dizer tudo o que sabiam sobre ele. Como todo processo, este também se encerrou com uma sentença, julgando o soldado culpado de "homicídio de si mesmo" e condenando-o a várias penas. Em primeiro lugar, à *damnatio memoriae*, isto é, à eliminação definitiva de qualquer lembrança ou vestígio seu (nome, retratos, inscrições). Em segundo lugar, o seu cadáver deveria ser amarrado a uma carroça e arrastado pelas ruas da cidade, com a cabeça para baixo e o rosto voltado para o chão, até chegar a uma praça onde seria pendurado pelos pés numa forca. Depois de ficar vinte e quatro horas nessa posição, deveria ser jogado à *la voirie*, expressão que hoje é traduzida como depósito de lixo. Em terceiro lugar, os bens do suicida deveriam ser sequestrados e confiscados.

Desçamos mais ao Sul, para os campos ao redor de Bolonha. Na manhã de 8 de maio de 1672, enquanto o marido e os familiares estavam na missa, Lucia Barbani matou com uma foice as duas netas: Domenica, chamada de Meneghina, de seis anos, e Susanna, chamada de Osanna, de três anos. Depois arrumou os cadáveres, pondo-os lado a lado no chão do seu quarto. Então saiu de casa e se atirou no "poço", um reservatório de água de pouca profundidade, que não lhe permitiu se afogar, como pretendia. Quando os familiares, de volta a casa, descobriram o ocorrido e, desconcertados, pediram-lhe uma explicação sobre a tragédia. Lucia respondeu – e invariavelmente repetiria as mesmas palavras nos interrogatórios judiciais subsequentes – que queria poupar as duas meninas aos sofrimentos que inevitavelmente iriam enfrentar na iminente carestia. Ela mesma já amadurecera fazia algum tempo a decisão de se matar, e não pretendia deixar desamparadas as duas meninas, que considerava efetivamente confiadas à sua tutela após a morte da mãe (filha de Lucia) e as segundas núpcias do pai. Levada ao cárcere de Bolonha e novamente interrogada, Lucia Barbani reafirmou a sua responsabilidade, sendo reconhecida culpada de duplo homicídio e condenada ao enforcamento público.

E foi mesmo enforcada, apesar de não estar mais viva: com efeito, amarrando os "poucos palmos" de corda que uniam os dois frascos em que lhe traziam água, a mulher se suicidou na masmorra em que estava encarcerada na Torre de Bolonha. Sobre o seu cadáver cumpriu-se a justiça, segundo o que previa o processo e como registrou a crônica judiciária: "A supracitada Lucia, enquanto estava no cárcere, privou-se da vida por si mesma, amarrando um pedaço de corda em torno da garganta; depois disso, com o prévio reconhecimento do seu cadáver, por ordem do Auditor, assim foi, morta como estava, publicamente enforcada, como exemplo para os outros, no local destinado [às execuções]"[58].

1.5 As penas contra quem se matava ou tentava fazê-lo

Por muitos séculos, teólogos e juristas consideraram o suicídio como pecado e crime *gravissimum*, o mais sério entre os que um ser humano podia cometer. Alguns o colocavam no mesmo plano de um assalto da pior espécie. Mas a maioria ia além e o julgava até mais grave do que o homicídio[59]. Para eles, tirar a própria vida era um ato muito mais odioso e execrável do que matar outro indivíduo, um estranho, um conhecido, um amigo ou mesmo um parente[60]. Segundo muitos juristas, o motivo mais importante dessa diferença era que "quem mata alguém pode matar apenas o seu corpo, mas não a alma, absolutamente.

Todavia, quem mata a si mesmo perde certamente o corpo e a alma"[61]. Em outras palavras, o suicídio era um homicídio duplo, físico e espiritual. Segundo os teólogos e os homens da Igreja, ele não podia ter perdão, porque excluía por si só qualquer possibilidade de arrependimento[62]. Ainda em 1621, quando esse sistema de normas começava a mostrar as primeiras fissuras, Robert Burton, que gostava de se definir como "eclesiástico de profissão e médico por paixão", escrevera no seu célebre *The Anatomy of Melancholy* [*A anatomia da melancolia*] que, para os que "morriam tão obstinada e repentinamente a ponto de não poder pedir misericórdia, podia-se temer o pior, porque morriam impenitentes". No entanto, os que eram baixados da árvore ou tirados dos rios a tempo podiam ser reconduzidos *ad sanam mentem*, arrepender-se e se salvar[63].

As autoridades religiosas e civis, portanto, puniam com penas muito severas os que tiravam ou tentavam tirar a própria vida. Isso ocorreu em todo o continente, embora haja diferenças entre países (p. ex., entre Inglaterra, Alemanha e Rússia) e mudanças ao longo do tempo nos processos subsequentes e nas penas aplicadas. Mas ocorreu também nas colônias americanas, tanto espanholas quanto inglesas e francesas, desde o seu surgimento.

Tal como acontece hoje, tudo começava com a descoberta de um cadáver. Quem o descobria, devia informar às autoridades judiciárias, as quais procuravam identificar as causas do óbito. Assim, por exemplo, na Inglaterra do final do século XII, cabia ao oficial encarregado das investigações sobre as mortes suspeitas (o *coroner*) estabelecer se a causa do óbito era um infortúnio, um homicídio ou um suicídio, examinando o cadáver e interrogando as testemunhas[64]. E tanto no segundo quanto no terceiro caso, quer a pessoa tivesse sido morta ou se matado, abria-se uma ação penal contra o indivíduo que cometera o crime, o qual naturalmente, na morte voluntária, coincidia com a vítima. Mesmo na Idade Média, em todos os países europeus, valia o princípio de *crimen estinguitur mortalitate*, isto é, a morte do réu extinguia o crime. Mas para o suicídio abria-se uma exceção[65], de modo que quem se manchava com esse crime ficava sujeito ao julgamento dos magistrados.

A partir do momento em que a morte da pessoa era atribuída ao suicídio, começava um processo de desumanização de quem ousara tirar a sua vida, o qual expressava com força inaudita o horror, a repugnância e a aversão não só das autoridades civis e religiosas, mas de toda a população perante aquele gesto. O culpado era rebaixado ao nível ignóbil de um animal. O corpo sem vida despertava ao mesmo tempo medo e desprezo, e era tratado com deliberada brutalidade.

Frequentemente os juízes condenavam o suicida à forca, para "morrer, por assim dizer, uma segunda vez", como escreveu Montesquieu em 1721[66]. Na França, durante a Idade Média, se era um homem que tirara a própria vida, o seu cadáver era "enforcado", como se se tratasse de um homicida vivo. Muitas vezes, porém, não se limitavam a pendurá-lo com uma corda a um patíbulo, mas era suspenso num forcado, isto é, um pau com duas pontas. Às vezes usavam-se formas de execução ainda mais degradantes: os corpos eram amarrados de cabeça para baixo no alto de uma árvore, como morcegos em descanso, ali ficando a balançar. Como escrevia um observador do século XVI, "hoje, para tornar a coisa mais ignominiosa, penduram-nos de cabeça para baixo"[67]. Outras vezes, "estrangulava-se" o suicida "como se estivesse vivo"[68]. Se o culpado fosse uma mulher, o corpo era queimado[69]. Também na Espanha quinhentista, os cadáveres suicidas eram pendurados na forca pelos pés, enquanto na Alemanha o mais frequente era serem queimados[70]. Segundo as constituições modenenses de 1671, "contra a memória de quem em sã consciência mata a si mesmo, procede-se designando-lhe um parente como defensor em juízo e, nada surgindo que o inocente, pendura-se na forca o seu corpo ou a sua efígie"[71]. Segundo a constituição piemontesa de 1770, "se alguém em sã consciência investir contra o seu próprio corpo e se tornar homicida de si mesmo, deverá se proceder criminalmente contra a sua memória e condenar o seu corpo a ser pendurado na forca e, não se podendo dispor do corpo, será pendurada uma efígie sua"[72].

Além dos que tiravam a própria vida, as autoridades civis e, às vezes, as religiosas processavam e condenavam também os que tentavam, mas não conseguiam. Quanto às penas a aplicar, porém, não havia um pleno consenso, segundo escreveu De Damhouder, um dos maiores juristas europeus do século XVI. Em Florença, em meados do século XIV, quem cometia esse crime era condenado a uma pena pecuniária[73]. Em Genebra, entre meados do século XVI e meados do século XVII, as sanções previstas para esse caso eram o açoitamento e o exílio[74]. Na Suécia, durante séculos, os que haviam tentado o suicídio eram condenados não só ao açoitamento, mas também à tortura, aos trabalhos forçados, à detenção a pão e água, a várias formas de humilhação pública (como ficar de pé num "banquinho da vergonha" durante os ofícios religiosos)[75] e até à pena de morte. Em Massachusetts, nas últimas décadas do século XVII, a sanção prevista para esse crime chegava a "vinte chicotadas e o pagamento de uma multa"[76]. Na Rússia, segundo o código penal promulgado em 1716 por Pedro o Grande, as tentativas de suicídio premeditado deviam ser punidas com a pena de morte[77]. Na Áustria, o código penal de José II (1787) previa para quem tentara se matar uma condenação à prisão até que a pessoa se convencesse de que a preservação da própria vida era um dever para com Deus, para com o Estado e para consigo mesma e declarasse total arrependimento[78]. Ainda em 1838, quando as normas a esse respeito foram revogadas em alguns países da Europa, o "código penal para os Estados de Sua Majestade, o rei da Sardenha", promulgado por Carlos Alberto de Saboia, estabelecia que o "culpado de tentativa de suicídio" "será condenado a local de segura detenção e mantido sob rigorosa inspeção de um a três anos"[79].

Em toda a Europa, o corpo do suicida era submetido a vários outros ritos de profanação e desconsagração[80]. Se fosse encontrado em casa, às vezes era jogado à rua pela janela ou do alto do telhado[81]. Preso à espera do processo, era conservado em sal ou embalsamado. Depois da sentença, era arrastado ao longo das ruas, praças e campos da cidade por um cavalo ao qual vinha amarrado por uma corda grossa. Às vezes era posto dentro de uma carreta, às vezes amarrado pelos pés ou pelo pescoço. Realizava-se esse rito mesmo quando o corpo estava em estado de putrefação avançada, colocando-o dentro de um saco ou substituindo-o por um manequim. Essa encenação tinha pelo menos duas finalidades. A primeira era a de enlamear o cadáver, pois considerava-se que dentro de um corpo enlameado só podia se alojar uma alma pervertida pelo demônio[82]. A segunda era a de expô-lo ao desprezo e escárnio de toda a população. Como dizia a lei de Beaumont (promulgada em 1182), "quem tirou a própria vida deve ser arrastado nos campos do modo mais cruel possível, para mostrar a experiência aos outros"[83]. Nos séculos XVI e XVII, havia costumes semelhantes na Inglaterra[84], na Alemanha e em Genebra[85]. Em Veneza, no século XVI, o Senado estabeleceu que o cadáver de um jovem que se matara no cárcere seria conduzido numa embarcação descoberta ao longo do Canal Grande e despedaçado com tenazes em brasa pelo carrasco[86]. Entretanto, no sudoeste da Alemanha e em algumas localidades suíças (Zurique, Lucerna, Basileia), pelo menos do século XIII ao século XVI, havia o costume de colocar o corpo de um suicida dentro de um barril, que depois era jogado no rio[87]. Por fim, em certos casos, o cadáver de quem se matara era decapitado, mutilado ou esquartejado com uma extraordinária ferocidade[88].

O processo de desumanização e degradação do réu não terminava com o enforcamento. Depois da execução, o cadáver continuava pendurado no patíbulo ou na forca, às vezes por seis horas, às vezes por vinte e quatro horas, às vezes por vários dias. Como escreveu De Damhouder, isso ocorria por causa do "gosto pelo espetáculo, para os olhos das pessoas, para que pudessem ver quem matara a si mesmo tirando a própria vida"[89]. Além do corpo, as penas atingiam também os bens do suicida. Nos séculos XIII e XIV, em algumas zonas da França, os suicidas, como os estupradores e os homicidas, não podiam se subtrair ao *ravage*, um rito de devastação e saque dos bens que possuíam em vida. A casa era derrubada (ou, pelo menos, seriamente danificada), os campos queimados, as vinhas cortadas e arrancadas[90]. Costumes semelhantes existiram também na Alemanha, na Inglaterra ou em outros países europeus. Era uma forma de vingança sobre os bens, em substituição ou acréscimo à punição contra a pessoa de quem cometera o crime. Mas dirigia-se também à "abolição da propriedade", para que o malfeitor perdesse "a condição de homem livre membro da tribo, para reduzi-lo ao estado selvagem, *quasi lupus*, como um lobo"[91]. No entanto, a certa altura esse costume deu lugar apenas ao confisco dos bens dos condenados, que fora introduzido pelo menos um século antes. É num documento francês de 1205 que lemos pela primeira vez que "os bens móveis dos que se matam voluntariamente são atribuídos ao rei ou ao barão"[92]. Por outro lado, os *Coutumes de Beauvaisis* de 1283 dizem textualmente:

> Deve ser dada aos seus herdeiros, e não confiscada, a propriedade de quem morre acidentalmente, por exemplo, caindo num buraco ou num rio e se afogando, ou caindo de uma árvore ou do telhado de uma casa ou de algum outro modo. Mas, se for evidente que quis se matar ou foi encontrado enforcado ou disse: "vou me afogar ou me matarei pelo que me fizeram ou por tal coisa que me aconteceu", será feita justiça e a sua propriedade será confiscada em favor do senhor em cujas terras se encontra[93].

Naqueles mesmos anos, na Inglaterra foi aprovada uma norma dispondo que qualquer pessoa que se tivesse matado, homem ou mulher, mentalmente são ou insano, teria todos os seus bens confiscados[94]. A seguir, essa pena passou a ser prevista pelos códigos de muitos países europeus[95]. O procedimento seguido costumava ser o seguinte: durante o processo do cadáver, o tribunal solicitava que se fizesse um inventário de todos os bens do acusado e estes eram sequestrados e confiados ao coletor de impostos do senhor ou do soberano. A condenação ao confisco podia ser a pena principal ou acessória para o crime, podia abranger os bens móveis, os imóveis ou ambos, somente a propriedade individual do réu ou também a familiar e, portanto, incluindo os bens do cônjuge. De todo modo, ela anulava o eventual testamento e muitas vezes acarretava efeitos desastrosos para a condição econômica dos sobreviventes.

A documentação existente permite pensar que esse costume existia também na Europa Meridional. Assim, na Sardenha, a "Carta de Logu", promulgada por Eleonora d'Arborea em data incerta, mas seguramente antes de 1392, dizia:

> Além disso, determinamos que, se alguma pessoa se matar a si mesma de alguma maneira e de caso pensado, deverá ser arrastada e enforcada em alguma forca, que deve ser feita na Vila onde se matar; e o Oficial daquela Vila deverá fazer a descrição de todos

os seus bens a outra ordem nossa; e da mesma forma investigará e perguntará aos Jurados e homens de bem daquela Vila sobre a causa pela qual aquele homem terá se matado, e fará redigir essa investigação, a qual investigação deverá trazer a Nós o quanto antes, para que Nós possamos mostrá-la aos Sábios nossos para nos aconselharem sobre o que haveremos de fazer com os ditos bens[96].

No entanto, havia diferenças significativas entre os costumes dos diversos países e regiões da Europa. Em alguns casos, o confisco se referia aos bens móveis e imóveis; em outros, somente aos móveis; em outros ainda, somente a uma parte dos bens da pessoa. Assim, por exemplo, segundo uma lei de 1568, em Genebra o confisco dos bens não era integral quando o suicida tinha filhos, porque estes tinham direito a uma parte da herança (a legítima)[97]. Em certos casos, a esposa era protegida, pelo menos em parte, pelo direito de usufruto, de modo que não se podia proceder ao *ravage* nem ao confisco dos bens do marido enquanto ela estivesse em vida. Às vezes, as normas variavam também de acordo com o sexo do suicida. Assim, em certas partes da Alemanha, o senhor tinha o direito à metade dos bens se o suicida era homem, mas a um terço se era mulher[98].

Em certos casos, surgiam conflitos entre as autoridades civis e as religiosas, disputando a quem caberiam os bens confiscados. Foi o que, por exemplo, aconteceu em Lodi depois que o comandante dos guardas ducais, Danino dell'Acqua, tirou a vida em 9 de junho de 1468, "*inducto de qualche despertione*" (induzido por algum desespero). Dirigindo-se à casa dele, o vigário do bispo de Lodi, o juiz encarregado do delito e outros funcionários se certificaram de que "ele enforcara a si mesmo". O fisco eclesiástico e a Câmara ducal disputaram entre si os bens do pobre comandante, avaliados entre 300 e 800 liras imperiais. O bispo de Lodi, a certo ponto, solicitou ao Duque Galeazzo Maria Sforza que lhe cedesse esses bens pelo menos como doação, "para fazer um dossel", pois o anterior havia se "rompido e rasgado" durante a entrada do duque em Lodi[99].

A legislação do Reino de Castela foi um pouco menos severa do que a dos outros países da Europa Centro-setentrional. O *Libro de las leyes* (mais tarde usualmente chamado de *Siete partidas*), redigido entre 1256 e 1265 por uma comissão de ilustres juristas por incumbência do Rei Alfonso X, num artigo sobre os *desesperados*, apontava quatro motivos principais para o suicídio: para evitar a punição recebida por um crime cometido; por loucura; pela dor insuportável de uma doença; pela súbita perda do poder, da honra ou da riqueza, e previa o confisco dos bens somente no primeiro caso[100]. Mas, dois séculos depois, as *Ordenanzas reales*, preparadas em 1484 pelo jurista Alfonso Díaz de Montalvo por incumbência das Cortes de Toledo, estabeleciam que todos os bens de quem tirava a própria vida, por qualquer motivo que fosse, seriam confiscados pela coroa, mas apenas se o suicida não tivesse descendentes[101].

1.6 A sepultura desonrosa

A punição utilizada com maior frequência contra os suicidas se referia ao local e ao rito de sepultamento. Por longo período e em culturas muito diferentes, a decisão sobre o lugar e a maneira de enterrar o corpo constituiu um poderoso e eficiente símbolo de inclusão ou exclusão em relação à comunidade de pertença. Já Platão sustentara que os que matavam aquilo que tinham "de mais íntimo e mais caro", isto é, a si mesmos, "por letargia ou vileza", deviam ser sepultados "sem glória" em "tumbas isoladas", "não marcadas por lápides nem por nomes", "em locais incultos e anônimos"[102]. Na Europa cristã, o primeiro documento que atesta essa prática remonta ao ano de 570, quando o corpo de um conde franco que se matara foi sepultado num mosteiro, mas não junto aos corpos dos outros fiéis e sem a celebração de uma missa[103].

Foi nesse mesmo período que começou em todo o mundo cristão (antes na África, depois na Europa) uma profunda mudança da atitude em relação à morte e aos costumes funerários[104]. Até então, os defuntos sempre tinham sido vistos com suspeita e temor, e mantidos o mais longe possível dos vivos. A lei romana das Doze Tábuas prescrevia: "nenhum morto seja enterrado ou cremado na cidade". E, com efeito, os cemitérios da Antiguidade ficavam sempre distantes dos centros urbanos. Os primeiros cristãos não haviam feito qualquer alteração nesses costumes, pois muitos deles, em polêmica com as superstições pagãs, acabaram por conferir pouca importância ao local do sepultamento.

A situação mudou radicalmente com o nascimento e desenvolvimento do culto aos santos e às suas tumbas. Acreditava-se que eles tinham uma especial proximidade com Deus, que dispunham da "única chave do paraíso", que garantiam a proteção dos defuntos e lhes transmitiam uma parte das suas virtudes. Os corpos dos cristãos, então, começaram a ser sepultados *ad santos, apud ecclesiam*, perto da igreja, ao redor das tumbas dos santos. E como essas últimas foram gradualmente transferidas para dentro dos muros, os cemitérios vieram a ocupar o centro das cidades. A partir do século IX eles foram oficialmente consagrados e os ritos fúnebres passaram por uma renovação, sendo agora oficiados somente pelo clero. Enquanto os sinos anunciavam à comunidade a morte de um fiel, o corpo era seguido por uma procissão religiosa solene, antes até a igreja, onde se celebrava uma missa, muitas vezes acompanhada de cânticos, e depois até o cemitério, onde era sepultado em terra consagrada, perto dos outros[105].

Por outro lado, os corpos dos suicidas eram enterrados fora das cidades, longe dos vivos, das igrejas e das tumbas dos santos. Durante toda a Idade Média, a Igreja Católica sempre recusou aos que haviam tirado a própria vida, bem como aos hereges, aos homicidas e aos autores de outros crimes graves, as honras fúnebres, isto é, o usual cerimonial litúrgico previsto para as exéquias e o sepultamento no cemitério, em terra consagrada, junto com os demais defuntos. O procedimento dos cristãos ortodoxos, dos anglicanos e dos luteranos na Europa não foi diferente[106]. Essa punição, porém, assumiu formas muito diversas, conforme o país e o período histórico em que era aplicada.

A pena mais severa consistia em não dar sepultura ao defunto. Na Sardenha, por exemplo, durante a Idade Média, "no próprio local da sua morte o cadáver do suicida era pendurado numa forca e deixado à mercê dos ventos e como alimento para as aves de rapina"[107]. Em Middleburg, na Holanda, no início do século XVII, o corpo de quem tirava a própria vida ficava pendurado no patíbulo até ser corroído pelo tempo e devorado pelos animais. Depois de certo período, tirava-se a forca e se deixava o esqueleto no solo[108]. Na Inglaterra, em certos casos, era abandonado na estrada, num cruzamento, com o corpo atravessado por uma estaca, para que fosse pisoteado pelos passantes[109]. Na Escócia, era sepultado logo adiante do cemitério, numa tumba indicada por um pequeno monte de terra, contra a qual todos os passantes eram obrigados a atirar uma pedra[110]. Em várias regiões da Europa, era muito mais frequente que fosse enterrado numa cova sem o caixão[111].

Não menos inclemente era a chamada *sepultura asini*, também chamada de *asinina*, *asinaria* ou *canina*[112], em que se tratava o defunto como se fosse um animal (a expressão tem uma longa história, visto que já aparece na Bíblia, no Livro do Profeta Jeremias: "Ele terá a sepultura de um asno")[113]. Na Alemanha, o corpo era enterrado pelo carrasco sob a forca, logo após a execução[114]; na Suécia, também pelo carrasco, mas nos bosques, longe dos centros habitados[115]. Em outros casos ainda, o corpo era abandonado num "*receptum stercorum*"[116]. Em Paris, no século XVII, o corpo dos homens que haviam se degolado era jogado no local onde se deixavam os animais mortos[117]. Em outras zonas, era sepultado em locais isolados, sem aquelas lápides e inscrições que indicavam a presença de um sepulcro[118]. Em Massachusetts, nas últimas décadas do século XVII, o corpo do suicida era enterrado numa encruzilhada debaixo de uma "carrada de pedras", como "marca da infâmia e como advertência aos outros para que evitassem essas práticas malditas"[119]. Às vezes, o local e o rito do sepultamento dependiam da maneira como as pessoas se matavam. Em Zurique, por exemplo, se uma pessoa tivesse se jogado do alto, ela era sepultada debaixo de uma montanha, com três pedras sobre a cabeça. Se havia se afogado, era enterrada na areia, não distante das ondas da água. Se havia se matado com uma faca, cravava-se na cabeça uma estaca de madeira[120].

Outra forma de punição consistia em pôr o corpo do suicida dentro de um barril e lançá-lo ao rio. Esse costume (em alemão chamado de *Rinnen*, escorrer) nasceu a partir do século IX, pelo menos, e foi seguido na Alemanha Centro-ocidental e em parte da Suíça, permanecendo vivo por muitos séculos[121]. Num memorando público de Estrasburgo de 1497 podia-se ler: "se alguém se dá a morte, seja homem ou mulher, jovem ou velho, o Conselho não pagará mais de cinco xelins para tirar o cadáver da casa, enfiá-lo num barril e desfazer-se dele"[122].

Ao longo do século XVII, esse costume foi gradualmente substituído por outros. Às vezes os cadáveres eram afundados em pântanos ou enterrados sob o patíbulo. Mas alguns eram cremados, enquanto outros eram enterrados em locais isolados e remotos, raramente alcançados pelos homens e pelos animais[123].

Havia, no entanto, punições menos severas. Na Saxônia, o cadáver de um suicida era, às vezes, sepultado na parte do cemitério reservada às crianças ou numa área separada, perto do muro[124]. Na França, a partir do século XVII, começou-se a reservar nos cemitérios um espaço para enterrar os suicidas que não podiam ser sepultados em terra consagrada. No Franco-Condado, esse espaço era delimitado por uma mureta sem entrada, de modo que era preciso passar o cadáver por cima dela[125]. Na Suécia, na Alemanha e em outras partes da Europa, o corpo de um suicida era, às vezes, sepultado na terra consagrada de um cemitério, mas sem as cerimônias religiosas; às vezes, isso ocorria na presença de um sacerdote em privado, sem sinos ou em noite avançada[126]. Em Bolonha, ainda nas primeiras décadas do século XIX, os corpos dos que tiravam a vida eram sepultados numa área externa ao cemitério da Cartuxa, perto da área reservada aos acatólicos e aos judeus[127]. Na Rússia, enquanto alguns corpos de suicidas eram jogados num pântano ou largados em sepultura em locais desertos, outros eram levados, sem ritos religiosos, a uma *ubogii dom*, uma "casa desgraçada", isto é, a grandes valas cobertas por barracos de madeira, chamadas de "capelas de orações"[128].

Em certos casos, usavam-se três tipos diferentes de sepultamento segundo os motivos do suicídio: *honesta, inhonesta tamen humana, canina sive asinina*[129]. Em Nuremberg, por exemplo, ao longo do século XVI, se a pessoa que se tirava a vida era considerada louca ou demente, escolhia-se o primeiro tipo e permitia-se que ela fosse enterrada no cemitério, mas "em silêncio", isto é, sem cerimônias, cânticos sacros e sons de sinos. Se se considerasse, porém, que ela havia procedido assim por pobreza, desespero, vergonha ou vileza, recorria-se ao segundo tipo, e o corpo era transportado pelos carrascos numa carreta para fora da cidade, sem caixão, sob o olhar dos ociosos e dos curiosos. Por fim, se a pessoa se matara depois de denunciada ou condenada por algum crime, não tinha como escapar ao rito degradante do terceiro tipo, o sepultamento asinino[130].

Os familiares ou parentes dos suicidas conseguiam, em certos casos, obter um veredito mais clemente, para evitar ao menos a vergonha de uma *sepultura asini*, oferecendo uma soma em dinheiro ao bailio[131].

Só era possível uma absolvição plena se a pessoa que tentara se matar sem conseguir viesse a se arrepender. No final do século XIV, Bouteiller relatou que um homem havia tentado se afogar perto de Tournai. Salvando-se e voltando para casa, um sacerdote o ouvira em confissão, declarando que havia se arrependido. Mas o homem morreu pouco tempo depois, devido aos ferimentos resultantes da tentativa de suicídio. Submetido a juízo, fora absolvido precisamente porque havia se arrependido[132].

Em Viena, para ter uma sepultura cristã em terra consagrada, bastava que o suicida invocasse, talvez no momento em que cometia o gesto, os nomes de Jesus e Maria[133]. Outras vezes, concedia-se um sepultamento sem cerimônias. Assim se procedia, por exemplo, na pequena comunidade evangélica de Brusio, no Val Poschiavo, no século XVIII.

Em 20 de janeiro de 1770, como escreveu o tabelião local num relatório sobre a ocorrência, Malgaritta Galezia, "tendo tomado veneno para se envenenar [...] matou assim a si mesma". Algumas horas antes de morrer, a mulher recebeu a visita do pastor da comunidade, que descreveu o episódio da seguinte maneira:

> Encontrei-a com grandes dores, mas ainda de boa memória e falante [...]. Perguntei à supracitada se era verdade que havia utilizado semelhante remédio e cedido a esse horrível excesso, pela natureza, lei divina e humana proibido. Respondeu-me infeliz-

mente ser verdade; perguntei se estava persuadida e convencida de ser ré de uma grande transgressão e horrendo pecado. Respondeu-me: infelizmente, estou persuadida e convencida do meu horrendo pecado e se não tivesse prosseguido não prosseguiria, mas espero e rogo à divina misericórdia que tenha piedade de mim e me perdoe os meus pecados *cum pluribus*.

Um ano depois, Giovanni Galezia, marido de Malgaritta, também tentou se matar com uma faca. Antes de morrer, conseguiu fazer um testamento, no qual, entre outras coisas, recomendava "a sua alma ao Onipotente Deus seu Criador, implorando à Divina Majestade que o perdoasse de todos os seus pecados e especialmente desse pecado atroz que cometeu contra si mesmo", e pedia perdão a "toda a nossa Igreja Evangélica de Brusio, pelo escândalo causado à mesma".

Em ambos os casos, os parentes dos dois defuntos pediram à assembleia da Igreja ("alguns homens votantes no nosso Sacro Templo") autorização para o sepultamento cristão dos seus corpos. Entregaram a essa assembleia 55 liras a título de ressarcimento, tendo Giovanni legado em testamento 200 liras à Igreja. Depois de "várias reflexões e considerações feitas e após passáveis pareceres", a assembleia aceitou os pedidos sob certas condições. Em relação ao corpo de Malgaritta, deliberou que "seja colocado em local apartado no cemitério, acima da igreja, no cemitério novo", que "não se possa utilizar a mortalha da igreja sobre o caixão e que se entre no cemitério pela porta de cima" e sem outras cerimônias. Para o cadáver de Giovanni, estabeleceu que o sepultamento ocorresse "ao norte do cemitério, ao cair da noite, sem som de sinos, nem mortalha, nem o cortejo costumeiro"[134].

1.7 A formação da ética cristã em relação à morte voluntária

Para entender como nasceu o universo cultural que descrevi até o momento, aquele conjunto de normas e esquemas interpretativos, de símbolos e ritos que davam sentido às escolhas dos homens e das mulheres em relação à sua vida, é preciso recuar alguns passos.

Na antiga Roma, a morte voluntária tinha um significado e um valor completamente diferentes. Os homens livres[135] eram autorizados a tirar a própria vida por numerosos motivos (desde que não fosse por enforcamento)[136]: uma doença, a dor física, o medo, o desejo de vingança, a perda de um ente querido, o *furor*, isto é, um acesso de loucura, a *insania*, ou seja, a incapacidade de entender o alcance das suas ações, um estupro ou uma derrota em batalha[137]. Mas o suicídio não era apenas tolerado. Pelo menos entre a elite culta que se remetia ao estoicismo, ele era considerado a mais alta forma de expressão da liberdade, a única que permitia aos seres humanos alcançarem e até superarem os deuses, destinados a ser imortais[138]. É também por isso que, amiúde, o gesto de quem tirava a própria vida tinha caráter público, quase teatral, e era realizado com calma, sem trair ira, desespero ou medo, perante muitas testemunhas[139].

No período do Império Romano, esse clima cultural começou a mudar. Alguns filósofos neoplatônicos, como Porfírio ou Macróbio, condenaram moralmente o suicídio, porque – como escreveu este último – "quem expulsa a alma do corpo com violência, não lhe permite ser livre. De fato, quem obtém espontaneamente a morte é levado a isso porque está cansado das obrigações da existência ou por efeito de algum medo, ou por ódio, todas elas coisas que se incluem entre as paixões. Mesmo que antes a alma estivesse pura de tais sujidades, pelo próprio fato de fazê-la sair a força do corpo, torna-se suja"[140].

Uma importante mudança ocorreu também no direito. No período republicano, alguns romanos, acusados de um crime passível de pena capital e do confisco dos bens, mataram-se antes da sentença, para evitar essa segunda sanção (com base no princípio jurídico de que, "com a morte, o crime se extingue"), assim fraudando o Estado. Na época imperial (presumivelmente entre os séculos I e II d.C.), com a finalidade de evitar danos ao fisco, implantou-se uma norma prevendo o confisco dos bens dos que se matavam ainda durante a tramitação do julgamento por um crime que incluía tal condenação[141].

Mas o rompimento com o universo cultural romano se iniciou no século V d.C., quando Agostinho criou as bases da ética cristã sobre o suicídio[142].

Antes disso, os Pais da Igreja raramente tinham se pronunciado a respeito ou haviam se manifestado de maneira ambígua e hesitante. Enquanto tinham um juízo claro e inequívoco sobre o infanticídio e o aborto, sua posição sobre a morte voluntária, embora geralmente negativa, admitira várias exceções importantes[143].

Agostinho foi levado a formular uma posição clara e articulada sobre esse tema pela necessidade de dar resposta a duas questões candentes do seu tempo, uma referente aos martírios, a outra às virgens. Nos séculos anteriores, alguns cristãos haviam escapado das perseguições pagãs cometendo suicídio. Todavia, no século IV, com a conversão de Constantino ao cristianismo, a posição da Igreja mudara radicalmente e os fiéis deixaram de ser objeto de perseguições. Bem naquele momento, porém, nascera o donatismo, uma corrente cismática do cristianismo que, em nome da pureza e do martírio, defendia a legitimidade dos suicídios individuais e coletivos. Na mesma época, depois de duas tentativas fracassadas, os visigodos invadiram Roma em 410, saquearam casas e estupraram mulheres, levando muitas delas a tirarem a vida devido à desonra.

Intervindo sobre esses eventos, Agostinho condenou energicamente o suicídio tanto dos donatistas quanto das mulheres violentadas. Mas chegou também à formulação de uma proposição mais geral, em que definia a morte voluntária "uma má ação detestável e um crime condenável". Para isso, baseou-se no quinto mandamento ("não matarás"), argumentando que essa proibição se referia não só aos outros, mas também a si mesmo. Como fundamento dessa sua interpretação, citou o fato de que Deus, quando transmitira um mandamento exclusivamente referente aos outros, indicara-o de maneira explícita ("não prestarás falso testemunho contra o teu próximo")[144]. Portanto, o suicídio não era diferente do homicídio. Ambos eram gravíssimos pecados contra Deus[145]. "Como poderá ser julgado inocente", perguntava-se Agostinho, "aquele a quem se disse: 'Amarás o próximo como a ti mesmo', se cometeu homicídio contra si mesmo, sendo proibido o homicídio contra o próximo?"[146]

Em princípio, tirar a própria vida não era admitido em nenhuma ocasião e por nenhum motivo. Concluindo uma série de considerações e argumentações, Agostinho escrevia de modo firme, solene e irrefutável:

> Isso dizemos, isso afirmamos, isso sustentamos de modo absoluto: ninguém pode infligir-se espontaneamente a morte com a ideia de escapar às aflições temporais, sem cair nas eternas; nem por consideração a um pecado alheio, sem gerar um pecado próprio, gravíssimo, sendo que não estava contaminado pelo alheio; nem por consideração aos próprios pecados passados, para os quais tanto maior necessidade temos dessa vida, para saná-los com a penitência; nem pelo desejo de uma vida melhor, esperada após a morte, pois a melhor vida após a morte não admite os culpados de sua própria morte[147].

E, no entanto, ele também precisou admitir, com algum embaraço, que a ética cristã previa exceções. Havia, em primeiro lugar, algumas "santas mulheres" (como as juveníssimas Berenice e Prosdoce), que haviam se lançado a um rio para defender a castidade contra os inimigos e que continuavam a ser veneradas como mártires da Igreja Católica. "Sobre essas mulheres não me arrisco a dar juízos temerários", escrevera Agostinho, ciente de que a sua posição era totalmente diferente da posição oficial da Igreja. Não menos incômodo era o caso de Sansão, o herói israelita cujas grandes gestas foram narradas pelo Antigo Testamento. A mais extraordinária dentre elas, causada sobretudo pelo seu envolvimento erótico com uma mulher, configurou-se como vingança pessoal efetuada com a morte de um grande número de inimigos. De fato, traído por Dalila, a terceira mulher pela qual se apaixonara, entregue aos filisteus, tendo o cabelo raspado e os olhos cegados, Sansão fora intimado a se apresentar, fazendo alguns jogos, perante três mil deles, amontoados dentro e no alto de um templo. Então abraçando as duas colunas que sustentavam o edifício, fizera-o desmoronar, declarando: "morra eu, morram os filisteus". Era um suicídio agressivo (ou como arma de luta), cometido numa situação desesperada, com a intenção de matar o maior número possível de inimigos ("morrendo, matou um número maior do que matara em vida")[148], não diferente das ações dos *ka-*

mikazes modernos (como veremos no sétimo capítulo). O ato de Sansão, portanto, estava ainda mais distante dos princípios defendidos por Agostinho do que os atos dos donatistas. Mas a Agostinho não restou outra escolha a não ser definir os comportamentos das "santas mulheres" e de Sansão como exceções, justificadas pela "ordem divina" que certamente haviam recebido. "Quando Deus ordena e indica claramente que é uma ordem sua, quem poderia fazer da obediência um crime, do consentimento devoto uma culpa?"[149].

Agostinho, porém, não se limitou a apresentar um quadro coerente e orgânico de proibições. Reexaminou criticamente e redefiniu conceitos e crenças que se haviam formado no passado distante, mas continuavam a inspirar os pensamentos e as ações das pessoas do seu tempo. Quem se mata, observou ele, "talvez possa ser admirado pela grandeza de ânimo, mas não elogiado por verdadeira sabedoria. Se bem que, a um exame mais escrupuloso da razão, não se poderá sequer falar corretamente em grandeza de ânimo quando se elimina a si mesmo, por incapacidade de suportar uma dificuldade qualquer ou os malfeitos alheios"[150]. Isso porque a grandeza de ânimo, a sabedoria, a razão, o sofrimento, a honra assumiam no seu universo moral um significado totalmente diverso do que tinham no passado.

O sofrimento, até então, fora considerado como uma absurda negação do homem, um limite e um obstáculo que, acima de certo patamar, tornavam a vida impossível. Agostinho, porém, atribuiu um sentido à dor, considerando-a um meio para alcançar um fim, pois ela permitia ao homem "afirmar-se na sua essência, como criatura que sofre pela glória do seu criador"[151]. E, portanto, ele pensava que mais merecia ser definido como "grande o ânimo capaz de suportar uma vida de desgraças, sem se subtrair a ela"[152].

Analogamente, ao abordar a questão da castidade feminina, Agostinho repôs em discussão a concepção dominante de honra. Os pagãos haviam celebrado as virtudes de Lucrécia. Tito Lívio, o mais proeminente historiador de Roma, narrara as suas vicissitudes. Sexto Tarquínio fora, "com um gládio em punho, para junto de Lucrécia adormecida", ameaçando-a de morte para obter as suas graças. "Vendo-a decidida na recusa e inflexível", à ameaça de morte acrescentara a da desonra e lhe dissera "que, ao lado do seu cadáver, colocaria um escravo nu estrangulado, para que dissessem que fora morta num abominável adultério", e assim conseguira violentá-la. Depois de convocar o pai e o marido Colatino, Lucrécia lhes contara o ocorrido. "O que pode haver de bom para uma mulher, depois de perder a honra? Colatino, no seu leito há as marcas de um outro homem; mas, violado apenas o corpo, o ânimo é inocente; testemunha disso será a morte. Apertem as mãos e jurem que o adultério não ficará impune." E acrescentou: "Vocês verão qual é a devida pena; absolvo a mim mesma do pecado, mas não me subtraio ao castigo: nunca mais mulher alguma viverá impudica, se seguir o exemplo de Lucrécia". E se matara com um punhal que ocultava sob as vestes[153].

Não só os pagãos, mas também os cristãos dos primeiros séculos veneravam as mulheres que se haviam matado por ter sofrido um estupro ou para evitá-lo. Antes de Agostinho, alguns Pais da Igreja, como Eusébio de Cesareia, Ambrósio e Jerônimo, haviam considerado legítima a morte voluntária das mulheres para defender a sua castidade[154]. Eusébio, por exemplo, por volta de 320 mencionava as romanas que, "arrastadas à desonra, preferiram entregar a alma à morte a ceder o corpo à sedução", contando a história da "mais nobre e recatada entre todas", a qual, para evitar o estupro, com um pretexto retirou-se por um momento ao seu quarto e, "ficando sozinha, transpassou-se com a espada, morrendo no mesmo instante; assim, não só deixou aos corruptores o seu cadáver; mas, com tal gesto, mostrou também a todos os homens de hoje e aos que virão no futuro que, para os cristãos, a virtude é o único bem que não pode ser conquistado e destruído"[155].

Agostinho, pelo seu lado, negava que o estupro levasse a mulher a perder a honra e, portanto, cobrisse-a de vergonha. À diferença do vigor, da beleza e da saúde, a castidade não era um dote físico da pessoa, mas uma "virtude espiritual assistida pela fortaleza". Consequentemente, se uma mulher sofria violência, podia perder a integridade do corpo, a virgindade, mas não a castidade.

O estupro não era senão "uma imundície" cometida sobre a mulher, não junto com ela. "Quando um corpo é violentado sem que o propósito de castidade se modifique em aspecto algum em consentimento ao mal, o malfeito pertence apenas a quem obriga a mulher a deitar consigo, não à vítima"[156]. Uma frase em particular, mais do que qualquer outra, sintetizava a essência do estupro: "por estranho que pareça, eram dois e só um cometeu adultério". Pois essa frase permitia diferenciar entre ação e intenção e pensar "não na conjunção dos membros, mas na diferença dos ânimos": "na avidez de um e na castíssima vontade da outra"[157]. Portanto, não perdendo a castidade e a honra, a mulher violentada não tinha nenhum motivo para tirar a própria vida. Se mesmo assim ela se matasse, estaria cometendo um gravíssimo crime: o homicídio de si, isto é, de uma pessoa casta e inocente. Assim, ao contrário de Lucrécia, as mulheres cristãs vítimas do mesmo destino deviam "continuar a viver sem punir em si mesmas um crime alheio, para não acrescentar o seu a esse outro"[158].

Da mesma forma, Agostinho condenava irrestritamente os que se matavam para não cair nas mãos dos inimigos ou por sofrerem perseguição, dando o exemplo dos profetas, dos patriarcas e dos apóstolos, que nunca levaram essa possibilidade sequer em consideração. Relembrou, ademais, que o Senhor Jesus Cristo, quando os fizera fugir para se salvarem às perseguições, jamais os exortou a se matarem. Portanto, "se não ordenou nem aconselhou aos seus que assim deixassem essa vida, enquanto lhes prometia preparar um lar eterno para quando a tivéssem deixado, é claro que, apesar dos exemplos dados pelas nações que não conhecem Deus, aos adoradores do único e verdadeiro Deus o suicídio não é lícito"[159].

A tese de Agostinho, a sua condenação da morte voluntária (quase) sem exceções e os seus argumentos exerceram enorme influência sobre a doutrina da Igreja Católica e sobre as tomadas de posição oficiais. Em 452, o Concílio de Arles não condenou o suicídio de todos (como erroneamente escreveu Durkheim)[160], mas apenas o dos *famuli*, os escravos e servos que se matavam "tomados por um furor diabólico", em detrimento dos interesses dos seus senhores[161]. O Concílio de Orléans, de 533, ocupou-se somente da morte voluntária dos condenados por outros crimes, estabelecendo que os sacerdotes não deviam aceitar as ofertas dos familiares do suicida para a missa e as orações dedicadas a ele. Os primeiros concílios a condenarem todas as formas de suicídio foram o de Braga, em 563, e o de Auxerre, em 578[162]. Esses princípios foram retomados pelas leis civis do poder temporal. A proibição das honras fúnebres para os que se tiravam a vida, prevista pelo Concílio de Auxerre, entrou nos *capitularia* dos reis carolíngios e de Carlos Magno[163].

No final do século XII, a doutrina da Igreja ganhou maior elaboração e enriquecimento com Tomás de Aquino. O autor da *Summa theologiae* reapresentou, adotando-as para si, as ideias de fundo de Agostinho: o suicídio era um pecado, com base no quinto mandamento, um pecado grave, ainda "mais perigoso" do que o homicídio, porque não deixa tempo para a expiação. Ao mesmo tempo, remetendo-se a Aristóteles, Tomás de Aquino sustentou que o suicídio devia ser considerado ilícito por outros três motivos. Em primeiro lugar, porque estava em oposição com a caridade, pela qual todo ser humano deve amar a si mesmo, e com a lei de natureza, que leva à autopreservação. Em segundo lugar, porque todo homem faz parte de uma sociedade e, matando-se, comete uma injustiça contra ela. Aqui reencontramos a tese de Aristóteles, segundo a qual quem corta a garganta comete uma injustiça não em relação a si mesmo, mas em relação à *polis* a que pertence, e é por isso que a *polis* o pune com alguma forma de infâmia pública. Em terceiro lugar, porque a vida é uma dádiva de Deus e quem se mata peca contra ele, "assim como quem mata um escravo peca contra o seu senhor". O homem é dotado de livre-arbítrio, pode dispor de si e escolher livremente o que fazer, mas só para as coisas da vida terrena. Sobre a passagem desta para outra vida, somente Deus pode decidir.

Teses semelhantes às lembradas foram defendidas por todas as denominações cristãs. Os luteranos e os calvinistas na Europa Centro-setentrional, os anglicanos e os puritanos na Inglaterra, todos eles condenaram severamente o suicídio, retomando com frequência alguns argumentos de Agostinho e de

Tomás. Lutero declarou também que aprovava a "estrita observância" daquelas "cerimônias políticas" previstas para retirar de casa o corpo de um suicida[164]. Na Rússia, do século IV em diante, os cristãos ortodoxos seguiram os dezoito cânones de Timóteo I de Alexandria (que tiveram o reconhecimento oficial no sexto concílio ecumênico de 691), um dos quais estipulava que, se o suicida não estava "fora de si", o sacerdote não poderia aceitar dos parentes ofertas para orar por ele. Essa regra de conduta foi reiterada várias vezes ao longo do tempo, e em 1417 o chefe da Igreja Cristã Ortodoxa, numa circular ao clero, declarou que não era admitido enterrar o corpo de um suicida em terra consagrada, nem lhe oficiar um serviço religioso e orar pela sua alma[165].

1.8 Castidade, estupro e adultério

Foi preciso que se passasse muito tempo antes que as ideias mais inovadoras de Agostinho pudessem se afirmar plenamente entre a população cristã, criando uma nova cultura, um novo conjunto de normas e esquemas interpretativos, de símbolos e ritos em comum. Provavelmente, as teses que tiveram mais dificuldade em se estabelecer foram as referentes às virgens e ao estupro. Criticando não só os costumes pagãos, mas também o pensamento de influentes Pais da Igreja, Agostinho promovera duas grandes revoluções conceituais. Em primeiro lugar, recolocara em discussão a concepção dominante da relação sexual entre uma mulher casada e um homem que não fosse o marido. Na antiga Roma, não se fazia nenhuma distinção entre adultério e estupro, pois se considerava que essa relação sempre tinha, em qualquer caso, um efeito de contaminação sobre a mulher casada, quer fosse consensual ou se devesse a um ato violento[166]. Agostinho, porém, formulou essa distinção com a simples e eficientíssima frase que já mencionei: "por estranho que pareça, eram dois e só um cometeu adultério". Em segundo lugar, ele contrapôs à ética da vergonha a ética da culpa. Lucrécia se matara não porque se sentia culpada, mas para escapar à vergonha, pois sabia que o estupro sofrido seria considerado uma forma de adultério que a sujara e desonrara. Agostinho, todavia, estava convencido de que o mais importante não era o ato, e sim a intenção, a "castíssima vontade" da mulher que fora violentada, a sua consciência.

Quem melhor captou e descreveu esse contraste foi, talvez, o teólogo católico Jean-François Senault:

> Essa mulher romana teve mais cuidado em conservar a sua glória do que a sua inocência: receou que pudessem considerá-la suspeita de algum crime, caso sobrevivesse ao seu ultraje: e imaginou que seria considerada cúmplice de Tarquínio, se não se vingasse sobre si mesma. As mulheres cristãs, às quais coube a mesma desgraça, não imitaram o seu desespero, não puniram sobre si mesmas o pecado de outrem; e para vingar uma violência não cometeram um homicídio; o testemunho da sua consciência era a glória da sua castidade; bastava-lhes que Deus, que lê dentro dos corações, conhecesse a sua intenção[167].

Na verdade, mesmo muito tempo depois da guinada de Agostinho, algumas mulheres cristãs tiraram a própria vida após sofrerem um estupro ou para evitá-lo[168]. Naturalmente, não dispomos de estatísticas a esse respeito e não sabemos quando esse número diminuiu. O que é certo é que, durante muitos séculos, vários grandes expoentes do mundo cristão não seguiram a tese do bispo de Hipona. Ainda no final do século VII, Aldelmo, abade de Malmesbury e bispo de Sherborne, num tratado em louvor das virgens, "puras", "intactas", "imaculadas", "invioláveis", "incontaminadas", ao abordar a questão da violência sexual, remeteu-se não a Agostinho e sim a Eusébio, sustentando que o suicídio era o melhor meio de que dispunha uma mulher para defender a sua castidade[169]. A situação se manteve inalterada por muito tempo, caso seja verdade que os especialistas em direito canônico mantiveram, até o final do século XII, uma atitude muito clemente em relação a Lucrécia, sem desaprová-la moralmente por ter tirado a sua vida[170]. O primeiro canonista medieval que retomou a tese de Agostinho foi Uguccione de Pisa. Num importante tratado escrito por volta de 1190, ele condenou severamente o suicídio da mulher romana: "Nisso fez muito mal e cometeu pecado mortal [...]. De fato, ninguém pode voltar as mãos contra si mesmo, em nenhum caso e por nenhum motivo"[171].

Ademais, ao contrário de Agostinho, ele sustentou que Lucrécia era culpada também de adultério: "Agostinho fala de Lucrécia", escreveu ele, "como se ela tivesse sofrido uma imposição absoluta e, portanto, não tivesse pecado. Mas, segundo a verdade histórica, Lucrécia foi obrigada não de maneira absoluta, mas condicional, e por isso digo que, com aquele coito, ela pecou mortalmente e cometeu adultério"[172].

Os canonistas discutiram por muito tempo se a mulher romana sofrera uma forma de violência absoluta ou condicional ou, como outros disseram, se fora por uma "vontade direta" ou "indireta" sua; mas, depois de Uguccione, todos se mostraram de acordo em condenar o seu suicídio[173].

1.9 Árabes, cristãos e mártires

As condições sociais e políticas certamente favoreceram mais as teses de Agostinho sobre os mártires do que as teses sobre as virgens, quando menos porque não só as perseguições acabaram, mas Teodósio I converteu o cristianismo em religião oficial de Estado do Império Romano (com o édito de 380 d.C.), ao passo que os estupros certamente não cessaram. No entanto, quatro séculos e meio depois da tomada de posição de Agostinho, surgiram outros cristãos que renunciaram à vida para dar um testemunho de fé. Aconteceu em Córdoba, de 850 a 859 d.C.

Em 711, o exército árabe-berbere havia atravessado o Estreito de Gibraltar e em poucos anos conquistara grande parte da Península Ibérica, criando o emirado de Al-Andaluz (cuja capital foi de início Sevilha e depois Córdoba), que se inspirava nos ensinamentos do Corão. Derrotados, os cristãos se viram submetidos a um povo com língua, religião e cultura muito diferentes das suas. Todavia, os dominadores lhes permitiram continuar a frequentarem as suas igrejas. Com o passar do tempo, alguns cristãos se converteram ao islamismo, outros passaram a falar árabe em vez de latim, a integrar o exército islâmico, a trabalhar na administração do emirado, a circuncidar os filhos e, quando podiam se dar a esse luxo, a ter um harém. Isto é, tornaram-se moçárabes, pessoas que, para retomar a definição de al-Azhari, um lexicógrafo do século X, "não são de origem árabe pura e se introduziram entre os árabes, falam a sua língua e imitam a sua aparência externa"[174]. Outros cristãos ainda, para proteger a sua fé religiosa contra a influência nociva do islamismo, retiraram-se da vida econômica, inspirando-se em ideais monásticos e ascéticos[175], criticando severamente os que não se lembravam mais das Sagradas Escrituras, tendo abandonado o latim e usando roupas diferentes das tradicionais[176]. Foi nesse grupo que surgiram os novos mártires.

Tudo começou num dia de 850, quando Perfeito, um sacerdote da Basílica de Santo Acisclo, enquanto se dirigia ao mercado, foi detido por um grupo de muçulmanos, que lhe pediram para explicar em que consistia a sua fé e o que pensava sobre Cristo e Maomé. Consciente do perigo que corria, ele expressou a sua opinião somente depois que os interlocutores juraram que não lhe aconteceria nada e, num árabe perfeito, lançou-se contra os falsos profetas "que vêm até vós com pele de cordeiro, mas por dentro são apenas lobos vorazes" (como dissera Mateus), acrescentando a seguir que Maomé era o pior de todos esses falsos profetas, porque era um emissário do demônio e introduzira no coração dos seus seguidores uma doutrina diabólica. Os muçulmanos foram fiéis à promessa e o deixaram partir. Mas algum tempo depois, encontrando-o novamente, alguns deles o conduziram a um juiz que, depois de ouvi-lo repetir as mesmas palavras contra Maomé, condenou-o à forca por blasfêmia.

Um ano e meio depois, outro cristão de nome Isaac procurou deliberadamente o martírio. Provinha de uma família nobre e rica de Córdoba, dominava plenamente as duas línguas, tinha bom conhecimento da literatura islâmica e ocupava um alto cargo na administração daquela cidade. A certa altura, porém, abandonou tudo e retirou-se para uma montanha, no Mosteiro de Tabanos, onde passou três anos estudando a teologia cristã. Ao término desse período, regressou a Córdoba com um objetivo bem preciso. Chegando ao palácio do emir, onde trabalhara antes, foi visitar um juiz a quem pediu algumas explicações sobre os princípios da doutrina islâmica. Mas, tão logo o juiz começou a falar, interrompeu-o bruscamente, em árabe, acusando-o de mentir, insultando Maomé, discípulo do diabo, e exortando-o a se converter à fé cristã. O juiz ficou absolutamente furioso, acusou-o de estar embriagado e Isaac reagiu citando uma frase de Mateus: "Bem-aventurados os perseguidos por causa da justiça, porque deles é o Reino dos Céus". Foi preso e condenado à morte por ter blasfemado em público[177].

Quatro dias depois, o exemplo de Isaac foi seguido por outros seis monges (um dos quais era o seu tio Jeremias e dois outros eram grandes amigos de Perfeito), que blasfemaram contra o Profeta Maomé e amaldiçoaram o islamismo perante um juiz. Naturalmente, foram condenados e enforcados. Casos análogos repetiram-se nos meses e anos seguintes. O mais clamoroso foi o de um monge chamado Rogelio e do peregrino sírio Serviodeo que, nada mais, nada menos, entraram numa mesquita de Córdoba e começaram a proclamar aos fiéis muçulmanos presentes que a verdade estava só no Evangelho, enquanto o islamismo não passava de um amontoado de mentiras. Resgatados a duras penas do linchamento pela multidão enfurecida, foram condenados a severíssimas penas por terem profanado um local de culto[178]. Eulógio, o mais importante de todos, autor de *Martyriale Sanctorum*, a história de todos os cristãos que o haviam precedido, morreu em 11 de março de 859 do mesmo modo e pelos mesmos motivos. Assim, em apenas nove anos, houve 49 martírios. Pelo que sabemos, nas décadas seguintes, alguns outros seguiram esse caminho. Contudo, o número dos casos de martírio deliberado diminuiu progressivamente[179].

Os cristãos que viviam no emirado de Al-Andaluz gozavam de liberdade de culto e não sofriam perseguição dos muçulmanos por causa do credo religioso. Sabiam, por outro lado, que era rigorosamente proibido blasfemar e ofender Maomé. A morte à qual se dirigiam deliberadamente era, portanto, uma forma de "suicídio indireto"[180]. O que os levava, então, a lançar-se em público, com tamanha fúria, contra o islamismo? Os historiadores procuraram várias vezes responder a essa pergunta. Alguns consideraram a busca voluntária do martírio como tentativa extrema de defender a própria identidade religiosa e cultural num ambiente em que, com as conversões, os matrimônios mistos e a formação de grupos intermediários (os moçárabes), as fronteiras entre a população cristã e a islâmica se tornaram cada vez mais tênues e incertas[181]. Outros, entretanto, explicaram o suicídio indireto de alguns cristãos com categorias psicológicas, como a depressão e a pulsão de morte[182]. É difícil dizer se essas interpretações são adequadas. O certo, porém, é que a condenação proferida por Agostinho, quatro séculos e meio antes, contra quem buscasse intencionalmente o martírio ainda não se tornara patrimônio comum dos cristãos de Al-Andaluz.

1.10 As crenças cristãs sobre as causas do suicídio

Além de uma ética, o cristianismo elaborou também um sistema de crenças sobre as causas da morte voluntária. Ele começou a se formar por volta do século IV entre alguns Pais da Igreja, monges anacoretas, que viviam em solidão no deserto e dedicavam-se ao trabalho, à meditação sobre as Escrituras, à oração, às práticas ascéticas, e se desenvolveu e se difundiu nos séculos seguintes por toda a Europa.

Tal como os intelectuais gregos e romanos que os precederam (desde Aristóteles aos epicuristas ou aos estoicos), os Pais da Igreja conferiam notável importância às emoções e lhes atribuíam muitas ações dos seres humanos. No entanto, vamos examiná-las de uma perspectiva totalmente diferente, considerando-as desde o início como pecados[183]. Quem lançou as bases desse sistema de crenças foi o monge Evágrio Pôntico, que viveu a partir de 383 no Deserto de Nítria, perto de Alexandria. Ele afirmava que existiam oito "pensamentos ruins" que molestavam a alma humana, os quais, se não fossem rechaçados, tornavam-se pecados: a gula, a luxúria, a avareza, a tristeza, a ira, a acídia, a vanglória e a soberba. Eram inspirados, insinuados, sugeridos pelos demônios, aqueles dominadores do ar que habitavam na atmosfera celeste. Para lograr o seu intento, esses demônios se serviam de várias "astúcias". Ouvindo as palavras dos homens e observando as suas ações, conseguiam intuir se tinham os seus mesmos pensamentos e se era conveniente tentá-los. Se não conseguiam vencer as suas resistências, afastavam-se por algum tempo e procuravam perceber qual era a virtude negligenciada naquele momento. Então irrompiam de repente por aquela brecha e mutilavam aquela "alma infeliz". Às vezes, chamavam em sua ajuda outros demônios, "mais pérfidos que eles". Para enfraquecer as resistências das pessoas doentes, encorajavam-nas perfidamente a "observar rigidamente a abstinência" e a "rezar os Salmos ficando de pé"[184].

Um outro monge, João Cassiano, que viveu no deserto egípcio de 385 a 399, passando de um eremitério a outro, adotou essa lista dos oito pecados capitais. Um século mais tarde, Gregório Magno a modificou, retirando a tristeza (colocada com a acídia) e a vanglória e acrescentando a inveja. Desde então, os pecados capitais sempre se mantiveram em número de sete, como sete são os dias da semana, os sacramentos, as obras de misericórdia, os pedidos do Pai-nosso, e tiveram enorme importância na cultura e na vida cotidiana dos europeus. O setenário, de início voltado aos monges, à sua vida, às suas necessidades, aos seus pecados, logo se afirmou como código moral e sistema de crenças da comunidade cristã como um todo, e por mais de mil anos foi apresentado, definido, discutido nos tratados de teologia, nos manuais para confessores, nos sermões e pregações, fornecendo aos fiéis modelos de comportamento a serem seguidos e esquemas a serem usados para explicar os pensamentos e as ações dos seres humanos.

Capitais e, portanto, fundamentais, os sete pecados eram ligados entre si por estreitíssimos vínculos de parentesco, nascendo um do outro e criando um grande número de pecados secundários, num processo ininterrupto de geração[185]. No início de todos os pecados estava a soberba, que criava a vanglória, que por sua vez dava origem à inveja. Dela nascia a ira, que produzia a tristeza e por meio dela a avareza, que por sua vez paria a gula, que gerava a luxúria. Na guerra que travavam diariamente contra a alma humana, esses impiedosos inimigos avançavam à frente de um exército de tenentes e soldados. Eis aí, portanto, a rainha de todos, a soberba, pronta a apoderar-se do coração dos homens e das mulheres e a entregá-lo aos outros pecados; eis aí a vanglória, acompanhada pela vaidade, pela arrogância, pela insolência; eis aí a inveja, seguida pelo ódio, pela injúria, pela detração, pela difamação, pela alegria com as desventuras dos outros, pela ingratidão; eis aí a ira, que traz consigo a indignação, a arrogância, a violência; eis aí a acídia e a tristeza, à frente da indolência, da amargura, da ansiedade, do rancor, do desespero; eis aí, por fim, a avareza, a gula e a luxúria, cada qual com o seu séquito.

O suicídio foi explicado remetendo-o a três dessas emoções negativas: a ira, a acídia e a tristeza[186]. Pecados da alma, ao contrário da gula, da luxúria e da avareza, que são pecados do corpo, elas têm origem na esfera das relações sociais. A ira, segundo Evágrio, pode nascer de uma injustiça ou de uma ofensa sofrida, de uma calúnia imerecida, de uma censura injustificada ou dos desejos contrariados, que fornecem "material combustível à irascibilidade"[187]. Como "vinho dos dragões", ela faz perder a razão e transforma um ser humano numa serpente ou na fêmea do javali[188]. Para citar João Cassiano (numa tradução do séc. XVI): "Qualquer um que se mova pela ira tem o seu coração cego, tem a trave no seu olho, o qual, enquanto ele está irado, não permite ver o sol da justiça, e nada reconhece se no olho entra uma lâmina de chumbo ou de ouro, porque a qualidade do metal não faz diferença para o ser cego"[189].

Quem está cegado pela ira, quem não consegue mais distinguir nitidamente entre o bem e o mal, pode dirigir a sua agressividade contra os outros e matar, mas pode também zangar-se consigo mesmo e tirar a sua vida. No século V, o poeta cristão Prudêncio, no seu poema *Psychomachia*, colocou em cena a Ira que agredia a Paciência e, incapaz de vencê-la, matava-se com as próprias mãos. A partir do século IX, pelo menos, essa imagem foi inúmeras vezes representada nos manuscritos iluminados, nos afrescos, nos vitrais das igrejas, nas esculturas. O pecado e a virtude eram geralmente representados por duas mulheres, uma empunhando uma espada com a mão direita e segurando um escudo com a esquerda, a outra erguendo as duas mãos em sinal de paz. A espada se despedaça em fragmentos, que se tornam flechas, a Ira agarra uma delas e transpassa o próprio peito, enquanto a Paciência diz: "a fúria é inimiga de si mesma e se destrói"[190]. Às vezes, nessas representações, o exemplo da Ira era seguido pelos outros pecados, e também a Soberba, a Luxúria, a Avareza tiravam sucessivamente a própria vida[191].

O termo "acídia", literalmente "falta de cuidado", indicava também a incúria em praticar o bem, a indulgência, a negligência e outras formas de inquietação da alma. Os monges anacoretas recorriam a ela para explicar a repetida persistência de algumas sensações e reações que haviam observado várias vezes na vida cotidiana. Era frequente que o monge, entre a hora quarta e a hora oitava (i. é, entre as dez e as quatorze horas), quando o sol estava alto no céu e o calor era insuportável, sentisse desagradáveis emoções. Tinha a impressão de que o tempo não passava e se sentia cada vez mais indolente e simultaneamente irrequieto: ia várias vezes à janela, desejava sair da cela, andava de um lado ao outro para ver se aparecia alguém, sentia desprezo pelos irmãos e um ódio indizível pelo local onde se encontrava e pela vida que levava. Segundo João Crisóstomo, o monge impaciente era impelido pela acídia como uma nuvem sem água é impelida pelo vento[192].

Em alguns casos, a situação se agravava e o monge caía num estado de atonia da alma, de ansiedade, desgosto, abatimento geral e profunda depressão: ansiava e se comportava "como uma criança, com lágrimas apaixonadas e com gemidos", escrevia Evágrio Pôntico[193]. Era, acrescentava João Crisóstomo, uma condição de *athymia*, de abatimento, desalento, desânimo, que podia chegar a manifestações clamorosas: "a torção das mãos, o revirar dos olhos, a espuma na boca, a própria voz horrível e ininteligível, o tremor do corpo, um contínuo estado de insensibilidade"[194]. Enfim, se esse estado de desmoralização se prolongava, sufocando o intelecto, o monge, na tentativa desesperada de escapar ao vazio interior, chegava a pensar em "fazer ele mesmo a sua alma sair do corpo"[195], isto é, matar-se. Sobre as razões disso, os Pais da Igreja não tinham dúvidas: o monge estava tomado por uma determinada emoção, o "demônio do meio-dia", a acídia.

Havia, por fim, a tristeza, que – como observa João Cassiano – "consome as pessoas", impede de viver em paz com os outros, torna impacientes e "estranhos em todos os ofícios" e "por último nos fará parecer como se estivéssemos loucos, embriagados e totalmente desesperados"[196]. Contudo, como dissera o Apóstolo Paulo na sua época[197], há duas formas muito diferentes de tristeza. A primeira, "segundo Deus", nasce do arrependimento pelos erros cometidos e leva à salvação. É "obediente, afável, humilde, dócil, suave e paciente"[198]. Os cristãos, recomendara Paulo, deviam prestar atenção para não mostrarem excessiva severidade para com um pecador que se encontrasse nesse estado: "é suficiente para ele o castigo que lhe adveio da maioria, e por isso agora vocês devem usar de benevolência para com ele e confortá-lo, para que não sucumba sob uma dor grande demais"[199]. A segunda forma de tristeza, a "do mundo", "gera em nós a morte". "É a fauce do leão e facilmente devora aquele que se entristece", dizia Evágrio Pôntico. "É um verme do coração e devora a mãe que o gerou [...]. Pois, enquanto a mãe se liberta da dor e é invadida por uma doce alegria após o parto, a tristeza continua a fazê-la sofrer mesmo depois de ter sido gerada"[200]. É amiúde provocada pela impossibilidade de satisfazer as necessidades egoístas e é precedida por uma sensação de desilusão e vazio. Mas, em certos casos, deve-se a uma sutil instigação do diabo e é tão profunda que não lhes permite "acariciar, nem receber afavelmente e humanamente" os amigos e os parentes mais queridos que temos[201].

Sob certos aspectos, a tristeza e a acídia possuem traços diferentes. A primeira pode ser também positiva, ao passo que a segunda é sempre negativa. A primeira muitas vezes nasce da frustração de um desejo, enquanto a segunda é gerada ao mesmo tempo pelo ódio e pelo desejo, e quem dela sofre "detesta as coisas que existem e deseja as que não existem"[202]. Contudo, foram algumas vezes usadas como sinônimo e tidas com frequência como estreitamente aparentadas[203]. Sempre tiveram uma filha em comum: o desespero. É somente despertando essa forte emoção, gerando esse vício, que a tristeza e a acídia podem levar uma pessoa a tirar a sua vida.

Foi nesse elo da longa e complexa cadeia dos pecados principais e secundários que, desde o início, concentrou-se a atenção dos Pais da Igreja para explicar o suicídio. Mas seria um equívoco pensar que as categorias interpretativas usadas pelos cristãos na Idade Média, para explicar a morte voluntária, eram semelhantes às de hoje. O termo "desespero" teve, de fato, dois significados profundamente diferentes. O primeiro é o aceito hoje: falta de esperança de fazer, obter ou alcançar alguma coisa, de resolver os problemas, de encontrar uma saída. Nessa acepção, desesperado é o desempregado que receia não encontrar mais trabalho, a mãe que vê o filho morrer, o doente terminal de câncer. No seu segundo significado, hoje mais raro, o desespero era o contrário não tanto da esperança, mas, principalmente, da fé e, portanto, como observou Agostinho, referia-se não só às coisas futuras, mas também às presentes e passadas[204]. Nesse sentido, o desespero era aquele sentimento que nascia da convicção de não poder dispor da graça e da misericórdia de Deus, de não poder obter o seu perdão pelos pecados cometidos e a sua ajuda para resolver os grandes e graves problemas[205]. Se, na sua primeira acepção, o desespero era apenas um estado de ânimo, na segunda constituía uma emoção fortemente negativa, isto é, um pecado gravíssimo, no qual se caía quando não se conseguia resistir às tentações do diabo. Como dizia Agostinho, "*desperatio Deo est contumeliosa*", porque pressupunha uma descrença de fundo na capacidade de Deus de anular os pecados com a sua misericórdia. Assim, em inglês, em francês e em outras línguas, *despair*, *désespoir*, *desesperación*, *desesperance* foram usados como sinônimo de suicídio[206].

O setenário, o sistema de crenças que se difundiu lentamente pela Europa cristã a partir do século IV e permaneceu vivo por mais de mil anos, não fornecia explicações psicológicas. Não se limitava a atribuir a morte voluntária de uma pessoa a uma sequência de emoções e eventos, ao desespero, depressão, tristeza, acídia, ira, aos desejos baldados, aos encontros errados, às desgraças sofridas. Em cada etapa do raciocínio, em cada elo da cadeia explicativa, introduzia fatores sobrenaturais. Eram os demônios que suscitavam os oito pensamentos ruins de Evágrio. Era o diabo que levava à tristeza. Era satanás, condenado a ser desesperado por toda a eternidade, que conduzia os seres humanos ao desespero para afastá-los da graça divina.

O personagem emblemático desse triunfo das forças do mal sempre foi Judas. No século V, Agostinho sustentara que Judas, enforcando-se com um laço, "agravou ao invés de expiar a infame traição que cometera; com a sua mortífera expiação, desesperando da misericórdia divina, perdeu qualquer possibilidade de uma expiação salvífica"[207]. Nos séculos seguintes, o personagem de *Judas desperatus*, representado com uma corda em volta do pescoço, sempre foi considerado o pecador por excelência, não tanto porque traíra Cristo, mas principalmente porque não tivera fé em Deus e, duvidando que seria perdoado, tirou a própria vida. Era o modelo oposto ao de Maria Madalena, que havia sido uma grande pecadora, mas se arrependera e tivera fé[208].

Segundo o ensinamento da Igreja, o cristão jamais deveria sucumbir ao desespero, duvidando do poder e da misericórdia do Senhor. Antes de mais nada, sempre podia ter esperança num milagre, na intervenção de um santo ou da Virgem que o faria sair da situação em que se encontrava. Em segundo lugar, ele tinha à disposição vários recursos para se proteger. Para se defender da possessão diabólica, podia recorrer a rituais de exorcismo, que se baseavam no sinal da cruz, no sopro simbólico, no uso da água-benta, na ordem a satanás para se afastar. Mas, para se salvar do desespero e do suicídio, o meio mais simples e poderoso era a confissão, aquele sacramento que o IV Concílio do Latrão (11-30 de novembro de 1215) tornaria obrigatório pelo menos uma vez ao ano. Indo a um sacerdote, contando os seus pecados, cumprindo uma penitência, o fiel receberia imediata absolvição e se reconciliaria com Deus.

Esse sistema de crenças dominou inconteste na Europa por mais de mil anos. Reencontra-se continuamente nas poderosas obras dos teólogos. Assim, por exemplo, no início do século XIII, o monge Cesário de Heisterbach narrou no seu *Dialogus miraculorum* muitas histórias de suicídio por desespero. A freira idosa, muito devota e caridosa, recaiu de súbito num estado de tristeza profunda e começou a perder a fé, a se tornar irreverente e blasfema, a recusar os sacramentos. Temendo que o seu corpo, após a morte, pudesse não ser enterrado em terra consagrada, tentou se matar atirando-se ao Rio Moselle. Analogamente, um irmão laico de uma comunidade monástica, muito estimado por todos devido ao seu rigor moral e à sua religiosidade, foi acometido por um acesso de sombria melancolia. Ao contrário da freira, não se tornou irreverente e blasfemo. Mas perdeu a esperança na salvação, pois começou a pensar que cometera pecados tão graves que Deus não o poderia perdoar, e se jogou num depósito de água, morrendo afogado[209].

Reencontramos esse sistema de crenças na iconografia. Do século V ao século XIV, a morte de Judas foi um dos temas mais frequentemente tratados pela arte cristã[210]. Todavia, é a figura do suicida, não a do traidor de Cristo, que vem representada nas esculturas, miniaturas, painéis de madeira entalhados e afrescos. Uma placa de marfim de 420 mostra Judas dependurado por uma corda no galho de uma árvore, vergado ao seu peso, com os olhos fechados e os braços inermes. Ao lado, com maior destaque, está o Cristo crucificado, símbolo de uma morte boa, contraposta àquela ruim. Na cena que se apresenta aos nossos olhos, Cristo é assistido por João e Maria, e todos dão as costas a Judas[211]. Com algumas modificações, esse modelo foi retomado inúmeras vezes ao longo de toda a Idade Média.

Outro modelo, seguido por vários artistas, devia parecer ainda mais ameaçador e convincente aos fiéis. No afresco pintado em 1492 pelo piemontês Giovanni Canavesio para o santuário de Notre-Dame-des-Fontaines em La Brigue[212], a figura de Judas, pendurado numa árvore com uma grande corda retorcida, apresenta-se com a túnica aberta e um corte longitudinal no abdômen e no tórax. Pela abertura entrevê-se, no afresco de Canavesio, o estômago, alguns pedaços do intestino delgado, os dois lobos hepáticos e uma criaturinha nua, com órgãos sexuais masculinos, muito semelhante ao próprio Judas. A criatura é extraída do corpo do enforcado por um animal estranho e horrendo, colocado à sua esquerda, coberto por uma pelagem áspera e negra, com uma longa cauda, duas asas de morcego, dois chifres compridos e retorcidos, o olhar astuto e voraz. Naturalmente, esse terrível animal imaginário representa o diabo que se apodera da alma do enforcado, ao qual é permitida a passagem somente pela abertura do abdômen, e não pela boca de Judas, que estava santificada pelo beijo de Cristo no jardim do Getsêmani[213].

Esse sistema de crenças conheceu outras formas de expressão iconográfica. Na fachada de Notre-Dame em Paris, o desespero é representado como uma figura esfaqueando a si mesma, sob a figura da Esperança. Na capela dos Scrovegni, em Pádua, Giotto pintou um afresco de uma mulher enforcada, incapaz de resistir às tentações do demônio. Mas encontram-se inúmeras imagens semelhantes espalhadas pela Europa, nos manuscritos iluminados, nos portais, vitrais e candelabros das igrejas ou dos edifícios públicos[214].

Esse mesmo sistema de crenças foi empregado com convicção e firmeza ainda maiores pelas várias denominações protestantes que nasceram depois da Reforma. Lutero atribuía um grande papel ao desespero e chegava a sustentar que o suicídio nada era senão um homicídio cometido diretamente por satanás[215]. Calvino estava persuadido de que a morte voluntária era causada pela "possessão diabólica" e que somente satanás seria capaz de suprimir o instinto de autopreservação nos seres humanos. Na Inglaterra, anglicanos e puritanos tinham ideias semelhantes. "Satanás", escreveu o sacerdote puritano Richard Gillpin, "procura a ruína dos nossos corpos, como das nossas almas, e muitas vezes tenta os homens a tirarem a própria vida"[216]. Em 1618, Thomas Beard sustentou que a prova mais convincente da intervenção e da presença do diabo consistia nas circunstâncias em que, por vezes, ocorria o suicídio. De que outra maneira se explicaria que muitos conseguiam tirar a vida em situações em que seria difícil morrer: que alguns se enforcassem com os joelhos quase encostando no solo, que outros se pendurassem em galhinhos de árvore que não sustentavam o seu peso, outros ainda se afogassem numa minúscula poça d'água?[217] Em 1637, no primeiro tratado inteiramente dedicado ao tema, John Sym, um puritano militante nascido e crescido na Escócia, sustentava que por trás de todo suicídio havia "o forte impulso, as poderosas ações e o comando do demônio"[218].

Além disso, é a um devoto protestante, o escritor inglês Edmund Spenser, que se deve a mais vigorosa expressão literária desse sistema de crenças.

1.11 Desespero e o cavaleiro da Cruz Vermelha

No grande poema incompleto de 1590, *A rainha das fadas* [*The Faerie Queene*], Spenser evoca diretamente a tentação do suicídio, confiando-a a um poderoso personagem alegórico, chamado, a justo título, "Desespero". Precedido pelos efeitos assustadores que desperta nos indivíduos que encontra (como aconteceu a Trevisan, jovem cavaleiro aterrorizado, que cavalga, petrificado, a rédeas soltas para fugir a ele), Desespero, direta emanação de satanás, apresenta as características ao mesmo tempo repulsivas e persuasivas do grande enganador. Antes ainda de conhecê-lo diretamente, somos informados do poder das suas palavras e do fascínio que exercem sobre quem as ouve: a sua linguagem é um instrumento "mais forte do que todo o ouro do mundo", que "como mel líquido goteja no coração e pelo interior de todas as veias", anulando toda força e qualquer capacidade de resistência[219].

Quem o escuta está perdido, tal como os que se deixavam enfeitiçar por outras grandes figuras míticas da tentação, como a serpente e as sereias. Assim, o amigo de Trevisan, apaixonado não correspondido, matou-se de repente, impelido pelas convincentes palavras do perigoso personagem, e o próprio cavaleiro em fuga, testemunha do trágico evento, apenas com dificuldade consegue se subtrair ao encanto insidioso de Desespero, pelo qual continua a sentir um terror inigualável. Com efeito, somente ao ceder às insistentes solicitações do herói do poema (o cavaleiro da "Cruz Vermelha", transparente alegoria da santidade) é que o fugitivo aceita levá-lo às cercanias da casa do grande inimigo, depois se afastando definitivamente.

A cena que logo se apresenta aos olhos do protagonista tem um funesto poder: numa atmosfera eternamente noturna, a morada de Desespero evoca exclusivamente imagens de morte, ruína, destruição, como numa espécie de grande representação tautológica das forças que impregnam o seu morador. A casa é uma gruta, baixa e escura, que se abre ao fundo para um precipício: mais semelhante a uma tumba antiga, amiúde visitada pela morte, do que a uma verdadeira morada e, ao mesmo tempo, animada quase magicamente pela contínua e voraz busca de outros cadáveres. Nas paredes externas, aninha-se a coruja que, com o seu piado sombrio, afasta a presença festiva de outros pássaros; somente o ulular dos fantasmas, que rodeiam incessantemente a casa, faz eco ao seu estridular e realça a sua melancolia.

Da morada de Desespero, como de um núcleo condensado, a atmosfera fúnebre e esquálida se estende por toda a paisagem circundante, convertendo-a numa declaração de morte: penhascos desolados, velhas árvores retorcidas, eternamente desfolhadas, de cujos ramos, como frutos mortíferos, penderam apenas os corpos de pessoas que ali se enforcaram, cujos ossos, agora espalhados pela grama e pelas rochas, constituem uma vegetação antinatural que evoca, numa precisa referência, os análogos troféus que cercam as sereias, revelando os seus reais e funestos efeitos.

Tudo fala de desolação nesse local amaldiçoado, onde, porém, um débil fio de vida corre subterrâneo, seja alimentando com a sua energia os mesmos mecanismos destrutivos que dominam o ambiente, seja assumindo a forma de uma existência bloqueada: assim a casa-tumba de Desespero adquire a feroz vitalidade de um ser eternamente voraz, "que de carniças sempre tem nova fome", enquanto as rochas, onde despontam no topo as árvores dos suicidas, revelam "joelhos de pedra", como se da superfície dos penhascos começassem a surgir os membros de um corpo oculto, permeado de uma vida secreta e aprisionada.

O habitante, o dono, o senhor de tudo isso é um perfeito emblema do local; ao contrário de outros tentadores que operam sob falsas e atraentes vestes, ele se apresenta como um epítome de todas as fealdades que abriga em si: velho horrível, com longos cabelos grisalhos despenteados e desgrenhados, que escondem parcialmente um rosto emaciado, no qual despontam os olhos encovados, "mortalmente vazios"; indiferente e desmazelado, mostra-se seminu, com os flancos mal e malcobertos por um conjunto de trapos rasgados e de cores variegadas, emendados por espinhos.

Com a sua aparência de um verdadeiro morto-vivo, ele tem ao lado o corpo estendido de um jovem cavaleiro que tirou a vida pouco antes (o amigo de

Trevisan): traz um punhal cravado no peito, e da ferida continua a escorrer sangue, ainda morno, que inunda o corpo num aparente fluxo ininterrupto de líquidos vitais. Mais uma vez, aquele que ainda participa do existente (o horrível velho) apresenta-se como já derrotado pelo fim próximo; aquele que não participa mais do existente (o jovem suicida) tem o aspecto enganoso de uma máquina corpórea ainda ativa. A vida se mascara de morte; a morte conserva a enganosa aparência de uma vida que prossegue.

O que, então, pode atrair os que se deparam com esse ser repugnante, com esse monstruoso distribuidor de destruição? Nada, enquanto não começa a falar, pois, como já sabíamos, mas, ofuscados pelo encontro com ele, havíamos esquecido, é somente na sua capacidade persuasória, no seu poder argumentativo que reside a sua força, o seu quase irresistível fascínio. Ao jovem herói, o cavaleiro da Cruz Vermelha que, horrorizado, declara sua intenção de vingar o suicídio, ao qual o infeliz jovem apaixonado foi criminosamente induzido, o retórico tentador assim responde: "Por que aquele que decide se matar não poderia fazê-lo? E o que pode tê-lo levado a isso, senão a consciência das suas próprias culpas ou o peso das suas próprias dores? E por que não pode receber ajuda aquele que deseja pôr termo aos seus sofrimentos, aquele que já tomou a decisão, mas hesita em passar à ação?"

O cavaleiro da Cruz Vermelha ouve, mantendo pleno controle de si; mas, quando Desespero passa das perguntas de caráter geral para as palavras lúcidas, melancólicas e pacatas que dão voz à necessidade existencial de serenidade, presente em todo ser humano, a sua voz alcança de súbito os timbres de uma eloquência concisa e solene, de molde altamente poético.

É difícil escapar ao fascínio de palavras como essas:

> Embora doloroso seja o trespasse [...]
> não vale, talvez, aquela breve dor
> a serenidade da alma sepulta?
> Sono após a labuta, paz após
> a guerra, após a tormenta o porto,
> após a vida, a morte é conforto[220].

Na verdade, inicia-se um perigoso duelo verbal, que criará não poucos problemas ao próprio paladino da fé: com efeito, se no início ele contrapõe facilmente ao adversário o mais clássico argumento contra o suicídio ("a vida é propriedade divina, não é lícito ao soldado mover-se sem ordem do comandante"), vem a mostrar uma insegurança cada vez maior ao tentar conter as crescentes perguntas do interlocutor: Não foi Deus, talvez, que determinou que toda forma de vida deve se encerrar pela morte? Quem poderá se subtrair a esse imperativo absoluto? E o que é a vida, senão um ingresso progressivo e irrefreável na culpa? Por que, então, não abreviar um caminho pecaminoso, cujo término obrigatório é a morte? Por que não pôr freio às dores, às doenças, às desventuras? Se a responsabilidade da culpa é individual, e individual o pagamento dos próprios erros, por que não agir antes que o processo se torne irreversível, entregando-nos à danação eterna? Somente a morte é o fim de todo mal.

Ouvindo as palavras de Desespero, Cruz Vermelha vacila, porque sabe que elas são verdadeiras e, subjugado pelo seu poder de persuasão, não consegue objetar que são também parciais; enquanto isso, o antagonista, notando sua desorientação, insiste, já se considerando capaz de vencer as suas últimas resistências. Acrescentando à pressão verbal também a pressão visual, mostra-lhe de inopino uma pintura que representa as almas infernais, eternamente danadas e torturadas. Às irremediáveis culpas humanas corresponde a irremediável e ardente ira divina, que se concretiza numa morte mais assustadora do que a humana, pois eterna.

Trêmulo e transtornado, o cavaleiro da Cruz Vermelha vê diante de si somente um destino de castigos e está prestes a aceitar as propostas do tentador, o qual está disposto a lhe fornecer vários instrumentos de autoeliminação (espadas, cordas, veneno, fogo); o perplexo paladino chega até a aceitar o afiado punhal que lhe é ofertado, tentando cravá-lo no peito. É somente "Uma" (i. é, a Verdade), sua companheira de aventuras, que o salva: arrancando-lhe a arma da mão, repreende-o pela súbita fraqueza. Como podem as diabólicas palavras do seu antagonista levá-lo a esquecer que não pode haver espaço para o desespero em quem é protegido pelo céu? Onde há justiça há graça, e nenhuma condenação é definitiva. Voltando a si, o herói se levanta e se afasta daquele lugar maldito.

Constatando o fracasso do seu empreendimento, que considerava já quase realizado, Desespero, por sua vez atordoado pela ira e pela desilusão, acaba por voltar a sua violenta energia contra si mesmo. Agarra uma corda e se enforca, solitário, sem que uma única oração ou uma única lágrima acompanhe esse seu ato extremo: mas não pode morrer. Assim ficamos sabendo que o horrendo personagem já tentara a morte inúmeras outras vezes, sem obter qualquer resultado: numa grandiosa manifestação de contrapasso divino, quem vive para instigar à morte está destinado a percorrer de novo, eternamente, a mesma espiral de desespero que induz nos outros, tentando mil outras vezes se suicidar, até que a justiça divina interrompa esse ciclo, entregando-o ao verdadeiro fim: a danação eterna.

1.12 Crenças pré-cristãs sobre as consequências do suicídio

Por toda a Idade Média e, em certos países e camadas da população, também na Idade Moderna, persistiu na Europa outro sistema de crenças (relativas não às causas, mas aos efeitos do suicídio) nascido antes do cristianismo, o qual, porém, acolheu-o no seu seio, readaptando-o, ou com o qual conseguiu conviver sem muitos conflitos. Segundo esse sistema de crenças, a morte voluntária de uma pessoa, mais do que imoral, era um ato pernicioso porque trazia consequências desastrosas para a família, os parentes, os amigos, os conhecidos e toda a comunidade em que vivera.

Pensava-se que o suicídio era contagioso, contaminante, fonte de desventuras e de desgraças. Consideravam-se contaminados o cadáver de quem se matara, a sua casa, os seus campos e rebanhos, o local onde tirara a vida e o meio empregado para tanto, e era perigoso entrar em contato com essas coisas. Em algumas zonas da Europa, ninguém se aproximava do corpo de quem se enforcara numa árvore ou afogara num rio, por medo do contágio. Na Alemanha, no século XVII e no início do século XVIII, quem lidava com esse cadáver eram apenas alguns indivíduos empregados pelo poder temporal (como o carrasco ou o coveiro) que, precisamente por essa razão, eram considerados impuros e intocáveis[221]. O costume de lançar o corpo de um suicida ao rio, seguido por muito tempo em algumas localidades alemãs e francesas, era somente um rito de purificação[222]. Por outro lado, na Escócia, acreditava-se que, se uma mulher grávida passasse pela tumba de um suicida, o nascituro estaria destinado a tirar a própria vida[223]. Na Rússia, considerava-se que os cadáveres dos suicidas, junto com os dos feiticeiros, bruxas, bêbados, assassinados e afogados, faziam parte da categoria dos "mortos sujos" ou "impuros". Pensavam que a terra se recusava a aceitar esses corpos e um sinal dessa aversão seria que não se decompunham e se levantavam da tumba[224].

O espírito de quem matara era fonte de calamidades. Acreditava-se que os suicidas eram almas penadas, obrigadas a errar entre o mundo dos vivos e o dos mortos, pois tinham saído do primeiro sem nunca serem aceitos no segundo. Por isso, em algumas zonas da França julgava-se que os ruídos produzidos nas pedras pela água de um rio seriam os gemidos daqueles que haviam se matado por afogamento, então eternamente condenados a virar e desvirar as grandes pedras jazendo no leito dos cursos d'água[225]. Assim, permanecendo para sempre ou por longo tempo nessa fase de transição ou preliminar, os suicidas ficavam com vontade de voltar ao mundo dos vivos e acabavam por ser considerados uma ameaça e um perigo. Eram-lhes atribuídos os períodos de gelo e estiagem, os furacões e enchentes, os terremotos e deslizamentos, as colheitas ruins e as carestias.

As crônicas locais relatavam que em Augsburgo, em 25 de abril de 1300 (dia de São Marcos), depois que um pobre desgraçado se enforcara, desencadeou-se um violento temporal, causando enormes danos às pessoas e às suas posses. Decidiu-se, então, que todos os anos, no dia de São Marcos, os cristãos jejuariam para ter proteção divina contra o suicídio. Narra-se também que em 1342, em Veneza, "a água subiu tanto que barcos, alicerces e pontes ficaram no fundo" e que isso fora provocado por "um mestre-escola que, por pobreza ou desespero, entregou-se de corpo e alma ao inimigo e isso porque se concluiu que o referido mestre havia se pendurado, ele mesmo, pelo pescoço". O Doge então encomendou uma procissão e uma missa para São Marcos, para expiar o suicídio[226]. Na França, quando havia um temporal com ventania, por muito tempo se acreditou que era sinal de que alguém se enforcara ou se afogara, e que o demônio viera buscá-lo[227].

É provável que essas crenças tivessem também uma base empírica, isto é, encontrassem confirmação na observação repetida de uma coincidência ou de uma associação entre ondas de suicídios e catástrofes naturais. Tal observação, inclusive pela atitude então dominante em relação à morte natural, levava a inverter causa e efeito e a não pensar na possibilidade que tinham sido as catástrofes naturais a provocar os suicídios e não vice-versa[228].

Os costumes cristãos e pré-cristãos aqui lembrados nasceram desses medos e dessas crenças. Era para proteger-se da contaminação que o corpo do suicida era mutilado e a casa destruída com o rito da *ravaire*. Era para defender-se de quem se matara que se retirava o cadáver pela janela ou por baixo da soleira da porta e que às vezes se trocavam fechaduras e chaves ou portas e janelas, para impedir que o seu espírito voltasse[229]. E era por esse mesmo motivo que os suicidas eram enterrados longe dos cemitérios, nos bosques ou nas encruzilhadas das estradas rurais, trespassados por uma estaca. Essas crenças eram tão arraigadas que toda calamidade natural era atribuída ao desrespeito de algum costume.

Jacob Burckhardt, no seu livro mais importante, referindo-se a outro tipo de crime, relatou o seguinte episódio: em 1478, quando Piacenza foi flagelada por chuvas violentas e ininterruptas, diziam que elas não parariam enquanto "o corpo de um usurário, sepultado pouco tempo antes em San Francesco, não fosse transferido de lá para jazer num local não consagrado. E como o bispo não permitiu que se desenterrasse o cadáver, a juventude popular foi pegá-lo à viva força, despedaçou-o pelas ruas em meio a um horrível tumulto, expô-lo ao escárnio e à profanação dos seus antigos devedores e, por último, atirou-o no Pó"[230].

Fatos análogos também aconteceram com os suicidas. Em Augsburgo, em 1593, o conselho local autorizara o sepultamento em terra consagrada do corpo do rico mercador Hans Wagner, que se jogara pela janela na segunda-feira de Páscoa. Mas a eclosão de um temporal no dia seguinte à sua morte convenceu a população a protestar. Em 1682, os habitantes de Brackenheim encaminharam uma petição ao Duque Friedrich Karol para se opor ao sepultamento de um suicida dentro do cemitério[231]. Na Rússia, quando havia um período de estiagem, os camponeses pensavam que se devia ao enterro de um suicida, realizado segundo o rito cristão. Por isso, quando se passavam muitos dias sem chover, jogavam água na sua tumba e rezavam a Deus para ter algumas gotas. Se esse método não desse resultado, exumavam o cadáver para enterrá-lo no bosque ou em outro terreno não consagrado ou para jogá-lo em algum rio[232].

1.13 O suicídio com roubo e como deserção

Esse sistema de medos, proibições, condenações e penas rigorosíssimas foi provavelmente favorecido por alguns aspectos da sociedade feudal, pelas relações de forte dependência pessoal que a caracterizavam e pela existência de "homens de outros homens".

"Nós, os seres humanos", escrevera Platão no *Fédon*, "estamos como que fechados numa caixa [...] e não devemos nos libertar e fugir". E acrescentara: "se alguma vez alguém que pertencesse a você matasse a si mesmo, sem que você lhe tivesse dado nenhum sinal de querer a sua morte, não se enfureceria contra ele e, se pudesse lhe infligir algum castigo, não o castigaria?"[233].

Cícero retomou (no século I a.C.) essa tese, mas introduziu uma metáfora militar. Citando Pitágoras (e invocando talvez Epicteto)[234], sustentou que "sem ordem do comandante, isto é, do deus, não se deve abandonar o próprio posto de guarda na vida"[235]. Quinhentos anos depois, Macróbio, um dos maiores filósofos neoplatônicos pagãos de língua latina, reapresentou um argumento semelhante:

> Estamos sob o domínio da divindade, cuja tutela e providência nos governam; ademais, não se deve subtrair ao próprio senhor, contra a sua vontade, nada do que possui tirando-o do lugar onde ele o colocou; e, assim como será declarado criminoso quem mata um escravo alheio, é evidente que quem mata a si mesmo, sem a ordem do seu senhor, não obterá a absolvição, mas sim a condenação[236].

Essas ideias inspiraram as normas de algumas sociedades em que, precisamente, havia homens donos de outros homens. Assim, por exemplo, na Roma antiga havia, de modo geral, uma grande tolerância em relação ao suicídio, desde que não fosse cometido pelos pertencentes a duas camadas da população: os militares e os escravos. Quando os primeiros pronunciavam a fórmula do *sacramentum*, com que prometiam se dedicar inteiramente à pátria, a vida passava a pertencer ao Estado e, portanto, se se matassem, estariam a roubá-lo, desertando do exército. Por isso, a tentativa de suicídio por parte de um soldado era punida com a pena de morte[237]. Por outro lado, quem vendia um escravo que tentara se matar tinha a obrigação de informar o comprador, para deixá-lo plenamente ciente do risco que corria[238].

O suicídio dos subalternos foi amplamente desencorajado numa sociedade como a feudal, na qual havia homens de outros homens. O conde era homem do rei. O vassalo era chamado de "homem de boca e de mãos" do senhor, porque o pacto de submissão do primeiro em troca de proteção do segundo era selado numa cerimônia em que o vassalo punha as mãos unidas sobre as do senhor e os dois se beijavam na boca. E homens do senhor eram, por fim, os servos, que deviam trabalhar de graça para ele, nas suas terras, por alguns dias da semana, em troca de proteção e concessão de um terreno. Numa sociedade dessas, para um homem que pertencia a outro homem, matar-se equivalia a cometer um roubo em prejuízo do *dominus*. O servo que se matava subtraía-lhe os braços e assim o prejudicava. O caso do vassalo, "homem de boca e de mãos", era ainda pior, pois, além de privá-lo da sua própria pessoa, não honrava o juramento. Assim, não admira que os senhores feudais punissem severamente os suicidas e as suas famílias. Mesmo porque, além de terem grandes interesses a defender, eles estavam em posição ideal para isso. Com efeito, tinham nas mãos a administração da justiça e exerciam férreo controle sobre os tribunais. Às vezes, presidiam pessoalmente aos tribunais, às vezes delegavam a tarefa a uma pessoa de confiança. Em todo caso, eram eles a escolher os jurados entre familiares, parentes, amigos e dependentes.

Alguns estudiosos apresentaram a hipótese de que, na Europa Ocidental, o rigor das penas contra os suicidas aumentara até o século X, conforme a instituição da servidão se reforçava[239]. A documentação existente não permite comprovar esse enunciado. Mas é certo que, se um servo ou um vassalo se matava, o senhor fazia o possível para obter alguma forma de ressarcimento pelo prejuízo sofrido, sem que, ademais, nem ele nem outros considerassem esse ato arbitrário. Mesmo quando havia o costume do *ravage*, isto é, de destruir a casa do suicida e de queimar os seus campos, ainda cabiam ao senhor feudal – como se lê nos *Coutumes d'Anjou et du Maine* – "os frutos de um ano das propriedades do malfeitor"[240]. O costume do *ravage* desapareceu no final do século XIII, não porque as penas em relação a quem se matava houvessem se abrandado, mas porque o senhor, em vez de destruir os seus bens, preferia confiscá-los[241].

Já vimos que, segundo os *Coutumes de Beauvaisis* de 1283, a propriedade do suicida devia ser confiscada "em favor do senhor sobre cujas terras se encontra". Por outro lado, as normas dos *Établissements de Saint-Louis* de 1270 estabeleciam que, "se alguém se enforca, se afoga ou se mata de algum outro modo, os bens móveis e os da sua mulher devem passar ao barão"[242]. Cabe lembrar, porém, que o conceito de propriedade na Idade Média era muito diferente do atual. Um vassalo podia ter bens feudais, concedidos pelo senhor em usufruto. Se se matasse, a sua família os perdia não por serem confiscados, mas porque o prazo da concessão findava automaticamente. Todavia, também podia haver bens alodiais, isto é, em plena propriedade, não sujeitos a obrigações ou vínculos feudais e, portanto, passíveis de confisco em caso de morte voluntária.

A concepção do suicídio como roubo em prejuízo de um senhor ou de um patrão também predominou em outras sociedades e outros períodos históricos. Nos séculos XVII e XVIII, os mercadores portugueses, holandeses ou franceses que transportavam para as Américas os escravos africanos acorrentados nos conveses dos seus navios, ou os colonos que os adquiriam, consideravam os escravos suicidas como ladrões ou tentavam de mil maneiras desencorajar esses atos. Em meados do século XVII, em Barbados, o Coronel Walrond, depois de ver que três dos seus escravos mais fortes haviam se matado, adotou uma medida radical para evitar mais perdas econômicas: fincou no chão uma estaca de três metros e meio e por cima dela pôs a cabeça de um deles. Outros mercadores e donos de escravos decapitavam ou queimavam o corpo de quem se matava. Mas, para a escolha de reações tão ferozes, inspiravam-se mais nas crenças dos escravos do que nos modelos penais da Europa medieval. Muitos dos africanos transportados a força para as Américas, de fato, acreditavam que, se se tirassem a vida, poderiam escapar à escravidão, retornar aos seus países, reencontrar amigos e parentes, viver em regiões felizes na companhia de lindas mulheres e com toda a comida que quisessem. Pensavam que poderiam voltar voando por sobre o oceano, como grandes aves, velozes e resistentes[243]. Essa convicção era tão difundida e arraigada que as escravas colocavam o seu lenço de cabeça sobre o corpo do suicida, para levá-lo consigo até a distante terra natal, assim alcançando as pessoas que lá haviam ficado[244]. Mas essa viagem de retorno só era possível se o corpo do suicida permanecesse intacto. Portanto, ao decapitar os escravos que se matavam, o Coronel Walrond esperava convencer os demais a não seguirem por esse caminho.

Partindo dessa crença e do ditado de muitos povos africanos de que "o rei na terra é sempre rei e o escravo é sempre escravo", outros proprietários empregavam um segundo estratagema, ameaçando que se matariam e seguiriam até a África, de chicote na mão, os escravos que se suicidavam, e que seriam muito mais severos com eles do que tinham sido até então[245]. Por outro lado, no Brasil, nas ilhas da Martinica, Guadalupe e Reunião, os escravos de origem africana às vezes se matavam por vingança, cientes de estarem assim prejudicando economicamente o seu senhor[246].

A ideia de que a morte voluntária era um roubo em prejuízo de um senhor foi reencontrada até mesmo no século XX, em algumas populações não ocidentais. Entre os *ewe* da Costa do Marfim, por exemplo, o suicídio era considerado crime e punido com sanções pecuniárias, pois todos os indivíduos eram propriedade do rei. Por isso, nos Camarões, o chefe da aldeia deveria ressarcir o rei caso algum dos seus homens tirasse a própria vida[247].

Além de roubo, o suicídio foi por muito tempo considerado como uma forma de deserção do exército. A metáfora militar celebrizada por Cícero foi retomada várias vezes durante a Idade Média. No século XII, por exemplo, João de Salisbury a empregou como argumento na sua condenação da morte voluntária[248]. O mesmo fez Petrarca no século XIV. "Pois se um soldado, por vontade de um capitão mortal", escreveu ele ao arcediago de Gênova, "permanece no seu posto e não o abandona a não ser por ordem sua, ou, se o abandona, privado da sua benevolência, expõe-se à ignomínia, ao cárcere, aos espancamentos, à morte, o que diremos sobre o desprezo a uma ordem divina?"[249].

No caso dos militares, a concepção do suicídio como ato de deserção persistiu mesmo após a revogação das normas que previam condenação por esse crime. Assim, por exemplo, Napoleão, para pôr termo aos inúmeros casos de morte voluntária que ocorriam nos exércitos que comandava durante a campanha da Itália, e ainda que ele próprio, na noite de 13 de abril de 1814, tenha vindo a atentar contra si mesmo, proclamou solenemente que qualquer soldado que desse provas de tal "vergonhosa fraqueza" seria "condenado como vil e como desertor"[250].

1.14 Um delito "novo, quase inacreditável"

Chegando a Estocolmo em 1652, aos 22 anos de idade, Pierre-Daniel Huet, futuro bispo de Avranches, na Normandia, além de preceptor do Grande Delfim, filho de Luís XIV, proclamou ter descoberto um "novo, quase inacreditável crime"[251]. O que o levou a essa conclusão não foi a morte que um respeitável cidadão sueco infligiu a um menino de quatro anos, e sim a confissão que ele apresentou aos juízes: "Sei muito bem que não existe meio mais seguro de alcançar a salvação eterna do que quando a alma sai do corpo forte e não debilitado pelas doenças, ajudada pelas pias orações dos homens a Deus [...]. Entendi que seria impossível morrer dessa maneira se não cometesse um crime capital, e assim pensei que seria mais fácil se eu matasse um menino ainda não corrompido pela vida"[252]. Hoje, essas palavras podem parecer obscuras, mas Pierre-Daniel Huet prontamente entendeu os motivos do gesto do respeitável cidadão sueco, ao saber depois que ele enfrentara a morte sorrindo e cantando hinos religiosos.

No ano anterior ocorrera um caso semelhante[253]. Paul Wullf, um ourives alemão que se estabelecera em Estocolmo, matara um menino, filho de uma conhecida sua, que lhe prestava alguns serviços. Entregou-se imediatamente aos magistrados, que, de início, não acreditaram nele, o que o deixou desesperado; na verdade, explicara a eles que "não queria viver mais por muito tempo" e pretendia receber uma rápida sentença capital, precedida pelo seu profundo arrependimento, que redimiria a sua alma e lhe garantiria a salvação eterna.

Nascido em Nuremberg, filho de um escultor que abandonara pouco depois a mulher, Paul tentara várias vezes se matar durante a juventude. Depois de emigrar para Estocolmo e lá morar por alguns anos, trabalhando como artesão, decidiu mais uma vez dar um tiro em si mesmo, mas o medo da danação eterna o deteve bem no instante de apertar o gatilho. Então decidiu mudar de estratégia e escolheu uma solução que lhe permitisse salvar a alma: matar um menino que, graças à inocência da sua idade, ainda não estava comprometido com o pecado e seria, portanto, acolhido no céu, enquanto ele teria o tempo necessário para se arrepender profundamente, antes da execução, com isso garantindo o paraíso também para si mesmo.

Esses casos apresentados não são os únicos. Nos últimos anos, alguns historiadores descobriram que, entre o início do século XVII e o final do século XVIII, houve muitas pessoas na Alemanha, na Inglaterra, na Áustria, bem como na Suécia e Dinamarca, que agiram como Paul Wullf e pelos mesmos

93

motivos[254]. Todas essas pessoas tinham uma coisa em comum. Depois de matarem alguém ou cometerem algum outro crime muito grave, não tentavam escapar, esconder-se, subtrair-se à justiça ou negar o que haviam feito se fossem presos, mas dirigiam-se a alguma autoridade civil ou religiosa, ou à primeira pessoa que encontravam na rua, para confessar tudo e pedir para serem condenadas e justiçadas.

Em 1740, em Estocolmo, depois de matar a filha de uma vizinha, uma jovem chamada Cristina contou que, seis meses antes, decidira abreviar a sua vida, mas logo entendera que, "se morresse por algum crime cometido contra si mesma estaria perdida; mas, se morresse por algum outro, ganharia a salvação"[255]. Em 1746, Johanna Martauschin, uma prisioneira em Spandau que matara o filho de uma colega de cárcere, disse "ter cometido o homicídio porque estava cansada da vida; que matara o menino e não a si mesma porque acreditava que ele se salvaria, ao passo que ela, como suicida, iria para o demônio. Mas agora ainda podia se converter"[256]. Em 1768, em Londres, Mary Hindes, que afogara um nenê de dezoito meses na lagoa de Hyde Park, confessou que "estava cansada da vida, que andava muito inquieta por causa do marido [...] que desejava morrer e por isso cometera aquele ato pelo qual bem sabia que o tribunal não teria clemência"[257]. Perguntaram-lhe: "se estava decidida a morrer, por que não se afogou?", e ela respondeu: "sei a diferença entre o que fiz e o homicídio de si"[258].

De todo modo, ficou claro para os especialistas das leis humanas e divinas que nascera um novo crime na Europa. Em 1766, um respeitável jurista alemão, Karl Ferdinand Hommel, designou-o como "suicídio indireto" e atribuiu a culpa à pregação religiosa. "Pessoas de mau caráter", escreveu ele, "que têm medo do inferno [...] tendo ouvido do púlpito que nenhum suicida pode se salvar, matam os filhos inocentes dos outros ou outras pessoas adultas. Depois se entregam a um juiz como se tivessem praticado uma ação cristã justa, com o ardente desejo de uma execução pública para terem mais certeza de subir ao céu"[259]. E, com efeito, o suicídio indireto[260] era um efeito perverso, isto é, uma consequência não desejada e não prevista, da moral cristã, que levava os fiéis a acreditarem que não havia outra saída para quem quisesse tirar a própria vida e, ao mesmo tempo, ganhar a salvação da alma. Todos os homens e mulheres que então viviam na Europa sabiam que o homicida, antes de ser justiçado, era confiado aos cuidados de um sacerdote e tinha todo o tempo para se arrepender.

Havia diferenças relevantes entre quem tirava a vida com as próprias mãos e quem, por outro lado, recorria a terceiros para alcançar essa finalidade. Entre os primeiros, predominavam os homens (como vimos); entre os segundos, as mulheres[261]. Os suicídios diretos, ademais, eram menos cruentos do que os indiretos. Nos séculos XVII e XVIII, o suicídio masculino se dava com mais frequência por enforcamento, e o feminino por afogamento[262]. Mas quem cometia um homicídio para ser executado depois perpetrava-o, fosse homem ou mulher, com uma arma, geralmente uma faca com que se degolava a vítima[263].

Contudo, havia também outras formas de suicídio indireto. Para ser condenados e executados, alguns se confessavam culpados de bestialismo ou de zoofilia, isto é, de ter mantido relações sexuais com animais. Outros, porém, fingiam ter matado alguém e se os juízes, na ausência do corpo de delito, não acreditavam neles, praticavam-no de fato. Assim, por exemplo, em 1696, em Estocolmo, Brita Andersdotter simulou um infanticídio, mas a corte não lhe deu fé. Impaciente em se despedir do mundo, essa mulher cortou a garganta do filho de uma conhecida, agradecendo a Deus porque logo teria permissão de morrer[264].

O aumento do número dos suicídios realizados com um homicídio durante o século XVII, que em Estocolmo aproximou-se da frequência das mortes voluntárias diretas (tab. 12), levou os magistrados e as autoridades políticas a adotarem medidas que os desencorajassem. Em 1668, na sentença condenando Barbo Persdotter por ter matado um menino de três anos, a corte municipal de Estocolmo admitia com certo embaraço que considerara a possibilidade de não lhe infligir a pena de morte, mas descartara-a porque a lei dos homens e a Lei de Deus não o permitiam[265].

Tab. 1.2. Suicídios e suicídios indiretos (precedidos por um homicídio) em Estocolmo de 1600 a 1733

	Suicídios	Suicídios indiretos	Taxa por 100 mil habitantes
1600-1609	2	0	2,2-3,2
1610-1619	2	0	2,2-2,5
1620-1627	2	1	2,8-47
1636-1649	1	1	0,3-0,8
1650-1659	1	1	0,5-0,6
1660-1669	1	2	0,6-0,9
1670-1679	7	3	1,9-2,4
1680-1689	17	5	4,0-4,4
1690-1700	21	8	4,8-5,3
1701-1709	18	13	5,6-6,3
1710-1719	21	13	7,8-8,6

Nota: A taxa estimada se refere à soma dos suicídios diretos e indiretos.
Fonte: Jansson (2004).

Em 1702, o governo da cidade imperial de Nuremberg promulgou um édito que aumentava o rigor das penas para quem matava uma criança ou um adulto, "por cansaço da vida e na ímpia convicção de que, em lugar de se matar, se perdesse a vida por ter assassinado outras pessoas inocentes e se declarasse arrependido, a porta do céu lhe permanecia aberta"[266]. Em 27 de março de 1706, na Áustria foi publicado um édito que seguia pelo mesmo caminho. Quem cometesse tal crime era condenado a morrer após um período de grandes sofrimentos físicos, por afogamento e com empalamento (dois métodos caídos em desuso desde longa data).

Foram necessárias muitas décadas para se perceber que o endurecimento da pena não era capaz de exercer qualquer efeito sobre quem não pedia senão para morrer. Assim, de 1767 a 1794, a Dinamarca, a Suécia[267], o Schleswig-Holstein[268] e a Prússia instituíram leis estabelecendo que, "se alguém comete um homicídio na intenção de ser justiçado, não deve alcançar esse fim"[269]. O réu seria condenado a penas duras e infamantes: fustigado, marcado na testa, acorrentado, obrigado a executar o dia todo trabalhos árduos e vergonhosos, conduzido uma vez por ano à praça da cidade, no dia de mercado, com a cabeça descoberta, uma corda no pescoço, correntes nos pés e uma cartela pendurada ao peito com a frase: "Assassino de uma criança inocente". Mas não à pena capital.

1.15 Controles internos e externos

Se na Europa, até as últimas décadas do século XVIII, o número dos suicídios, mesmo sofrendo oscilações, sempre permaneceu controlado, foi sobretudo porque havia muitas maneiras de se manterem as pessoas afastadas da possibilidade de tirarem a própria vida. Antes de mais nada, com formas de controle interno, isto é, pela ação das normas e crenças que haviam interiorizado. O "suicídio indireto" é o que melhor nos permite entender a extraordinária influência sobre os indivíduos na Europa, exercida pela inapelável condenação do cristianismo contra a morte voluntária e pela ameaça de danação eterna a quem, ao tirar a própria vida, não conseguisse se arrepender. Mas, em termos mais gerais, a cultura que se formou lentamente após a guinada de Agostinho sempre operou como eficientíssimo e poderoso sistema de regulação social das emoções. Isso foi possível fazendo com que se atribuísse a alguns eventos e situações um significado diferente do que lhes dariam as pessoas de outras culturas, em outros períodos históricos e em outros lugares do mundo.

Analisemos, por exemplo, o estupro. As mulheres que comungavam a ética cristã formada a partir de Agostinho certamente continuaram a sentir raiva, desprezo, ódio, ressentimento contra quem as violentava ou tentava violentá-las e, em alguns casos excepcionais, chegaram a se matar[270]. Mas era mais difícil do que em outras culturas que vissem no estupro uma ameaça à sua honra, era mais raro que sentissem vergonha e culpa, era mais esporádico que se tirassem a vida por esse motivo (como veremos melhor na segunda parte deste livro).

Examinando as consequências sociais e psicológicas das derrotas militares, chega-se à mesma conclusão. Certamente, os guerreiros da Europa cristã sempre atribuíram grande importância à coragem, à honra e à glória. Mas, ao contrário dos seus distantes antepassados romanos ou dos contemporâneos chineses, indianos ou japoneses[271], raramente tiravam a própria vida e tampouco costumavam exortar os seus soldados a tanto, como forma de evitar a ignomínia da derrota e a humilhação da prisão. Em 1580, Miguel de Cervantes escreveu a tragédia *A destruição de Numância*, em que relembrava que, dezessete séculos antes, nessa cidade da Espanha, uma parte da população preferiu se matar a se render aos romanos. Mas fatos do gênero não ocorreram na Europa cristã, pelo menos até 1945 (como veremos). Por muitos séculos, nessa parte do mundo, não houve casos como os de Caio Graco, Públio Quintílio Varo ou Gaio Volteio Capito.

Por outro lado, as pessoas que haviam interiorizado os valores e as normas do cristianismo atribuíam aos sofrimentos físicos e psíquicos um significado diverso do de pessoas pertencentes a outras culturas, e provavelmente conseguiram contê-los melhor. De modo mais geral, as normas e crenças cristãs atribuíam o suicídio a algumas emoções – a ira, a acídia, a tristeza e o desespero –, mas consideravam-nas como pecados e, portanto, vetavam-nas ao fiel e o levavam a envidar todos os esforços para conservá-las a distância. As incontáveis representações de Judas com a corda no pescoço, mostrando o fim que caberia a quem sucumbisse a tais emoções, serviam para amedrontar os fiéis. Pois, como disse o frade dominicano Giordano de Pisa em 1305, num sermão, "em todas as coisas dessa vida é bom lembrar o juízo e os castigos, mas parece que os pecadores não se afastam do mal a não ser por medo: quase nunca se abstêm dele, a não ser por medo dos castigos"[272].

Outro elemento que contribuía para inibir essas emoções era a crença de que se sucumbia a elas por impulso do demônio. Essa convicção não era compartilhada apenas por teólogos e sacerdotes. Todos os documentos de que dispomos (cartas, autobiografias, atas de processos, crônicas e relatos dos eventos) levam a pensar que, durante a Idade Média e, amiúde, em períodos bem mais adiantados, homens e mulheres que viviam na Europa explicavam a morte voluntária com uma multiplicidade de categorias. Atribuíam-na a um fracasso econômico, à desonra, à morte de um ente querido, a um amor infeliz. Pensavam que aí também havia diferenças entre mulheres e homens, e que aquelas se matavam devido à infidelidade ou aos maus-tratos do marido, enquanto estes se matavam por perdas no jogo ou reveses financeiros. Mas estavam convictos de que a morte voluntária também se devia a causas sobrenaturais e julgavam que era o diabo que instigava as pessoas a tirarem a própria vida. Grande antagonista cósmico de Deus, comandando um enorme exército de demônios e espíritos malignos, satanás era considerado uma força onipresente e irresistível, que assumia as mais variadas formas para tentar e seduzir os seres humanos. Na Inglaterra, no início do século XVIII, pelo menos 139 pacientes do médico e astrólogo Richard Napier declararam que foram tentados por satanás a se matarem. No mesmo período, o puritano Nehemiah Wallington afirmou que o diabo lhe aparecera onze vezes com aparências sempre diversas: fingindo ser sua irmã ou um corvo ou um ministro do culto ou como pura voz desencarnada, e em todas as vezes instigara-o a tirar a vida. Na terceira vez, Nehemiah Wallington estava a ponto de ceder, pegara a faca e a aproximara da garganta, pronto para cortá-la. Mas depois, pensando em Deus e na sua bondade, conseguira resistir e se salvar[273].

Até o poeta francês François Villon, o hedonista incorrigível, o libertino, o transviado preso por ter cometido alguns crimes, confessou que, se não fosse a religião, teria dado cabo de si. Em 1461, escreveu no seu *Testament*:

> Ora não lhe resta senão mendigar
> pois a tal leva-o a necessidade;
> a morte dia e noite a invocar,
> tanto a tristeza lhe aperta o coração!
> Se não fosse Deus a quem teme,
> contra si cometeria terrível gesto,
> e violando a sua lei, ocorre
> talvez que destrua a si próprio[274].

Por outro lado, em 1539, quando foi encarcerado em Castel Sant'Angelo pelo Papa Paulo III, Benvenuto Cellini sentiu tamanha dor que tentou tirar a vida com um "grande lenho". Mas foi "tomado por coisa invisível", como escreveu na sua autobiografia, certamente a mão de Deus, e "lançado a quatro braças de distância daquele lugar, e tão assustado que fiquei atordoado". Caindo num sono profundo, apareceu-lhe um belo jovem, que o repreendeu severamente com essas palavras: "Sabe quem lhe emprestou o seu corpo, que você queria destruir antes da hora? Então – disse-me – você despreza as obras dele, querendo destruí-las? Deixe-se guiar até Ele e não perca a esperança da sua virtude"[275].

Em segundo lugar, os homens e mulheres que viveram na Europa até as últimas décadas do século XVII foram refreados e desencorajados de buscarem a morte voluntária por meio de formas externas de controle. Provavelmente tinha razão o jurista francês De Pastoret que, em 1790, mesmo investindo contra o que restava dos ritos de profanação e desconsagração, escrevia: "resta entender se, considerando o coração humano, não se descobrirá que é o medo a essa infâmia a razão mais forte que combate em favor da existência. Não será, talvez, a imagem do carrasco profanando os seus despojos o que amiúde detém a espada, a pistola ou o punhal que o infeliz tem nas suas mãos?"[276].

As pessoas que viviam na Europa nesse período histórico sabiam muito bem, e as imagens do que ocorria periodicamente nas ruas e nas praças serviam para lhes lembrar disso, que o suicídio era o pecado e o delito mais grave que poderiam cometer e que as autoridades civis e religiosas o puniam com excepcional rigor. Bem sabiam que, se tirassem a própria vida, seriam julgados por um tribunal e condenados ao enforcamento, e o seu corpo seria tratado como o de um animal e enterrado junto com os animais, e não com os cristãos. Tampouco ignoravam que seus bens podiam ser confiscados pelo senhor feudal ou pelo soberano. Mas a ameaça mais grave consistia nas consequências catastróficas que tal decisão poderia acarretar para os seus entes queridos, a esposa ou o marido, os filhos, os pais e os outros parentes. Além da dor pela perda, iriam sentir vergonha, desconforto, desespero com as reações da comunidade e as humilhações que sofreriam. Iriam ser interrogados pelos magistrados. Iriam ver o cadáver arrastado pelas ruas. Iriam perder pelo menos uma parte dos bens. Seriam tratados com desconfiança, malevolência, desprezo, e nunca se livrariam do estigma de serem parentes de alguém que cometera o delito e o pecado mais grave.

2
A chave da nossa prisão

Se pensarmos no que acontecia antigamente, na Europa e nas colônias americanas, quando a pessoa tirava a vida, nas cenas que se repetiam nas casas e nas ruas, nos tribunais e nos locais de execução da pena, nas igrejas e nos cemitérios, e compararmos com o que ocorre hoje, percebemos facilmente que as duas teses expostas por Durkheim (e abraçadas pelos estudiosos de ciências sociais) não têm qualquer fundamento. Antes de mais nada, é infundada a ideia de que, "com o avanço da história", a proibição de se matar se tornou "cada vez mais rígida". Como veremos nas páginas seguintes, o grande edifício de valores, normas, sanções, crenças, símbolos, categorias interpretativas condenando ou desencorajando o suicídio, que se formara na Europa a partir do século V e dominara por séculos, sólido e imponente, a certa altura começou a apresentar rachaduras e a vacilar, e depois, transcorrido longo tempo, apesar de todos os esforços para reforçá-lo e mantê-lo de pé, mesmo assim desmoronou-se definitivamente. Não menos infundada é a outra tese de que a reprovação do suicídio cresceu em proporção com o desenvolvimento dos direitos do indivíduo diante do Estado e com a crescente concepção da pessoa humana como coisa sagrada. Tudo, de fato, leva a pensar que ocorreu exatamente o contrário. Desnecessário dizer que foram inúmeros os fatores responsáveis pela crise dessa moral em relação à morte voluntária. Mas, entre eles, foi de grande importância a afirmação do direito individual não só à vida, à liberdade e à propriedade, mas também à escolha sobre o momento de se despedir do mundo.

Quaisquer que tenham sido as causas, essa longa e profunda mudança trouxe enormes consequências. O enfraquecimento e depois a queda das crenças, normas, sanções, símbolos e grades interpretativas que, por séculos, mantiveram de mil maneiras as pessoas que viviam na Europa afastadas da tentação da morte voluntária, geraram um rápido aumento, à primeira vista irrefreável, no número de suicídios.

2.1 A licitude do suicídio

Pelo menos entre as elites culturais, a ética cristã frente ao suicídio mostrou os primeiros sinais de crise entre os meados do século XVI e os meados do século XVII. Naturalmente, não sabemos quantos nobres, intelectuais e burgueses mais instruídos começaram a admitir em reservado aos parentes, amigos ou conhecidos que consideravam cada vez menos convincentes as teses de Agostinho e Tomás, de Lutero e Calvino, e cada vez menos aceitáveis os ritos de profanação a que eram submetidos os corpos dos suicidas ou as penas a que eram condenados. Tampouco sabemos com precisão quantos deles acabaram por empunhar a pena para escrever um ensaio sobre a licitude da morte voluntária. É provável, porém, que isso acontecesse com mais frequência do que hoje imaginamos, baseando-nos nos escritos remanescentes.

Levando em conta os riscos que corria quem expressasse publicamente as suas ideias sobre assunto tão delicado, não é de admirar que quase todos procedessem com a máxima cautela, sem assinar os textos ou entregando-os ao fogo pouco depois de concluí-los, negando-se a publicá-los ou, se acaso decidiam publicar, recorrendo a estratagemas para ocultar ou atenuar as suas posições ou para desviar a atenção das autoridades. Assim, por exemplo, um manuscrito de 1578 em favor da morte voluntária, intitulado *Whether Is Be Damnation for a Man to Kill Himself*, foi redescoberto, sem assinatura, entre os papéis de Sir John Harrington, hoje conservados no British Museum[1]. No final do século XVI, Justus Lipsius destruiu o ensaio que escrevera sobre a licitude do suicídio[2]. Poucos anos depois, o teólogo e poeta John Donne fez circular apenas entre os amigos o livro em favor da morte voluntária que terminara em 1610, sem jamais vir a publicá-lo posteriormente. A um deles mandara o recado: "é um livro escrito por Jack Donne e não por D. Donne"[3]. Antes de morrer, escreveu: "Não publicar nem queimar"[4]. Mas o livro finalmente veio à luz em 1647, com o título *Bia-*

thanatos, literalmente "morte violenta" (de *biaios* e *thanatos*). Analogamente, David Hume decidiu no último momento, quando já estava em revisão, destruir o seu *On suicide*, que terminara em 1755[5]. Segundo alguns, foi levado a isso por um amigo (talvez Adam Smith) que soubera dos protestos de William Warburton, o futuro bispo anglicano. Algumas cópias circularam clandestinamente e uma acabou na França, onde foi traduzida e publicada anônima em 1770. Ainda mais dramático o caso de Johann Robeck, jesuíta de origem sueca que viveu muito tempo na Alemanha, o qual terminou em 1735 *De morte voluntaria*, um tratado em latim em favor do suicídio; mas, em vez de oferecê-lo a uma editora, saiu sozinho de barco no Weser e se matou, deixando-se transportar pelas águas do rio. O livro foi publicado postumamente por um colega, que refutou as suas teses página por página[6].

Outras três grandes figuras da cultura europeia, que, em momentos diversos, trouxeram suas ideias a público, também procederam com certa cautela. Thomas More, em 1516, ousando defender algumas formas de suicídio, exilou-as numa sociedade radicalmente oposta à sua, racional, feliz e perfeita, uma ilha distante no espaço e no tempo, a Utopia, justamente. Michel de Montaigne, em 1580, antecedeu as suas observações sobre o tema com um prólogo de advertência[7]: "Se filosofar é duvidar, como dizem, especular e fantasiar, como faço eu, deve ser, por razão ainda maior, duvidar. Com efeito, cabe aos discípulos indagar e discutir, e aos mestres resolver. O meu mestre é a autoridade da vontade divina"[8]. Montesquieu, por fim, situou na Pérsia a heroína das suas *Cartas persas*, Roxane, que acabaria por se matar, e na segunda edição do livro, publicada em 1754, 33 anos após a primeira, acrescentou uma breve carta com vistas a atenuar as suas teses. Analogamente, Madame de Staël e Chateaubriand situarão as suas heroínas, Zulma e Atala, que têm o mesmo fim, em distantes terras estrangeiras.

Mas voltemos a Thomas More. A felicidade do povo de Utopia devia-se às "amplas e magníficas" cidades em que viviam, à propriedade comum dos bens, ao forte espírito de solidariedade social, ao bom governo, aos afetuosos cuidados com que podiam contar os doentes. Além disso, se algum deles tinha uma doença incurável, que lhe causava sofrimentos insuportáveis, os sacerdotes e os magistrados o exortavam a "não prolongar mais aquela funesta desgraça", visto que o doente já estava "inapto para qualquer tarefa, inconveniente para os outros e oneroso para si mesmo"[9]. Quem se deixasse convencer, podia se retirar da vida jejuando ou sendo induzido a adormecer.

As teses de Thomas More eram menos radicais do que as que proporiam Montaigne, Donne e, mais tarde, Montesquieu, Radicati de Passerano, Hume, Voltaire e outros filósofos humanistas[10]. Em primeiro lugar, porque nem mesmo em Utopia os doentes graves podiam decidir tirar livremente a vida, se não tivessem a autorização das autoridades civis e religiosas. Em segundo lugar, porque a única forma de suicídio considerada "honrada" e aceita nessa ilha era a causada pelos sofrimentos de uma doença incurável, isto é, a eutanásia. Todavia, se alguém se matasse por outros motivos, não considerados justos pelos sacerdotes e magistrados, não era sepultado ou cremado dignamente, mas "ignominiosamente atirado sem sepultura a algum pântano"[11]. Apesar disso, as teses de Thomas More voltavam a discutir a ideia de Agostinho de que a dor não constituía um limite e um obstáculo para o homem, mas sim um meio de "se afirmar na sua essência".

Também Montaigne descreveu os costumes de uma ilha remota, Keos (ou Cea), situada no Egeu, no arquipélago das Cíclades. Aqui, sem pedir permissão a ninguém, os idosos costumavam tirar a própria vida não quando estavam gravemente doentes, mas sim enquanto gozavam de boa saúde, não para escapar aos sofrimentos, mas sim para preveni-los. Ele discorria sobre uma mulher com mais de noventa anos, de classe alta, em "ótimas condições de espírito e de corpo", que assim justificara a sua decisão de perecer pela própria mão: "tendo sempre experimentado a face favorável da fortuna, por receio de que o desejo de viver demais me faça ver uma face contrária, despedir-me-ei dos restos da minha alma com um fim feliz, deixando duas filhas e uma legião de netos"[12]. Dito isso, exortou os seus familiares a se amarem e se manterem unidos, dividiu seus bens entre eles, pegou resolutamente uma taça contendo o veneno e o ingeriu de uma vez só. Tais eram, segundo Montaigne, os costumes de outro país, "hiperbólico", dotado de clima muito ameno, onde era usual que se vivesse até idade avançada. Quando se sentiam "saciados de viver", os habitantes, após uma lauta refeição, costumavam lançar-se ao mar do alto de uma rocha especialmente a esse fim.

John Donne refletira e escrevera muito sobre a morte e sempre se impressionara com os "muitos exemplos de homens que são os carrascos de si mesmos", mantendo uma dose de veneno num anel que usavam no dedo ou na pena que usavam para escrever ou fazendo "espirrar os miolos no muro da prisão"[13]. A certo ponto, porém, ele redigiu uma eruditíssima obra sustentando a licitude do suicídio, um verdadeiro tratado de teologia ou de moral cristã, certamente o primeiro do gênero publicado na Europa, e retornou várias vezes a esse tema em outros textos[14]. Doutor em Teologia pela Universidade de Cambridge e docente da mesma disciplina no Lincoln's Inn de Londres, Donne se movia com desenvoltura no terreno religioso, atacando a doutrina dominante com argumentações complexas e citando grande número de obras e autores. Seguindo o esquema de Santo Tomás, ele dividiu *Biathanatos* em três partes, cada uma delas dedicada à refutação de uma razão para a ilicitude do suicídio.

Na primeira, repôs em discussão a ideia de que o *self-homicide* (como o chamava) era contra a lei de natureza. Sustentando que era praticado por algumas espécies animais (como os pelicanos e as abelhas), que fora considerado legítimo em muitas outras sociedade não cristãs muito diversas entre si (como na Roma antiga e na Índia) e que mesmo entre os povos cristãos não deixaram de existir, no século IV, os mártires que haviam tirado a própria vida, Donne concluía que "em todas as épocas, em todos os lugares, em qualquer circunstância, homens de todas as condições deram cabo da vida e tiveram tendência de cometer tal gesto"[15]. Apresentando fatos, citando as posições de autores ilustres, apresentou várias vezes a tese de que o desejo de morte, muito longe de ser contra a natureza, era inato na natureza humana. Na segunda parte,

Donne criticou a tese de que o homicídio de si fosse contrário à lei racional. Repondo em discussão a ideia de Santo Tomás de que o suicídio era ilícito porque subtraía uma criatura ao universo e um súdito ao corpo do Estado, observou que o mesmo acontecia quando um comandante de grande valor se retirava para um mosteiro ou uma pessoa imigrava para outro Estado. Por fim, na última parte, Donne refutou a ideia de que o homicídio de si violava a lei divina. Estava convicto de que o único ponto sólido da doutrina cristã era o mandamento "Não matarás". Mas sabia também que as exceções a essa regra eram numerosíssimas. Os magistrados podiam condenar uma pessoa à morte (mesmo que ela já tivesse se matado) e, numa guerra justa, um cidadão privado podia matar outro inimigo, mesmo que fosse o seu pai. Por que não – perguntava-se ele – considerar o "homicídio de si mesmo" como outra exceção? Sansão, que a Igreja celebrava como mártir, não tirara a própria vida? E o que dizer da morte de Cristo? Era aqui, na questão mais delicada, que o poeta e teólogo anglicano desferia a sua estocada.

Ao contrário do que todos acreditavam, Cristo não se rendeu à morte. A sua crucificação – Donne não tinha dúvidas – não nascera de um ato de obediência, de humilhação, de amor. Cristo mantivera controle completo e consciente sobre o processo que o levara à morte. No entanto, fez "o possível para morrer porque, como Ele mesmo disse, 'ninguém pode me privar da minha alma' e 'apenas em mim está o poder de abandonar a vida'. Portanto, não há dúvida de que o que causou a sua morte não foi senão a sua própria vontade"[16].

Donne não se limitou a expor essa tese em outro livro que sabia que não seria publicado enquanto estivesse em vida. Apresentou-a também em público, num sermão proferido no dia de Páscoa de 1619. A alma de Cristo, disse naquela ocasião, "não deixou o seu corpo a força, mas porque Ele o quis, quando quis e como quis [...]. Cristo não morreu de morte natural, nem de morte violenta, como no caso de todos os outros, mas apenas pela sua própria vontade"[17].

Portanto, a morte de Cristo, um dos dois grandes eventos que os cristãos consideram centrais na história do mundo, era fruto, segundo o poeta e teólogo anglicano, do pecado e do crime mais grave que um ser humano podia cometer. Era uma tese extraordinariamente ousada, ímpia, sacrílega. E a tal ponto que um grande poeta do século XX, Jorge Luis Borges, que ficara profundamente impressionado[18] com os escritos de Donne, sustentou que no *Biathanatos* encontra-se "uma ideia barroca": "a de um deus que edifica o universo para edificar o seu próprio patíbulo". Isso significa que "os elementos e o orbe e as gerações dos homens e o Egito e Roma e Babilônia e o Reino de Judá foram tirados do nada para dar-lhe morte. Talvez o ferro tenha sido criado para os pregos e os espinhos para a coroa do escárnio e o sangue e a água para a ferida"[19].

Se Donne afirmara que o suicídio não era pecado, um século depois, um grande intelectual europeu, Montesquieu, bateu-se com decisão para que não fosse mais considerado crime. Em 1721, no seu romance epistolar *Cartas persas*, deu voz a Usbek, um cruel déspota persa habituado a viver num harém com muitas esposas e muitos eunucos, que fora para a França com um jovem compatriota. Os dois viajantes, olhando com olhos estrangeiros um universo cultural para eles totalmente novo, convidavam o leitor a reconsiderar criticamente os costumes em que estivera sempre mergulhado e que lhe pareciam os melhores possíveis, entre os quais também as normas sobre o suicídio. "Essas leis são bem injustas", escreve Usbek numa carta. "Quando estou entristecido pela dor, pela miséria, pelo desprezo, por que querem me impedir de pôr fim às minhas penas, por que têm a crueldade de me privar de um remédio que está nas minhas mãos?"[20].

Montesquieu relançou uma discussão sobre a licitude do suicídio da qual participaram, no decorrer do século XVIII, os mais brilhantes intelectuais europeus. Em 1732, em Londres, saiu a tradução de um livro escrito por um nobre piemontês no exílio, Alberto Radicati de Passerano, que terminava com essas palavras: "um homem cansado e saciado da vida pode morrer se assim quiser, sem ofender a Natureza, porque morrendo faz uso do remédio que ela lhe depôs generosamente nas mãos para se curar dos males da vida"[21]. Cesare Beccaria e Voltaire propugnaram a reforma dos sistemas penais e a descriminalização do suicídio. "Não é um crime diante dos homens", escreveu o primeiro, "porque a pena, ao invés de recair sobre o réu, recai sobre a sua família", enquanto a "liberdade política dos homens supõe necessariamente que as penas sejam meramente pessoais"[22]. O segundo denunciou que o principal efeito das legislações pertinentes era o de desonrar e arruinar a família do suicida, punindo o filho por ter perdido o pai e a esposa por ter enviuvado[23].

A nova ética da morte voluntária era expressão de profundas mudanças culturais na sociedade europeia. Nas últimas décadas do século XVII e durante o século XVIII, alguns importantes fatores econômicos, sociais e políticos deram origem a uma nova concepção da vida e do mundo, da família e do indivíduo, do Estado e da justiça. Segundo essa concepção, todos os seres humanos eram únicos e cada um deles dispunha do direito inalienável à vida, à liberdade e à propriedade para poder alcançar com plena autonomia a realização pessoal e a felicidade.

Com efeito, desde os meados do século XVI o suicídio passara a ser visto, por aqueles que defendiam a sua licitude, como expressão da autonomia e liberdade do indivíduo. A vida dos homens e mulheres não pertencia mais, segundo a nova ética, a Deus, ao senhor feudal ou ao soberano, e tampouco ao chefe de família, mas apenas a si mesmos e somente cada qual poderia decidir se renunciaria a ela. A mesma convicção era adotada por Montaigne, que também nesse aspecto estava muito à frente da sua época. "O dom mais propício que nos deu a natureza", escrevera ele, "é ter-nos deixado a chave da liberdade. Estabeleceu uma única entrada na vida e cem mil saídas [...]. A morte voluntária é a mais bela. A vida depende da vontade alheia, a morte da nossa própria [...]. Viver é servidão, se não há liberdade de morrer"[24]. Era por isso que, segundo ele, "assim como não violo as leis estabelecidas contra os ladrões quando levo embora o que é meu e roubo da minha bolsa; nem as estabelecidas contra os incendiários quando ateio fogo ao meu bosque: do mesmo modo não sou punível com base nas leis estabelecidas contra assassinos por tirar a minha vida com as minhas próprias mãos"[25]. Pois proprietário da vida, assim como dos bens móveis e imóveis, devia ser o indivíduo. E ainda mais convicto disso estava, dois séculos depois, David Hume, que declarava no início do seu trabalho: "tentemos aqui reconduzir os homens à liberdade original examinando todos os argumentos correntes contra o suicídio"[26].

Mesmo John Donne vira no suicídio uma expressão da liberdade do indivíduo. No livro que não ousou publicar, escrevera: "A cada vez que me acomete a angústia, penso que possuo as chaves da minha prisão e nenhum outro remédio se apresenta com igual presteza ao meu coração além da minha própria espada"[27]. Ele bem sabia bem que os outros considerariam essa proposição herética. Mas estava convicto de que o primeiro a possuir as chaves da sua prisão, o primeiro a ter reivindicado a liberdade de deixar o mundo quando quisesse, tinha sido Cristo que, precisamente, dissera: "apenas em mim está o poder de abandonar a minha vida"[28].

Essa convicção era tão forte que Donne a expôs muitas outras vezes, não só nas abstratas discussões sobre os princípios teológicos, mas falando da própria vida[29]. Numa carta a Sir Henry Goodyer, de setembro de 1608, escrevera: "Não gostaria que a morte me colhesse adormecido. Não gostaria que me colhesse assim e só me dissesse que estou morto, mas que me vencesse e me derrotasse. Se tivesse de naufragar, gostaria de que fosse num mar onde a minha impotência poderia ter alguma desculpa, não num turvo lago repleto de algas, que não oferece sequer espaço às minhas braçadas. Por isso, faria de bom grado alguma coisa, mas não admira que não saiba dizer o que seria. Porque escolher é fazer. Mas, se não se faz parte de algum corpo, não se é nada"[30].

Montesquieu terminou as *Cartas persas* com um suicídio inesperado, o gesto de um projeto de liberdade, cometido por revolta contra aquele mesmo Usbek que defendera o direito de pôr fim aos próprios sofrimentos. Na última carta do livro, Roxane, a esposa favorita do déspota persa, considerada por ele a mais fiel entre todas, reserva-lhe uma revelação terrível: "como pôde me julgar tão crédula que me convenceria de estar no mundo somente para satisfazer aos seus caprichos? Não! Posso ter vivido na escravidão, mas continuei sempre livre: reformei as suas leis segundo a da natureza e a minha alma sempre se manteve independente". E ainda: "você se admirava por não encontrar em mim os transportes do amor: se me conhecesse bem, veria toda a violência do ódio [...] éramos ambos felizes: você me julgava enganada e eu enganava a você"[31]. Mas, pouco antes de escrever a carta, Roxane ingerira veneno e agora sentia as forças a abandonarem e a pena a lhe cair da mão: "sinto enfraquecer até o meu ódio: estou morrendo".

Segundo Alberto Radicati de Passerano, o fim que a "Deusa Natureza" se colocara ao criar os animais era a felicidade deles. Dava-lhes a vida com a condição de que a gozassem enquanto fosse "doce e agradável" e que lhes fosse permitido "restituí-la" se se tornasse "um peso" para eles. "Para esse fim, ela concedeu aos homens a mais plena liberdade de abandonar a vida se se tornar um incômodo para eles". Como confirmação de tudo isso, repetia uma velha metáfora: "existem mil portas para sair dessa prisão vital, o que não seria possível se a natureza não as tivesse deixado entreabertas"[32].

A defesa do caráter lícito do suicídio nascia também de outras profundas transformações culturais ocorridas na Europa naquele período, como a consolidação do utilitarismo e do contratualismo e a tendência de atribuir importância crescente à busca do prazer pessoal terreno, aqui e agora, e não mais no além: busca esta, cada vez mais considerada como contribuição essencial à virtude e ao bem-estar público. Com essas transformações, fazia-se menos convincente a ideia de que a morte voluntária constituía uma injustiça para com a *polis* a que se pertencia. Cesare Beccaria observou que o suicida fazia um "mal menor" à sociedade do que o imigrante, porque o primeiro "deixa toda a sua riqueza", enquanto o segundo "transporta a si mesmo com parte dos seus bens"[33].

Mas, antes dele, outros argumentaram partindo de uma concepção da sociedade como contrato estipulado pelos indivíduos, que cada qual podia rescindir quando lhe deixasse de ser útil. "A sociedade", escrevia Montesquieu, "funda-se numa vantagem recíproca; mas, quando se torna onerosa para mim, quem me impede de renunciar a ela? A vida me foi dada como um bem; posso, portanto, devolvê-la quando não for mais assim: se cessa a causa, deve cessar também o efeito". Mas era mesmo verdade – perguntava-se o filósofo francês – que os outros, todos os outros, impunham-lhe que nunca procedesse a essa renúncia? "Quer o soberano que eu continue súdito seu quando não tenho mais vantagens? Podem meus concidadãos pretender essa iníqua repartição: utilidade para eles, desespero para mim? Deus, ao contrário de todos os benfeitores, quererá condenar-me a receber graças que me oprimem?"[34]. Não era diferente a posição de Hume, que observava: "Toda nossa obrigação de fazer o bem à sociedade parece implicar numa certa reciprocidade [...]. Não sou obrigado a fazer um pequeno bem à sociedade às custas de um grande dano para mim: Por que, então, deveria prolongar uma existência miserável por causa de alguma pequena vantagem que os outros poderiam talvez obter de mim? Se devido à idade e às doenças posso legitimamente pedir a demissão de um trabalho [...] e aliviar ao máximo possível as misérias da vida que me resta, por que não poderia abreviar essas misérias de uma só vez, com um gesto que não é de maior prejuízo à sociedade?"[35].

Por fim, a ideia de que a morte voluntária perturbava a ordem e a harmonia do universo foi reposta em discussão por duas concepções do mundo muito diferentes, que adquiriram nesse período uma crescente importância: a concepção epicurista ou neoepicurista de uma natureza sempre viva e ativa, num estado de incessante transformação e regeneração, e a concepção deísta de uma divindade inteiramente racional, isenta de elementos sobrenaturais e dogmáticos. Montesquieu sustentou, por exemplo, que a ordem da providência não se alterava se os seres humanos transformassem a matéria, se dessem forma quadrada uma bola que fora feita redonda pelas leis do movimento, ou se se matassem, porque a nova combinação que se formava era não menos perfeita do que a anterior. "Pensam que o meu corpo", perguntava ele, "ao se tornar uma espiga de trigo, um verme, um torrão de grama, terá se transformado numa obra da natureza menos digno dela? Que a minha alma, separada de tudo o que possuía de terrestre, terá se tornado menos sublime?"[36]. Observando bem, a ideia de que o suicídio pudesse perturbar a harmonia do mundo nascia do orgulho dos seres humanos, que queriam figurar no universo como "um objeto importante" e se negavam a tomar consciência da sua "pequenez", a admitir que "um homem a mais ou a menos no mundo – o que digo! – todos os homens juntos [...] não são senão um pequeno átomo, isolado, que Deus percebe somente pela imensidade dos seus conhecimentos"[37].

Naqueles mesmos anos, Alberto Radicati de Passerano escreveu que o mundo era regido pelas leis gerais da matéria e do movimento e atribuiu à "natureza arquiteta", à "Deusa Natureza" todas as qualidades divinas: a eternidade, a onipotência, a sabedoria, a perfeição. Nessa concepção, a morte voluntária não era senão uma fase de passagem de uma a outra forma de existência da matéria[38].

Também Hume sustentou que o suicídio não poderia de maneira alguma alterar a ordem e a harmonia do universo. A vida e a morte dos homens e dos outros seres não dependiam diretamente de Deus, mas das "leis gerais da matéria e do movimento" que Ele criara. Mesmo "o meu nascimento", observou o filósofo inglês, "se deve a uma longa corrente de causas, entre as quais muitas remontam às ações voluntárias dos homens". Portanto, sendo o universo regido por leis gerais e imutáveis, fixadas no início dos tempos, nada podia perturbá-lo: nem o desvio do curso do Nilo ou do Danúbio, nem a morte voluntária de um ser humano. Mesmo porque a matéria era eterna. "Quando eu estiver morto, os princípios de que sou composto não cessarão de cumprir a sua parte no universo, e serão úteis à grande fábrica como antes, quando compunham um indivíduo. A diferença para o todo não será maior do que a que existe entre encontrar-me num quarto ou ao ar livre. A primeira mudança será de alguma maior relevância do que a outra para mim, mas certamente não para o universo"[39]. Para ele, a vida de um homem não tinha "importância maior do que a de uma ostra"[40].

Em 1770, o Barão de Holbach apresentou uma tese ainda mais radical. Como a vida é o bem supremo de que dispomos – afirmou ele –, é evidente que, se um homem tira a própria vida, é porque é levado a isso por uma força irresistível, ou seja, pelas ordens da Natureza. Quando ela o impede de ser feliz, ele deixa de ser útil a si mesmo e aos outros e não lhe resta nada a fazer, senão obedecer ao seu pedido, deixando-a[41].

2.2 Mudanças de sensibilidade na literatura

É na literatura que, em muitos países europeus, encontramos os primeiros sinais de uma mudança de atitude em relação ao suicídio. A bem da verdade, mesmo na Idade Média, a morte voluntária não era representada igualmente em todos os gêneros literários. Na França, no teatro sacro trecentista e quatrocentista, que colocava em cena episódios e vidas de santos, o suicídio despertava apenas horror e era sempre condenado, por qualquer razão que tivesse sido cometido. Igualmente severas diante de quem tirava a sua vida, nesse período, eram as *chansons de geste*, aqueles longos poemas épicos em versos hendecassílabos que celebravam a fé religiosa e a lealdade ao soberano[42]. Mas, em outros gêneros e em outras obras, encontramos uma concepção do suicídio diferente, pelo menos em parte, da dos teólogos cristãos. Dante colocou na segunda volta do sétimo círculo do *Inferno* aqueles que ergueram "contra si mão violenta": tendo rejeitado com força o próprio corpo, ficaram aprisionados num arbusto gigante, uma planta que, mesmo sendo de natureza inferior à dos seres humanos, permitia que continuassem a sentir as dilacerações e feridas que se haviam infligido em vida. Mas em todo o canto dedicado àqueles que praticaram violência contra si mesmos, o décimo terceiro, não encontramos traços nem da acídia, nem do desespero, nem do demônio tentador. Ademais, Dante colocou no início do *Purgatório* Catão Uticense (um pagão suicida, moralmente condenado por Agostinho), apresentado por Virgílio com as palavras que depois ganharam fama: "liberdade vai buscando, que é tão cara, como sabe quem por ela a vida recusa".

Outra imagem da morte voluntária diferente da dos teólogos cristãos era a oferecida pelo romance cortês, nascido na França Setentrional, que geralmente narrava histórias lendárias e fabulosas dos cavaleiros, das suas ações e seus amores. Formalmente, os autores desses romances rendiam sempre homenagem aos princípios da moral cristã e declaravam que o suicídio era um pecado, uma grande loucura, uma injúria. Mas, quando narravam as gestas dos seus heróis, quando falavam de Lancelot, de Guinevere, de Parsifal e Tristão, justificavam e aprovavam os gestos suicidas cometidos em circunstâncias particulares. Assim, ao contrário dos tratados de teologia, dos manuais para confessores, dos afrescos nas igrejas ou de outras formas literárias, os romances corteses manifestavam compreensão ou até admiração por quem renunciava à vida por amor, pela morte de um amigo ou para salvar a dos outros, para conservar a honra, para não se render ao vencedor, para expressar o arrependimento por alguma ação ignóbil que cometera. O mais celebrado foi, sem dúvida, o suicídio por amor, considerado como o único ou o mais nobre e elegante meio que, em certos casos, as damas e os cavalheiros tinham para salvaguardar o puríssimo sentimento. Quem se matava para permanecer fiel ao ser amado ou por tê-lo prejudicado, ou mesmo por ter sido recusado, longe de merecer condenação, deveria ser elogiado ou até exaltado[43].

O suicídio por amor também foi considerado heroico em outros países e por outras formas literárias. No século XIV, na Itália, Giovanni Boccaccio, comentando o décimo terceiro canto da *Divina comédia*, relembrara que era um pecado tirar a própria vida e desaprovara energicamente o ato[44]. Além disso, numa das novelas do *Decamerão*, contara a triste história de Guido dos Anastagi, "condenado às penas eternas"[45] por ter tirado a própria vida. Mas, em outras obras, Boccaccio não escondera a sua admiração por quem se matava por amor, convencido de que esta era uma força autônoma irresistível, capaz de triunfar sobre a razão e de superar todo obstáculo social. Guismunda, filha de Tancredi, príncipe de Salerno, é a personagem central de uma das mais tocantes e célebres novelas. Tendo enviuvado, apaixona-se por Guiscardo, um valete do seu pai. Descoberta a relação entre os dois jovens e cegado pelo ciúme, Tancredi manda matar Guiscardo e envia o seu coração à filha num cálice de ouro. Guismunda, mesmo ciente de cometer um grave pecado, envenena-se, depois de proferir ao pai essas últimas palavras: "Fica com Deus, pois vou partir"[46]. Nos séculos XV e XVI, muitos autores da literatura pastoril, na Itália e na

Espanha[47], cantaram os louvores do suicídio bucólico, como Torquato Tasso, que na *Aminta* narrou a história de um pastor perdidamente apaixonado pela ninfa Sílvia, por duas vezes a ponto de se matar por ela.

Contudo, nas últimas décadas do século XVI e nas primeiras do século XVII, iniciaram-se grandes mudanças, e outros gêneros literários adotaram uma atitude cada vez mais aberta em relação à morte voluntária. Na França, isso se deu no romance e na nascente tragédia. Os seus autores retomaram as posições oficiais da religião cristã sobre o tema. Mas estas apareciam cada vez mais como uma espécie de moral de fachada, incapaz de esconder a crescente simpatia desses autores pelos que se matavam por amor, por remorso ou para salvar a honra. Ademais, os romances muitas vezes contrapunham argumentos contra e a favor do suicídio, e estes últimos começaram a prevalecer. Melissa, protagonista de um romance de Jean d'Intras, de 1609, depois de ser rejeitada pelo homem que amava, perguntava-se se poderia tirar a própria vida, e se viu diante das razões contrárias que os filósofos, teólogos, moralistas e sacerdotes haviam repetido inúmeras vezes ao longo dos séculos: porque era contra as leis do céu, da natureza e do amor por si. E, no entanto, Melissa conseguiu subverter esses argumentos, concluindo que o céu, a natureza e o amor por si "nos puseram nas mãos as armas da liberdade somente para combater a infelicidade", e permitiu "à sua alma respirar o doce ar dos céus"[48].

Ainda mais profundas foram as transformações que o romance, as comédias e as tragédias conheceram na Inglaterra. O teatro elisabetano (que se iniciou em 1576) introduziu grandes inovações estilísticas, técnicas e temáticas. Libertou o diálogo dramático da rima adotando o *blank verse*, o pentâmetro iâmbico. Tornou mais dinâmica (e mais semelhante à cinematográfica) a ação no palco, graças a uma sucessão rápida e frequente das cenas, que permitiam aos atores se deslocarem rapidamente no espaço e no tempo, passar de um lugar a outro e saltar dias, meses e anos. Transgrediu os tabus sociais, abordando temas proibidos, como o sexo, a loucura, a morte natural e a voluntária. Na produção teatral do período, aumentou enormemente o interesse pelo suicídio, pelos acontecimentos humanos que o provocavam, pelas várias maneiras de cometê-lo. Multiplicaram-se as obras em que os personagens se matavam ou tentavam se matar em cena. Essas obras passaram de oito, nos primeiros sessenta anos do século XVI, para quatorze, nas duas décadas seguintes, subiram para 41 de 1580 a 1600, para alcançar o número recorde de 99 entre 1600 e 1625[49]. Aumentou também o número de personagens que tiravam a vida. Se antes de 1580 nunca eram mais do que dois por obra, depois disso passaram a ser três, quatro ou até cinco. Mudou o juízo moral dos autores, que começaram a considerar o suicídio não mais um ato diabólico, mas uma escolha humana, não mais um símbolo, mas uma das causas de morte possíveis, que, portanto, era apresentada a uma luz cada vez menos desfavorável.

O dramaturgo que mostrou maior interesse pelo suicídio e lhe dedicou maior espaço nas suas obras foi William Shakespeare, que abordou esse tema em 32 peças, em que nada menos que 24 pessoas tiravam a vida[50]. Não adotando um tratamento teológico e nem sequer rigidamente ético, o grande autor inglês se esquivou ao costume dos intelectuais da época de tomar a morte voluntária como objeto abstrato de um debate filosófico, e não a classificou entre os pecados nem entre os crimes. Como Montaigne, manteve uma atitude aberta aos que se matavam com as próprias mãos. Evitou condená-los ou exaltá--los. Pelo contrário, procurou considerá-los como indivíduos capazes de ações dotadas de sentido, reconstruir as suas experiências humanas e entender os motivos da escolha. Retomou com extraordinário vigor, no mais célebre trecho da literatura mundial (o monólogo de Hamlet), a pergunta se valia a pena tirar a própria vida para "não suportar as chicotadas e os insultos do tempo, as afrontas do tirano, o desprezo do orgulhoso, as angústias do amor rejeitado, as demoras da lei, a arrogância dos grandes, os achincalhes que o paciente mérito recebe dos medíocres". E laicamente respondeu que, se os homens e mulheres em geral escolhiam não se matar, não era tanto por temerem a ira divina ou as penas das autoridades, e sim porque não sabiam o que acontecia após a morte, naquela "terra inexplorada de onde jamais retornou viajante algum".

Na Inglaterra, as mudanças na atitude dos letrados diante da morte voluntária assumiram uma relevância maior também porque alcançavam um público mais amplo e socialmente mais heterogêneo do que em outros lugares. Em toda a Europa, as poesias e os romances eram, então, lidos apenas por uma pequena elite culta ou simplesmente alfabetizada. Já nas salas ao ar livre do teatro elisabetano, apinhavam-se pessoas pertencentes a diversas camadas da população: homens e mulheres, jovens e velhos, aristocratas, burgueses, artesãos, aprendizes, serviçais e vagabundos sem profissão.

Assim, nas últimas décadas do século XVI e nas primeiras do século XVII, os poetas, os romancistas, mas principalmente os dramaturgos e os comediógrafos assumiram, em alguns países europeus, o papel de precursores na mudança da sensibilidade em relação ao suicídio. Retiraram-no da sombra dos assuntos proibidos em que permanecera por séculos e o colocaram no centro das suas reflexões e narrativas. Reuniram, classificaram e apresentaram fatos. Deram a conhecer as histórias apaixonantes dos homens e mulheres que, na antiga Roma ou na Europa da sua época, haviam tirado a própria vida por motivos nobres, apresentando-as ao público de uma maneira que não se fazia no passado. Voltaram a atenção não para as doutrinas morais, os valores, os conceitos, mas para as pessoas de carne e osso, com as suas emoções e ideias, as situações concretas em que se encontravam, provavelmente por pensarem que pelo menos uma parte do público não compartilhava mais as teses de Agostinho e Tomás, de Lutero e Calvino sobre o suicídio[51].

Se esses literatos antecederam os outros grupos intelectuais em dar uma resposta nova à velha questão da licitude da morte voluntária, foi principalmente por dois motivos. Em primeiro lugar, por razões estéticas e práticas. O ato suicida constituía um poderoso recurso dramático, de extraordinária espetacularidade. Pondo em cena uma pessoa que se matasse, o autor da peça tinha certeza de que despertaria fortes emoções no público, levando-o a discutir, imprecar, chorar. Em segundo lugar, porque o teatro (em especial o elisabetano) era um espaço de liberdade, um local onde tudo era permitido, onde o espectador podia esquecer por algumas horas as mil proibições do cotidiano e dar vazão às suas ideias e sentimentos.

2.3 Um nome novo para um ato velho

Um sinal revelador dessa profunda transformação cultural consiste nas mudanças linguísticas ocorridas pelos meados do século XVII, com o surgimento de um neologismo para designar o ato de quem busca a morte voluntária e com a sua rápida difusão entre as camadas mais cultas da população europeia. Ao contrário do que se pode pensar, o termo "suicídio" é de origem relativamente recente. Apesar de ser formado por duas palavras latinas, *sui* e *cudere*, *suicidium* não existia na língua latina antiga, que todavia dispunha de termos como *parricidium, matricidium, fratricidium, tyrannicidium*[52]. Por outro lado, mesmo nas principais línguas europeias modernas, por muito tempo inexistiu um substantivo distinto e específico que designasse o ato de quem põe fim aos seus dias. A tendência de considerar o suicídio como crime não menos grave do que o homicídio era, de fato, tão dominante que a sua designação remetia, também do ponto de vista linguístico, a ele. Agostinho o designava como *crimen homicidi* e como *homicida* aquele que o cometia. Em inglês, falava-se de *self-homicide* ou *self-slaughter*. Shakespeare usava a expressão *self-slaughter*, Spenser *self-murdring*, Donne *self-homicide*, Burton *to be their own butchers*. Montaigne, no ensaio sobre o "costume da Ilha de Ceo", falava de *homicide de soy-mesme*, mas em francês dizia-se também *meurtre de soi-meme, homicide de son corps, homicide de lui mesme par desespoir*[53]. Na Itália, teólogos e juristas usaram por muito tempo em seus escritos os termos *sui homicida* e *sui ipsius homicidium*, para passar depois à expressão *omicidio di sé medesimo*.

Mudando a atitude perante a morte voluntária, sentiu-se a necessidade de introduzir um termo diferente para designá-la, que permitisse uma clara distinção do ato de matar outra pessoa, já considerado como ato muito mais grave. Foi Sir Thomas Browne quem, numa obra publicada em 1642, introduziu o neologismo "suicídio", referindo-se àquele pagão de Catão, para distingui-

-lo do *self-killing* condenado pela religião cristã. Nas décadas seguintes, esse novo termo passou a ser usado nos livros e dicionários com frequência sempre maior. Foi introduzido na França em 1734 pelo Abade Prévost, que vivera muitos anos na Inglaterra[54], e foi retomado por Voltaire, Helvétius, d'Holbach e muitos outros[55]. Na Itália, chegou provavelmente graças a Giuseppe Baretti e ao seu *Dictionary of English and Italian Languages*. Publicada em Londres em 1760 e em Veneza em 1787, essa obra, no seu volume inglês-italiano, trazia o termo *suicide*, traduzido como "*Suicidio, l'orrido delitto di distrugger se stesso*" [Suicídio, o horrendo crime de destruir si mesmo]. Em 1761, o neologismo foi retomado por Agatopisto Cromaziano, em sua *Istoria del suicidio*, e três anos depois por Cesare Beccaria. Na Espanha, entrou em 1770, também nesse caso graças a um dicionário inglês-espanhol de Giuseppe Baretti; em Portugal, por sua vez, em 1844[56].

2.4 Causas naturais e sobrenaturais

Num dia não especificado de 1480, o Padre Tomás Vassen (ou Wissen), prior de um mosteiro perto de Bruxelas, recebeu uma visita singular: alguns dos seus monges, tendo partido algum tempo antes para Colônia, foram lhe pedir ajuda num grave problema, que surgira inesperadamente no grupo durante a viagem de regresso. Um dos seus companheiros, certamente o mais ilustre, sofrera em plena noite uma crise violenta e começara a gritar que estava perdido e destinado à danação eterna. Gritava sem cessar, repetindo essas palavras desesperadas, e, se os companheiros não o tivessem segurado a força, certamente teria se ferido ou matado. Não conseguindo tranquilizar o irmão nem intervir de maneira decisiva na sua difícil situação, os monges retomaram a viagem em ritmo mais lento, por fim alcançando com grande atraso a cidade de Bruxelas, de onde enviaram alguns companheiros ao mosteiro, solicitando ao prior que interviesse o quanto antes.

O Padre Tomás partiu imediatamente, encontrou o doente, ouviu os relatos dos outros monges, certamente circunstanciados e ricos de detalhes, e depois prescreveu um tratamento de bíblica memória: tal como Davi, tocando cítara, conseguira acalmar Saul, acometido por acessos furiosos, assim também, se tocassem música várias vezes diante do pobre enfermo, conseguiriam aliviar a sua profunda angústia, aplacando os efeitos daquele "humor melancólico", para os quais até mesmo a cultura contemporânea não deixa de recomendar a terapia do som. Mas, apesar das repetidas execuções instrumentais, apesar dos agradáveis entretenimentos frequentemente oferecidos ao doente, as garras da angústia não afrouxaram minimamente a sua pressão sobre ele, que continuava a gritar e falar de maneira agitada e obsessiva, dizendo-se repetidamente "filho da perdição".

Foi apenas depois de regressar ao mosteiro, onde, como nos informam os relatórios internos, recebeu cuidados constantes de dia e de noite, que o monge se curou, ou, pelo menos, a sua crise se amainou. Devolvido à sua realidade de convertido (grau intermediário entre os frades laicos e os regulares)[57] e à sua ocupação, que continuara a exercer mesmo depois de ter tomado os votos, viveu mais um ano, fazendo constante profissão daquela humildade que, segundo o cronista, faltara na sua experiência religiosa anterior, e levando a cabo a sua comovente última obra.

A explosão da sua crise nervosa fora presenciada pelo seu meio-irmão, que também era monge no mesmo mosteiro e participara da experiência de viagem a Colônia; Nicolas (tal era o seu nome) certamente narrara os detalhes do clamoroso surgimento do delírio fraterno, não só aos companheiros e ao prior, mas também ao frade Gaspar Ofhuys que, dentro em breve, se tornaria *infirmarius*, isto é, médico do mosteiro e o seu novo prior. Muitos anos depois, nessa sua representativa função, o próprio Ofhuys redigiu uma crônica da comunidade, inserindo também a apresentação daquele caso singular, graças ao qual a sua obra seria posteriormente salva do esquecimento, atraindo a atenção e a análise de estudiosos de diversas áreas de conhecimento[58].

Pois o doente em questão, se assim quisermos defini-lo, não era de forma alguma um obscuro monge que padecia daquela *pusillanimitas*, ou escrúpulo excessivo em campo devocional, que em alguns períodos históricos, como a Alta Idade Média e a época pós-tridentina, assumiu as características de um fenômeno patológico bastante difundido: o doente em questão era Hugo van der Goes, um dos maiores artistas flamengos da segunda metade do século XV. Conhecidíssimo, admiradíssimo, requisitadíssimo, esse pintor extraordinário, quando estava no auge do sucesso e da carreira, decidiu ingressar como religioso no mosteiro denominado "Roote Cloister", localizado nas proximidades de Bruxelas e inspirado, como muitas outras comunidades católicas da época, por um ardente zelo reformista. Movido por um fervor religioso autêntico e por um fervor artístico igualmente autêntico, Hugo desde o início gozara de privilégios especiais dentro do mosteiro: o prior (aquele mesmo Padre Tomás que, cinco anos depois, tentaria acalmar os seus explosivos sintomas) lhe permitira continuar a pintar e manter contato com personagens externos, também de altíssima posição (como o Arquiduque Maximiliano, que depois se tornaria imperador), acabando por conferir ao espaço conventual algumas características de um ateliê de arte.

Dividido entre mundos e atrações diferentes, nos mesmos anos de noviciado que viriam a ser marcados pela busca e prática constante da humildade, Hugo manteve assim hábitos e interesses seculares: lia (com muito interesse, diríamos, já que o cronista comentava que ele se dedicava "com excessiva frequência") um texto não devocional, um "livro flamengo" não claramente especificado; costumava beber vinho, devido aos seus deveres de representação, na companhia de convivas de alta posição; estava empenhado, numa perspectiva totalmente mundana, com uma exorbitante carga de trabalho com que se comprometera (somente para completar os quadros já iniciados, iria precisar pelo menos de nove anos de atividade).

Era, sem dúvida, um monge diferente de todos os outros e assim se sentia: não respeitava, informa-nos ciosamente o cronista-médico-prior, nem sequer as regras hierárquicas vigentes no mosteiro, fazendo as refeições no refeitório dos frades regulares, e não no refeitório pertinente, porém de menor prestígio, dos frades laicos. E, provavelmente, foi desse incontornável contraste entre duas perspectivas igualmente envolventes, a prática artística e a tensão religiosa, que nasceu o colapso nervoso de Hugo: colapso que se deu de modo súbito e inesperado, depois de cinco anos vivendo e trabalhando tranquilamente dentro do mosteiro.

Retomando a pena trinta anos após a ocorrência desses eventos, para inseri-los como episódios de especial interesse na crônica da comunidade, o Padre Gaspar Ofhuys restituiu à exposição dos fatos o frescor de uma narrativa direta, que montara, na época, a partir da compilação dos depoimentos das testemunhas oculares, mas apartou-se delas ao passar para a apresentação das suas possíveis etiologias, isto é, no momento em que se pronunciava como religioso, como homem de cultura e como médico. Assim, enumerou três explicações diferentes.

A primeira é a cristã tradicional da possessão diabólica. A segunda se afasta desse esquema, mas remete tudo a outro fator sobrenatural: a intervenção de Deus. Hugo se manchou de orgulho, transformou a experiência religiosa numa exposição social até mais acentuada do que a que lhe estaria reservada na condição laica; a sua reconhecida excelência artística, a homenagem e admiração de que foi objeto geraram nele uma visão anormal de si, condição ineluctável de danação espiritual. Mas a "amorosa providência divina" estabeleceu de outra maneira: enviando-lhe uma "aflição redentora", chamou-o de volta aos deveres da humildade abandonada e do arrependimento, oferecendo-lhe no sofrimento uma via de salvação. Assim devolvido à consciência da sua própria miséria, o irmão Hugo, "quando se restabeleceu, passou a viver com grandíssima humildade".

O Padre Ofhuys se delonga apaixonadamente nessa interpretação providencialista, que lhe parece a mais convincente. Mas, como médico, evoca outra explicação, esta naturalista, à qual, porém, dá pouco crédito: a crise pode ter sido provocada pela ingestão de "alimentos melancólicos" ou de "vinhos fortes", que alteram o equilíbrio dos humores do corpo e "os reduzem a cinzas", ou por um excesso de bílis negra, congênito em quem é predisposto à doença.

O Padre Ofhuys certamente não podia imaginar que, um século depois, essa terceira interpretação, que remetia o suicídio e, de modo mais geral, os distúrbios mentais a causas naturais, começaria a se consolidar entre as elites cultas de toda a Europa.

2.5 Melancolia, hipocondria e histeria

Entre meados do século XVI e meados do século XVII, muitos intelectuais europeus (médicos, filósofos, teólogos) pensaram estar diante de uma nova forma de epidemia, diferente das que haviam até então dizimado a população: a rápida difusão da melancolia em muitas áreas do continente. "Essa afecção é frequentíssima nos nossos dias", escreveu Girolamo Mercuriale, um dos médicos italianos mais famosos da época, num tratado de 1601. "Hoje é difícil encontrar alguém que seja imune ao seu contágio", observou seis anos depois outro médico, Giulio Cesare Chiodini, plenamente convencido de que esta era "a fonte de todos os outros males" e que se propagara entre todos as camadas sociais. "É uma doença tão frequente hoje em dia que são muito poucos os que não sofrem dela", acrescentou Robert Burton em 1621, em *The Anatomy of Melancholy*, uma obra de duas mil páginas, dividida em três volumes, inteiramente dedicada ao estudo desse mal, das suas causas, dos modos de preveni-lo e curá-lo. Essa mesma ideia foi expressa nos inúmeros tratados, escritos em latim ou em língua vulgar, publicados nesse período na Inglaterra, França, Alemanha e na Itália, e, ademais, no imenso conjunto de opúsculos populares com histórias, cantos, brincadeiras e diálogos, destinado a indicar remédios contra essa doença[59].

O termo "melancolia" (ou, como se dizia então nas diversas línguas europeias, *melancolia, mélancholie, melancoly, Melancholie*) era usado numa acepção muito ampla, a ponto de abranger o que hoje chamamos de distúrbios de ansiedade, de humor, de personalidade, bem como incontáveis formas de fobia, alucinações e delírios. Na grande legião de melancólicos que circulava pela Europa, havia quem não quisesse se expor ao sol, por acreditar que era feito de manteiga e temia se derreter, quem estivesse convicto de que parentes e amigos tramavam matá-lo, quem pensasse ter no ventre uma colônia inteira de rãs. Segundo Aegidius Albertinus, secretário da corte bávara no início do século XVII, dessa legião fazia parte Urbin, um jovem carreteiro que pensava ser o imperador e todos os dias, com uma coroa de papel na cabeça, pendurava na parede do estábulo uma folha com figuras representando o papa, cardeais, reis, príncipes e cavaleiros do império em concílio, e promulgava leis contra os turcos[60].

Os sintomas dessa doença, segundo Burton, podiam se referir à mente ou ao corpo. Os mais importantes para a mente eram o medo e a tristeza. Quem sofria disso estava sempre assustado e trêmulo, à mercê de uma tristeza profunda que, por vezes, transformava-se em desespero, sempre se agitando, suspirando, entristecendo-se, lamentando-se, compadecendo-se de si mesmo, chorando. Numerosos eram também os sintomas secundários. Os melancólicos eram extremamente prudentes, cautelosos, circunspectos. Tímidos e retraídos, desconfiavam de tudo e de todos. Receavam ser observados e ouvidos o tempo todo, temiam que todos se interessassem e falassem só deles, troçassem deles, humilhassem-nos, maltratassem-nos. Preferiam a solidão e a escuridão. Eram de poucas palavras e de muitas meditações. Enredados em seus pensamentos e fantasias, ficavam por muito tempo absortos e meditabundos. Sofriam de quimeras e visões. Como observava em 1586 o médico e teólogo Timothie Bright, em *A Treatise of Melancholy*, "frequentam locais desertos e desolados, encontram motivo de medo em qualquer coisa que veem, sentindo-se à vontade somente quando podem dar vazão em solidão àquelas fantasias, sem as novas provocações que lhes causa a companhia dos homens"[61]. Os sintomas do corpo, segundo Burton, eram os lábios grossos e as veias inchadas, a diarreia e a prisão de ventre, as flatulências e o hálito pesado, as vertigens e as palpitações, os tremores e o gaguejar, a dor de estômago e a insônia.

A melancolia estava na origem de outras doenças não letais, como a epilepsia, a cegueira e a loucura. Mas, em certos casos, também podia levar à morte, tornando a vida dolorosíssima e insuportável e impelindo ao suicídio. Segundo

Robert Burton, isso ocorria quando o indivíduo era subjugado pela tristeza, pelo medo, pela angústia. Aqueles que caíam vítimas dessas terríveis emoções eram incapazes de descansar durante a noite, pois, a cada vez que adormeciam, padeciam de sonhos angustiantes, enquanto durante o dia ficavam "assustados por algum objeto terrível" e, "como cavalos selvagens", não conseguiam ficar parados nem por um só instante, mas eram obcecados por essa presença e, por mais que se esforçassem, não conseguiam esquecê-la[62]. Assim, como um navio sem timoneiro, condenado a se destruir contra uma rocha ou na praia mais próxima e naufragar"[63], essas pessoas, enlouquecidas e já desprovidas de qualquer capacidade de controle sobre si mesmas, acabavam por tirar a vida.

Quais eram as causas dessa doença? A resposta mais antiga e famosa a essa pergunta fora apresentada no século IV a.C., pelo médico grego Hipócrates de Cós, com a teoria dos "quatro humores"[64]. Segundo essa teoria, todas as coisas sob o céu são formadas por quatro elementos fundamentais (terra, água, ar e fogo), cada um deles possuindo duas das quatro qualidades principais dos corpos: calor, frio, secura e umidade. No organismo humano há quatro diferentes humores, que têm sede em quatro órgãos diferentes: o sangue, situado no coração, a cólera ou a bílis amarela no fígado, a melancolia ou bílis negra no baço, a fleuma na cabeça. Cada humor, segundo Hipócrates, corresponde a um elemento fundamental e possui suas principais qualidades. O sangue, como o ar, é quente e úmido; a cólera, como o fogo, é quente e seca; a melancolia, como a terra, é fria e seca; a fleuma, como a água, é fria e úmida. Assim, é normal que haja melancolia em todo ser humano, pois não é senão um dos quatro humores fisiologicamente existentes em todos os organismos. Todavia, ela pode se tornar uma condição patológica, uma doença tanto física quanto psíquica, se houver uma presença anormal de bílis, tanto em quantidade quanto em qualidade.

Portanto, para a teoria de Hipócrates, as causas da melancolia, como de todas as outras doenças do corpo e do espírito, eram naturais. Um ser humano estava sadio quando havia um equilíbrio entre os quatro humores do seu organismo, ou doente quando essa proporção perfeita entre as partes falhava e havia o predomínio de apenas um dos humores. Além disso, as variações deste ou de outros humores também eram atribuídas a fatores naturais. O aumento deles estava associado às horas do dia, às estações do ano, às idades da vida. "O sangue", escreveu um filósofo da Alta Idade Média[65], "imita o ar, aumenta na primavera, domina na infância. A bílis amarela imita o fogo, aumenta no verão, domina na adolescência. A bílis negra, ou seja, a melancolia, imita a terra, aumenta no outono, domina na maturidade. A fleuma imita a água, aumenta no inverno, domina a velhice"[66]. A predominância de um humor na organização geral do organismo, ademais, estava ligada ao predomínio de um astro: o tipo sanguíneo a Júpiter, o colérico a Marte, o melancólico a Saturno, o fleumático à Lua. As patologias da bílis amarela eram atribuídas também às condições de moradia, ao clima e à dieta. Assim, por exemplo, os alimentos que provocavam a melancolia eram os frios e secos.

Com o afirmar-se da doutrina cristã das emoções (que vimos no capítulo anterior), a teoria dos quatro humores foi perdendo gradualmente a importância. O conceito de melancolia mudou de significado ou foi substituído pelos de acídia, tristeza, desespero[67]. O suicídio, como muitos dos sentimentos e ações dos indivíduos e dos seus distúrbios físicos e mentais, passou a ser atribuído a causas não mais naturais, e sim sobrenaturais.

Na segunda metade do século XVI, a situação mudou novamente. Nos escritos dos intelectuais europeus, o conceito de melancolia ressurgiu com vigor e adquiriu uma extensão semântica e uma relevância que jamais tivera. Robert Burton sustentou que essa patologia podia atingir não só os seres humanos, mas também os animais e as plantas, não só os "corpos individuais", mas também os "coletivos". Melancólicos não eram apenas os indivíduos tristes e assustadiços, que reclamavam e choravam, ou os "cavalos selvagens" que tiravam a própria vida. Melancólicos eram também os países cheios de desertos, pântanos e charcos ou onde vicejavam as injustiças, as misérias, as pestes, as revoltas, as guerras.

Os religiosos tentaram englobar esses esquemas explicativos na doutrina cristã das emoções. Nos seus discursos, a categoria da melancolia tomou o lugar da acídia e do desespero, e a referência às relações entre os quatro humores tornou-se cada vez mais frequente. Mas eles continuaram a atribuir tudo a causas sobrenaturais. Assim, por exemplo, no início do século XVII, o frade milanês Francesco Maria Guaccio, no seu *Compendium maleficarum*, escreveu que a "causa externa das doenças" era o demônio, que se introduzia no corpo dos seres humanos: "provoca a melancolia perturbando a bílis negra e fazendo subir vapores para o cérebro e outras partes do corpo"[68]. Alguns anos antes, o teólogo calvinista inglês William Perkins, remetendo-se à tradição hipocrática, sustentara que a melancolia era "um tipo de sangue denso e negro, corrompido e doente", que se encontrava principalmente na bílis e mandava para o alto "vapores" semelhantes a "nuvens", que corrompiam a imaginação e impediam a compreensão e a consciência. Essas causas físicas, porém, eram secundárias. As primárias eram, por sua vez, metafísicas e, naturalmente, estavam relacionadas com a intervenção do demônio, que se apoderava da imaginação dos seres humanos[69].

Era difundida a ideia de que o demônio atacava as pessoas que sofriam de melancolia e de desespero religioso para levá-las a blasfemar Deus e a se matarem. O próprio Hamlet, no segundo ato, perguntava-se se o espectro que vira não seria um demônio que queria se apossar dele, "poderosíssimo como é, nesse momento de fraqueza e de melancolia para levar-me à perdição"[70]. No decorrer do século XVI, muitos estudiosos repetiram que a bílis negra era o *balneum diaboli*, o banho do diabo, que se deliciava em deslocar esse humor e se aproveitar das emoções que despertava. Considerava-se que a predileção de satanás por esse humor se devia ao fato de ter alguns traços em comum com ele: ambos eram escuros, frios e lembravam vagamente os excrementos[71].

A bem de verdade, Timothie Bright já avançara alguns passos no seu tratado de 1586, procurando conciliar a tradição hipocrática e a cristã, e distinguira entre duas espécies diferentes de melancolia, uma de origem fisiológica, causada pelos humores do corpo e de competência do médico, a outra de origem espiritual, provocada pelas tentações de satanás e do qual somente o teólogo podia se ocupar. "Um corpo subjugado pela melancolia e afogado naquela negra prisão", escreveu Bright falando da segunda, "tem enorme dificuldade em ver os raios consoladores da estrela diurna e o brilho da abundante misericórdia do jubiloso filho de Deus. O mesmo acontece com uma mente que, impedida nas ações pelos instrumentos do corpo, não pensa nem julga honesta ou retamente, como requer a situação. Aquela mente é não só afetada, mas cegada pelo humor; levada àquelas trevas do medo, é também atormentada e atacada por satanás em todas as partes"[72]. Nas mãos do maligno, a melancolia torna-se uma arma poderosa e terrível, usada "com a finalidade de nos ferir e nos destruir". Ela é "a própria casa do diabo, pois é um instrumento que bem lhe cabe para enfraquecer o corpo e aterrorizar a mente com medos vãos e fantasiosos, e para destruir toda a tranquilidade da natureza"[73].

Quarenta anos depois, Robert Burton avançou mais um passo. Como Bright, atribuiu a melancolia a causas tanto sobrenaturais quanto naturais, tanto às intervenções diabólicas quanto ao fígado e à vesícula biliar, que produziam a bílis negra, e à relação entre ela e os outros três humores. Mas, ao contrário do estudioso anterior, sustentou a importância de outro grupo de fatores, os de ordem social. A melancolia, segundo ele, devia-se também à influência do ambiente, à formação recebida durante a infância, às qualidades morais da ama de leite, às relações com os outros adultos, aos eventos traumáticos, como a morte de entes queridos, ou aos insucessos profissionais.

As duas diferentes concepções sobre as causas da melancolia e da histeria chocaram-se publicamente em Londres, em 1602, por ocasião do processo de Elisabeth Jackson por bruxaria. Os católicos e puritanos sustentavam a origem sobrenatural daqueles distúrbios, enquanto os anglicanos e alguns médicos os atribuíam a causas naturais. Um desses médicos, Edward Jorden, escreveu então um panfleto em defesa da autonomia da medicina frente à religião, declarando que alguns, "não sabendo o que prescrever, preferem recorrer a causas divinas e, negligenciando a ajuda dos instrumentos naturais, adotam exclusivamente penitências, encantamentos, sacrifícios e coisas semelhantes, ocultando a sua ignorância sob essas quimeras"[74]. Desde então, um número crescente de médicos e de integrantes das elites cultas da Europa Ocidental passou a abandonar as explicações espiritualistas e religiosas da melancolia e dos distúrbios mentais em favor das científicas.

A partir da segunda metade do século XVII, o termo melancolia começou a ser evitado cada vez mais nos textos médicos, substituído por hipocondria, histeria, *spleen* e vapores, todos estes empregados como sinônimos do mesmo tipo de distúrbio de homens e mulheres. Com efeito, considerava-se que, além da bílis negra, a melancolia era produzida pelo mau funcionamento dos órgãos hipocondríacos, isto é, situados na parte superior e lateral da cavidade abdominal: o baço (em inglês, *spleen*, justamente), o fígado, a vesícula e o útero[75]. Assim, por exemplo, quando o baço nos homens não absorvia a bílis negra supérflua do sangue ou do fígado, formavam-se vapores danosos que subiam à cabeça, provocando a hipocondria. A variante feminina dessa doença era a histeria que, por sua vez, nascia das disfunções do útero. Se os humores se acumulavam nas suas veias ou vasos sanguíneos, prontamente adquiriam uma natureza maligna e produziam vapores que chegavam ao cérebro ou a outras partes do corpo.

Assim, nas últimas duas décadas do século XVII, muitos médicos começaram a pensar que havia na Europa uma nova epidemia, não de melancolia, mas de hipocondria ou de histeria. Em 1681, Sir William Temple escreveu que essas duas afecções (que eram chamadas na linguagem popular de "o *spleen*" e "os vapores") estavam entre as mais difundidas[76]. Em 1733, em *The English Malady*, George Cheyne chegou a dizer que elas afetavam um terço da população do país, mas que eram ainda mais frequentes em Londres e nas outras grandes cidades[77].

Nas últimas décadas do século XVII, Thomas Willis, docente de medicina na Universidade de Oxford, hoje considerado por muitos como o pai da neuroanatomia e da neurofisiologia modernas, apresentou uma explicação totalmente nova sobre a origem da melancolia, da hipocondria e da histeria.

Negando a própria existência da bílis negra, Willis colocou em crise a teoria hipocrática dos quatro humores. Mencionando que os homens também sofriam de ataques de histeria, demonstrou que não era no funcionamento do útero que se devia buscar a causa dessa afecção e que os seus sintomas não eram essencialmente diferentes dos da hipocondria. Ao término de um longo período de observações e de pesquisas, chegou à conclusão de que a histeria e a hipocondria não nasciam dos vapores que subiam à cabeça a partir do útero e do baço, mas que tinham a sua origem no cérebro e no sistema nervoso[78].

2.6 A descriminalização de fato

Durkheim considerava que as penas contra os suicidas na França continuaram a ser aplicadas durante todo o século XVIII, inclusive nas décadas imediatamente anteriores à revolução. "Os bens eram confiscados", escreveu ele em 1897, "os nobres decaíam e eram declarados plebeus; os seus bosques eram cortados, os seus castelos eram demolidos e os seus brasões despedaçados"[79]. As pesquisas históricas posteriores, contudo, demonstraram que a revolução de 1789 derrubou as leis contra os suicídios que já eram letra morta, isto é, não eram mais seguidas e aplicadas desde muito tempo[80]. Já Voltaire, em 1777, captara perfeitamente as grandes mudanças ocorridas, observando que os antigos costumes nesse campo "hoje estão esquecidos, embora legalmente não abolidos"[81]. E, de fato, a documentação hoje disponível indica que, na primeira metade do século XVIII, os processos contra os que tiravam a própria vida haviam se tornado cada vez mais raros e, na segunda metade do século, haviam desaparecido quase por completo. Já a *Declaração* emanada pelo rei da França em 1712 observava que "os suicidas ficam frequentemente impunes", pois raras vezes negava-se sepultura cristã aos que haviam se matado[82]. O exame de uma amostragem de 218 suicídios ocorridos em Paris entre 1764 e 1789 evidenciou que apenas três deles foram condenados pelos juízes ao enforcamento em efígie, provavelmente porque os três haviam cometido outros crimes (uma tentativa de homicídio, um furto e alguns assaltos)[83].

Era o resultado de profundas mudanças, sem dúvida iniciadas muito tempo antes entre várias camadas da população. Elas também envolveram os magistrados e as forças da ordem. "A polícia", escreveu o romancista e jornalista francês Louis-Sébastien Mercier em 1782, "está tentando subtrair os suicidas às vistas do público. Quando alguém se mata, chega um comissário à paisana e redige um relatório sem alarde e obriga o padre da paróquia a dar sepultura sem fazer escândalo. Aqueles que eram perseguidos após a morte por leis ineptas não são mais arrastados numa carroça"[84]. As mudanças chegaram também aos meios religiosos. Enquanto a Igreja Católica continuava firme nas suas posições, os párocos, mesmo não propondo a abolição das velhas leis, silenciosamente faziam o possível para não as aplicar[85]. A *Declaração* de 1712 do rei da França apontava que, se os suicidas ficavam frequentemente impunes, era porque as famílias dos réus narravam aos sacerdotes fatos "contra a verdade" e estes os aceitavam, fingindo considerá-los corretos. Ainda mais surpreendente, em certos casos o próprio povo se mostrava contrário às normas tradicionais, manifestando-se violentamente contra a condenação de um suicida. Em 1753, em Puylaurens, quando o cadáver de um sapateiro que tirara a vida ficou encarcerado, como se costumava fazer, à espera do processo, um grupo de pessoas armadas invadiu a prisão a força e o "libertou". Dois anos depois, na circunscrição administrativa de Castres, uma multidão enfurecida se manifestou contra o tribunal que condenara o corpo inanimado de um artesão que fabricava pentes[86].

Ainda mais eloquentes são as informações que temos sobre a Inglaterra. Em 967, o Rei Edgard decretou que os bens de quem tirava a própria vida seriam confiscados pelo senhor, "a não ser que [o suicida] tivesse sido levado [a realizar esse gesto] pela loucura ou pela doença"[87]. No século XIII, Henry de Bracton, um dos primeiros grandes juristas ingleses, traçou uma distinção entre três tipos de pessoas que se matavam: os suspeitos de crime, os deprimidos e os loucos e imbecis (*furius qui rationem non habet, de mente capto, freneticus, infantulus*)[88]. Os primeiros tinham todos os seus bens confiscados, tanto móveis quanto imóveis; os segundos, apenas os móveis; os terceiros não sofriam confisco. Pesquisas históricas recentes, porém, mostraram que, ao contrário do que pensava Bracton, nos séculos XIII e XIV, grande parte das pessoas que se matavam eram condenadas, fossem homens ou mulheres, ricos ou pobres, mentalmente sãos ou enfermos. Raramente absolviam-se os suicidas tidos com distúrbios mentais. Apenas os chamados *frenéticos* eram, algumas vezes, julgados com um pouco mais de indulgência. Mas os deprimidos, os *lunáticos*, os *furiosos*, os *dementes* e todos os outros (mas nas sentenças ainda não havia sinal dos melancólicos) não escapavam ao confisco dos bens[89].

Entre 1487 e 1510, o sistema judiciário passou por reformas. O processo contra quem tirava a sua vida era conduzido pelo júri do *coroner*. Formado principalmente por homens da pequena burguesia (artesãos e camponeses) residentes no vilarejo ou na zona do suicida, esse júri tinha a dupla tarefa de promover as investigações e proferir um julgamento final. Os integrantes do júri deviam ir ver o cadáver no local onde fora encontrado, procurar ouvir as testemunhas e pronunciar um veredito de condenação ou de absolvição[90]. No primeiro caso, o acusado de ter tirado a vida era declarado *felo de se*, isto é, homicida de si mesmo, os seus bens eram confiscados e era-lhe negada sepultura com o rito cristão. No segundo caso, era considerado *non compos mentis*, isto é, não dono de si, louco, maluco, alienado e não se previa nenhuma pena. As novas normas introduzidas entre 1487 e 1510 estabeleceram que o *coroner* seria o responsável pelas investigações sobre todas as mortes violentas ou suspeitas ocorridas na sua circunscrição, deveria enviar o resultado das investigações à corte real e seria pago por cada sentença proferida.

Os familiares e os defensores do réu geralmente envidavam todos os esforços, com testemunhos e provas de outro tipo, para demonstrar que ele sofrera em vida de vários distúrbios mentais, deprimido e com comportamentos estranhos. Mas, por muito tempo, os júris ingleses praticamente não levavam em conta esses elementos nos seus veredictos. Na primeira década do século XVI, somente 2% dos acusados foram declarados *non compos mentis*. Esse índice se manteve constante por todo o século e aumentou ligeiramente na primeira metade do século XVII, porém sempre ficando abaixo de 10%[91]. Mas a situação começou a mudar nas últimas décadas do século.

Em primeiro lugar, os júris começaram deliberadamente a subestimar os bens dos acusados de homicídio de si. Entre 1485 e 1660, o índice dos suicidas que possuíam bens confiscáveis não superava os 40%, porque uma parte deles era constituída por pobres e mulheres. Mas, nos cinquenta anos seguintes, esse índice sofreu uma nítida queda, chegando a 10% em 1710. Além do mais, o valor desses bens passou a ser, deliberadamente, cada vez mais subestimado pelos juízes, passando, no caso de montantes acima de uma esterlina, de cerca de um terço a 7% do total, meio século depois.

Em segundo lugar, o número das sentenças de absolvição, que na primeira metade do século XVII permanecera sempre modesto, aumentou rapidamente na segunda metade. O índice dos acusados declarados *non compos mentis* dobrou de 1660 a 1680 e triplicou nas duas décadas seguintes, alcançando 40%. Esse aumento continuou num ritmo tal que, depois de 1760, 90% dos suicidas foram absolvidos por terem sido julgados alienados mentais. Quem mais se beneficiou com a maior clemência dos juízes foram, antes de mais nada, as famílias aristocráticas e burguesas, que tinham maior influência e corriam maiores riscos econômicos no caso de condenação. Aos poucos, porém, as vantagens dessa nova tendência se estenderam a todas as outras classes. Durante o século XVIII, o reduzido e declinante número de condenações não se referia a réus julgados mentalmente sãos, e sim a autores de outros crimes que, ao se matarem no cárcere, estariam escapando a qualquer outra punição. Isso significa que, naquele século, nos corpos de jurados e nas outras camadas mais altas da sociedade inglesa, aos poucos foi abrindo caminho a ideia de que todo e qualquer suicida era *non compos*, assim alterando profundamente o significado cultural do suicídio.

A mudança de atitude das elites intelectuais, e em especial dos juízes e dos médicos, em relação a quem tirava a própria vida provavelmente começou nas grandes cidades da Europa Setentrional. Sem dúvida se verificou em Londres, onde, em 1601, o corpo sem vida de Richard Allen fora julgado *felo de se* pelo *coroner*. Mas, poucos dias depois, um amigo seu compareceu à presença do Dr. Edward Stanhope, chanceler e vigário da diocese de Londres, pedindo-lhe autorização para enterrar os restos mortais do suicida em terra consagrada. Explicou que Allen fora levado a cortar a garganta devido a uma terrível doença, mas que, antes de morrer, conseguira ver o pároco e se arrepender. Argumentou de modo tão convincente que logo obteve o que queria[92].

Naquela época, o chanceler e vigário-geral era um laico com formação jurídica, que presidia à corte do bispo, concedia autorizações diversas (para se casar, para ser parteira), autenticava testamentos e legados, bem como desempenhava muitas outras tarefas. Na primeira metade do século XVII, teve de se ocupar também em avaliar os pedidos de dar sepultura no cemitério, junto com os outros cristãos, aos corpos dos suicidas condenados pelo tribunal civil. Naturalmente, as solicitações que lhe eram dirigidas pelos parentes ou amigos dos réus continham justificativas do injustificável ato que haviam cometido. Era frequente afirmarem, como fizera o amigo de Richard Allen, que o suicida, antes de exalar o último suspiro, declarara-se arrependido. Mas, em muitos outros casos, atribuíam a ação irresponsável do ente querido a um estado de profunda melancolia, insatisfação, depressão ou confusão mental[93]. Ao aceitar muitas dessas petições, embora referentes a pessoas já condenadas, o chanceler e vigário-geral da diocese de Londres deixou-nos um sinal inequívoco das grandes transformações no significado e julgamento moral do suicídio, ocorridas naquela cidade desde o início do século XVII.

Em Amsterdã a atitude em relação à morte voluntária mudou radicalmente a partir da primeira metade do século XVII. Os escritos do grande jurista holandês De Damhouder indicam que, em meados do século XVI, havia grandes diferenças entre a lei escrita e os costumes. O suicídio por loucura e desespero era justificado pela primeira e condenado pelos segundos. Mas, um século depois, a situação mudara. Em 26 de junho de 1668, o cadáver de um condenado por ter tirado a vida foi levado à forca. Era um homem que pedira dois *pences* à mulher para comprar *brandy* e não conseguira nada. "Que o diabo me carregue se dessa vez eu não me enforcar", ameaçara ele. "Faça como quiser, você sempre diz isso", respondera ela e retomara os seus afazeres. Mas, pouco tempo depois, ela percebeu que o marido realmente havia se enforcado em casa[94].

Esta foi a última condenação em Amsterdã por morte voluntária de uma pessoa não acusada de outros crimes. Desde então, nesta e em outras cidades da Holanda, o suicídio passou a ser considerado crime somente se ocorresse *ob conscientiam criminis*, isto é, para escapar à condenação recebida por ter cometido outro crime. Mas quem se matasse por qualquer outro motivo, por desespero, melancolia, doença, problemas financeiros ou familiares, não era processado e, no pior dos casos, corria o risco de ser enterrado no cemitério com os outros, mas em silêncio, sem música nem cânticos rituais[95].

"Esquecida de todo temor a Deus", lê-se numa sentença proferida em 1657 pelo tribunal de Genebra, "ela se teria permitido induzir maligna e infelizmente a se atirar voluntariamente no Ródano, onde se afogou, caso e crime que merecem grave punição": a condenação do "corpo morto da supracitada a ser arrastado pelo executor da alta justiça sobre uma treliça pela cidade e dali ao patíbulo para ser sepultado"[96]. Mas, nos anos seguintes, a atitude dos magistrados e de outras camadas sociais mudou e as penas contra os suicidas se tornaram cada vez menos severas[97]. Após 1680, os juízes e os pastores passaram a considerar com frequência cada vez maior a morte voluntária não como uma "revolta contra Deus", mas como uma "doença da alma", invocando sempre mais a "melancolia", o "frenesi" o "furor" e a "demência" como atenuantes das responsabilidades de quem se matava[98]. Após 1732, não houve mais nenhuma condenação à forca dos que mataram a si mesmos. Nas últimas décadas do século XVII, e durante o século XVIII, tornou-se cada vez mais raro ver o cadáver de um suicida arrastado pelas ruas da cidade. O costume de confiscar os seus bens foi quase completamente abandonado, e apenas 1% daqueles que se tiraram a vida após a metade do século XVII foram vítimas dessa sanção. Mesmo o último vestígio do velho sistema penal, a negação de sepultura cristã, perdeu grande parte da sua importância. O índice dos suicidas não enterrados em solo consagrado de um cemitério, que fora de 98% entre os meados do século XVI aos meados do século XVII, despencou para 46% nos cento e cinquenta anos seguintes[99].

Mudanças semelhantes provavelmente ocorreram em muitas outras partes da Europa Ocidental nos séculos XVII e XVIII. É o que indicam os resultados das pesquisas realizadas em algumas regiões da Alemanha, caracterizadas por uma história política, religiosa e social muito diferente da inglesa[100]. A partir de 1532, na Baviera, entrou em vigor a constituição carolina (*Constitutio criminalis carolina*), introduzida no império por Carlos VI, a qual, no artigo 135, definia o suicídio como crime grave (a exemplo do homicídio e do infanticídio), mas previa o confisco dos bens somente se a pessoa tirasse a própria vida para não cumprir a pena por um outro crime[101].

Na Baviera, cabia aos párocos e juízes distritais proceder às investigações necessárias para determinar se a morte de uma pessoa havia sido voluntária, enquanto o julgamento dos que haviam tirado a vida cabia ao conselho áulico. Graças aos limites postos pela constituição carolina, o conselho áulico de Munique, de 1611 a 1670, solicitou o inventário dos bens móveis e imóveis dos julgados, para decidir se determinaria ou não o confisco, apenas em 10% dos trezentos casos de suicídio, aproximadamente, que examinou[102].

Grande parte da atividade desse conselho consistia, por outro lado, em estabelecer se o suicida merecia sepultura eclesiástica. Um dos critérios empregados para tomar essa decisão estava relacionado com a reputação da pessoa em vida. Quanto mais o suicida tivesse sido fiel, pio, devoto, temente a Deus e observante, e quanto mais seus familiares e parentes fossem estimados pelos outros, tanto mais provável era que o conselho recomendasse seu sepultamento em solo consagrado. Mas um critério de avaliação ainda mais importante se referia ao motivo do gesto, o estado mental em que o defunto se encontrava antes de realizá-lo. Acreditava-se que uma causa possível do suicídio era, antes de mais nada, o desespero religioso, uma forma muito grave de apostasia, de rejeição da própria crença na ressurreição e na vida eterna, desespero este geralmente instigado pelo demônio. Pensava-se, porém, que outra causa possível era um estado de espírito totalmente diferente, a melancolia, a loucura, a enfermidade mental, a pusilanimidade ou as doenças físicas, a peste, a enxaqueca, a febre húngara. Normalmente, o conselho áulico recomendava o sepultamento desonroso no primeiro caso e o eclesiástico no segundo. Contudo, houve uma mudança radical nas decisões que esse órgão tomara entre 1611 e 1670, visto que os casos julgados como decorrentes do desespero religioso diminuíram, ao passo que os outros aumentaram, e com isso, portanto, um número crescente de suicidas pôde ser enterrado nos cemitérios com o cerimonial litúrgico[103].

Mudanças não muito diferentes se deram no Schleswig-Holstein nos séculos XVII e XVIII. A partir de 1630, verificou-se naquele Estado uma separação crescente entre as normas jurídicas e a prática das autoridades civis e religiosas. Enquanto as normas continuavam a condenar os suicidas a um sepultamento desonroso, a prática civil e religiosa se tornou cada vez mais clemente, levando em conta nos julgamentos muitos outros critérios referentes à condição social e ao estado mental de quem se infligira a morte. Assim, o índice de suicidas que foram sepultados em terra consagrada, com todos os demais fiéis, cresceu continuamente e chegou a alcançar 85% na segunda metade do século XVIII[104].

Iniciadas na cidade, essas mudanças chegaram ao campo muito tempo depois. Em Paris, abandonou-se o costume de processar o cadáver de quem tirara a sua vida já nas primeiras décadas do século XVIII, ao passo que nas pequenas cidades da França isso ocorreu mais tarde[105]. Em muitos países europeus, durante o século XIX, houve manifestações, por vezes clamorosas, de grupos de camponeses ou de artesãos residentes em pequenos centros agrícolas contra o abandono dos ritos tradicionais. No final do verão de 1817, em Potsdam, uma das maiores cidades que a Prússia subtraíra à Polônia, um funcionário do governo, chamado Wildenheim, tirou a própria vida. O conselho dos anciãos da Igreja Luterana concedeu-lhe a honra de um sepultamento religioso e a congregação acompanhou o seu corpo no carro fúnebre até o cemitério, ao som dos sinos dobrando. Mas essa decisão incomodou uma parte dos fiéis e três deles, um alfaiate, um carpinteiro e um luveiro, encabeçaram um protesto. Atacaram publicamente os anciãos, acusaram-nos de ter profanado o carro fúnebre da congregação e pediram a sua demissão. Houve duas assembleias de todos os integrantes da comunidade luterana e as tensões aumentaram tanto que os anciãos foram obrigados a recorrer ao chefe da polícia pedindo proteção[106].

Em 1842, o Abade Duré, cura da paróquia de Champtoceaux, um pequeno centro francês, dirigiu-se cheio de dúvidas ao bispo de Angers, contando-lhe numa carta um caso que o perturbara muito e ao qual não conseguira dar uma solução satisfatória. Uma das suas fiéis tirara a vida poucos dias antes. Era uma mulher que ia à missa todos os domingos e que sofria de lepra. Informado do ocorrido, o Abade Duré tentara convencer os parentes da mulher de que certamente ela cometera o ato num momento de loucura. Mas eles continuaram a pensar e a declarar que estava mentalmente sã, mesmo sabendo que, assim, não poderia ser enterrada em solo consagrado. Os outros paroquianos também encorajaram o abade a negar cerimônia religiosa à mulher que se matara[107].

Numa pequena aldeia rural russa, na noite de 24 de abril de 1893, a esposa de um camponês saíra de casa, passando por cinco portas sem que ninguém a ouvisse, e fora se afogar. O marido pedira veementemente que o corpo fosse enterrado no cemitério da cidade, mas encontrara grande oposição de um grande grupo de camponeses, que não hesitaram em encaminhar uma petição à polícia, na qual denunciavam que a mulher tinha "mente sã e se dera a morte intencionalmente, sem ter se confessado nem feito a sagrada comunhão". Considerando esse protesto como fruto de "ignorância" e "superstição", a polícia autorizara o sepultamento em terra consagrada. Contudo, diversas calamidades ocorridas durante o verão (alguns incêndios e algumas estranhas mortes acidentais) levaram os camponeses a exumar o corpo da pobre mulher[108].

2.7 A descriminalização de direito

O processo de revogação das normas que previam condenação por suicídio começou nas colônias inglesas da América do Norte. Em 1701, a Pensilvânia e o Delaware revogaram as leis que previam o confisco dos bens de quem tirava a própria vida. Em 1777, remetendo-se à tese de Thomas Jefferson ("o suicídio não deve ser punido com o confisco, mas considerado uma doença"), a Virgínia seguiu o mesmo exemplo[109]. Poucos anos depois, essa mesma decisão foi tomada por Maryland e Nova Jersey. Na Europa, o primeiro soberano que se fez intérprete do novo espírito foi o jovem Frederico II da Prússia. Ainda em 1731, o seu pai, Frederico Guilherme I, havia agravado as penas para quem tirava a vida, mesmo que fosse movido pela melancolia[110]. O filho, por sua vez, promulgou dois éditos, em 1747 e 1751, para abolir esse crime. Invertendo radicalmente uma configuração que dominara por séculos, identificou na "loucura", na "demência", na "melancolia" e em outros distúrbios mentais as únicas causas do ato suicida e declarou que a penalização criminal desse ato era não só inútil, mas também danosa, porque obrigava os familiares do suicida a "se prostituírem" e a recorrerem a outros meios ilícitos para sobreviver[111]. Frederico II, ademais, estava convencido de que a pessoa tinha não só o direito de tirar a própria vida, mas que, em determinadas situações, nem poderia se furtar a tal escolha, se quisesse salvar a sua dignidade moral[112].

Esse processo de revisão dos códigos penais verificou-se em todos os países da Europa, mas em momentos muito diferentes, tanto que foram necessários dois séculos e meio para que pudesse se realizar inteiramente. O exemplo de Frederico II foi seguido em 1786 por Pedro Leopoldo, grão-duque da Toscana, que decidiu excluir o suicídio do rol dos crimes. Em Genebra, isso aconteceu em 1792, e na França durante os anos da revolução. Em 21 de janeiro de 1790, a assembleia nacional constituinte aprovou um decreto que, antes de mais nada, definia os crimes como "pessoais" e, consequentemente, excluía a possibilidade de confiscar os bens dos condenados, pois prejudicava os herdeiros inocentes, e, em segundo lugar, estabelecia que o crime se extinguia com a morte do réu, reintroduzindo assim o princípio da inimputabilidade do suicídio.

Contudo, nos quatro anos seguintes, o aumento do número de pessoas que se matavam para escapar à guilhotina levou as autoridades políticas a recuar.

Em 19 de novembro de 1793, a Convenção aprovou um decreto que reinstituía o confisco dos bens para os acusados pelo tribunal revolucionário que tirassem a própria vida. Robespierre, Bourbotte, Babeuf e Darthé, que haviam tentado se matar, foram levados moribundos ao patíbulo. Em 16 de março de 1794, o tribunal revolucionário de Marselha, retomando subitamente um costume adotado durante séculos, condenou ao patíbulo os corpos sem vida de Étienne Goutte e Jean Guérin, "vestidos com a camisa vermelha"[113]. Mas esse período de brusco retorno ao passado durou pouco. Em 2 de maio de 1795, a Convenção Nacional decretou que os bens confiscados após 1793 aos condenados que se haviam matado, deviam ser restituídos às respectivas famílias.

Em Baden, a descriminalização ocorreu em 1803; na Baviera, em 1813[114]. Em Amsterdã, em 1793, também foi revogada a norma que proibia aos condenados tirarem a própria vida[115]. Na Áustria, o código de 1787 de José II introduziu normas menos severas para quem se matava, estabelecendo que poderia ser enterrado no cemitério, com os demais, caso tivesse se arrependido antes da morte. Mas foi somente em 1805 que se estabeleceu que o suicídio deixaria de ser considerado crime[116]. Na Suécia, isso se deu em 1865, e na Irlanda somente em 1993. Na Inglaterra, o Parlamento aboliu em 1823 a obrigação de sepultar os suicidas fora dos cemitérios, e em 1870 a de confiscar os seus bens[117], mas o crime da morte voluntária foi revogado apenas em 1961. Todavia, tais normas permaneceram praticamente como letra morta. Foram raros os processos instaurados para casos de suicídios, e ainda mais raros os que se concluíram com uma condenação por *felo de se*. E mesmo esses poucos assumiram um significado radicalmente diverso do que haviam tido durante séculos. O que conferia um mínimo de sentido a esses processos não eram mais as posições do clero e as crenças nas tentações diabólicas, mas sim os sólidos e concretos interesses das companhias de seguro e o número crescente de apólices de seguro de vida que venderam durante o século XIX. Com efeito, quando o tribunal julgava o caso como *felo de se*, as seguradoras se recusavam a pagar o prêmio aos familiares, o que deu origem a vários debates, polêmicas e processos judiciais[118].

Na Itália, o "código penal para os Estados de Sua Majestade, o rei da Sardenha", promulgado em 1839 por Carlos Alberto de Saboia, estabelecia no artigo 585 que "quem der voluntariamente cabo de si é considerado pela lei como vil e incurso na privação dos direitos civis e, em consequência, as disposições testamentárias que tiver feito serão nulas e sem efeito; o mesmo, ademais, será privado de honras de qualquer espécie"[119].

Na Rússia, ainda em 1835, as leis consideravam o suicídio como homicídio e negavam sepultura religiosa a quem tirasse a própria vida, e puniam quem, de mente sã, atentasse contra si com o exílio na Sibéria e condenação a trabalhos forçados. O código penal aprovado em 1845 deixou de colocar o suicídio e o homicídio no mesmo plano, e estabeleceu penas para o primeiro apenas se fosse intencional e não tivesse sido cometido em estado de loucura ou incapacidade mental temporária causada por alguma doença. Essas sanções, além disso, eram muito menos severas do que as anteriores e se limitavam à invalidação do último testamento e à negação de sepultura cristã. Aplicando essas normas, os tribunais do Império Russo processaram milhares de pessoas. Contudo, de 1830 a 1860, o índice de condenados despencou de 46% para 20%[120].

Por fim, no que se refere ao mundo católico, embora alguns párocos já tivessem adotado muito tempo antes uma posição mais aberta e indulgente frente ao suicídio, a Igreja se manteve aparentemente imóvel nas suas posições tradicionais. Ainda em 1917, o Código de Direito Canônico promulgado por Bento XV reafirmava a proibição de pôr fim à própria vida. Era sobretudo uma afirmação de princípio, sem grandes consequências práticas. Na verdade, bastava um certificado médico que atestasse algum tipo de distúrbio psíquico para que o suicida adquirisse o direito a receber todas as cerimônias religiosas. Também a solicitação desse atestado foi dispensada em 1965, com o Concílio Vaticano II. O Código de 1917 estabelecia também que quem tentasse o suicídio não poderia exercer a função de padrinho de batismo. Em 1983, o bispo de Paris proclamou que o suicídio não era pecado e sim uma desgraça, e prometeu a misericórdia da Igreja aos que tirassem a sua vida. Nove anos depois, o catecismo oficial reafirmou essa posição. "Cada um é responsável pela própria vida perante Deus que a concedeu", lê-se no artigo 2.280. "Ele continua como o seu Senhor soberano. Temos a obrigação de recebê-la com gratidão e preservá-la para a sua honra e para a salvação das nossas almas. Somos administradores, não proprietários, da vida que Deus nos confiou. Não dispomos dela." O artigo seguinte declara o suicídio contrário à "inclinação natural do ser humano a conservar e perpetuar a própria vida", ao "justo amor de si", ao "amor ao próximo" e ao amor ao "Deus vivo". Contudo, o artigo 2.282 reconhece que "graves distúrbios psíquicos, a angústia e o grave temor ao ordálio, ao sofrimento e à tortura podem atenuar as responsabilidades do suicida". Além disso, o artigo 2.283 afirma solenemente: "não se deve desesperar da salvação eterna das pessoas que se deram a morte. Deus, por caminhos que só Ele conhece, pode preparar a ocasião para um salutar arrependimento. A Igreja ora pelas pessoas que atentaram contra a própria vida"[121].

Encerrava-se assim um período iniciado mil e quinhentos anos antes, com a guinada de Agostinho.

2.8 A liberdade de tirar a própria vida

O grande aumento do número de suicídios, que tanta preocupação despertou nos observadores e estudiosos europeus na segunda metade do século XIX, começara pelo menos um século antes do que pensavam e não foi causado apenas (nem principalmente) pelo decréscimo de integração e regulamentação social, mas pela crise e declínio daquele conjunto de normas, sanções, crenças, símbolos e ritos, de categorias interpretativas, de repertórios dos modos de pensar e agir que, durante muitos séculos, haviam desencorajado os homens e mulheres da Europa de tirarem a própria vida.

A revogação das leis condenando o suicídio foi somente o último ato de um processo de mudança que, embora em momentos diferentes, atingiu toda a Europa, Ocidental e Oriental. Seria um erro pensar que essa revogação tenha se dado apenas por causa do Iluminismo, das posições e demandas de um grupo de grandes intelectuais europeus, como Montesquieu, Beccaria ou Voltaire. Sem dúvida, os seus escritos tiveram grande repercussão e influência, não só sobre a elite culta, mas também sobre os soberanos esclarecidos. É sabido, por exemplo, que Frederico II da Prússia se inspirou em Voltaire, com quem mantinha relações epistolares, quando decidiu revogar as normas que proibiam o suicídio. Mas o pensamento desses e de outros intelectuais era, na verdade, expressão de uma mudança de mentalidade iniciada muito tempo antes.

Essa mudança começou nas últimas décadas do século XVI e nas primeiras décadas do século XVII, quando algumas personalidades de destaque da cultura europeia, filósofos, dramaturgos, comediógrafos e até teólogos, começaram a se interrogar sobre a licitude da morte voluntária e criticaram severamente a concepção cristã que a considerava como o mais grave dos pecados. A transformação se ampliou e se aprofundou com a crise dos velhos esquemas interpretativos, explicando o suicídio não mais como causas sobrenaturais, a possessão diabólica e a falta de fé em Deus, mas sim naturais, antes com a melancolia e o mau funcionamento dos órgãos hipocondríacos, o baço, o fígado, a vesícula e o útero, e depois com problemas do cérebro e do sistema nervoso. Assim, graças a essa mudança cultural, a esse processo de secularização e de medicalização[122], o suicida deixou de ser considerado um criminoso, passando a ser visto como uma vítima da fisiologia cerebral e das desgraças da vida, uma pessoa "digna de compaixão", como escrevia Frederico II no seu édito de 1747, por sofrer de "loucura", "demência", "melancolia"[123].

Pouco a pouco, nas camadas mais cultas da população dos centros urbanos, aumentou o número dos que abandonaram a crença de que o suicídio era um gravíssimo pecado contra o criador. Aprisionado na Torre de Londres, em 19 de julho de 1603, o poeta e explorador Walter Ralegh (ou Raleigh) tentou tirar a vida, porém sem conseguir. Mas, ao tentar o gesto, fê-lo convencido de que não ofendia a Deus, como escreveu numa carta à esposa: "Não tema que eu teria morrido desesperando da divina misericórdia, esforce-se em aceitá-lo, mas fique certa de que Deus não me abandonou nem satanás me tentou. Esperança e desespero não podem coexistir. Sei que nos é proibido destruirmos a nós mesmos, mas confio que é proibido no sentido de que não devemos nos destruir por desesperarmos da divina misericórdia"[124]. Poucos anos depois, John Donne apresentou uma tese semelhante: "ninguém pode dizer", escreveu ele, "que todos os que se matam o fazem por desesperar da misericórdia divina"[125].

Ainda em Londres, em 18 de abril de 1732, faltando poucos dias para a publicação do livro de Alberto Radicati, conde de Passerano, o encadernador de livros Richard Smith, condenado por dívidas, e sua mulher Bridget se enforcaram na sua residência, tendo antes matado o filhinho de dois anos. Deixaram em uma mesa três cartas de despedida. Na primeira, pediam ao dono da casa que encontrasse uma acomodação para o cachorro e o gato idoso deles, e lhe deixavam um pouco de dinheiro. Na segunda, dirigida a um parente, criticavam um credor, que consideravam responsável pela sua desastrosa situação financeira. Na terceira, justificavam o gesto. Invocando uma espécie de deísmo científico, afirmavam acreditar em Deus não por um mero ato de fé, mas por motivos racionais, "deduzidos da Natureza e da Razão das Coisas". Olhando pelo microscópio o mundo dos seres infinitamente pequenos, haviam se convencido de que não só Deus existia, mas era benévolo e misericordioso e, portanto, sentiam-se tranquilos em lhe confiar as suas almas. Desafiando a doutrina do extraordinário poder dissuasor dos ritos de profanação e desconsagração, declaravam-se "indiferentes sobre onde serão colocados os nossos corpos". "É opinião dos naturalistas", acrescentavam com certa satisfação, que os corpos dos homens mudam constantemente e que "muitos pobrezinhos têm com mais frequência um novo corpo do que novas roupas"[126].

A percepção e interpretação das pessoas com ideias suicidas da sua condição física e psíquica também mudaram. Em 1682, um comerciante de livros da Alemanha Setentrional, que tentara se matar, permaneceu em vida por alguns dias, durante os quais dirigiu-se ao pastor e ao médico. Ao primeiro, expôs o seu assombro com o que acontecera. Contou que, ao sentir que as forças do demônio o levavam a tirar a própria vida, pediu a intervenção do Senhor. Mas perguntou-se amargurado por que a sua prece não fora ouvida. Para o pastor, foi fácil responder que, na verdade, era precisamente à misericórdia divina que ele ainda se encontrava vivo e dispunha de tempo para se arrepender do ato. Para o médico, porém, o comerciante de livros enumerou os sintomas de todos os males que o afligiam e que o conduziram àquele gesto: insônia, dor de cabeça, visão de pequenas chamas, zumbido nos ouvidos, dores de estômago, ansiedade[127]. Assim, ao descrever e explicar o que lhe acontecera, o comerciante alemão utilizava um código cultural diferente do que fora usado, oitenta anos antes, pelos pacientes do médico e astrólogo inglês Richard Napier, e às tentações diabólicas acrescentou a melancolia, pois o que havia enumerado eram sinais dessa doença.

A mudança desse código continuou nas décadas seguintes. Em 1759, um aprendiz de jardineiro alemão, que havia tentado se matar com uma faca sem conseguir, relatou o ocorrido de outra maneira. Disse que fora vencido pela melancolia, uma doença a que tinha predisposição por causa de "hemorroidas ocultas", que se faziam sentir de tempos em tempos e que tinha certeza de haver herdado. Não fez nenhuma referência à ação do demônio ou a outras causas sobrenaturais. Alguns anos mais tarde, depois de ter inutilmente tentado tirar a vida, uma mulher alemã não explicou o seu gesto com a melancolia. Disse, entretanto, que costumava estar bem e comia, bebia e dormia como todas as pessoas saudáveis. Queixou-se apenas que, de vez em quando, ficava com a cabeça "pesada e tola" e, nessas ocasiões, via todas as coisas girarem em torno de si e lhe vinham ideias fixas, estranhas, distorcidas. Foi justamente num desses momentos de confusão mental que tentou se matar[128].

A crise desse conjunto de normas, crenças e categorias interpretativas que desencorajavam os europeus a tirar a própria vida foi favorecida por outras profundas transformações sociais e culturais. Em 1611, John Donne representou o mundo de onde se erguia o pedido para se dispor da "chave da própria prisão" da seguinte maneira:

> E a nova filosofia coloca tudo em dúvida,
> o elemento do fogo se extinguiu por completo,
> o Sol se perdeu, e também a Terra, e nenhum engenho humano
> pode indicar ao homem onde procurá-lo.
> E abertamente os homens declaram que esse mundo
> está extinto, enquanto nos planetas e no firmamento,
> procuram outros novos; veem que este
> se esmigalhou, voltando aos seus átomos.
> Tudo se despedaçou, foi-se toda coesão,
> Todo firme apoio e toda relação:
> príncipe, súdito, pai, filho são coisas esquecidas,
> pois cada homem pensa ter de ser
> uma Fênix, e que não pode haver
> ninguém de sua espécie além de si[129].

Naquele mundo, estava em curso a revolução científica e afirmava-se a filosofia mecanicista. Com as descobertas astronômicas de novos planetas, as coordenadas cosmológicas do passado deixavam de existir para os homens. A ideia de que o universo estava sujeito a leis naturais imutáveis recolocava em discussão muitas crenças mágicas e religiosas nas potências sobrenaturais, nos espíritos, em satanás, nas tentações e possessões diabólicas, na eficácia das orações[130]. O princípio de que não existe conhecimento certo sem demonstração, de que toda proposição científica deve ser submetida ao crivo dos fatos, da experiência, da experimentação, desacreditava os dogmas e as verdades reveladas, assim como as explicações mágicas e religiosas dos eventos.

Naquele mundo, desde longa data se iniciara o declínio da sociedade feudal, a qual, no seu apogeu, favorecera a concepção do suicídio como roubo. A desagregação do tecido feudal de relações de profunda dependência pessoal, caracterizado pela existência de homens de outros homens, punha em crise essa concepção e tornava plausível a afirmação de Montaigne de que, se eu me mato, não posso ser considerado um homicida, porque suprimo uma vida que não é de outro, mas pertence a mim, assim como não posso ser condenado como ladrão "quando tiro o que é meu e roubo da minha bolsa".

Naquele mundo, estava mudando a concepção que cada um tinha de si e dos outros. Todo indivíduo vinha a se considerar cada vez mais como único, uma Fênix que não tinha iguais, um átomo sozinho e livre para procurar a sua realização pessoal, o prazer terreno, a felicidade, para considerar esta última um bem superior à própria existência e, portanto, para decidir não só como, mas também por quanto tempo viver.

Assim temos bons motivos para pensar que o grande aumento do número de suicídios, iniciado entre o final do século XVII e as primeiras décadas do século XVIII, continuando por todo o século XIX, não foi tanto um sintoma de patologia social quanto, principalmente, uma consequência do aumento da autonomia individual, da afirmação de um novo direito, o direito "de vida ou morte sobre si mesmo", como rezava o artigo 6 da *Declaração dos direitos do homem e do cidadão*, proposto e discutido em 1793[131] durante os trabalhos para a nova Constituição francesa. Um direito que se queria incluir ao lado dos direitos de propriedade, liberdade, opinião, expressão e religião. Um direito originalmente burguês, que, como veremos, começou a ser utilizado pelos pertencentes às classes mais altas, mas que com o tempo se estenderia a todas as outras.

3
Matar a Deus, a si mesmo e aos outros

Em 1º de novembro de 1786, depois de se deter em várias cidades italianas, Goethe chegou a Roma. Fazia alguns anos, como anotou no diário, que o seu desejo de ver "essa capital do mundo" havia se tornado "uma doença, da qual eu só me curaria com a vista e a presença das coisas reais". As suas expectativas não foram desapontadas. "Tudo é como eu imaginava e tudo é novo", escreveu naqueles dias. Com a sensação de calma e serenidade que não sentia desde muito tempo, entregou-se às magnificências da cidade antiga e da moderna e visitou praças e jardins, arcos triunfais e colunas, palácios e ruínas. Mas encontrou inúmeras pessoas, observou-as, ouviu-as e ficou surpreso com alguns costumes locais, entre eles a frequência com que se matavam os outros e quão raramente matavam a si mesmos. "O que impressiona o forasteiro, e ainda hoje é assunto das conversas da cidade inteira", escreveu em 24 de novembro, "são os homicídios, aliás na ordem do dia. Nas últimas três semanas, foram assassinadas quatro pessoas, somente no nosso bairro"[1]. Mesmo poucas horas antes, um artista suíço fora agredido por um romano que lhe desferira umas vinte facadas. O suicídio, por outro lado, parece-lhe "completamente estranho à mentalidade italiana. Que os romanos se matavam entre eles, era algo que eu ouvia dizer quase diariamente; mas quanto a pessoas que tiram a vida com as próprias mãos ou sequer que se considerasse possível uma coisa dessas, nunca ouvi dizer em Roma"[2]. A raridade dos suicídios e a grande frequência dos homicídios pareceram a Goethe uma peculiaridade dos italianos e o levaram a amargas considerações. "Sobre esse povo, não saberia dizer se não é senão um povo no estado de natureza e que, mesmo vivendo em meio à magnificência e majestade da religião e das artes, é idêntico até o último fio de cabelo ao que seria se vivesse em cavernas e florestas"[3].

A impressão do grande poeta alemão era sem dúvida fundamentada, pois, nas últimas décadas do século XVIII, o índice de homicídios na Itália era quatro ou cinco vezes superior ao do suicídio[4]. Mas, se Goethe tivesse vivido duzentos ou trezentos anos antes, teria visto que matar os outros também era muito mais frequente nas cidades da Alemanha e de outros países da Europa Ocidental do que matar a si mesmo. Mesmo que fragmentários, os dados de que dispomos não deixam dúvidas a esse respeito. Do século XIII ao século XV, na Inglaterra e na França, o número dos homicídios era entre dez e cinquenta vezes maior do que o dos suicídios[5]. Em Zurique, na primeira metade do século XVI, os primeiros eram quarenta vezes mais frequentes do que os segundos; em Amsterdã, nesses mesmos anos, dez vezes mais; em Genebra, na segunda metade daquele século, cinco vezes mais; em Estocolmo, na primeira metade do século XVI, vinte vezes[6].

3.1 Dois andamentos opostos

Hoje, em todos os países ocidentais, a relação numérica entre suicídios e homicídios é o inverso do que Goethe observara em Roma no final do século XVIII ou do que ocorreu nos séculos anteriores na Europa Centro-setentrional. No quinquênio 2001-2005, em todos esses países, os suicídios são cometidos com frequência muito maior do que os homicídios. Para apresentar apenas alguns exemplos, na Itália a frequência da morte pelas próprias mãos foi sete vezes superior à frequência com que se matam os outros; no Reino Unido, oito vezes; na Bélgica, dez; na Áustria, nada menos que vinte. Essa inversão é resultante de duas tendências opostas que vieram a caracterizar o andamento dos suicídios e o dos homicídios no decorrer dos séculos. Longe de serem progressivos e lineares, esses dois andamentos conheceram pausas, aparentes interrupções, oscilações de breve período. E no entanto, no longo prazo, o número dos primeiros aumentou consideravelmente e o dos segundos diminuiu.

Os dados disponíveis levam a pensar que a taxa de suicídios veio a superar a de homicídios muito antes na Europa Centro-setentrional do que na Europa Meridional. Em Londres, por exemplo, isso ocorreu em aproximadamente 1680[7]; em Zurique, imediatamente depois (gráf. 3.1); em Estocolmo, nas primeiras décadas do século XVIII; em Genebra, depois de 1750[8]; na Inglaterra e na Alemanha[9], entre o final do século XVIII e o início do século XIX; na Itália, cerca de um século depois (gráf. 3.2). Era por isso que, durante todo o século XVIII, Londres parecia ser, aos franceses e aos alemães em visita, a cidade europeia onde as pessoas tiravam a vida com maior frequência, enquanto, nas últimas duas décadas daquele século, foi tida por alguns deles como o local de menor frequência de homicídios[10].

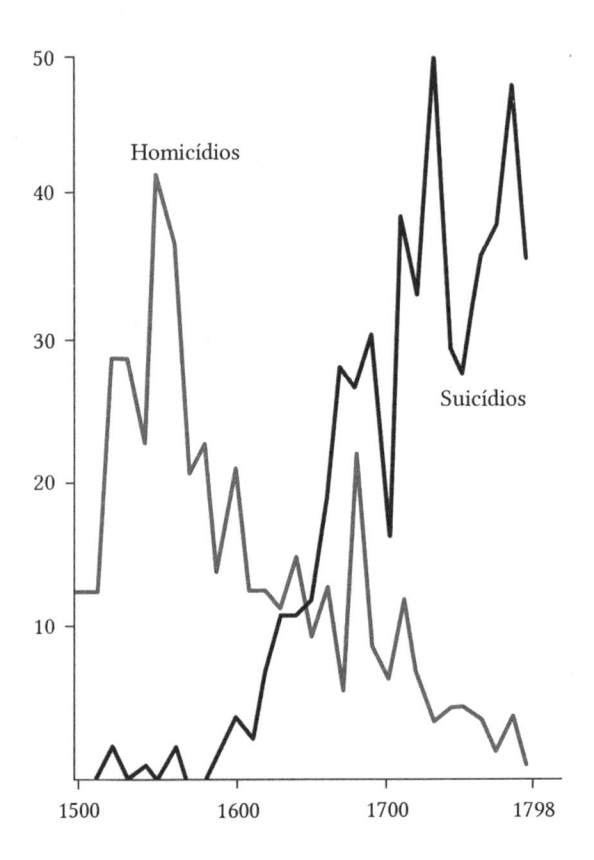

Gráf. 3.1. Homicídios e suicídios cometidos em Zurique de 1500 a 1798.
Fonte: Elaborações sobre os dados de Schär (1985).

No nosso país, por volta de meados do século XIX, a taxa de homicídios era de três a quatro vezes superior à de suicídios. Nas três décadas seguintes, a primeira sofreu uma nítida queda, enquanto a segunda aumentou lentamente. As duas curvas se encontraram em 1890, permaneceram muito próximas por uma década e se afastaram de novo. Desde então sofreram várias oscilações, principalmente nos períodos pós-bélicos. O índice de homicídios subiu tanto que alcançou o dos suicídios após a Primeira Guerra Mundial e superou-o nitidamente depois da Segunda Guerra. Mas, à exceção desses dois breves e excepcionais períodos, no nosso país a morte autoinfligida no último século também foi mais frequente do que a morte infligida a outros (gráf. 3.2).

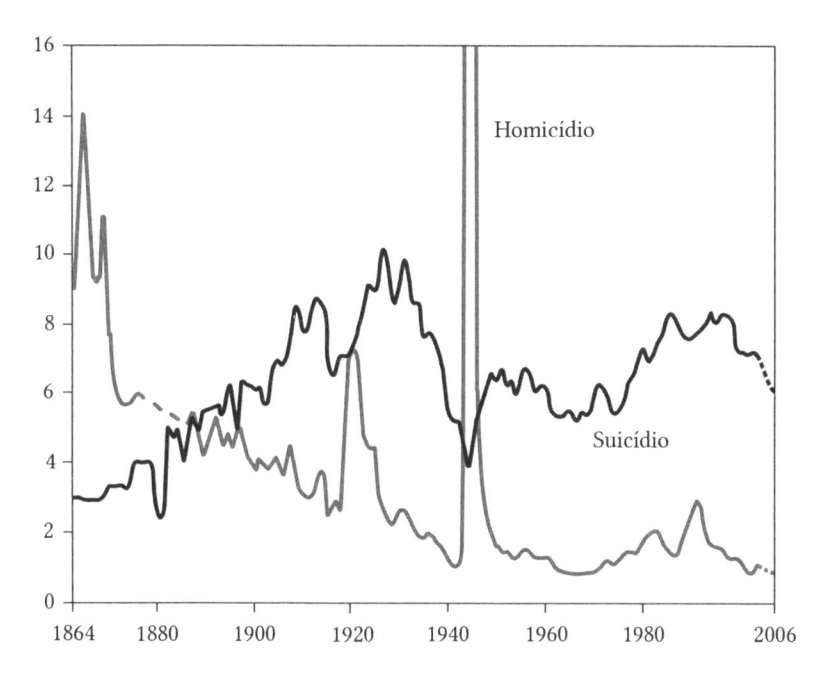

Gráf. 3.2. Taxas de suicídio e homicídio na Itália de 1864 a 2006.
Fonte: cf. o apêndice.

Essa mudança ocorreu em momentos diferentes nas várias zonas do nosso país. Começou antes nos centros urbanos do que nas províncias, antes nas regiões setentrionais do que nas meridionais. A taxa de suicídios superou a de homicídios em 1870 nas regiões norte-ocidentais e na Emília, em 1880 na Toscana, em 1900 na Úmbria e no Lácio, em 1930 em quase todas as regiões do Sul, mas somente em 1995 na Calábria[11].

Na Europa Ocidental, os dois processos começaram em momentos diferentes e tiveram ritmos diferentes. A taxa de homicídios, que durante a Idade Média, segundo as estimativas, estava entre 30 e 50 por 100 mil habitantes, teve queda acentuada no século XVI (passando para valores entre 10 e 20 por 100 mil habitantes), sofreu uma queda semelhante nos cem anos seguintes e continuou a diminuir, mesmo que com alguma flutuação, até o final dos anos de 1950. Subiu e desceu novamente nas décadas seguintes e hoje está no nível mais baixo dos últimos quinhentos anos (menos de 1 por 100 mil). Essa diminuição teve início na Inglaterra, entre o final do século XV e as primeiras décadas do século XVI e, pouco mais tarde, em algumas cidades da Bélgica e da Holanda. Em Bruxelas, por exemplo, do século XV ao XVI, a taxa passou de 20 a 10 para 100 mil habitantes[12]. Em Amsterdã, entre as últimas décadas do século XV e o final do século XVI, caiu de 43 para 28 por 100 mil habitantes[13]. Nos países escandinavos, essa mudança iniciou-se em meados do século XVII. O mesmo se pode dizer para a Alemanha e a Suíça[14]. Entretanto, na Itália e nos outros países mediterrâneos, essa mudança se verificou muito mais tarde[15]. Além de iniciar em momentos diferentes, o declínio secular dos homicídios teve ritmos diferentes nos diversos países. Por isso, na primeira metade do século XVII, a taxa de homicídios variava muito segundo o país, de um mínimo de 2 por 100 mil habitantes na Inglaterra a um máximo de 12 na Itália[16]. Entretanto, o aumento do número de suicídios teve início, como vimos, muito mais tarde, nas últimas décadas do século XVII. Mas esse processo também se iniciou pelos países da Europa Centro-setentrional, chegando muito mais tarde aos países da Europa Meridional, Itália, Espanha, Portugal e Grécia[17].

3.2 Uma correnteza de água e dois canais

A relação entre homicídios e suicídios suscitou por muito tempo o interesse dos estudiosos e continua a suscitá-lo ainda hoje[18]. O primeiro a se ocupar do tema foi André-Michel Guerry em 1833, o qual, apresentando algumas estatísticas sobre a França, notou que havia uma relação geográfica inversa entre os dois fenômenos, pois "os departamentos onde se atenta com mais frequência contra a vida dos outros são precisamente aqueles onde se atenta mais raramente contra a própria vida"[19].

Outros dados e análises foram publicados nas décadas seguintes até que, em 1886, sintetizando os principais resultados alcançados, Enrico Morselli[20] sustentou que havia no corpo social uma espécie de antagonismo entre esses dois fenômenos, no sentido de que onde havia um, o outro estava ausente. Isso se evidenciava, antes de mais nada, pelas variações no espaço. Examinando os inumeráveis e detalhadíssimos mapas da Europa Ocidental criados pelos estatísticos e demógrafos da época, o que chama a atenção de imediato é a maior frequência dos suicídios nos países setentrionais e dos homicídios nos países meridionais. Mas podiam-se encontrar diferenças análogas no interior de cada país. Assim, por exemplo, na Itália, os piemonteses, lombardos e lígures matavam a si mesmos com maior frequência, enquanto os sicilianos, calabreses e apulianos matavam com maior facilidade os outros.

O antagonismo também se apresentava, em segundo lugar, nas comparações entre as camadas populacionais europeias divididas por confissão religiosa, nível de instrução e riqueza. Os protestantes recorriam com mais frequência ao suicídio, os católicos ao homicídio. Os suicidas predominavam também entre as pessoas com nível universitário e as diplomadas no segundo grau, os homicidas entre quem nunca frequentara a escola ou frequentara apenas por poucos anos. Analogamente, os profissionais liberais, os industriais, os grandes comerciantes e todos os que dispunham de avultado patrimônio familiar tendiam a tirar a própria vida, ao passo que desempregados, lavradores, operários e trabalhadores do setor terciário eram mais propensos a matar os outros.

Por fim, também se depreendia o antagonismo da análise das séries históricas. Os poucos dados então disponíveis permitiam discernir duas tendências opostas: o declínio irrefreável da taxa de homicídios e o crescimento igualmente irrefreável da taxa de suicídios.

Partindo desses dados, Morselli e outros estudiosos consideraram o suicídio e o homicídio como dois fenômenos opostos no âmbito da sociedade, dentro da qual combatiam para prevalecer, mas gerados em cada indivíduo pelas mesmas causas. Como escreveu o criminologista italiano Enrico Ferri, "sendo tanto o suicídio quanto o homicídio uma violência pessoal, é natural que esta seja determinada nas suas linhas somatórias pelas mesmas causas e se manifeste, portanto, com frequência análoga, ao passo que a direção dessa violência, contra si ou contra os outros, deve se manifestar inversamente"[21].

Segundo esses estudiosos, para uma análise adequada dos dois fenômenos seria necessário partir da ideia de que eram produzidos por dois processos distintos, um referente à produção da violência, o outro à sua direção. Assim, o suicídio e o homicídio eram, segundo eles, "dois canais de uma mesma correnteza alimentada pela mesma fonte que, por isso, flui numa direção sem diminuir em igual medida o fluxo da outra [...] duas manifestações de um mesmo estado, dois efeitos de uma mesma causa" (como bem escreveu Durkheim para sintetizar as suas posições)[22]. A amplidão e a força dessa corrente dependiam de fatores exclusivamente individuais (como a idade); já a sua direção dependia de variáveis sociais. Assim, por exemplo, as duas tendências contrapostas que se delineavam no horizonte (a diminuição dos homicídios e o aumento dos suicídios) eram atribuídas a mudanças de valores e mentalidades. Pois, como escreveu Enrico Ferri, "enquanto o homem bárbaro e violento na contrariedade da vida prefere e realiza o sacrifício do outro, o homem civilizado e moderado, ao contrário, devido a um fortalecimento maior do seu senso moral, que se funda no respeito ao outro, prefere o sacrifício próprio"[23].

Diversas vezes, mesmo recentemente, os estudiosos remeteram-se à metáfora da correnteza da água e dos seus dois canais para explicar a relação entre suicídio e homicídio. Ambos seriam produzidos por uma forte frustração, pelo fracasso em alcançar um fim e pela falta de satisfação de uma necessidade e de um desejo. Se a agressividade que nasce dessa frustração é dirigida contra os outros, tem-se o homicídio; se for dirigida, entretanto, contra si próprio tem-se o suicídio. Aqui também, a escolha de uma das duas formas de expressão da violência pessoal dependeria de fatores sociais[24].

Contudo, se olharmos bem, a teoria da correnteza de água e dos seus canais não nos ajuda a explicar o extraordinário processo plurissecular de diminuição dos homicídios e de aumento dos suicídios. Ela é bastante afetada pela influência do sistema de valores do período histórico em que foi formulada, no qual havia ainda alguns traços da ética que situava o suicídio no mesmo plano do homicídio. Além do mais, baseia-se numa concepção hidráulica da ação humana, hoje dificilmente partilhável. Tudo, no entanto, leva a pensar que tirar a própria vida e matar os outros são dois tipos de ação nem antagônicas nem complementares, que não têm absolutamente nada em comum, sendo totalmente independentes uma da outra e dependendo de numerosos fatores completamente diferentes.

Essa teoria, por outro lado, não encontra nenhuma confirmação nos dados e nos fatos que hoje conhecemos. Mesmo sendo ambos plurisseculares, os dois processos que aqui nos interessam, começaram com um intervalo de quase dois séculos entre um e outro e, portanto, não há motivos para pensar que sejam "dois canais de uma mesma correnteza alimentada pela mesma fonte".

3.3 Delitos públicos e privados

Se, em certa época, o homicídio era cometido com muito mais frequência do que o suicídio, é porque as relações sociais e o sistema de crenças e de valores desencorajavam muito menos o primeiro do que o segundo. Por séculos, as maiores autoridades morais cristãs julgaram o suicídio com rigor muito maior do que o homicídio, porque, como vimos, o primeiro não permitia que o pecador se arrependesse ou porque, como sustentava Agostinho, matar um ser humano era um ato tão mais execrável quanto maior fosse a proximidade entre quem o cometia e quem o sofria. "Se, de fato, o parricida é tão mais maléfico do que qualquer homicida, porque mata não somente um homem, mas um consanguíneo [...] certamente é ainda pior quem mata a si mesmo. Ninguém, de fato, é tão próximo a um homem quanto ele mesmo"[25].

Análoga era a hierarquia prevista pelos códigos do passado, embora por motivos em parte diferentes. No final do século XIX, um ilustre antropólogo francês, Marcel Mauss, sustentou que o homicídio é um crime que entrou nas legislações públicas em data relativamente tardia[26], e todas as pesquisas realizadas desde então comprovaram a validade dessa tese. Com efeito, os crimes considerados mais graves pelos primeiros códigos penais europeus eram os que ofendiam o sagrado, as infrações religiosas que provocavam a ira de Deus e feriam a sociedade: a heresia, a blasfêmia, o suicídio e, mais tarde, a bruxaria[27]. Contra as bruxas e os hereges havia leis severíssimas que, como todos sabem, chegavam a prever a pena de morte na fogueira. Fato menos conhecido é que também havia penas muito severas contra quem "pronunciava o nome de Deus em vão".

Ausente do setenário dos pecados capitais, a blasfêmia começou a ser considerada pecado mortal no final do século XII, por ser um atentado à pessoa de Deus diretamente ou indiretamente através dos santos. Os teólogos sustentaram então que tal pecado, se nascia de um "espírito blasfemo" e era repetido várias vezes, era mais grave do que o homicídio[28]. O código canônico previa, além da penitência, apenas uma sanção pecuniária para quem violasse o terceiro mandamento. Mas, no final do século XII, as leis civis também começaram a considerar a blasfêmia como crime. Os estatutos de Arles, por exemplo, puniam o blasfemo com o açoitamento e uma multa em dinheiro. Pouco a pouco, em todos os países europeus, adotaram-se penas cada vez mais severas contra quem cometia blasfêmias: ter de usar uma focinheira como se fosse um cachorro, ser condenado à prisão, ao exílio, à perfuração ou corte da língua e até à morte[29].

O suicídio, a heresia, a bruxaria e as blasfêmias eram considerados crimes de lesa-majestade, divina e humana, porque ofendiam tanto o Senhor quanto o soberano. Este último, segundo algumas teorias medievais, era uma "pessoa mista", em parte natural e em parte sobrenatural, enquanto, segundo outras teorias, era dotado de dois corpos, um natural, sujeito às paixões e à morte, o outro político, com membros constituídos pelos seus súditos: "ele faz tudo com eles e eles com ele, e ele é o líder e eles são os membros e ele é o único a ter o governo sobre eles"[30].

A ideia de que os crimes que ofendiam o sagrado eram de especial gravidade permaneceu por muito tempo na base dos códigos penais da Europa do *Ancien Régime*. Em 1562, na Inglaterra, numa sentença sobre uma pessoa que tirara a própria vida, a corte ressaltou que o suicídio era um triplo delito, contra a natureza, contra Deus e contra o rei, "pois assim ele perdeu um súdito e, sendo ele o líder, perdeu um de seus místicos membros"[31]. Um século depois, na França, o *Ordenamento criminal* de 1670, por desígnio de Luís XIV, estabelecia que o princípio de que o crime se extinguia com a morte do acusado não valia para os quatro crimes considerados mais graves, para os quais era previsto o processo contra o cadáver, "a fim de servir de exemplo aos outros": a lesa-majestade divina e humana, o suicídio, a rebelião violenta contra a justiça e o duelo[32]. Mas, ainda em 1776, embora a situação houvesse mudado muito, um influente jurista francês, François Serpillon, sustentou que o suicídio era "um crime de lesa-majestade divina" e considerado muito mais grave do que o assassinato[33]. Poucos anos antes, outro criminalista francês, Muyart de Vouglans, apontara que esse ato violava não só a ordem religiosa, mas também a "política, segundo a qual todo cidadão se torna, com o seu nascimento, responsável pela própria vida em relação ao seu príncipe, à sua pátria e aos seus pais"[34].

Justamente porque ofendiam a Deus e ao soberano, perturbavam a ordem religiosa e política, o suicídio, a heresia, a bruxaria e a blasfêmia estiveram entre os primeiros crimes a serem considerados públicos e, como tal, a serem punidos com penas públicas, com o procedimento chamado inquisitório, iniciado de ofício por um magistrado em nome do interesse geral, sem esperar a denúncia da vítima, de uma testemunha ou de outra pessoa qualquer.

Entretanto, o homicídio cometido fora do âmbito familiar (como acontecia em 90% dos casos)[35] não foi considerado, por muito tempo, uma infração religiosa, uma ferida contra a comunidade, um crime de natureza pública, uma ofensa pessoal, cometida por um indivíduo em prejuízo de um outro. Por isso não era punido com penas públicas, e sim privadas, com um ato de vingança, isto é, com outro homicídio realizado pelos parentes ou amigos da vítima, ou dava lugar a negociações e composições, transações e acordos, às vezes alcançados diretamente pelas partes, pelo autor e pela família da vítima, outras vezes, porém, obtidos com a intervenção do magistrado, com o procedimento acusatório iniciado com a denúncia dos parentes da vítima.

O homicídio por vingança era, portanto, uma forma (privada) de justiça. Essa concepção foi apresentada com clareza em *O livro dos vícios e das virtudes*, de Bono Giamboni, o qual fora juiz da cúria civil da potestade de Florença entre 1261 e 1291. A Justiça, escreveu ele, é uma virtude que se apresenta de nove modos, como Religião, Piedade, Segurança, Vingança, Inocência, Graça, Reverência, Misericórdia e Concórdia. A Segurança é uma "virtude pela qual se tem vingança do malefício e não se deixa coisa alguma sem punição". A Vingança é uma "virtude pela qual o homem obsta o inimigo, para que não lhe faça violência nem injúria, defendendo-se dele"[36].

Assim, enquanto o suicídio e a blasfêmia, a heresia e a bruxaria eram punidos pelas autoridades civis com penas muito severas, o homicídio fora do âmbito familiar era tolerado, justificado ou aprovado em certas situações. Na França, na segunda metade do século XIII, o grande jurista Philippe de Beaumanoir o definia como um "belo feito", quando cometido para vingar uma ofensa. Na Itália, nos séculos XII-XIV, os estatutos citadinos não só não o proibiam, mas tutelavam a vingança privada, limitando-se a estabelecer quem podia exercê-la e de que modo. Os textos normativos de Pistoia do século XII previam que, se uma pessoa fosse morta, era legítima a vingança tanto por parte dos seus parentes próximos quanto por parte dos homens de armas que agissem *pro domo sua*. O estatuto bolonhês de 1252 e o florentino de 1325 reconheciam ao ofendido e, se ele fosse morto, aos seus familiares a possibilidade de se vingarem. O estatuto florentino, ademais, estabelecia que a vingança devia ser proporcional à ofensa: a morte para a morte, a ferida grave ou a mutilação para a ferida grave e a mutilação[37]. Na Inglaterra as normas eram, à primeira vista, mais severas e previam, entre os séculos XIII e XIV, três tipos de homicídio: "culpado", quando o acusado era condenado à pena de morte, "desculpável", quando podia beneficiar-se da graça real, "justificável" se fosse absolvido pelos juízes. Na prática, contudo, estes eram bastante clementes em relação a quem cometia esse crime. Das 2.667 pessoas denunciadas por homicídio de 1300 a 1348, nada menos que 88% delas foram absolvidas, contra 31% dos réus por assalto ou roubo[38]. Em Zurique, no final do século XIV, o açougueiro Welti Oechen, que matara outro açougueiro durante uma briga, foi condenado pelos juízes apenas a pagar um valor em dinheiro à família ofendida, porque souberam que ele fora insultado pela vítima[39].

A vingança e a violência contra outros nasciam do enorme valor que se atribuía à honra. Considerada tão importante quanto a própria existência, ela devia ser constante e obstinadamente defendida contra qualquer ato que pudesse colocá-la em perigo e levar à sua perda, que era considerada tão irreparável quanto a perda da vida: as agressões físicas, os insultos, os sinais não verbais de falta de respeito. E, de fato, eram frequentemente esses gestos que, segundo o ilustre jurista francês Philippe de Beaumanoir, levavam a matar uma pessoa. "Homicídio", escreveu ele em 1284, "tem-se quando alguém mata outra pessoa no calor de uma briga, quando acontece que nasçam tensões, da tensão vem uma palavra má e da palavra má chega-se a uma briga e nesta muitas vezes alguém recebe a morte"[40]. Justamente porque serviam para defender a honra, esses homicídios deviam ser cometidos não às escondidas, mas sob as vistas do maior número possível de testemunhas, durante o dia, nos mercados ou em outros locais movimentados, de modo que todos pudessem saber do que era capaz aquele que sofrera a ofensa[41].

A honra de um homem não dependia apenas do seu nascimento e do seu estilo de vida, das suas atividades e das pessoas que frequentava, da sua virilidade e da honestidade das suas mulheres, mas também da sua capacidade de se vingar eficazmente quando sofria uma ofensa. Como diziam os florentinos no século XIII, "injúria comete quem a injúria não vinga" ou "quem vingar-se teme, muitos tornará maléficos" e também "alegre é a mancha do sangue do inimigo"[42]. Quem se subtraía à obrigação da retaliação e deixava as ofensas sofridas passarem impunes perdia a honra e era escarnecido e insultado pelos outros. As expressões que se usavam no século XIV na Toscana eram: "Vai, vai, não tens vergonha? Vai vingar a morte do teu filho que mataram"[43]. Quem havia sofrido uma ofensa devia vingar-se, mesmo quando sabia que havia razão para a injúria.

Isso não significa que a sociedade medieval fosse vítima da anarquia e dos impulsos destrutivos e homicidas dos homens. As pesquisas históricas dos últimos trinta anos mostraram que, longe de ser uma expressão incontrolada de violência, a contenda constituía um sistema de regulação dos conflitos. Não só as normas escritas (como os estatutos de algumas cidades italianas citadas), mas também as normas não escritas dos costumes estabeleciam com precisão quem, como e contra quem tinha o direito de vingar a ofensa sofrida. A esse sistema de regulação dos conflitos somava-se outro, também privado: o do acordo e do pacto a que se chegava com a mediação de alguma autoridade moral.

Esse sistema de acordos, hoje chamado de "justiça negociada" pelos historiadores medievais[44], teve enorme difusão em toda a Europa Ocidental. Basta lembrar que Gualtério de Brienne, o senhor anjouino de Florença em 1342-1343, em seis meses convenceu quatrocentas famílias (alguns milhares de indivíduos, portanto) a assinarem acordos de paz, no palácio da prefeitura ou na Igreja de São Pedro Scheraggio. Eram pessoas que estabeleciam uma indenização por uma ofensa ou declaravam o fim de um conflito depois que a vingança compensasse a ofensa[45]. Selavam a "paz" alcançada com alguns gestos rituais, o aperto de mão, o abraço e o beijo na boca[46]. A finalidade desse sistema não era a punição do autor do crime, mas o ressarcimento e a satisfação do ofendido. Essa satisfação podia ocorrer de diversas formas, por via econômica, isto é, dando dinheiro ou outros bens aos parentes do morto, ou por via simbólica, com atos públicos de arrependimento e humilhação do culpado. Em Roma, por exemplo, entre os séculos XIV e XV, o ofendido dava um tapa no culpado, mas depois os dois contendores trocavam quarenta beijos na boca[47].

Entre os séculos V e XIII, quem matasse alguém era obrigado a pagar uma quantia em dinheiro aos parentes da vítima, como ressarcimento do prejuízo provocado, o *guidrigildo* (de *wer-geld*, preço do homem) [em português, "preço da paz"]. A importância dessa soma variou no tempo e no espaço, e segundo o sexo, a classe social de pertença e o modo como ocorreu o homicídio. Era maior se a vítima pertencesse a uma família nobre, e se tivesse sido morta por afogamento ou numa casa habitada ou por um bando armado[48].

Com o passar do tempo, o costume de pagar o *guidrigildo* aos poucos perdeu a importância, até quase desaparecer no século XIV. Apesar disso, por muito tempo continuou-se a considerar o homicídio como um crime privado que comportava alguma forma de ressarcimento em favor da família da vítima. O princípio de que o valor da vida humana era inestimável desaconselhava as indenizações monetárias. Estas eram ainda plausíveis nas negociações livres entre as partes. Mas, quando se seguia o procedimento acusatório e havia a presença de um juiz, recorria-se a outras formas de reparação aos parentes da vítima, como missas a rezar ou peregrinações a fazer. Assim, por exemplo, em 1453, na cidadezinha de Nivelles, no Barbante, Jehan Germain matou Antoine Jackelart e depois, acompanhado por parentes e amigos, negociou um acordo de paz com o pai da vítima, graças à mediação de alguns "árbitros". Registrado na presença de um magistrado, o acordo previa que o homicida fizesse, "a título de reparação", quatro peregrinações: uma à Terra Santa e três a São Tiago de Compostela, a Notre-Dame de Rocamadour e a Sainte-Larme en Vendôme. Estabelecia também que Jehan Germain poderia evitar a primeira peregrinação pagando ao pai da vítima uma determinada quantia em dinheiro, mas deveria realizar as outras no prazo de quatro meses[49].

Na Holanda, imediatamente após o homicídio, as autoridades decretavam um período de paz, com dois objetivos diversos: tornar ilegais os atos de vingança realizados nesse período e encorajar as partes em conflito a chegar a um acordo, com o auxílio de alguns mediadores. Esse acordo comportava uma série de obrigações para as duas partes e a realização de alguns ritos. Os parentes do assassino, antes de mais nada, faziam aos parentes do morto o pagamento de uma soma em dinheiro, cujo montante variava segundo as circunstâncias em que se cometera o homicídio, a posição da vítima e as condições financeiras da outra parte. Em segundo lugar, comprometiam-se a cumprir algumas boas ações, como, por exemplo, uma peregrinação. Em terceiro lugar, todos os homens da família do assassino, que frequentemente eram numerosíssimos (às vezes chegando a duzentos), descalços e vestidos com roupas simples, humilhavam-se num rito público, prostrando-se aos pés dos parentes da vítima, e pediam perdão. A esses últimos cabia, naquele momento, prestar o juramento solene de que consideravam a contenda encerrada e que as duas famílias já estavam reconciliadas. Às vezes, por fim, alguns homens parentes do assassino rendiam homenagem aos parentes da vítima, reconhecendo assim que a partir daquele momento haviam-se formado novos e sólidos vínculos de amizade entre as duas famílias[50].

Em todos esses casos, as autoridades civis não emitiam nenhum julgamento moral sobre o homicídio e não impunham nenhuma pena a quem o cometera. Procuravam favorecer um acordo entre as partes, calculavam com a maior precisão o ressarcimento devido à família da vítima, em termos de dinheiro, de missas, de peregrinações. Com efeito, a sua função não era punir o autor do ato, mas encontrar um novo equilíbrio no delicado balanço entre ofensas sofridas e ofensas retribuídas, para interromper a corrente dos homicídios de vingança.

Esse código de valores era partilhado pelas autoridades políticas de então, que até o final da Idade Média não pretenderam ter o monopólio da justiça nem da violência legítima. Segundo tal código, eram mais graves os crimes contra o sagrado e o homicídio constituía uma ofensa apenas privada, que não ameaçava a ordem da comunidade[51]. Na França, no início do século XV, os súditos que haviam cometido um crime podiam dirigir ao rei um pedido de graça, escrito ou oral. Se o soberano decidia aceitá-lo, o seu perdão sustava e encerrava o curso normal da justiça e reintegrava o acusado nas suas posses e no seu bom nome. Obedecendo a uma sequência de atos que lembravam os religiosos (a súplica, o arrependimento, a penitência, a confissão, a absolvição), esse procedimento judiciário abrangia todos os crimes da época: o suicídio, a blasfêmia, a lesa-majestade, o estupro, o furto, o homicídio e muitos outros. Contudo, os reis franceses que se sucederam nos séculos XIV e XV tiveram uma atitude muito diferente em relação a esses crimes[52].

Um dos crimes mais facilmente perdoados era o homicídio, sobretudo quando era cometido para vingar uma ofensa sofrida[53]. Por outro lado, recebiam julgamento muito mais severo os crimes que ofendiam o sagrado, como, por exemplo, a blasfêmia. Em 1286, Luís IX emitiu um decreto contra os que cometiam esse crime. Desde então, todos os reis que se seguiram até o início do século XVII continuaram a introduzir novas normas, sempre mais severas, para punir os blasfemadores[54]. Carlos VI, por exemplo, com o decreto de 7 de março de 1397, tornou obrigatória a denúncia desse crime por parte das testemunhas. E os soberanos franceses também eram mais severos em conceder perdão aos que, maldizendo, atentavam contra a pessoa de Deus do que em relação a quem tivesse matado um ser humano[55].

3.4 As causas das mudanças

A diminuição dos homicídios e o aumento dos suicídios podem ser atribuídos a diversas mudanças ocorridas na Europa, em grande parte independentes entre si. Antes de mais nada, mudou radicalmente a avaliação moral dessas duas ações e passou-se a adotar uma severidade muito maior frente ao homicídio do que frente ao suicídio.

No final da Idade Média, nos seus volumosos tratados, os juristas reexaminaram criticamente o homicídio e definiram-no como crime público. Reduziram consideravelmente as possibilidades de que fosse julgado como autodefesa, invertendo o ônus da prova. Antes, o ônus da prova recaía sobre a acusação, que devia demonstrar a natureza voluntária do gesto de matar uma pessoa. Desde então, introduziu-se a presunção legal de culpa, a não ser que a defesa provasse que fora um ato acidental e involuntário[56]. Nesse mesmo período, o Estado começou a conquistar o monopólio da justiça. As negociações, as reconciliações, os acordos, as pazes privadas entre as partes perderam importância. O procedimento inquisitório tomou o lugar do acusatório, cabendo ao Estado iniciá-lo de ofício, sem esperar a denúncia da parte lesada. A parcela de homicidas processados e condenados teve aumento considerável. Em breve, ainda nesse período, nasceu e se desenvolveu progressivamente a justiça típica do Estado moderno, cujo objetivo principal não é ressarcir o ofendido e devolver a paz entre as partes, mas punir os culpados e fazer respeitar a ordem.

Em meados do século XVII, nos mesmos países, começou a descriminalização do crime "*gravissimum*" de "homicídio de si mesmo". Como vimos, na Inglaterra, os juízes tornaram-se cada vez mais clementes em relação aos que haviam tirado a própria vida e a parcela das sentenças de absolvição aumentou. Nas cidades dos países da Europa Centro-setentrional, abandonaram-se pouco a pouco os costumes de submeter o cadáver do suicida a ritos de degradação e desconsagração, de processá-lo, de confiscar os seus bens e de enterrá-lo longe do cemitério.

A descriminalização do suicídio foi favorecida pela crise da sociedade feudal e das suas relações de total subordinação entre as pessoas, que antes levavam a julgar a morte voluntária como roubo e quebra de juramento. Mas foi promovida também pelo declínio do sistema tradicional de crenças sobre as causas e as consequências do suicídio e pela lenta consolidação das categorias interpretativas de natureza científica.

A criminalização do homicídio tornou-se possível com o nascimento e desenvolvimento do Estado moderno e o seu monopólio da violência legítima. Para conquistar esse monopólio, o Estado precisou retirar aos cidadãos todas as armas que haviam usado por muito tempo para combaterem e fazerem justiça por conta própria. Na Europa, os aristocratas mantinham em suas dependências homens fortemente armados, para as exigências cotidianas de defesa e de ataque. Assim, por exemplo, em Bolonha, ainda no século XVII, as famílias nobres mantinham "à porta um corpo de guarda de muitos homens com armas de fogo que passeavam continuamente sob as arcadas e sob o pórtico, à vista de todos"[57]. O poderio militar das grandes famílias podia ser também muito maior. No século XVI, no Reino da Inglaterra, Robert Dudley, conde de Leicester, dispunha de equipamentos completos para duzentos cavaleiros e quinhentos infantes. Nesse mesmo período, no Reino da Espanha, o duque de Granada tinha um arsenal de seiscentos arcabuzeiros. Outros dispunham de dezenas de canhões. As armas, porém, também eram muito difundidas entre as famílias das outras classes, que, além de punhais de combate, muitas vezes dispunham de espadas, lanças, clavas, alabardas, capacetes, armaduras completas, espingardas rudimentares como os *culverins*[58].

Para conquistar o monopólio da força, todos os soberanos e os senhores da Europa procuraram por várias vezes restringir a posse e a utilização dessas armas. Em 1287 e em 1487, os reis da França proibiram que se carregassem "arcos, bestas, alabardas, lanças, espadas e punhais". Em meados do século XVI, o duque de Florença, Cosimo I de Médici, introduziu o sistema de autorização para o porte de armas. O rei da Inglaterra começou no século XV a decretar limites e proibições. Mas em toda parte essas tentativas encontraram muitas resistências. Em Florença, por exemplo, no século XVI as armas continuavam tão difundidas que aquele que não as tivesse, pensavam ser um sacerdote[59].

Para conquistar o monopólio da violência legal, os estados se proveram de estruturas burocráticas, de exércitos e forças da ordem. A França foi o primeiro país a instituir as forças policiais tanto em Paris quanto nos centros agrícolas, ao passo que a Inglaterra e os outros países europeus seguiram esse exemplo apenas muito tempo depois.

O Estado moderno conseguiu reduzir o número de homicídios conquistando não só o monopólio da violência legal, mas também uma legitimidade crescente[60]. Nos locais onde demorou a conquistar a confiança dos súditos e depois dos cidadãos, como aconteceu na Itália e em outros países do Mediterrâneo, o declínio da taxa de homicídio começou mais tarde. Em meados do século XIX, o escritor francês Edmond About relata que, se os romanos confiavam na lâmina das facas para resolver todas as controvérsias privadas, era porque tinham pouca confiança no Estado e nos magistrados. Ademais, acrescentou ele, no Estado da Igreja o clero considerava imperdoáveis somente "os crimes que ofendem a Deus. Roma pune os pecados. O tribunal do Vaticano envia para a prisão quem blasfema", sendo-lhe indiferente se "aos domingos, depois das vésperas, os operários e os camponeses se degolassem". Aliás, se um assassino se refugiava numa igreja, num convento ou num hospital, estava a salvo, porque o clero se recusava a entregá-lo às autoridades civis[61].

A criminalização e a diminuição do número dos homicídios foram favorecidas também por uma progressiva perda de importância da ética da vingança, provocada, por sua vez, por dois fatores diferentes. Em primeiro lugar, pelo lento declínio do papel da honra da família e do casario. Os insultos pronunciados em público, em presença da maior multidão possível, que tanta importância tiveram para a ameaça e a defesa dessa honra, começaram a diminuir de frequência, pelo menos em Londres, nas últimas décadas do século XVII[62].

Uma contribuição importante foi dada também pela Igreja Protestante[63]. Na Holanda, a partir de 1580, os maiores expoentes dessa Igreja emitiam repetidamente os mais severos juízos sobre os homicídios nos tratados morais e condenavam os fiéis que os haviam cometido, destituindo-os do ofício se fossem sacerdotes, nos sínodos provinciais e regionais. Voltaram a questionar e rejeitaram totalmente os ritos tradicionais, ainda muito difundidos, de mediação e acordo entre a família do assassino e a da vítima. Profundamente convictos de que tinham o dever de fazer todo o possível para punir o assassino, decidiram no Sínodo de Gouda de 1586 que os seus sacerdotes, mesmo continuando a exortar os fiéis à paz e ao perdão, não podiam em hipótese alguma se imiscuir nas práticas de "reconciliação que ocorrem depois de um homicídio"[64]. Proibiram, ademais, qualquer atividade com vistas a obter o perdão do soberano para quem se manchara com esse crime. Exortaram várias vezes as autoridades seculares a serem intransigentes com os que tivessem matado alguém e pediram solenemente aos tribunais seculares para processar todos eles e, quando fosse possível, condená-los à pena capital. Na segunda metade do século XVII, também condenaram severamente os duelos e o código de honra que os regulava.

A influência exercida pela Igreja Católica foi diferente. Por muito tempo, os seus membros haviam em grande parte compartilhado os princípios morais dominantes na sociedade em que viviam. No século XIII, por exemplo, Frei Salimbene louvara um homem porque se vingara de uma pessoa só, em vez de duas. No século XV, em muitas cidades italianas, os franciscanos atacaram os judeus, instigando as pessoas a saquearem as suas casas não só porque se manchavam continuamente com o pecado da usura, mas também para se vingarem da crucificação de Cristo[65]. Ainda em 1490, um penitencial anônimo continuava a afirmar que a fornicação era um pecado "mais detestável do que o homicídio ou o furto, que não são substancialmente ruins". Em caso de necessidade, tinha-se o direito de roubar ou matar, ao passo que ninguém podia "fornicar conscientemente sem cometer um pecado mortal"[66].

A situação mudou inegavelmente no século XVI. Os jesuítas investiram grandes energias para solucionar os conflitos entre indivíduos e famílias. Nas cidades em que as lutas entre facções eram mais intensas, os jesuítas entravam em contato com os seus líderes e faziam o possível para convencê-los a perdoar. Em 1545, o Padre Pascásio Broët assim descrevia numa carta a atividade que desenvolvera em Faenza:

> Falei com alguns dos principais, prudentes e idôneos, por saberem pacificar essas discórdias; e assim, por esse meio, o Senhor pela sua bondade e misericórdia pacificou em conjunto e com grande solenidade na igreja maior mais de cem homens, que desculparam e perdoaram um ao outro por amor a Cristo nosso Senhor os homicídios passados, feridas, injúrias e outros danos que se seguiram devido a esses ódios[67].

Para tal fim, os jesuítas introduziram rituais muito vistosos. Assim, por exemplo, em 1668, numa localidade da Apúlia, convenceram os chefes de duas facções opostas a se deixarem amarrar juntos pelo pescoço, para simbolizar "a escravidão que unia ambos à Virgem" e o "vínculo indissolúvel que os unia"[68].

Essas ações certamente contribuíram para o declínio da ética da vingança. Mas, ao mesmo tempo, continuando a considerar que a parte lesada não era a comunidade dos cidadãos, mas a família que havia sofrido a ofensa, os jesuítas retardaram a formação do sistema penal moderno[69].

3.5 Liderando a mudança

Embora com um intervalo de duzentos anos, os dois processos plurisseculares dos quais estamos tratando, a diminuição dos homicídios e o crescimento dos suicídios, começaram ambos naquelas mesmas camadas médio-altas da população da Europa Centro-setentrional em que se haviam iniciado outras grandes transformações sociais: o nascimento da família nuclear, o controle voluntário dos nascimentos e o declínio da fecundidade.

Já em meados do século XIX, baseando-se nos primeiros dados disponíveis, alguns estudiosos mostraram que o suicídio era mais frequente nas classes sociais elevadas[70]. Meio século depois, as estatísticas indicavam que se concentrava mais entre os pertencentes à burguesia intelectual. Na Prússia – apontou Durkheim –, o corpo dos funcionários públicos apresentava um índice especialmente elevado de suicídios[71]. Na Itália, segundo os dados de Morselli, o suicídio predominava entre os pertencentes às "classes dirigentes", em especial às profissões intelectuais: literatos, cientistas, jornalistas, engenheiros, em suma "todos os que fazem maior consumo da sua atividade cerebral"[72]. Pesquisas sobre a situação do final do século XIX e a primeira década do XX, realizadas nos anos seguintes, chegaram à conclusão de que "quanto mais elevada era a posição de um grupo na hierarquia social, tanto maior era a frequência com que seus integrantes se matavam"[73].

Segundo Morselli, a difusão do suicídio nas classes sociais elevadas devia-se à sua "relação direta com o consumo exagerado da energia do cérebro"[74]. Durkheim, entretanto, atribui o fenômeno à desagregação social em curso, porque o aumento da instrução e das camadas intelectuais resultava dessa desagregação, que por sua vez contribuía para aumentá-la[75].

Embora sendo a mais plausível entre as duas, a explicação do grande sociólogo francês hoje não parece convincente. De fato, nada permite pensar que os pertencentes às camadas intelectuais fossem menos integrados socialmente, menos atendidos e apoiados pelos outros, do que os integrantes dos níveis mais baixos da escala hierárquica que dispunham de menos recursos financeiros. Estes últimos, ademais, tinham maior probabilidade de sofrer doenças físicas e mentais que podem levar a tirar a própria vida.

Não era por falta de integração e de sustento social que os pertencentes às classes mais elevadas se matavam com maior frequência do que os outros durante o século XIX ou no início do século XX, mas sim porque foram os pioneiros de uma grande mudança cultural; foram os primeiros a se afastar do conjunto de valores, normas, crenças, categorias interpretativas que haviam dominado na Europa por séculos; foram os primeiros a perceber que os homens e as mulheres não se matavam por causas sobrenaturais, por não saberem resistir às tentações diabólicas; foram os primeiros a se convencerem de que a sua vida não pertencia a Deus ou ao soberano, mas apenas a si mesmos e somente eles poderiam decidir se poriam fim a ela.

É provável que, durante a Idade Média, os pertencentes às diversas classes sociais tirassem a vida com a mesma frequência. Em todo caso, é certo que o grande crescimento do número dos suicídios na Europa Ocidental e, muito tempo depois, também na Oriental (como veremos) começou entre as classes sociais mais elevadas. Foi na aristocracia e na burguesia inglesas que, segundo alguns documentos, teve início nas últimas duas décadas do século XVII a "nova moda" de tirar a própria vida. Dados estatísticos sólidos nos dizem, por outro lado, que em Genebra, na primeira metade do século XVIII, quando o número das mortes voluntárias começou a crescer, a classe em que se registrou maior aumento foi a dos mercadores, que em todo esse período permaneceu o mais rico e poderoso da cidade. Na segunda metade do século, esse comportamento difundiu-se nas camadas sociais intermediárias[76].

Essa interpretação encontra confirmação também nas profundas mudanças ocorridas na Europa Ocidental, durante o século XX, em dois aspectos: na relação entre classe social e risco de pôr fim à vida com as próprias mãos, e no fato de que essa relação hoje é oposta à de outrora. Em todos os países ocidentais, faz décadas que as pessoas que se matam com mais frequência não são as mais instruídas, mais ricas e de maior prestígio, e sim as socialmente mais desamparadas. Em meados do século XX, na França, o suicídio era tão mais frequente quanto mais baixa a classe de pertença. Os trabalhadores braçais se matavam de cinco a sete vezes mais do que os quadros superiores. Ao contrário do que se verificava nas últimas décadas do século XIX, os professores e profissionais liberais (médicos, advogados, arquitetos, engenheiros) tinham uma taxa de suicídios muito baixa[77]. O mesmo ocorria naqueles anos na Finlândia, nos Estados Unidos ou na Hungria. Hoje, em todos os países para os quais temos dados, o risco de que uma pessoa tire a própria vida cresce quanto mais baixo for o seu nível de instrução e de renda[78].

Também o declínio da taxa de homicídio começou nas classes sociais mais elevadas. Durante a Idade Média, a cultura da vingança e da contenda era compartilhada pelas famílias de todas as classes da população. E, contudo, eram os nobres que, com maior frequência, reagiam de maneira violenta ao menor sinal de falta de respeito. Em primeiro lugar, porque tinham um sentido mais vivo da sua honra. Em segundo lugar, porque as práticas da vingança exigiam grandes recursos físicos, sociais e financeiros. Como disse o mercador florentino Paolo da Certaldo[79], "as vinganças desertam a alma, o corpo e as posses". Eram tão caras que, como as grandes festas ou os dotes estabelecidos para as filhas, acabaram por ser consideradas como demonstração de riqueza e de poder, de capacidade de arcar com os gastos e da extensão da rede de parentes e amigos[80]. Em terceiro lugar, porque em certas fases dos conflitos podiam utilizar os homens armados de que dispunham. Em quarto lugar, porque os nobres gozavam de muitos privilégios e continuaram por muito tempo a se sentir acima das leis.

Vários documentos indicam que isso se dava em grande parte da Europa Ocidental. Em Bolonha, por exemplo, no século XXIII, os nobres eram tão violentos que costumavam ser chamados de "lobos vorazes"[81]. Mas os dados disponíveis mais precisos dizem respeito a Veneza durante o século XIV. A população dessa cidade se distribuía então em cinco camadas distintas. No topo estavam os patrícios, que constituíam 4% dos habitantes, seguidos imediatamente pelo clero (3%) e pela burguesia mercantil e profissional (11%). A grande maioria dos venezianos (77%) fazia parte da classe dos "trabalhadores populares", enquanto os 5% restantes eram vagabundos ou mendigos[82]. A classe mais intemperante e violenta entre elas era, sem dúvida, a nobreza. Embora o sistema penal estivesse sob o seu controle, ela cometia agressões verbais e físicas, violências carnais e homicídios com frequência maior do que as outras classes[83].

Na Inglaterra e na Holanda, foi a aristocracia que, no século XVI e no início do século XVII, pôs-se à frente da mudança e começou a reduzir os atos de violência[84]. Em certos países, essa mudança foi favorecida pela difusão do duelo, um tipo de combate formalizado entre duas pessoas, para a defesa da respeitabilidade, que aos poucos tomou o lugar das práticas de vingança bem mais cruentas, sendo ele também – como escrevia o Conde Annibale Romei em 1586 – "uma batalha pela honra travada entre dois iguais, a cujo final o vencido sucumbe à infâmia e o vencedor continua em posse da honra"[85].

Também nos países da Europa Centro-meridional foi entre as famílias das classes mais elevadas que a mudança teve início, mas em data muito posterior. Na França, ela se deu durante o século XVIII[86]. Em Bolonha, em meados do século XVII, o Cônego Ghiselli expunha na sua crônica o seguinte juízo sobre os nobres:

> Impacientam-se com ofensas, qualquer picada causa uma chaga, tão fáceis à vingança quão rápidos nos ressentimentos, e tão firmes nas inimizades que, para oprimir o adversário, tentarão de tudo, prorrompem em indignidades e não desdenham violar e profanar com ações inumanas o santo instituto da vida cristã.

Não os detém nenhum respeito, nem o mais eficaz da perda das coisas ou da vida, porque estão isentos do fisco, tampouco temem a justiça certos de se subtrair a ela com a fuga e de iludi-la impedindo as provas, de tal modo que muitos são os crimes e não se pode apontar quem é o réu[87].

Desde meados do século XVII, a violência dos nobres mudou parcialmente de natureza, manifestando-se sobretudo com homicídios cometidos por assassinos a soldo. Nas últimas duas décadas do século, ela se canalizou para os duelos com regras precisas e diminuiu[88]. Essa mudança ocorreu ainda mais tarde na Sardenha, onde em 1767-1799 a pequena nobreza aldeã cometia crimes violentos com frequência maior do que outras classes[89].

Embora a mudança tivesse se iniciado nas classes mais elevadas, as diferenças entre elas e o resto da população quanto ao grau de agressividade e violência contra os outros eram, de início, tão grandes que, ainda em meados do século XVIII em Londres, os nobres cometiam homicídios com mais frequência do que os outros[90]. Contudo, nos séculos XIX e XX, em todos os países europeus, essa primazia se transferiu para as classes mais baixas, embora a diminuição da tendência a matar os outros tenha continuado em todas as classes.

Nas camadas mais baixas da população de toda a Europa, por longo tempo persistiu uma cultura da violência para a defesa da honra que amiúde encontrava expressão em combates entre jovens armados, que em certos aspectos eram semelhantes aos duelos difundidos na aristocracia e na burguesia. Geralmente também nasciam de uma troca verbal de insultos, eram consensuais, ocorriam entre dois indivíduos com armas iguais e seguiam regras compartilhadas. Todavia, esses duelos populares decorriam mais de ofensas contra a identidade masculina, eram combatidos sem padrinhos, não com espada ou pistola, mas com faca, e cada contendente procurava, antes de mais nada, ferir o rosto do adversário, pois a cicatriz era um símbolo de ultraje.

Em Amsterdã, esses duelos populares diminuíram de frequência desde a segunda metade do século XVIII, até quase desaparecer[91]. Mas em outras partes da Holanda, assim como em muitos outros países (p. ex., na Itália e na Grécia)[92], eles sobreviveram até o início do século XX. Em 1861, o escritor francês Edmond About observava que, em relação aos combates com facas, a plebe romana tinha a mesma atitude dos parisienses em relação aos duelos entre fidalgos e considerava que o assassino tinha razão e a vítima estava errada. Com palavras que lembram aquelas usadas, seis séculos antes, pelo compatriota Philippe de Beaumanoir, ele escrevia: "quando, no calor da discussão, dois homens trocam certas palavras, sabem que deve correr sangue entre eles. A guerra está implicitamente declarada. O terreno escolhido é a cidade inteira. A multidão é a testemunha aceita por ambos e os combatentes sabem que precisam ficar em guarda a cada momento do dia e da noite"[93].

Hoje, em todos os países ocidentais, embora os fatores que mais influenciam na probabilidade de um indivíduo cometer um homicídio sejam o gênero e a idade, a taxa de homicídios é maior entre as pessoas com nível de instrução e de renda mais baixo.

Assim, por motivos diferentes e em períodos históricos diferentes, em toda a Europa Ocidental, a relação entre classe social e o risco de matar a si mesmo ou de matar outrem mudou radicalmente. Se outrora esse risco predominava entre as pessoas das classes mais altas, hoje é mais frequente entre as camadas sociais menos favorecidas.

3.6 Desespero, ira, ódio

Poderemos explicar melhor os dois andamentos opostos plurisseculares dos índices de suicídios e de homicídios quando conseguirmos reconstruir de modo adequado as transformações nas formas de expressão emocional de homens e mulheres, ocorridas na Europa nos últimos sete ou oito séculos. A ira, o ódio, a vergonha, a repugnância, a tristeza, o desespero, o medo ou a alegria são indubitavelmente sentimentos universais, nutridos por todos os seres humanos. Mas os motivos pelos quais sentimos tais emoções, a intensidade que atingem dentro de nós, a maneira como os expressamos, variam no tempo e no espaço.

Alguns respeitabilíssimos estudiosos aventuraram-se em traçar sua história, comparando as transformações ocorridas na Europa no modo como percebemos e exprimimos os sentimentos com a evolução emocional dos seres humanos da infância à idade adulta e madura. "Quando o mundo era cinco séculos mais jovem", escreveu Johan Huizinga em 1919, "todos os eventos da vida tinham formas bem mais marcadas que agora não têm mais. Entre dor e alegria, entre calamidade e felicidade, a disparidade parecia maior; todo estado de ânimo ainda possuía aquele caráter imediato e absoluto que a alegria e a dor têm ainda hoje para o espírito infantil"[94]. Era um mundo caracterizado pela "emotividade", pela "suscetibilidade ao pranto", em que se oscilava da "rude galhofa" à "crueldade violenta" e à "profunda ternura"[95]. A vida cotidiana daquele período histórico "oferecia ocasiões sem fim para paixões ardentes e fantasias pueris" e era profundamente diferente da do nosso tempo[96].

Essa ideia foi retomada, aprofundada e articulada por Norbert Elias que, vinte anos depois, propôs a teoria do processo civilizatório. Também segundo esse estudioso, a Idade Média tinha uma "estrutura afetiva" radicalmente diferente da moderna. "Os impulsos, as emoções se manifestavam de modo mais livre, mais direto e desnudado do que se daria a seguir"[97]. A Europa era então povoada por "indivíduos selvagens, cruéis, fáceis de explodir e afeitos a gozar as alegrias do momento"[98]. Passavam com rapidez de um estado de ânimo a outro radicalmente diferente, de incríveis explosões de alegria a irresistíveis manifestações de ira, de ódio, de agressividade em relação aos outros. E precisamente porque "nessa sociedade medieval as emoções são expressas de uma maneira que hoje observamos apenas entre as crianças, definimos as manifestações e atitudes das pessoas daquela época como 'infantis'"[99].

A situação mudou profundamente nos séculos seguintes e os indivíduos aos poucos abandonaram a espontaneidade e a impetuosidade, aprenderam a dominar a si mesmos, a controlar os impulsos, as paixões, a agressividade. "A regulação de toda a vida pulsional e afetiva" tornou-se "cada vez mais total, uniforme e estável por meio de um constante autocontrole"[100]. Isso se deu quando um poder territorial mais forte triunfou sobre os mais fracos e instaurou-se o monopólio da força legítima por parte do Estado. Os guerreiros transformaram-se então em cortesãos e as habilidades militares cederam lugar às habilidades verbais de argumentação e persuasão. Assim, "o campo de batalha" se tornou, em certo sentido, "introjetado". As pulsões e emoções que, até então, se expressavam na agressividade em relação aos outros começaram, em parte, a ser resolvidas "por cada um dentro de si". Formou-se uma espécie de "Superego específico", que se esforçava continuamente em "regular os seus afetos em conformidade com a estrutura social, em transformá-los ou reprimi-los"[101]. Portanto, os homens e mulheres da Idade Média tinham uma vida emocional como a de uma criança. Eram simples, naturais, grosseiros, violentos, sem freios e sem pudor. A Modernidade trouxe consigo a maturidade, a sabedoria, o equilíbrio, o autocontrole.

Certamente não surpreende que a teoria do processo civilizatório tenha exercido enorme influência nos estudos de ciências sociais. Ao estabelecer um vínculo operante entre o declínio plurissecular da violência homicida e a consolidação do Estado, por meio da mudança da estrutura dos afetos e do aumento do autocontrole, ela parece fornecer uma explicação convincente para um aspecto crucial da passagem da Idade Média à Idade Moderna. Apesar disso, tem sido nos últimos anos submetida a um número crescente de críticas[102].

Em primeiro lugar, a tese de que a história europeia dos últimos cinco séculos tenha se caracterizado pelo aumento do autocontrole emocional dos indivíduos não encontra confirmação nos resultados de muitas pesquisas sobre vários aspectos da vida social. Na França, por exemplo, no decorrer do século XVIII, floresceu o "sentimentalismo" e houve uma notável tendência a expressar a piedade, o amor e a gratidão muito mais do que antes[103]. Em toda a Europa Ocidental, entre os séculos XVI e XVII, houve uma profunda mudança na vida doméstica e os genitores que até então haviam mantido distância dos filhos, controlando as suas emoções, começaram a exprimir os seus sentimentos de maneira cada vez mais explícita, a passar cada vez mais tempo com eles, a acariciá-los, beijá-los e mimá-los.

Em segundo lugar, a teoria do processo civilizatório tem sido criticada por se basear numa concepção hidráulica da ação humana, embora parcialmente distinta daquela outra concepção da correnteza e dos dois canais. Analogamente aos defensores da concepção medieval dos humores, Huizinga, Elias e os outros estudiosos que seguem essa linha consideram as emoções como líquidos presentes em todo ser humano que podem transbordar, expandir-se, inundar espaços delicados, causando danos, ou como tendências instintivas que podem ser controladas, reprimidas, canalizadas, sublimadas[104]. Inversamente, um número crescente de psicólogos e historiadores não considera as emoções como impulsos naturais e sustenta que nenhuma delas é irracional ou infantil. Pelo contrário, segundo esses estudiosos, elas têm uma natureza eminentemente plasmável. Em primeiro lugar, dependem das crenças e normas sociais, da linguagem e dos esquemas de classificação. Em segundo lugar, as emoções são produzidas por um processo cognitivo e valorativo, pelas expectativas e aspirações que temos, pela maneira como percebemos um evento, pelo significado que lhe atribuímos.

A reconstituição das transformações ocorridas na Europa, na longa duração, quanto à maneira de sentir e expressar as emoções, com base nos documentos que nos chegaram do passado (cartas, atas de processos, autobiografias, crônicas de eventos, obras literárias), é um empreendimento muito difícil, que somente daqui a muitos anos poderá chegar a resultados satisfatórios, apesar do número crescente de historiadores se dedicando com entusiasmo ao assunto[105]. No estado atual dos nossos conhecimentos, porém, podemos supor que a história dos últimos cinco séculos na Europa foi caracterizada não pelo aumento generalizado do controle individual das emoções, mas por profundas transformações culturais, por mudanças nas normas e crenças, nos esquemas cognitivos e classificatórios, nos símbolos e significados, nas aspirações e expectativas, que dificultaram sentir e exprimir algumas dessas emoções e facilitaram sentir e manifestar outras.

A cultura da sociedade feudal favorecia a ira e o ódio. Nos homens e nas mulheres que então viviam na Europa, alguns fatos da vida cotidiana que hoje consideramos irrelevantes (p. ex., não ceder passagem a uma pessoa de classe mais elevada, não se inclinar ou não tirar o chapéu na sua presença) assumiam um significado que lhes despertava uma cólera irreprimível. Além disso, sobretudo os homens das classes mais altas eram levados a se enfurecer e se mostrar ríspidos e desdenhosos com os outros, devido às expectativas do papel da época que definiam ser esta a única forma de manter a honra. Por outro lado, a ética cristã procurava de mil modos conter e moderar o sofrimento e o desconforto. Incentivava que alguns eventos dramáticos que podiam acontecer durante a vida de mulheres e homens (p. ex., o estupro ou a derrota militar) não fossem tomados como motivo de vergonha e que os indivíduos afetados não caíssem no pecado do desespero, da convicção de não poderem obter a graça e a misericórdia de Deus.

Assim, podemos apresentar a hipótese de que as mudanças culturais ocorridas na Europa nos últimos cinco séculos (produzidas ou auxiliadas pelo nascimento e desenvolvimento do Estado moderno, pelo declínio do papel da honra, pela revolução científica, pela secularização, pela medicalização dos sofrimentos e dos distúrbios psíquicos) tinham diferentes influências sobre as emoções, de um lado dificultando sentir e manifestar a ira e o ódio, de outro lado facilitando sentir e exprimir a dor e o desespero. Mas somente os resultados da pesquisa histórica poderão nos dizer daqui a alguns anos se essa hipótese tem algum fundamento.

4
Se a miséria não protege

Em 1930, analisando as modificações das últimas décadas, o sociólogo francês Maurice Halbwachs apontava que a preocupação dos estudiosos da segunda metade do século XIX de que a taxa de suicídios aumentaria no futuro "de modo contínuo e ilimitado" se demonstrara infundada[1]. As longas séries históricas de dados sob as suas vistas mostravam, inversamente, que desde alguns anos havia na Europa uma tendência à estabilização dessa taxa[2] e à "convergência" entre países e camadas da população[3]. O número dos que tiravam a própria vida continuara, de fato, a aumentar onde antes era mais baixo (p. ex., na Itália, na Espanha ou no interior da França ou da Suécia), mas permanecera inalterado ou até diminuíra onde antes atingira picos mais altos. Assim, devido a esse processo de difusão, estavam-se reduzindo as diferenças entre a Europa Centro-setentrional e a Europa Meridional, entre os centros urbanos e as vilas rurais, entre os protestantes, católicos e judeus.

Neste capítulo veremos que, no decorrer do século XX, o índice de suicídios conheceu outras e inesperadas mudanças: durante as duas guerras mundiais e nos pós-guerras, nos anos de crise e de rápido desenvolvimento da economia, nos períodos de perseguição aos judeus e de caça aos "inimigos do povo", ou após a queda do regime nazista e do regime soviético. Naquele século, as diferenças entre as várias camadas da população (definidas por gênero, idade, dimensões da cidade de residência ou pertença religiosa) tiveram diversas variações e a geografia das mortes voluntárias passou por uma revolução. A tendência de convergência entre os diversos países da Europa Ocidental prosseguiu nas últimas décadas. Mas, no mesmo período, nesses países a taxa de suicídios diminuiu, enquanto nos países da Europa Oriental teve grande aumento.

Algumas dessas transformações e algumas diferenças entre as camadas da população podem ser atribuídas a variações no grau de integração e de regulamentação social. É impossível, por exemplo, ignorar o conceito de anomia para explicar o que ocorreu na Rússia e em muitos outros países integrantes da União Soviética após sua dissolução. Mas outras mudanças só podem ser explicadas por fatores de tipo cultural. Se homens e mulheres, brancos e negros, crentes e não crentes ou os imigrantes provenientes de vários países se mataram no século passado, na Europa, em diferentes medidas e com diferentes meios, é porque é diferente a maneira como olham o mundo, é diferente o patrimônio de crenças, esquemas cognitivos e significados de que dispõem.

Mas mesmo duas grandes e importantes tendências do século XX, o aumento no número de suicídios (maior nas áreas "que ficaram para trás") e depois a sua diminuição, podem ser interpretadas como efeitos de grandes transformações culturais. Durante todo o século XX, teve-se a continuidade daquele processo de secularização e de medicalização[4] do suicídio iniciado no século XVII, entre as classes mais elevadas dos países da Europa Centro-setentrional. A ideia de que o suicídio não se deve a causas sobrenaturais avançou também entre a população religiosa dos lugares mais remotos. Ao mesmo tempo, houve um aumento lento e gradual da parcela da população que considera a morte voluntária moralmente aceitável[5]. Essas mudanças foram acompanhadas pela aprovação de novas leis, que permitem a eutanásia ativa (como aconteceu em 2002 na Holanda ou na Bélgica), a eutanásia passiva ou o suicídio assistido (como aconteceu em outros países)[6]. Essas transformações favoreceram o aumento do número de suicídios e a convergência entre países e estratos da população.

Mas o processo de secularização e de medicalização trouxe também outro aspecto que teve efeitos diametralmente opostos, isto é, fez diminuir a taxa de suicídio em grande parte dos países ocidentais nos últimos vinte anos. Durante todo o século, mas especialmente nas últimas décadas, aumentou o número das pessoas que percebem alguns de seus distúrbios (p. ex., a depressão) não como uma dimensão desagradável e ineliminável da sua personalidade, mas como uma doença, e recorrem a um especialista em busca de tratamento. Assim, os médicos não se limitaram a virar especialistas na maneira de se despedir do mundo. Têm assumido um papel cada vez mais importante no tratamento dos distúrbios físicos e psíquicos que podem levar o indivíduo a tirar a própria vida.

4.1 O que resta da "única lei" da sociologia

Nas últimas décadas do século XVI, alguns polemistas católicos sustentaram que os luteranos se matavam com muito mais frequência do que eles e "mais frequentemente caíam no desconforto e no desespero", porque "a nova fé era um reservatório seco: não tinham o verdadeiro elixir da pura fé em Deus nem a grande força dos sete sacramentos"[7]. Ninguém podia então imaginar que essa violenta acusação, lançada contra os adversários num período de grande conflito religioso, iria se tornar duzentos e cinquenta anos depois uma fria proposição científica. O primeiro a perceber que os seus correligionários se matavam com maior frequência do que os católicos foi o economista protestante Adolph Wagner, em 1864[8]. Poucos anos depois, analisando os dados reunidos, Enrico Morselli observou que "as nações exclusivamente católicas, a Itália, Espanha e Portugal, estão nos últimos degraus da escala do suicídio, enquanto as exclusivamente ou predominantemente protestantes ocupam os primeiros"[9], acrescentando, porém, que os judeus e muçulmanos se matam com menos frequência do que os católicos[10].

Durkheim inseriu essa regularidade empírica no interior de uma teoria, segundo a qual a diferente frequência dos suicídios entre protestantes e católicos devia-se não a fatores culturais e normativos (porque ambas as religiões proíbem com a mesma severidade a morte voluntária), mas estruturais, isto é, à coesão social. Os primeiros tinham uma tendência à morte voluntária mais acentuada do que os segundos porque a sua integração social era menor e menor o apoio psicológico com que podiam contar. Pelo mesmo motivo, isto é, por gozarem de vínculos de solidariedade especialmente fortes, os judeus se matavam com a menor frequência de todas.

Uma versão mais recente dessa teoria ressaltou a importância de algumas formas de apoio disponíveis aos católicos, graças a um dos sete sacramentos, a Confissão, que desenvolve uma função catártica, comparável à da psicoterapia moderna. De fato, abrindo o coração a um sacerdote, confiando-lhe os seus pecados secretos, um fiel liberta-se das experiências traumáticas, das situações conflituosas, dos sentimentos de culpa, o que o afasta da ideia de tirar a vida[11].

Os sociólogos, que sempre foram fascinados pelas leis científicas, talvez por não conseguirem encontrar nenhuma própria, com o tempo convenceram-se de que a teoria de Durkheim tinha pelo menos alguns dos requisitos necessários para tornar-se uma delas[12] e, com uma pitada de ironia, chamaram-na de a "única lei da sociologia"[13].

Já há tempos, os resultados das pesquisas históricas e sociológicas têm despertado muitas dúvidas sobre a validade dessa teoria. Em primeiro lugar, houve quem sustentasse que a diferença entre protestantes e católicos na frequência dos suicídios não dependia da integração e do apoio social, mas das crenças sobre o além, ou seja, de fatores culturais. Pois, se é verdade que essas duas religiões compartilham a ideia de que os pecadores serão punidos e irão para o inferno – observou-se –, é igualmente verdade que elas apresentam uma imagem muito diferente desse local de castigos. Para os protestantes, o inferno é apenas um símbolo abstrato, que provoca sofrimentos somente morais. Para os católicos, entretanto, é um lugar físico real, um abismo no qual, após o juízo final, os condenados caem e passam a eternidade rodeados pelo fogo, que queimará todas as partes do seu corpo e os conservará por todo o sempre, para sempre atormentá-los. Portanto, segundo os defensores dessa tese, se os católicos tiram a sua vida com menos frequência do que os protestantes, não é tanto por serem mais integrados, e sim, acima de tudo, por medo às chamas do inferno[14].

Em segundo lugar, alguns estudiosos indagaram se a diferença na taxa de suicídios entre protestantes e católicos não seria espúria, isto é, decorrente não da integração ou das crenças no além, mas de outros fatores sociais e econômicos. Com efeito, ainda no início do século XX, alguns traços que então favoreciam o suicídio eram muito mais acentuados nas populações protestantes do que nas populações católicas: viviam em zonas mais industrializadas e urbanizadas, tinham um nível de instrução mais elevado, pertenciam com mais frequência às classes médio-altas.

As profundas transformações ocorridas na Europa e nos outros países ocidentais no último século e meio tiraram a relevância desse debate. Por todas as partes, na segunda metade do século XIX e nas primeiras décadas do século XX, a diferença na taxa de suicídios entre protestantes e católicos reduziu-se consideravelmente[15]. Muitos dados sugerem que esse processo continua em andamento, embora nem sempre de modo linear. Especialmente esclarecedor é o comportamento da taxa de suicídios na Alemanha Oriental (de tradição protestante) e na Ocidental (predominantemente católica) no último século[16]. Em 1901, na primeira o índice era quase o dobro do que na segunda (31 contra 17 por 100 mil habitantes). Nos últimos vinte anos, a frequência com que os alemães tiram a própria vida diminuiu em todas as regiões do país, mas de maneira mais acentuada nas regiões orientais (onde a taxa despencou para 12,6 para 100 mil em 2007) do que nas ocidentais (11 por 100 mil), e as diferenças entre umas e outras praticamente desapareceram (gráf. 4.1).

Há outros fatos significativos. A Áustria, um país com predomínio de católicos, teve uma taxa de suicídios mais alta do que toda a Europa Ocidental e Oriental entre 1913 e 1939, e mais alta do que muitos países de tradição protestante nas décadas seguintes. Na Itália e na Espanha, hoje a morte voluntária é mais frequente do que na Inglaterra e em Gales. A taxa de suicídios de Portugal e da Irlanda é muito mais alta do que a da Inglaterra e pouco inferior à da Suécia, Dinamarca e Alemanha[17].

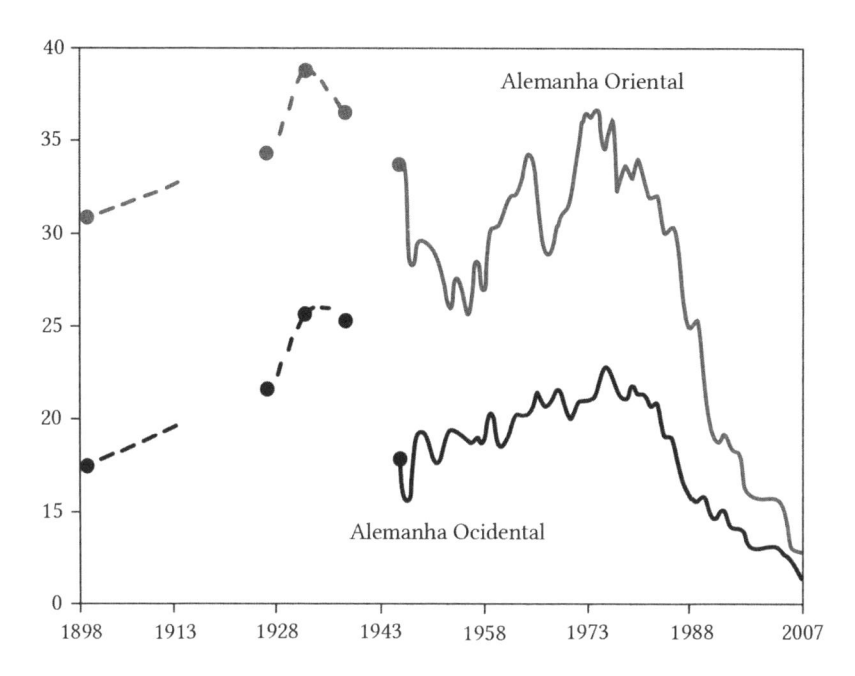

GRÁF. 4.1. TAXA DE SUICÍDIOS POR 100 MIL HABITANTES NA ALEMANHA OCIDENTAL E ORIENTAL DE 1898 A 2007.
FONTE: ELABORAÇÕES SOBRE OS DADOS DE WERNER FELBER [DISPONÍVEL EM: HTTP://PSYCHIATRIE.UNIKLINIKUM-DRESDEN.DE].

Já há décadas, nos países ocidentais, a diferença mais importante não é entre protestantes e católicos, mas entre religiosos e não religiosos[18], sendo, portanto, de natureza cultural, pois a moral cristã, por mais que tenha mudado (como vimos nos primeiros dois capítulos), continua a avaliar negativamente a morte voluntária.

4.2 Quando os judeus perderam o "antigo privilégio"

Em janeiro de 1943, olhando retrospectivamente e tentando reconstruir e explicar algumas grandes mudanças, Hannah Arendt observava que antigamente, num passado já distante, os judeus "tinham a mais baixa taxa de suicídio de todas as nações civilizadas", ao passo que agora, em todas as grandes cidades da Europa e dos Estados Unidos, eles tiravam a própria vida com muito maior frequência. "Somos os primeiros judeus não religiosos perseguidos", concluía ela, "e somos os primeiros que, não somente *in extremis*, respondem com o suicídio"[19].

Em seu livro de 1897, Émile Durkheim havia situado o início dessa mudança em 1870, ano em que os judeus "começaram a perder esse antigo privilégio", pois os dados mostravam que, em muitas regiões alemãs, eles se matavam já com a mesma frequência dos católicos[20]. Retomando a questão doze anos depois, o grande sociólogo francês chegou à conclusão, com base em novas estatísticas, de que a taxa de suicídios dos judeus na Baviera já alcançara também a dos protestantes[21]. No entanto, ninguém poderia prever naquela época que essa tendência iria prosseguir em toda a Alemanha até a Segunda Guerra Mundial e que, após 1933, abrangeria também outros países.

Durante o segundo Reich, o aumento do número de mortes voluntárias se deu em todas as camadas da população alemã, qualquer que fosse a sua fé religiosa, mas foi mais acentuado entre os judeus, que, na primeira década do século XX, em muitas regiões superou o dos católicos e depois o dos protestantes. No período da república de Weimar ocorreu o mesmo. Assim, em 1925, na Prússia, onde esse processo foi mais rápido do que em outros lugares, os judeus chegaram a uma taxa de suicídios que era o dobro em relação aos protestantes e quatro vezes mais elevada do que a dos católicos. Essa mudança ocorreu também em Amsterdã[22], enquanto em Lodz e Budapeste, em Varsóvia, Viena e em Nova York, os judeus mantiveram o "antigo privilégio" e, nas duas primeiras décadas do século XX, continuaram a tirar a própria vida com frequência menor do que os cristãos[23].

Os jornais alemães dedicaram cada vez mais espaço àquilo que começaram a chamar de "epidemia de suicídios entre os judeus". Preocupadas com o que se passava, as associações judaicas se indagavam os motivos dessa "epidemia" e promoveram conferências e debates. Fritz Kahn, um dos seus líderes, viu no extraordinário crescimento das mortes voluntárias dos seus correligionários o sinal de um processo de desintegração. "Devemos acusar a nós mesmos", disse numa das suas intervenções, "porque fomos cúmplices do desenvolvimento na nossa pátria alemã de um hebraísmo sem judaísmo, que não pode dar apoio moral aos perdedores, àqueles que são vítimas do desespero"[24].

Em 1909, Durkheim atribuiu o aumento dos suicídios dos judeus à sua crescente assimilação na sociedade alemã. Depois de 1930, outros estudiosos[25] propuseram uma interpretação mais articulada e convincente daquilo que ocorreu antes do advento do nazismo, que se pode resumir da seguinte maneira. Durante a república de Weimar, concluiu-se um processo que começara algumas décadas antes. Um número crescente de judeus veio a se dedicar às profissões liberais e ao comércio, passando a integrar a classe média, o que trouxe muitas consequências importantes. Começaram a se casar menos e, mais tarde, passaram a escolher com mais frequência cônjuges de outra fé religiosa, e a ter um número menor de filhos. Imigraram em massa para os grandes centros urbanos. Começaram a considerar a religião como questão privada e tornaram-se "cidadãos alemães de fé judaica". Enfraqueceram-se os vínculos que os haviam unido por um longo período. Assim, muitas das condições sociais que até então os protegera do risco de suicídio perderam gradualmente a relevância.

4.3 Os efeitos do nazismo e do fascismo

O aumento da taxa de suicídios dos judeus prosseguiu após a tomada do poder por Hitler e pelos nazistas, em 30 de janeiro de 1933, mas por motivos totalmente diferentes. O processo de integração das comunidades judaicas na sociedade alemã foi bruscamente interrompido pelo novo governo, que passou imediatamente à realização do seu programa antissemita. Desde 1º de abril começaram os dias de boicote contra os profissionais liberais, professores, comerciantes e empreendedores judeus, e alguns dos perseguidos tiraram a vida. Em 24 de abril, fazendo uma visita ao cemitério judaico de Berlim, o jornalista Max Reiner soube por um amigo que, nas muitas novas tumbas duplas que vira, encontravam-se casais que haviam se matado juntos[26]. Naquele ano, a taxa de suicídios da população judaica (constituída então por 525 mil pessoas) atingiu o altíssimo nível de 70 por 100 mil habitantes[27], quase o dobro do alcançado oito anos antes na Prússia. Assustados e entristecidos com o que estava ocorrendo, alguns rabinos dirigiram apelos públicos aos fiéis. "Profundamente afetados pelos acontecimentos estarrecedores das últimas semanas", disse o rabino de Colônia, "durante as quais o suicídio fez muitas vítimas na nossa comunidade, dirigimo-nos a vocês, homens e mulheres da comunidade judaica, rogando: mantenham a coragem e a vontade de viver, preservem a confiança em Deus e em vocês mesmos [...]. Suportemos juntos esse peso e nos ajudemos fraternalmente uns aos outros"[28].

Os apelos dos rabinos e o apoio moral da comunidade, porém, não foram suficientes para refrear a tendência. A curva das mortes voluntárias cresceu ainda mais e teve uma disparada em 1938, quando a política antissemita nazista alcançou o ápice e as SS organizaram um *pogrom* contra os judeus, em 9 e 10 de novembro de 1938 (a "Noite dos Cristais"), matando cerca de cem deles, ateando fogo às sinagogas, profanando os cemitérios e destruindo milhares de lojas. Em Berlim, por exemplo, o número dos judeus que se mataram passou, de 1933 a 1938, de 65 a 113 por ano[29]. A maior incidência do suicídio se dava entre os funcionários públicos, exonerados por serem judeus, mas também entre médicos, advogados, magistrados, professores universitários, artistas e homens de negócios.

A situação se agravou ainda mais no outono de 1941, com o início das deportações em massa para os campos de concentração e de extermínio. Em 22 de outubro daquele ano, o advogado Tobias Ingenhoven escrevia numa carta à filha, que mandara para a Inglaterra a fim de protegê-la:

> Hoje começou a primeira deportação dos judeus de Hamburgo [...]. Não estou na lista, mas todos sabem que haverá outras e sou levado a crer que todos os judeus de Hamburgo e provavelmente de toda a Alemanha serão deportados [...]. Ninguém sabe para onde seremos deportados, mas é certo que só uma fração de nós conseguirá sobreviver a essa difícil experiência. Muitos se matam para escapar às horríveis humilhações e degradações, à fome e ao frio, à sujeira e às doenças que nos esperam. Não sei o que farei quando chegar a minha vez[30].

As deportações provocaram, com efeito, verdadeiras ondas de mortes voluntárias. Segundo as melhores estimativas disponíveis, a taxa de suicídios da população judaica (agora reduzida a 134 mil pessoas) alcançou, em 1941 e 1942, 200 para cada 100 mil habitantes na Alemanha, e até 400 em Berlim[31]. Na capital alemã, a parcela de judeus no total de suicidas passou de 18% em 1941 a 40% em 1942, mas chegou a alcançar 75% no último quadriênio daquele ano[32]. De 1941 a 1943, nessa cidade houve um total de 1.279 suicídios de judeus, número tão alto que, para serem enterrados no seu cemitério de Weissensee (o maior da Europa), era preciso esperar em média duas semanas[33]. No hospital judaico foi instituída pela primeira vez uma ala especial em que eram internados os que haviam tentado se matar, sem conseguir[34]. Mas em certos casos o número de mortes voluntárias foi ainda mais alto. Em agosto de 1942, quando os últimos 450 judeus idosos que permaneceram em Wiesbaden foram informados de que seriam deportados para Theresienstadt, 47 deles decidiram pôr fim à vida[35].

Alguns deixaram o mundo denunciando publicamente os inumeráveis abusos que tiveram de sofrer. Hedwig Paltrow, por exemplo, uma professora aposentada desde muitos anos, escreveu numa carta em 29 de novembro de 1938, pouco antes de se matar:

> Não foi um acidente nem um acesso de depressão. A minha família teve a cidadania alemã durante cem anos [...]. Durante quarenta e três anos ensinei alemão para as crianças e ajudei-as em todas as adversidades. Desenvolvi a atividade de assistência social para o povo alemão, na guerra e na paz. Não quero viver sem uma pátria, sem uma casa, sem uma cidadania, degredada e difamada. Quero ser sepultada com o nome que me foi dado pelos meus pais [...]. Mesmo os condenados, mesmo os assassinos conservam o seu nome[36].

Mas, de modo geral, os judeus alemães saíram de cena na ponta dos pés. Como escreveu Hannah Arendt, no início de 1943, "os nossos amigos não deixam explicações do seu gesto, nem acusações, nem censuras a um mundo que obrigou um homem desesperado a falar e a se comportar serenamente até o seu último dia. As cartas deixadas por eles são documentos convencionais e desprovidos de significado. Assim, as nossas orações fúnebres nas suas tumbas são curtas, recitadas com embaraço e cheias de esperança. Ninguém se preocupa com as causas, pois todos creem conhecê-las"[37].

Além de se tornarem cada vez mais frequentes, os suicídios dos judeus assumiram, durante o período nazista, características parcialmente distintas das anteriores. Em primeiro lugar, mudou a composição por gênero. Enquanto nas primeiras décadas do século XX (como, aliás, nos séculos anteriores) a morte voluntária era uma escolha basicamente masculina, após 1933 tornou-se cada vez mais uma escolha também feminina. Por exemplo, houve inúmeras esposas judias de maridos "arianos" que tiraram a vida na esperança de salvar a família das perseguições[38].

Em segundo lugar, no outono de 1941, com o início das deportações em massa, o suicídio se tornou cada vez mais um ato premeditado e planejado com cuidado, não raro com muitos meses de antecedência. Cientes da sorte dos deportados, muitos judeus alemães se habituaram a andar com barbitúricos ou cianureto de potássio, ou a esconder nos sapatos duas lâminas de barbear, assim tendo sempre à disposição a alternativa de "colocar um ponto-final"[39]. Desse modo, conseguiam manter um forte senso de controle sobre o seu destino e a esperança de serem eles mesmos a decidir sobre a própria vida.

Em terceiro lugar, houve uma profunda mudança na atitude dos médicos judeus em relação ao suicídio dos correligionários. No início, muitos procuravam desencorajar essa escolha. "Decidi pôr fim à minha vida", relatou Camila Neumann. "Fui ao nosso bom doutor Lissner e lhe pedi que me receitasse Veronal. Mas ele se recusou. Contudo, oito dias depois, ele próprio se envenenou. Dezesseis comprimidos eu já tinha, mas não seriam suficientes, principalmente porque eu estava decidida a não deixar Ludwig [o marido] para trás, sozinho. Naquele momento havia uma grande demanda de Veronal e os judeus pagavam mil marcos por dez comprimidos"[40]. Contudo, durante o período das deportações, aumentou o número dos médicos dispostos a fornecer cianureto de potássio ou morfina aos pacientes que pediam, para se matarem. Além disso, em 1942 realizou-se em Berlim uma reunião de médicos judeus que aprovaram por grande maioria a proposta de respeitar a última vontade dos que procuravam a morte voluntária.

Por fim, mudou também a posição das autoridades políticas nos anos de 1930. Os nazistas (como, aliás, também os fascistas na Itália) acolheram com exultação, desprezo ou ironia as notícias dos suicídios dos judeus. No verão de 1933, quando o empresário Fritz Rosenfelder de Stuttgart se matou, um folheto nazista escreveu que aquela era uma contribuição importante para a solução da questão judaica[41]. Na Itália, em 1938, quando o editor Angelo Fortunato Formiggini se lançou do alto da Ghirlandina em Módena, Achile Starace disse: "morreu como um judeu mesmo: atirou-se de uma torre para economizar um tiro de revólver"[42]. Contudo, desde o outono de 1941, quando implantaram o projeto de extermínio total, os nazistas começaram a desencorajar de mil maneiras os suicídios dos judeus, convencidos de que cabia apenas aos "arianos" decidir quando e como os judeus deveriam morrer. Assim, em Berlim, deixaram de enviar o aviso de deportação uma semana antes aos interessados, enquanto submetiam a farmácia do hospital judaico a controles cada vez mais rigorosos, para evitar que fornecesse substâncias químicas aos que queriam tirar a própria vida.

O aumento do número dos suicídios entre os judeus verificou-se também em outros países. Certamente na Áustria, desde março de 1938, quando foi invadida pelas tropas alemãs e os nazistas humilharam os judeus, obrigando-os a se ajoelharem nas ruas para limpá-las[43]. Naqueles dias, Anna Freud perguntou ao pai se não julgava o suicídio uma boa ideia. "Por quê? Porque eles iriam gostar?", parece que foi a resposta de Sigmund, que logo depois emigraria para a Inglaterra. Numa reportagem sobre a Áustria, um jornal inglês escreveu que "médicos e farmacêuticos são assediados por pessoas que pedem venenos ou substâncias químicas para pôr fim à sua existência"[44]. E, de fato, estima-se que em Viena, na "Noite dos Cristais", a taxa de suicídios dos judeus atingiu 367 por 100 mil habitantes[45].

O mesmo aconteceu na Polônia Ocidental após 1939, quando foi invadida pela Alemanha e os nazistas criaram guetos judaicos em alguns centros urbanos. Em 9 de setembro entraram em Lodz, a cidade mais rica e mais moderna, e começaram imediatamente a perseguir os 230 mil judeus que lá moravam. As SS incendiaram a sinagoga. Arrastaram cem judeus para fora do café Astoria e os mataram. Expulsaram todos os demais das suas casas, confiscaram os seus bens e obrigaram alguns deles a irem se estabelecer em outro lugar. Mas decidiram logo explorar a força de trabalho dos outros e os levaram para um gueto, criado numa zona de quatro quilômetros quadrados ao norte de Lodz, cercado com arame farpado. Como se essa comunidade fosse um pequeno Estado, as autoridades nazistas lhe deram um soberano, Chaim Rumkowsi[46], um pequeno industrial judeu, economicamente falido, mas estimado pelos súditos, criaram uma nova moeda, com a qual ele podia pagar os operários que trabalhavam nas indústrias têxteis para as forças armadas, e um contingente policial para manter a ordem.

Os judeus do gueto de Lodz sofreram hostilidades e abusos e passaram fome, miséria e muitas outras privações. O número dos que buscaram a morte voluntária aumentou consideravelmente, embora permanecendo muito abaixo do nível alcançado naqueles mesmos anos em Berlim ou na Alemanha. No quadriênio 1941-1944, a taxa de suicídios entre a população desse gueto foi, em média, de 44 pessoas por 100 mil habitantes[47].

Na Itália, em 18 de dezembro de 1938, o antifascista Ernesto Rossi escreveu no cárcere uma carta à mãe, em que comentava sua impressão de existir "uma epidemia de suicídios"[48]. Era uma afirmação exagerada. Contudo, essas mortes voluntárias provavelmente também aumentaram no nosso país, de 1936 a 1943, no período da perseguição aos judeus[49]. Estima-se que pouco mais de 10% dos 51 mil pertencentes às comunidades judaicas emigrou, mas cerca de 1 por mil tirou a própria vida[50]. Giuseppe Jona se matou em 16 de setembro de 1943, para não entregar às tropas alemãs a lista dos judeus da comunidade de Veneza, da qual era presidente. O suicídio de Angelo Fortunato

Formiggini foi um gesto de protesto, preparado com meticuloso cuidado por muitos meses. O editor modenense começou a pensar nessa possibilidade em 27 de junho de 1938, quando a comissão de estudos raciais criou uma nítida distinção entre "arianos" e judeus, e Formiggini se deu conta de que se iniciaria um período muito duro para a sua empresa. Naquela noite, escreveu num epigrama falando de si: "mas quando ignóbeis penas/começaram uma campanha racista/desdenhado/condenou-se à morte por alta traição/substituindo-se ao verdadeiro culpado/para retirar da sua Pátria/amorosamente dileta/o dano e a vergonha". Por meses, teve esperanças de que a situação mudasse. Mas em 17 de novembro, quando o governo fascista emitiu as "medidas para a defesa da raça italiana", o editor entendeu que não tinha outra escolha e decidiu tirar a vida em 29 de novembro. Naquele dia, recusou o convite de um amigo para almoçar, dizendo que precisava "subir muito". A outro amigo, que encontrou perto da Ghirlanda, comentou num gracejo: "subo pela escada; vou descer por fora, será mais fácil"[51].

Outros partiram de maneira discreta e silenciosa. Em 14 de março de 1939, Giuseppe Sacerdoti, que cinco meses antes fora suspenso da função de professor de violino e viola num liceu de Veneza, pôs termo à vida[52]. Alguns dias antes do Natal de 1940, em Riva, uma judia que ficara sozinha se matou. Numa carta aos dois filhos distantes, um em Bombaim, o outro no Equador, escreveu:

> Não me é possível ir ao encontro de vocês e não consigo mais viver assim. Depois da sua partida, poucos meses depois o pai de vocês morreu do coração; talvez já o saibam. Restou-me a casa, as coisas dele, as coisas de vocês. Destruíram a casa também. Tive de fugir da Alemanha, esconder-me aqui; tenho tentado viver, não consigo; estou sem forças, sem mais raízes. Percebo que lá ainda podia viver porque, quando não se pertence mais a ninguém, pertence-se ainda às coisas; e eu pertencia ainda aos livros dele, à cama onde vocês nasceram, à estatueta de Nanquim que Harry me deu, à chaleira comprada em Veneza na nossa lua de mel [...]. Pensem em mim com doçura, sem muita dor. Ainda sou das mães que têm sorte, posso me reunir a ele, porque não tenho mais nada

a fazer no mundo, e sei que vocês dois estão a salvo em terras estrangeiras. Pensem em quantas mães sobreviveram aos filhos massacrados![53]

4.4 Campos de concentração e prisões

No decorrer do século XX, milhões de pessoas passaram uma parte da vida no cárcere ou nos campos de concentração, duas instituições com muitas características em comum. Ambas acarretam a perda da liberdade para quem entra nelas. Ambas isolam os reclusos do resto do mundo, têm uma natureza englobante ou total, submetem os internos a um controle contínuo, colocam-nos numa posição de completa subordinação. Em ambas, as atividades cotidianas são definidas rigidamente por um sistema de regras formais explícitas, impostas do alto, e toda a vida transcorre no mesmo local, sob a mesma autoridade, em estreito contato com os outros, fazendo as mesmas coisas nos mesmos momentos. Ambas podem ter efeitos devastadores sobre a vida e a personalidade dos reclusos. Quando entram, submetem-nos a um processo de espoliação da identidade, de humilhação, de degradação[54]. Arrancam-nos da família e dos amigos, anulam os seus hábitos, estilhaçam a imagem que têm do mundo, geram desconfiança dos outros e de si mesmos, medo, sentimento de impotência, de inutilidade, de inadequação, depressão. E, assim, quem passa algum tempo numa dessas instituições pode se sentir levado a tirar a própria vida.

Mas não faltam diferenças. Existem nas duas categorias. Existiram e existem entre as instituições penitenciárias. Assim, por exemplo, algumas se inspiraram ou se inspiram no modelo de Filadélfia, fundado no princípio do isolamento contínuo dos detentos, dia e noite, cada qual obrigado a passar a vida sozinho numa cela; outras no modelo de Auburn, que prevê isolamento apenas noturno; outras ainda no sistema da vida em comum de todos os reclusos. Mas existem também entre os campos de concentração. O sistema do *gulag* soviético não é totalmente idêntico ao sistema nazista do *lager*, e neste último havia tanto os campos de concentração, ao mesmo tempo locais de detenção, de trabalho e de eliminação física, quanto as fábricas de extermínio (Belzec, Sobibor, Treblinka), onde todos os deportados eram mortos tão logo chegavam.

As diferenças que aqui nos interessam mais são as existentes entre os dois tipos de instituição total, entre o cárcere e o campo de concentração. No primeiro, as pessoas ficam reclusas pelo que fazem; no segundo, pelo que são. No primeiro, ficam aqueles que enganam, roubam, assaltam, matam, violentam os outros; no segundo, os judeus, os ciganos, os homossexuais ou (na União Soviética) os "inimigos do povo" ou, mais simplesmente, as esposas dos inimigos do povo. Quem entra no primeiro sabe com exatidão o tempo de pena que deve cumprir; quem entra no segundo não sabe o momento de libertação e é condenado a uma existência ao mesmo tempo "provisória e sem data final"[55].

As condições de vida do melhor campo de concentração são mais cruéis e mais desumanas do que as do pior cárcere. Nos *lager* alemães e no *gulag* soviético[56], os prisioneiros eram submetidos a experiências de ferocidade e degradação, numa série infinita de violências físicas e psíquicas, e se encontravam num estado de impotência e incerteza total, passando fome, sede, frio, cansaço, doenças, perigo da morte. Assim, não surpreende que o psiquiatra Viktor Frankl, sobrevivente do *lager*, tenha dito que os internos no seu campo invejavam os condenados à prisão perpétua, que viam passar de vez em quando, "pela vida relativamente regrada, relativamente segura, relativamente higiênica que tinham". "Essas pessoas podiam tomar banho em dias fixos, pensávamos com grande nostalgia. Certamente tinham a sua escova de dentes, a sua escova de roupas, o seu catre – um para cada, todo seu –, recebiam o correio uma vez por mês e sabiam onde estavam os parentes e se ainda estavam vivos. Nós, porém, não tínhamos nada disso fazia muito tempo"[57].

Podemos, portanto, pensar que tanto o cárcere quanto o campo de concentração favoreçam o suicídio, e que o segundo favorece mais do que o primeiro. Mas será realmente assim? Infelizmente, a documentação disponível é desigual. Temos um grande número de dados, precisos e confiáveis, sobre as mortes voluntárias no cárcere, enquanto sobre os campos de concentração dispomos de poucas estatísticas e de muitos testemunhos dos sobreviventes. No conjunto, em todo caso, as informações existentes permitem fazermos comparações sobre os efeitos dessas duas diferentes instituições e apresentarmos algumas explicações das suas diferenças.

A ideia de que os detentos se matam com mais frequência do que os outros apareceu provavelmente pouco tempo depois do surgimento do cárcere moderno. Mas sabemos que, já no final do século XVII, o alarme provocado pela repetição dos suicídios na Bastilha levou o confessor de Luís XIV a encarregar um padre jesuíta de uma investigação sobre o que se passava[58]. Todavia, foi nas últimas três décadas do século XIX que se realizaram as primeiras investigações sistemáticas em muitos países europeus, as quais mostraram inequivocamente que os detentos tiravam a própria vida com maior frequência do que os outros[59]. Todos os estudos realizados desde então chegaram às mesmas conclusões de fundo, enriquecendo enormemente os nossos conhecimentos. Em todos os países ocidentais, o cárcere sempre foi o local com índice de suicídios mais elevado. Mas, em alguns deles, aumentou ainda mais nos últimos quinze anos[60]. Sabemos, além disso, que em todas as partes os detentos se matam com maior frequência do que os não detentos, mas as diferenças entre os primeiros e os segundos variam no tempo e no espaço. Se na Itália e na Inglaterra o índice de suicídios no cárcere é quinze vezes superior ao que se registra fora dele, em outros países, como na França e na Áustria, a distância entre esses dois mundos é um pouco menor (onze vezes superior), e em outros ainda, como a Dinamarca, Suécia e Portugal, é maior (de dezessete a 25 vezes superior).

O risco de suicídio varia também segundo as diversas camadas em que se articula a população de detentos. É maior nos primeiros dias após a chegada, pois o choque gerado pelo ingresso nesse mundo pode levar a um estado de grave depressão. É mais elevado para os detentos à espera de julgamento do que para os condenados, provavelmente porque a incerteza sobre a sentença e a sorte futura é fonte de intensa ansiedade, que alguns não conseguem suportar. É maior para os condenados à prisão perpétua e para os reclusos que devem cumprir longas penas de prisão porque a vida perde qualquer sentido para eles[61]. É maior para os detentos que ficam isolados numa solitária.

Sobre os campos de concentração, porém, temos pouquíssimas estatísticas. Das reunidas pelo médico Otto Walden numa seção de Auschwitz, depreende-se que, entre os 1.902 internos mortos de 20 de setembro de 1943 a 1º de novembro de 1944, não houve nenhum caso de suicídio[62]. Outros dados sobre Buchenwald indicam que não mais que 5% das mortes eram voluntárias[63]. Além do mais, todos os sobreviventes concordam em afirmar que as mortes voluntárias eram pouco frequentes nos *lager* nazistas e no *gulag* soviético. "É bem compreensível", escreveu um deles, Viktor Frankl, "que quase todos pensássemos, mesmo que por um segundo, no suicídio"[64]. Todavia, todos ou quase todos descartavam imediatamente essa solução e decidiam não se lançar contra o arame farpado. Nos *lager* – escreveu Hannah Arendt –, havia uma "surpreendente escassez de suicídios"[65]. No *gulag* soviético, relatou Aleksandr Soljenítsin, "não havia suicídios. Condenados a uma existência monstruosa, à exaustão pela fome, a um trabalho massacrante, não se suicidavam"[66]. Afirmações análogas fizeram Primo Levi, Bruno Bettelheim, Jean Améry, Elie Cohen, Nadezda Mandelstam e muitos outros[67].

É verdade que nos campos de concentração havia os "muçulmanos", como era chamada aquela espécie de "mortos vivos" ou "cadáveres ambulantes" que vegetavam às margens dos *lager*. Decrépitos pela subalimentação, com a musculatura parcialmente atrofiada, não eram mais donos do próprio corpo e se arrastavam com dificuldade. Exaustos psiquicamente, já desprovidos de memória, não conseguiam concentrar-se e, às vezes, sequer lembrar-se do próprio nome. Subjugados pelo ambiente, com uma atitude passiva e fatalista, eram evitados e expulsos por todos, escarnecidos, insultados e surrados com mais frequência do que todos os outros, tanto pelos superiores quanto pelos companheiros, mas não reagiam e ficavam fechados em si mesmos. Quando morriam, enquanto estavam trabalhando nas latrinas ou nos barracões destinados aos doentes e inválidos, ou à noite, enquanto dormiam, quase ninguém se dava conta do seu desaparecimento[68]. Contudo, o comportamento desses prisioneiros foi interpretado por todos os sobreviventes e por outros estudiosos não como uma forma de renúncia consciente à vida, de suicídio oculto, mas como consequência da inanição[69].

O índice de suicídios variava entre os campos e os departamentos. Aparentemente, aconteciam com bastante frequência entre os prisioneiros das brigadas especiais[70], isto é, entre os que gerenciavam os crematórios. Em troca de alguns "privilégios" (um pouco mais de comida), esses homens deviam realizar tarefas terríveis: levar uma parte dos recém-chegados às câmaras de gás, onde morriam em quinze minutos, lavar os cadáveres com jatos d´água, arrastá-los para fora, extrair os dentes de ouro das mandíbulas, cortar os cabelos, transportar os corpos para os fornos, extrair e eliminar as cinzas. E alguns deles preferiam se matar a acabar nas câmaras de gás.

Matavam-se com mais frequência também nos campos que funcionavam como fábricas do extermínio e onde os recém-chegados permaneciam em vida por poucos dias ou por poucas horas. Um sobrevivente[71] relatou que entre os judeus presos em Amsterdã em fevereiro de 1941 e deportados para Mauthausen houve uma verdadeira epidemia de suicídios, porque perceberam imediatamente que não havia esperança alguma. Tão logo chegaram, cinquenta deles foram empurrados nus contra o arame farpado, ligado na eletricidade. No segundo dia, os restantes foram levados para trabalhar numa pedreira e obrigados a subir correndo 148 degraus carregando enormes pedras. Desesperados, alguns se jogaram no vazio. No terceiro dia, alguns foram perseguidos e mortos pelas SS. Enfim, no quarto dia, muitos prisioneiros se jogaram juntos do alto, em grandes cachos de dez ou doze pessoas que se seguravam pelas mãos. Mas eram casos extremos, exceções. A regra geral, segundo todos os sobreviventes, era que os internos não tiravam a própria vida.

A tese de que os suicídios eram bastante raros nos campos de concentração desperta duas perguntas. A primeira se refere ao termo de comparação dessa afirmativa. Os suicídios eram raros em relação a qual população? Soljenítsin foi o único a indicar claramente ao que se referia: "parece-me até que, estatisticamente, em cada mil habitantes o número de suicídios no *lager* foi inferior àquele entre os livres. Naturalmente não tenho como verificar"[72]. Mas outras testemunhas provavelmente estavam comparando o que haviam visto e o que esperavam ver, e diziam que os suicídios eram "raros" por acharem que as condições de vida desumanas no campo de concentração induziriam um maior número de pessoas ao suicídio.

A segunda pergunta se refere à possibilidade de um interno em estimar (mesmo num cálculo grosseiro) o número de mortes voluntárias que ocorriam no seu campo. Um prisioneiro em Auschwitz, Buchenwald ou Dachau teria como saber se eram poucos ou muitos os companheiros de desventura que se matavam? Mesmo hoje, para quem vive numa cidade média ou pequena, é impossível dizer se a taxa de suicídio é alta ou baixa, se é maior ou menor do que em outras cidades ou em outros períodos. Mas para um prisioneiro num *lager* era ainda mais impossível. Como escreveu Primo Levi, era muito difícil que os prisioneiros tivessem "uma visão de conjunto do seu universo: [...] rodeado pela morte, frequentemente o deportado não era capaz de avaliar a medida do massacre que ocorria sob as suas vistas. O companheiro que hoje trabalhara ao seu lado amanhã não estava mais ali: podia estar no barracão ao lado, ou apagado do mundo; não havia como saber"[73].

Nunca saberemos com exatidão quantas pessoas se mataram nos *lager* nazistas e nos *gulags* soviéticos. É possível que, ao contrário do que sustentaram tantas vozes importantes, o índice de suicídios nos campos de concentração não fosse menor do que a do resto da população. Todavia, os poucos dados e os muitos testemunhos disponíveis sugerem que era inferior à dos cárceres, onde as pessoas se matavam e se matam, dependendo do país, de dez a 25 vezes mais do que fora da prisão.

Aliás, a comparação entre os diferentes efeitos gerados por essas instituições foi feita por alguns sobreviventes que estiveram em ambas. Assim, Evgeny Gnedin, um diplomata soviético filho de um revolucionário, escreveu que pensara em se matar quando estava no cárcere e, mais tarde, quando estava no exílio, mas nunca durante os oito anos que passou nos campos de concentração. "Todo dia era uma luta pela vida. Como era possível, conduzindo essa batalha, deixar a vida? Havia uma finalidade – sair do sofrimento – e uma esperança: encontrar os entes amados"[74]. Como explicar essa diferença?

Segundo Hannah Arendt, a "surpreendente escassez" do suicídio no *lager* se dava em parte porque um ato espontâneo como esse era inadmissível e, portanto, dificultado e impedido de todas as maneiras, numa instituição que aspirava ao domínio absoluto sobre o homem[75]. Com efeito, as SS proibiam e tentavam dificultar de várias formas o suicídio dos prisioneiros dos *lager*. Em Dachau, em 1933[76], elas determinaram que quem tentasse se matar (e não conseguisse) seria punido com vinte e cinco chicotadas e com a cela de castigo[77]. Quando alguém se enforcava, os oficiais alemães chegavam imediatamente, tiravam muitas fotos do cadáver e abriam uma investigação. Ou seja, como observou sarcasticamente um sobrevivente, eles "brincavam de detetives. E por quê? Por que faziam isso em Auschwitz, aquele vale da morte onde dezenas de milhares de pessoas iam diariamente para as câmaras de gás? Simplesmente porque um pobre judeu tirara a sua vida tranquilamente, contra a vontade das SS, sem esperar a sua condenação à morte"[78]. Em outros termos, se as SS proibiam rigorosamente o suicídio, era porque o consideravam um desafio ao seu poder absoluto. Assim um membro da Gestapo gritara a um integrante das brigadas especiais, barrado ao tentar se juntar a um grupo de companheiros judeus cegos que entravam na câmara de gás: "seu idiota desgraçado, enfie na sua cabeça tapada que somos nós, não você, que decidimos quanto tempo você vai viver e quando vai morrer"[79].

Mas nada disso nos ajuda a explicar por que as pessoas se matavam menos nos *lager* do que nas instituições penitenciárias. Por motivos diferentes, tanto na Alemanha nazista quanto na Rússia soviética, a polícia sempre fez o possível para evitar que os réus, os condenados e os presos tirassem a própria vida. Nas solitárias soviéticas, se um guarda visse que um prisioneiro com os braços por baixo das cobertas enquanto dormia, acordava-o imediatamente para verificar se não estava trançando às escondidas uma corda para se enforcar[80].

Também não é convincente a hipótese aventada por várias pessoas[81] de que a taxa não muito alta de suicídios nos campos de concentração seria de se atribuir a uma forte integração entre os prisioneiros. A integração, como vimos, provavelmente protegeu as comunidades judaicas da morte voluntária na segunda metade do século XIX. Mas isso não ocorreu nos *lager*. Uma certa coesão de grupo se formava entre os reclusos que compartilhavam uma ideologia (os militantes comunistas) ou uma firme fé religiosa (as testemunhas de Jeová). Mas a situação em que vinha a se encontrar a grande maioria dos prisioneiros era, em geral, muito diferente. A fome, a sede, o cansaço, as doenças, o perigo da morte favoreciam não a união, a solidariedade, o apoio mútuo, mas sim a desconfiança nos outros, a luta de todos contra todos, sem remissão e por qualquer meio. Pois, como escreveu Primo Levi, no *lager* cada um estava "desesperada e ferozmente só"[82] e logo aprendia a regra, formulada por uma sobrevivente: "em primeiro, em segundo e em terceiro lugar sou eu. Depois mais nada. Depois eu de novo; depois todos os outros"[83].

Para muitos sobreviventes, isso dependia da proximidade da morte, da familiaridade que se aprendia a ter com ela. "Combatia-se contra ela, mas não tínhamos medo dela. E a vida pertence inteiramente, irrestritamente a quem deixou de temer a morte"[84]. Para Elie Cohen, um médico holandês que passara três anos em Auschwitz, nos campos de concentração acostumamo-nos a sentir a morte como coisa normal, assim como, fora de lá, é a vida que é tida como coisa normal. E enquanto se pode sair do reino da vida matando-se a si mesmo, do reino da morte só se pode tentar fugir vivendo[85]. Segundo outro sobrevivente, Jean Améry, se nos *lager* as pessoas raramente se suicidavam era principalmente porque a diferença entre a morte voluntária e a involuntária deixava de existir na sua ordem moral e, portanto, o suicídio acabava por perder qualquer significado. O prisioneiro se interessava "não pela morte, mas pelo morrer": "não lhe interessava mais *se* ou *que* se devia morrer, mas somente *como* aconteceria. Discutia-se quanto tempo o gás demorava para fazer efeito. Especulava-se sobre a dor da morte provocada por injeções de ácido fênico. Era preferível uma pancada na cabeça ou a lenta morte por exaustão na enfermaria? É significativo quanto à atitude dos prisioneiros em relação à morte que apenas poucos decidissem 'correr para o arame', ou seja, suicidar-se em contato com o arame farpado atravessado pela alta tensão [...]. O morrer era onipresente, a morte se evitava"[86].

Primo Levi, morto em 11 de abril de 1987, segundo alguns por suicídio[87], apresentou duas hipóteses. A primeira é que, nos *lager*, multiplicam-se aquelas "finalidades de vida" que são a "defesa ótima contra a morte". Enquanto esteve em Auschwitz, escreveu ele, "quase nunca tive tempo para dedicar à morte; tinha outras coisas em que pensar, em encontrar um pouco de pão, em me esquivar ao trabalho massacrante, em remendar os sapatos, roubar uma vassoura, interpretar os sinais e os rostos ao meu redor"[88]: "justamente pela iminência constante da morte, não havia tempo para se concentrar na ideia de morte"[89]. A segunda hipótese se baseia no pressuposto de que o suicídio nasce de um sentimento de culpa que "nenhum castigo veio atenuar". Ora, para os prisioneiros no *lager*, "a dureza da prisão era percebida como um castigo e o sentimento de culpa (se há castigo, alguma culpa devia haver) era relegado ao segundo plano, para ressurgir após a libertação"[90].

Aleksandr Soljenítsin também recorreu à questão do sentimento de culpa para explicar a razão da menor frequência de suicídios no *gulag*, em comparação à prisão. "Na nossa consciência quase geral de sermos inocentes reside a principal diferença entre nós e os presidiários de Dostoiévski", escreveu. A grande maioria desses presidiários tem uma "incondicional consciência de culpa individual", enquanto os prisioneiros nos *lager* sabem que "o arame farpado nos divide somente por convenção", têm certeza de "compartilhar a desventura de muitos milhões de pessoas". E "de desventura não se morre. É preciso superá-la"[91].

Wladyslaw Fejkiel, por sua vez, atribuiu a baixa incidência de suicídios nos campos de concentração ao "processo difuso de morte pela fome. Quem está para morrer de fome é indiferente ao problema da morte e incapaz de tentar o suicídio. Os poucos suicídios em Auschwitz de que estou a par foram cometidos por prisioneiros que não estavam emaciados"[92]. Referindo-se à experiência dos mais politizados, além da sua, Benedikt Kautsky sustentou que, nos campos de concentração, o instinto de autoconservação assumia as feições de um desafio e os prisioneiros acabavam por se perguntar por que haveriam de fazer "àqueles porcos o favor de se matarem"[93].

A maior taxa de suicídio nos cárceres em relação aos campos de concentração deve-se provavelmente também à composição das populações desses dois mundos. Os prisioneiros das duas instituições diferem não só no grau de privações e sofrimentos a que são submetidos, mas também em muitos outros aspectos, em grande parte devidos à sua seleção. A população carcerária não é de maneira alguma representativa da população do país onde reside. Entre os detentos há uma sobrerrepresentação dos viciados em drogas, dos alcoólatras e de pessoas que sofrem de depressões mais graves, de distúrbios bipolares, de esquizofrenia, que são, todos eles, transtornos com alto risco de suicídio[94]. É também por isso, ou principalmente por isso, que o índice de suicídios entre eles é tão alto. Confirmam-no os resultados de pesquisas realizadas em alguns países europeus como Inglaterra, Gales, Suíça, que mostraram que os condenados que cumprem a pena não num presídio, mas em comunidades, têm a mesma probabilidade dos encarcerados de tirarem a própria vida[95].

A população dos campos de concentração também é selecionada, mas de modo oposto. É integrada não apenas por judeus, ciganos, homossexuais ou "inimigos do povo", mas também por pessoas menos vulneráveis do que a média, com maior capacidade de enfrentar situações extremas. Pois, como vimos, os mais frágeis e indefesos tiram a sua vida antes de chegarem aos campos, quando temem ser presos ou durante a viagem.

4.5 As grandes guerras

No último século e meio, nos países ocidentais, as guerras costumavam influenciar a frequência com que as pessoas se matam. Na segunda metade do século XIX, na Europa Ocidental, houve apenas conflitos locais entre países vizinhos, de curta duração e alcance limitado: um em 1866 entre Áustria e Itália, outro em 1870-1871 entre França e Alemanha. Em ambos os casos, a taxa de suicídios dos países envolvidos sofreu uma leve diminuição[96].

Muito maiores foram os efeitos dos conflitos bélicos do século XX, que com as duas guerras mundiais assumiram dimensões até então jamais alcançadas. A primeira, iniciada em 28 de julho de 1914 com a declaração de hostilidade da Áustria à Sérvia e concluída em 11 de novembro de 1918, envolveu as seis grandes potências europeias (Grã-Bretanha, França, Áustria, Alemanha, Itália e Rússia), o Japão e os Estados Unidos, mas não os países nórdicos, a Holanda, Espanha e a Suíça. Poucos meses depois do início das hostilidades, a taxa de suicídios começou a decrescer, atingindo o pico de baixa em 1917 ou 1918, e voltou a subir após o armistício. Essa queda foi especialmente marcada na França, na Grã-Bretanha e na Alemanha e um pouco menos nítida na Itália. Contudo, a frequência das mortes voluntárias diminuiu não só nos países beligerantes, mas também nos neutros, por exemplo, na Suíça e na Suécia, onde a queda foi mais acentuada do que em qualquer outro país[97].

A Segunda Guerra Mundial se prolongou ainda mais (de setembro de 1939 até 8 de maio de 1945 na Europa, e até 15 de agosto no Japão) e teve extensão ainda maior, com participação de muitos países de todos os continentes (entre os europeus, ficaram de fora a Espanha, a Suécia, a Suíça e Portugal). Infelizmente, não temos dados sobre alguns países importantes: Alemanha, antiga União Soviética, Polônia e Hungria. De todo modo, é certo que, em alguns países para os quais existem estatísticas confiáveis, o número das mortes voluntárias diminuiu durante esse período. Na Itália e no Japão, diminuiu 40%; na Inglaterra, Austrália e nos Estados Unidos, 25%; na Suécia, somente 5%[98].

Na Suíça, entretanto, a frequência com que as pessoas tiraram a própria vida permaneceu substancialmente inalterada[99].

A diminuição das mortes voluntárias durante as guerras foi atribuída ao crescimento da integração social, visto que elas obrigam os indivíduos "a se aproximarem para enfrentar o perigo comum"[100]. Uma formulação mais precisa desse esquema explicativo foi fornecida por outros estudiosos[101], segundo os quais as guerras não têm nenhuma influência, desse ponto de vista, nem sobre a totalidade nem sobre a grande maioria da população, mas somente sobre a camada de risco por algum motivo (p. ex., por sofrer de distúrbios de humor ou de personalidade). Os conflitos bélicos, ao permitirem a algumas dessas pessoas atribuírem a causa dos seus males a um inimigo externo, o inimigo da sua nação, afastam-nas temporária ou definitivamente de qualquer intenção suicida[102].

Esse esquema, porém, não basta para explicar o que se passou durante as guerras. Em primeiro lugar, porque a diminuição da taxa de suicídio ocorrida em alguns países durante esse período é atribuível a fatores totalmente diferentes. Assim, por exemplo, na Dinamarca, foi sobretudo a redução forçada do consumo de álcool, o qual entre 1915 e 1918 caiu de 10 para 2 litros *per capita* ao ano (devido à escassez dos bens disponíveis e pelo aumento dos impostos), que produziu naqueles anos uma queda na taxa de suicídios. Essa queda, evidentemente, não se deu entre todas as camadas da população dinamarquesa, mas apenas entre os alcoólatras[103].

Em segundo lugar, porque em certos países, em alguns anos da Segunda Guerra Mundial, o número das mortes voluntárias não diminuiu ou chegou até a aumentar. Isso ocorreu, por exemplo, nos países invadidos pela Alemanha em abril e maio de 1940. Na França, por exemplo, a taxa de suicídios não diminuiu de modo sensível naquele terrível ano. Na Dinamarca, permaneceu constante de 1940 a 1942 e cresceu de modo sensível no triênio seguinte. Na Noruega e na Bélgica não sofreu nenhuma variação em 1940, diminuiu de 1941 a 1944 e aumentou em 1945. Na Holanda, teve um aumento acentuado em 1940, passando de 8,5 para 12,22 em 100 mil habitantes, retornou aos valores do período anterior de 1941 a 1944 e subiu novamente em 1945[104].

Na Áustria, a taxa de suicídios aumentou em 1938, ano da anexação, diminuiu até 1943-1944 e cresceu fortemente em 1945, alcançando o valor de 69 por 100 mil habitantes[105]. Para a Alemanha, não temos estatísticas para todo o período bélico. Mas sabemos que em Berlim, depois de ter diminuído em 1940 e 1941, a taxa de suicídio retornou no triênio 1942-1944 aos valores muito elevados que tivera em meados dos anos de 1930[106]. A situação piorou ainda mais nos primeiros meses de 1945, quando houve uma onda de suicídios sem precedentes na história europeia. No início daquele ano, num relatório confidencial sobre o moral da população, o serviço de segurança das SS informava que "muitos estão se acostumando com a ideia de acabar com tudo. Por toda parte há grande procura de veneno, de pistola e de outros meios para pôr fim à própria vida"[107]. Essas preocupações eram fundadas, como se evidenciou poucas semanas depois. Em Berlim, 3.881 pessoas se mataram em abril, cerca de mil em maio, sendo que, nos anos anteriores, as mortes voluntárias estavam na média de 200 por mês[108]. Em Demmin, um pequeno centro com cerca de vinte mil habitantes, em três dias do mês de maio novecentas pessoas se enforcaram ou se afogaram (numa taxa, absolutamente excepcional, de 4,5%). Numerosíssimos foram também os que tiraram a vida em Teterow[109].

Para explicar essas importantes exceções, temos de considerar outros elementos e fatores. Em primeiro lugar, a guerra não provoca apenas uma aproximação entre os pertencentes à mesma nação. Além de combater contra um inimigo comum, eles podem, às vezes, continuar em conflito entre si, enquanto membros de grupos com identidades e interesses econômicos, políticos e religiosos profundamente diferentes. Em segundo lugar, esses grupos podem sentir-se mais ou menos ameaçados pela vitória do inimigo. Em terceiro lugar, os eventos bélicos, os bombardeios, a perda da casa, a fome, a separação forçada dos familiares e dos amigos, as derrotas, as violências e abusos sofridos, todas essas e outras coisas mais, podem ser vividas de maneira diferente segundo a concepção da vida e da morte dominante num país.

Os judeus, por exemplo, continuavam a se sentir ameaçados pelos nazistas mesmo quando conseguiam deixar a Alemanha e estabelecer-se em países muito distantes. Depois de saber que havia algumas obras suas entre os livros entregues às chamas em Berlim em 1933, o escritor vienense Stefan Zweig emigrou em 1934 para Londres e seis anos depois para os Estados Unidos. Mas lá também, em 15 de junho de 1940, escreveu no seu diário: "os soldados de Hitler estão se organizando na frente do Arco do Triunfo. A vida não vale mais a pena. Tenho quase cinquenta e nove anos e os próximos serão terríveis. Por que então suportar todas essas humilhações?"[110] E dois anos depois se matou com a segunda mulher.

Na sua casa de campo perto de Londres, Virginia Woolf anotou no diário as emoções que o conflito bélico despertava nela, no marido e nos amigos. "O que significaria a guerra?", escrevia em 5 de setembro de 1938. "Trevas, tensão, suponho, provavelmente a morte"[111]. Alguns meses depois, observava: "tudo perde o significado. É impossível fazer projetos para o futuro [...] depois chega o sentimento da comunidade: toda a Inglaterra pensa a mesma coisa ao mesmo tempo: o horror da guerra"[112].

O seu estado de ânimo piorou em 13 de maio de 1940, quando o rádio anunciou, às oito da manhã, que o exército alemão invadira a Holanda e a Bélgica. Naquele dia, o seu marido Leonard (que era judeu) dissera que, se Hitler vencesse, ele tinha "gasolina na garagem para se suicidar"[113]. Dois dias depois Virginia anotava: "hoje de manhã discutimos o suicídio, se Hitler chegar. Judeus espancados selvagemente. Que sentido há em esperar?"[114] As preocupações aumentaram ainda mais e retomaram a conversa sobre a possibilidade de se matarem, ao saberem pela BBC que os tanques de guerra e os paraquedistas alemães haviam ocupado Amiens e estavam se aproximando de Boulogne, enquanto o governo francês abandonava Paris. "É todo um torvelinho de vozes. Seremos bombardeados, evacuados? Canhões que abalam as janelas. Navios-

-hospital afundados. Agora é a nossa vez"[115]. E dez dias depois acrescentava: "a capitulação quer dizer a entrega de todos os judeus. Campos de concentração. Para a garagem, então"[116].

Os alemães lançaram uma campanha de bombardeios estratégicos contra a Grã-Bretanha, mas não entraram em Londres e Leonard Woolf não se matou na garagem da casa de campo. Todavia, ocuparam a França e a Bélgica, dois países com grande número de judeus, e pode-se aventar que isso tenha levado um número crescente deles ao suicídio. Os dados disponíveis mostram que isso certamente se deu na Holanda, onde a taxa de suicídios desse grupo perseguido passou de 20 por 100 mil habitantes no final dos anos de 1930 para 234 em 1940[117]. Mas, naquele ano, não judeus também se mataram, entre eles o escritor Menno Ter Braak. Um amigo escreveu a seu respeito: "ele não se suicidou, foi Hitler quem o matou no seu corpo. Não queria ver aquele homem e a única maneira era fechar os olhos"[118].

Por que, em alguns países invadidos pelo exército alemão, houve um aumento das mortes voluntárias nos últimos meses de 1944 e em 1945? Deve-se buscar a resposta a essa pergunta no fenômeno do colaboracionismo, isto é, na formação de grupos, nesses países, que apoiavam a causa dos ocupantes. Na França e na Noruega nasceram governos colaboracionistas, e na Holanda o movimento nacional-socialista. À medida que a derrota do terceiro Reich se fazia mais provável, os colaboracionistas começavam a temer o dia da prestação de contas, e muitos deles fugiram ou abandonaram as atividades, enquanto uma pequena parcela buscava a morte voluntária. As pesquisas realizadas até agora mostram que foi o que de fato ocorreu na Holanda a partir de setembro de 1944, quando a Região Sul foi libertada da ocupação alemã. Milhares de pertencentes ao movimento nacional-socialista escaparam para a Alemanha e alguns deles se mataram[119].

O aumento de suicidas em Berlim (e presumivelmente em outras zonas da Alemanha) no segundo triênio da guerra pode ser atribuído, por sua vez, ao início de uma nova fase de terror. Além dos judeus, o regime nazista perseguiu um grande número de pessoas consideradas perigosas ou, mais simplesmente, desviantes ou indesejáveis. A Gestapo deteve, interrogou e, às vezes, encarcerou cidadãos comuns suspeitos de não partilharem inteiramente as ideias do Führer e do regime. Investiu contra os nômades, sem residência fixa, os "associais". Empreendeu uma campanha feroz contra os homossexuais e torturou alguns deles. Defendeu que a única maneira para o regime nazista se livrar deles era a castração, ideia que foi abraçada, no esboço de um projeto de lei, pelo ministro da justiça. Prendeu duzentos membros da *Rote Kapelle* (ou *Red Orchestra*), nome usado pela Gestapo para designar um grupo de resistência ao nazismo. Assassinou imediatamente alguns e obteve a condenação à morte de muitos outros.

Nesse mesmo período, verificou-se também um considerável aumento do número de suicídios nas fileiras do exército alemão. Se tinham sido 1.190 suicídios nos primeiros dois anos e meio da guerra, em apenas dois trimestres de 1943 (o segundo e o terceiro) esse número saltou para 6.898[120]. Os nazistas condenaram severamente essas decisões dos soldados, considerando-as um grave ato de rendição, de covardia, de deserção, fruto do individualismo burguês. Retomando uma ideia do passado, sustentaram que nenhum militar podia dispor livremente da sua vida, ninguém podia abandonar o *Volk*.

Como no passado, a violação dessas normas acarretava punições. Era previsto o fuzilamento para o soldado que atentasse contra a própria vida e falhasse. Ao suicida negavam-se as honras militares e uma sepultura junto com os demais. Para fazer frente ao grande aumento dos suicídios entre oficiais e soldados, Heinrich Himmler fez mais: ordenou a apreensão dos mortos e o sepultamento com as mãos amarradas[121]. Mas a essas medidas tradicionais acrescentou uma moderna, possível somente num *welfare state*. As autoridades da Wehrmacht podiam negar a pensão aos familiares do militar suicida, se o seu ato fosse considerado uma forma de covardia[122].

O novo crescimento excepcional das mortes voluntárias nos últimos meses da guerra foi previsto com grande lucidez por Hannah Arendt. Num escrito de janeiro de 1945, depois de constatar a sucessão de várias ondas de suicídios na Alemanha, a pensadora afirmou que se aproximava outra ainda maior e apontara a sua causa. Quando o choque da catástrofe levar os alemães a tomarem consciência de não terem sido "simples engrenagens na máquina do extermínio", mas "assassinos" – observou ela –, a sua saída "não será a rebelião, mas o suicídio"[123]. A sua previsão se demonstrou correta e é provável que houvesse verdade também na explicação que propôs. Por mais difícil que seja a demonstração dessa hipótese, pode-se conjecturar que o profundo sentimento de culpa coletiva partilhado por muitos alemães teve pelo menos alguma influência na assombrosa onda de mortes voluntárias que se abateu na primavera daquele ano sobre a parte oriental da Alemanha. Pode-se analogamente pensar que todas as pessoas que se mataram naquele período comungavam uma profunda sensação de insegurança e um indizível medo do futuro. No entanto, por trás das suas decisões havia dois motivos diferentes. O primeiro está relacionado com os acontecimentos daqueles meses terríveis, ao passo que o segundo se refere à maneira como foram vivenciados, à luz da concepção de honra, heroísmo e suicídio que se havia afirmado na Alemanha nazista.

Quanto ao primeiro motivo, a marcha de aproximação e a entrada do Exército Vermelho na Alemanha Oriental provocaram grande pânico na população. Para incentivar a resistência, a propaganda nazista insistira sobre as terríveis consequências das invasões das "hordas bolchevique-mongóis", descrevendo sinistramente tudo o que a "Besta vermelha" faria. No cinema, os noticiários da época apresentavam aos espectadores incrédulos as imagens das mulheres violentadas e das crianças assassinadas pelos soldados russos na sua marcha em direção ao Oeste. Em fevereiro de 1945, o Exército Vermelho estava a pouco mais de cinquenta quilômetros de Berlim. Poucas semanas depois, entrou triunfalmente na capital alemã. "Tremo", a jornalista Ruth Andreas-Friedrich anotou no seu diário em 6 de maio de 1945. "Por quatro anos, Goebbels nos disse que os russos iriam nos estuprar. Que iriam estuprar e saquear, assassinar e devastar"[124]. Estava realmente prestes a acontecer?

Na marcha de aproximação, os soldados russos já haviam violentado muitas mulheres na Romênia e na Hungria[125], em Viena e na Baixa Áustria[126]. Mas, quando chegaram à Prússia Oriental e depois a Berlim, estupraram um número de mulheres ainda maior, levados, talvez, pelo desejo de se vingarem dos inumeráveis abusos e das indizíveis humilhações que o exército alemão infligira a eles e à população civil[127]. Às vezes tentavam conquistá-las oferecendo comida. Com mais frequência, agarravam-nas a força, sem dizer uma palavra. Outras vezes ainda, aproximavam-se empunhando o revólver e pronunciando a mesma frase: "*Frau, komm*", "venha, mulher"[128]. Pegavam todas, dos dezesseis aos setenta anos. Mas preferiam as mais jovens e as mais fornidas, que correspondiam melhor aos seus ideais estéticos. Estupravam-nas em toda parte, nos porões, nas escadas, nos seus apartamentos, pelas ruas, nas praças, até nos cantos das igrejas, às vezes diante dos outros, dos vizinhos, dos parentes, dos filhos, do marido. Essa onda de violências chegou ao auge entre 26 de abril e 5 de maio de 1945, na chamada "semana dos estupros em massa". Ninguém sabe exatamente quantas mulheres alemãs foram então violentadas. Mas, segundo as estimativas dos dois maiores hospitais de Berlim, só na capital alemã foram entre 95 mil e 135 mil.

As mulheres violentadas sentiam humilhação, asco, raiva, sensação de impotência. A relação com o corpo mudou profundamente. "Sinto nojo da minha pele", escreveu a jornalista alemã Marta Hillers no seu diário (publicado anônimo)[129], que naqueles dias fora estuprada várias vezes. "Me incomoda tocar em mim mesma, quase até me olhar"[130]. As mulheres judias também se sentiram traídas quando, saindo dos esconderijos para ir ao encontro dos libertadores, foram agarradas pelas roupas e ouviram a frase usual: "*Komm, Frau, komm*". Segundo alguns, porém, não ficaram com sentimento de culpa, pois vivenciavam a violência sexual como uma das inumeráveis desventuras que as atingiam naquele dramático período e os estupros acabaram por se tornar rotina. Como Marta Hillers escreveu no seu diário em 8 de maio de 1945, "trata-se de uma experiência coletiva, prevista, muitas vezes temida por antecipação – uma coisa quase obrigatória, ocorrida com as mulheres em qualquer lugar onde estivessem. Essa forma de violência coletiva será também coletivamente superada"[131]. Poucos dias antes, ela mesma se perguntara: "O que significa 'estupro'? Na primeira vez em que pronunciei essa palavra em voz alta, sexta à noite no porão, um calafrio me percorreu as costas. Agora já consigo pensá-la, escrevê-la com destaque, repito-a para mim mesma para me acostumar ao som. Parece evocar a pior coisa em termos absolutos, mas não é"[132].

Uma semana depois, Margaret Boveri anotou no seu diário: "fiz um trecho da rua em bicicleta com uma moça bonitinha, mas estropiada [...] sequestrada pelos russos por quatorze dias, foi violentada, mas alimentou-se bem [...] ainda hoje os costumeiros estupros. Uma pessoa que resistiu foi morta. A Senhora Krauss não foi violentada. Ela insiste que os russos não tocam nas mulheres que usam óculos. Gostaria de saber se é verdade [...] os soldados estavam bastante embriagados, mas distinguiam entre velhas e moças, o que já é alguma coisa"[133].

Essa excepcional onda de violências levou muitas mulheres a se matarem, como os próprios ocupantes reconheceram. Em 12 de março de 1945, o chefe da divisão de polícia secreta que operava na Prússia Norte-oriental escreveu num relatório a Beria que "os suicídios dos alemães, e em especial das mulheres alemãs, estão se tornando cada vez mais frequentes"[134]. Algumas se mataram para escapar a essas violências. "Na casa da frente", anotou Marta Hillers, "uma mulher, perseguida por alguns russos, jogou-se do terceiro andar"[135]. "O Professor Schüller, do hospital Rutberg", escreveu Giovanni Battista Montini, núncio apostólico em Berlim [futuro Papa Paulo VI], em outubro de 1945, "matou a mulher, as filhas e depois a si mesmo para não ter de suportar a dor do seu estupro"[136]. Um jornalista suíço relatou, porém, que em alguns casos as mulheres violentadas pelos soldados russos estavam morrendo porque tinham ingerido veneno[137]. Outras tiraram a vida depois de estupradas. Por vezes agiam assim porque foram consideradas abjetas, imundas, repulsivas, foram rechaçadas pelo marido ou pelo noivo ou foram desprezadas pelos compatriotas, pelos parentes e vizinhos, por terem cedido depressa demais aos invasores e ouviam repetidamente que "os soldados alemães haviam combatido por seis anos, as mulheres alemãs somente por cinco minutos"[138]. Ou, mais simplesmente, porque não conseguiam suportar a vergonha. Em 6 de maio de 1945, a jornalista Andreas-Friedrich escreveu no seu diário:

> O suicídio está no ar. As moças se escondem nos sótãos, debaixo de montes de carvão, camuflam-se de velhas. "Perdida a honra, tudo está perdido", diz um pai desconcertado e estende a corda para a filha, que foi estuprada doze vezes. Docilmente, ela vai até a janela mais próxima e se enforca [...]. "Se forem violentadas, não resta nada a fazer senão buscar a morte", declara uma professora para uma turma de moças dois dias antes da derrocada final. Mais da metade das estudantes chegaram ao desfecho previsto, como se esperava delas, e afogaram a si mesmas e à sua honra perdida no curso d'água mais próximo. Perdida a honra, tudo está perdido. Veneno ou bala, corda ou faca. Elas se matam às centenas[139].

Estima-se que morreram dez mil das cem mil mulheres estupradas, "em grande parte por suicídio"[140]. É certamente um número exagerado, porque sabemos com precisão que 3.996 mulheres se mataram em Berlim em 1945, e algumas dessas tomaram essa decisão por outros motivos. Isso não exclui que o número de mulheres que tiraram a vida por terem sido violentadas foi extraordinariamente alto.

Os soldados do Exército Vermelho também estupraram, como dissemos, muitas austríacas e algumas delas deram cabo da vida[141]. Na Inglaterra, na França e na Alemanha Ocidental houve milhares de mulheres violentadas pelo exército americano[142], e na Itália pelos soldados marroquinos[143]. Em todos esses países, as vítimas das violências sexuais sofreram enormes humilhações e tiveram indizíveis sofrimentos. Mesmo faltando pesquisas sobre esse problema, podemos supor que algumas dessas mulheres se mataram. Os dados de que dispomos, porém, sugerem que os suicídios por estupro foram muito mais frequentes na Alemanha Oriental e na Baixa Áustria do que na Itália ou na França. Em 1945, a parcela de mulheres sobre o total das mortes voluntárias (que sempre foi muito baixa na Europa) alcançou 43% na Áustria e nada menos que 56% em Berlim, ao passo que na França, Itália e nos outros países europeus teve pouca variação[144].

A onda de mortes voluntárias nos últimos meses de guerra decorreu também de um segundo motivo, de natureza cultural: a concepção de honra, de heroísmo e de suicídio que se afirmara na Alemanha nazista. O grupo dirigente do regime condenou severamente o suicídio dos soldados durante as operações bélicas e enquanto havia esperança de vitória. Mas considerava heroico o suicídio dos militares derrotados ou feitos prisioneiros. Hitler foi um convicto defensor dessas ideias. No dia em que a Alemanha atacou a Polônia, em 1º de setembro de 1939, ele declarou num discurso no *Reichstag*: "Agora não quero ser senão o primeiro soldado do Reich alemão. Por isso vesti aquela túnica que para mim sempre foi a mais santa e a mais querida. Não a tirarei enquanto a vitória não for nossa ou não viverei para ver esse dia"[145]. Quatro anos depois, em 30 de janeiro de 1943, já sem esperança de que o seu exército pudesse vencer o Exército Vermelho, Hitler promoveu o general de suas tropas, Friedrich Paulus, a marechal de campo, lembrando-lhe que nenhum alemão que recebera tal honra jamais fora feito prisioneiro, sugerindo-lhe ser preferível o suicídio à rendição. Paulus se absteve de seguir essa sugestão, rendeu-se e, pouco tempo depois, aceitou o pedido das autoridades soviéticas para fazer conclamações contra Hitler pela rádio.

A importância do suicídio heroico também foi ressaltada pelo ministro da propaganda Paul Joseph Goebbels em fevereiro de 1945, num discurso por rádio e numa coletiva de imprensa. Citando Catão Uticense, que preferira se matar a se render a César, tomando como modelo Frederico o Grande que, na Guerra dos Sete Anos, inspirara-se no princípio "vencer ou morrer", Goebbels afirmara solenemente que, se a Alemanha fosse derrotada, ele "serenamente se libertaria da própria vida". Foi essa concepção que possibilitou o projeto das missões suicidas, para atingir as instalações hidrelétricas ao norte de Moscou, que o ministro dos armamentos e da produção bélica Albert Speer lançou em abril de 1943, antecedendo os japoneses em um ano, tendo despertado o entusiasmo de Goebbels e ganhado a aprovação de Hitler[146].

Era uma concepção amplamente compartilhada pelos quadros intermediários nazistas, que exaltava as virtudes militares, a força de ânimo, a coragem e considerava necessário, pelo menos em ocasiões especiais, o sacrifício de si para proteger a própria honra. Assim, não querendo ser apanhados de surpresa no dia da catástrofe, os políticos nazistas, e com eles muitos cidadãos comuns, começaram a portar no bolso ou na bolsa comprimidos de cianureto de potássio e lâminas de barbear, exatamente como haviam feito em anos anteriores aqueles judeus a quem haviam perseguido e escarnecido. Conta-se que, no momento final, Hitler presenteou as suas secretárias com pílulas de cianureto de potássio e que em 12 de abril de 1945, durante o último concerto da Berliner Philharmoniker, alguns expoentes da juventude hitleriana distribuíram veneno entre o público[147].

Em todo caso, é inegável que, antes da capitulação, foi enorme o número de líderes e de quadros nazistas que deram fim à sua vida. Em 30 de abril de 1945, Hitler e Eva Braun, que se haviam casado no dia anterior, mataram-se. O exemplo de ambos foi seguido por Goebbels, Bormann, Himmler, pelos ministros da justiça e da cultura, por muitos líderes regionais do Partido Nacional-Socialista e das SS, por generais do exército e da Luftwaffe, por almirantes e inúmeros oficiais de patente mais baixa. E provavelmente influenciou na decisão de milhares de homens e mulheres que se despediram do mundo naqueles dias.

4.6 Imigrações

Todo processo migratório é, por si só, intensamente seletivo. Os que decidem morar em outro país, por um período mais ou menos longo, são em geral mais jovens, mais instruídos e mais qualificados profissionalmente (e, talvez, mais dinâmicos, empreendedores e criativos) do que os que permanecem na terra natal.

As migrações (pelo menos as dos últimos cento e cinquenta anos) são seletivas também no que se refere às condições de saúde. Pesquisas realizadas em muitos países europeus e nos Estados Unidos revelaram que, na mesma faixa etária, os imigrados adoecem menos e têm taxas de mortalidade menores do que os autóctones, embora pertençam às camadas desfavorecidas e gozem de menores recursos econômicos[148]. Essas diferenças decorrem de fatores culturais, isto é, dos hábitos alimentares e do estilo de vida. Assim, por exemplo, os norte-africanos imigrados para a França têm uma dieta que os protege de muitas doenças: comem legumes e cereais com mais frequência e fazem maior uso de gorduras vegetais do que animais. Mas essas diferenças também dependem da natureza seletiva dos processos migratórios, isto é, do fato de que os que resolvem se mudar para outro país são mais sadios do que os que permanecem no local onde nasceram.

Se as imigrações fossem seletivas também no concernente à saúde mental, se os que deixam o país de nascimento tivessem uma incidência menor de distúrbios do humor, de depressão, de esquizofrenia do que os indivíduos que permanecem, poderíamos esperar um índice mais baixo de suicídios entre os imigrantes. Infelizmente, porém, os nossos conhecimentos sobre a saúde mental dos imigrantes são ainda bastante modestos. Uma pesquisa do início dos anos de 1930 mostrou pela primeira vez que os noruegueses imigrados para os Estados Unidos eram internados com mais frequência no hospital para esquizofrênicos do que os que haviam ficado na pátria[149]. Investigações realizadas nos últimos vinte anos, seguindo métodos diferentes, mostraram que os afro-árabes imigrados para a Grã-Bretanha ou Holanda sofrem de esquizofrenia com muito mais frequência (de duas a quatorze vezes mais) do que os autóctones. Contudo, ainda não está claro se isso também ocorre com imigrantes de outros países e quais as causas[150]. Também são escassos os nossos conhecimentos sobre as diferenças entre imigrados e autóctones quanto à depressão.

Todavia, as migrações tiveram tal importância no século XX que não podemos deixar de perguntar se tiveram efeitos sobre a frequência dos suicídios e quais teriam sido. É uma questão que os observadores colocaram pela primeira vez cento e cinquenta anos atrás, nos Estados Unidos. "Na última década", escrevia o *New York Times* em 1861, "houve entre nós um extraordinário aumento da mania suicida [...]. Esse aumento pode ser atribuído, pelo menos em parte, às grandes migrações alemãs e irlandesas"[151]. Com efeito, o jornal apontava que, entre os suicidas dos últimos anos, ¼ eram alemães, ¼ irlandeses, ¼ eram nascidos nos Estados Unidos, enquanto o restante provinha de diversos países europeus.

As primeiras pesquisas realizadas sobre os imigrantes que viviam em Nova York, Chicago, Boston e São Francisco, nos anos de 1920 ou 1930[152], mostraram que as preocupações expressas muito tempo antes pelo *New York Times* tinham algum fundamento. Elas chegaram a dois resultados relevantes. Antes de mais nada, os imigrados se matavam com mais frequência do que os autóctones. Esse primeiro resultado foi atribuído ao forte estresse e à inadaptação que os processos migratórios às vezes comportam, e não ao fato de que os imigrantes europeus nos Estados Unidos sofressem mais de distúrbios mentais do que os que haviam ficado no país de origem. Em segundo lugar, evidenciou-se que havia consideráveis diferenças entre os imigrados, dependendo da taxa de suicídios do país de origem.

Nos primeiros quinze anos do século XX, a frequência com que as pessoas punham fim à vida na Europa variava significativamente conforme o país. Desse ponto de vista, os países (sobre os quais temos dados) podiam ser divididos em três grupos. O primeiro (com uma taxa de suicídio anual de mais de 20 por 100 mil habitantes) incluía a Alemanha, a Áustria, a França, a Dinamarca e a Hungria. O segundo (com uma taxa entre 10 e 19) compreendia a Suécia, a Bélgica, a Inglaterra e Gales. No terceiro (com uma taxa inferior a 10) estavam a Itália, a Holanda, a Escócia, a Noruega, a Espanha, Portugal, a Irlanda e a Grécia. Essas diferenças se deviam a vários fatores e certamente também aos fatores culturais, ao repertório de significados, símbolos e crenças existente naqueles países.

Ao deixarem o país, os imigrantes levavam esse patrimônio cultural junto com eles e, portanto, chegando aos Estados Unidos, continuavam a segui-lo. Por isso, os provenientes de países onde as pessoas se matavam com mais frequência (como a Alemanha, a Áustria e a Dinamarca) apresentavam um índice de suicídio muito alto, enquanto os oriundos de países com menor número de suicídios (como a Itália, a Espanha e a Irlanda) apresentavam um índice mais baixo[153].

Pesquisas de metodologia mais avançada, realizadas recentemente sobre imigrados residentes nos Estados Unidos, Canadá, Grã-Bretanha, Austrália e França, mostraram um quadro ainda mais articulado do que ocorre, sob esse aspecto, com as pessoas que deixam o seu país[154]. Elas apontam que os imigrados que tiram a vida com mais frequência do que os autóctones são os que têm mais de sessenta anos e têm, portanto, maiores dificuldades em se adaptar e são submetidos com mais frequência a um forte estresse. Mas os fatores que mais influenciam na frequência de suicídio dos imigrantes são de natureza cultural e estão relacionados com as normas e crenças sobre a morte voluntária que aprendem durante a infância e a adolescência. A taxa de suicídios dos imigrados varia pouco segundo o país de destino e muito segundo o país de origem. Assim, para dar alguns exemplos, os gregos e os italianos se matam raramente quer imigrem para o Canadá, a Austrália, a Grã-Bretanha ou os Estados Unidos, ao passo que os austríacos e os húngaros põem termo à vida com frequência muito maior, qualquer que seja o país onde vão viver.

A enorme importância dos fatores culturais é testemunhada também pelos efeitos do período de permanência no país de chegada e pelo processo de assimilação. Quanto mais tempo um imigrado permanece onde foi e aprende suas regras tanto mais ele tende a comportar-se como os outros em relação às decisões de tirar-se a vida. Considerem-se, por exemplo, os mexicanos que imigram para os Estados Unidos. No seu país de origem, onde as pessoas se matam três vezes menos frequentemente do que no de chegada, eles aprenderam normas e crenças que os protegem do suicídio. Assim que chegam, os mexicanos continuam a seguir o modelo nacional e se tiram a vida menos frequentemente do que os autóctones. Mas quanto mais tempo restam nos Estados Unidos, quanto mais se integram, tanto mais tendem a se matarem com a mesma frequência[155].

A extraordinária influência dos fatores culturais é demonstrada também pelas informações disponíveis sobre o meio escolhido para a morte voluntária. Essa escolha por muito tempo variou e ainda hoje varia, dependendo do país. Assim, por exemplo, na Itália o meio mais usado é o enforcamento, na Suécia o envenenamento, nos Estados Unidos o revólver ou outra arma de fogo. Normalmente, os imigrados, ao decidirem tirar a própria vida, comportam-se como se comportariam no seu país de origem para escolher o meio para tal. Já nas últimas décadas do século XIX, os dados sobre Nova York mostravam que, "mesmo fora da pátria, o inglês e o irlandês mantêm a preferência pelo veneno e pelo revólver, enquanto o alemão conserva sempre a prioridade no uso da corda"[156]. O mesmo se deu ao longo do século XX. Se moram há pouco tempo num novo país, os imigrantes que se matam utilizam o mesmo meio empregado pela população do país de origem; mas, com o passar do tempo, abandonam essas preferências para adotar as dos autóctones[157].

Assim, no que se refere à morte voluntária, a imigração reduz as diferenças entre as populações, porque a taxa de suicídios de indivíduos provenientes de diversos países se aproxima sempre mais da taxa do país de destino, seja aumentando, como aconteceu não só com os mexicanos, mas também com os italianos, os gregos e os espanhóis que foram morar nos Estados Unidos, seja diminuindo, como aconteceu, por sua vez, com os austríacos, os alemães ou os húngaros que migraram para a Grã-Bretanha ou para a Austrália. O mesmo processo de redução das diferenças verifica-se na escolha do meio usado para a morte voluntária.

4.7 Uma "coisa de brancos"

Em 14 de julho de 1699, enquanto estava em Damma, no Congo, o missionário capuchinho Luca da Caltanissetta foi testemunha de uma cena que não hesitou em definir como "horrível". Uma mulher com uma criança ao seio ouviu o senhor falar com um mercador de escravos que queria comprá-la. Crendo que o pedido seria imediatamente aceito, "pegou o filho e com raiva atirou-o contra uma pedra e, depois, pegou algumas flechas entre as setas das mãos de um homem e com raiva cravou-as no peito e assim desesperadamente morreu sem batismo"[158]. Três anos depois, outro missionário italiano, Padre Antonio Zucchelli de Gradisca, observava que muitos escravos congoleses tinham tal "repugnância" "em ir para o Brasil" que escolhiam morrer "voluntariamente", "revirando por si sós os olhos e a língua, ficavam sufocados pelo diabo pelos antecedentes que tinham com ele". Para impedir essas mortes, os mercadores serviam-se do fogo: "pois quando estão para morrer começam a revirar a língua se os brancos se preparam para tocá-la com um tição aceso e o demônio desiste da sua atividade e se preservam da morte"[159].

Os únicos dados estatísticos disponíveis sobre as travessias realizadas de 1792 a 1796 indicam que 1 a 2 por mil dos africanos transportados a força para as Américas tiravam a vida durante a viagem[160]. Se ainda levarmos em conta os que, segundo muitos testemunhos, matavam-se nos dois ou três primeiros meses após o desembarque, podemos dizer que, nessa fase, os suicídios dos escravos não eram raros[161]. Mas não se deviam apenas às terríveis condições em que tinham que viver depois de serem capturados ou comprados pelos mercadores europeus: o esforço desumano para irem a pé, enfileirados e acorrentados, até o porto de embarque, a travessia de navio em espaços escuros e apertados, depois de serem marcados com ferro em brasa com a marca de cada senhor, o duro trabalho nas plantações ou nas minas americanas, privados de todos os direitos e até do próprio nome.

O que favorecia os suicídios dos escravos obrigados a deixar a sua terra eram principalmente fatores de ordem cultural, isto é, os sistemas de crenças e significados existentes nas populações africanas. Em 1765, Olaudah Equiano, um rapaz igbo de onze anos, subindo a bordo de um navio negreiro, desmaiou à vista de alguns negros acorrentados perto de um grande recipiente de bronze que parecia um caldeirão, pois pensou que os seus companheiros de desventura iriam ser cozidos e comidos pelos novos senhores. Recobrando consciência, perguntou a um mercador se os escravos a bordo eram o alimento para "esses homens brancos de aspecto horrível, rosto vermelho e cabelos ralos". Mesmo depois de o tranquilizarem várias vezes, continuou com os seus receios durante toda a viagem[162].

Por que – indagavam-se os africanos – essas pessoas estranhas tinham uma insaciável necessidade de escravos, por que os pegavam a força ou os compravam para levá-los embora? Para comê-los no almoço ou no jantar – era a resposta usual. Na época, era bastante sólida entre as populações africanas a convicção de que os brancos eram canibais e, portanto, que os escravos serviam para matar a fome dos seus senhores, ou durante a viagem ou tão logo chegassem ao destino. Em 1848, referindo-se ao costume dos negreiros de alimentar os escravos inapetentes a força, utilizando um funil, um africano de nome Augustino declarou a uma comissão da Câmara dos Lordes em Londres que, durante a viagem, os negros mais jovens tinham o direito de subir ao convés, mas alguns deles se jogavam ao mar, por medo de serem engordados e depois cozidos[163].

A crença no canibalismo dos brancos influenciou por muito tempo os significados que os negros atribuíam às suas palavras e às suas ações. Em muitas línguas africanas, os homens dos países ocidentais eram chamados não de "brancos", mas de "vermelhos", por se pensar que se nutriam de carne humana. Nas primeiras vezes em que viam o seu senhor tomar vinho tinto, os escravos ficavam apavorados, pois imaginavam ser o sangue dos companheiros de desventura, e quando encontravam o senhor perto de um forno, tentavam fugir[164]. Além disso, os africanos pensavam que os mercadores ou os donos das fazendas iriam prensá-los e espremê-los para extrair óleo, moê-los para obter pólvora ou usar os seus miolos para extrair queijo e o sangue para pintar as bandeiras[165]. Se, ademais, considerarmos que, como já se viu[166], eles acreditavam que, após a morte, voltariam para a África, para a terra natal, voando como grandes pássaros, pode-se entender por que alguns deles tiravam a própria vida.

Com o tempo, os mercadores e os fazendeiros perceberam que havia diferenças culturais importantes entre as tribos e as populações africanas quanto à capacidade de se adaptarem ao novo ambiente de vida e de trabalho e quanto às tendências suicidas. Assim, por exemplo, os macaus eram considerados "calmos, dóceis e preguiçosos"; os mandingas "calmos, obedientes e honestos", mas os lucumis, pelo contrário, "muito orgulhosos e altivos, impávidos, muitas vezes se matam após uma punição ou uma desgraça"[167]. A "constituição tímida", o "desânimo" e a "depressão" com frequência levavam os igbos a "buscar na morte voluntária refúgio aos seus pensamentos melancólicos"[168].

Essas diferenças influíam no valor econômico dos escravos. Uma testemunha registrou no seu diário que, em 1826, no mercado de Pernambuco, no Brasil, os africanos recém-desembarcados eram postos à venda a preços que variavam de vinte a cem esterlinas, segundo o local de proveniência. Os mais caros, de uma raça chamada *minas*, eram os homens "mais fortes ou de melhor caráter", ou os angolanos, considerados mais resistentes. Os menos apreciados eram os provenientes de Moçambique, por serem "fracos, doentios e com maior facilidade para o desânimo e o suicídio"[169].

A situação mudou nos últimos dois séculos; mas, quanto à frequência dos suicídios, em sentido contrário ao que se poderia esperar. Nos Estados Unidos, pelo menos até 1865, os descendentes dos africanos continuaram a viver em escravidão. Depois disso, e durante pelo menos um século, foram vítimas de discriminação e segregação. Desprovidos dos direitos mais elementares, não podiam comer nos restaurantes dos brancos, nem dormir nos hotéis dos brancos, nem enviar os filhos para as escolas dos brancos, e muito menos se casar com eles. Por gerações, sentiram-se desprezados e odiados, oprimidos e, ao mesmo tempo, temidos.

Todos os observadores, mesmo os especialistas mais documentados e agudos, esperavam um alto índice de suicídio entre os negros americanos, devido às suas duras condições de vida e porque seria de se supor que voltariam contra si próprios o desprezo e o ódio que os outros expressavam em relação a eles[170]. Mas as coisas não foram assim. Os primeiros dados estatísticos disponíveis referem-se a 1850, quando havia nos Estados Unidos um pouco mais de 3 milhões de negros (88% deles escravos e 12% livres), e indicam que a taxa de suicídio dos afro-americanos era muito baixa, certamente inferior à registrada nos dois séculos anteriores, durante as travessias oceânicas como cativos do oceano ou tão logo chegavam à nova terra. Essa queda na frequência das mortes voluntárias dos negros certamente se devia ao fim do duro período do tráfico e ao enfraquecimento das crenças no canibalismo branco e na possibilidade de voltar à terra natal, voando, após a morte. Havia, porém, outros dois dados surpreendentes: que os brancos tiravam a própria vida com mais frequência do que os negros e que estes últimos se matavam com mais frequência quando eram livres[171]. Se a alforria gerava um aumento, em vez de uma diminuição, dos suicídios, é evidente que não eram as condições de vida que levavam ao suicídio.

Igualmente surpreendentes eram os dados do último meio século. Em todo esse período, os afro-americanos encontraram-se numa situação econômica e tiveram um padrão de vida com notáveis fatores de risco para a saúde e o suicídio. Sempre foram menos instruídos, mais pobres, mais frequentemente desempregados do que os brancos, e uma porcentagem maior deles fazia uso do álcool ou dos mais danosos estupefacientes. Sabemos com certeza que quem se encontra nessa condição, quem goza de menores recursos econômicos e culturais e se droga, adoece mais, vive menos e é mais frequente que tire a própria vida. Com efeito, os afro-americanos têm condições de saúde piores e morrem antes do que os brancos devido a doenças cardíacas, derrames, tumores no pulmão e no seio, Aids ou como vítimas de homicídio. Sofrem de depressão na mesma medida que os brancos[172]. E, no entanto, apresentam um índice menor de suicídios.

Em 1950, os brancos apresentavam uma taxa de suicídios muito mais alta do que os negros. As diferenças entre aqueles e estes eram muito maiores na população feminina do que na masculina, entre os idosos do que entre os jovens. Era realmente raro que uma mulher afro-americana tirasse a sua vida. Além do mais, as probabilidades de que o fizesse não aumentavam com a idade, como, inversamente, ocorria entre as brancas. A camada populacional com maiores diferenças entre brancos e negros na frequência de suicídios era a que englobava homens com menos de trinta e cinco anos de idade[173].

Por cerca de quarenta anos, até quase o final dos anos de 1980, a taxa de suicídios dos jovens nos Estados Unidos aumentou, mas esse crescimento foi mais rápido entre os afro-americanos. Consequentemente, esses últimos começaram a tirar a própria vida quase com a mesma frequência dos brancos (em Nova York, aliás, mais do que eles)[174]. Em 1994 começou uma nova inversão de tendência e hoje, mesmo na população masculina jovem, os brancos se matam com frequência muito maior do que os negros. Passando a considerar toda a população, percebemos que, nos últimos trinta e cinco anos, as diferenças entre os primeiros e os segundos aumentaram. Em 1970, a taxa de suicídio dos brancos era o dobro (2,03 vezes) da dos negros, ao passo que agora é 2,4 vezes maior[175].

Essa surpreendente diferença não foi e não é uma peculiaridade dos Estados Unidos. Não é apenas no país mais rico do mundo que a morte voluntária é ainda pouco frequente na camada social mais desfavorecida. O mesmo ocorreu no último meio século na África do Sul, país onde os brancos são uma pequena minoria, enquanto os negros foram vítimas da discriminação e da segregação. Também aqui aqueles sempre tiraram a própria vida com mais frequência do que os estes últimos[176].

O baixo índice de suicídio dos afro-americanos pode ser atribuído a fatores sociais e culturais. Em primeiro lugar, à rede ampla e articulada de relações de que dispõem. É verdade que mantêm relações conjugais muito frágeis e instáveis e que vivem frequentemente em famílias nucleares truncadas, formadas por uma mãe e seus filhos. Mas é igualmente verdade que os vínculos entre consanguíneos são muito fortes, sob o mesmo teto convivem frequentemente três gerações e o parentesco tem uma enorme importância. Entre avós e netos, irmãs casadas ou com filhos, tias, primos há uma contínua troca de contatos, telefonemas, visitas, ajudas econômicas. As mulheres, que aprenderam a enfrentar a pobreza, a discriminação, as doenças e a morte com a formação de sólidas redes sociais e o compartilhamento dos recursos disponíveis, desempenham um papel central.

Além do sólido sistema de parentesco, a coesão dos afro-americanos é garantida pelas Igrejas, que sempre procuraram dar uma resposta às suas necessidades econômicas, sociais e políticas, apoiaram-nos em inúmeras lutas e lhes deram várias formas de apoio. Consideradas uma "extensão da família", as *black churches* foram definidas pelos afro-americanos como "a nossa mãe, a nossa proteção, a nossa única esperança"[177].

Em segundo lugar, a baixa taxa de suicídios dos afro-americanos deve-se a fatores culturais. No decorrer do tempo, eles elaboraram um grande número de estratégias para enfrentar as adversidades e muitas dessas estratégias provêm da tradição religiosa metodista e batista. É graças às crenças dessa tradição sobre o mundo, sobre as causas dos eventos e sobre a morte que os indivíduos conseguem encontrar um significado nas desventuras e aceitar a realidade. É graças à oração e à fé inabalável em Deus e no seu poder de criar novos fins que eles são capazes de superar as situações mais difíceis[178]. É por isso que, quando descobrem que têm um tumor, conseguem enfrentar a ansiedade e a depressão melhor do que os brancos e se matam com muito menos frequência do que estes últimos[179], ainda que, muitas vezes, não recebam os mesmos cuidados médicos.

Mas mesmo quando não conseguem, mesmo quando são arrasados pela dor e pelo desespero, as normas e as crenças da sua tradição os protegem da ideia de tirar a própria vida. As crenças religiosas, em primeiro lugar, porque grande parte dos afro-americanos compartilha as ideias dos pastores metodistas e batistas de que o suicídio é um pecado gravíssimo e os que o cometem perdem a alma e são condenados ao inferno por toda a eternidade. Mas também as crenças formadas ao longo do tempo, independentemente da religião, que consideram o suicídio como uma "coisa de brancos"[180], uma escapatória de um povo com outra história, que não viveu na escravidão, não sofreu a discriminação e as injustiças, não aprendeu a suportar serenamente as desgraças, a ser forte, paciente, tenaz, perseverante, a ter capacidade de recuperação.

Na cultura afro-americana, ainda hoje a morte voluntária é a tal ponto um tabu que, quando alguém tira a sua vida, é difícil que os seus familiares ou os seus parentes recebam conforto e apoio do outros. Não só os amigos e conhecidos, mas também os pastores da sua Igreja não raro preferem ignorar o ocorrido e, às vezes, evitar os que sofrem e que tanta necessidade teriam da sua ajuda[181].

4.8 Uma questão um pouco menos masculina

"A morte de uma bela mulher", escreveu o poeta americano Edgar Allan Poe em 1846, "é indiscutivelmente o tema mais poético do mundo". E, com efeito, o suicídio feminino está no centro de algumas obras-primas da literatura mundial, da *Antígona* de Sófocles a *Ana Karênina* de Tolstói. Nas tragédias, nos romances, nas obras líricas, as mulheres se matam pelos mais diversos motivos, para afirmar a sua autonomia, para protestar, para defender a honra ("a morte com honra é melhor do que a vida sem honra" é a frase que Madame Butterfly lê antes de se matar) ou porque se rendem a uma grande e incurável doença: *le mal d'amour*. No século XIX, o suicídio feminino torna-se uma espécie de "obsessão cultural" e encontra expressão em alguns grandes romances de Flaubert, Tolstói, Ibsen e Strindberg, que comoveram muitas gerações de leitores dos países ocidentais[182]. Mas o que aconteceu e acontece na verdade?

Os amantes da literatura geralmente não gostam de estatísticas. Mas se, por acaso, viessem a examiná-las, ficariam impressionados descobrindo que, nos países ocidentais, as mulheres tiram a vida com frequência muito menor do que os homens. É um fato que causa surpresa não só a quem não consegue esquecer Emma Bovary, mas também a quem conhece a literatura científica sobre as doenças mentais. "O suicídio é menos frequente entre as mulheres, apesar de estarem mais expostas do que os homens às doenças mentais", escreveu cento e setenta anos atrás o psiquiatra francês Jean-Étienne Dominique Esquirol[183]. As posições desse estudioso foram muitas vezes criticadas e os conhecimentos científicos nesse campo são hoje muito mais amplos do que antigamente. Mas a sua afirmação ainda é atual.

A esquizofrenia e os distúrbios bipolares se distribuem em igual medida entre a população masculina e a feminina. Mas a depressão atinge as mulheres duas vezes mais do que os homens e a depressão profunda quatro vezes mais[184]. É, de fato, uma enorme diferença, cujas causas ainda não estão totalmente claras. Isso acontece não só na Europa, na América do Norte ou na Austrália, mas também na Ásia e na África, embora seja nos países com menor desigualdade de gênero (como a Dinamarca e a Holanda) que há maior diferença entre o número de mulheres e de homens sofrendo de depressão[185]. Visto que, como sabemos, a depressão comporta um alto risco de suicídio, seria de se esperar que as mulheres se matassem muito mais frequentemente do que os homens. No entanto, nos países ocidentais, não é e nunca foi assim, pelo menos nos últimos setecentos anos.

Como vimos no primeiro capítulo, as estatísticas disponíveis mostram que na Europa, de meados do século XIII a meados do século XIX, os homens se mataram mais frequentemente do que as mulheres. Dados muito mais completos e precisos indicam que, entre o final do século XIX e início do século XX, também nesse campo, as diferenças de gênero eram enormes. Em todos os países ocidentais, o índice de suicídio entre os homens era pelo menos o triplo do que o das mulheres, em muitos o quádruplo, mas na Suécia era cinco vezes superior, na Noruega até seis (tab. 4.1). Ainda que essa diferença no último século tenha diminuído em quase todos esses países, os homens continuam a tirar a vida com mais frequência do que as mulheres.

Como essa diminuição foi especialmente acentuada na Suécia e a distância entre homens e mulheres (na morte voluntária) é hoje menor do que nos outros países, seria possível pensar que essa distância estivesse associada a desigualdades de gênero, isto é, fosse tão menor quanto mais semelhantes fossem as probabilidades dos dois sexos de estudar, entrar no mercado de trabalho, ter o mesmo nível de remuneração etc. Todavia, essa hipótese não encontra confirmação nos dados. Considerando os dezoito países ocidentais citados na tabela 4.1, chega-se à conclusão de que não há nenhuma correlação estatística entre desigualdades sociais existentes entre homens e mulheres e a distância na frequência com que tiram a própria vida[186].

A causa mais importante dessa diferença é de natureza cultural[187]. É o que se evidencia com a comparação entre Ocidente e Oriente (como veremos na segunda parte deste livro). Mas se evidencia também nas informações que temos sobre a Europa. Se as mulheres na Europa sempre se mataram menos do que os homens, mesmo sendo mais acometidas do que eles de depressão profunda, é porque foram protegidas pela cultura, pela maneira como veem o mundo, pelo significado que atribuem ao próprio corpo, à saúde, às relações com os outros. Ainda hoje, elas aprendem na família e na escola códigos de conduta diferentes dos homens, aprendendo a dar maior importância ao cuidado de si e dos outros do que ao risco, à agressividade, à violência. Ainda hoje, fazem menor uso de álcool e de substâncias tóxicas. Além disso, as mulheres foram por muito tempo mais influenciadas pelas religiões cristã e hebraica, com seus juízos extremamente negativos sobre o suicídio, do que os homens.

A importância dos fatores culturais se torna mais clara levando em consideração também os parassuicídios. Estima-se que, nos países ocidentais, para cada suicídio consumado há pelo menos dez tentativas[188]. Há diferenças relevantes entre os que consumam o suicídio e os que tentam sem sucesso. Entre os primeiros predominam os homens e os idosos, entre os últimos predominam as mulheres e os jovens. O gesto dos primeiros geralmente é planejado com cuidado, o dos segundos costuma ser impulsivo[189].

Contudo, o resultado da tentativa em tirar a própria vida depende também do método empregado, e a sua escolha certamente é influenciada por fatores culturais. Na Europa, no último século e meio, houve algumas mudanças nos métodos que as pessoas empregavam para se matar. Mas a diferença entre a população feminina e a masculina permaneceu constante (tab. 4.2), no sentido de que a primeira continua a escolher meios menos letais: o envenenamento e, antigamente, o afogamento em vez de armas de fogo e enforcamento, preferidos pela segunda. E isso se dá porque as mulheres estão menos acostumadas a empregar a violência e, ao mesmo tempo, cuidam mais para que o seu corpo e os seus traços fisionômicos não sejam alterados.

TAB. 4.1. Relação entre as taxas de suicídio masculino e feminino em alguns países ocidentais, de 1901 a 2001

	1901	1911	1921	1931	1941	1951	1961	1971	1981	1991	2001
Holanda	3,0	2,8	2,7	2,2	1,5	1,9	1,6	1,6	1,5	1,8	2,2
Suécia	5,4	4,5	3,9	3,9	3,5	3,3	3,1	2,4	2,4	2,4	2,3
Dinamarca			2,6	2,3	1,8	2,1	2,0	1,7	1,8	2,0	2,4
Suíça	4,8	4,1	3,9	3,4	3,1	2,6	2,6	2,7	2,4	2,5	2,6
Áustria			2,3	2,2		2,3	2,2	2,5	2,7	3,0	2,8
Alemanha	4,1	3,2	2,3	2,5		2,3	1,8	1,9	2,0	2,4	2,9
França				3,3	2,8	3,2	2,9	2,7	2,6	2,6	2,9
Noruega	6,4	4,4	3,9	4,4	4,3	3,6	4,2	2,4	2,8	2,9	3,1
Espanha	4,7	3,3	3,6	3,6	3,0	3,1	2,8	2,9	3,0	2,9	3,3
Itália	3,8	2,5	2,8	3,3	2,8	2,9	2,3	2,3	2,5	2,7	3,4
Canadá			3,5	3,5	2,8	3,1	4,0	2,5	3,1	4,1	3,5
Portugal			2,5	3,3	2,9	2,9	3,7	3,5	2,4	3,2	3,6
Finlândia	4,1	4,7	4,2	5,5	5,7	4,5	3,7	3,7	4,0	4,2	3,6
Inglaterra e Gales	3,1	3,0	3,1	2,6	2,2	1,9			1,8	3,5	3,7
Austrália		4,2	4,5	4,8	2,8	3,0	2,4	2,2	3,1	3,8	3,8
Estados Unidos	2,9	3,2	3,3	3,7	3,1	3,4	3,3	2,6	3,2	4,3	4,3
Irlanda	3,8	3,3	3,7	3,2	5,0	3,6	2,3	6,0	2,4	4,5	5,2
Bélgica	5,0	3,9	2,9	3,8	2,4	2,7	2,7	1,9	2,0	2,5	

Fonte: Elaborações sobre dados extraídos da OMS.

TAB. 4.2. MÉTODOS DE SUICÍDIO USADOS POR HOMENS E POR MULHERES DE CINCO PAÍSES EUROPEUS, EM 1863-1876 E EM 2000-2004

	Itália		Suíça		Bélgica		Alemanha		Inglaterra	
	M	F	M	F	M	F	M	F	M	F
1863-1876										
Enforcamento	17	18	46	23	56	45	65	45	45	30
Envenenamento	5	8	2	9	2	7	2	6	7	18
Afogamento	25	49	23	55	20	40	14	41	13	27
Armas de fogo	31	3	19	4	14	–	13	–	6	–
Armas de corte	6	3	7	5	4	3	4	5	20	17
Queda	11	15	1	3	1	2	1	2	2	3
Outros	5	4	2	1	3	3	1	1	7	5
Total	100	100	100	100	100	100	100	100	100	100
2000-2004										
Enforcamento	55	29	27	19	57	37	55	38	55	36
Envenenamento	12	15	17	40	11	21	12	26	26	45
Afogamento	5	12	3	10	7	19	2	7	2	5
Armas de fogo	7	2	34	4	12	4	10	1	4	1
Queda	14	33	9	15	3	7	8	14	3	4
Outros	7	9	10	12	10	12	13	14	10	9
Total	100	100	100	100	100	100	100	100	100	100

FONTE: ELABORAÇÕES SOBRE DADOS EXTRAÍDOS DE MORSELLI (1879) E VÄRNIK ET AL. (2008).

Ademais, a escolha do método depende também da classe social de pertença. Na Itália, tanto homens quanto mulheres que decidem se matar escolhem o enforcamento tanto mais quanto menor for o nível de instrução. A queda, por outro lado, é mais frequente quanto mais alto for o grau de estudos (tab. A.6, no apêndice).

4.9 Orientações sexuais

Em 13 de janeiro de 1998, em Roma, um militante *gay* católico, Alfredo Ormando, ateou-se fogo no adro de São Pedro. Ele planejara cuidadosamente a consumação do seu projeto, escolhendo os meios e o local da sua despedida e informando alguns amigos. Numa das últimas cartas escrevera:

> Os meus preparativos para o suicídio prosseguem inexoravelmente; sinto que este é o meu destino, sempre soube e nunca aceitei, mas esse destino trágico está ali a me esperar com uma paciência cartuxa que parece incrível. Não consegui escapar dessa ideia de morte, sinto que não posso evitá-lo, e ainda menos fingir viver e fazer projetos para um futuro que não terei: o meu futuro não será diferente da continuação do presente. Vivo com a consciência de quem está para deixar a vida terrena e isso não me causa horror, pelo contrário!, não vejo a hora de pôr fim aos meus dias; pensarão que sou louco porque escolhi a praça de São Pedro para me atear fogo, sendo que poderia fazê-lo em Palermo. Espero que entendam a mensagem que quero deixar: é uma forma de protesto contra a Igreja que demoniza a homossexualidade, demonizando ao mesmo tempo a natureza, porque a homossexualidade é sua filha[190].

O seu dramático e espetacular desaparecimento dividiu o mundo *gay* italiano. Alguns o consideraram um mártir, que se imolou por uma causa nobre e que devia ser celebrado todos os anos com uma cerimônia laica pública. Outros, pelo contrário, sustentaram que, precisamente por lutar por uma causa do movimento homossexual, ele deveria se manter vivo[191].

Foi um evento excepcional, que provocou uma divisão incomum. Nos últimos trinta anos, outros militantes homossexuais, muito conhecidos no seu meio, tiraram a vida. Em março de 1983, Mario Mieli, aos 31 anos, tomou a sua decisão. Em setembro daquele ano, outro militante *gay* (católico fervoroso), Ferruccio Castellano, seguiu o mesmo caminho. Mas ambos saíram de cena discretamente, sem atribuir um significado de protesto ao gesto e não despertaram cisões e discussões no movimento homossexual. De modo ainda mais silencioso, outros *gays* e lésbicas menos conhecidos despediram-se do mundo, tanto na Itália como em outros países ocidentais, alguns deles fazendo o máximo possível para que os seus familiares não viessem a saber da sua orientação sexual nem o motivo de se matarem.

Tudo isso nos ajuda a entender por que é muito difícil verificar, com rigorosos procedimentos científicos, se a orientação sexual de uma pessoa influi no risco de pôr fim à sua vida. Não se compilam informações sobre a orientação sexual dos suicidas em nenhum país do mundo. Mas, mesmo que se tentasse, estaríamos diante de obstáculos muito difíceis de superar. Não só porque é conhecida por pouquíssimas pessoas, mas também porque é necessário distinguir três dimensões diferentes na experiência sexual: os sentimentos (a atração e o amor que se sente em relação a uma pessoa do mesmo ou de outro sexo), o comportamento (a atividade erótica que se tem com essa pessoa) e a identidade (o considerar-se heterossexual, homossexual ou bissexual). São três dimensões que muitas vezes não coincidem na realidade, no sentido de que o indivíduo pode se sentir atraído por uma pessoa do mesmo sexo ou ter relações eróticas com ela, porém sem se definir como homossexual.

Nos últimos vinte anos, essas dificuldades metodológicas têm sido superadas, pelo menos em parte. Pesquisas realizadas em vários países ocidentais, sobre amostragens representativas da população, mostraram que os indivíduos que têm sentimentos homoeróticos, os que mantêm relações sexuais com uma pessoa do mesmo sexo e os que se consideram homo ou bissexuais têm pensamentos suicidas mais frequentes e tentam tirar a própria vida com mais frequência do que os outros. Segundo essas pesquisas, ter uma identidade homossexual exerce sobre a possibilidade de pensar ou tentar o suicídio uma influência maior do que ter sentimentos ou comportamentos homoeróticos. Esse risco tem um aumento vertiginoso precisamente na última fase do processo de aquisição dessa identidade, isto é, no momento do *coming out*, de revelar ao mundo a própria orientação sexual[192].

Isso se deve ao fato de que ainda hoje, em todos os países ocidentais, uma parcela significativa da população se mostra hostil diante de alguém que tem uma experiência homossexual. Assim, quem se encanta por uma pessoa do mesmo sexo ou mantém relações sexuais com ela logo percebe o risco de comprometer gravemente a sua imagem social e de perder a estima e o afeto das pessoas que mais ama, sente ansiedade e vergonha, e pode chegar a se desprezar e se odiar ou se sentir vítima de uma grande injustiça sem fundamento. Como questionara Alfredo Orlando:

> Por que devo viver? Não encontro uma única razão para que eu deva continuar esse suplício [...]. No além, não farei ninguém ficar de cabelo em pé ou torcer o nariz porque sou homossexual [...]. Não entendo essa fúria. Não desvio ninguém do caminho reto da heterossexualidade, quem vem para a cama comigo é maduro, isto é, adulto consensual e homossexual ou bissexual [...]. Desde que eu tinha dez anos, vivo no preconceito e na marginalização, já não consigo mais aceitar, estou farto[193].

A documentação existente faz pensar que, no passado, o risco de suicídio entre *gays* e lésbicas era ainda maior. Nas primeiras décadas do século XX começaram a aparecer, primeiro nos romances e depois nos filmes, inúmeros personagens homossexuais, muitos dos quais se matavam ou eram mortos[194]. Mas essa tendência era provavelmente expressão não tanto de uma realidade, mas da ideia, então muito difundida, de que a homossexualidade não podia, por definição, trazer felicidade.

Muito mais probatórias são as informações registradas em 1914 por um dos mais respeitáveis sexólogos europeus, o médico alemão Magnus Hirschfeld. Ele escreveu que, ao examinar o corpo de homens homossexuais, frequentemente encontrara marcas de tentativas de suicídio: cicatrizes de cortes perto das artérias ou de disparos de arma de fogo no tórax ou na cabeça. Acrescentou que muitos sempre traziam consigo uma dose de cianureto. Baseando-se, ademais, em resultados de algumas de suas pesquisas (de cujo rigor é difícil duvidar), Hirschfeld estimou que cerca de 3% dos homossexuais punham fim à sua vida (taxa ainda mais alta do que a dos judeus durante as perseguições nazistas), que 25% haviam tentado e 75% pensavam ou haviam pensado na possibilidade[195].

Além de serem mais frequentes do que os dos heterossexuais, os suicídios dos homossexuais tiveram, nas primeiras décadas do século XX, outros dois traços distintivos. Em primeiro lugar, raramente eram atos impulsivos, sendo planejados com grande antecipação e cuidado. Sob esse aspecto, "mais do que uma tragédia", constituíam "o ato final de uma vida trágica"[196]. Em segundo lugar, eram com mais frequência "duplos" ou de casal, ou seja, cometidos por dois *gays* ou duas lésbicas que se amavam apaixonadamente, que se davam as mãos ou amarravam o pulso ao do parceiro[197].

Havia vários fatores que levavam as pessoas com desejos homoeróticos a tirar a própria vida. Na primeira metade do século XX, o código penal inglês previa o crime de atos contra a natureza, enquanto o alemão punia com a prisão "um ato contra a natureza cometido entre pessoas do sexo masculino", e os homens que eram denunciados, presos e condenados por ter cometido esse crime se matavam mais frequentemente do que os outros. Esse risco era maior também entre os que se tornavam vítimas de chantagem ou acabavam no centro de grandes escândalos[198]. Assim, por exemplo, Alfred Krupp, o homem mais rico da Alemanha na sua época, matou-se em 1902, depois que alguns jornais, entre eles o marxista *Vorwärts*, acusaram-no de se entregar a "práticas homossexuais com os jovenzinhos de Capri". "A corrupção – acrescentava esse jornal – chegara a tal nível de indecência que até se podiam ver fotos de certos episódios no estúdio fotográfico da ilha. A própria ilha, depois que o dinheiro de Krupp abrira o caminho, tornara-se um centro de homossexualidade"[199]. Na Inglaterra, em 1922, um deputado liberal, o Visconde Lewis Hartcourt, pôs termo à vida receando que a sua homossexualidade viesse à luz e provocasse um escândalo público[200].

O risco de suicídio mais frequente na Europa, durante esse período, ainda prevalecia entre os que eram expulsos do exército ou despedidos das empresas privadas ou das administrações públicas somente por serem homossexuais. Alguns deles, depois de passarem de um emprego a outro e caírem na miséria, acabavam por concluir que pertenciam à classe mais desprezada e odiada da humanidade, e se suicidavam.

É provável que a frequência com que os homossexuais se matavam tenha aumentado desde então. Mesmo à falta de estatísticas precisas podemos conjecturar que, com a chegada de Hitler ao poder em 1933, a situação dos homossexuais na Alemanha e na Áustria piorou e o número dos suicidas aumentou ainda mais[201].

4.10 Depressões econômicas e crises felizes

"Pode-se quase dizer que a miséria protege"[202], escreveu Durkheim analisando as relações entre economia e suicídio. Com efeito, era nas regiões mais pobres da Europa, como, por exemplo, na "mísera" Calábria, que as pessoas, nas últimas décadas do século XIX, menos se matavam. Mas, segundo ele, também se poderia chegar à mesma conclusão analisando os efeitos do ciclo econômico. A taxa de suicídio se reduzia nos períodos de estabilidade (mesmo que de miséria), aumentava tanto nas fases de depressão quanto nas de expansão econômica, isto é, quando havia bruscas mudanças. Se as crises provocavam um aumento das mortes voluntárias, não era porque reduziam a riqueza e tornavam a vida mais difícil. Tanto é que mesmo as "crises felizes", isto é, as fases de rápido desenvolvimento econômico que aumentavam bruscamente a prosperidade dos indivíduos, tinham o mesmo efeito. O mais importante é que tanto umas quanto as outras eram crises, isto é, "perturbações da ordem coletiva"[203] e, portanto, geravam anomia.

Trinta anos depois, analisando as séries históricas do andamento da economia e das mortes voluntárias no seu país e na Alemanha, outro sociólogo francês, Maurice Halbwachs, chegou a uma conclusão diferente. Os dados mostravam que os suicídios aumentavam somente nos anos de depressão econômica, não nos de expansão[204]. E isso significava, segundo ele, que a influência do ciclo não passava pelo aumento da anomia.

A história econômica da Europa no século XX parece dar razão a Halbwachs. Em outubro de 1929, com a quebra da Bolsa de Nova York, iniciou-se a mais grave crise conhecida pelos países ocidentais. A crise explodiu nos Estados Unidos, propagou-se pela Europa em 1930 ou, em alguns países (como a França), no ano seguinte e teve grandes repercussões econômicas, sociais e políticas. Faliram bancos, companhias de seguro, empresas privadas. O número de desempregados subiu muito, enquanto a riqueza das famílias se reduziu. Cresceu também a taxa de suicídio, mas com tempos e intensidades diferentes segundo os países[205]. O aumento foi mais expressivo na Áustria, nos Estados Unidos e na Espanha, mais contido na Alemanha e na Inglaterra, e na Itália não houve qualquer aumento[206].

As "crises felizes", por outro lado, não tiveram as consequências previstas por Durkheim. Por quase trinta anos, de 1945 a 1976, houve em todos os países ocidentais um rápido desenvolvimento econômico sem precedentes, mas o índice de suicídio não teve aquele grande aumento que se poderia esperar[207]. Cresceu somente em três países, Holanda, Suécia e Estados Unidos, e de modo bastante contido. Permaneceu estável na Áustria, Bélgica, Dinamarca, Irlanda, França e Suíça. Diminuiu na Itália e, desde 1964, na Grã-Bretanha sofreu por uma década um declínio acentuado que, como veremos, não guardava qualquer relação com o andamento da economia[208].

A crise do petróleo que começou em 1973 foi acompanhada por um crescimento da taxa de suicídio principalmente entre os jovens[209]. Mas, a partir de 1986, nos países mais ricos da Europa Ocidental, começou uma diminuição dessa taxa que ainda está em curso.

4.11 As consequências imprevistas da passagem para o gás natural

Não sabemos com certeza se o grande aumento no índice de suicídios nos séculos XVII-XVIII começou realmente na Inglaterra, como o autor de *The*

English Malady e muitos outros contemporâneos seus consideravam. Mas é certo que a queda desse índice, ocorrida em grande parte da Europa Ocidental nas últimas duas décadas do século XX e ainda em curso, começou exatamente pelo Reino Unido, embora por motivos totalmente diversos dos que viriam a causá-la vinte anos depois, na Áustria e na Alemanha, na França e na Suíça, na Dinamarca e na Suécia.

No início, ninguém prestou atenção na diminuição do número de suicídios que se verificou na Inglaterra em 1964 e 1965. Nem mesmo para os especialistas, acostumados às pequenas flutuações deste e de outros indicadores da vida social, o fato pareceu relevante. Mas a queda prosseguiu ininterruptamente nos anos seguintes, até 1975, e foi muito acentuada, visto que as mortes voluntárias baixaram de 5.714 para 3.693 em doze anos. A essa altura, tornou-se inevitável indagar sobre os motivos dessa inesperada mudança. A Inglaterra sempre tivera, pelo menos desde 1880, a taxa mais baixa de suicídio de todos os outros países da Europa Centro-setentrional. Como explicar que tivesse registrado uma redução tão acentuada entre 1964 e 1975?

Os esquemas explicativos clássicos logo se mostraram inadequados para fornecer uma resposta. Ninguém, de fato, poderia pensar que o grau de integração dos ingleses tivesse aumentado naquele breve período. O que tivera um rápido crescimento, precisamente a partir de 1965, tinha sido a proporção de matrimônios que acabavam em divórcios, bem como o índice de criminalidade. Tampouco era possível encontrar uma explicação no andamento da economia britânica, visto que nesse mesmo período o desemprego sofrera um aumento notável. Por fim, localizou-se a causa num fato que, até então, ninguém imaginara que pudesse ter alguma relação com o suicídio.

No final dos anos de 1950, o gás derivado do carvão, que tinha uma alta concentração de monóxido de carbono, foi gradualmente substituído pelo gás natural, muito menos tóxico. Essa inovação foi introduzida por motivos exclusivamente econômicos, mas teve também outras consequências. Até então, em metade dos casos, os ingleses se matavam abrindo as torneiras do gás de suas casas. Não é difícil entender por que esse método era tão popular. Estava disponível em quase todas as casas, todos sabiam como utilizá-lo, demandava menos coragem do que outros meios, era indolor, incruento e não desfigurava o rosto. A passagem para o gás natural tornou cada vez mais difícil utilizar esse meio para tirar a vida, e assim o número dos suicídios cometidos recorrendo ao monóxido de carbono diminuiu rapidamente, passando de 2.368 em 1963 para 23 em 1975. Seria de se esperar que os ingleses que quisessem se matar adotassem outros meios: o envenenamento, o enforcamento, um tiro de arma de fogo. Todavia, não podendo servir-se do gás, muitos deles renunciaram ao suicídio e o número total das mortes voluntárias sofreu uma grande queda[210]. Provavelmente isso se verificou sobretudo entre os mais impulsivos, aqueles que tendem a dar respostas rápidas aos eventos externos e às emoções que sentem e são os mais propensos a voltar atrás, acaso encontrem obstáculos no caminho e transcorra um pouco de tempo[211].

Esse evento mostra, melhor do que qualquer pesquisa, a variedade de fatores que cercam a decisão de se matar. Nem mesmo um ímpeto muito forte e aparentemente incontrolável de autodestruição, provocado ou favorecido por causas de diversas naturezas, leva necessariamente ao suicídio, à falta de meios que não sejam demasiado difíceis ou repugnantes de se utilizar. A ideia de que a coisa mais fácil do mundo é encontrar uma maneira de tirar a própria vida, depois de tomada a decisão, não corresponde à realidade. Na verdade, a escolha do meio tem uma influência frequente nesse objetivo. Assim provam outros eventos semelhantes aos ingleses, ocorridos em outros países.

Também na Suíça, de 1958 a 1968, houve um decréscimo constante no índice de suicídio, exatamente pelo mesmo motivo, ou seja, porque nesse período o gás derivado do carvão foi substituído pelo natural. E, também nesse caso, muitos dos que empregariam esse meio para tirar a vida não conseguiram escolher outra forma e, portanto, desistiram de se matar[212]. Se nesse país a diminuição das mortes voluntárias foi menos intensa do que na Grã-Bretanha, foi apenas porque os suíços até então não utilizavam o gás doméstico tanto quanto os britânicos.

Um evento análogo verificou-se num país com um repertório cultural muito diferente nessa área: o Japão. Em janeiro de 1993, depois que uma moça se atirou na cratera do Vulcão Meiko Ukei, difundiu-se a lenda de que o seu corpo fora cremado imediatamente e a sua alma subira aos céus numa nuvem de fumaça. A cratera adquiriu assim um enorme valor simbólico e um número crescente de pessoas que queriam se suicidar passou a se atirar dentro do vulcão. Esse fenômeno durou por anos, apesar dos controles da polícia e da instalação de arame farpado em volta da cratera, até que em 1995 um jovem casal que se jogara foi salvo e assim se destruiu o mito da cremação instantânea, que atraíra tanta gente[213].

4.12 A inversão de tendência na Europa Centro-setentrional

Nas últimas duas décadas tem-se verificado em grande parte dos países da Europa Centro-setentrional uma queda na taxa de suicídios, que ainda está em curso e previsivelmente prosseguirá por alguns anos. Esse processo começou na Dinamarca, na primeira metade dos anos de 1980, mas em pouco tempo atingiu as duas Alemanhas (então ainda divididas), a Suécia, Áustria, Suíça, França, Inglaterra, Noruega e Finlândia. Registrou-se também em algumas áreas da Itália e, talvez, de outros países do Mediterrâneo, embora não tenha ocorrido diminuição ou tenha até se registrado um pequeno aumento na frequência com que, no conjunto, as pessoas se matam nessas zonas.

Temos pelo menos três bons motivos para pensar que esse processo, cuja importância não é plenamente percebida sequer pela comunidade científica internacional, representa uma inversão daquela tendência multissecular de crescimento que abordamos nos capítulos anteriores. O primeiro é que num breve período de tempo (em geral, não mais do que quinze anos) a taxa de suicídio baixou de modo muito rápido, em alguns países (Suécia, Suíça e Áustria) em 30%, mas em outros (Alemanha) em 44% e em outros ainda (Dinamarca) até mesmo 55%. O segundo é que hoje, em muitos desses países, as pessoas se matam menos frequentemente do que no final do século XIX. Mas pelo menos num deles, a Dinamarca, é preciso recuar muito no tempo para encontrar uma taxa de suicídio tão baixa (13,6 para 100 mil habitantes em 2001, contra 24,8 em 1881 e 21,1 em 1821). O terceiro é que, em cada um dos países em questão, a mudança começou nos lugares e nas classes sociais em que se iniciara o forte aumento e tudo leva a crer que, em alguns anos, ela se difundirá entre o resto da população.

À frente da nova tendência estavam, sem dúvida, os grandes centros urbanos e, provavelmente, as pessoas das classes mais elevadas. Consideremos, por exemplo, o que aconteceu na Áustria. No final do século XIX, Viena tinha uma taxa de suicídio que era o dobro da do restante do país[214]. Em 1980, essa diferença se reduzira drasticamente. Mas, desde então, a diminuição dessa taxa foi maior na capital do que no resto do país (gráf. 4.2). A partir de 1981, na Áustria, ocorreu uma queda no índice de suicídios tanto nas áreas urbanas quanto nas demais, mas mais intensa naquelas do que nestas[215].

O mesmo aconteceu na França[216], Inglaterra, Austrália e Estados Unidos[217]. Nesse país, a taxa de suicídio nas grandes cidades de 1970 a 2002 diminuiu em 10% para os homens, enquanto caiu para menos da metade no caso das mulheres. Nas áreas rurais, cresceu notavelmente para os primeiros e permaneceu constante para as segundas.

Tendências análogas estão ocorrendo há anos também na Itália. Nesse país, nos últimos vinte anos, a taxa de suicídio se manteve razoavelmente estável, entre 7 e 8 para 100 mil habitantes. Mas as cidades que são sede de província tiveram um andamento muito diferente do dos demais municípios. Em 1881, nas primeiras as pessoas se suicidavam com uma frequência quinze vezes maior do que nos segundos. Mas, depois de ter alcançado o pico em 1914, o índice nas sedes de província passou por fases de diminuição e de invariabilidade e hoje é significativamente mais baixo do que no final do século XIX, enquanto o índice dos municípios em geral teve um aumento contínuo, a ponto de ocorrer ao final um encontro entre as duas curvas (gráf. 4.3).

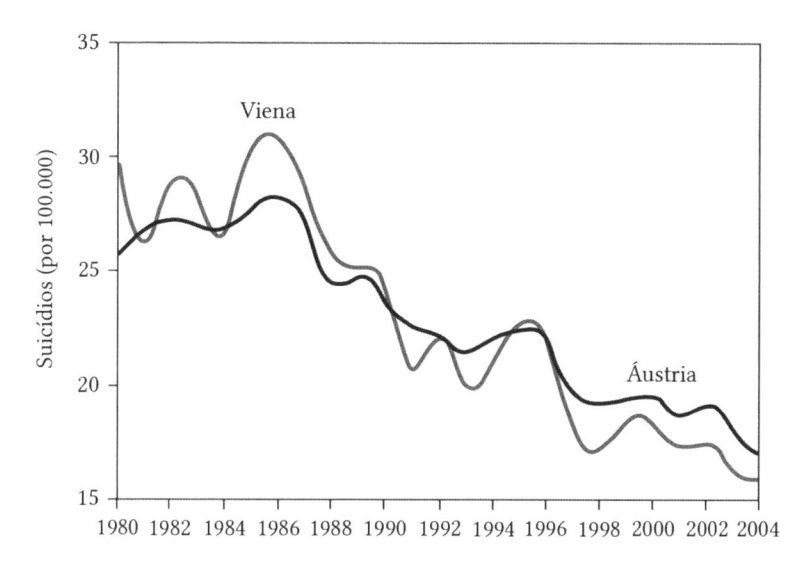

GRÁF. 4.2. TAXA DE SUICÍDIO NA ÁUSTRIA E EM VIENA DE 1980 A 2004.
FONTE: ELABORAÇÕES SOBRE DADOS DE NESTOR D. KAPUSTA.

Essas mudanças revolucionaram a geografia do suicídio da Europa Ocidental. A tendência de convergência entre os vários países que a compõem, que, como vimos, já fora apontada no início dos anos de 1930, ressurgiu com destaque nas últimas duas décadas do século XX. A Inglaterra, que durante todo o século XIX e pelo menos por setenta anos do século XX sempre teve uma taxa de suicídio muito mais alta do que a Itália e a Espanha, apresenta agora um índice levemente inferior. Atenuaram-se as grandes diferenças na frequência de suicídios que existiam outrora entre os países da Europa Setentrional e Meridional.

A geografia interna de cada país também se alterou. Já vimos que os alemães das regiões orientais se matam hoje com a mesma frequência dos das zonas ocidentais, enquanto no final do século XIX a frequência relativa era muito maior (gráf. 4.1). Transformações semelhantes ocorreram em outros países. Também nesse âmbito as regiões da Itália Centro-setentrional sempre mostraram mais semelhanças com os outros países europeus do que com as regiões meridionais e insulares. Mas as diferenças entre as primeiras e as segundas atenuaram-se com o passar do tempo (gráf. 4.4). Ainda mais evidente

GRÁF. 4.3. TAXA DE SUICÍDIO NA ITÁLIA NAS SEDES DE PROVÍNCIA E CIDADES EM GERAL DE 1881 A 2006.
FONTE: CF. APÊNDICE.

é a convergência entre as grandes cidades no Norte e no Sul do país. Em 1881, em Turim, Roma e Milão as pessoas se matavam com uma frequência muito maior do que em Nápoles, Palermo, Catânia e Bari. A taxa de suicídio dessas cidades sofreu várias oscilações ao longo do tempo. Mas, desde o início dos anos de 1930, a taxa das primeiras sofreu uma forte queda, de tal modo que hoje é muito mais baixa do que nas últimas décadas do século XIX. A taxa das segundas, por sua vez, encontra-se hoje no mesmo nível de cento e vinte anos atrás. Por isso, as duas curvas se aproximaram tanto que chegam quase a se tocar (gráf. 4.5).

Em toda a Itália, mas principalmente nos centros urbanos das regiões centro-setentrionais, à frente das mudanças estiveram as classes médio-altas (tab. A.5, no apêndice). Considerando a população desse país no seu conjunto, vemos que, de 1981 a 2001, a taxa de suicídio nitidamente diminuiu entre as pessoas com 2º grau e 3º grau, aumentando ou permanecendo a mesma nas

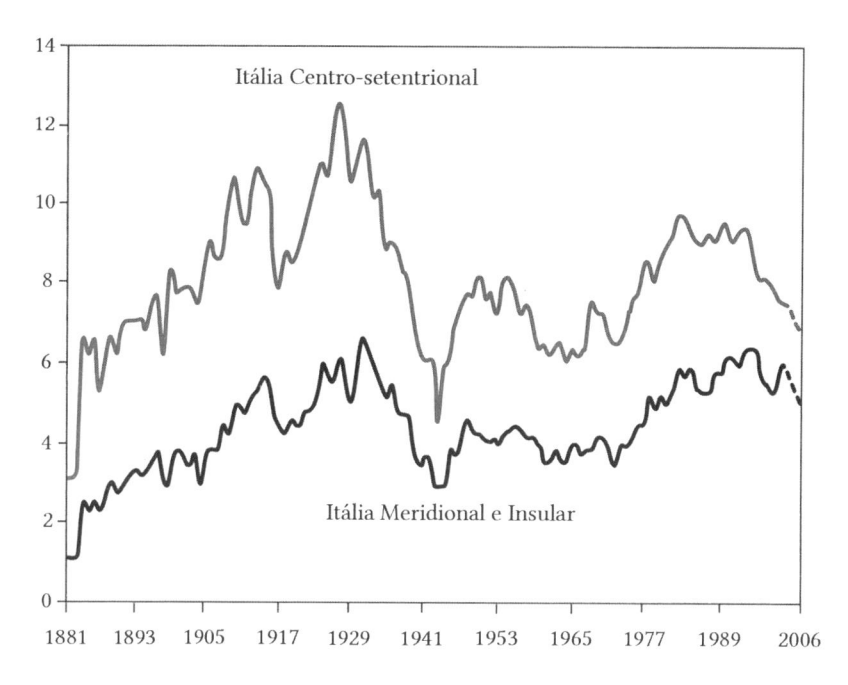

GRÁF. 4.4. TAXA DE SUICÍDIO NA ITÁLIA CENTRO-SETENTRIONAL E NA ITÁLIA MERIDIONAL E INSULAR DE 1881 A 2006.
FONTE: CF. APÊNDICE.

camadas com menor nível de instrução. Houve uma diminuição especialmente marcada entre as pessoas com 3º grau com mais de 45 anos de idade nas regiões centro-setentrionais e entre as pessoas com 2º grau da mesma faixa etária nas regiões meridionais e insulares.

Na França, em 1880, eram os departamentos de Île-de-France que apresentavam os índices mais altos de suicídio e eram as regiões rurais ocidentais e orientais que apresentavam os mais baixos. Hoje, porém, é nos departamentos mais urbanizados, ricos, com a taxa mais elevada de atividade da população feminina e maior parcela de pessoas com grau universitário, de dirigentes e de profissionais liberais (Île-de-France, Eure-et-Loir, Eure et l'Oise) que os suicídios são menos frequentes e é no centro dessa área (em Paris, em Val-de-Marne, Seine-Saint-Denis) que são ainda mais raros, ao passo que são mais numerosos nas regiões de menor desenvolvimento econômico e social[218].

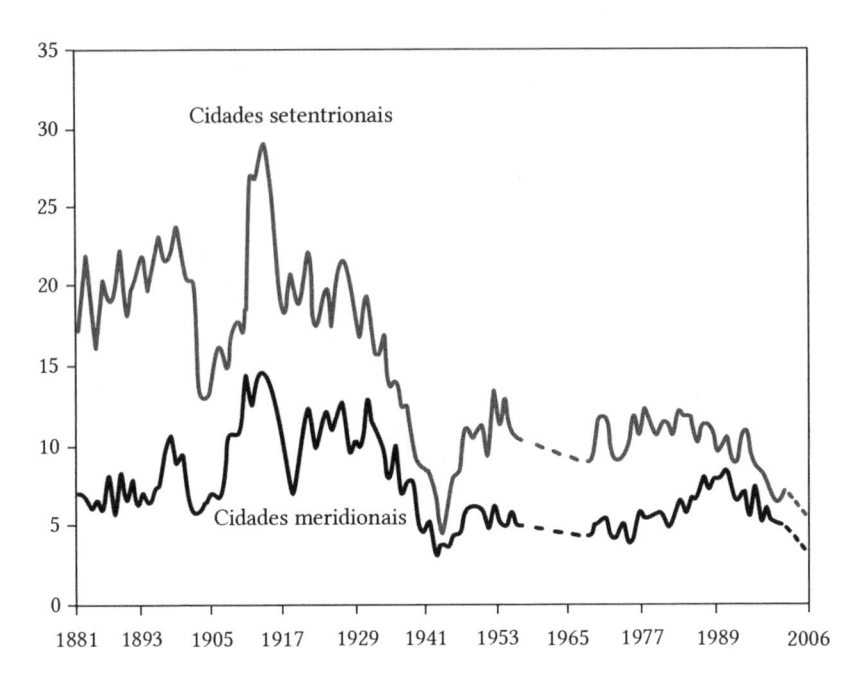

GRÁF. 4.5. TAXA DE SUICÍDIO NAS GRANDES CIDADES DA ITÁLIA SETENTRIONAL (TURIM, MILÃO E GÊNOVA) E MERIDIONAL (NÁPOLES, BARI, CATÂNIA E PALERMO) DE 1881 A 2006).
FONTE: CF. APÊNDICE.

Mudanças radicais ocorreram também na composição etária dos suicidas. Como vimos, no século XIX e nos primeiros setenta anos do século XX, houve uma forte relação positiva nos países ocidentais entre a idade e o risco de morte voluntária. Contudo, nos últimos trinta anos do século XX, essa relação se enfraqueceu. A queda da taxa de suicídio, de fato, teve início e mostrou maior intensidade entre as pessoas com mais de sessenta anos. Em alguns países (Áustria, Alemanha, Suíça, Dinamarca), essa diminuição também se verificou entre os jovens de quinze a 24 anos. Mas, em outros países (Inglaterra, França, Suécia, Noruega e Finlândia, mas também nos Estados Unidos), a frequência com que os jovens de sexo masculino dessa idade tiram a vida aumentou nos anos de 1980 e no início dos anos de 1990, depois diminuiu e a seguir voltou, em alguns deles (p. ex., os Estados Unidos)[219], ao nível dos anos de 1970[220].

4.13 A medicalização do suicídio e os seus efeitos

É evidente que não podemos explicar essa grande inversão de tendência com os esquemas clássicos, atribuindo-a a um aumento do grau de integração. Os estudiosos que conduziram pesquisas nesse campo discutem se houve, e em que medida, uma diminuição dessa integração nos países ocidentais durante as últimas décadas, mas nenhum deles jamais sustentou que houve um aumento. Por outro lado, se ainda fosse necessário outro indicador mostrando a inadequação dos esquemas clássicos para explicar essa grande mudança em curso, basta ver que ela começou nos grandes centros urbanos, os quais têm hoje, em muitos países ocidentais, uma taxa de suicídio mais baixa do que as pequenas cidades do interior. Para entender o que aconteceu, devemos voltar a nossa atenção para algumas importantes transformações culturais e sociais ocorridas no Ocidente.

O processo de secularização e medicalização da morte voluntária teve muitos avanços no século XX. Mesmo depois que se deixou de explicar o suicídio por causas sobrenaturais, muitos homens e mulheres que padeciam de distúrbios psíquicos naquele período continuaram a considerar os seus sofrimentos não como sintomas de uma doença, mas como uma faceta incômoda do seu caráter ou como efeitos de uma difícil conjuntura de suas vidas[221]. A situação, porém, mudou gradualmente e, sobretudo nas últimas três décadas do século XX, em todos os países ocidentais, números crescentes de pessoas começaram a interpretar de outra maneira o sofrimento mental, a entender que a ansiedade, a angústia, o pânico, as fobias, a melancolia paralisante, as crises maníacas, os delírios, as alucinações não são normais nem ineluctáveis, e passaram a recorrer a especialistas em busca de tratamento[222]. Assim, nesse período, aumentou gradualmente a parcela de pessoas com distúrbios psíquicos que adotou várias formas de psicoterapia e o recurso a medicamentos. Os efeitos desses tratamentos, porém, variavam conforme o tipo de distúrbio.

Pelo menos em alguns países, os pacientes que sofrem de esquizofrenia se matam hoje com frequência muito menor do que vinte ou trinta anos atrás.

Na Dinamarca, o país onde, como vimos, iniciou-se a inversão de tendência e onde essa inversão é até hoje a mais pronunciada, o índice de suicídios entre os pacientes que sofrem de esquizofrenia diminuiu na mesma medida verificada entre o restante da população[223]. É provável que isso se deva à melhor qualidade dos atendimentos psicoterápicos recebidos ou à maior atenção com que são acompanhados após o primeiro atentado contra a própria vida. Por outro lado, os medicamentos mostraram poucos efeitos. Os antidepressivos e os estabilizadores de humor, aos quais hoje recorre um grande número de pacientes, parecem não produzir nenhum efeito sob esse ponto de vista. Por outro lado, a clozapina, antipsicótico cujo uso foi aprovado em 1989 pela Food and Drug Administration, nos Estados Unidos, mostrou alguma eficácia, mas não se considera que até agora tenha salvado muitas vidas humanas[224].

No que se refere aos distúrbios bipolares, os antidepressivos e antipsicóticos não reduzem e podem até aumentar o risco de que os pacientes tirem a vida. Mas, segundo os resultados das mais rigorosas investigações realizadas nesse campo, o tratamento com sais de lítio, quando tem continuidade, diminui de modo significativo as probabilidades de que os pacientes tentem se matar e que esse gesto seja fatal. Essas probabilidades são seis vezes inferiores durante o tratamento e aumentam novamente três ou quatro semanas após a sua interrupção. Ademais, as tentativas de suicídio de quem toma lítio são muito menos letais do que nos casos de quem não utiliza esses medicamentos[225]. Levando em conta que foi no começo dos anos de 1960 que uma parcela crescente de pacientes passou a utilizar esse tratamento nos países ocidentais, não é implausível pensar que ele tenha contribuído para reduzir as mortes voluntárias.

No caso da depressão, os efeitos dos medicamentos foram expressivos. Um número crescente de pacientes que padecem desse distúrbio teve cura com o uso de serotoninérgicos, também chamados de inibidores seletivos da recaptação da serotonina. São substâncias que servem para reequilibrar os distúrbios na transmissão nervosa que se instauram durante a depressão, aumentando no cérebro a disponibilidade de serotonina, o neurotransmissor cuja diminuição parece ligada à maior parte dos sintomas. Introduzidos pela primeira vez na Alemanha em 1984, e pouco depois nos outros países ocidentais, esses medicamentos tiveram grande difusão nos anos de 1990. Quanto aos efeitos provocados, houve nos últimos anos discussões acaloradas tanto nos veículos de comunicação quanto nas revistas científicas, e alguns especialistas sustentam que eles não só não reduzem, como aumentam a tendência suicida dos afetados por depressões graves. Com efeito, isso às vezes sucede, provavelmente porque – garantem os especialistas – tais medicamentos foram utilizados por pacientes que, na verdade, sofriam de distúrbios bipolares não diagnosticados ou que ainda não tinham atingido a idade adulta. Mas pesquisas rigorosas realizadas em 26 países mostraram que o uso de serotoninérgicos para o tratamento das depressões contribuiu significativamente para reduzir o número dos suicídios, mostrando que essa diminuição foi maior nos países que foram os primeiros a adotar o uso desses novos medicamentos e tanto maior quanto maior foi o número dos pacientes que os utilizaram. Estima-se que, a cada lote de 200 mil comprimidos vendidos, evitou-se um suicídio. E, como dez comprimidos custam cerca de um dólar, calculou-se que o custo de salvar uma vida, nestes casos, foi de cerca de 20 mil dólares[226].

4.14 O tratamento da dor e de outras doenças

Os doentes de Aids, esclerose múltipla, mal de Huntington, insuficiência renal (submetidos a diálise), lesões da medula e câncer correm um risco de tirar a vida maior do que o resto da população[227]. No biênio 2005-2006, os oncologistas tiveram uma grande surpresa perante os resultados de duas grandes pesquisas, mostrando que, em paridade de idade, as mulheres americanas, suecas, dinamarquesas, finlandesas e norueguesas que tiveram câncer de mama se matam 37% mais do que as não acometidas[228], e que os homens americanos com câncer de próstata têm um risco muito maior de se matarem, 4,24 vezes superior ao dos demais[229]. Mas muitos estudos indicam que todos os tipos de tumor aumentam a probabilidade de suicídio, embora em diferente medida[230].

Essas probabilidades são especialmente altas para as formas de câncer localizadas na cabeça ou no pescoço, que, segundo os especialistas, influem negativamente no funcionamento do sistema nervoso e geram distúrbios do humor[231], mas também para o tumor do pâncreas e todos os que apresentam menores chances de sobrevivência[232]. São altas também nos primeiros seis meses após o diagnóstico e nas metástases, isto é, quando provocam um estresse psicológico e uma dor física muito difíceis de suportar.

Contudo, nas últimas quatro décadas do século XX, em muitos países ocidentais, o câncer deixou de ser um fator de risco para o suicídio tão importante quanto era antes. Ainda hoje, quem tem um tumor tira a própria vida com mais frequência do que o restante da população. Mas as diferenças entre um e outro diminuíram nos últimos quarenta anos[233]. Os motivos dessa importante mudança são numerosos. O primeiro é que os tumores são descobertos mais cedo do que antigamente. O segundo é que as chances de curar os pacientes tiveram um aumento decisivo, com inovações que reduziram os efeitos psicológicos negativos (p. ex., a cirurgia conservativa do seio em vez da destrutiva) e ampliaram as probabilidades de sobrevivência. O terceiro é que, nesse período, afirmaram-se em todos os países ocidentais, ainda que em graus variados, os tratamentos paliativos e contra a dor.

Há muito tempo crê-se que os sofrimentos físicos, quando se tornam insuportáveis, podem levar ao suicídio. Já Plínio o Velho, no século I d.C., escrevia: "as doenças que provocam as dores mais intoleráveis são os cálculos na bexiga subsequentes à disúria; a seguir, vêm as doenças do estômago, e em terceiro lugar as que comportam dores na cabeça: estas são, de fato, praticamente as únicas doenças que levam ao suicídio"[234]. Mas só recentemente essa hipótese encontrou confirmação nos resultados de pesquisa. Nos anos de 1990, alguns estudiosos analisaram uma amostragem de agricultores finlandeses que sofriam de dor nas costas, para entender se isso favorecia o enfarto e descobriram que eles apresentavam maiores probabilidades de se matar[235]. Outros estudos mostraram que a dor crônica causada pela enxaqueca, por lesões no sistema nervoso central ou por metástase, também aumenta o risco de suicídio, basicamente porque essas afecções causam severos surtos de depressão nos paciente[236].

Mas têm-se realizado avanços notáveis para controlar e reduzir o sofrimento. A concepção tradicional da dor, que a considera como uma espécie de castigo a ser aceito com resignação, foi suplantada por outra concepção, que a entende como um sinal de alarme que pode ser sanado depois de cumprir a sua tarefa. À medicina terapêutica, visando apenas à cura, acrescentou-se a medicina paliativa, que visa a reduzir as dores e o desconforto psicofísico do doente, com medicamentos ou com a internação em estruturas adequadas (segundo o modelo do *hospice*, criado em Londres nos anos de 1960), com características de lar e de hospital.

4.15 O forte aumento na Europa Oriental

O receio de uma epidemia de suicídios que, a partir da segunda metade do século XVI, difundiu-se várias vezes em alguns países da Europa Ocidental, finalmente chegou à Rússia, quase três séculos depois. Em 1872, os principais jornais começaram a divulgar que o suicídio no país se tornara uma espécie de "cólera, a que se chega num local putrefato, criado expressamente para se permanecer ali"[237]. Dez anos depois, considerando-o já fato rotineiro, a imprensa falava de "epidemia sazonal" do suicídio, aos moldes da gripe. Naquele mesmo período, o tema da morte voluntária irrompeu nos romances dos dois maiores escritores, Tolstói e Dostoiévski, despertando interesse e comoção nas camadas mais cultas da população.

Nas classes médio-altas das cidades russas, teve então início aquele processo que ocorrera muito tempo antes na Europa Norte-ocidental. A taxa de suicídio cresceu tanto em São Petersburgo que, em 1910, alcançou 25 por 100 mil habitantes[238], um nível superior ao da Suíça, França ou Alemanha. Mas no interior, ou seja, em grande parte da Rússia, não se registrou nenhuma mudança significativa. Assim, em 1903, ela alcançou uma taxa de 4,6 por 100 mil habitantes, muito semelhante ao dos países mediterrâneos e de duas a seis vezes inferior à dos países da Europa Norte-ocidental.

Em 1917, com o advento do regime soviético, a cultura do suicídio mudou: o significado que lhe era atribuído, os esquemas cognitivos usados para interpretá-lo, o juízo moral sobre tal ato e sobre o perpetrador. Os pais fundadores do movimento operário não se dedicaram de forma alguma à questão da morte voluntária, limitando-se a atribuir as suas causas às contradições da sociedade capitalista, e os seus sucessores, no início do século XX, se dividiram a respeito do assunto. Em 1911, aos 71 anos, o socialista francês Paul Lafargue se suicidou junto com a esposa Laura, quase como se seguisse os costumes da Ilha de Keos, descritos por Montaigne. "São de corpo e de espírito", escreveu ele numa breve nota de despedida, "mato-me antes que a inexorável velhice, que me subtrai um a um os prazeres e alegrias da existência e me priva das minhas forças físicas e intelectuais, paralise a minha energia, quebre a minha vontade e me condene a ser um peso para mim e para os outros". Laura era filha de Karl Marx. Apesar disso, muitos marxistas não aprovaram o seu gesto. Um deles, Franz Mehring, escrevendo naquela ocasião, retomou a metáfora militar celebrizada por Cícero: "Na luta pela emancipação proletária, mais do que nunca vale o fato de que o serviço prestado à liberdade é um serviço duro, que não permite nem mesmo ao veterano ricamente condecorado com uma coroa de louros deixar o seu posto de guarda enquanto lhe restar um último alento de força"[239].

Quando conquistaram o poder, os líderes bolcheviques incentivaram a formação de uma nova cultura. Em primeiro lugar, começaram a explicar o suicídio com categorias muito diferentes não só das que tinham sido usadas durante séculos pelos seus antepassados, mas também das que estavam se afirmando na Europa Ocidental. A morte voluntária foi considerada o resultado do contraste existente entre a realidade externa e a identidade individual, que por sua vez dependia de fatores biológicos, políticos e de classe. Os mais expostos ao risco de suicídio eram os oriundos de grupos sociais privilegiados durante o regime czarista. As mulheres da pequena burguesia, por exemplo, com a sua concepção de mundo, podiam contagiar os maridos, levando-os a tirar a própria vida[240].

Em segundo lugar, os líderes bolcheviques seguiram a linha não de Lafargue e de Laura Marx, mas de Mehring, e condenaram o suicídio como uma forma de individualismo burguês. Sustentavam que, na nova sociedade, um bom comunista e um bom operário não podiam se matar, pois a vida pertencia não a eles, mas ao partido e à classe. "Ninguém", declarou o médico Vladimir Ivanovich Velickin em 1930, "tem o direito de morrer segundo o seu desejo. Reproduzida pela sociedade, uma pessoa pertence a ela e somente a sociedade pode, no interesse da maioria, privá-la da vida"[241]. O suicídio era uma forma de deserção, fruto da fraqueza, do pessimismo, do egoísmo, da tendência errada de colocar as próprias necessidades e os próprios desejos acima dos do coletivo[242]. Depois que o poeta Sêrguei Iessênin se matou, em dezembro de 1925, tal conduta passou a ser designada com o neologismo de "iessenismo", indicando um estado psicológico e moral patológico[243].

Apesar de alguma semelhança aparente, a ética bolchevique a respeito do suicídio era profundamente diferente da nazista. A primeira fazia lembrar a concepção que dominara a Europa medieval, embora os lugares de Deus e do soberano tivessem sido ocupados pelo proletariado e pelo Estado. A segunda, por sua vez, era mais similar à moral clássica do suicídio, que prevalecera antes da guinada de Agostinho. A primeira condenava o suicídio de todos, a segunda somente o dos militares em guerra, enquanto não tivessem sido derrotados ou aprisionados. De acordo com isso, apenas a primeira previa sanções para todos os que se matavam, qualquer que fosse o motivo.

Se um filiado ao partido se matava, os líderes convocavam uma reunião da célula ou de algum comitê para formar uma "opinião coletiva" (como se dizia) sobre a questão e para identificar as responsabilidades pela ocorrência. Durante a discussão, os participantes tomavam distância do suicida, deixando de chamá-lo de "companheiro". Ao final, aprovava-se uma resolução (unânime, naturalmente), que em geral estabelecia a expulsão póstuma do suicida do partido e a proibição de participarem do funeral.

Nem mesmo os grandes líderes foram poupados dessas sanções. Em 1925, quando a revolucionária Evgenia Bogdanovna Bosh, heroína da guerra civil que ocupara importantes cargos de governo, tirou a própria vida por se encontrar gravemente doente, a cúpula do partido discutiu acaloradamente se e como realizariam o seu funeral. Alguns sustentaram que, mesmo perante um mal incurável, o suicídio continuava a ser um ato de indisciplina, que traía um espírito de oposição. Ao final, decidiu-se que não autorizariam exéquias oficiais para Bosh nem permitiriam que a urna com as suas cinzas fosse colocada perto das dos outros heróis da revolução[244].

Em 1924-1925, ocorreu um grande aumento dos suicídios entre os filiados ao partido, que multiplicou as discussões nas células e nos comitês. Depois, no começo dos anos de 1930, desceu o silêncio. Contudo, em dezembro de 1936, na plenária do comitê central, Stalin condenou o gesto de Furer, um funcionário que se matara para protestar contra a injusta prisão de um amigo. É um dos meios mais simples – declarou sem hesitações – com que, "deixando o mundo, pode-se cuspir pela última vez no partido, pode-se trair o partido"[245].

Em todo caso, o governo deixou de publicar estatísticas e estudos sobre o tema[246]. Foi preciso esperar o fim do regime soviético para voltar a ter dados precisos. A seguir, por sorte, os estudiosos reencontraram nos arquivos as estatísticas sobre as causas de morte a partir de 1956[247]. Mas, sobre o andamento da taxa de suicídios nos terríveis anos da história da União Soviética que vão de 1930 a 1955, não sabemos nada.

É possível que, analogamente ao que acontecera na Alemanha, também tenham ocorrido na União Soviética ondas de suicídios durante os anos do terror, quando todos viviam no medo contínuo de ouvir a polícia bater à porta de casa às quatro da manhã, quando milhões de pessoas foram efetivamente presas, aprisionadas, interrogadas, torturadas, processadas, internadas nos campos de trabalho, mortas. É o que sugerem alguns testemunhos. Por exemplo, o de Zoja Zalesk, uma nobre polonesa que dedicara a sua vida ao comunismo e tentou três vezes se matar enquanto a processavam. Tentou se enforcar, mas lhe tiraram a corda do pescoço.

Cortou as veias, mas intervieram antes que fosse tarde demais. Subiu na sacada de uma janela no sexto andar e certamente teria se jogado se o juiz, que aparentemente dormitava, não a tivesse agarrado *in extremis* pelo vestido. Por três vezes impediram-na de se matar para poderem ser eles a matá-la, por fuzilamento[248].

"Muitos pensávamos na possibilidade de tirarmos a vida", escreveu Nadezda Jakovlevna Chazin, lembrando aquele período; "não à toa a obra-prima da dramaturgia soviética daqueles anos se intitulava *O suicida*"[249]. Nos momentos mais difíceis, ela se sentia "consolada e tranquilizada" pela ideia de dispor desse recurso extremo. Em 1934, depois que o marido, o grande poeta Ossip Mandelstam, fora preso e encarcerado por ter escrito alguns versos satíricos sobre Stalin, ela lhe sugerira se matarem juntos, encontrando sempre uma clara recusa. "Por que você meteu na cabeça a ideia de que deve ser feliz?", respondia-lhe Ossip, que possuía uma inesgotável alegria de viver, mas não gostava dos discursos sobre felicidade e infelicidade.

Mandelstam começou a pensar em tirar a vida quando foi enviado para o degredo político em Cerdyn e se convenceu de que somente assim poderia escapar ao fuzilamento. "Será bom que o fuzilem, pelo menos assim o salvarão do suicídio"[250], disse-lhe brincando Naezda e Ossip riu com gosto. Mas, pouco depois, retomou a sua ideia fixa. Chegando doente a Cerdyn, Mandelstam passou cinco dias no hospital com a esposa, que ficou acordada para vigiá-lo. Na última noite, assim que adormeceu, percebeu no sono alguns ruídos e foi até a janela, enquanto ele a transpunha, e ouviu o som da queda. Ele se jogara do segundo andar, um segundo andar altíssimo, mas se salvou. Morreu poucos anos depois num campo de prisioneiros.

A falta de dados estatísticos nos impede dizer se efetivamente ocorreram ondas de suicídio no período do terror e o que se deu, sob esse ponto de vista, durante a Segunda Guerra Mundial. Sabemos com certeza apenas que em 1929, doze anos após a revolução, a União Soviética continuava a ser, junto com a Grécia, Espanha, Portugal e Irlanda, um dos países da Europa com a taxa mais baixa de suicídio (6,4 para 100 mil).

Em todo caso, em 1956 a situação havia mudado. Com uma taxa de suicídio de mais de 15 por 100 mil habitantes, a Rússia já estava a meio-caminho, desse ponto de vista, entre os países do Mediterrâneo e os da Europa Centro-setentrional. Desde então, essa taxa continuou a crescer, alcançando 22 por 100 mil habitantes em 1965 e 38 em 1984[251]. Em 1985-1986 sofreu uma grande queda, mas no triênio 1988-1990 subiu novamente. Assim, quando a União Soviética se dissolveu, o índice de suicídios era muito alto. O fim do regime, porém, deu um novo impulso fortíssimo ao seu crescimento, elevando-o a 43 por 100 mil habitantes em 1994[252], recorde alcançado na Europa somente pela Áustria durante os anos de 1930. Mesmo tendo diminuído nos anos seguintes, a taxa de suicídio da Rússia em 2004 (34 por 100 mil habitantes) era de duas a três vezes superior à dos Estados Unidos e dos países da Europa Ocidental (gráf. 4.6).

Em todo esse período, as variações do índice foram maiores na população masculina do que na feminina (gráf. 4.7). Em 1956, os homens se matavam com uma frequência 4,1 vezes superior à das mulheres, e em 1970 5,2 vezes mais. Em 1985 e 1986, a taxa de suicídios masculinos diminuiu muito mais visivelmente do que a feminina e, portanto, a relação entre uma e outra reduziu-se a 3,5 vezes. Mas também o aumento dos anos de 1990 foi mais pronunciado para os homens do que para as mulheres, de modo que a relação alcançou um nível recorde. Em 1996, os homens se matavam 5,7 vezes mais do que as mulheres na antiga União Soviética e, como vimos, de duas a três vezes mais em grande parte dos países ocidentais[253].

A taxa de suicídio teve uma evolução semelhante também em outros países da antiga União Soviética, a Belarus, a Ucrânia e os estados bálticos (Estônia, Letônia e Lituânia). Nestes últimos, ela era bastante elevada (mais do que na Rússia) já em 1970, mas aumentou ainda mais até 1985, sofreu uma brusca queda nos quatro anos seguintes e voltou a subir após a queda do regime soviético, superando todos os recordes. Assim, por exemplo, a Lituânia, desde os meados dos anos de 1990 até o presente, apresenta a taxa de suicídio mais alta do mundo[254].

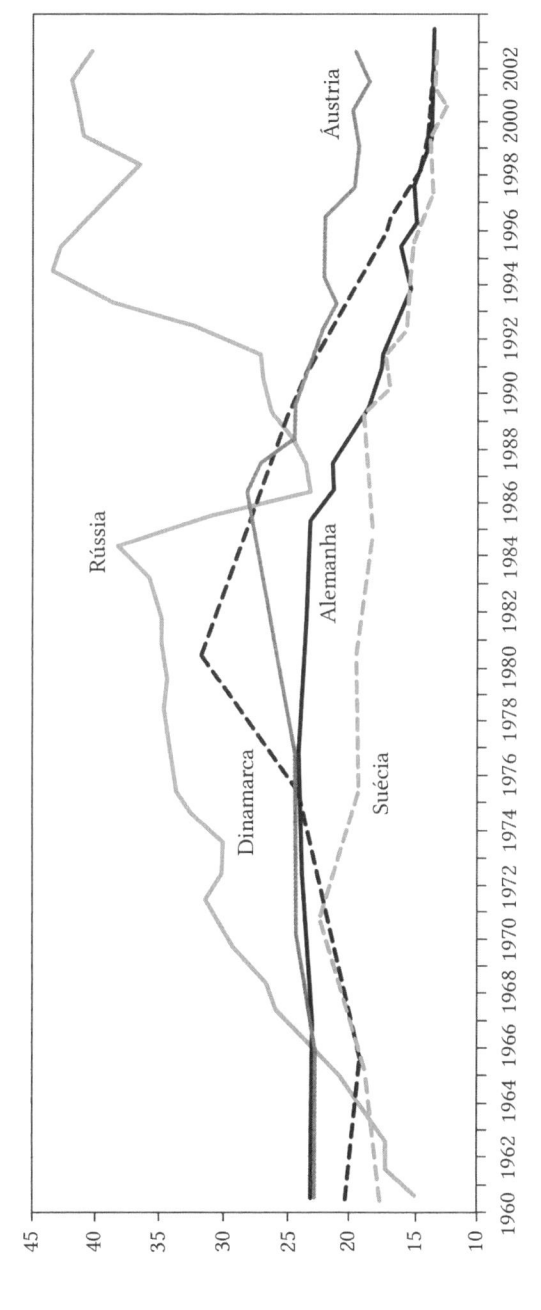

Graf. 4.6. Taxa de suicídio para cada 100 mil habitantes na Suécia, Dinamarca, Alemanha, Áustria e Rússia de 1960 a 2003.

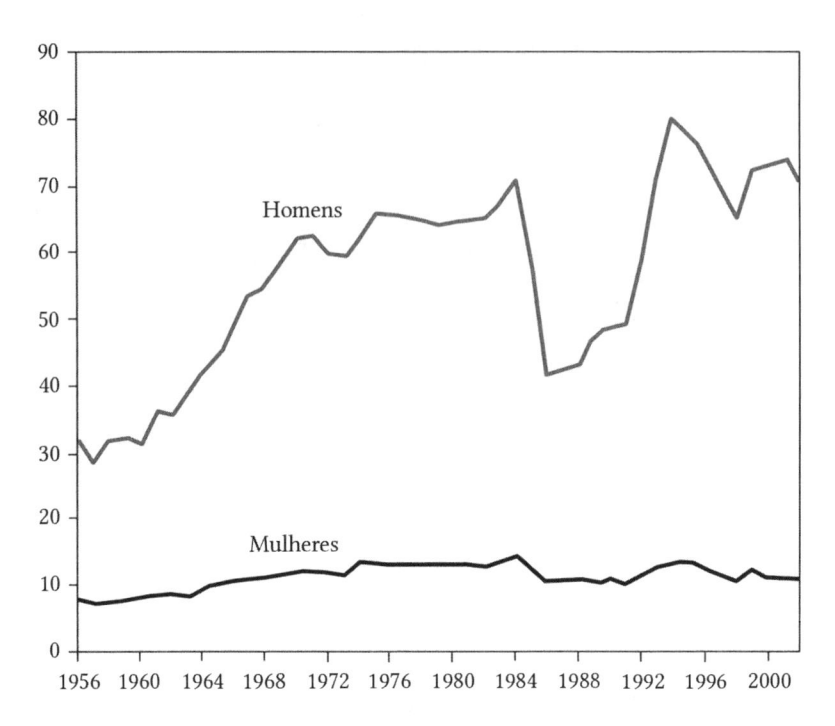

GRÁF. 4.7. TAXA DE SUICÍDIO NA RÚSSIA DE 1956 A 2002 POR GÊNERO.
FONTE: ELABORAÇÕES SOBRE DADOS GENTILMENTE CEDIDOS POR EVGENY ANDREIEV, VLADIMIR SHKOLNIKOV E WILLIAM ALEX PRIDEMORE.

Os meios de comunicação e os estudiosos ocidentais várias vezes sustentaram (principalmente na República Federal Alemã)[255] que o aumento do número de pessoas que se matavam nos países comunistas era também uma expressão de formas de protesto contra o regime. Sem dúvida houve alguns suicídios dessa natureza na URSS e depois nos países satélites, não só nos anos de 1930[256], mas também nos anos de 1960 e de 1970. Três deles tiveram grande repercussão no mundo. Sob muitos aspectos, essas mortes voluntárias se afastavam da tradição europeia, inspirando-se na autoimolação do monge budista Thich Quang Duc, ocorrida em Saigon em 11 de junho de 1963[257]. Todos os três foram, de fato, realizados por uma causa coletiva, como forma de protesto, em público, sob os olhos do maior número possível de pessoas, espalhando gasolina nas roupas e no corpo e ateando-se fogo.

O primeiro se deu na Tchecoslováquia, em 16 de janeiro de 1969. Em protesto contra a invasão de tropas soviéticas no seu país, Jan Palach, um estudante universitário líder de um grupo de jovens militantes, queimou-se vivo na Praça Venceslau, em pleno centro de Praga, deixando na sua mochila algumas anotações e declarações de protesto. Centenas de milhares de pessoas acompanharam o enterro e, pouco tempo depois, mais sete estudantes tiraram-se a vida em protesto.

O segundo ocorreu na Lituânia em 14 de maio de 1972. Romas Kalanta, um estudante de dezenove anos, ateou fogo a si mesmo em Kaunas, na frente do teatro principal da cidade, deixando escrito "o único culpado pela minha morte é o sistema". A polícia obrigou os pais de Romas a assinarem uma declaração afirmando que o filho havia se matado não por motivos políticos, mas por sofrer de distúrbios mentais. O governo autorizou o enterro, mas desde que ocorresse sem flores e que o corpo do jovem fosse sepultado longe dos demais. Nos dias seguintes, milhares de jovens desfilaram em protesto pela cidade gritando *slogans* pela liberdade da Lituânia e contra os russos.

O terceiro aconteceu na República Democrática Alemã em 18 de abril de 1976. Oskar Brüsewitz, um pastor protestante de 47 anos que desde longa data acusava o governo comunista de reprimir os jovens nas escolas, sentiu a terra lhe faltar sob os pés quando descobriu que nem sequer a sua Igreja o apoiava. Decidiu então recorrer a um gesto clamoroso e atear fogo a si mesmo na praça central de Zeitz. Nos meses seguintes, outras quatro pessoas tiraram a vida, queimando-se por motivos políticos. Além disso, muitos outros conterrâneos ameaçaram fazer o mesmo se não recebessem autorização para deixar o país[258].

O número desses atos extremos de protesto foi bastante restrito e certamente não são eles que devemos examinar para entender o que aconteceu. O extraordinário crescimento do número de mortes voluntárias ocorrido na União Soviética no último período da sua existência e depois da sua dissolução deve-se a várias causas. Antes de mais nada, ao crescimento do consumo de álcool, um fator cuja importância foi por muito tempo subestimada pelos estudiosos de ciências sociais[259]. Perceptível também em outros países, a relação entre consumo de álcool e frequência de mortes voluntárias foi, nas últimas três décadas, ainda maior na ex-União Soviética, onde os excessos de bebida, a embriaguez e as intoxicações por vodca são muito frequentes[260]. As flutuações da taxa de suicídio ocorridas nos anos de 1980 e de 1990 sempre foram causadas ou, pelo menos, favorecidas pelas análogas flutuações no consumo de vodca. Assim, a grande e súbita diminuição das mortes voluntárias que ocorreu em 1985 e 1986 certamente decorreu da campanha contra o álcool lançada em maio de 1985 por Gorbachov, com a redução da produção e o aumento dos preços, que provocou um verdadeiro colapso nas vendas de vodca nas lojas estatais, um crescente recurso ao *samogon* (destilado ilegalmente nas casas) e uma diminuição menor, mas significativa (da ordem de 25%), do seu consumo real. Essa campanha teve efeitos enormes entre a população masculina, que registrou uma queda vertiginosa da taxa de suicídio (gráf. 4.7). No entanto, esses efeitos foram de curta duração e o número de cidadãos russos que procuravam esquecer as suas preocupações com a vodca voltou a subir. O consumo de álcool aumentou ainda mais rapidamente após a queda do regime soviético e alcançou níveis recordes, a tal ponto que hoje o consumo na Rússia está entre os mais altos do mundo. Estima-se que se beba cerca de quinze litros *per capita* ao ano, contra os dez da União Europeia e os sete dos Estados Unidos[261]. E, como vimos, o aumento da quantidade de garrafas de vodca consumidas foi acompanhado pelo aumento do índice de suicídios entre os cidadãos da ex-União Soviética.

Em segundo lugar, o brusco aumento da taxa de suicídios que começou após o final do regime soviético foi provavelmente favorecido pela grave crise do sistema de saúde, que até então fornecera uma ampla gama de atendimento médico aos cidadãos de todas as classes sociais e de todas as zonas geográficas. Devido à falta de recursos financeiros, houve uma queda crescente na qualidade de atendimento desse sistema e, em parte, foi também por isso (além do aumento do consumo de vodca e da deterioração das condições de vida) que houve um aumento na taxa de mortalidade por um grande número de doenças (cardiocirculatórias, infecciosas) e uma diminuição sem precedentes das expectativas de vida que, de 1990 a 1994, passaram de 63,8 para 57,6 anos para os homens e de 74,4 para 71 anos para as mulheres[262]. Assim, em todos os países da ex-União Soviética, em 1991-1992 teve início uma tendência exatamente oposta à tendência que se encontrava em curso naqueles mesmos anos na Europa Ocidental, e diminuiu a parcela dos pacientes de doenças físicas e mentais com maior risco de suicídio que receberam atendimento médico.

Mas a causa mais importante do brusco crescimento da taxa de suicídio iniciado depois de 1991-1992 foi o estado de anomia social provocado pelo fim do regime soviético.

> Nos casos de desastres econômicos, verifica-se uma desqualificação que leva bruscamente certos indivíduos a uma situação inferior à ocupada até então [...]. É necessário um certo tempo para que homens e coisas sejam novamente qualificados perante a consciência pública. Enquanto as forças sociais assim liberadas não reencontrarem o equilíbrio, o seu valor respectivo permanece indeterminado e assim, por um certo tempo, vem a faltar qualquer disciplina. Não se sabe mais o que é e o que não é possível, o que é justo e o que é injusto, quais são as reivindicações e esperanças legítimas, quais são as descabidas[263].

Esse trecho, que Émile Durkheim escreveu em 1897 para definir as situações de anomia, consegue ainda hoje nos iluminar sobre o que aconteceu na União Soviética depois de 1991. O fim do regime gerou enormes mudanças num brevíssimo período de tempo, com a passagem do Estado totalitário para o sistema democrático, do planejamento econômico central para a economia de mercado. A rede de serviços fornecidos pelo Estado desde 1920, que garantia o pleno emprego, o controle dos preços, o ensino fundamental e a assistência de saúde gratuita, dissolveu-se e fez com que o índice de desemprego dobrasse e a porcentagem de pobres tivesse um aumento descontrolado. Depois de permanecer séculos isolada do resto do mundo, a Rússia foi invadida pelas mensagens das mídias dos países ocidentais, e houve o rápido avanço de valores até então condenados, como o individualismo, o sucesso econômico e o empreendedorismo. Assim, muitos cidadãos da ex-União Soviética se sentiram não só mais pobres e inseguros, mas também deslocados, perdidos, confusos.

As primeiras pesquisas, com efeito, mostraram que por trás da decisão suicida de muitos indivíduos não há apenas desgraças e eventos dolorosos (uma doença, a perda de um familiar), mas também a desorientação, a incapacidade de continuar a viver sem as antigas certezas, de encontrar um sentido na nova vida, de entender as regras da sociedade que está se formando. O Marechal Achromeiev, por exemplo, se matou no seu escritório no Krêmlin em 24 de agosto de 1991, deixando na sua escrivaninha bilhetes e cartas de despedida aos familiares. Num deles podia-se ler: "para que ao menos fique na história que alguém, mesmo que fosse um só, protestou contra a ruína de um Estado tão grande. Em todo caso, a história decidirá quem tinha razão e quem estava errado"[264]. Poucas semanas depois, se matou Timeren Zinatov, veterano de guerra e defensor da fortaleza de Brest. "Se naquela época, durante a guerra", dizia ele na carta encontrada no seu bolso, "eu tivesse morrido por causa dos ferimentos, pelo menos saberia pelo que morria: a Pátria. Agora, porém, morro por culpa dessa vida de cão. Podem até escrever isso na minha lápide... Mas não pensem que sou louco"[265]. Margarita Pagrebickaia, uma médica de 52 anos, tentou se matar depois de saber que o seu querido neto de dez anos fora morto em Baku, no conflito entre a Armênia e o Azerbaijão. Mas o que a impediu de aceitar a notícia foi o seu enorme cansaço, a impossibilidade de aceitar que agora se vendiam nas banquinhas de Moscou as condecorações recebidas no fronte, os uniformes soviéticos, as bandeiras vermelhas com o perfil de Lenin – ela, que tinha uma imagem alegre e feliz de Stalin. Foi a incapacidade de viver sem uma nova fé[266].

II
No Oriente

5
Antes de enviuvar

Roop Kanwar se matou em 4 de setembro de 1987 em Deorala, um povoado a duas horas de carro de Jaipur, capital do Rajastão[1]. Tinha dezoito anos e estava casada fazia oito meses. O marido morrera de gastroenterite e a jovem indiana, depois de se fechar no quarto e refletir durante algumas horas, decidiu tirar a própria vida. Com o vestido de noiva vermelho e dourado, desfilou à frente de um cortejo fúnebre acompanhado por músicas e cânticos religiosos. Chegando à praça do povoado, subiu na pira preparada para o cônjuge defunto e imolou-se ao seu lado, queimando viva diante de uma multidão de quatro mil pessoas. Roop Kanwar não era uma pobre camponesa analfabeta, mas uma mulher de origem urbana, instruída, elegante, casada com um jovem de família abastada, formado na universidade, e Deorala era então um dos povoados mais modernos e ricos do Rajastão.

Quando a notícia se espalhou, milhares de pessoas foram a Deorala para receber a bênção da mulher que, com o seu gesto, tornara-se *sati mata*, uma mãe pura, e adquirira poderes sobrenaturais, capazes de curar qualquer mal. Em 16 de setembro, para o *chunari*, a cerimônia de glorificação, embora o governo tivesse proibido a utilização dos transportes públicos, chegaram 300 mil pessoas ao povoado, vindas a pé, com carrinhos puxados por camelos, de táxi, com ônibus particulares. Foram ao local do martírio, ofereceram incenso e cocos, compraram lembranças representando a cremação da viúva ao lado do marido. Naquele mesmo dia, para deificar Roop, o seu sogro organizou uma festa para 1.001 brâmanes e, numa sala no andar térreo da sua casa, fez erigir um altar em honra à nora.

A reação das autoridades foi lenta. Por muitos dias, o governo estadual, o governo nacional, a magistratura e as forças da ordem não disseram e não fizeram nada. Somente em 19 de setembro a polícia prendeu o sogro de Roop, dois cunhados (um dos quais foi acusado de ter ateado fogo à pira), alguns tios e um sacerdote que oficiara a cerimônia. E somente em 29 de setembro o primeiro-ministro Rajiv Gandhi declarou que "o *sati* é uma vergonha nacional". Mas nenhum dos presos, nem qualquer outra pessoa foi condenada pelo que havia ocorrido.

Naqueles mesmos anos, em várias partes da Índia, outras mulheres se mataram após a morte do marido. Em 1984, houve um caso num vilarejo a vinte quilômetros de Deorala. Em 1988, no Uttar Pradesh, uma mulher de 28 anos imolou-se na pira de um marido que a abandonara fazia muito tempo. Há notícias de outros casos na última década[2], mas certamente são os últimos exemplos de um costume que existiu durante séculos: o *sati*.

5.1 *Sati*

Sati é uma palavra que adquiriu ao longo do tempo e conserva até hoje vários significados diferentes, na Índia e nos países ocidentais[3]. É usada tanto para designar uma ação quanto a pessoa que a realiza. Em sânscrito, o termo é o particípio presente feminino de *sat*, que significa ao mesmo tempo "ser" e "dever ser", e indica aquilo que é real, verdadeiro e bom. Na Índia, *sati* sempre teve o sentido de "esposa virtuosa, casta e fiel", que, justamente por isso, se imola na pira logo após a morte do marido. Os ingleses introduziram o substantivo *suttee* (traduzido para o francês *sutty*) para designar não quem tira a própria vida, mas a cerimônia da cremação da viúva. Hoje usa-se às vezes o termo *sati* no feminino para designar a pessoa e no masculino para indicar o rito. Mas há também quem chame o rito de *suttee*[4]. A essa diferença terminológica corresponde uma diferença de significado. Quando falavam em *sati*, os hindus tinham em mente uma mulher tão devota e fiel ao marido que decidia com plena consciência e liberdade acompanhá-lo à tumba. Os viajantes ocidentais, por sua vez, que nos deixaram muitas descrições e imagens (gravuras e miniaturas) sobre esse costume[5], costumavam referir-se ao ato, à cremação da viúva considerada como vítima passiva do fanatismo religioso e de uma cultura distante e incompreensível[6].

Esse rito assumiu duas formas principais. Na primeira delas, a viúva se faz queimar junto com o cônjuge. Fala-se então de *sahagamana* (ir com) ou de *sahamarana* (morrer com). Na segunda, porém, a mulher se imola um pouco depois da morte do marido, abraçando algum objeto que pertencera a ele, como os sapatos, um turbante ou o seu traje nupcial. Ou, como escrevia em 1678 Vincenzo Maria de Santa Caterina da Siena, "quando o corpo do defunto não está presente, formada uma figura que o represente, com ela realizam a mesma cerimônia"[7]. Isso costumava ocorrer quando ele morria longe de casa, talvez no campo de batalha, ou quando a viúva estava grávida e esperava até dar à luz antes de se matar. Os termos usados eram então *anugamana* (ir depois) ou *anumarana* (morrer depois).

Essas duas formas eram as mais difundidas e adotadas quando – como geralmente se fazia – os cadáveres eram cremados. Todavia, nas zonas onde eram sepultados, as viúvas eram enterradas vivas junto com o cadáver do marido. Em Bengala, por exemplo, esse costume era adotado pelos pertencentes à casta dos tecelões, os *jugi*[8]. Em Bali, por outo lado, as viúvas às vezes preferiam tirar a vida com o *kriss*, um punhal de lâmina sinuosa[9].

5.2 O rito

A sequência ritual do *sati* começa formalmente com uma declaração solene das intenções da viúva. Tal como todos os que decidem realizar um ato sacrificial na Índia, ela também anuncia publicamente o propósito de pôr fim aos seus dias. Expressa a sua vontade sem aparentar qualquer receio, com voz clara e firme. Os parentes se aproximam dela, dão-lhe ânimo e suplicam, em nome dos filhos, que reveja a sua decisão. Mas se espera que ela se mostre irremovível.

Depois de reafirmar o desejo de se tornar uma *sati*, a mulher se prepara com grande cuidado[10]. Veste a roupa de casamento, coloca os braceletes e as joias nupciais, cobre a cabeça com flores nupciais. Prostra-se diante dos seus parentes mais velhos, pede-lhes que a abençoem e eles fazem o mesmo diante dela. Por fim, antes de partir para o local da cremação, mergulha a palma da mão direita (que, ao contrário da mão esquerda, é pura, como em muitas culturas) numa pasta de cor escarlate ou açafrão e depois esfrega-a nas paredes ou na porta de entrada da casa, onde deixa as suas marcas, como sinal da sua decisão de imolar. No Nepal, o caráter irreversível da sua escolha se torna ainda mais visível devido a uma porta da cidade, pois, tendo passado por ela, a viúva não pode mais voltar atrás[11].

A cerimônia que culmina no sacrifício da viúva é pública e prevê procissões, festejos, banquetes e a participação de centenas e às vezes de milhares de pessoas. Mesmo com muitas constantes, ela apresenta também algumas variantes. O abade francês Jean Antoine Dubois, que passou algum tempo na Índia como missionário, relatou que o soberano de Tanjaour, ao morrer em 1801, deixou quatro esposas legítimas e os brâmanes convenceram duas delas a se imolar. Depois de um dia de preparativos, partiu um cortejo da residência real. À frente seguiam vários soldados armados, seguidos por músicos. Depois, sobre uma liteira, vinha o corpo do rei, acompanhado a pé pelos seus colaboradores mais próximos e pelos familiares mais íntimos, que em sinal de luto não usavam turbante. A seguir vinham as duas esposas, em duas ricas liteiras, "mais carregadas do que ornadas de joias"[12], rodeadas por parentes, com os quais iam conversando. Fechava o cortejo uma multidão de pessoas pertencentes a todas as castas[13]. Por sua vez, o cirurgião inglês Richard Hartley Kennedy assistiu em 29 de novembro de 1825 a uma procissão que era encabeçada pelo filho da viúva, um rapaz de doze anos levando num vaso o fogo sagrado, extraído do braseiro doméstico, com o qual iria acender a fogueira para cremar o cadáver do pai e o corpo ainda vivo da mãe[14].

Em muitos casos, o corpo do marido não fazia parte do cortejo, mas ficava no local em que ocorreria a cremação, aguardando a esposa e todos os participantes da cerimônia[15]. O marroquino Ibn Battuta, que visitou a Índia em 1333, relatou que, depois de três dias "entre cantos e música, comendo e bebendo como se quisessem se despedir do mundo", as viúvas de três homens tombados em batalha desfilaram a cavalo até o local onde deveriam morrer, "todas enfeitadas e perfumadas, com um coco na mão direita como uma espécie de brinquedo e um espelho na esquerda para fitarem o rosto"[16]. O joalheiro veneziano Cesare de' Federici, que estivera no Sudeste da Ásia para adquirir pedras preciosas, descreveu uma viúva que ia "se queimar" em 1587, em Bezeneger, com as seguintes palavras: "vestida de noiva, faz-se conduzir por toda a cidade, com os cabelos soltos nas costas, enfeitada com flores e muitas joias, segundo a posição da pessoa [...] leva na mão esquerda um espelho e na direita uma frecha [flecha]"[17]. O mercador Gasparo Balbi, que viveu na Índia por muitos anos, narrou que viu em Negapatan, em 30 de outubro de 1580:

> um fosso com carvão em chamas e nesse instante uma mulher jovem e bela era levada pelos seus [parentes] sobre um escoar [uma liteira], em companhia de muitas outras mulheres, amigas suas, com grande festa, segurando na mão esquerda um espelho e na outra um limão, com o qual essa jovem brincava e, quando chegou ao fosso do fogo, fizeram-na descer da liteira para o chão[18].

Quarenta anos depois, Pietro della Valle foi testemunha de uma cena semelhante. Em 22 de dezembro de 1623, na cidade de Ikkeri, encontrou uma viúva que lhe causou viva impressão, porque, tão logo morreu o marido, decidira "queimar-se e morrer com ele". Essa mulher – escreveu em suas anotações:

> Ia passeando por toda a cidade a cavalo com o rosto descoberto: segurava numa mão um espelho e na outra um limão, não sei por que, e olhando-se no espelho, num tom lamentoso bastante comovente de se ouvir, ia não sei se falando ou cantando certas palavras, que não entendi por não conhecer a sua língua, mas me disseram que eram como que uma débil despedida do mundo e de si mesma[19].
>
> Seguravam sobre ela um guarda-sol grande, como costumam caminhar na Índia todas as pessoas de alta posição[20].

Às vezes, a viúva seguia no cortejo não a cavalo, mas num elefante ou numa liteira, carregada por oito homens, ou, se fosse de origem humilde, seguia a pé. Cercada pelos parentes, desfilava entre as duas alas da multidão. As mulheres do povo chamavam-na em voz alta, exaltavam as suas virtudes, aplaudiam, estendiam as mãos na sua direção, tentavam se aproximar. Plenamente convictas de que ela adquirira poderes sobrenaturais, imploravam a sua bênção e pediam os seus presságios. E então a *sati*, com graça suave, tentava responder a todas, para uma prenunciando muitos filhos, para outra uma vida longa e feliz, a uma terceira grandes honras[21].

O cortejo por fim chegava ao local onde, como escrevia Cesare de' Federici, "costumam fazer essas cremações de mulheres que enviuvaram"[22] e que geralmente ficava perto de um rio ou de uma lagoa, pois todos os locais com água eram considerados propícios. Ali tudo estava pronto para a fogueira, a qual, porém, assumia formas diferentes dependendo da região. Nas regiões setentrionais da Índia, fazia-se uma pira de madeira que alcançava três metros de altura. Não distante, havia mesas postas, cheias de alimentos, das quais a viúva e todos os acompanhantes se acercavam e começavam a se banquetear. Como relata de' Federici, "a mulher come com tanta alegria como se estivesse no casamento, e, depois de comer, começa a dançar e cantar"[23].

Terminadas as danças e os cantos, a viúva retirava a roupa, as joias e as flores que estava usando, doava-as às parentes ou às amigas mais íntimas e entrava no rio para se purificar. Saindo da água, cobria-se com um longo tecido amarelo (cor que, como o vermelho ou o preto, julgavam afastar os espíritos malignos)[24] ou, em outras regiões, branco, segurando na mão às vezes a erva kusa e sementes de gergelim, às vezes um coco, que erguia em silêncio ao céu para oferecê-lo à divindade. Muitas vezes mascava folhas de bétel, que as outras mulheres lhe ofereciam continuamente. Depois dava três ou sete voltas ao redor da pira, indo da esquerda para a direita, isto é, em sentido horário. Nesse ínterim, como em 1717 escreveu outro viajante, Niccolò Manucci (ou Mannuzi), o cadáver do marido, deitado "de costas sobre a pilha de madeira", "a cabeça para o Sul e os pés para o Norte", era ungido com manteiga e todos "os parentes mais próximos" lançavam-lhe "cinco ou seis grãos de arroz cru na boca"[25]. Os parentes então ofereciam à viúva sete cocos e começavam a chorar. Mas ela os consolava, dizendo-lhes – como narrou um viajante vicentino, Antonio Pigafetta – "que não chorem, pois ela vai jantar com o marido e dormir com ele naquela noite"[26]. Então se dirigia a todos os que a haviam acompanhado e lhes confiava os filhos e os parentes. Virando-se para os homens, dizia: "Vejam, senhores, as obrigações que têm para com suas esposas, que, estando elas em liberdade, queimam-se vivas com os seus maridos". Dirigindo-se às mulheres, acrescentava: "Vejam, senhoras, o que são obrigadas a fazer pelos seus maridos, a quem devem acompanhar dessa maneira até à morte"[27]. Depois subia na pira e se aproximava do cadáver do marido. Colocava suavemente a sua cabeça no colo. Acariciava-o e o beijava. Então deitava-se à sua direita. Em alguns casos, os parentes chamavam "distintamente a mulher pelo nome, perguntando-lhe se ela" queria "ir à glória" e ela respondia afirmativamente[28], e só então ateavam fogo à pira. Essa tarefa geralmente cabia ao filho mais velho ou, na falta dele, a um outro parente.

Nas regiões meridionais, o rito assumia formas parcialmente diversas. Às vezes, em vez da pira, usava-se um fosso com dez metros quadrados de área por três metros de profundidade, onde se colocava grande quantidade de lenha. Quando se acendia o fogo – narrava Jean-Baptiste Tavernier em 1676 –, levava-se o corpo do marido até a borda do fosso e então vinha a mulher, "dançando e mascando o seu bétel". A mulher dava três voltas ao redor do fosso, a cada vez beijando parentes e amigos. Ao término da terceira volta, os brâmanes lançavam o corpo do defunto ao fogo e empurravam a esposa virada de frente, para cair de costas dentro da vala[29].

5.3 Os efeitos da poligamia

No décimo nono volume da sua *Biblioteca histórica*, Diodoro Sículo narra com extraordinária vividez um episódio que se deu por ocasião da morte de

Ceteu, comandante dos soldados indianos que haviam participado com Eumenes, na primeira das guerras entre os diádocos, travada entre 319 e 315 a.C.[30]

Conta Diodoro que Ceteu tinha duas esposas, que o haviam seguido no campo de batalha: uma mais jovem e casada pouco tempo antes; a outra mais velha e casada com ele há alguns anos. "Ambas o amavam carinhosamente." Presentes ao funeral do marido, disputaram ardorosamente "o direito de morrer com ele", "como se se tratasse de uma recompensa suprema". Ambas apelavam a uma mesma lei, que permitia à esposa, em caso de morte do cônjuge, segui-lo na fogueira. Mas, nesse caso, as esposas eram duas e cada qual podia sustentar seu título a isso: a mais velha, o maior prestígio, e, portanto, os direitos mais sólidos que decorriam da sua idade; a mais jovem, o fato de que a outra estava grávida e, portanto, como a norma explicitamente previa, esperava-se que ela tutelasse a vida do filho ou da filha.

A decisão é confiada aos generais do exército, os quais, determinando que, se se confirmasse a condição de gravidez da primeira, exoneram-na do exercício do seu direito, não sem lhe provocar um violento desespero: com efeito, depois de ouvir a sentença, ela retira o diadema da cabeça e começa a arrancar os cabelos, soluçando violentamente, "como ao anúncio de uma grande desgraça". A outra, por sua vez, tomada por uma absoluta alegria, encaminha-se para o local da cerimônia, rodeada pela família, que lhe cinge a cabeça com faixas e entoa cânticos de louvor em sua honra: vestem-na com extrema elegância, e, seguida pelos familiares, é como se se dirigisse ao próprio casamento. Chegando perto da pira, em cujo topo jaz o cadáver de Ceteu, a jovem retira as inúmeras joias que traz e as distribui entre parentes e amigos, como lembrança sua; abraça-os e então, com a ajuda do irmão, sobe na pira e se deita ao lado do marido. A seguir, todo o exército dá três voltas rituais em torno deles e depois disso ateia-se o fogo. Enquanto as chamas ganham com extrema rapidez a pira, a jovem mulher se mantém em silêncio, sem emitir nenhum lamento.

Outras fontes fornecem informações diferentes das de Diodoro Sículo sobre os direitos das viúvas de famílias poligâmicas. Alguns viajantes relataram que somente a primeira esposa gozava o privilégio de poder se imolar. Segundo alguns outros, nenhuma mulher podia se subtrair a esse dever.

> O rei da nobre cidade de Bisinigar – escrevia Nicolò di Conti no final do século XV – é muito poderoso e excede todos os outros reis da Índia e toma até doze mil mulheres, das quais quatro mil o seguem a pé aonde quer que vá, e não têm outra ocupação a não ser o serviço da sua cozinha, e outras tantas cavalgam atrás dele honrosamente montadas em cavalos muito bem equipados. As demais são transportadas por carregadores em ricas liteiras e consta que ele tem por esposas duas mil delas, sob a condição de que, à sua morte, elas se queimem voluntariamente com ele, o que é tido e reputado como grande honra[31].

Embora os costumes nesse campo variem conforme as regiões da Índia e tenham mudado no decorrer do tempo, tudo leva a pensar que os relatos citados se referissem a casos extremos ou contivessem algum exagero. Segundo o hinduísmo, o princípio da poligamia valia também para o outro mundo e todas as outras encarnações e, portanto, é improvável que o direito de subir na pira do marido fosse concedido somente a uma viúva. Esta, no máximo, podia gozar de algum privilégio apenas na forma de celebração do rito. Assim, por exemplo, segundo Nicolò di Conti, se o marido possuía várias esposas, "aquela que lhe era mais querida e favorita abraça-o pelo pescoço e arde junto com ele; as outras esposas se lançam depois ao fogo assim aceso"[32]. Mas a decisão se subir ou não na pira era tomada individualmente por cada uma das viúvas de uma família poligâmica, com os limites previstos também para os casais monogâmicos: não podiam fazê-lo se fossem muito jovens, se estivessem grávidas, se tivessem filho pequeno ou estivessem no período menstrual[33].

Muitos documentos mostram que outras mulheres renunciavam à própria vida durante esse rito[34]. Em 1724, quando morreu o rajá Aijtsingh de Marwar, imolaram-se sessenta e quatro mulheres. Em 1799, à morte de um brâmane que tinha mais de cem esposas, a pira fúnebre ardeu por três dias, consumindo trinta e sete delas. Não sabemos com que frequência isso ocorria. Contudo, segundo os dados da administração inglesa para o período 1815-1828, em 98,4% dos ritos apenas uma mulher se matava. Não temos como saber se essa parcela aumentou no decorrer do tempo. Mas o certo é que, tanto no início do século XIX quanto nos séculos anteriores, as famílias poligâmicas não eram frequentes, visto que os homens que podiam se permitir ter várias esposas constituíam uma ínfima minoria.

5.4 Cerimônias fúnebres e nupciais

O *sati*, para os inúmeros viajantes europeus que o observaram com os próprios olhos desde as últimas décadas do século XV até meados do século XIX, sempre se afigurou como um costume obscuro e indecifrável, antes mesmo que bárbaro. Oriundos de países onde o suicídio era condenado como o pior dos crimes e era praticado em segredo e solidão, certamente esses homens tinham dificuldade em entender que o *sati* fosse encorajado, louvado e celebrado com festas, cantos e danças na Índia. O que dificultava ainda mais a compreensão era a grande quantidade de símbolos rituais com que não tinham nenhuma familiaridade. Por que – perguntava-se Pietro della Valle – a viúva ia morrer segurando na mão um espelho e um limão? Por que – perguntava-se Gasparo Balbi – brincava com esse limão? E por que essa mulher e os seus acompanhantes se dirigiam ao local da dupla cremação com um sorriso nos lábios ou – como observava Cesare de' Federici – "com tanta alegria como as *novizi in trasto* [as noivas em gôndolas] em Veneza"?[35].

A cerimônia que os europeus viam com espanto era, sem dúvida, fúnebre. Sob os seus olhos desenrolava-se uma série complexa de ritos de passagem, articulados nas fases de separação, transição ou de margem e de agregação, que previam limitações e proibições (porque, segundo as crenças hinduístas, todo contato com a morte torna o indivíduo ritualmente impuro)[36]. Era nos rituais fúnebres que se usavam os cocos. Uma nora colocava um coco aos pés do defunto. Os parentes distribuíam cocos antes que o cadáver fosse colocado na pira. Era com um coco que o filho começava a "quebrar o seu crânio", até que a alma pudesse escapar[37]. O limão, por sua vez, era um amuleto, que servia para proteger a viúva, na transição em que se encontrava, contra os espíritos do mal[38].

Mas os europeus que assistiam ao *sati* geralmente não sabiam que o que tinham diante de si era também um rito nupcial. A mulher que ia se imolar colocava as roupas, as joias e as flores justamente para se unir ao marido em mais um matrimônio. Era isso o que a fazia feliz e lhe permitia desfilar num cortejo com a graça, a serenidade e a "alegria" que tanto surpreendiam os observadores europeus. E era a essas núpcias que se referiam os "estranhos" objetos que a mulher levava consigo. O espelho que segurava na mão esquerda relembrava o espelho que o marido lhe dera no momento das núpcias como presente de bons augúrios, para que ela pudesse contemplar aquela imagem de si mesma que a tradição considerava como parte da alma[39]. A flecha de bambu que levava na direita não era diferente daquela que, em certas castas ou em certas regiões, segurava na mão ao se casar[40]. E os próprios cocos eram usados não só nas cerimônias fúnebres, mas também nas bodas, porque trocar cocos era a forma de selar a promessa de matrimônio no Rajastão. Enfim, muitos gestos que a mulher realizava no local da cremação eram uma réplica dos realizados nas núpcias. Agora doava ornamentos e joias aos parentes e amigas, como havia feito por ocasião do matrimônio. Agora também girava sete vezes ao redor da pira, tal como nas primeiras núpcias dera sete passos junto com o marido, sempre em sentido horário, ao passo que, por vezes, o rito fúnebre prescrevesse o movimento em sentido contrário[41]. Agora também se unia ao marido no novo leito que lhe fora preparado, a pira, os corpos lado a lado, os rostos voltados um para o outro. Naquela pira em que o fogo queimaria não um morto e uma viva, mas um corpo único, feito de duas metades inseparáveis[42]. As cinzas dos dois cônjuges se misturariam, uma vez mais reafirmando simbolicamente aquela unidade que se formara com o fogo nupcial.

5.5 Por amor ou a força

Por séculos, os estrangeiros que entraram em contato com a Índia se perguntaram se a imolação das viúvas na pira do marido era fruto da liberdade de escolha ou de uma coerção. Não raro encontravam resposta às suas indagações assistindo ao rito, observando atentamente a expressão dos rostos e os gestos dos principais atores. Ibn Battuta relatou que em Amjari, em 1333, uma mulher que queria se imolar, ao perceber que alguns homens seguravam um cobertor diante da fogueira, quase como se quisessem escondê-la, arrancou-o das mãos deles e disse, "sorrindo": "Pensam que eu me assusto com o fogo? Sei muito bem que é fogo!" E, "unindo as mãos por sobre a cabeça, em sinal de respeito pelo fogo", lançou-se dentro dele[43].

No início do século XVI, descrevendo ciosamente a cerimônia, Duarte Barbosa relatou que a viúva fazia tudo "com atitude e rosto tão alegres e de boa vontade como se não fosse morrer"[44]. "Não acreditem, porém", escreveu Ludovico de Varthema em 1535, dirigindo-se aos leitores desconcertados do seu país, "que ela esteja de má vontade; pelo contrário, parece-lhe que agora será levada ao céu"[45]. Em meados do século XVII, François Bernier, um médico francês que viveu durante doze anos na corte de Aurangzeb, o sexto imperador mogul da Índia (1658-1707), ficou impressionado com o comportamento da viúva, com "a inumana coragem e a feroz alegria que iluminavam seu rosto, a determinação com que se movia, deixava-se preparar, dirigia a palavra ora a um, ora a outro, a segurança e a indiferença com que nos olhou"[46]. Em 1770, o viajante holandês Stavorinus fez observações semelhantes:

> O que mais me surpreendeu nesse rito horrível e bárbaro foi a tranquilidade dessa mulher e a alegria expressa pelos seus parentes [...]. A desafortunada vítima, que observara os preparativos da morte cruel à qual estava destinada, parecia muito menos impressionada por esse espetáculo do que nós europeus que estávamos presentes[47].

Dez anos depois, William Hodges, tendo observado atentamente a celebração de um desses ritos, escreveu que a viúva "aparentava a maior calma" e que, poucos instantes antes de se imolar, dirigindo algumas palavras aos participantes, não havia "mostrado o menor nervosismo"[48]. Em 1810, um correspondente do *Times* de Londres, que assistira a uma dessas cerimônias, ficou surpreso com a "solidez dos nervos e a perfeita calma" com que a viúva subira na pira do marido[49].

Outras vezes, o encontro casual com uma viúva, muitas horas antes que iniciasse a cerimônia, e as suas conversas com os outros é que conseguiam satisfazer a curiosidade dos viajantes europeus. Em Patna, em meados do século XVI, Jean-Baptiste Tavenier estava, com alguns holandeses, junto com o governador da cidade (um muçulmano que tentava desencorajar o *sati*) quando chegou uma mulher fascinante de cerca de vinte e dois anos de idade que, em tom decidido e resoluto, pediu permissão para se imolar com o corpo do marido morto. O governador tentou dissuadi-la e, diante da sua obstinação, perguntou-lhe se sabia o tormento que lhe infligiria o fogo e se alguma vez já lhe acontecera queimar a mão. "Não, não", respondeu-lhe a mulher, com mais firmeza do que antes, "não tenho nenhum medo de fogo; para ver, basta mandar trazer uma tocha acesa". Quando enfim a tocha chegou, a mulher correu até ela, manteve a mão sobre a chama sem o menor esgar e estendeu o braço até o cotovelo para queimá-lo[50]. Em 1823, um correspondente do *Times* de Londres, que tentara dissuadir uma viúva indiana de se imolar, escreveu que ela o ouvira com toda a calma e lhe agradecera, mas reafirmara a sua intenção de subir na pira do marido; o correspondente acrescentou: "verifiquei o seu pulso e senti que estava muito mais calmo do que o meu"[51].

Outras vezes ainda, o que ajudava os viajantes europeus a entenderem os costumes hinduístas era ouvir como certas viúvas haviam chegado à decisão de se imolar. Souberam que algumas tinham visto em sonhos que o marido morrera longe, em guerra ou numa viagem perigosa, e ao acordarem, mesmo à falta de outras informações, haviam decidido se imolar com o *anumarana* (o "morrer depois"). Agiam assim devido a certas crenças hinduístas que estabeleciam, em primeiro lugar, que as imagens oníricas correspondiam à realidade e, em segundo lugar, que o sonho indicava a culpa dos vivos em relação aos mortos. Os viajantes também ficavam sabendo que outras mulheres, logo após a morte do marido, sentiam-se à mercê de uma força sobrenatural, obscura e incontrolável, sentiam um fogo interior, começavam a tremer e emitir um fluxo incessante de palavras: "estou prestes a comer o fogo", "estou prestes a seguir o meu marido", "sat, sat, sat"[52].

Assistindo ao *sati*, Pietro della Valle notara que a viúva subia na pira "com o rosto tranquilo e constante, sem lágrimas, mostrando mais dor pela morte do marido do que pela sua própria e mais desejo de ir encontrá-lo no outro mundo do que dor por partir deste"[53]. Mas, quase como que desconfiando das próprias impressões, Della Valle decidira reunir outras informações. Assim, ao saber que uma mulher, que enviuvara alguns dias antes, queria se imolar, fez o possível para encontrá-la, acompanhado por um intérprete. Em 22 de novembro de 1623 foi visitá-la e, como um antropólogo moderno, observou atentamente o local em que ela morava e os movimentos e interações das pessoas que lhe eram próximas, decidindo então manter uma longa conversa com ela.

Encontrou-a num pátio, sentada com outras pessoas, com as quais "conversava e ria de muito bom grado". Era uma mulher de uns trinta anos, "de cor bastante escura", de belo aspecto, alta e bem proporcionada. Estava vestida de branco, com a cabeça coberta de flores, "das quais também tinha uma grinalda feita como raios de sol, em suma, vestida de noiva, com o seu limão na mão". Levantou-se e foi afavelmente ao encontro do viajante italiano e do seu acompanhante e conversou com eles por muito tempo. Disse que se chamava Giaccamà, que o marido era um tocador de tambor e que morrera já fazia dezoito dias, deixando, além dela, outras duas esposas. Essas últimas haviam imediatamente esclarecido que não pretendiam se matar de maneira nenhuma, porque tinham muitos filhos. Sabendo que a própria Giaccamà tinha um menino de sete anos e uma filha um pouco maior, Pietro della Valle lhe perguntou os motivos da sua decisão.

> Respondeu-me que os deixava bem encaminhados aos cuidados de um tio seu, que estava ali presente, o qual também conversava alegremente conosco, como que apreciando que a sua parente praticasse aquela ação; e que as outras duas esposas restantes do seu marido também cuidariam deles.

Mencionando a pouca idade dos filhos e o estado em que os deixava, o viajante italiano tentou por muito tempo convencer a viúva a recuar da sua decisão, mas não conseguiu.

> Ela me respondeu a todas as razões sempre com o rosto não só muito intrépido e constante, mas também alegre, e falando de uma maneira que mostrava não dar a mínima importância a isso. Disse-me ainda, tendo eu perguntado, que agia assim por vontade própria, em liberdade, e não forçada nem persuadida por ninguém[54].

Pietro della Valle resignou-se, mas acrescentou "que lhe prometia, no que dependesse da minha fraca pena, que o seu nome se tornaria imortal no mundo". Assim escreveu três sonetos em honra a Giaccamà com o título *De uma mulher que se queimou viva pela morte do marido* (poemas estes que foram reencontrados em data recente)[55]. Num deles lemos, entre outras coisas:

> E, como é costume deles, queimou-se
> Pouco depois de extinto e queimado
> O marido; sem ele não deseja viver
> Ó amor digno de fama, e que aqui
> Ao menos seja celebrado[56].

Outros testemunhos, vividos em períodos históricos diferentes e com um profundo conhecimento dos costumes hinduístas, também mostram que a imolação das viúvas indianas na pira do marido costumava ser fruto de livre-escolha[57]. Em 1978, uma estudiosa indiana engajada de longa data no movimento de liberação das mulheres, para alertar as colegas ocidentais quanto às interpretações ideológicas do *sati*, recordou que uma trisavó sua se fez cremar viva, abraçada ao cadáver do marido, embora o rito fosse proibido pelas autoridades britânicas. Essa mulher não só decidiu com a maior liberdade, mas teve também de vencer a oposição dos filhos e dos netos que, preocupados com as consequências jurídicas do seu gesto, fizeram de tudo para dissuadi-la[58].

Isso não exclui que, em certo número de casos, o *sati* resultasse de coerção. A própria Giaccamà respondeu a Pietro della Valle, que lhe perguntara se as viúvas indianas eram forçadas a se imolar, que "normalmente" isso não ocorria. Admitiu, porém, que havia algumas exceções "entre pessoas de posição":

> Quando uma mulher enviuvava muito jovem e bela, mas com o perigo de querer casar novamente, o que entre eles é motivo de

grande vergonha, ou de cometer outro erro; nesse caso, os parentes do marido, se fossem muito detalhistas, obrigavam-na a se queimar, mesmo que ela não quisesse, para evitar as desordens que poderiam ocorrer caso continuasse viva[59].

As mulheres eram então drogadas ou amarradas à pira ou contidas com hastes grandes e fortes de bambu[60]. Ninguém sabe com precisão com que frequência isso acontecia. É possível, porém, que os casos de *sati* forçado tenham aumentado nas primeiras décadas do século XIX, quando esse costume estava lentamente começando a perder legitimidade.

Mas, mesmo quando uma viúva decidia livremente se imolar, havia sempre o perigo de que, diante do fogo, fosse tomada pelo medo e fugisse. Como isso seria uma desonra para ela e a sua família, tomavam-se várias precauções. Nesses casos, cabia um papel de primeiro plano aos brâmanes. Eram eles que, como escrevia no início do século XV Nicolò di Conti, ficavam perto da viúva nos momentos cruciais da cerimônia, reconfortando-a "com boas palavras, persuadindo-a" a não se deixar assustar pela morte e, pelo contrário, a "desprezar a vida presente", por ser "breve e vã", prometendo-lhe que, depois da morte, teria "com o marido muitos prazeres, infinitas riquezas e vestes preciosas, além de inúmeras outras coisas"[61]. E eram eles que, quando a mulher entrava no rio para se purificar, não a perdiam de vista nem por um segundo, para evitar que preferisse se afogar em vez de morrer no fogo.

Outras precauções visavam a diminuir o sofrimento ou evitar a fuga no último instante. Frequentemente a viúva espargia um vaso de óleo sobre a cabeça e o corpo. Além disso, depois de se lançar ao fogo, escrevia Ludovico de Varthema, "os parentes em grupo batem nela com bastões e com algumas bolas de pez. E isso faz com que ela acabe morrendo mais cedo"[62]. Às vezes, era o grupo dos parentes, amigos e conhecidos, que se juntava ao seu redor para impedi-la de escapar. Como escreveu Nicolò di Conti:

> Se alguma sente medo em fazer isso, pois às vezes sói acontecer que, vendo as outras que estão no fogo fazerem gestos estranhos e se lamentarem, parecendo que querem sair e devido a esse medo

horrível às vezes desfalecem, as pessoas presentes que estão próximas ajudam-na a se lançar no fogo, ou seja, jogam-na contra a sua vontade e a força[63].

5.6 Suicídios condenados e admirados

A ideia de que o suicídio altruísta dominava nas "sociedades primitivas", proposta por Durkheim e por muitos outros estudiosos, não encontra confirmação na história da Índia por dois motivos diferentes[64]. Em primeiro lugar, porque esse país teve no passado um enorme repertório cultural de formas de morte voluntária, devido ao significado que lhes era atribuído, os juízos morais que as cercavam, os ritos celebrados durante ou logo após a sua realização. Em segundo lugar, porque quanto mais se recua no tempo (em direção a uma sociedade mais "primitiva" e com um maior grau de subordinação do indivíduo ao grupo), tanto menor é a importância do *sati*. Comecemos pelo primeiro ponto.

Por séculos, na Índia, algumas formas de morte voluntária foram moralmente condenadas e punidas; outras, pelo contrário, eram admiradas e encorajadas, dependendo do motivo pelo qual as pessoas tiravam a vida, o local em que isso acontecia, o gênero, o estado civil e a casta de quem o fazia[65]. Assim, aprovava-se e honrava-se a mulher que se imolasse na pira do marido morto, mas censuravam-na se o fizesse sendo solteira ou casada e sob o impulso de uma forte emoção. Usavam-se termos diferentes para designar essas formas de morte voluntária. Falava-se de *atmahatya* e *atmatyaga* se o suicídio era condenado, de *tanutyaga* e *dehatyaga* se, pelo contrário, era aprovado[66].

Kautilya, um influente estadista e filósofo político indiano que viveu entre o II e o I século a.C., numa coletânea das principais normas morais do seu tempo, julgava severamente as pessoas que tiravam a própria vida:

> Se um homem ou uma mulher, tomados por amor, por ira ou qualquer outra paixão pecaminosa, mata-se ou leva outra pessoa a fazê-lo, com cordas, armas ou veneno, será arrastado com uma corda pelas ruas pelas mãos de um *candala* [intocável]. Para esses assassinos, não se realizaram ritos de cremação nem de outra

espécie. Qualquer familiar que celebre um rito fúnebre para esses desgraçados será privado do seu próprio funeral e abandonado por amigos e parentes[67].

Alguns textos do século V diziam que o gesto de quem se matava com veneno, com fogo, enforcando-se, afogando-se ou se atirando de um penhasco devia ser considerado um pecado muito grave[68]. Dois séculos depois, outras insignes vozes sustentaram que o homem ou a mulher que tirasse a própria vida por orgulho, ira, dor ou medo era condenado "às trevas do inferno por seis mil anos"[69].

A comunidade reagia de modos muito diferentes quando alguém se matava por esses motivos e quando uma viúva se imolava na pira do marido. No primeiro caso, às vezes retirava-se o seu cadáver por uma cavidade aberta na parede da casa. Era humilhado e ultrajado e, como dizia Kautilya, não podia ser cremado nem enterrado. Os enlutados giravam ao seu redor não em sentido horário (como nos casos de morte natural), mas anti-horário[70].

Mas, além do *sati*, havia muitos outros tipos de suicídios permitidos e louvados. O mais antigo, previsto em dois dos últimos Upanixades (as escrituras sagradas do hinduísmo), era a "longa viagem" que podia empreender o *sannyasin*, aquele que ingressa no estágio final da vida e renuncia a todos os bens materiais para se dedicar apenas à sua jornada espiritual. Nesse caso, esperava-se não que ele atentasse contra si mesmo, mas que tomasse o caminho rumo ao Norte, em direção às montanhas do Himalaia, sem beber nem comer nada, ou que caísse de um alto penhasco[71]. Também se admitia o suicídio que se cometesse ao término de uma peregrinação, na antiga Prayag, situada na confluência dos dois rios sagrados mais importantes, o Ganges e o Yamuna, além de um terceiro, o invisível e misterioso Sarasvati[72]. Admitia-se também o suicídio de quem estava tão doente que não conseguia mais realizar os principais ritos de purificação ou que cometera um pecado tão grave que não podia expiá-lo de nenhum modo[73], ou que fora condenado à morte. Já Marco Polo contava que na Índia, "quando um homem cometeu um verdadeiro malefício pelo qual deva perder a vida, e esse homem diz que quer se matar por amor e por honra a tal ídolo, o rei lhe diz que lhe agrada"[74]. Mas muitas outras fontes indicam que o suicídio expiatório do criminoso era admitido[75]. Mesmo os reis, depois da abdicação, podiam tirar a vida lançando-se à água (às vezes em Prayag) ou ao fogo[76]. Havia, por fim, o costume do *jauhar*, segundo o qual, diante de um insucesso militar, os homens combatiam até à morte, enquanto as esposas e às vezes também os filhos, para evitar a desonra e não caírem prisioneiros dos inimigos, matavam-se com a espada ou lançando-se ao fogo[77].

Todos esses tipos de suicídios permitidos ou admirados têm em comum dois traços característicos: ocorrem quando a vida chega ao final e por motivos puramente individuais[78]. O *sati* é avaliado de maneira positiva porque a vida de uma mulher (englobada na do marido) chega ao término quando ele desaparece e porque é realizado para permanecer perto dele. Analogamente, o *jauhar* da população de uma cidade derrotada ou o suicídio de um *sannyasin*, de um peregrino que se dirige a Prayag ou de um rei após a abdicação ocorrem quando a sua existência chegou ao fim e por motivos não só individuais. Por outro lado, a morte voluntária por uma desilusão amorosa de uma mulher casada ou a de um homem por um fracasso econômico são condenadas porque indevidamente põem fim a uma vida ainda em pleno desenvolvimento e porque são realizados por motivos puramente pessoais.

A escolha de uma dessas formas aprovadas de suicídio é considerada irreversível. Quem, depois de ter anunciado o seu propósito, muda de ideia, renuncia, volta atrás, comete um pecado gravíssimo e enfrenta a punição divina, a desonra da sua família e o desprezo dos outros[79]. É por isso, para garantir que se mantenha fiel ao seu compromisso, que os brâmanes empurram a viúva recalcitrante para a pira. Mas a regra da irreversibilidade diz respeito também à decisão de um *sannyasin* ou de um peregrino que se dirige a Prayag. Também para eles, qualquer recuo equivale a matar um brâmane, ou seja, a cometer o crime mais grave.

Há, porém, uma exceção à regra de que a pessoa pode tirar a própria vida ao chegar ao final da vida, e por motivos não puramente individuais. Aos brâmanes, que encarnam e defendem a pureza ritual, reservava-se o direito de se matar como represália contra alguém que teria sido injusto[80]. Conta-se, por exemplo, que alguns se mataram contra o Rei Rajput, amaldiçoando-o quando estavam à morte, porque ele lhes impusera o pagamento de um tributo que consideravam injusto, ou que uma jovem de uma família de brâmanes se ateou fogo contra outro rei que a havia seduzido[81]. Com o tempo, esse costume foi retomado também pelos pertencentes a outras castas. Na Índia Meridional, algumas estelas de pedra representando um homem enquanto corta a própria garganta lembraram por séculos o suicídio de vingança realizado por numerosos súditos contra o Rei Warangal, porque ele não mantivera o compromisso de pagá-los com ouro por terem cavado um grande fosso[82].

Disso nasceu provavelmente o uso do "sentar-se em *dharna*", segundo o qual um credor ou, mais amiúde, a vítima de um abuso começava a jejuar diante da porta da casa do devedor ou do ofensor, ameaçando abster-se de alimento enquanto as suas demandas não fossem acolhidas[83]. Às vezes, colocava um pedra em cima da cabeça, às vezes trazia consigo as armas e o veneno. Essa forma de pressão moral era exercida também por intermédio de um brâmane, porque causar a morte (por inanição) de um sacerdote constituía um crime muito grave. Assim, por exemplo, quando os pais de uma noiva prometida temiam que o noivo quisesse deixá-la, recrutavam um brâmane e faziam com que ele começasse o jejum em defesa da filha[84].

Existiram na sociedade indiana outras formas de suicídio contra terceiros. Segundo alguns viajantes, no século XVIII, no Reino de Marana, quando um dos contendentes se matava durante uma briga, o outro era obrigado a fazer o mesmo. Se uma mulher que sofrera uma afronta quebrasse a cabeça contra a porta de quem a ofendera, este devia proceder da mesma forma. Se se envenenasse, a pessoa que causara a morte também devia fazer o mesmo. Se esta última se subtraísse ao seu dever, enfrentava sanções rigorosíssimas: era maltratada de mil modos, incendiavam a sua casa, matavam o seu rebanho[85].

Portanto, na antiga Índia, quando o grau de subordinação do indivíduo ao próprio grupo era maior, havia formas muito variadas de suicídio, muitas das quais não tinham nada de altruísta.

5.7 Origem e difusão do uso do *sati*

Passando ao segundo ponto, não sabemos exatamente quando nasceu o uso do *sati*. Sabe-se, porém, que nunca é mencionado pelos *Brahmana*, os textos sacerdotais redigidos entre 1500 e 700 a.C., nem pelos *Grihyasuta*, que descrevem meticulosamente as cerimônias domésticas e foram redigidos entre 600 e 300 a.C.[86] Estes últimos, aliás, ao tratar dos ritos fúnebres, ressaltam que a viúva, após a cremação do marido, devia ser acompanhada de volta a casa pelo cunhado ou por um serviçal de confiança e que lhe fosse desejada uma longa e próspera vida. É depois do século III a.C. que aparecem as primeiras indicações da existência do *sati*, isto é, precisamente quando, segundo alguns estudos, a posição social da mulher começou a declinar[87]. É então que as leis mencionam pela primeira vez a *sahagamana*, indicando que a mulher, após a morte do marido, deveria viver sem descanso ou se imolar na sua pira. Contudo, essas normas previam a *sahagamana* como um direito, não como uma obrigação[88].

Os primeiros testemunhos a esse respeito provêm dos historiadores que, nos séculos IV e III a.C., narraram os feitos de Alexandre Magno e a sua conquista da Índia: Onesícrito, Aristóbulo, Estrabão e depois Diodoro Sículo[89]. É a este último que devemos a primeira e mais curiosa explicação da origem de tal costume. Segundo Diodoro Sículo, o *sati* nascera para proteger os homens contra as ameaças das esposas, quando elas começaram a envenená-los para mudar de parceiro. Assim:

> Tornando-se habitual essa corrupção, e tendo morrido muitos homens dessa maneira, e visto que a punição das culpadas dos crimes não podia impedir que outras cometessem outros crimes, estabeleceram uma lei pela qual as mulheres deviam ser queimadas junto com seus maridos defuntos, à exceção das grávidas e das que tinham filhos pequenos[90].

Com algumas variantes, essa explicação foi repetida incontáveis vezes pelos europeus que discorreram sobre a Índia[91]. Por exemplo, Cesare de' Federici escreveu:

> Antigamente fez-se essa lei para tomar medidas contra os muitos homicídios que as mulheres cometiam contra os seus maridos, pois, por qualquer desgosto que sentissem contra eles, envenenavam-nos para tomar outro; com isso, essa lei as tornou mais fiéis aos maridos e fez com que as vidas dos maridos ao lado das delas lhes fossem queridas, pois com a sua morte seguia-se a delas também[92].

Outras duas hipóteses (não necessariamente concorrentes) sobre as origens e a fortuna do *sati*, apresentadas por alguns estudiosos, parecem mais convincentes. A primeira sustenta que ele nasceu do antigo costume dos soberanos e dos senhores de levarem, após a morte, todos os bens mais preciosos e mais úteis, as roupas, as armas, os cavalos e, portanto, também as esposas. A segunda afirma que ele se desenvolveu nas famílias dos guerreiros, que atribuíam enorme importância ao heroísmo e esperavam que, se o marido morresse no campo de batalha, a esposa se imolaria bravamente para não cair nas mãos do inimigo. Para estabelecer a validade dessas e de outras hipóteses e, de modo mais geral, para apreender plenamente o significado que o *sati* assumiu e manteve por séculos, é necessário examinar a sua trajetória nos grupos dos diversos níveis da complexa hierarquia social indiana, desde o momento em que surgiu pela primeira vez nesses grupos e as diferentes formas de difusão que teve a seguir.

A sociedade indiana se articulava, no passado, em quatro grupos de castas. No topo estavam os brâmanes, originalmente magos, bruxos, depois sacerdotes e homens de cultura, com uma instrução puramente literária, caracterizada pela memorização dos textos sagrados (os *Vedas*). Depois vinham os *ksatriyas*, a casta dos cavaleiros e dos guerreiros, cuja função era a de proteger militarmente a população. Seguiam-se os *vaishya*, o conjunto de comerciantes, agricultores e pastores. Na base dessa pirâmide havia a casta dos *shudra*, composta de trabalhadores, empregados domésticos, doceiros, oleiros, vendedores de perfumes e óleos.

O *sati* nasceu entre os *ksatriyas*, isto é, numa casta alta, mas não no topo da hierarquia social[93]. A essa casta pertencia Ceteu, o comandante dos soldados indianos comentado por Diodoro Sículo, bem como os guerreiros tombados em batalha cujo funeral nos foi descrito por Ibn Battuta cerca de mil e seiscentos anos depois. A ela pertenciam muitos maridos representados nas estelas funerárias, como homens a cavalo, com lança e couraça, acompanhados pela esposa ou esposas com os braços cruzados no peito[94]. Por muitos séculos, o costume do *sati* ficou restrito a essa casta. A autoimolação das viúvas era então considerada uma ação heroica, análoga à dos maridos na guerra. Ainda hoje, entre as mulheres do Rajastão, costuma-se dizer que o leão, à diferença dos outros animais, gira em volta do fogo, mas a leoa salta dentro dele[95]. O significado desse antigo provérbio é claro: tanto os homens quanto as mulheres do Rajput são leões e têm uma coragem extraordinária, mas elas têm até mais coragem do que eles. De fato, enquanto os homens arriscam a vida no campo de batalha, as mulheres, ao subirem na pira, vão ao encontro da morte certa.

O suicídio ritual das viúvas foi por muito tempo proibido às mulheres dos brâmanes[96]. Algumas normas estabeleciam, aliás, que quem favorecesse o sacrifício dessas mulheres na pira do marido devia ser considerado "culpado do assustador e inexpiável homicídio da esposa de um brâmane"[97]. Por volta de 1000 d.C., mais de treze séculos depois de surgir pela primeira vez na casta dos *ksatriyas*, o *sati* começou a ser seguido por algumas famílias dos sacerdotes. A antiga proibição foi reinterpretada e aplicada somente à *anumarana*, isto é, ao "morrer depois", passando-se a considerar legítimo o *sahagamana* ("ir com")[98]. Passados alguns séculos, o *sati* se difundiu também nas castas médias e inferiores, chegando até as mais baixas, que compreendiam os espremedores de óleo, os pastores, os tecelões, os curtidores e os tocadores de tambor (nesta última, como vimos, incluía-se o marido de Giaccamà)[99]. Segundo os dados reunidos pela administração britânica, quase 40% das viúvas que se imolaram entre 1815 e 1826 eram esposas de brâmanes, 6% de *ksatriyas*, 4% de *vaishya* e 50% de *shudra*[100].

Assim, esse campo também abrigou aquele processo de "sanscritização" (como foi várias vezes chamado) por meio do qual os pertencentes às castas inferiores mudam de atitude, estilos de vida, ideologia e rituais, procurando imitar e adotar os elementos de uma casta superior, tomada como modelo. Apesar disso, o *sati* sempre teve maior difusão no topo da hierarquia social. Levando em conta o diferente peso numérico dos quatro grupos de castas, é fácil chegar à conclusão de que os brâmanes (que eram de 5% a 10% da população) o adotavam com frequência muito maior do que os *vaishya* ou os *shudra*. Além do mais, o *sati* estava tão profundamente arraigado nas famílias das castas mais elevadas que elas continuavam a segui-lo mesmo quando migravam para outro país. Assim, por exemplo, quando um rico mercador indiano morreu em 1722 no Astracã, na Rússia, as autoridades locais proibiram que a viúva se imolasse com ele. Como protesto, todos os comerciantes indianos que viviam naquela região ameaçaram ir embora, transferindo as suas empresas, e só assim concedeu-se então permissão para realizar o *sati*[101].

Com a sua consolidação progressiva, o *sati* assumiu outra natureza. Se de início, quando era seguido apenas pelos *ksatriyas*, ele tinha um significado exclusivamente heroico, a seguir, conforme penetrava nas outras castas, passou a assumir cada vez mais um caráter religioso e se tornou um rito bramânico, uma forma de culto para toda a população hinduísta[102]. Essa mudança é assinalada pela multiplicação dos monumentos comemorativos depois de 1300 d.C. Eram, às vezes, paredes ou portas sobre as quais (como vimos) a viúva deixava a marca da sua mão direita antes de se encaminhar para o local do sacrifício. Outras vezes, eram estelas funerárias, placas de pedra fixadas verticalmente no terreno, com inscrições ou decorações. Ali, muitas vezes, esculpiam-se a mão direita e o antebraço da mulher que se imolara, com o sol e a lua, símbolos de eternidade[103], e com a suástica, que era um amuleto[104].

Além dessa difusão social, o *sati*, com o decorrer do tempo, teve também difusão territorial. Nasceu, sem dúvida, na Índia Setentrional e em especial na Caxemira, talvez por ser – como observaram alguns estudiosos – mais próxima da área da Ásia Central onde viviam os citas (nômades de origem siberiana, cuja civilização se desenvolveu entre os séculos VIII e IV a.C. na região eurasiática), entre os quais parecia ser muito comum. Mas houve também resistências e oposições. Ainda no século VII d.C. o poeta Bana afirmava que "morrer depois do bem-amado é absolutamente vão. É um costume seguido pelos loucos. É um erro cometido num momento de arroubo"[105]. Também Medhatithi, o influentíssimo comentador das "leis de Manu", que viveu entre os séculos VIII e IX, condenou o *sati*[106]. Muito lentamente, esse costume passou das regiões setentrionais para as áreas centrais e meridionais da Índia. A sua distribuição geográfica, porém, sempre se manteve desigual, mesmo no período da sua maior expansão. Por exemplo, em Malabar (o atual Estado de Kerala), onde havia um sistema tendencialmente matriarcal, jamais conseguiu se consolidar[107]. Ainda no início do século XIX, ele era mais difundido no Norte, nas regiões norte-ocidentais de Punjab e do Rajastão e na região norte-oriental de Bengala. Segundo os dados reunidos pela administração britânica sobre as três províncias sob seu pleno controle – Bombaim, Madras e Bengala –, entre as mais de seis mil viúvas que se haviam imolado pelo marido entre 1815 e 1825, somente 10% moravam naquelas duas primeiras, enquanto as 90% restantes residiam em Bengala. Mas, mesmo dentro desta província, havia diferenças notáveis, uma vez que a maior parte estava concentrada em Calcutá[108].

Não dispomos de dados precisos que nos permitam dizer com certeza se e em que medida houve, no decorrer do tempo, alterações no número de mulheres que se imolavam na pira do marido. Contudo, informações extraídas das datas das estelas funerárias e dos demais monumentos comemorativos, bem como de outras fontes, sugerem que a difusão do *sati* permaneceu bastante circunscrita na Antiguidade, cresceu no período medieval e alcançou o ponto mais alto na Idade Moderna, de meados do século XVII a 1829, ano em que foi proibido por lei[109].

Poucas e fragmentárias são as estatísticas disponíveis sobre o último período desse costume. Em 1803, um missionário inglês realizou uma investigação na zona que se estendia a trinta milhas de Calcutá, concluindo que, num ano, haviam se imolado 438 viúvas[110]. Segundo os dados reunidos por funcionários britânicos, na "presidência" de Bengala, de 1815 a 1828, houve 8.134 casos de *sati*[111]. Há quem sustente que, em toda a Índia, imolavam-se anualmente 100 mil viúvas. Segundo as estimativas mais meticulosas, o seu número não era, em hipótese alguma, inferior a 33 mil[112]. Portanto, podemos pensar que, somente no século XIX, antes que o *sati* fosse proibido pelas autoridades inglesas, quase um milhão de mulheres tirou a própria vida após a morte do marido. Um número sem dúvida impressionante. Mas não podemos esquecer que havia um enorme número de viúvas. Levando isso em conta, estimou-se que, na população geral, a imolação atingia cerca de uma viúva em mil, enquanto nas zonas de maior difusão desse costume havia dois casos em cem[113]. Os dados reunidos pelos funcionários ingleses contrariam a tese, sustentada por muitos viajantes, de que as mulheres que se imolavam eram frequentemente muito jovens. Apenas 3% das viúvas que se mataram após a morte do marido tinham menos de dezenove anos, enquanto a metade tinha mais de cinquenta anos (e dois terços mais de quarenta)[114].

Os primeiros dados estatísticos[115] sobre a frequência das mortes voluntárias (em todas as suas formas, inclusive as moralmente condenadas) referem-se à situação da Índia britânica em 1907, quando o costume do *sati* já estava em declínio. Naquele ano, a população daquele país (que estava prestes a alcançar 203 milhões de habitantes) tinha uma taxa de suicídio de 4,8 para 100 mil habitantes, não muito diferente da taxa da Espanha ou de Portugal, da Itália ou da Irlanda[116.] O mais importante é que na Índia, ao contrário do que sempre ocorreu na Europa, em 1907, as mulheres se matavam com muito mais frequência do que os homens e em algumas províncias a diferença entre as primeiras e os segundos era muito grande (tab. 5.1). Essa relação se inverteu ao longo do século XX e, pelo menos há quarenta anos, a população masculina tem uma taxa de suicídio um pouco mais alta do que a feminina[117].

Tab. 5.1. Relação entre a taxa de suicídio masculina e feminina na Índia britânica (1907), por província, e na Índia (1967-1997)

Índia britânica	0,58
Assam e Bengala Oriental	0,67
Bengala	0,56
Mumbai (Bombaim)	0,92
Burma	1,17
Madras	0,74
Províncias centrais	1,01
Províncias da fronteira norte-ocidental	0,54
Províncias unidas de Agra e Ondh	0,34
Punjab	0,79
Índia	
1967	1,32
1977	1,34
1997	1,32

Fonte: Elaboração sobre dados coletados por Von Mayr (1917); Sten e Mayer (2004).

5.8 *Sati* ou viúva

Por que, na história da Índia, centenas de milhares de mulheres se mataram ritualmente depois de perderem o marido? O que as levou a subirem na pira ou a se jogarem no fosso e morrerem entre chamas? A resposta formulada mais de cem anos atrás por Émile Durkheim – qual seja, que isso dependia principalmente das características da estrutura social, em especial da "estrita subordinação do indivíduo ao grupo" – parece-nos totalmente inadequada à luz dos dados de que dispomos hoje. Em primeiro lugar, porque na Índia o *sati* existia desde antes do século III a.C., e teve modestíssima relevância no milênio seguinte, embora nesse longuíssimo período os indivíduos não fossem menos subordinados às comunidades a que pertenciam. Em segundo lugar, porque não existiram formas análogas de suicídio "altruísta", na mesma época, em sociedades altamente "primitivas", nas quais as exigências do indivíduo não eram levadas em grande consideração.

Se quisermos atribuir o *sati* apenas às características da estrutura social, certamente não poderemos nos limitar às relações entre o indivíduo e o grupo, mas teremos de adotar uma perspectiva de gênero, isto é, levar em conta as relações existentes entre homens e mulheres. Já no início do século XV, o viajante espanhol Pero Tafur havia identificado claramente a lógica do *sati*, em termos de relações sociais, de expectativas e de comportamentos de papel. "Se o homem morre antes, a mulher deve se queimar [...]. Mas, se a mulher morre antes, o homem não deve se queimar, porque dizem que a mulher foi feita para servir ao homem, mas não o homem à mulher"[118]. E, com efeito, sabemos bem que, enquanto centenas de milhares de viúvas se imolaram na pira dos maridos, nunca houve sequer um viúvo que tenha feito o mesmo pela esposa.

Todavia, se quisermos realmente explicar o *sati*, a sua lenta ascensão e a sua difusão subsequente, temos de partir não tanto das características da estrutura social, mas sim da cultura indiana, isto é, do conjunto de significados e símbolos, de crenças, esquemas cognitivos e sistemas de classificação partilhados pela quase totalidade da população daquele país, os quais regulavam as emoções, prescrevendo o que se devia e não se devia sentir diante de uma situação ou de um evento e sugerindo as formas de expressão desse sentimento. É a esse sistema normativo de regulação das emoções, tão diferente do ocidental, que podemos atribuir não só o costume do *sati*, mas também alguns aspectos importantes do rito, que de outro modo seriam incompreensíveis, e, antes de mais nada, o fato, mil vezes apontado pelos viajantes europeus, de que as viúvas indianas se matavam com o rosto sereno e um sorriso nos lábios.

Se, por séculos, centenas de milhares de indianas se imolaram nas piras dos maridos, foi por duas ordens de motivos: porque eram de algum modo atraídas pela ideia de se tornar *sati* e/ou porque queriam escapar da única alternativa que lhes restava: cair na condição de viuvez. Em 1030, Alberuni, o astrônomo e historiador da moderna Khiva (então chamada Khwarizm), no Uzbequistão, visitando a Índia, escreveu que a mulher, após a morte do marido, "podia escolher entre duas possibilidades: continuar viúva por toda a vida ou atear fogo a si mesma. O melhor caminho é o segundo, porque a viúva é sempre maltratada"[119]. Quando um "homem morto arde", observou Marco Polo dois séculos depois –, "a esposa se lança ao fogo e arde com ele; e essas mulheres que fazem isso são louvadas pelas pessoas e muitas mulheres o fazem"[120].

> Se se recusam a fazê-lo, relatou Odoardo Barbosa no início do século XVI, os parentes as pegam e lhes raspam a cabeça, expulsam-nas vergonhosamente de casa e da parentela, e assim vão pelo mundo mendigando e como que desesperadas. E se a alguma querem prestar algum favor, conduzem-na às casas de orações para servir os ídolos e, sendo jovem, auferir com o seu corpo ganhos para elas[121].

Tornar-se *sati* era, de fato, considerado o modelo do qual a esposa virtuosa, casta e fiel devia tomar para si. Na base dessa norma estava a crença de que, seguindo esse caminho, uma esposa podia redimir a si mesma e ao marido das piores ações até então cometidas, tornar-se um ser sobrenatural dotado de enormes poderes e conferir prestígio, por longo tempo, aos descendentes das duas famílias. Esse modelo era transmitido de geração a geração[122], porque – como escreveu François Bernier – "as mães, criadas desde a mais tenra idade com essa superstição, que é tida como um ato virtuoso, louvável e inevitável para uma mulher honrada, alimentaram essa convicção nas suas filhas"[123]. O costume, ademais, era constantemente fortalecido pela celebração das mulheres que se haviam imolado e pela criação de estelas funerárias e templos em sua honra.

Se as mulheres hinduístas se matavam ritualmente depois de perderem o marido, era também (ou sobretudo) porque não queriam se tornar viúvas. Por muito tempo, na Índia, era a esposa que, após a morte do marido, podia decidir se se tornava ou não viúva. Essa proposição, absolutamente incompreensível para um ocidental, tem pleno sentido no sistema hinduísta de crenças[124], fundado num conceito de viuvez totalmente diferente do nosso. Ele previa que a posição conjugal da mulher mudava não com a morte física do marido, mas somente depois que ele tivesse sido cremado, isto é, quando a sua alma tivesse adquirido uma forma sem substância, prosseguindo assim a sua viagem. Portanto, a mulher que subia na pira e era cremada com o cônjuge não se tornava viúva, mas continuava (perenemente) casada. Essa ideia encontra expressão em muitos atos simbólicos. Assim, por exemplo, uma mulher que decide pela imolação traz consigo os braceletes que atestam o estado conjugal, ao passo que deve despedaçá-los se escolher a condição de viuvez. Esse aspecto é claramente mostrado pelas representações das *sati* nas estelas funerárias, em que esses braceletes sempre estão presentes, junto com a mão direita e o antebraço, indicando que preferiram permanecer casadas[125].

É em vista dessas crenças que se pode entender o sentido dos cantos das mulheres indianas que perderam o cônjuge:

> Compra-me um ornamento para a fronte, depressa, pequeno cunhado
> Quero seguir o meu marido
> Sim, caro cunhado mais jovem, caro pequeno cunhado
> Refresca a *sati* sob a bananeira umbrosa
> Traz-me um anel para o nariz, depressa
> Compra um colar, depressa
> Compra-me braceletes, depressa![126]

Se nos seus rogos ao parente que lhes é mais próximo, ao irmão mais novo do marido, essas mulheres se mostram inquietas, impacientes, incapazes de esperar um segundo a mais para se imolarem com ele, é porque pensam que, para continuarem juntos, unidos para sempre pelo laço conjugal, o casal deve morrer junto.

A decisão de se imolar ou não com o marido implica, portanto, uma escolha entre duas condições radicalmente opostas. Se uma *sati* é fausta, uma viúva é infausta. Se a primeira é amada, venerada, celebrada, a segunda é odiada, desprezada, evitada e isolada. Se uma é lembrada após a morte, a outra é esquecida mesmo em vida. O estado de viuvez nasce, de fato, de uma violação do código moral hinduísta. Um dos princípios desse código é que "o marido deve ser sempre seguido pela esposa, como o corpo pela sua sombra, a lua pela sua luz, a nuvem tempestuosa pelo raio"[127]. Isso significa que o esperado é que a esposa morra antes ou junto com o cônjuge, não depois. Tanto é verdade que a fórmula nupcial que o brâmane pronuncia, dirigindo-se à mulher, é: "seja alguém que acompanha o marido sempre, quando vivo e também quando morto"[128]. Assim, a mulher que decide não subir na pira e prefere se tornar viúva transgride essa norma.

Ademais, a mulher que decidiu sobreviver ao marido manchou-se, segundo o sistema de crenças hinduísta, com uma culpa ainda mais grave, porque é considerada responsável pela sua morte. Segundo esse sistema, a esposa ideal era uma *pativrata*, literalmente uma mulher que fez um voto (*vrat*) a seu marido (*pati*). No momento do matrimônio, ela se comprometeu a protegê-lo de três maneiras, para lhe garantir uma vida longa: em primeiro lugar, servindo-o, preparando-lhe o alimento e cuidando dele; em segundo lugar, cumprindo alguns ritos, jejuando ou pondo um colar que é substituído anualmente para renovar o compromisso; em terceiro lugar, permanecendo leal e dedicada a ele. Agindo dessa maneira, uma *pativrata* adquire um poder extraordinário, quase sobrenatural, tanto que se acreditava que ela poderia "incendiar o mundo e deter o movimento do sol e da lua"[129]. Sendo adequadamente "protegida e controlada", essa mulher se torna um símbolo da capacidade da sociedade de "manter a ordem moral"[130]. Se o marido morre, a culpa é atribuída a ela e à sua capacidade de atendê-lo e de protegê-lo.

Mas, mesmo quando a esposa se mantém fiel ao seu voto, a morte do marido pode ser atribuída a um pecado que ela cometeu na vida anterior (segundo a doutrina do *karman*, na origem de toda desgraça há sempre uma culpa). Assim como um indivíduo nasce na casta que mereceu devido ao seu comportamento na vida anterior, da mesma forma a morte do marido pode decorrer de uma culpa da esposa numa outra existência. O que é certo é que o único caminho de que ela dispõe para escapar à terrível suspeita é subir na pira do marido, isto é, escolher não se tornar viúva.

De modo geral, para o código hinduísta, a viúva era um ser impuro, sem identidade social, fonte contínua de desordem. Uma mulher só existia se fosse casada e pudesse ter filhos. Se o marido morresse, ela continuava a morar na casa do cônjuge e da sua família de origem, mas como estranha, numa situação de absoluta marginalidade. Perdia qualquer utilidade e qualquer identidade. Ficava sem proteção e sem controle[131]. Tornava-se apenas uma tentação ambulante para que se transgredissem as normas. "Assim como os pássaros se amontoam em torno de um pedaço de carne que ficou no chão, dizia uma antiga máxima, da mesma forma todos os homens tentam seduzir uma mulher que perdeu o marido"[132].

É em vista do sistema hinduísta de crenças e normas que se pode entender por que a mulher – como relatou o abade francês Jean Antoine Dubois –, depois de se aproximar do cadáver do marido, fez-lhe uma longa série de perguntas, intercaladas por soluços e gritos de dor:

> Por que você me deixou? O que fiz de errado para você me deixar assim, na flor dos meus anos? Não lhe dei todos os cuidados e todas as atenções de uma esposa fiel? Não fui sempre virtuosa e incorruptível? Não dei à luz belas crianças? Quem irá criá-las? Quem tomará conta delas no futuro? Eu não cuidava com atenção de todas as questões domésticas? Não varria todos os dias a casa? Não esfregava o chão com esterco de vaca? Não lhe preparava uma boa comida? Você encontrava pedrinhas no arroz que eu lhe cozinhava? Eu não lhe servia pratos do seu agrado, bem temperados com alho, mostarda, pimenta, canela e outras especiarias?[133]

Pouco tempo depois, a viúva era submetida a uma cerimônia de degradação social. Os parentes e as amigas iam visitá-la em casa, comiam a comida que lhes fora preparada, abraçavam-na e lhe davam coragem, mas no fim atiravam-na bruscamente ao chão. Uma das parentes mais próximas cortava o seu colar amarelo de onde pendia o *tahly*, uma joia de ouro com imagens de divindades gravadas, que somente as mulheres casadas podiam usar[134]. A partir de então, as cores do rosto e das roupas mudavam para sempre. Devia abandonar o *kumkum*, a marca escarlate que usava no meio da testa, o *sindoora*, outra pequena mancha vermelho-vivo no início do repartido dos cabelos, e podia usar somente branco-cinza. Devia vestir pelo resto dos seus dias um sari branco ou ocre. Assim passava dos símbolos da sexualidade e fecundidade para os da renúncia, da pureza, da morte.

A cabeça da viúva era raspada. A bem da verdade, o filho também devia raspar os cabelos ao fim do funeral. Com efeito, esta era considerada uma das formas (junto com o banho ritual) de readquirir aquele estado de pureza que se perdera no contato com a morte, que constituía uma das fontes mais poderosas de impureza temporária. Pensava-se, de fato, que os cabelos eram um extraordinário receptáculo da contaminação e que cada gota de água que caísse na cabeça da viúva tornava impura a alma do marido, tantas vezes quantos fossem os seus cabelos[135]. Mas, enquanto o filho executava o rito somente depois do funeral, a viúva devia continuar a raspar a cabeça por toda a vida, pelo menos uma vez por mês. Segundo um antigo ditado, "tal como o corpo, desprovido da vida, naquele momento se torna impuro, assim também a mulher, desprovida do marido, é sempre impura, mesmo tendo se banhado. De todas as coisas infaustas, a viúva é a mais infausta"[136]. É por isso que – como observava Dubois – o substantivo *mounda*, "cabeça raspada" ou "cabeça calva", era uma das palavras mais ofensivas que, durante uma discussão, uma mulher podia dirigir a outra[137].

Todavia, a raspagem da cabeça da viúva abrangia também um outro significado. Na Índia, como em muitas outras culturas, uma cabeleira farta é símbolo de vitalidade e de energia sexual. Uma cabeça parcial ou totalmente raspada indica, inversamente, a perda de poder e liberdade e uma atitude de distanciamento, limitação ou renúncia em relação à sexualidade. É eloquente o caso dos monges budistas, que raspam completamente a cabeça, e o dos sacerdotes brâmanes, que conservam apenas um tufo de cabelos. A cabeça raspada permanente de uma viúva era, portanto, uma espécie de castração simbólica, de eliminação forçada de qualquer desejo erótico, e indicava que ela devia permanecer casta para sempre, renunciando a toda forma de sexualidade e à fecundidade[138]. Essa mulher não podia mais não só se casar outra vez, mas tampouco ver um outro homem ou sequer nomeá-lo[139].

Tais cerimônias de degradação assinalavam a passagem para uma posição radicalmente nova e diversa, para uma condição de sacrifício, mortificação, penitência, para a morte social. A viúva, pelo resto dos seus dias, deveria dormir no chão, comer apenas uma vez ao dia, renunciar a mastigar as folhas de bétel, não se deixar ver pelos outros[140]. Excluída das festas e das celebrações familiares, não podia participar sequer do casamento dos filhos. Desprezada por todos, era frequentemente insultada e às vezes espancada.

Portanto, se as mulheres indianas, à morte do marido, subiam na sua pira, era também (e principalmente) para escapar à condição de viuvez, à vergonha, às humilhações e ao ódio dos outros, dos parentes mais próximos e dos amigos mais íntimos. Era uma condição tão intolerável que algumas mulheres, que de início haviam optado por ela em vez da imolação, às vezes recuavam da sua decisão. Assim é que os dados reunidos pela administração britânica de 1815 a 1820 mostram que, em alguns casos, as viúvas se imolavam (segundo o rito da *anumarana*) cinco, dez ou até mesmo quinze anos depois da morte do marido[141].

Esse conjunto de normas, valores, crenças, símbolos e significados nem sempre existiu na história da Índia. No longínquo período védico, as relações de gênero eram muito diferentes das que relembramos, bem como a concepção da viuvez e as normas sobre as primeiras e as segundas núpcias. O grau de subordinação das mulheres aos homens era, naquela época, muito menor do que viria a ser nos séculos seguintes. No campo religioso, as esposas gozavam dos mesmos direitos e privilégios dos maridos. Podiam celebrar ritos e cerimônias, sozinhas ou com o cônjuge[142]. O divórcio era permitido e podia ser pedido também pelas mulheres[143]. As viúvas não eram desprezadas e humilhadas, mas podiam voltar a se casar ou seguir o costume do *niyoga*, uma espécie de levirato que lhes permitia terem um ou mais filhos com o irmão dele, casando-se ou indo conviver com o cunhado[144]. Como se considerava uma grande desventura morrer sem prole, pensava-se que o irmão do finado tinha a obrigação de manter relações sexuais com a cunhada, a fim de conceber um, dois ou três filhos, que dessa maneira teriam nas veias o máximo possível de sangue da família[145]. O irmão do finado podia conservar a esposa anterior, pois, como vimos, a poligamia era permitida na Índia. Era por causa do costume do *niyoga* que se empregava o mesmo termo (*devara*) para designar tanto as segundas núpcias das viúvas quanto o cunhado (o irmão do marido)[146].

Essa situação mudou de forma lenta, mas radical, no decurso dos séculos. O grau de subordinação das mulheres aumentou muito. Elas perderam os direitos de que gozavam no campo religioso. A partir do século V a.C., em especial nas castas mais elevadas, as possibilidades de divórcio deixaram de existir. O costume do *niyoga* foi inicialmente submetido a críticas severas, depois a limitações (sobre o prazo que deveria transcorrer após a morte do marido para então se iniciar, ou sobre o número dos filhos que a viúva poderia ter com o cunhado) e foi perdendo importância aos poucos até desaparecer totalmente no século VI d.C. A partir do século III d.C., aumentou também a oposição às segundas núpcias das viúvas, e por volta do ano 1.000 passaram a ser proibidas. A concepção da viuvez mudou, e as mulheres que haviam perdido o marido passaram a ser cada vez mais consideradas infaustas; começaram a ter a cabeça raspada e a ser submetidas a outras cerimônias de degradação social[147].

Os conhecimentos históricos hoje disponíveis permitem pensar, portanto, que a origem e a lenta consolidação do *sati* foram precedidas e favorecidas pelas mudanças ocorridas nas relações de gênero, nas normas sobre o matrimônio e as segundas núpcias e na concepção da viuvez.

5.9 Conflitos de culturas

A história do *sati*, com a sua ascensão e declínio, permite-nos entender melhor o que pode acontecer quando há contato e uma longa convivência entre culturas com normas, crenças, símbolos e esquemas interpretativos profundamente diferentes a respeito do suicídio. Alguns dos visitantes europeus que, a partir de meados do século XVI até meados do século XIX, passaram certo tempo na Índia, opuseram resistência ao costume do *sati*, tentando convencer as viúvas a não se imolarem na pira do marido. Pietro della Valle, por exemplo, prometeu ajudar Giaccamà de várias maneiras se ela desistisse de se matar, mas não conseguiu persuadi-la.

Os esforços desses viajantes devem ter sido igualmente vãos, de modo geral, embora não faltassem exceções. François Bernier contou um dramático encontro que teve com uma viúva "desgrenhada, o rosto pálido, os olhos enxutos e assombrados, sentada e gritando", que "batia as mãos em ritmo cadenciado, como as demais, aos pés do defunto". Para fazê-la mudar de ideia, Bernier apelou aos filhos que deixaria, aos parentes que lhe imploravam para não o fazer e usou muitos outros argumentos. Mas a mulher respondeu com a maior firmeza: "Se me impedir de me queimar, vou quebrar a minha cabeça contra a parede"[148]. O viajante francês jogou a sua última cartada fazendo-lhe uma terrível ameaça: "Então pegue os seus filhos, desgraçada, esgane-os e queime-os vivos com você, pois do contrário morrerão de fome, pois irei imediatamente ao Daneshmend Khan para que revogue a pensão deles"[149], e a viúva se rendeu.

Em 1789, enquanto estava na Índia, o Conde de Grandpré foi informado pelo seu pajem que uma viúva "jovem e bela" adiara duas vezes o rito fúnebre e não poderia adiá-lo pela terceira vez. Convencido, como muitos ocidentais, de que essas mulheres, se pudessem escolher, jamais "realizariam essa cerimônia cruel", decidiu "salvá-la" e organizou uma expedição. No bote, levou consigo dois oficiais, dois servos, vinte marinheiros europeus, doze espingardas, oito pistolas e vinte espadas. Ofereceu aos marinheiros a sexta parte das joias da viúva, esclarecendo que os outros deveriam ficar com ela caso não aceitasse ficar com o seu salvador. Com efeito, a sua intenção era deixar à viúva a liberdade de decidir se o seguiria ou se estabeleceria em Calcutá com as suas joias. Terminados os preparativos, partiu e logo chegou ao local da cerimônia, mas percebeu imediatamente que "o horrível sacrifício fora consumado no dia anterior; enganaram-me em um dia"[150].

Em 29 de novembro de 1825, quando foi observar um desses ritos, o cirurgião inglês Richard Hartley Kennedy tentou timidamente dissuadir a viúva. Ele já a conhecia, pois alguns anos antes fizera uma gentileza ao marido; quando o cortejo chegou ao local onde se desenrolaria a cerimônia, o cirurgião, aproveitando que ela "se movia com um maravilhoso controle e até com graça", aproximou-se da mulher e murmurou ao seu ouvido que, se sentisse receio e tivesse mudado de ideia, podia contar com a sua ajuda. Ela lhe respondeu com um olhar muito eloquente, dando-lhe a entender que, ao fazer a sua escolha, sabia perfeitamente a que se dirigia[151].

Naturalmente, os esforços dos grupos de outras culturas que governaram por longo tempo algumas partes da enorme península indiana tiveram alcance muito diferente[152]. Os portugueses, tão logo se apoderaram de Goa, que foi colônia de Portugal de 1510 a 1961, proibiram o *sati*. Da mesma forma procederam, no início do século XIX, os holandeses, franceses e dinamarqueses nas cidades indianas sob o seu controle. Mas, pelo que sabemos, o único resultado dessas iniciativas foi levar os hindus a irem celebrar o rito nas zonas onde era permitido. Mais eficazes foram, provavelmente, os muçulmanos que, a partir do século XIII, governaram por períodos variáveis diversas partes da Índia e jamais fizeram mistério de desaprovar o *sati*. Relata-se que Akbar, que foi imperador mogul da Índia na segunda metade do século XVI, correu para Bengala a fim de impedir que uma viúva se imolasse contra a sua vontade. Os seus sucessores também tentaram desencorajar esse costume de várias maneiras. Como escrevia François Bernier em meados do século XVII:

> Os muçulmanos atualmente no poder dificultam esse costume de modo indireto, obrigando as mulheres que querem se queimar a pedir autorização aos governadores, que as convocam, às vezes fazem-nas falar com as suas esposas, levantam objeções, fazem-lhes promessas e só concedem autorização quando, esgotados todos os meios de dissuadi-las, exceto a força, veem que continuam resolutas na sua loucura: isso, porém, não impede que muitas decidam se matar[153].

No entanto, muitos observadores europeus afirmavam que esse sistema era dominado pela corrupção e que as autorizações para a autoimolação eram, muitas vezes, concedidas em troca de pagamento[154].

Os ingleses a partir de 1765, ano em que assumiram o controle de Bengala por intermédio da Companhia Britânica das Índias Orientais, também tiveram de lidar com a questão do *sati*. O dilema que se colocou diante deles fora apresentado trinta anos antes por Voltaire, na conversa entre dois personagens num romance filosófico da sua autoria. "Faz mais de mil anos", dizia Setoc, "que as mulheres gozam do direito de se queimar. Quem entre nós ousará mudar uma lei consagrada pelo tempo? Há algo de mais respeitável do que um abuso de antiga data?" "A razão é ainda mais antiga", respondeu Zadig; "fale com os chefes da tribo e eu vou encontrar a jovem viúva". Desde o início, a Companhia Britânica das Índias Orientais optou pela tese de Setoc e declarou várias vezes, solenemente, que não pretendia interferir nos "costumes e instituições" da população hinduísta. Mas os seus representantes nas diversas províncias se deparavam cada vez mais com situações difíceis. Muitos deles pediram à corte suprema e ao governo instruções precisas sobre a conduta que deviam adotar, mas se passaram anos sem receberem resposta. Alguns intervieram, proibindo o rito em casos extremos, como quando a viúva que queria se imolar tinha menos de quatorze anos. Em 1813, alguns funcionários ingleses interpelaram os *pandit*, isto é, os estudiosos dos textos sagrados sânscritos, indagando se a tradição religiosa permitia que uma mulher da casta *jugi* se fizesse enterrar junto com o cadáver do marido e receberam uma resposta afirmativa[155].

A partir de 1813, ano em que foram admitidos na Índia, os missionários começaram a pedir que o *sati* fosse abolido, sustentando que era estranho à tradição religiosa daquele país[156]. As autoridades inglesas foram então obrigadas a romper o silêncio. Em 1813, o governo supremo de Bengala aprovou um regulamento que, remetendo-se ao princípio da tolerância religiosa, proibia o *sati* nos casos não previstos pela tradição religiosa hinduísta: se a viúva tivesse menos de dezesseis anos, se estivesse grávida, se os parentes a obrigassem a se imolar recorrendo à força ou a drogas. Um segundo regulamento, aprovado em 1817, estendia a proibição aos casos em que a mulher estivesse menstruada, tivesse filhos com menos de quatro anos ou menos de sete se não houvesse nenhum responsável para cuidar deles. Previa, além disso, a obrigação de informar à polícia antes da celebração do rito.

O governo britânico queria reafirmar o seu pleno respeito aos costumes e instituições locais. Mas, enquanto ameaçava punir os que não seguiam tais costumes, propunha-se também reduzir a frequência dos suicídios das viúvas. O resultado foi exatamente o contrário. O número dos *sati* celebrados cresceu vertiginosamente. Em Bengala, de 1815 a 1818, passou de 378 para 839 ao ano[157]. Não foi difícil entender o que acontecera. Apresentando-se como o mais autêntico intérprete e o mais severo defensor da tradição hinduísta, o governo havia legalizado ou, pelo menos, legitimado o *sati*. Nos anos anteriores, a ideia de que o poder dominante considerava esse costume bárbaro despertara dúvidas nas famílias de algumas camadas da população. Mas, quando se implantou a obrigação de pedir autorização à polícia dessa potência para realizar o ritual e ele passou a ser celebrado na presença, tais dúvidas se desfizeram. Essa mudança foi bem ilustrada por James Peggs, o missionário inglês que mais combateu esse costume, o qual escreveu: "agora a viúva deve se queimar, porque o Boro Sahah (o *Great Gentleman*) deu a sua permissão".

Esse insucesso gerou indignação e reacendeu as polêmicas tanto na Índia quanto na Inglaterra. Encaminharam-se novas petições às autoridades inglesas para que pusessem fim ao costume de imolação das viúvas. Os missionários da Baptist Missionary Society de Bengala tentaram mobilizar a opinião pública inglesa. Ao mesmo tempo, nasceu na Índia um movimento, dirigido pelo estudioso bengalês Ram Mohan Roy, que propunha um processo gradual de abolição do *sati*, persuadindo as pessoas de que ele era contrário aos ditames dos textos sagrados do hinduísmo. Todos esses aspectos foram considerados por Lorde William Bentinck, nomeado governador geral da Índia em 1827[158]. Ele se convenceu imediatamente de que era necessário aprovar normas que proibissem o costume. Mas, antes de prosseguir, tratou de se proteger contra as reações negativas. Em primeiro lugar, temendo protestos clamorosos por parte dos sipaios, soldados indianos que prestavam serviço militar nos exércitos da Companhia das Índias, pediu o parecer dos 49 oficiais britânicos que gozavam de maior reputação. A imensa maioria dos oficiais tranquilizou o governador, garantindo que a atitude predominante entre os sipaios sobre essa questão era a indiferença. Apenas quatro deles lhe aconselharam a máxima cautela, temendo que os brâmanes, os quais ganhavam prestígio e dinheiro com a cerimônia de cremação das viúvas, se opusessem e tentassem convencer a população de que as autoridades britânicas queriam convertê-la ao cristianismo. Em segundo lugar, Lorde William Bentinck consultou alguns *pandit*, isto é, estudiosos de textos sagrados sânscritos, sobre as origens do rito que pretendia abolir, chegando à conclusão – que divulgou publicamente com grande prazer – de que esse rito "jamais fora considerado pelo hinduísmo um dever moral obrigatório"[159]. Assim, em 5 de dezembro de 1829, o governador geral da Índia promulgou um regulamento que proibia o *sati*, considerado a partir daquele momento como um homicídio culposo e punido com multa ou prisão. Previa-se a pena capital se a viúva fosse obrigada à força a se imolar.

Essas normas foram aprovadas também nas outras províncias sob o controle britânico de Medras e Mumbai (Bombaim), provocando com sua promulgação resistências e oposições. Em Calcutá, formou-se um comitê para a sua revogação. Além disso, numerosas famílias hinduístas passaram a celebrar o *sati* onde era permitido, visto que os antigos costumes continuavam a vigorar em muitos estados setentrionais e centro-ocidentais, ainda não conquistados pelos ingleses. Houve uma grande comoção, por exemplo, com a cerimônia celebrada no Idar em 1833, quando sete rainhas, duas concubinas, quatro escravas e um servo se imolaram na pira do rajá, diante de uma enorme multidão. Naqueles anos, o Barão Thomas Babington Macaulay, na preparação do código penal indiano, levou em conta as demandas de dois grupos extremos, os liberais ingleses, que continuavam contrários, como o Setac de Voltaire, a interferir nos costumes locais, e os conservadores indianos, favoráveis ao *sati*.

Reintroduziu assim a distinção prevista pelo regulamento de 1813, entre *sati* legal e ilegal, mas ao fim essa norma não chegou a ser aprovada.

Ademais, os suicídios das viúvas continuaram a ser realizados mesmo depois de terem sido proibidos em toda a Índia, muitas vezes assumindo formas diferentes da prescrita pela tradição. Tornaram-se cada vez mais restritos à esfera privada, consumados em casa, ateando-se fogo a uma pilha de madeira ou em roupas impregnadas de parafina. Com o passar do tempo, a quantidade deles diminuiu, mas muito vagarosamente. Ainda hoje, cento e oitenta anos após a reforma de Lorde William Bentinck, algumas viúvas hinduístas repetem o antigo rito da imolação.

Mais longevo ainda se revelou o culto religioso às próprias *sati*. Por todo o século XIX e grande parte do século XX, na Índia, milhões de pessoas continuaram a venerar as viúvas outrora imoladas na pira dos maridos, com cerimônias, procissões e preces nos locais sagrados com templos erigidos em sua honra. Somente em 1º de outubro de 1987, a menos de um mês da morte de Roop Kanwar em Deorala, o governo indiano aprovou um decreto proibindo esses ritos de glorificação e a criação de fundações ou arrecadação de fundos em memória das *sati* do passado[160].

6
Para fazer tremer os poderosos

Houve grande surpresa, principalmente nos centros de pesquisa e nos ambientes acadêmicos europeus e americanos, quando o governo chinês publicou pela primeira vez os dados estatísticos oficiais sobre os suicídios durante os anos de 1990. Até então, na opinião pública ocidental, havia a ideia bastante difundida de que as pessoas na China raramente se matavam, muito mais raramente do que em outros lugares. Em parte, essa ideia era atribuível à imagem que o governo chinês apresentava ao exterior, segundo a qual o suicídio, bem como a criminalidade, o desemprego, a depressão e a infelicidade eram impensáveis num país socialista. Em parte, poderia ser atribuída a outras fontes. Os adeptos das teorias de Émile Durkheim poderiam muito bem pensar que as mortes voluntárias seriam infrequentes numa população sobretudo rural, vivendo em famílias imensas, unidas por laços de extrema solidez, e periodicamente tomada por ondas de entusiasmo coletivo. O quadro apresentado pelas estatísticas do governo chinês, porém, é muito diferente. A bem da verdade, esses dados se referem apenas a uma amostragem de 10% da população e têm levado os estudiosos e os institutos de pesquisa que os analisam a estimativas variadas, que vão de um índice anual máximo de 30 suicídios por 100 mil habitantes ao ano (cerca de 340 mil pessoas) a um mínimo de 22 (250 mil)[1].

Mas é evidente que, mesmo na estimativa mais cautelosa, as mortes voluntárias na China dos anos de 1990 foram mais frequentes do que no resto do mundo: mais do que na Austrália, nos Estados Unidos, em grande parte dos países europeus (com exceção de Rússia, Hungria e Finlândia) ou dos países asiáticos.

Apesar de tudo, é difícil resistir à tentação de explicar essa alta taxa de suicídio com categorias durkheimianas, com a diminuição da integração e da regulamentação social. É incontestável que as mudanças ocorridas na China nas últimas duas décadas lembram, de um lado, as que ocorreram na Europa Ocidental no século XIX e em algumas décadas do século XX, precisamente quando o aumento da quantidade de suicídios parecia irrefreável. A economia da China, de fato, teve um crescimento excepcional, a ponto de ser hoje o maior produtor mundial de aço, cimento, carvão e fertilizantes, e o segundo maior na produção e consumo daqueles pesticidas muitas vezes usados pelas camponesas chinesas para se matarem. Tudo isso veio acompanhado por uma rápida urbanização, pelo aumento da desigualdade social, pelo enfraquecimento das relações de parentesco e das ligações familiares e outras formas de integração social. Mas outras grandes transformações da China se assemelham às ocorridas nos últimos vinte anos nos países comunistas da Europa Oriental (onde também, como vimos acima, a taxa de suicídio teve um rápido aumento). A brusca substituição da elite de governo veio acompanhada por uma mudança de enorme alcance: a passagem do socialismo de Estado para a economia de mercado. A propriedade estatal e coletiva dos meios de produção foi substituída pela propriedade privada, e o planejamento centralizado deu lugar ao jogo da oferta e da procura. Valores até então condenados ganharam destaque: o desejo de sucesso econômico e social, o empreendedorismo, o individualismo. E essa transformação certamente criou situações de anomia.

Todavia, como veremos nas páginas seguintes, essas duas grandes experiências históricas e as categorias durkheimianas nos ajudam apenas parcialmente a entender o que ocorreu e está ocorrendo na China, no campo que nos interessa. Na verdade, para explicar por que a sua taxa de suicídio é tão alta, por que ela apresenta peculiaridades desconhecidas – hoje e no passado – na Europa, é necessário percorrer para trás a história desse grande país, reconstruir o sistema de normas, valores, crenças, conceitos a respeito do significado da vida e da morte, que por séculos regularam as emoções daqueles que ali viveram.

6.1 O passado

Dispomos de dados estatísticos oficiais somente a partir de 1989 e eles mostram que o índice de suicídio na China, durante os anos de 1990, não sofreu variações relevantes. Mas o que aconteceu antes dessa data? Embora escassas, fragmentárias e heterogêneas, as informações disponíveis (mesmo de tipo estatístico) nos dizem que, na segunda metade do século XX, a frequência dos suicídios foi tão alta quanto hoje e que, aliás, em certos anos, superou esse nível. Verificou-se um aumento do número de mortes voluntárias presumivelmente depois da aprovação em 1950 da nova lei sobre o matrimônio que, remetendo-se à tradição liberal ocidental, pretendia abolir o "sistema feudal" de casamentos arranjados e introduzia a possibilidade do divórcio. Essa lei despertou resistências e oposições em amplas camadas da população, fez explodir tensões familiares até então mantidas sob controle, levando muitos cônjuges (principalmente as esposas) a tirarem a vida[2]. Uma onda de suicídios ocorreu também depois que Mao lançou, em 1951 e 1952, uma campanha contra a corrupção, a evasão fiscal e o roubo em propriedades estatais. Estima-se que se mataram então de 200 a 300 mil pessoas[3]. Em Xangai, muitos se jogaram dos últimos andares dos edifícios e começou-se a usar uma metáfora para designá-los: "paraquedistas". E quando se perguntava por que essas pessoas não escolhiam outros meios para pôr fim aos seus dias, a resposta era: "Se você se lançasse ao Rio Huangpu e a correnteza o levasse, os comunistas não encontrariam o seu cadáver, iriam acusá-lo de ter fugido para Hong Kong e a sua família sofreria consequências. Assim, o melhor era se jogar na rua"[4]. Nos anos de 1950, muitos veteranos do Exército Vermelho (às vezes com as esposas) também se mataram, sentindo-se traídos ou, pelo menos, tratados injustamente pelos companheiros que haviam se alçado a posições de poder[5]. Por fim, o número dos suicídios aumentou também na década de 1966-1976, durante a qual, em nome da revolução cultural, centenas de milhares de professores, magistrados, quadros partidários e intelectuais foram detidos, interrogados, espancados e torturados[6].

Mas mesmo se abandonarmos o período do regime comunista e recuarmos no tempo, encontraremos sempre indicadores de altas taxas de suicídio. Os leitores ocidentais frequentemente se impressionavam com o grande número de mortes voluntárias que se encontram nas páginas das grandes obras literárias da China imperial[7]. Por outro lado, os europeus e os americanos que visitaram o país no passado ou que lá moraram, deixaram-nos testemunhos concordantes. Pelo que sabemos, o primeiro a declarar que a morte voluntária era bastante frequente foi Matteo Ricci, em 1602[8]. "O suicídio é muito comum", escreveu dois séculos depois Evariste Huc, um missionário francês que chegara à China em 1839 e que lá permaneceu por mais de dez anos; "é difícil imaginar a extrema facilidade com que os chineses tiram a própria vida. Às vezes, basta uma futilidade, uma palavra, para levá-los a se enforcarem ou se jogarem dentro de um poço"[9]. Encontramos observações semelhantes feitas por missionários, médicos, diplomatas e viajantes cultos provenientes dos outros países europeus, dos Estados Unidos ou da Austrália. "Os chineses têm, talvez, uma propensão a tirar a vida maior do que qualquer outro povo", relatava em 1878 John Henry Gray, que fora arcediago de Hong Kong[10]. Em 1863, visitando Pequim e Xangai, o geólogo americano Raphael Pumpelly veio a saber que as sociedades ocidentais não vendiam apólices de vida aos chineses, pois era frequente que se suicidassem para tirar a família da pobreza com o valor do seguro previsto em caso de morte[11]. Há outros juízos expressos de modo mais direto. "A China", escreveu em 1893 o americano Dyer Ball, "goza da má fama de ter mais suicídios do que qualquer outro país"[12]. "Não há país em que o suicídio seja tão frequente como no Império do Meio", observava o médico francês Matignon quatro anos depois[13]. Também o jornalista australiano George Ernest Morrison não tinha dúvidas: "A China é o país dos suicídios. Suponho que, em relação à população, aqui as pessoas se matam com mais frequência do que em outros lugares"[14].

As conclusões foram semelhantes entre quem teve ocasião de comparar o comportamento de imigrantes de diversas nacionalidades. Entre 1850 e 1855, foram recrutados para a construção da ferrovia sobre o Canal do Panamá milhares de operários de vários países da Europa, Ásia e África. Todos tinham de executar trabalhos árduos em condições ambientais muito difíceis. Mas nem todos reagiam da mesma forma. Os chineses – conta o Capitão Bedford Pim – distinguiram-se por "uma forte tendência suicida": "não era raro encontrar de manhã meia-dúzia de corpos pendurados nas árvores próximas à ferrovia"[15]. Num curto período de tempo, 125 deles se enforcaram, enquanto outros trezentos se mataram por afogamento, deixaram-se morrer de inanição ou se golpearam com machados[16]. Analogamente, naqueles anos, registrou-se um alto número de suicídios entre os chineses que tinham ido trabalhar no Peru. O fenômeno assumiu dimensões tais que, nas ilhas peruanas de Chica e Guanape, os empregadores recorriam a guardas para evitar que os operários chineses se matassem atirando-se ao mar[17]. O mesmo aconteceu em Cuba onde, a partir de 1847, os proprietários das fazendas de café e açúcar começaram a recrutar também trabalhadores chineses. Logo, porém, perceberam que os novos trabalhadores, mesmo sendo diligentes, laboriosos, dóceis, obedientes, tinham um defeito de fundo: uma forte propensão a se matarem. "Têm enormes dificuldades em aprender a nossa língua", observou um desses fazendeiros. "Não se ligam a ninguém e a nada, nem à própria vida, pois tiram-na com extraordinária ligeireza e pavorosa indiferença"[18]. Constata-se que não eram declarações exageradas vendo alguns dados estatísticos de 1862, segundo os quais a população chinesa que vivia na ilha apresentava um índice de suicídio de 500 por 100 mil[19], uma das mais altas encontradas num grupo humano.

Impressionados com essa "propensão", alguns ocidentais tentaram também calcular a sua frequência. No final do século XIX, um missionário que passara muitos anos na China estimara que a taxa de suicídio naquele país se situava entre 30 e 50 por cada 100 mil habitantes[20]. Por sorte, além de estimativas discutíveis, dispomos de dados precisos e confiáveis, pelo menos para algumas zonas. Em 1917, em Pequim, uma cidade com mais de 800 mil habitantes, a taxa de suicídio era de 16 por 100 mil residentes[21]. As estatísticas que o governo japonês reuniu durante quarenta anos em Taiwan, a grande ilha chinesa conquistada com a vitória militar de 1895, estatísticas estas que são as melhores que possuímos, mostram que, nas duas primeiras décadas do século

XX, essa zona apresentava um índice de suicídio de cerca de 19 por 100 mil habitantes[22], mais alta do que a de muitos países europeus naqueles anos, após o grande incremento ocorrido nos séculos XVIII e XIX.

É possível que a frequência com que as pessoas se matavam na China tenha sofrido oscilações de curto período nos últimos cento e cinquenta anos, diminuindo e depois aumentando novamente. Mas todas as informações disponíveis sugerem que não houve na China, ao contrário da Europa, um aumento plurissecular acentuado e contínuo na taxa de suicídios e que hoje a frequência das mortes voluntárias não é muito maior do que era nos meados do século XIX. No entanto, é certo que houve uma redução significativa na frequência de suicídios entre chineses entre 1991 e 2005, período de extraordinário crescimento da economia[23].

6.2 Peculiaridades chinesas

Se aprofundarmos a análise, imediatamente percebemos a enorme diferença, também desse ponto de vista, entre a situação da China e a dos outros países. Com efeito, os dados disponíveis nos mostram que, nos anos de 1990, o suicídio apresentou na China algumas peculiaridades importantes. A primeira delas se refere à diferença de frequência entre a população masculina e a feminina.

Como vimos, os homens na Europa sempre se mataram mais do que as mulheres, pelo menos do século XIII em diante, e atualmente a taxa de suicídio masculino é de duas a cinco vezes maior do que a taxa de suicídio feminino. O mesmo acontece hoje em muitos outros países, na Austrália, África do Sul, América do Norte e do Sul. Aliás, em alguns países latino-americanos (como Porto Rico e Chile), essa diferença é ainda maior (tab. 6.1).

Na China, entretanto, hoje se verifica o oposto, porque as mortes voluntárias são mais frequentes na população feminina. É um traço peculiar sobretudo no campo, ao passo que nas cidades as mulheres têm a mesma taxa de suicídio dos homens (tab. 6.1). Além da China, encontramos essa peculiaridade no

Irã[24], em algumas zonas da Turquia[25] e, como vimos, na Índia no início do século passado. Na segunda metade do século XX, isso aconteceu também em algumas tribos ou, em todo caso, entre pequenas populações, de horticultores ou caçadores e coletores do Peru e da Nova Guiné[26].

Tab. 6.1. Relação entre as taxas de suicídio masculina e feminina em alguns países da Ásia e da América Latina (1995-2004)

País	Período	Taxa de suicídio masculina/feminina
China		
Cantão	1929	0,58
Hangzhou	1929	0,57
Pequim	1929	0,62
Xangai	1929	0,63
Áreas rurais	1995-1999	0,80
Áreas urbanas	1995-1999	1,00
Total	1995-1999	0,80
	1991	0,78
	2001	0,91
Filipinas	1975	1,25
	2003	1,47
Japão	1910	1,68
	1990	1,69
	2004	2,78
Hong Kong	1990	1,24
	2004	2,78
Irã	1999	0,87
Singapura	1990	1,27
	2003	1,64
Taiwan	1905	0,70
Tailândia	1985	1,86
	2003	3,4
Chile	2000	6,10
Costa Rica	2000	7,10
México	2000	5,46
Porto Rico	2000	10,80

Fonte: Elaboração sobre dados da OMS; Wolf (1975); Aliverdina e Pridemore (2008); Phillips et al. (2002a); Steen e Mayer (2004); Lotrakul (2006); Liu e Yip (2008).

Nos outros países asiáticos, no Japão, em Singapura ou nas Filipinas, são os homens e não as mulheres que tiram a sua vida com mais frequência. A diferença entre ambos aumentou com o passar do tempo, mas continua menor do que nos outros continente[27].

A segunda peculiaridade é inerente à frequência com que as pessoas se matam nas diversas fases da vida. Nos países europeus, a taxa de suicídio aumenta progressivamente com a idade. Isso se verifica tanto na população masculina quanto na feminina, mas essa tendência é mais nítida na primeira. Também na China, nos anos de 1990, os idosos se matavam com mais frequência do que os jovens. Mas a distribuição etária das mortes voluntárias é diferente da europeia. A taxa de suicídio sobe bruscamente dos dez aos vinte anos, em seguida decresce até os quarenta anos e volta a aumentar acentuadamente até atingir o pico aos oitenta anos. A relação com a idade mostra algumas diferenças na população masculina e na feminina: depois dos setenta anos, os homens se matam mais do que as mulheres, enquanto entre os quinze e os quarenta anos ocorre o oposto.

A terceira peculiaridade diz respeito à distribuição das mortes voluntárias entre cidade e campo. Na Europa, por todo o século XIX e as primeiras décadas do século XX, as pessoas tiravam a vida com mais frequência nos grandes centros urbanos do que nas pequenas cidades de província. Hoje, em alguns países asiáticos (Índia, Sri Lanka, Taiwan), nas zonas rurais as pessoas se matam um pouco mais do que nas cidades[28]. A China, também desse ponto de vista, distingue-se de todos os outros países porque no campo há uma taxa de suicídio muito mais alta (pelo menos o triplo) do que nos centros urbanos. Essas diferenças são ainda maiores na população com mais de setenta anos. Os idosos das zonas rurais correm um risco de se matarem quatro vezes maior do que os das áreas urbanas. Mas mesmo entre os jovens (dos 18 aos 25 anos) as diferenças entre o campo e as cidades são muito marcadas. As camponesas nessa faixa etária (e também os camponeses, embora em menor medida) apresentam um índice de suicídio de quatro a cinco vezes superior ao dos operários ou empregados citadinos. Em termos mais gerais, dos 18 aos

25 anos e depois dos 70, as pessoas das áreas rurais chinesas tiram a sua vida com mais frequência do que em qualquer outra zona do mundo, mesmo na Hungria ou na Rússia.

6.3 Continuidade e mudanças

Todos esses dados mostram de modo inequívoco que, hoje, o suicídio na China apresenta características muito diferentes das que apresentava na Europa durante o século XIX e grande parte do século XX. Como explicar essas diferenças? Por que as camponesas chinesas se matam muito mais do que qualquer outro grupo social, urbano ou rural, dos outros países do mundo? Alguns estudiosos[29] procuraram uma resposta a essa pergunta na política demográfica da República Popular da China. A partir de 1979, o governo chinês adotou a política do filho único, utilizando incentivos e desincentivos, recompensas e penalidades. Os casais que se satisfaziam com apenas um filho recebiam integrações ao salário ou à pensão, habitações maiores e assistência médica gratuita. Inversamente, os casais que traziam ao mundo duas ou três crianças sofriam cortes nas remunerações. Tais medidas coercitivas sem dúvida despertaram resistências e protestos por parte da população. E, segundo alguns estudiosos, também levaram ao aumento do número de jovens mães que se matam. Várias pesquisas mostraram, de fato, que o aborto comporta um grande aumento do risco de suicídio, devido a uma dor e uma depressão não resolvidas, cuja intensidade seria plausivelmente tanto maior quanto maiores são as pressões externas para a interrupção da maternidade e maior o desejo dos pais de terem muitos filhos (como acontece no campo). Mas essa sugestiva hipótese interpretativa não encontra confirmação nos dados existentes[30].

Na verdade, para dar uma resposta adequada à pergunta feita, devemos estabelecer se e em que medida as peculiaridades do modelo de suicídio chinês são uma novidade das últimas décadas ou já existiam também no passado. A partir de meados do século XIX, muitos viajantes ocidentais relataram que o suicídio na China, além de ser mais difundido do que em outros lugares, apresentava também outros traços específicos.

Em primeiro lugar, era mais frequente na população feminina do que na masculina. "Quem se candidata ao suicídio são principalmente as mulheres"[31], escreveu em 1876 Herbert Allen Giles, um diplomata britânico que trabalhou na China durante quase trinta anos. Vinte anos depois, nas suas notas de viagem, uma missionária americana, Adele Fiele, admitiu que se surpreendera com a frequência com que as noras infelizes buscavam a morte[32]. No início do século XX, o sociólogo americano Edward Alsworh Ross observava que, ao contrário do que ocorria nos países ocidentais, na China os suicídios femininos eram de cinco a dez vezes mais frequentes do que os masculinos[33]. Naqueles mesmos anos, Reginald Fleming Johnston, um sinólogo escocês que foi tutor de Puyi, o último imperador chinês, escreveu que "mais de 90% das pessoas que tiram a própria vida pertencem ao sexo feminino e na grande maioria são jovens mulheres casadas ou viúvas"[34]. Os dados estatísticos de que dispomos mostram que essas observações eram fundadas e que, outrora, a diferença entre mulheres e homens era ainda maior do que hoje. Até 1930, nas cidades chinesas, a população feminina apresentava uma taxa de suicídio muito mais elevada do que a masculina, ao passo que isso já não se verifica mais nos centros urbanos, restringindo-se ao campo (tab. 6.1)[35].

Em segundo lugar, a distribuição etária das mortes voluntárias chinesas muitas vezes parecia anômala aos olhos dos observadores ocidentais. Em meados do século XX, um sociólogo americano autor de um importante trabalho, mesmo reconhecendo que não havia estatísticas confiáveis a tal respeito, apontava que na China, segundo todos os observadores, quase nunca se verificavam suicídios entre os idosos, eram raros depois dos trinta e cinco anos e muito difundidos entre jovens, especialmente do sexo feminino[36]. Também nesse caso, os dados mais interessantes que possuímos são os reunidos pelos japoneses, nos primeiros quarenta anos do século XX, em Taiwan[37]. Eles mostram que, em 1905, o perfil dos suicidas era radicalmente diferente do europeu. Na população feminina, a frequência com que as pessoas se matavam decrescia com o aumento da idade. Era altíssima antes dos 24 anos e depois declinava rapidamente nas fases sucessivas da vida, alcançando o ponto mais baixo na velhice[38]. Na população masculina, essa frequência aumentava até os 29 anos, diminuía até os 54 e voltava a subir na última fase. As mulheres dessa grande ilha chinesa se matavam muito mais do que as suíças, dinamarquesas e francesas entre os 20 e os 24 anos e muito menos quando passavam dos 60. Os homens de Taiwan tiravam a própria vida com a mesma frequência que os homens dos três países mencionados, tanto na juventude quanto na velhice[39].

Por fim, também em Taiwan, pelo menos durante toda a primeira metade do século XX, as pessoas se matavam com mais frequência no campo do que nas cidades.

6.4 Os idosos e a devoção filial

Houve, portanto, uma grande mudança em relação ao passado, o exato contrário do que ocorreu em outras partes do mundo. Na segunda metade do século XX, a taxa de suicídio dos idosos diminuiu em muitos países ocidentais (como vimos), enquanto aumentou na China. Assim, atualmente, tanto na China quanto, ademais, em Hong Kong, Taiwan, Singapura, Coreia e Japão, as pessoas com mais de sessenta anos se matam de duas a três vezes mais do que na Europa, Estados Unidos, Canadá ou Austrália[40]. Pode-se, sem dúvida, atribuir essa grande mudança às profundas transformações que ocorreram na estrutura e nas relações familiares. Se antes os chineses se matavam muito raramente (e menos, pelo que conseguimos entender, do que os da Europa Centro-setentrional), era porque viviam solidamente integrados ao ambiente doméstico e gozavam do apoio material e afetivo dos parentes. Por alguns séculos, homens e mulheres se casaram em idade precoce, formando grandes famílias em que o casal idoso vivia com os filhos homens, as suas esposas e os netinhos que elas colocavam no mundo.

Essas famílias eram caracterizadas por um fortíssimo vínculo entre os pais idosos e os filhos adultos[41]. Como em muitas sociedades agrícolas, era uma relação fundada na reciprocidade, na ideia de que os filhos futuramente recompensariam o pai e a mãe por todos os esforços e sacrifícios que haviam feito para criá-los. Os filhos tinham um grande sentimento de gratidão para com os pais, que se manifestava não só no apoio material e afetivo que lhe davam, mas também nos suntuosos ritos fúnebres que celebravam à morte do pai ou da mãe e nos três anos de luto que observavam (aqueles três anos que correspondiam ao tempo que haviam passado, quando pequenos, nos braços dos pais).

A devoção filial assumiu na China uma importância maior do que em outros lugares. Como veremos, o Estado promoveu essa virtude confuciana ao longo de toda a duração do império. Os filhos exemplares eram premiados com reconhecimentos simbólicos. Aqueles que, ao contrário, não cumpriam o dever moral de respeitar e ajudar os pais corriam vários riscos. Em primeiro lugar, podiam ser deserdados. Mesmo quando as suas forças se esgotavam e eram obrigados a deixar de trabalhar, os idosos sempre conservavam em mãos o controle da terra e o poder de não deixar nenhuma herança aos filhos que não tivessem se comportado bem. Em segundo lugar, os pais podiam pedir às autoridades que processassem o filho, o qual podia ser condenado ao estrangulamento, mesmo sem que os pais apresentassem qualquer prova contra ele (segundo o princípio de que "nenhum pai no mundo está errado"). Além disso, a comunidade também zelava para que o dever da devoção filial fosse respeitado. Tanto é verdade que, quando se cometia um parricídio, não se limitavam a decapitar o culpado: os vizinhos eram severamente punidos, o seu professor era condenado à morte, o magistrado do distrito perdia o cargo e caía em desgraça, o prefeito e o governador da província eram removidos – pois todos eram considerados corresponsáveis[42].

Se os idosos hoje tiram a vida com frequência muito maior do que antes, é porque esse mundo doméstico em parte desapareceu. O sistema de formação da família lentamente mudou. Os casais seguem cada vez mais a regra de residência neolocal, montando após o casamento um lar por conta própria, e é cada vez mais frequente que os pais idosos morem sozinhos. A terra perdeu o valor que tinha antigamente e, portanto, a ameaça de deserdar um filho já não tem grande eficácia. Uma lei de 1996 reafirmou solenemente que "o sustento dos idosos cabe aos familiares, que devem cuidar deles"[43]. Mas os vínculos entre pais idosos e filhos adultos se enfraqueceram com o desenvolvimento econômico, a migração dos jovens do campo para a cidade, a reforma do direito de família em 1949, aprovada também para combater a devoção filial. O declínio do papel dos familiares no cuidado dos idosos não foi contrabalançado por uma maior intervenção do Estado, e é grande o número de pessoas com mais de 65 anos que vivem nos campos chineses sem dispor de qualquer tipo de aposentadoria[44].

6.5 O suicídio das mulheres chinesas

Em outros aspectos, o atual modelo chinês de suicídio apresenta impressionantes semelhanças com o passado. Como vimos, não só na última década, mas pelo menos desde a segunda metade do século XIX, as mulheres sempre se mataram com mais frequência do que os homens. Várias pesquisas históricas, aliás, mostraram que essa peculiaridade chinesa tem origens mais antigas e remonta pelo menos aos séculos XVII e XVIII[45]. Pode-se até apresentar a hipótese de que, três séculos atrás, a diferença entre as taxas de suicídio feminino e masculino era ainda maior do que hoje. À falta de dados estatísticos precisos e confiáveis, não sabemos se e em que medida essa hipótese corresponde à realidade. É certo, porém, que foi muito grande o número de mulheres que tiraram a vida nos séculos XVII e XVIII, e que a questão do suicídio feminino se tornou espinhosa. Provocou discussões acaloradas, levou o imperador a lançar decretos para tentar impor alguma forma de controle ao que se passava, solicitou a um grande número de letrados (os especialistas na escrita) que compusessem poemas e romances sobre os eventos e as paixões que levavam filhas, esposas, viúvas e concubinas a tirar a própria vida. As mulheres que animavam os palácios, os pavilhões e o parque de *O sonho do quarto vermelho*, o grande romance chinês do século XVIII, com nomes graciosos como Anel de Ouro, Pata Mandarim, Alegria Azul, Nuvem Azul, que preenchem os espaços com as suas conversações, discussões e perfumes sutis, ameaçam se matar e se matam com grande facilidade, como se a passagem para o reino do Grande Vazio não lhes custasse muito.

O primeiro testemunho ocidental dessa peculiaridade remonta talvez a 1779, ano em que foi publicado um livro de escritos de um considerável grupo de jesuítas franceses que haviam passado muitos anos na China como missionários. "A respeito do suicídio", narravam esses argutos observadores, "o sexo mais frágil é de uma coragem e temeridade que fazem estremecer de horror. Mulheres e moças se enforcam por uma palavra. Chegaram a tal ponto que foi preciso vedar a boca dos poços para salvá-las"[46].

Tudo isso sugere que a altíssima taxa de suicídio das camponesas chinesas contemporâneas não se deve apenas às mudanças ocorridas durante os últimos trinta anos na economia e na sociedade, mas depende também de fatores de longa duração. Mas quais são esses fatores? Quando era ainda muito jovem e acabara de ingressar nas associações estudantis revolucionárias, Mao Tsé-Tung propôs uma explicação para os frequentes suicídios das mulheres chinesas. E, embora fosse movido principalmente por intenções de polêmica política, as suas teses tiveram a seguir grande ressonância também nos ambientes científicos e por algum tempo guiaram as pesquisas de muitos estudiosos.

6.6 Mao Tsé-Tung e o paradigma de 4 de Maio

Chao Wu-chieh, com 23 anos de idade, deveria se casar em 14 de novembro de 1919. O casamento com Wu Feng-lin fora combinado pelos seus pais e por um intermediário, mas ela não queria absolutamente saber dele, pois sentia grande antipatia pelo noivo prometido, a quem, ademais, encontrara apenas uma vez por poucos minutos. Os seus pais, porém, foram irremovíveis e se recusaram a romper o noivado e a adiar as núpcias. Assim, seguindo os costumes da época, em 14 de novembro Chao foi levada em procissão à casa do futuro esposo dentro de uma liteira fechada por cortinas de seda vermelha. Mas, ao chegarem e descerrarem a cortina, parentes e amigos descobriram que, durante o trajeto, a moça cortara a garganta com uma navalha que até então mantivera escondida. Mesmo temendo um gesto do gênero, os pais ficaram estarrecidos, pois, antes que a filha saísse de casa, haviam-na submetido a uma cuidadosa revista, precisamente para evitar que se visse sozinha com uma faca ou algum outro objeto perigoso[47].

Mesmo sendo uma história comum, semelhante a muitas outras, a de Chao Wu-chieh assumiu imediatamente um significado especial. Impressionou a mente do jovem Mao e inflamou o seu ânimo. Assim, o futuro presidente da República Popular da China escreveu de ímpeto nove artigos, um após o outro, sobre o caso Chao, que foram lidos por grande número de pessoas, provocaram discussões acaloradas nas universidades, nas famílias e nos grupos das classes mais cultas, e nas semanas seguintes foram seguidos por centenas de outros artigos sobre o mesmo tema, publicados nos novos periódicos que floresciam naquele período[48]. Se um fato que normalmente passaria inobservado suscitou tanto interesse, foi porque, antes de mais nada, ocorrera num momento de grande efervescência coletiva. Em 4 de maio daquele ano, nascera em Pequim, difundindo-se rapidamente em todas as cidades do país, um movimento que hoje é considerado um divisor de águas na história da China e o início do período contemporâneo. A centelha que fez explodir o movimento foi a decisão da Conferência de Versalhes de ceder ao Japão as possessões alemãs em Shantung, contra a qual os estudantes saíram às ruas. Logo uniram-se a eles alguns grupos intelectuais e camadas da burguesia urbana, dando vida a uma verdadeira revolta, que pôs em questão o confucionismo (considerado como a quintessência da tradição) e os principais aspectos da sociedade chinesa, entre os quais a família e a condição das mulheres. Mas, além desse clima cultural, o interesse de Mao pela história de Chao fora despertado também por alguns acontecimentos que o haviam envolvido pessoalmente. Quando tinha treze anos, o pai arranjara o seu casamento com uma jovem de dezenove anos. Mao se opusera com todas as suas forças a essa decisão e, para convencer o pai, saíra de casa dizendo que voltaria somente quando fosse livre para decidir quando e com quem se casaria. Conseguira vencer esse braço de ferro e, alguns anos depois, casou-se com uma mulher pela qual se apaixonara. Mas essa experiência lhe firmara a convicção de que era preciso combater o velho costume do casamento arranjado.

O que provocara o suicídio da Senhorita Chao?, perguntava Mao no seu primeiro artigo, publicado em 16 de novembro de 1919, passados apenas dois dias após a ocorrência. Não hesitou um instante na resposta: o que levara a jovem à morte fora o ambiente em que vivia. E esse ambiente era constituído por três elementos: a sociedade chinesa, a família dela e a família do homem que não queria desposar. Eram como três "cabos de ferro", que formavam uma espécie de "jaula de três cantos". Se os pais não a tivessem obrigado a fazer o que ela não queria, se os futuros sogros não tivessem ignorado os seus desejos, se todos os outros, parentes, amigos, conhecidos, estranhos, não tivessem explícita ou implicitamente apoiado essas duas famílias, a Senhorita Chao jamais teria se matado.

Segundo Mao, os pais que, mesmo sabendo que a filha não amava o marido que lhe haviam escolhido, queriam obrigá-la a desposá-lo, a manter relações sexuais com ele, até a amá-lo, cometiam um crime horrendo – o de "estupro indireto" – e eram, portanto, moralmente condenáveis. Mas a fonte desse crime devia ser procurada na sociedade. Nos países ocidentais não havia intermediários nem casamentos arranjados e essas formas de violência dos pais em relação aos filhos eram impensáveis. Nesses países, se o pai esbofeteasse a filha por se recusar a desposar um homem que não conhecia e não amava (como ocorrera com Chao), ela poderia denunciá-lo ou defender-se de muitos outros modos[49].

Portanto, como Durkheim vinte anos antes, Mao também pensava que, para entender o suicídio, era preciso partir da sociedade. "O motivo pelo qual", escrevia ele no seu último artigo sobre o caso, "há pessoas na sociedade que querem se matar é porque a sociedade se apropria e destrói as suas esperanças, deixando-as completamente desesperadas"[50]. Mas na China, segundo Mao, as causas profundas do impressionante número de mortes voluntárias femininas eram a opressão do sistema familiar patriarcal sobre as mulheres, inspirado e sustentado pelas doutrinas neoconfucianas, o costume dos casamentos arranjados, a crença supersticiosa da sua predestinação. Se Durkheim pudesse lê-lo ou ouvi-lo, talvez reconhecesse nas palavras de Mao aquele tipo de suicídio que definira como "fatalista" ("aquele que cometem as pessoas que têm o futuro totalmente vedado, com paixões violentamente reprimidas por uma disciplina opressiva")[51] e ao qual dedicara apenas algumas linhas, numa breve nota em pé de página da sua grande obra.

Seguindo o raciocínio de Mao, outros participantes do debate sustentaram que Chao tivera o grande mérito de se opor ao sistema tradicional chinês de formação da família da única maneira que lhe era permitida: tirando a própria vida. Mesmo quem não aprovasse a sua decisão devia, segundo eles, reconhecer que ela "se sacrificara para reformar o sistema matrimonial". Era por isso – por querer "declarar guerra ao demônio do despotismo" – que não cortara a garganta em casa, quando ainda era apenas uma filha, mas sim no assento nupcial, enquanto a liteira vermelha a conduzia ao marido[52].

O paradigma do 4 de Maio (tal como hoje é chamado o esquema interpretativo proposto por Mao) guiou por anos as pesquisas de muitos estudiosos, que atribuíram os numerosos suicídios femininos ao sistema familiar patriarcal que, com os casamentos arranjados e de muitas outras maneiras, oprimia as jovens levando-as ao desespero e, às vezes, até a tirar a vida. Tal sistema, segundo esses estudiosos, foi favorecido e legitimado por aquelas correntes de pensamento, definidas como neoconfucianas, que floresceram nos séculos XI e XII, às quais atribuía-se também a origem de outras mudanças importantes: o declínio da condição social das mulheres, a consolidação do costume de enfaixar os pés das meninas para alcançar o ideal estético do "lótus de ouro" (um pé muito pequeno, com não mais de oito centímetros), o culto da castidade das viúvas e o alto número de noras que se matavam[53]. Um dos mais importantes expoentes dessas correntes, o filósofo Cheng Yi, costumava dizer: "jejuar até morrer de inanição é uma coisa sem importância, perder a própria castidade é uma coisa de grande importância".

As pesquisas históricas realizadas nos últimos vinte anos evidenciaram que o paradigma do 4 de Maio não basta para explicar por que tantas mulheres se mataram na China do passado[54]. Tais pesquisas mostravam, em primeiro lugar, que não há uma correspondência entre o nascimento e o desenvolvimento do neoconfucionismo e o andamento do suicídio. O número de mortes voluntárias femininas começou a aumentar lentamente no século XIV, sofreu uma aceleração no século XVI, muitos séculos depois da afirmação dessas correntes de pensamento, e alcançou o pico nos séculos XVII e XVIII. Em segundo lugar, elas indicavam que o sistema patriarcal e os casamentos arranjados não eram as únicas causas do suicídio das mulheres chinesas. Como veremos, matavam-se por muitos outros motivos e, às vezes, até para continuarem fiéis ao homem que os pais lhes haviam escolhido. Não eram apenas vítimas de um sistema opressivo, mas também pessoas capazes de escolher. A morte voluntária não era só e necessariamente expressão de fraqueza, passividade, derrota, desespero. Era, às vezes, um gesto apaixonado de independência, de autoafirmação, de desafio[55].

6.7 O repertório cultural dos suicídios

O suicídio teve por muito tempo um papel de grande relevância na história e na cultura chinesa. O catecismo budista condenava ao inferno os que tiravam a vida por motivos puramente egoístas, mas admitia a sua possibilidade por "lealdade ao soberano, piedade filial, castidade, justiça, guerra"[56]. Por outro lado, Confúcio, mesmo não aprovando em geral o suicídio, considerava que os homens, em certos casos, deviam renunciar à vida. Uma máxima sua prega que "o corpo é um dom dos nossos pais e não deve ser ferido ou danificado". Mas outra prega que "o homem resoluto e a pessoa de grande virtude não procuram viver ao custo de ferir a virtude, e preferem se matar para poder realizá-la plenamente"[57]. Liu Hsiang, autor da primeira coletânea chinesa de biografias femininas, louvava a morte voluntária das mulheres[58], quando ocorria para salvar o marido ou em decorrência da sua morte. O historiador Sima Qian, depois de cair em desgraça, explicou que preferira a castração ao suicídio porque "até escravos e criadas conseguem se matar". O filósofo Mêncio, grande sistematizador e divulgador da doutrina confuciana, escreveu:

> Gosto de peixe e gosto também de patas de urso. Se não posso ter ambos ao mesmo tempo, deixo o peixe e fico com as patas de urso. Do mesmo modo, gosto da vida e da retidão. Se não posso mantê-las juntas, deixarei partir a vida e escolherei ser reto. Gosto muito da vida, mas há algo que prezo ainda mais [...]. Tenho horror à morte, mas há algo que me repugna ainda mais[59].

A escolha do suicídio, portanto, era justificada por um valor superior. Baseava-se na ideia de que se devia usar bem não só a vida, mas também a morte. Como escreveu Sima Qian: "O homem tem apenas uma morte. Ela pode ser pesada como o Monte Tai ou leve como uma pluma de pássaro. A diferença está justamente no uso que se faz dela"[60]. Mas, se a pessoa tirava a sua vida por outros motivos, corria o risco de ser enterrada sem ritos fúnebres[61].

Havia diversas formas de morte voluntária permitidas, embora algumas fossem consideradas mais nobres do que outras e mais adequadas a determinados papéis (p. ex., às noivas, às viúvas, aos credores, aos generais). Havia o suicídio reservado aos outros dignitários do império culpados de alta traição, e certamente não apreciado, com vistas a evitar a humilhação da decapitação e poder se reunir aos antepassados com o corpo intacto. Habitualmente era determinado pelo próprio imperador, que enviava aos interessados uma folha de ouro, um pacotinho de veneno ou uma corda de seda amarela para poderem pôr fim à vida[62]. Por outro lado, louvava-se e honrava-se a morte voluntária por questão de honra, cometida por quem ocupasse alta posição no Estado, após uma derrota política ou militar: funcionários, generais, príncipes, até o soberano. E, com efeito, dos 259 imperadores que se sucederam de 221 a.C. a 1911, cinco deles se mataram[63]. Respeitava-se a autoimolação, uma forma de suicídio altruísta reservada aos monges budistas, que na China, como em outras zonas da Ásia, começou a ser praticada a partir do final do século V, de maneiras e por razões diferentes[64]. Normalmente a autoimolação se dava por cremação, isto é, incendiando-se em público, em presença dos funcionários do Estado e do próprio imperador. Mas, às vezes, para "fazer dom de si", os monges seguiam outros caminhos: afogavam-se, atiravam-se do alto de uma rocha, jejuavam até morrer de fome ou abandonavam o próprio corpo às aves, aos vermes e a outros animais. Faziam-no para o bem dos outros, para defender a sua comunidade ou país das invasões, das guerras, carestias, secas, inundações, fome, mas às vezes também como forma de protesto.

Todavia, também eram permitidos e respeitados os suicídios cometidos por muitas outras razões; como gesto de lealdade em relação ao imperador, aos pais ou ao cônjuge, como forma de reação a condições sociais opressivas, como meio de protestar e para obter justiça ou para se vingar. Por longo tempo, os indivíduos que se matavam por essas razões foram louvados e honrados pelas supremas autoridades estatais.

6.8 O Estado e as condecorações aos virtuosos

Por quase dezenove séculos o Estado chinês empreendeu todos os esforços para promover e inculcar no povo as "virtudes confucianas": a devoção filial, a retidão, a lealdade, a fidelidade. Para isso, empregou-se um grande número de homens e de meios, seguindo a linha estabelecida num documento do século III: "Concede condecorações aos virtuosos. Atribui emblemas honoríficos às suas casas e aos seus povoados, assim tornando ilustres os bons e causando dor nos maus"[65]. Desse modo, davam-se aos eleitos prêmios de vários tipos: isenções do trabalho servil, plaquetas honoríficas para expor na porta de casa, títulos nobiliárquicos, encômios escritos pela mão do próprio imperador na sua elegante caligrafia, presentes de trigo e seda, contribuições financeiras para construir arcos comemorativos de pedra[66]. Esses prêmios eram concedidos aos virtuosos não só pela corte e pelo imperador, mas também pelas autoridades locais, governadores, magistrados e outros funcionários do Estado[67].

Nesse longuíssimo período, as características do gigantesco empreendimento de concessão de condecorações, realizado pelo Estado chinês, mudaram várias vezes. Mudaram as próprias definições das virtudes, os critérios adotados para a identificação e a premiação dos virtuosos, a quantidade deles, as condecorações concedidas, os comportamentos julgados louváveis nos indivíduos e nas famílias[68]. Apenas a concepção das virtudes confucianas masculinas se manteve relativamente estável: a devoção dos filhos aos pais, a lealdade dos funcionários ao soberano, a retidão dos homens da comunidade. Por séculos, continuou-se a atribuir plaquetas condecorativas e encômios a jovens que se haviam recusado a deixar a tumba do pai ou do avô, ou a irmãos que haviam conseguido viver em paz, sem dividir o patrimônio familiar, nas grandes *frérèches* que se formavam quando todos levavam as esposas à casa dos pais[69].

Tab. 6.2. Principais escolhas de uma mulher na China, diante de alguns eventos, durante as dinastias Ming e Qing (1368-1911)

Evento	Escolha mais comum	Ações virtuosas	
		Em vida	Com a morte
Morte do noivo	Fica noiva de outro homem	Fica solteira	Mata-se
Morte do marido	Passa a segundas núpcias	Fica viúva	Mata-se
Molestamentos ou violências sexuais	Mantém a vida		Mata-se
Derrota militar e queda do regime	Mantém a vida		Mata-se

Fonte: Elvin (1984); Wakeman (1985); Davis (1996); T'ien Ju-K'ang (1988); Theiss (2004b); Lu (2008).

Quanto às virtudes femininas, a tabela 6.2 esquematiza as escolhas morais que se apresentavam a uma chinesa, durante as dinastias Ming e Qing, após quatro eventos: a morte do noivo, a morte do marido, ser objeto de molestamento ou violências sexuais, uma derrota militar e a queda do regime. Na segunda coluna consta a reação mais comum, nas outras duas os comportamentos considerados virtuosos e premiados pelas autoridades. Assim, por exemplo, se o marido morria, a grande maioria das mulheres chinesas voltava a se casar. Mas as que ficavam viúvas ou se matavam para se opor às pressões dos familiares a se casar novamente recebiam uma condecoração[70]. Os principais comportamentos femininos premiados continuaram a ser esses. Contudo, como veremos, a atitude das autoridades locais e nacionais em relação a essas ações mudou várias vezes no decorrer do tempo.

Houve também uma mudança radical nos procedimentos para escolher e premiar os virtuosos. No início, os funcionários imperiais identificavam as pessoas dignas de honrarias reunindo informações nos povoados, e as condecorações eram concedidas em ocasiões especiais, quando se aplacava uma revolta ou subia um novo soberano ao trono. Mas, com o tempo, o processo de atribuição de prêmios se tornou cada vez mais complexo. O pedido de condecoração devia passar por um processo cada vez mais extenso, que podia se prolongar por muitos anos. Era preciso passar por um número interminável de assembleias, órgãos, conselhos, comitês, comissões da grande burocracia imperial, que enviavam e reenviavam a petição, como se fosse uma bola, depois de avaliá-la, pesá-la, controlá-la, analisá-la, discuti-la atentamente em todos os seus aspectos. A petição normalmente partia dos familiares dos virtuosos, que solicitavam à assembleia dos anciãos do povoado que a submetessem à atenção do magistrado do distrito, o qual, por sua vez, solicitava o parecer dos vizinhos das pessoas interessadas e dos anciãos. Então o processo subia lentamente aos níveis superiores, às prefeituras e às administrações regionais, até chegar ao ministério dos ritos que, depois de tê-lo examinado, reenviava-o às autoridades inferiores. Essa petição seria, a um certo ponto, encaminhada também à corte dos censores, que solicitavam o parecer de outras autoridades. Depois que todas essas instâncias tivessem formulado um juízo positivo, o ministro dos ritos aceitava o pedido. Mas o processo ainda não estava concluído. Todas as petições que chegavam até esse ponto eram submetidas à avaliação do imperador, que as examinava uma vez ao ano, numa ocasião solene, e podia ainda rejeitar algumas delas.

Por fim, houve também mudanças no ritmo desse processo de atribuição de prêmios, que se tornou cada vez mais rápido. O número das condecorações concedidas aos virtuosos aumentou durante séculos, durante a Dinastia Ming

(1368-1644) e a Dinastia Qing (1644-1911). Em dois séculos, de meados do século XVII a meados do século XIX, o imperador concedeu mais de 217.336, em 98% dos casos a mulheres, com muita frequência a viúvas que permaneceram fiéis ao marido, recusando segundas núpcias ou pondo termo à própria vida[71]. Mas muitos outros prêmios foram atribuídos aos eleitos pelas autoridades locais.

Assim, algumas formas de suicídio foram aprovadas e encorajadas durante séculos, com um grandioso processo de concessão de condecorações que não teve igual em nenhum outro país e em nenhum outro período histórico. Em primeiro lugar porque, à diferença dos outros estados que atribuíam e atribuem medalhas ao valor militar e civil, o Estado chinês conferia reconhecimento pelas condutas consideradas virtuosas na esfera privada e na vida cotidiana. Em segundo lugar porque, ao contrário da Igreja Católica que, por um período igualmente longo, proclamava por meio do processo de canonização a santidade de pessoas com qualidades absolutamente excepcionais, às quais se atribuíam milagres ou eventos "prodigiosos", o Estado chinês recompensava condutas consideradas normais[72].

Como veremos, embora fossem aprovados e encorajados socialmente, esses tipos de suicídio não eram cometidos por indivíduos passivos e submissos às supremas exigências do seu grupo. Se alguns eram gestos de deferência em relação aos superiores, outros comportavam violentos conflitos com a própria família e com a família do marido ou noivo, outros ainda eram expressão de discordância, de desobediência, de protesto, de desejo de vingança.

6.9 Após a morte do marido

Em 1498, na Província de Jiangsu, foi construído um templo em honra à viúva Qian, que se matou em 1435 após a morte do marido. A heroica fidelidade dessa mulher foi celebrada pelos letrados em poesia e em prosa e o seu nome entrou na história local. Filha de camponeses, fora dada em casamento a Lu Mao e imediatamente se mostrara – escreveram os seus biógrafos – uma esposa virtuosa: "servia com espírito filial aos sogros e aplainava os contrastes entre as esposas dos irmãos do marido". Depois de algum tempo, Lu Mao adoeceu e, ao perceber que não se recuperaria, chamou a esposa e lhe disse: "Logo morrerei. Mas você é jovem e não temos filhos. Sem mim, ficará muito pobre. Seria bom, portanto, que você pensasse em se casar novamente". Ela respondeu chorando: "Ouvi dizer que não existe em lugar algum uma mulher que pode servir a dois maridos". Mesmo os pais de Qian começaram a procurar um novo marido para a filha. Mas, quando Lu Mao morreu, a viúva chorou amargamente, preparou com cuidado o funeral e, tão logo foi celebrado o rito, enforcou-se perto do seu cadáver[73].

O exemplo da viúva Qian não era um caso isolado. Já muito antes, também na época de Han (206 a.C.-220 d.C.), havia mulheres que preferiam morrer a se casar outra vez, porque, como uma delas escreveu em versos, "o meu coração não é uma pedra / não pode rolar / o meu coração não é uma esteira / não se pode enrolar"[74]. Mas a ideia de Durkheim de que o suicídio altruísta dominava nas sociedades primitivas e, portanto, que a sua importância aumentava conforme recuássemos no tempo, não encontra confirmação nem mesmo na história da China. Nesse país, o número das mulheres que se matavam após a morte do marido começou a aumentar durante a Dinastia Yuan (1279-1368) e cresceu ainda mais rapidamente durante o longo período das dinastias Ming (1368-1644) e Qing (1644-1911), a tal ponto que, em 1688, o Imperador Kangxi expressou a preocupação de que, "se continuarmos a lhes dar condecorações, as vidas truncadas continuarão a aumentar" e decidiu pôr fim a essa prática. Mas deixou aberta a possibilidade de que a viúva, caso quisesse se matar, pedisse uma autorização especial ao ministério dos ritos[75]. Essa proibição não deve ter surtido os efeitos esperados, visto que em 1728 o Imperador Yongzheng foi obrigado a lançar um decreto para refrear o que definiu como "o uso da morte para evitar todas as responsabilidades". Escreveu ele nesse documento:

> A viúva heroica segue o marido sob a terra com uma resolução generosa. Mas, se é difícil ser uma viúva heroica, é ainda mais difícil ser uma viúva fiel. De fato, seguir o marido na morte requer ape-

nas um momento de firmeza, ao passo que se manter fiel significa ter o respeito do marido para sempre[76].

Escolher esse caminho significa – acrescentava Yongzheng – tomar o lugar do marido no atendimento dos sogros e na criação dos filhos e, portanto, enfrentar com coragem as mil dificuldades cotidianas. Mas a situação mudou novamente em 1851, quando o Imperador Xianfeng reintroduziu o costume de honrar as viúvas que punham termo à sua vida[77].

A documentação existente levou alguns historiadores a pensar que, nesse longo período, não só aumentou o número de suicídios das viúvas, mas a sua natureza também mudou. Na época Yuan (1279-1368 d.C.), o suicídio de uma viúva era causado sobretudo por uma forte pressão externa. Em 1367, quando o exército Ming sitiava a sua cidade, Bo Tie'um'er levou a esposa e as concubinas até a sacada da sua casa e lhes disse: "A cidade caiu e eu morrerei aqui. Podem me seguir?" Todas as mulheres responderam afirmativamente e se enforcaram. No longo período Ming e Qing, a decisão da mulher em se matar passou a ser cada vez mais fruto da sua livre-escolha e de um forte vínculo afetivo com o marido. Considere-se, por exemplo, o caso da Senhora Zhang, que aos dezoito anos se casara com um letrado. Quatro anos depois, sentindo-se próximo da morte, o marido tentou liberá-la da obrigação moral de segui-lo na tumba. Mas ela respondeu, chorando: "Pensa que tenho dois corações? Se tivéssemos um filho, defenderia a minha castidade e o criaria como o seu herdeiro, como deve fazer toda esposa. Não tendo filhos, a esposa pode manter a pureza somente seguindo o marido na morte"[78].

As mulheres que se matavam após a morte do marido assim agiam por dois motivos diferentes. Em primeiro lugar, para "segui-lo na morte", como o haviam sempre seguido na vida, para servi-lo "sob a terra", para não o deixar só. Elas estavam, de fato, convencidas de que reencontrariam o cônjuge no além e ficariam juntos para sempre[79]. Os letrados celebraram essas viúvas como mulheres heroicas, martírios da castidade, personificações da paixão. A morte delas era considerada uma morte "boa", porque, além da absoluta fidelidade ao marido, atestava também um grande domínio sobre a própria vida, uma grande capacidade de controle sobre o arbítrio dos eventos biológicos[80]. Mas era igualmente vista como uma morte "bela", que perpetuaria o nome da mulher que se tirava a vida[81]. É este, se olharmos bem, o sentido das palavras que o letrado Wang Yuhui dirigiu à esposa, ao saber que a filha, que acabara de enviuvar, havia se matado: "Mas por que você chora? A nossa terceira filha já se tornou imortal. Morreu bem. Pudera eu também morrer por uma causa tão nobre!" Depois, atirando a cabeça para trás e rindo, disse: "Morreu bem, morreu bem!" E, rindo alto, deixou a sala[82].

Algumas chinesas se matavam pelo marido mesmo quando ele as maltratara por toda a vida ou se manchara de graves crimes em relação aos outros. O homem com quem Kao havia casado, por exemplo, fora condenado por homicídio e estava encarcerado. Encontrava-se gravemente doente e a esposa foi visitá-lo. Mas, assim que se viu sozinha na cela com o cônjuge, tentou se enforcar com ele, servindo-se das faixas para os pés. Foi descoberta e expulsa pelos guardas; dirigiu-se então ao templo do deus da cidade, onde pronunciou essas palavras:

> O meu marido está morrendo e por isso desejo morrer. A sua desventura é a minha desventura. Como posso continuar a viver sozinha? A minha decisão está tomada: ao invés de esperar e morrer junto com ele, serei eu a partir primeiro. Somente o deus compreende a minha situação[83].

Em segundo lugar, algumas viúvas se matavam para escapar às fortes pressões dos pais ou dos sogros para que voltassem a se casar, por motivos financeiros. As segundas núpcias eram vistas de modo muito negativo (tanto que, para alguns letrados, constituíam "um crime que merece mais do que a morte")[84] e pensava-se que a viúva que se casava novamente perdia a integridade moral. Por isso algumas mulheres, depois de perderem o primeiro marido, esforçavam-se ao máximo para não aceitar outro. Elas abraçavam totalmente a afirmação feita por uma camponesa: "Se eu me casar de novo, novamente, como vou encarar o meu marido debaixo da terra?"[85] Assim, defendiam-se antes de mais nada com aquele poderoso meio de produção de significados que era o seu corpo. Havia viúvas jovens e fascinantes que se mutilavam e desfiguravam o rosto, cortando o nariz e as orelhas[86]. E havia outras que, remetendo-se ao mote do filósofo neoconfuciano Ch'eng Yi, "perder a honra é algo muito mais sério do que morrer de inanição", preferiam a morte voluntária a um segundo casamento[87].

6.10 Diferenças em relação ao *sati*

Apesar das aparências, o suicídio das mulheres chinesas após o passamento do marido apresenta características diferentes do *sati* (mesmo sendo mais similar a ele do que as demais formas de morte voluntária feminina incentivadas pelo Estado chinês). Em primeiro lugar, porque a concepção indiana da viuvez, das causas e consequências, dos deveres que recaíam sobre os ombros das mulheres nessa condição, era diferente da concepção chinesa. Na China, a mãe Wang Daomei recomendou à filha que enviuvara: "Não chore e não se lamente demais. Há três caminhos à sua frente. O primeiro é o martírio, seguir o seu marido na morte. O segundo é a fidelidade: manter-se pura como a geada e o gelo, para servir os sogros. O terceiro é fazer o que as pessoas comuns fazem [voltar a se casar]"[88]. Uma mãe indiana naquele período poderia ter dito a mesma coisa. Mas essas mulheres não estariam de acordo sobre o caminho ideal. Na China, certamente era o segundo: ser a viúva fiel, não voltar a casar e cuidar dos filhos e dos sogros. Na Índia, porém, era o primeiro: subir na pira do marido, para ficar para sempre com ele e escapar à terrível suspeita de ser responsável pela sua morte.

Temos uma eloquente ilustração dessa diferença no caso das mulheres que se matavam não imediatamente após a morte do marido, mas alguns anos depois. Como vimos, isso ocorria na Índia quando uma mulher, depois de preferir a condição de viuvez ao *sati*, julgava-a tão intolerável que recuava na sua decisão. Na China, por outro lado, essa postergação do suicídio geralmente ocorria porque as mulheres consideravam obrigação sua cumprir antes o papel de mãe e de nora e somente depois ir se reunir ao marido no túmulo. Lembremos, por exemplo, a história de Li. Em certas zonas da China, por muito tempo existiu uma forma "menor" de matrimônio, precedido por uma espécie de adoção da futura esposa no seio da família do marido. Os pais dele levavam para casa uma menina ainda pequena de outra família e a criavam como se fosse filha, até que, completando dezesseis ou dezessete anos, era dada como esposa ao filho, com o qual até então vivera como irmã[89]. Foi também o que aconteceu com Li: aos onze anos, foi adotada e criada pela família Wu e prometida como esposa ao filho Du. Mas, depois de sete anos, esse jovem se afogou num poço. Mesmo com a morte do noivo, Li decidiu permanecer na casa daqueles que teriam sido os seus sogros e começou a cuidar deles como se fosse a nora. Depois conseguiu adotar um filho, criou-o com amor, enviou-o à escola, arranjou-lhe casamento. Nesse ponto, disse ao irmão mais velho de Du: "Agora os seus pais morreram e há na nossa família pessoas suficientes para celebrar os ritos a eles na nossa sala ancestral. A pessoa do poço esperou por bastante tempo. Devo segui-la". Assim, passados 21 anos desde a morte do noivo, e precisamente no dia do seu aniversário, Li se matou lançando-se ao mesmo poço[90].

Em segundo lugar, as viúvas indianas e as chinesas tiravam a vida de maneira diferente. A cerimônia do *sati*, com a procissão, a festa, o banquete, a imperiosa presença dos familiares, dos brâmanes, das amigas, dos conhecidos, expressava uma absoluta dependência da viúva em relação à comunidade. As mulheres chinesas, pelo contrário, geralmente punham termo à vida em completa solidão[91], às escondidas, jogando-se num poço perto de casa, num rio ou no mar, cortando a garganta, engolindo finíssimas lâminas de ouro que provocavam asfixia ou envenenando-se com bolinhas de ópio[92]. O recurso ao ópio era tão difundido que o número de suicídios femininos variava ao longo do ano e de um ano para outro, dependendo da oferta dessa substância. "Quando se realiza a colheita do ópio", escrevia Edward Alsworth Ross em 1912, há grande quantidade de suicídios femininos"[93]. Por outro lado, quando o preço do ópio subia, diminuía o número de mulheres que se matavam. "Quando o suicídio custa dez *cents*, torna-se um luxo que poucos podem se permitir, o que não admira num lugar onde um trabalhador recebe cem *cents* por mês"[94].

Somente em algumas zonas do país as mulheres se suicidavam em público, na presença de terceiros e seguindo o roteiro de dois ritos profundamente diferentes. O primeiro se chamava *tat'ai* ("erguer uma plataforma") e era celebrado quase exclusivamente em Fujan, na costa sul-oriental da China, por menos de 20% das mulheres que tiravam a sua vida. O segundo, por sua vez, ocorria em Huichou ou em alguma outra zona, com a greve de fome e de sede, e de uso ainda menos frequente[95]. Era o primeiro que se assemelhava mais ao *sati*, ao passo que o segundo guardava mais afinidade com as outras formas de suicídio.

O rito do *tat'ai* foi celebrado em Fujan desde os meados do século XVI até os meados do século XIX[96]. Realizava-se sobre uma grande plataforma de madeira, expressamente montada para esse fim, não muito distante da casa da mulher que se imolava. Segundo as descrições que alguns missionários ocidentais nos deixaram[97], na segunda metade do século XIX, quando uma mulher decidia seguir o marido ou o noivo na sepultura, ela escolhia o dia da cerimônia com os parentes e depois anunciava a sua intenção aos outros, oralmente ou por escrito, e convidava todos os interessados a comparecerem. Na manhã do dia previsto, usando um traje adequado para grandes celebrações, era conduzida numa liteira carregada por quatro homens até um templo erigido à memória das viúvas virtuosas, onde o incenso ardia diante das plaquetas votivas.

Algumas horas depois, ela era acompanhada ao local onde fora erguida a plataforma, subia nela e, na companhia de alguns parentes, comia a uma mesa posta. A seguir, colocava-se sobre essa mesma mesa uma criança envolta em panos, que a mulher acariciava suavemente, pondo-lhe o colar que usara até então. Agradecia com um breve discurso às pessoas que, tendo aceitado o seu convite, haviam se reunido ao redor da estrutura e lhes lançava arroz, ervas e flores. Então se aproximava da trave da qual pendia uma corda vermelha. Sem trair nenhuma emoção, cobria o nó com um lenço, punha a corda no pescoço e saltava da banqueta em que havia subido.

Às vezes, porém, o próprio rito do *tat'ai* se transformava, passando de uma forma de submissão à comunidade a um ato de desafio às suas regras, como meio de influenciar as decisões dos seus líderes. Assim, por exemplo, em 1854 pedira-se à viúva Chang o valor de vinte mil moedas de bronze para obter as tabuletas votivas dedicadas aos sogros. Atribuindo enorme importância a essa condecoração, mas sendo pobre e não dispondo de tal quantia, a viúva marcou a data da sua morte voluntária na plataforma. Receando essa notícia, o magistrado da província tanto fez que conseguiu reunir o dinheiro necessário e convenceu a viúva Chang a voltar atrás na sua decisão[98].

Já o segundo rito, que previa o suicídio por jejum e era seguido apenas em algumas zonas da China, era radicalmente diferente do *sati* e do *tat'ai*. Quem o escolhia, recusando alimentos e líquidos, levava de cinco a dezessete dias para morrer. Mas algumas sobreviviam por mais de quarenta dias, porque provavelmente continuavam a ingerir algum líquido. De todo modo, a agonia da morte por inanição era terrível. Por isso, algumas mulheres, a certa altura, resolviam mudar de meio e se matavam com ópio ou se lançando num poço.

Ao contrário do enforcamento, do afogamento e do envenenamento, o jejum não provocava a morte imediata e, portanto, permitia que a pessoa interagisse com os outros, pedisse alguma coisa, negociasse, obtivesse concessões. O poder da pessoa que se enfraquecia hora a hora consistia em colocar aos outros o dilema de atender pelo menos a algumas das suas exigências ou de se resignar à sua morte, assim se reconhecendo responsáveis. Costuma-se pensar que a greve de fome é apenas uma forma de luta política, adotada para obter alguma melhoria da própria situação (p. ex., uma cela melhor) ou para protestar em nome de uma causa justa. É evidente que as mulheres chinesas (e não só elas), à morte do marido ou do noivo, empregavam esse recurso dentro da esfera doméstica para alcançar alguns objetivos privados, por exemplo, a adoção de um filho, caso não tivessem, ou melhores condições de vida e de trabalho na família dos sogros em que continuariam a ficar.

6.11 Após a morte do noivo

No século XIII, iniciou-se na China um fenômeno totalmente novo: o das jovens noivas que, em caso de morte do noivo, permaneciam fiéis à sua promessa de matrimônio e se recusavam a ter outro companheiro. No começo, eram definidas como "solteiras fiéis" (*Zhannü*)[99], e com o tempo adotaram a designação de "esposas noivas", "viúvas noivas" ou "esposas ainda não casadas". O número delas aumentou nos séculos seguintes, com especial rapidez nos séculos XVII e XVIII, para alcançar o pico na primeira metade do século XIX. Isso se verificou em todas as regiões da China, mas em maior medida nas áreas meridionais, economicamente mais desenvolvidas e com uma parcela maior de população instruída.

As mulheres que decidiam se tornar "solteiras fiéis", durante as dinastias Ming e Qing, tinham diante de si três possibilidades: ficar em casa dos pais, cuidando deles, mudar-se para a família do ex-noivo ou renunciar à vida.

Por vezes, ela ingressava na família do defunto sem qualquer cerimônia de celebração. Mas era mais usual que se comemorasse o casamento "em espírito" com o finado. Os ritos para esse novo tipo de união foram criados aos poucos, a partir do século XVI. Retomavam, até onde era possível, os ritos nupciais tradicionais. Assim, por exemplo, a noiva fiel era transportada à casa da nova família dentro de uma liteira. Mas, em muitos outros aspectos, foram criados *ex novo*. Os participantes começaram a usar trajes de luto e se renunciou ao uso de música e de decorações coloridas. Nessa atmosfera, em parte nupcial, em parte fúnebre, a jovem se unia em matrimônio com a efígie do homem ao qual fora prometida.

Ao celebrar essas cerimônias junto com os demais, a jovem mudava várias vezes de posição no decorrer de poucas horas. Depois de ter sido noiva por muitos anos, alcançava a tão desejada posição de esposa, mas perdia-a no mesmo instante em que a conquistara, tornando-se viúva para sempre. Apesar disso, às vezes conseguia alcançar na nova família outra meta, igualmente ambicionada: a de ter um filho. Sem marido, podia se tornar uma "mãe virgem", adotando uma criança de algum irmão ou primo do ex-noivo ou de algum outro parente.

Se decidiam tirar a vida, as solteiras fiéis seguiam, em Fujan, o rito do *tat'ai* (como as viúvas) ou, mais usualmente, o do *benxun*, anunciando publicamente o suicídio, mas executando-o em privado. Em geral, depois de tomar a decisão de pôr termo à vida, a jovem se despedia dos pais e de todos os parentes reunidos para a ocasião e ia à casa do finado noivo, para se enforcar no quarto dele após celebrar alguns ritos. No resto da China, entretanto, essas mulheres se matavam em segredo, escapando ao controle dos familiares e dos amigos, jogando-se num poço, num rio ou ingerindo substâncias venenosas. Geralmente, usavam trajes de esposa, mas ao mesmo tempo colocavam acessórios brancos usados nos enterros ou no período de luto por um familiar. Antes de se matar, decidiam o destino a ser dado ao dote, às roupas, aos sapatos, ao enxoval de casa, aos bordados, que haviam preparado com tanto esmero por anos. Algumas os legavam aos parentes ou às amigas, outras os destruíam com as próprias mãos, queimando-os ou picotando-os, para demonstrar dessa maneira a firmeza dos seus propósitos. Às vezes, empregavam para se matar algum objeto recebido como presente do noivo e, se pertenciam a famílias cultas, era usual que deixassem um poema. Yuan Shuxiu, por exemplo, que recebera de presente um anel de ouro e um espelho de jade, tirou a vida engolindo o anel e relembrando com dor o espelho nos versos deixados aos pais:

> Morro para manter a promessa do anel de ouro
> Mas quanta tristeza diante do espelho de jade.
> Não sinto vergonha olhando o anel e o espelho
> Sinto somente que o meu corpo é leve[100].

Mesmo esse costume nasceu nas famílias das classes mais cultas, ou até na corte imperial. Assim, por exemplo, em 1426, uma jovenzinha chamada Kuo enforcou-se aos dezenove anos, quando morreu o seu noivo, um dos netos do trigésimo terceiro filho do imperador. Sete anos depois, outro neto do imperador escreveu uma obra inspirada nesse evento, que comoveu durante séculos as espectadoras e espectadores chineses[101]. Mas, com o passar do tempo, essa prática se difundiu entre as camadas sociais médias e baixas[102].

As solteiras fiéis logo se tornaram objeto de culto. A corte começou antes a atribuir prêmios às jovens que continuavam na casa dos pais ou que ingressavam na família do marido. Mas, em 1430, conferiu condecorações também às que haviam se matado. Estabeleceu-se que, para obter tal tipo de reconhecimento, as mulheres deviam permanecer solteiras até os cinquenta anos e o noivo deveria ter morrido antes de completar trinta anos. Esse culto se impôs definitivamente desde os meados do século XVI, adquirindo relevância sempre maior nos dois séculos seguintes.

Para honrar as solteiras fiéis, os letrados escreveram biografias e poesias, narrando os seus feitos e virtudes. Mas, para que as suas ações heroicas pudessem servir de exemplo a toda a população, ergueram-se arcos, tumbas e templos comemorativos[103], onde homens e mulheres se encontravam "como nuvens" para celebrar essas mulheres. Os templos geralmente eram muito grandes, traziam no interior uma escultura da solteira fiel e tinham nos cantos quatro pinheiros, símbolos de força e nobreza de caráter, nos quais revivia o espírito heroico dessa mulher[104].

A outorga de condecorações às solteiras fiéis sem dúvida favoreceu a difusão desse costume. Mas isso não significa que essas jovens eram pessoas passivas, servas da ideologia confuciana, inteiramente subordinadas às exigências e demandas dos grupos a que pertenciam. Na verdade, para se tornarem solteiras fiéis, elas entravam em conflito com a família ou até com toda a sua linhagem e toda a família do ex-noivo, e enfrentavam tenazmente todas essas pessoas em defesa do seu ponto de vista. Ao contrário do que poderíamos esperar hoje, elas se batiam não contra o casamento arranjado por parentes e intermediários, mas em respeito à escolha que outros haviam feito por elas, em fidelidade ao homem com que deveriam ter se casado.

A demanda de continuarem solteiras, na verdade, nascia das próprias jovens e quase sempre encontrava fortíssima oposição tanto das suas famílias quanto das do ex-noivo. Os motivos dessa oposição eram diversos. Na convicção, partilhada por todos os chineses da época, de que as mulheres nasciam para se casar e que, sem o matrimônio, a sua vida seria incompleta, os pais consideravam que as filhas, escolhendo ficar sem companheiro, seriam infelizes para sempre. Ademais, consideravam inaceitável o novo costume, pois continuavam ligados à ideia de que a mulher só poderia enviuvar e permanecer fiel à memória do marido se tivesse se casado. Por outro lado, os pais e os irmãos do ex-noivo normalmente pensavam que o ingresso de uma solteira fiel na família criaria novos problemas de difícil solução. Na ausência do marido, que tradicionalmente cumpria uma função mediadora, essa mulher facilmente entraria em conflito com todas as mulheres da casa. E o conflito fatalmente se aguçaria se ela conseguisse adotar um filho, pois assim adquiriria o direito a herdar uma parte do patrimônio da nova família.

Por isso, a demanda das jovens em continuar solteiras assinalava o início de um difícil período de discórdias, conflitos, negociações, embates entre elas e os familiares. Embora a devoção filial fosse então um dos deveres morais mais compartilhados e respeitados, embora os pais se servissem de todos os meios para que as filhas noivassem novamente, elas sustentavam a sua posição com uma força e uma obstinação hoje difíceis de imaginar. Quando percebiam que os discursos eram inúteis, buscavam auxílio na linguagem do corpo. Recorriam, então, àqueles atos de desfiguração que, na tradição confuciana, eram usados para fazer um juramento ou uma promessa solene: cortavam as orelhas, os dedos ou os cabelos. Ou utilizavam uma forma de pressão totalmente nova, que ajudaram a introduzir no repertório cultural, qual seja, o recurso às tatuagens, gravando no rosto caracteres que apresentavam externa e clamorosamente suas convicções (p. ex., "o meu coração não mudará")[105]. E se tudo isso não bastasse, escapavam ao controle dos parentes e tiravam a própria vida.

Uma razão importante dessa determinação da vontade de muitas jovens em se manterem fiéis à promessa de casamento, após a morte do noivo, era o costume das famílias chinesas de estipular noivados muito precoces, em geral quando os dois noivos ainda eram crianças, às vezes não tendo mais do que três ou quatro anos de idade. Assim, entre o noivado e o casamento decorria um longo período, durante o qual os dois jovens se acostumavam gradualmente a se sentirem como marido e mulher, e em muitos casos, embora tudo tivesse sido decidido por terceiros, sentiam atração e afeto mútuos.

Esse costume remonta pelo menos à Dinastia Song (960-1279). Encontrar cônjuge para os filhos era considerado então uma tarefa tão importante e complexa que os pais começavam a se ocupar dela com grande antecedência, às vezes antes mesmo que o filho ou a filha nascesse. Além disso, o arranjo de um noivado precoce era visto como indicador de sólidos vínculos entre as duas famílias[106]. Mas, no longuíssimo período das dinastias Ming e Qing, esse costume se difundiu ainda mais entre as famílias chinesas[107].

6.12 Para não se submeter aos inimigos

Os violentos abalos sociais e políticos – guerras, revoltas, revoluções, movimentos coletivos, queda de dinastias – geraram na China frequentes aumentos no número dos suicídios. Isso se deu não só, como vimos, com a passagem para o regime comunista em 1949 e nos anos seguintes[108], ou durante a revolução cultural dos anos de 1967-1976, mas também muito tempo antes. Em primeiro lugar, nos anos de 1275-1279, quando os mongóis, liderados por Gêngis Khan, invadiram a China, derrubando a Dinastia Song. Segundo algumas fontes da época, cem mil pessoas morreram na defesa da pátria, muitas delas (entre um terço e metade) pelo recurso ao suicídio[109]. Por isso, em Tanzhou (agora Changsha), "não havia poço que não contivesse cadáveres humanos, enquanto das árvores pendiam densos cachos de enforcados"[110]. É possível que essas estimativas sejam exageradas[111]. O certo, porém, é que muitos chineses tiraram a vida à chegada dos mongóis. Fatos similares se deram em 1644, quando os manchus, um povo seminômade, ocuparam Pequim e a China.

Em abril daquele ano, ao perceber que a derrota era inevitável, o Imperador Chongzhen ordenou que o filho primogênito e o seu irmão fossem levados a um local seguro e, no momento em que se despedia deles, disse-lhes: "Se por acaso se salvarem, lembrem-se de vingar no futuro os males que os seus pais sofreram"[112]. Depois mandou que lhe trouxessem vinho, que tomou em grande quantidade. Convocou a imperatriz e as suas outras mulheres e se dirigiu a elas com essas palavras: "Acabou. Para vocês chegou o momento de morrer". A concubina mais velha tentou fugir e ele a matou com a espada. Enquanto isso, a imperatriz foi ao Palácio da Tranquilidade feminina e se enforcou. A esse ponto, Chogzhen chamou as filhas e as matou.

Às cinco da manhã, enquanto amanhecia lá fora, o imperador trocou de roupa e vestiu uma túnica bordada com dragões e um manto amarelo e roxo. Com o pé esquerdo descalço, em sinal de humildade, saiu do palácio e foi para a colina. Depois de lançar um olhar triste sobre a cidade, escreveu na barra do manto[113]:

> Fraco e de poucas virtudes, ofendi o céu. Os rebeldes se apossaram da minha capital, pela traição dos meus ministros. Envergonhado em me apresentar diante dos meus antepassados, morro. Tirando o meu barrete imperial e com os cabelos desgrenhados que caem sobre o rosto, deixo aos rebeldes o desmembramento do meu corpo. Que não façam mal ao meu povo[114].

Enforcou-se. Mas, antes dele, duzentas mulheres do palácio imperial tiraram a vida.

Há várias razões para o aumento das mortes voluntárias durante violentos abalos sociais e políticos. Em primeiro lugar, considerava-se que os funcionários tinham o dever de manter lealdade ao imperador, e uma manifestação heroica desse dever moral era a renúncia à própria vida para não precisar servir ao novo soberano. Em 1275, enquanto os mongóis conquistavam a China, o funcionário imperial Jiang Wanli disse: "Devo viver ou morrer com o império", e se matou, seguido pelo filho, pelos parentes e por muitas outras pessoas. No fim, os corpos exânimes eram tantos que pareciam um "monte de pedras"[115]. Em 1644, ao saber que os manchus estavam chegando, outro funcionário imperial, Han Mo, disse: "Li os escritos dos sábios e, se quiser me manter reto, devo morrer. Não se pode viver a própria vida despreocupadamente, cuidando apenas de si mesmo"[116], e se lançou a um poço com esposa e filho.

Em segundo lugar, pensava-se que, em caso de guerra, invasão ou rebelião, as mulheres tinham o dever de renunciar à vida para não se submeterem aos inimigos e aos salteadores e para defenderem a sua castidade[117]. Em 1275, pouco antes que os mongóis chegassem a Kaifeng, várias consortes do imperador se afogaram, junto com as suas servas, por receio de serem violentadas ou terminarem no harém de um senhor estrangeiro[118]. Durante a Dinastia Ming (1368-1644), muitas mulheres se mataram, às vezes sozinhas, às vezes em grupo, para resistir aos invasores. Antes de fazê-lo, algumas das que pertenciam à elite culta escreveram poemas em papel, tecido, parede ou pedra, precedidos por uma breve introdução autobiográfica, para expor os motivos da sua escolha e para mostrar a si mesmas e aos outros a sua capacidade de enfrentar a situação e fazer a sua escolha[119]. "A castidade", disse a esposa de You Quan, "é a coisa mais importante para uma boa esposa. Diante de uma calamidade, uma boa esposa só tem duas escolhas: a água ou o metal". "Se os salteadores chegarem", observou a Senhora Zhao, "e eu não morrer, não sou fiel. Se eu não morrer no momento certo, falta-me retidão"[120]. Analogamente, nos anos de 1640, a rebelião de Li Tzu-ch'eng, que passou anos percorrendo os campos à frente de um exército de bandoleiros, levou a um grande número de suicídios de mulheres[121], antes de levar também o último imperador Ming a se enforcar.

O que motivou muitas mulheres a fazerem tal escolha foi, acima de tudo, o medo de perder a honra. Pois, como disse a Senhora Ye, "mesmo que sobrevivesse, o juízo que teriam sobre mim tornaria preferível a morte"[122]. Era uma preocupação dividida também pelos homens, visto que, se observarmos bem, a fidelidade de uma mulher ao marido e a de um homem ao soberano eram duas virtudes intimamente ligadas[123]. A antiquíssima máxima de que "uma mulher não pode servir a dois maridos, assim como um ministro não pode servir a dois soberanos" expressava claramente a ideia dessa profunda conexão. Foi o que inspirou Chen e Zhu, duas mulheres que se mataram em 1275 enquanto os mongóis entravam em Kaifeng, deixando poucas linhas: "Não desonramos o império e por sorte fomos poupadas da desonra [...]. Nós humildes mulheres morremos para conservar uma castidade solitária"[124].

6.13 Após os molestamentos e as violências sexuais

Na noite de 26 de fevereiro de 1736, a Senhora Lin ficara em casa. Os cunhados tinham ido assistir ao espetáculo da "festa das lanternas" e o marido estava ausente fazia meses, pois encontrara trabalho num local distante. Ela estava entregue a alguns afazeres domésticos quando Han Zhifu, um mercador de vinhos de 31 anos que ela conhecia de longa data, foi visitá-la a um pretexto qualquer e lhe fez uma proposta obscena. Lin começou a gritar, expulsando-o imediatamente de casa. Uma hora depois, ainda agitada, contou tudo ao cunhado, rogando-lhe para ir até Zhifu pedir satisfações. Mas o mercador de vinho, além de negar os fatos, acrescentou que a mulher, desde que o marido se ausentara, dava provas diárias de não saber se comportar corretamente. Assim, dois dias depois, a Senhora Lin se enforcou na porta de casa[125].

Naqueles anos, milhares de jovens chinesas reagiram do mesmo modo a situações análogas. A Senhora Chen tirou a vida porque um vizinho, encontrando-a só, acariciara a sua perna. A Senhora Yu se matou porque um sacerdote taoista do seu vilarejo pusera a mão sobre o seu seio. Outra senhora de nome Chen, viúva por dez anos com dois filhos, escolheu o mesmo caminho porque um vizinho lhe ofereceu um pagamento mensal se ela se tornasse a sua amante[126]. Esses atos parecem inexplicáveis a um leitor ocidental de hoje. E tampouco o exame dos eventos prévios, da história de vida dessas mulheres, ajuda a entendê-los melhor. Tomemos, por exemplo, o caso da Senhora Lin. Embora tivesse apenas 24 anos, estava no segundo casamento e, além do mais, com um homem quinze anos mais velho do que ela, e certamente não levavam uma vida próspera. É provável, portanto, que ela fosse mais fraca e insegura do que as outras e receasse os comentários ao seu respeito. Mas isso basta para explicar o suicídio?

Segundo uma norma moral que remontava à Dinastia Yuan, se uma mulher tivesse alguma parte do corpo tocada por um homem que não fosse o marido, ela era considerada desonrada e deveria se matar[127]. Assim sendo, à primeira vista parecem surpreendentes os resultados de uma das mais amplas e rigorosas pesquisas até agora realizadas, apontando que, no século XVIII, as probabilidades de suicídio de uma mulher chinesa que sofresse agressão sexual eram tão maiores quão menor a gravidade dessa agressão[128]. De fato, com base nessa pesquisa, se fossem violentadas e o estuprador condenado, as mulheres tiravam a vida em 15% dos casos. Além disso, as poucas que tomavam tal decisão normalmente tinham sido violentadas em situações ilícitas ou embaraçosas (p. ex., enquanto estavam roubando alguma coisa). A proporção de suicidas subia para 44% se haviam sofrido uma tentativa (não consumada) de violência sexual e se aproximava de 60% no caso de molestamento sexual. Nesses dois casos, muitas das mulheres que não escolhiam o suicídio haviam sido vingadas pelo marido ou pelo irmão, matando o agressor.

Quando era agredida ou molestada sexualmente, a mulher se dirigia imediatamente aos parentes mais próximos, ao marido, aos cunhados, à sogra e, entre lágrimas e explosões de ira, contava o acontecido com abundância de detalhes. Os familiares a ouviam com a maior atenção, minimizavam e redimensionavam os fatos, consolavam-na. Mas muitas vezes isso não bastava. Como expôs um marido ao juiz:

> Aquela noite, quando voltei para casa, a minha mãe e a minha esposa me disseram que um vizinho tinha vindo e acariciado os ombros da minha esposa para cortejá-la. Ela começou a gritar e ele fugiu. Como era uma questão de pudor, dei-lhe coragem e tentei encerrar a questão. A minha mulher dizia que fora humilhada e que não podia mais ser humana. A minha mãe e eu a consolamos o tempo todo, mas ela chorava e soltava lamentos. A minha mãe temia que ela se matasse e a vigiou por algum tempo, quando estava em casa. Alguns dias depois, pensei que a fúria da minha esposa tivesse diminuído e fui trabalhar nos campos. Mas à tarde, quando voltei para casa, tive a surpresa de encontrá-la enforcada numa trave[129].

Por sorte, algumas brilhantes historiadoras[130] propuseram esquemas interpretativos que permitem esclarecer e explicar adequadamente dados e fatos à primeira vista obscuros como estes citados. Naturalmente, mesmo no século XVIII, havia na China mulheres dispostas em determinadas condições a ter relações sexuais pré- e extraconjugais. Mas muitas outras tinham interiorizado a tal ponto os valores da castidade e da fidelidade que consideravam qualquer forma de agressão ou molestamento sexual como terrível ameaça à sua honra. Assim, o mais importante para elas era mostrar a todos que eram vítimas não consensuais de ataques masculinos. Curiosamente, era mais fácil atingir esse objetivo quando uma mulher sofria um estupro ou era ferida. As coisas se complicavam, porém, quando alguém tentava violentá-la sem conseguir, tocava-a, acariciava-a ou lhe fazia alguma proposta indecente. Na ausência de testemunhas, a sua palavra não valia mais do que a do agressor e nem sempre era fácil estabelecer se os atos deste último tinham sido realmente ilícitos. Como notava um observador da época, "a expressão proposta se refere a muitas coisas: alusões verbais, sinais com os olhos, piadas ou comentários obscenos"[131].

Portanto, não era só para desabafar e para obter apoio afetivo que as vítimas de molestamentos sexuais se dirigiam imediatamente aos seus familiares. Era acima de tudo porque queriam que se dissipasse qualquer dúvida sobre a sua honestidade e rogavam ao marido ou a qualquer outro homem da família que fizesse todo o possível para alcançar esse objetivo, denunciando o agressor à magistratura ou obtendo dele, informalmente, alguma forma de ressarcimento público. Mas, em muitos casos, essas mulheres não conseguiam obter dos familiares a ajuda que pediam. Temendo se desmoralizarem caso se divulgasse o comentário sobre o que havia acontecido, o marido, os cunhados e os sogros tentavam convencer a pobre mulher que, no fundo, não acontecera nada de grave e era melhor se acalmar e esquecer. E então algumas mulheres se matavam.

Tomemos, por exemplo, o caso da Senhora Liu[132]. Uma noite, um colega de trabalho do seu marido, sabendo que ela estava sozinha, foi visitá-la. Assim que chegou, ocorreu a cena habitual. Ele fez elogios galantes, aproximou-se, tentou abraçá-la. Ela começou a gritar e se soltou. De repente, ouviram o marido que estava voltando e ele fugiu esquecendo o chapéu. Algumas horas depois, outro colega de trabalho do marido veio visitar os dois cônjuges e, ao saber do ocorrido, convenceu o marido a fingir que não acontecera nada, sustentando que, se a notícia se espalhasse, todos ficariam desmoralizados. No dia seguinte, diante do poço, o local onde as mulheres do vilarejo iam buscar água e onde diariamente se construía e se destruía a reputação dos outros, contavam-se e se submetiam ao crivo moral as últimas novidades que haviam dito e feito, a Senhora Liu encontrou a Senhora Wang, esposa do homem que a importunara. Começaram a conversar e a Senhora Wang fez um pequeno gracejo sobre o que se passara na noite anterior. Liu concluiu que pairavam dúvidas sobre a sua honestidade e castidade, voltou para casa e se enforcou.

O gesto da Senhora Liu e dos milhares de mulheres chinesas que seguiram o mesmo caminho não era uma conduta impulsiva, irracional, filha do desespero, da certeza de ter perdido a honra para sempre. Era, pelo contrário, um gesto refletido, o último e único possível para conservar essa honra e, aliás, para aumentá-la e fazê-la refulgir. "Ele me humilhou assim, mas você não está disposto a dar voz ao ultraje que sofri. Não me resta outra saída senão procurar a morte"[133], diziam as esposas molestadas sexualmente aos maridos relutantes, que tinham plena consciência de que este era o único modo para resistir e, ao mesmo tempo, passar ao contra-ataque, para se defender e e ofender. Essas mulheres sabiam muito bem que a decisão de se matar teria quatro consequências de grande importância.

Em primeiro lugar, dissipava qualquer dúvida sobre a sua honestidade e fidelidade ao marido. Quem houvesse pensado, mesmo que só por um instante, que a sua conduta moral era criticável teria de mudar de ideia. O seu corpo inanimado finalmente fornecia ao juiz e a todos os moradores do povoado a prova que esperavam.

Em segundo lugar, acionava a máquina da justiça, que normalmente chegava a punir o agressor. O decreto emitido em 1733 pelo Imperador Yongzheng previa que, se uma mulher se matasse por ser vítima de uma tentativa de estupro ou mesmo apenas de molestamento sexual, o autor desses atos seria estrangulado imediatamente após a sentença. Por outro lado, algumas normas lançadas sete anos depois estabelecem que, se uma mulher tirasse a vida por ter sido ofendida por palavras obscenas pronunciadas por algum "campônio ignorante" (mesmo sem a intenção de molestá-la sexualmente), este último seria condenado a receber cem golpes de bambu pesado, a partir para o degredo permanente e a pagar três mil li[134]. Mas, segundo o código penal que vigorou até o início do século XX, o estuprador devia ser condenado à morte mesmo que quem se matasse fosse o marido, o pai, a mãe ou algum outro parente da mulher violentada. A pena era menos severa, porém, se essa mulher não fosse "casta", isto é, se tivesse cometido adultério[135].

Para indicar explicitamente e denunciar o responsável pelo seu suicídio, era frequente que as mulheres chinesas se matassem na sua presença ou dentro ou na frente da sua casa. A Senhora Chen cortou a sua garganta com uma faca diante de Ning Si, o vizinho que lhe havia acariciado a perna. A Senhora Yuan se enforcou à noite diante da porta de Zhao Cui, um conhecido que tentara ter relações sexuais com ela[136]. A Senhora Gao Wang Shi se atirou ao poço do sobrinho, que lhe dirigira palavras desrespeitosas. Su Li Shi se matou batendo violentamente a cabeça contra uma trave da casa de um homem que lhe tocara numa das mãos, fazendo-lhe propostas indecorosas[137].

Em terceiro lugar, transformando-se em fantasma, a mulher que se matara poderia continuar a atormentar por anos, ou mesmo durante toda a vida, aquele que a levara a tal gesto e, com ele, todos os outros que tivessem duvidado da sua castidade. Segundo uma crença popular chinesa, a alma de uma pessoa morta injustamente podia voltar para a terra como fantasma vingador[138]. Acreditava-se que teria especial poder estando vestido de vermelho e, por isso, algumas mulheres, antes de se enforcarem, colocavam roupas dessa cor[139]. Originalmente, essas crenças se referiam sobretudo aos assassinados, mas com o tempo se estenderam também aos suicidas. Essas crenças se mantiveram vivas e se difundiram com a grande contribuição das representações teatrais, que encenavam reiteradamente histórias de mulheres que se haviam matado e que retornaram sob a forma de espíritos para se vingar contra os que as levaram a tal gesto[140].

Em quarto lugar, em 1733, o Imperador Yongzheng lançou uma série de normas que previam a possibilidade de conceder condecorações às mulheres que se matassem após um estupro, ou por terem sido molestadas sexualmente com propostas obscenas, gracejos indecentes, gestos vulgares. Assim, as filhas, esposas ou viúvas que tiravam a vida por esses motivos eram canonizadas e os seus familiares e descendentes angariavam grande prestígio, ao passo que a família do agressor era desacreditada.

6.14 Contra os casamentos arranjados

Pelo menos em algumas zonas da China, mais de um século antes que começasse o movimento do 4 de Maio, as mulheres se matavam também para recusar o casamento arranjado. Isso ocorreu principalmente na Província de Kwantung, onde por muito tempo as famílias se formaram seguindo o costume do casamento com transferência postergada[141]. Segundo esse costume, a noiva se separava do noivo no terceiro dia depois das núpcias e ficava na casa dos pais por três anos pelo menos (mas amiúde por mais tempo). Durante esse período, esperava-se que ela fosse visitar o marido e família três ou quatro vezes ao ano, por ocasião de festas e celebrações. Ao término dessa fase, ela se mudava definitivamente para a casa do cônjuge, onde passava a morar como esposa em sentido pleno.

Nesse período de transição, a mulher era uma espécie de filha-esposa, submetida à autoridade dos próprios pais. Vivia com eles, comia com eles, obedecia a eles, trabalhava para eles e a eles dava grande parte do que recebia. Via poucas vezes ao ano o homem com quem se casara, e só nessas ocasiões podia ter relações sexuais com ele, tomando o maior cuidado para não engravidar. Quando ia encontrar o marido e os sogros, comia apenas o alimento que levava de casa e recusava o dos sogros. Preparava-o sozinha e sozinha o comia. Se aceitasse comer à mesma mesa com o marido e todos os seus familiares o alimento preparado por eles, o período de separação estaria terminado e a filha-esposa se tornaria esposa a título pleno, submetida à autoridade da sogra e do marido.

Essa transferência muitas vezes se dava quando ela ficava grávida, preferivelmente durante o último mês de gravidez. Mas outros fatores, de natureza econômica, influíam na duração do período de separação. Às vezes, os pais do marido pediam para encurtá-lo, às vezes eram os pais da esposa ou a própria esposa que procuravam alongá-lo. Em certos casos, quando uma filha-esposa era obrigada a se mudar para a família do cônjuge antes do previsto, podia se matar por vingança e os seus pais então pediam um ressarcimento aos sogros[142]. Outras vezes, era a própria filha-esposa que não respeitava o costume e recusava a transferência, ameaçando tirar a própria vida. Isso porque o seu casamento era arranjado e, portanto, o marido que via três ou quatro vezes ao ano era apenas um estranho para ela, que ficava algumas horas ao seu lado na cama e muitas vezes lhe despertava somente aversão.

Durante a adolescência, formavam-se vínculos afetivos entre as jovens mulheres que deviam enfrentar essa experiência. Todas elas frequentavam as "casas das moças", grandes edifícios, de propriedade de alguma família, que existiam somente nessa área da China. Encontravam-se à noite depois do jantar, em grupos de seis ou sete e, por algumas horas, entretinham-se com jogos e brincadeiras, cantavam, contavam histórias, conversavam. Falavam de tudo e de todos e gostavam de tagarelar sobre as infinitas tramas que os pais estavam tecendo para arranjar os casamentos das suas conhecidas mais velhas. Assim, alguns anos depois, quando se encontravam diante desses mesmos problemas, algumas delas se uniam, criando grupos contra o casamento ou contra a transferência para a família do marido, e, à falta de alternativa, podiam chegar a se matar juntas. Vestiam as roupas mais bonitas, das bodas ou das grandes festas, e se atiravam ao rio mais próximo, em grupos de oito, dez ou doze pessoas, segurando-se pelas mãos ou unindo-se estreitamente umas às outras[143].

6.15 A origem das mudanças

O andamento do número de suicídios femininos na longa história da China, o lento aumento que conheceu no século XIV e depois o aumento cada vez mais rápido que se iniciou no século XV e culminou nos dois séculos seguintes, pode ser naturalmente atribuído a diversos fatores. À recorrência de guerras, rebeliões, invasões ou incursões de bandidos. Ou à crescente mobilidade social e geográfica da população masculina que, nos séculos XVII e XVIII, fez com que muitos maridos passassem longos períodos longe de casa, deixando as esposas sozinhas e sexualmente desprotegidas. Nenhum desses fatos, porém, causaria um aumento das mortes voluntárias num contexto cultural diferente (como, p. ex., o da Europa). Assim, é preciso buscar o fator mais importante desse fenômeno nas transformações ocorridas nos valores e normas referentes às mulheres, nos papéis que desempenhavam nas várias fases da vida como filhas, noivas, esposas, concubinas, mães e viúvas, e no significado atribuído aos seus atos.

Até o século XIII, a virtude feminina mais valorizada e premiada no grande empreendimento de atribuição de condecorações, implantado pelo Estado chinês, era a devoção filial. Inversamente, a castidade (que, para uma viúva, significava tirar a vida ou, pelo menos, não voltar a se casar) tinha uma importância menor do que ela e muito inferior à que viria a assumir nos séculos seguintes. Tal fato decorria do modo de constituição da família, do sistema de parentesco e das normas sucessórias que haviam dominado até então e que permitiam que a mulher mantivesse fortes vínculos com os pais mesmo depois do casamento. Frequentemente, os dois cônjuges, após as núpcias, seguiam a regra da residência neolocal e iam morar por conta própria. A esposa conservava a propriedade vitalícia dos bens que levara como dote, inclusive após a morte do marido ou o divórcio, e mesmo se voltasse a se casar. Nenhuma norma proibia as segundas núpcias e, portanto, as viúvas muitas vezes voltavam para a casa dos pais, que faziam todo o possível para lhes arranjar um segundo casamento[144].

Nos séculos seguintes, ocorreram mudanças profundas. As primeiras se deram entre 1260 e 1320, ou seja, no período iniciado pela conquista mongol. Ainda fortemente ligados ao nomadismo e à economia pastoral, os conquistadores tinham um sistema de formação familiar e de normas sucessórias muito diferente do dos vencidos. Segundo a tradição mongol, as núpcias assinalavam a transferência definitiva de uma mulher da sua família de origem para a família do marido, em troca de um pagamento compensatório por parte dessa última. A esposa não possuía nenhum bem e, se o marido morresse, devia continuar na família dos sogros e se casar com um dos seus cunhados (segundo o costume do levirato).

Assim que se instalaram no poder, os mongóis tentaram modificar os costumes e as instituições do povo subjugado e em 1271 introduziram a obrigação do levirato para todas as viúvas. Essa disposição encontrou grande resistência na população chinesa, acostumada a considerar o matrimônio entre uma viúva e um irmão do finado marido como uma forma de incesto. Uma norma aprovada cinco anos depois tentou vencer essas resistências, prevendo que uma mulher podia se subtrair à obrigação do levirato desde que permanecesse "casta", isto é, não voltasse a se casar e continuasse na família dos sogros. Outras leis aprovadas no início do século XIV introduziram mudanças ainda mais radicais, estabelecendo que as viúvas não tinham mais nenhum direito sobre o dote e, se voltassem a se casar, perdiam todos os bens.

Junto com muitas outras transformações ocorridas na sociedade e nas correntes de pensamento, essas novas leis promulgadas durante a dominação mongol favoreceram o desenvolvimento, no começo lento e depois cada vez mais rápido, do "culto da castidade" feminina, que alcançou o auge algumas centenas de anos depois, nos séculos XVII e XVIII. Pode-se ver um sinal dessa mudança nos critérios estabelecidos para identificar e premiar, tal como citamos, as viúvas castas que se negavam a casar novamente e continuavam a viver com os pais do marido. No início, para receber uma condecoração, essas mulheres deviam ter enviuvado antes dos trinta anos e não ter se casado novamente até os cinquenta. Depois de 1723, era suficiente que tivessem permanecido fiéis à memória do marido por quinze anos. Mais tarde, esse prazo foi reduzido para dez anos[145].

O culto da castidade que explodiu na China durante as dinastias Ming e Qing referia-se a duas virtudes femininas que é recomendável manter analiticamente distintas[146]. A primeira é a pureza (*jie*), definida como fidelidade absoluta ao marido. Pura era a mulher que seguia a máxima de que "uma mulher não pode servir a dois maridos, assim como um ministro não pode servir a dois soberanos"[147] e que, portanto, recusava as segundas núpcias e continuava a mostrar grande devoção para com os sogros após a morte do marido. A segunda é o heroísmo ou a disponibilidade ao martírio (*lie*) da mulher que, em nome da fidelidade e da pureza sexual, está disposta a renunciar à própria vida.

Às vezes surgiam conflitos entre esses dois aspectos do culto da castidade, devido à diferente importância assumida, por um lado, pelo casal e pela "devoção romântica" da esposa ao marido; por outro lado, pela relevância assumida pelo grupo parental patrilinear, constituído pelos pais e irmãos do marido e os seus respectivos interesses em se valer do trabalho da viúva. Com a predominância da primeira alternativa tinha-se o triunfo do heroísmo; com a da segunda, tinha-se a recusa de novas núpcias e a dedicação aos sogros e cunhados[148].

A natureza desse conflito é bem ilustrada pela história de Zeng Rulan, uma mulher que, no início do século XVIII, enviuvou depois de doze anos de casamento. Não tendo filhos e havendo prometido ao marido que o seguiria na sepultura, ela tentou em vão se enforcar duas vezes. A esse ponto, o sogro, ele também viúvo, ordenou-lhe que renunciasse ao seu insano propósito, mas Zeng Rulan, em lugar de obedecê-lo, dirigiu-se ao magistrado local para obter instruções sobre a conduta que deveria adotar. O juiz determinou que ocupasse o lugar do marido e cumprisse os seus deveres filiais, cuidando do sogro e adotando um filho. A viúva acatou essas ordens, escolheu um herdeiro, acolheu-o em casa e trabalhou dia e noite para a família. Mas, passado algum tempo, encaminhou uma nova petição ao magistrado, em que dizia:

> Embora o meu marido tenha morrido, o irmão dele é capaz de cuidar do pai. Adotamos um sucessor. No devido momento, seguirei o meu marido matando-me e me dirigirei para a escuridão com o sorriso nos lábios. Se não mantiver a minha promessa, como poderei encarar o meu marido quando encontrá-lo debaixo da terra? Suplico-lhe que me conceda a sua permissão.

Mais uma vez, porém, o juiz respondeu que o seu principal dever continuava a ser o de se dedicar à família em que ingressara com o casamento e cuidar do sogro e do filho adotivo. Zeng Rulan curvou-se novamente à vontade da autoridade. Todavia, três anos depois, quando o pai do marido morreu, ela pôde cumprir a promessa que mais lhe importava e se matou, depois de escrever um poema numa folha branca[149].

Com a afirmação do culto da castidade, a violência se tornou, pela primeira vez, "parte integrante das noções de feminilidade e de virtude feminina"[150]. A excepcional importância assumida pelo ideal da castidade foi acompanhada pela tendência em atribuir uma ênfase crescente à "natureza corpórea" das responsabilidades sociais das mulheres e aos sofrimentos físicos que elas comportavam. A mulher chinesa começava a enfrentar a dor e a violência desde criança, com seis ou sete anos, no primeiro grande rito de passagem da sua vida quando, para atingir o ideal estético do "lótus de ouro", a mãe enfaixava os pés da filha, comprimindo-os com força e aproximando ao máximo possível os dedos até o calcanhar, com uma pressão contínua por longo período de tempo. Mas a mulher chinesa devia enfrentar a dor e a violência em muitas outras ocasiões. No trabalho e no parto. Ou mesmo, como vimos, se perdesse o noivo ou o marido, se fosse ameaçada por bandidos ou rebeldes, se fosse humilhada com molestamentos ou violências sexuais. Pois, nesses últimos casos, para se manter virtuosa, ela precisava praticar a violência sobre si mesma e tirar a própria vida.

6.16 Contra si e contra os outros

Somente partindo da ideia de que o significado do suicídio varia no espaço e no tempo, segundo o país e o período histórico, podemos entender por que, durante muitos séculos, as mulheres na China renunciavam à vida com mais frequência do que os homens. Há mais de trinta anos, num ensaio já considerado clássico, uma sinóloga americana, Margery Wolf, observou que os ocidentais e os chineses, vendo-se de súbito perante um caso de suicídio, reagem colocando a si mesmos e aos outros questões totalmente diferentes. No Ocidente perguntamos "por quê?", e procuramos a causa em algum evento dramático e no estado de espírito da vítima; na China, por outro lado, a pergunta mais frequente que as pessoas fazem é "quem? Quem a levou a isso? Quem é o responsável?"[151], e começam a procurar um culpado.

Por séculos, o suicídio na China foi não só um ato desesperado, mas uma escolha feita por ou contra alguém. Por séculos, as mulheres se mataram não só para continuar castas e fiéis aos maridos, estivessem eles vivos, mortos ou derrotados em guerra, ou para seguir os pais na tumba, mas também para protestarem ou para se vingarem. Por séculos, tirar a própria vida foi para elas "a acusação pública mais incontestável"[152] que podiam dirigir contra a sogra, o marido, os filhos ou algum outro parente. Uma acusação que todos os outros sempre levavam a sério e que tinha custos morais e econômico altíssimos para quem fosse apontado como responsável. Tão altos eram os custos que, em casos extremos, podiam levar a outro suicídio. Como relatou uma pessoa que vivia na China Meridional, no final do século XIX:

> No nosso povoado, havia uma mulher cuja nora se enforcou e, quando a sogra voltou e a encontrou assim, temendo os pedidos que os pais da moça lhe poderiam fazer, pegou uma corda e se enforcou ao lado da nora. Desse modo, não poderia haver pedidos excessivos de ressarcimento dos amigos das duas partes, pois cada uma prejudicara a outra em igual medida[153].

Durante os séculos XIX e XX, viajantes e observadores ocidentais frisavam que a vingança sempre teve na China uma importância extraordinária. Recentemente, alguns estudiosos atribuíram essa peculiaridade chinesa às diferenças existentes entre a ética confuciana, que considerava a vingança como um dever das pessoas e das famílias ofendidas, e a ética cristã que, pelo contrário, determinava perdoar os ofensores[154]. Esses estudiosos também apontaram que, durante as dinastias Ming e Qing (i. é, de 1368 a 1911), algumas ações vingativas eram admitidas ou até favorecidas pelas leis, enquanto na Europa eram proibidas pelos códigos de lei. Contudo, no que nos diz respeito, a diferença mais importante entre a China e a Europa se refere não tanto ao papel da vingança quanto a sua forma de manifestação. Na Europa, a vingança se expressava exclusivamente em ações agressivas contra os outros, dando lugar, nos casos mais extremos, a disputas, isto é, a guerras privadas entre grupos parentais, que geravam uma cadeia interminável de homicídios e atos violentos. Na China, por outro lado, a vingança se manifestava também em atos de agressão contra si mesmo.

Um dos primeiros europeus a mencionar essa peculiaridade chinesa foi, provavelmente, Matteo Ricci, que observou em 1602 que, "para fazer mal a outros", havia todos os anos:

> muitos milhares de homens e mulheres que se enforcam nos campos ou à porta dos seus adversários, ou que se lançam nos poços ou nos rios, ou que se envenenam, por razões ínfimas. E ao número deles se acresce que a justiça procede contra aqueles que dizem ter sido a causa de se matarem; com isso, sendo depois acusados pelos seus parentes, são muito assediados e castigados pelos magistrados. Pois, se se tornasse lei que não se fizesse mal a eles, como muitos magistrados prudentes fazem por decreto durante o tempo que governam, não seriam tantos os que matam a si mesmos, ao verem que isso não causa nenhum mal aos seus adversários[155].

Tal arma também era utilizada por muitas outras pessoas, que se encontravam em posição de inferioridade hierárquica em relação aos seus superiores. Na China medieval, o vassalo se matava por vingança contra o senhor tal como o filho se matava por vingança contra o pai. Quando entrava em conflito com o príncipe, o vassalo podia ameaçar o suicídio, gesto considerado de "terrível poder", "suficiente para obrigar à vontade"[156]. O mesmo ocorria, às vezes, nas famílias nobres. Quando Chu confiou uma missão muito delicada e importante a um dos seus filhos, mais hábil, porém mais jovem, o primogênito lhe disse o seguinte: "Se vossa excelência não mandar a mim e, em vez disso, enviar o meu irmão mais jovem, eu me matarei"[157].

Na segunda metade do século XIX e nas primeiras décadas do século XX, muitos outros ocidentais que viveram por algum tempo na China destacaram a importância dessa forma de morte voluntária. Para o jornalista australiano George Morrison, grande parte dos suicídios desse país era causada pelo desejo de vingança. Como observou em 1902:

> Na China, uma pessoa se mata para prejudicar outrem. Jurar se matar é a mais terrível ameaça que se pode fazer para atemorizar o adversário. Se o seu inimigo lhe faz uma injustiça, a melhor maneira para que ele se arrependa do seu malfeito é você se matar à porta da casa dele[158].

Em 1911, o diplomata britânico Herbert Allen Giles escreveu:

> É a vingança que leva a nora infeliz a se jogar num poço, confortada pelo pensamento do castigo, senão da ruína, que causará aos seus perseguidores. É ainda a vingança que leva um homem a se matar no degrau da porta da casa de alguém que lhe fez mal, porque bem sabe o que significa ficar preso na rede que a lei lança sobre qualquer pessoa quando se encontra um cadáver nas suas propriedades"[159].

Assim, na Europa, quando a pessoa queria se vingar de alguém que cometera graves injustiças, ela matava esse alguém, enquanto na China ela matava a si mesma.

De acordo com os observadores ocidentais, muitas eram as condições que possibilitavam essa "anomalia" chinesa. Antes de mais nada, a presença de um sólido sistema de crenças sobre as forças sobrenaturais que executariam a vingança. Giles relatou:

> Uma mulher chinesa [...] entrou numa lagoa até a água chegar aos joelhos e lá ficou, às vezes abaixando os lábios sob a superfície e ameaçando em voz alta se afogar naquele lugar, porque a vida havia se tornado insuportável devido à presença de bárbaros es-

trangeiros. Nesse caso, se ocorresse um suicídio, a vingança sobre os estrangeiros seria executada pelo fantasma ofendido da mulher morta[160].

Em segundo lugar, a existência de determinadas normas jurídicas. Como vimos, Matteo Ricci já comentara esse aspecto. Mas outros ocidentais fizeram a mesma observação. Assim, escreveu o missionário francês Evariste Huc:

> A legislação chinesa considera responsáveis pelos suicídios aqueles que constituem a sua causa ou ocasião. Como consequência disso, quando a pessoa quer se vingar de um inimigo, basta se matar e pode ter a certeza de que ele ficará em apuros, pois cai imediatamente nas mãos da justiça, que o tortura e o arruína completamente, quando não lhe arranca a vida. A família do suicida geralmente obtém, nesses casos, ressarcimentos e indenizações consideráveis. Assim, não é raro ver uns desgraçados, levados por uma atroz dedicação à própria família que estoicamente vão em busca da morte junto aos ricos[161].

No final do século XVIII, os jesuítas franceses, que haviam passado muitos anos na China, observavam que aqueles que se matavam "para se vingar de um inimigo que não conseguiam vencer" eram considerados heróis[162].

Em terceiro lugar, as vantagens que o suicídio apresenta em relação ao homicídio, porque quem mata o próprio inimigo "põe em risco os seus parentes e amigos, desonra-os, leva-os à miséria, e priva a si mesmo das honras fúnebres, coisa fundamental para um chinês, que valoriza acima de qualquer outra coisa".

Em quarto lugar, o fato de que na China "a opinião pública, em vez de condenar o suicídio, honra-o e glorifica-o. Vê-se heroísmo e magnanimidade na conduta de um homem que tira corajosamente a própria vida para vingar-se de um inimigo que não pode aniquilar de outro modo".

Assim, segundo os jesuítas franceses, ao contrário do que ocorria na Europa, na China "é o mais fraco que faz tremer o mais forte e o obriga a lhe render justiça, a tratá-lo bem, a socorrê-lo, ameaçando tirar-se a vida; assim como, alhures, o mais forte ameaça matar o mais fraco"[163]. "Os pobres", observou Evariste Huc oitenta anos depois, "algumas vezes recorrem a esse meio extremo para se vingar da dureza dos ricos"[164]. E, assim, não só as mulheres, mas também outros segmentos frágeis da sociedade chinesa utilizavam o suicídio (ou a tentativa de suicídio) para se vingar. No final dos anos de 1930, George Danton, que assistira ao episódio, contou que alguns estrangeiros que viviam numa cidade chinesa despediram, por ótimos motivos, uma empregada doméstica daquele lugar. No dia seguinte, o marido dessa mulher tentou se matar diante do portão da casa deles e nos dias seguintes repetiu a mesma cena. Para cessar esse espetáculo, os estrangeiros se dirigiram à polícia, que foi muito gentil com eles; mas, em vez de intervir, rogou que fossem morar em outro lugar. Surpresos e incrédulos, esses estrangeiros ficaram sabendo mais tarde, por intermédio de alguns amigos, que as tentativas de suicídio do marido da sua ex-empregada doméstica os deixaram desmoralizados e, nessa condição, a polícia não tinha como ajudá-los[165]. Analogamente, por séculos, camponeses ou operários pobres, para se vingar de um credor impiedoso, matavam-se diante da sua porta[166]. Por outro lado, houve casos de comerciantes cumulados de dívidas que, mostrando-se absolutamente decididos a pôr um fim na própria vida, providenciavam o necessário para se enforcarem e, ao mesmo tempo, enviavam o filho até os credores para informá-los sobre o que se passava e assim obter um grande desconto sobre as somas devidas[167]. Mesmo as vítimas de crimes contra o patrimônio às vezes recorriam à ameaça de suicídio para recuperar os seus bens. Eugène Simon, que foi cônsul francês na China por muitos anos, relatou que um homem conseguira reaver de um ladrão o dinheiro que lhe fora roubado, depois de lhe dizer que se afogaria se não o devolvesse[168].

Naturalmente, quem se matava por vingança devia tomar todas as precauções possíveis para que o seu gesto provocasse o efeito desejado. Podia se matar no portão ou na frente da porta da casa de quem queria atingir, deixar no seu bolso algumas notas de punho próprio para serem encontradas depois, nas quais explicava por que chegara àquele ponto, ou deixar escrito na própria pele o nome do responsável, certo de que ninguém ousaria apagá-lo de um cadáver[169]. Os outros, parentes, amigos, conhecidos, mostravam imediatamente, com ritos e símbolos, que estavam ao seu lado.

> Quando uma pessoa se mata por tal razão – escreveram dois estudiosos franceses no início do século XX – a sociedade toma a causa a si e se vinga dos culpados. Os vizinhos chegam correndo, colocam uma vassoura na mão fatídica do morto e a agitam à direita e à esquerda. De grande poder simbólico, a mão varre e remove a sorte, a prosperidade, a família da casa do culpado. As pessoas dizem, alterando o significado da fórmula, que "o morto irá se apoderar do vivo[170].

Várias cláusulas das normas jurídicas previam a possibilidade de que o suicida acarretasse razoável prejuízo para a pessoa considerada responsável pelo seu gesto. Se o pai ou a mãe se matavam num momento de ira pelo comportamento do filho, este era condenado à decapitação por ter provocado a morte dos pais[171]. Quanto ao adultério, o direito chinês, tal como o de muitos países europeus, não se afastou por séculos do princípio de Catão: "Se surpreender sua esposa em adultério, poderá matá-la impunemente sem submetê-la a processo; mas, se você cometer adultério ou estiver prestes a fazê-lo, ela não pode se atrever a tocá-lo com um dedo sequer; é ilegal". Mas na China, à diferença da Europa, se o marido que não conseguira matar o amante da mulher tirasse a própria vida num momento de ira ou de vergonha, a adúltera era condenada ao estrangulamento[172]. Analogamente, se a pessoa se matava por ter sido ameaçada, insultada ou ofendida por outra pessoa, com palavras ou gestos, esta última era severamente punida por lei. Assim, por exemplo, Hsiao Wen-Han, pensando ter descoberto quem o roubara, seguira-o até a sua casa. Mas, como o suspeito conseguira fugir, Hsiao proferiu as suas ameaças contra a esposa do suposto ladrão, assustando-a enormemente. Tendo a mulher se enforcado com os filhos, o tribunal condenou Hsiao à decapitação[173]. O mesmo podia acontecer no caso de empurrões, pressões, pedidos inconvenientes e contínuos para obter algo. Um jovem enviou a esposa à casa do irmão mais velho para lhe pedir dinheiro. Entrando na casa do cunhado, primeiro ela chorou copiosamente, depois bateu violentamente a cabeça nas paredes e por fim torceu o pescoço dos filhos dele. Não contente, para convencer o irmão, o jovem enviou alguns amigos, que lhe subtraíram alimentos, prepararam e comeram, bebendo também o seu vinho. Cansado de tantos abusos, o homem se enforcou e o irmão mais jovem foi condenado ao estrangulamento[174].

Mas, antes mesmo que as normas jurídicas, eram os costumes sociais que previam as sanções para o responsável pelo suicídio de outrem. Assim, por exemplo, o subprefeito de Na Chan esteve por muito tempo em péssimas relações com o Padre L. da ordem dos lazaristas, que, no final, venceu um processo contra ele. Em março de 1911, num domingo de manhã, o subprefeito, acompanhado pela sua escolta, foi visitar o religioso. Depois de se cumprimentarem, trocando gestos de cortesia, o Padre L. deixou o visitante sozinho por alguns minutos para ir buscar papel e caneta. Mas, quando voltou, encontrou-o moribundo, numa poça de sangue, tendo desferido uma facada na própria garganta. Os servidores do subprefeito correram pela cidade gritando que o seu senhor fora morto pelo religioso, suscitando grande comoção. Uma multidão enfurecida invadiu a missão dos lazaristas e o Padre L. foi morto[175].

Naturalmente, não faltam os casos de abuso dessas regras. Em condições especiais, quem conhecia bem o aspirante a suicida e as suas intenções podia desviar a sua agressividade para outras pessoas. No início do século XIX, por exemplo, num vilarejo chinês, uma viúva tentou várias vezes escapar à tirania da sogra, tanto fugindo de casa quanto tentando se matar, porém sem nunca conseguir, pois o cunhado sempre conseguia trazê-la de volta ou salvá-la. Depois de muito tempo, insatisfeito com os seus sucessos, esse homem percebera que podia obter vantagens muito maiores com o desejo de vingança da viúva e lhe forneceu um banquinho e uma corda para que se enforcasse na árvore de um vizinho que ele odiava[176]. Em 1829, outro homem chamado Wang tentou convencer um empregado seu, gravemente doente, a se matar no campo do seu inimigo Li. No fim conseguiu, mas o tribunal o declarou culpado de homicídio premeditado e o condenou à decapitação[177].

Tais crenças e valores tinham raízes tão profundas que o comportamento dos chineses não mudava nem mesmo quando migravam para um país de cultura totalmente diferente[178]. Como vimos, em meados do século XIX, quando a oferta de escravos africanos diminuiu e o seu custo aumentou, os proprietários dos canaviais de Cuba começaram a recrutar trabalhadores chineses, com contratos de oito anos, que previam uma jornada de trabalho de doze horas diárias em troca de alimentação, alojamento, custos de transporte de vinda e volta para o país de origem e um modestíssimo salário. Em vinte anos, chegaram a Cuba 114 mil trabalhadores, mas mais da metade deles morreu: por má nutrição, excesso de trabalho, doenças tropicais ou suicídio. Punham fim à vida "em grande silêncio", como escreveu um observador, às vezes sozinhos, às vezes em pequenos ou grandes grupos. Assim, por exemplo, em 1879, quatorze operários da fazenda canavieira de Dos Marias se mataram na mesma noite. Atiravam-se em poços ou, seguindo o exemplo dos escravos africanos, enforcavam-se nos enormes galhos das árvores de guaxima. "São dóceis", escreveu em 1860 um americano que visitara Cuba, "mas muitos ficam descontentes. E, quando isso acontece ou quando são chicoteados, é frequente que cometam suicídio, não tendo nenhuma consideração pela vida [...]. É grande o número dos que se matam"[179].

Tal como os seus antepassados haviam feito na China, alguns se matavam por vingança, muitas vezes contra os que os exploravam, convencidos de que era a única maneira como "o fraco faz tremer o forte e poderoso". Sem dúvida, muitos dos trabalhadores chineses que se matavam para se vingar das injustiças sofridas sabiam que em Cuba, ao contrário do que ocorria na China, as leis não previam nenhuma pena para as pessoas que os levavam a tirar a vida. Sabiam também que os seus familiares e parentes viviam longe demais para poderem se mobilizar e obter alguma forma de indenização, financeira ou moral, pelas injustiças que haviam sofrido. No entanto, continuavam a crer que, depois de se matarem, o seu espírito voltaria à terra para atormentar quem lhes causara sofrimento. Mas, não sendo partilhada pelos outros, isto é, pela população autóctone, essa crença não podia fazer tremer os fazendeiros, os quais, longe de se sentirem de alguma forma ameaçados, substituíam em pouco tempo e com grande facilidade todos os que haviam abandonado a vida atirando-se num poço ou enforcando-se numa árvore de guaxima.

6.17 O suicídio feminino na última década

"Todos os anos", escreveu Arthur Smith no final do século XIX, "milhares de esposas chinesas se matam, centenas de milhares de pessoas (maridos, filhos, parentes) encontram-se, consequentemente, diante de problemas sérios ou de dificuldades intransponíveis e milhões de dólares são gastos "em enterros extravagantes e processos jurídicos desastrosos". Tudo isso é fruto da "teoria confuciana, segundo a qual a esposa não tem nenhum direito que o marido seja obrigado a respeitar. A lei não lhe oferece nenhuma proteção enquanto ela está viva e aquele pouco de justiça que a custo consegue obter é apenas uma concessão *post mortem*"[180]. No último século, enormes transformações ocorreram na economia, na sociedade e no sistema político da China. Mudaram as regras da formação da família e a distribuição do poder no seu interior, e as relações entre maridos e esposas, pais e filhos, sogros e noras são menos assimétricas do que eram outrora. Faz tempo que terminou o grandioso processo de premiação dos virtuosos, de atribuição de condecorações àquelas mulheres que tiravam a sua vida por motivos considerados nobres. Contudo, os suicídios femininos ainda são muito frequentes e, ao contrário do que ocorre no Ocidente, muito mais frequentes do que os masculinos. Por que essa anomalia chinesa permanece, resistindo a mudanças tão grandes? Para tentar responder a essa difícil pergunta, devemos recorrer aos resultados das investigações etnográficas que, num certo número de casos, reconstruíram meticulosamente os pequenos e grandes fatos que precedem e favorecem o suicídio de uma mulher, o significado que os familiares mais próximos, os amigos, os conhecidos atribuem a esse evento, a maneira como esses atores reagem. Iremos nos concentrar em dois desses casos, representativos dos muitos milhares que acontecem todos os anos, um deles ocorrido nos campos setentrionais, o outro nos campos meridionais da China[181].

Ling se matou em 1997 com 32 anos de idade. Filha de camponeses, havia se casado doze anos antes com outro camponês, Qiu, e tiveram dois filhos. Fora um casamento de amor, não aprovado e não abençoado pelos pais do marido. Ling vivera até então num vilarejo de colina, numa família que cultivava chá e bambu, e os futuros sogros, que produziam arroz, temendo que ela não traria nenhuma contribuição à sua atividade econômica, haviam tentado inutilmente convencer o filho a encontrar outra mulher. Os dois cônjuges montaram um lar próprio, muito próximo da casa dos pais de Qiu e da casa onde o seu irmão mais moço fora morar depois de se casar. Os sogros se referiam a ela como "a moça da montanha" e, quando tinham visitas, em vez de convidá-la com o marido, preferiam convidar o filho mais novo e a respectiva esposa. As tensões com a sogra cresceram ao longo do tempo e explodiram várias vezes em conflitos abertos, em dois dos quais Ling a insultou chamando-a de "puta". Em ambos os casos, o marido interveio em defesa da mãe e esbofeteou a esposa. Na segunda vez, Ling ficou tão furiosa que, depois de chorar algumas horas na cozinha de casa, atirou-se ao rio ali próximo.

Ao saberem da notícia da sua morte, os sogros dedicaram muitas horas a levar os objetos de maior valor que tinham em casa para a residência de parentes e amigos, para mantê-los em segurança, porque sabiam que, segundo o costume local, os pais de Ling tinham o direito de destruir o imóvel e os seus pertences para vingar a filha. Com efeito, pouco depois eles chegaram em peso, acompanhados por vinte e oito parentes, mas foram dissuadidos dos seus propósitos com o argumento de que, se se abandonassem à ira e quebrassem todas as coisas, acabariam por prejudicar principalmente os filhos de Ling. Mas os pais não se resignaram a deixar os sogros da filha impunes. Como ressarcimento parcial pela sua perda, pediram que se celebrasse um grande enterro, extremamente dispendioso. Assim, a família de Qiu teve que pagar os custos das exéquias, as despesas dos trinta parentes de Liu com viagem, alimentação, alojamento, roupas adquiridas para a ocasião e, além disso, os custos referentes aos outros ritos que, depois do funeral, foram oficiados durante sete semanas para aplacar o espírito da jovem que tirara a vida. Assim, gastaram um valor exorbitante, superior ao que conseguiam ganhar em um ano. Muitos consideraram que este era um dos três objetivos mais importantes que Ling alcançara ao dar cabo da vida. O segundo era o de ter destruído para sempre a reputação da sogra. O terceiro, ter sido considerada pela primeira vez como a nora mais importante[182].

Xiv'er Zhang se envenenou com um pesticida em 1995, aos 26 anos de idade. Era bonita e inteligente, casada e com um filho. Xiaobao Qie, que era cego de um olho, apaixonara-se perdidamente alguns anos antes, pedira-a em casamento e ela aceitara por pensar que melhoraria de condição econômica. Depois das núpcias, Xiv'er queria ir morar com o marido num lar próprio, mas os costumes locais impunham ao marido, que era filho único, a regra de residência patrilocal, isto é, estabelecer-se com a esposa na casa dos pais. Depois de algum tempo, estes últimos foram convencidos por parentes e amigos a permitir aos dois jovens "ter cozinha" à parte: era uma concessão que lhes dava maior autonomia, ao mesmo tempo salvaguardando as aparências. Apesar disso, os conflitos entre nora e sogra continuaram a aumentar, até que a primeira insultou a segunda.

Xiv'er, então, voltou por seis meses para a casa dos pais. Avaliou a hipótese de se divorciar e enfim entendeu o significado de uma expressão que ouvira mil vezes: filha casada é como água jogada fora. Se seguisse por esse caminho, ficaria sem nenhum bem, dependente dos pais, e teria de depositar para o marido um valor considerável a título de ressarcimento (como previa a lei para quem ingressasse com pedido de divórcio). Decidiu então retornar para a casa dos Qie, os pais de Xiaobao. Mas os sogros pediram que fosse ela a primeira a se dirigir a eles (uma maneira de pedir desculpas) e a nora se recusou. Xiv'er então deu um ultimato ao marido: ou iam morar sozinhos ou ela se mataria. E, como Xiaobao não aceitou a primeira solução, ela escolheu a segunda.

Quando souberam do suicídio da filha, os cônjuges Zhang ficaram abismados não só de dor, mas também de cólera e indignação. Declararam aos parentes que iam consolá-los, que consideravam a sogra responsável pela sua morte e imediatamente manifestaram suas intenções de vingança. O pai ameaçou sacar uma faca, os irmãos disseram que "fariam um massacre". Como alternativa, os Zhang pensaram em denunciar a ocorrência à polícia e à magistratura. Por alguns dias, muitos temeram que o conflito entre os dois clãs degenerasse. Mas então intervieram os mediadores. Os conselhos de família se reuniram várias vezes e os seus representantes tentaram chegar a um acordo amigável. Os Qie propuseram dar aos Zhang uma modesta soma em dinheiro (200 yuan). Os Zhang consideraram a oferta ofensiva e fizeram saber que só aceitariam vinte ou trinta mil yuan. Começaram então as longas e complexas negociações sobre o valor e o significado dessa quantia. Se fosse pequena, poderia ser considerada como uma gentil manifestação de simpatia. Se, por outro lado, fosse avultada, seria interpretada como forma de ressarcimento e, portanto, como reconhecimento da responsabilidade dos Qie. Chegou-se, enfim, a um acordo escrito, redigido em cinco cópias, que previa o pagamento de uma quantia de 7.500 yuan. Apesar disso, os Zhang ameaçaram não participar do funeral, um sinal inequívoco da culpa dos sogros. Para vencer esse último obstáculo, duas mulheres da família Qie levaram um filho de Xiv'er para visitar os avós e se ajoelharam diante de cada um deles, dizendo: "Prostrados diante da sua avó. Amanhã haverá o funeral da sua mãe e todos nós participaremos".

Como explicar os suicídios de Ling e Xiv'er e dos milhares de camponesas chinesas que se viram na última década em situações análogas e tomaram a mesma decisão? Certamente não os atribuindo à opressão do sistema familiar patriarcal inspirado pelo confucionismo. Não foi em repúdio ao casamento arranjado, às imposições dos pais e ao despotismo da sogra que essas mulheres se mataram. É preciso buscar a fonte da inquietação e do sofrimento delas no contraste entre o novo e o velho, entre as suas aspirações de mulheres e as resistências que encontram na sociedade em que vivem, ou seja, resumidamente, no processo de modernização em curso há anos na China. Mas nem isso basta para explicar por que um número tão alto de camponesas chinesas põe termo à vida. Em outras zonas do mundo, processos semelhantes geraram inquietação e sofrimento, mas não altos índices de suicídio. Se isso ocorre na China, é porque continuam a ver o suicídio com olhos diferentes.

Os casos de Ling e Xiv'er indicam que ainda hoje a morte voluntária é interpretada segundo os esquemas tradicionais. Ainda hoje, quando uma pessoa se mata, não nos perguntamos "por quê?", mas "quem? Quem a levou a isso? Quem é o responsável?" Ainda hoje, uma parte dos suicídios se dá por vingança. Ainda hoje, alguns fatos, grandes e pequenos, que ocorrem após o suicídio, são atribuídos ao espírito de quem se matou: as doenças, as perdas e desgraças que recaem sobre a família considerada responsável, os barulhos estranhos que se ouvem na sua casa, as portas que rangem, as janelas que se abrem de repente, os gemidos causados pelo vento nas calhas[183]. Contudo, essas crenças são hoje menos difundidas e, portanto, os suicidas cada vez mais confiam a tarefa de vingá-los não a um espírito, mas a uma pessoa querida, aos pais ou a uma irmã, ou eles mesmos se incumbem disso. Assim, por exemplo, uma jovem de dezessete anos, funcionária de uma agência de *marketing*, depois de sofrer constantes assédios e ser estuprada pelo seu chefe, matou-se. Mas, antes disso, escreveu uma carta aos pais em que, depois de se desculpar e expor os fatos, dizia: "Mamãe, depois que eu tiver partido, peço-lhe que repare a injustiça, que me vingue e faça com que [o responsável pelo meu gesto] seja punido [...]. Somente isso poderá reduzir a minha dor"[184].

Ainda hoje, na China, muitas mulheres e muitos homens continuam a pensar que, em certos casos, o suicídio é o único meio para fazer tremer quem causa sofrimento.

7
O corpo como bomba

Dhanu matou-se em 21 de maio de 1991 em Sriperumbudur, uma cidadezinha a cinquenta quilômetros de Madras. Vestia um traje para as grandes ocasiões, estava com flores no cabelo, um bindi negro na testa para se proteger dos espíritos malignos e segurava na mão esquerda uma grinalda de sândalo. Como Roop Kanwar, que se matara quatro anos antes, era jovem, atraente, de religião hinduísta e se criara num país que tinha alta consideração pelos suicídios altruístas. Como ela, fora encorajada ao sacrifício pelos outros e seguira ao encontro da morte com um sorriso nos lábios, tornando-se uma mártir para dezenas de milhares de pessoas. Ao contrário de Roop, imolara-se não por um homem, mas contra ele, não por amor, mas por ódio, e realizara o gesto não depois de algumas horas de reflexão solitária, mas ao cabo de um longo processo de preparação e treinamento realizado com outras pessoas.

Em Sriperumbudur, Dhanu chegou acompanhada por cinco pessoas numa manifestação política, para encontrar o primeiro-ministro indiano Rajiv Gandhi. Na manhã de 21 de maio, foi esperá-lo com o seu grupo logo cedo e, quando finalmente o líder começou a andar num tapete vermelho entre as duas alas de multidão, ela tentou se aproximar dele. Por um momento, foi impedida pela polícia. Mas Gandhi interveio em seu favor dizendo: "Fique tranquila, menina". Foram as suas últimas palavras. Dhanu ajoelhou-se diante dele e, num gesto simples e rápido, fez explodir o cinturão carregado de granadas escondido sob a roupa, matando a si mesma, ao líder indiano e outras dezesseis pessoas.

Provavelmente, Dhanu foi levada a realizar esse gesto por motivos pessoais, pelo desejo de se vingar dos abusos e violências sofridas às mãos dos soldados indianos que, segundo comentários inverificáveis, haviam estuprado a ela ou à sua mãe, mataram um dos seus irmãos e destruíram a sua casa. Mas agiu também por senso de dever, por uma causa superior, coletiva, para ajudar o seu povo, os tâmiles, de religião hinduísta, a fundar um Estado independente, na área norte-oriental da Ilha de Sri Lanka. A missão lhe fora confiada pelos Tigres de Tâmil (LTTE), a organização que, desde os meados dos anos de 1970, batera-se para libertar o seu povo da dominação dos cingaleses, o grupo étnico (budista) mais numeroso da ilha.

A ideia ocorrera a Velupillai Prabhakaran, o líder carismático desse grupo, assistindo a *Death Wish*, um filme que conta a história de uma bela jovem que, fingindo oferecer um buquê de flores ao presidente dos Estados Unidos, faz explodir a bomba que trazia sob a roupa, matando a si mesma e ao homem mais poderoso do mundo[1]. Tão logo se tomou essa decisão, em novembro do ano anterior, a máquina organizativa dos Tigres do Tâmil se colocara em movimento, para estudar os tempos e os modos da ação, e para recrutar e treinar o grupo que iria colocá-la em prática. Dhanu estava ladeada por três mulheres e dois homens. As primeiras tinham a tarefa de ajudá-la a se aproximar do líder indiano; uma delas estava de reserva e entraria em ação se, por algum motivo, Dhanu não conseguisse explodir o cinturão de granadas. Um dos dois homens tinha o encargo de fotografar a cena, enquanto o outro fingia ser um jornalista. Para se certificar que teriam sucesso em executar a delicada missão, essas seis pessoas testaram o ataque em 21 de abril e 6 de maio.

Todas essas informações são úteis para entender como Rajiv Gandhi morreu. Mas, como veremos nas páginas seguintes, para explicar o súbito surgimento e a veloz difusão das missões suicidas em todo o mundo, precisamos partir não só das características psicológicas e sociais das pessoas que as executam, mas também das exigências políticas e militares das organizações que as decidem e preparam, dos seus esforços desesperados para alcançar objetivos ambiciosos com meios limitados, além, naturalmente, das tradições culturais dos países em que se movem.

7.1 Ataques suicidas e terrorismo

Atos como os de Dhanu e do seu grupo recebem nomes muito diferentes na linguagem comum e na literatura científica[2]. Nas páginas seguintes, serão designados com as expressões "ataques suicidas" e "missões (ou operações) suicidas" e definidos como ações violentas realizadas com intenções políticas por uma ou várias pessoas, que usam voluntariamente o próprio corpo para levar explosivos ou material explosivo a fim de atacar, matar ou ferir gravemente os outros, com plena consciência de que a própria morte é uma condição necessária para o sucesso da operação e é simultânea à morte dos outros[3]. Isto é, essas ações pressupõem, por parte de quem as realiza, a vontade tanto de matar quanto de morrer. Assim, um ataque não pode ser considerado suicida quando há uma alta probabilidade, mas não a certeza, de que o executante morrerá ou quando o executante tira a própria vida depois de matar outros. Naturalmente, essas missões (como, ademais, os suicídios e os homicídios) podem ser consumadas, isto é, realizadas completamente ou apenas tentadas, como acontece quando são frustradas antes da sua execução ou quando quem tem a tarefa de executá-las comete algum erro. Em 2004, por exemplo, Israel frustrou 74% dos ataques programados e prendeu 365 militantes[4]. É muito difícil obter informações precisas e confiáveis sobre as missões fracassadas (como o é para as tentativas de suicídio nos países ocidentais) e, portanto, os dados estatísticos que servem de base a todos os estudiosos são referentes às missões consumadas.

Muitas vezes, usa-se para designar esses atos a expressão "terrorismo suicida", mas é imprecisa e inadequada. Na realidade, não existe uma definição do termo "terrorismo" compartilhada pelos estudiosos. Normalmente é empregado para designar o uso estratégico da violência, por parte de um grupo político de oposição, voltado de modo indiscriminado contra civis e não combatentes. Se adotarmos esse sentido, é evidente que uma parte das missões suicidas não tem natureza terrorista. Não o tinham, por exemplo, aquelas famosas missões realizadas no final da Segunda Guerra Mundial pelos pilotos japoneses, os *kamikazes*, contra os navios americanos, pois não eram senão formas de combate de um Estado contra outro. Nem mesmo os ataques dirigidos contra o exército ou a polícia de um país podem ser chamados de terroristas. É correto, portanto, falar em ataques suicidas terroristas quando são dirigidos contra objetivos civis, e em missões suicidas de guerrilha quando são, pelo contrário, dirigidas contra alvos militares.

Consideremos, por exemplo, alguns dramáticos eventos ocorridos na Espanha nos primeiros meses de 2004[5]. Em 11 de março daquele ano, entre as 7:30h e 7:40h, explodiram dez bombas escondidas em quatro trens lotados de trabalhadores que se dirigiam a Madri, matando 191 pessoas e ferindo centenas. A realização desse atentado não demandava a morte dos organizadores e dos executores: sete jovens magrebinos (cinco marroquinos, um tunisino e um argelino) imigrados alguns anos antes para a Espanha. Em poucos dias a polícia conseguiu identificar os autores do atentado, descobriu onde moravam e, em 3 de abril, cercou a casa. Os sete jovens militantes decidiram então renunciar à própria vida para matar o maior número possível de policiais, e muitos deles comunicaram a decisão aos pais, por telefone. Morreram pouco depois fazendo explodir uma bomba, e com eles morreu um policial. Se nos ativermos rigorosamente à definição escolhida, o primeiro é um ataque terrorista (porque dirigido indiscriminadamente contra a população), mas não suicida (porque os executores não usam o próprio corpo como bomba). O segundo, por sua vez, é suicida, mas não terrorista (porque dirigido contra as forças da ordem e não contra civis).

Nem os termos usados neste capítulo, nem os vários outros presentes na literatura científica internacional são aceitos pelos grupos que organizam esses ataques. Falando da Palestina, um eminente teólogo muçulmano escreveu que é um erro chamar essas operações de "ataques suicidas":

> Esses são exemplos de sacrifícios heroicos [...]. Um suicida tira a própria vida [...] enquanto os atos de que estamos falando consistem em se matar pela sua religião ou pelo seu povo. Um suicida é alguém cansado de si e de Alá, enquanto um mujahidin está impregnado pela fé na graça e na generosidade de Alá[6].

Analogamente, no Sri Lanka, os tâmiles designam esses ataques não com o termo *thatkolai*, que significa "matar-se", mas com outro termo que, para nós, parece semelhante, mas tem um significado profundamente diferente: *tahtokodai*, que corresponde a dar ou doar a si próprio. Como disse um líder dessa organização, "quando uma pessoa se alista, não há uma recompensa. O único compromisso é que a pessoa está disposta a dar tudo o que tem, inclusive a própria vida. É um juramento à nação"[7].

7.2 O fenômeno moderno das missões suicidas

Não se lembrava da idade dele, nem da cor da pele, nem dos traços fisionômicos; lembrava-se apenas que dirigia um enorme caminhão amarelo, que de repente o olhou direto nos olhos e sorriu. Eram 6:20h da manhã de 23 de outubro de 1983, e o cabo Eddie di Franco estava de guarda no quartel-general dos fuzileiros navais americanos, situado próximo do aeroporto internacional de Beirute. Enquanto alguns estavam preparando o café da manhã para os soldados que, como todo domingo, iriam se levantar dali a dez minutos, o caminhão amarelo se aproximava devagar. De repente, o condutor acelerou, ultrapassou todos os obstáculos e foi chocar-se contra o grande edifício de quatro andares onde dormiam os fuzileiros navais. Carregado de bombas, o veículo explodiu violentamente, provocando o desmoronamento do edifício e deixando uma cratera de quase dez metros de profundidade e quarenta de largura. Esmagados durante o sono por blocos de ferro e cimento, 241 fuzileiros navais morreram na cama, enquanto outros 100 ficaram feridos. Quarenta segundos depois dessa explosão, a três quilômetros de distância, o motorista de outro caminhão-bomba arremeteu a toda velocidade contra um edifício de seis andares onde dormiam os paraquedistas franceses, destruindo-o, matando 58 soldados e ferindo outros 15. Em 3 de novembro, um terceiro caminhão explodiu perto do quartel-general israelense, matando 28 soldados e 30 cidadãos libaneses.

Atentados semelhantes já haviam ocorrido poucos meses antes, em novembro de 1982, em Tyre, contra as forças de ocupação israelenses, e em abril de 1983 em Beirute, contra a embaixada americana. Mas foram os ataques de 23 de outubro de 1983 que chocaram o mundo. Apresentados na primeira página dos jornais de todos os países, deixaram claro que se tratava de uma nova forma de guerrilha ou de terrorismo, ainda mais poderosa e letal do que as conhecidas, visto que bastavam duas pessoas dispostas a renunciar à própria vida e dois caminhões repletos de explosivos para matar quase trezentos soldados dos exércitos inimigos.

Organizados pelos militantes do Hezbollah (em árabe, o "partido de Deus"), um movimento formado por jovens muçulmanos xiitas, que tinham como objetivo fazer com que o exército israelense se retirasse do Líbano (que fora invadido em junho de 1982), bem como as forças militares americanas e francesas, esses ataques surtiram grandes efeitos. Já a missão suicida de abril de 1983 humilhara a maior potência militar do mundo, obrigando-a a transferir a sua embaixada da capital para Aukar, uma cidade de menor relevância no Norte do país. Atingidos uma segunda vez em 23 de outubro, os Estados Unidos decidiram retirar as suas forças do Líbano, porque – como diria algum tempo depois Ronald Reagan – "o preço que tivemos de pagar em Beirute era alto demais, a tragédia nos quartéis foi enorme [...] devemos nos retirar [...]. Não podíamos permanecer e correr o risco de um outro ataque suicida contra os fuzileiros navais"[8]. Em 1985, o exército israelense abandonou grande parte do Sul do Líbano.

Até 1987, os ataques suicidas ficaram restritos ao Líbano e continuaram a ser lançados somente pelo Hezbollah que, graças ao sucesso obtido, fortaleceu-se e se ampliou, passando entre 1982 e 1986 de um pequeno grupo de militantes para uma organização com quase sete mil adeptos. Mas, a partir de 1987, os ataques suicidas foram adotados no Sri Lanka pelos Tigres do Tâmil. Depois que a Inglaterra deixou o controle desse país (até então chamado de Ceilão), a maioria cingalesa que estivera no governo fez de tudo para excluir a minoria tâmil da vida pública. Desde 1983, o LTTE começou a realizar operações de guerrilha contra esse governo. Pouco tempo depois, os seus líderes, favoravelmente impressionados com o ataque suicida lançado em 23 de outubro de 1983 pelo Hezbollah contra os fuzileiros navais americanos, tentaram imitá-lo. Em 5 de julho de 1987, Vallipuram Vasantham (conhecido pelo nome de Batalha de Capitão Miller), de 21 anos de idade, lançou-se com um caminhão carregado de explosivos contra um campo militar do exército cingalês em Vadamarachi, perdendo a vida, mas matando ao mesmo tempo setenta soldados. Desde então, o LTTE, mesmo continuando com as outras ações de guerrilha, fez um grande uso das missões suicidas, adaptando-as às suas próprias exigências. Num grande número de casos (cerca de um quarto do total), utilizou-as para assassinar líderes políticos que não poderiam ser alcançados de outro modo. Assim, dois anos após o assassinato do primeiro-ministro indiano Rajiv Gandhi, uma missão suicida causou a morte do presidente do Sri Lanka e, no ano seguinte, outra missão ainda mais espetacular matou um grande número de parlamentares e dirigentes do partido cingalês.

Em 1993, as missões suicidas reapareceram no Oriente Médio. Em 16 de abril desse ano, Shahar al-Nabulsi, um militante da organização sunita Hamas (acrônimo de "Movimento de resistência islâmica"), criada em 1987, no início da primeira Intifada, pelo xeque Ahmed Yassin, levou um carro carregado de explosivos numa área de serviço na autoestrada do Vale do Jordão, onde os soldados israelenses costumavam parar e explodiu o local, matando um operário palestino e ferindo alguns civis e militares[9]. Nos quatro anos seguintes, o Hamas e o *jihad* islâmico lançaram muitos outros ataques suicidas contra Israel, com o objetivo de libertar os territórios palestinos, isto é, a Faixa de Gaza e a Cisjordânia, ocupadas pelas forças armadas israelenses desde 1967, durante a Guerra dos Seis Dias.

Em 1996, as missões suicidas foram adotadas na Turquia pelo PKK, o partido dos trabalhadores curdos. Muçulmanos sunitas, os curdos vivem no Curdistão, uma zona composta por áreas pertencentes a diversos países: Turquia, Iraque, Irã e Síria. O PKK foi fundado em 1978 pelo líder marxista Abdullah

Ocalan e bateu-se tanto pela independência dos curdos quanto pela revolução social. Depois de ter criado duas organizações militares, ele realizou por anos muitas operações de guerrilha contra o governo turco, sem, contudo, conseguir obter o consenso da população curda que procurava representar e defender. Assim, em 1996 lançou a primeira campanha de ataques suicidas; suspendeu-a no ano seguinte e depois realizou outras, de 1998 a 2000.

Em 2000, alguns grupos separatistas da Caxemira lançaram numerosos ataques suicidas contra o exército indiano. No mesmo ano, esses ataques começaram a ser usados na Europa Oriental. Em 1991, a Tchetchênia, uma república autônoma da Federação Russa, declarou a sua independência e entrou em guerra contra a Rússia. Depois de sofrer muitas perdas, os tchetchenos escolheram a tática das missões suicidas, também seguindo o modelo inaugurado sete anos antes pelo Hezbollah. Em 7 de junho de 2000, uma jovem islâmica e um homem entraram com um caminhão carregado de explosivos dentro de uma base militar russa e o explodiram, perdendo a vida, matando dois soldados e ferindo muitos outros. Nos quatro anos seguintes, os tchetchenos realizaram muitos outros ataques suicidas, também contra a população civil, principalmente no seu território, mas às vezes também em território russo.

Em 11 de setembro de 2001, dezenove rapazes pertencentes à al-Qaeda – quinze sauditas, um egípcio, um libanês e dois dos Emirados Árabes Unidos – apossaram-se de quatro aviões de passageiros em voo no céu dos Estados Unidos, utilizando-os para realizar a mais imponente missão suicida até a data de hoje. Dois desses aviões foram lançados contra as Torres Gêmeas de Nova York, provocando o seu desabamento, outro contra o Pentágono, em Washington, e o quarto se destroçou no chão perto de Pittsburg. Esses quatro ataques provocaram a morte de quase três mil pessoas e abalaram o mundo.

Desde então, o uso de operações suicidas se estendeu a muitos outros países do mundo, como Espanha, Grã-Bretanha, Marrocos, Tunísia,

Egito, Quênia, Jordânia, Paquistão, Indonésia, Afeganistão e Iraque. No Afeganistão, por exemplo, o primeiro ataque suicida foi cometido em 9 de setembro de 2001, dois dias antes do realizado contra as Torres Gêmeas. Dois árabes militantes da al-Qaeda, passando-se por jornalistas, conseguiram ter um encontro com Ahmad Shah Massoud, chefe militar da Frente Islâmica Unida para salvar o Afeganistão, a fim de realizar uma entrevista. Mas, ao chegarem perto dele, explodiram a si mesmos e o mataram junto com dois colaboradores. No ano seguinte, não houve nenhum ataque suicida, enquanto em 2003 e 2004 foram cometidos respectivamente dois e três. Mas de súbito, quando ninguém esperava, em 2005 o número de ataques começou a crescer, passando de 17 naquele ano para 123 no ano seguinte[10].

No Iraque, os ataques suicidas começaram logo depois de março de 2003, quando o país foi ocupado pelos exércitos dos Estados Unidos e do Reino Unido, bem como de muitos outros aliados, e desde então nunca cessaram. Além de investir contra os soldados americanos, foram dirigidos contra o exército e a polícia do novo regime, contra alguns políticos curdos e xiitas e, principalmente, contra a população xiita apanhada de surpresa no mercado, nas mesquitas ou nas procissões fúnebres.

De 1983 até hoje, o número dos ataques suicidas cometidos em todo o mundo aumentou continuamente, antes de forma lenta e depois com uma impressionante rapidez. Permaneceu razoavelmente baixo durante os anos de 1980 (cerca de 4,7 por ano), mais do que triplicou na década seguinte (16 por ano) e depois aumentou muito no início do novo milênio. De 60 em 2001 passou para 94 em 2003, 193 em 2004 e ultrapassou 500 unidades no ano seguinte[11]. Depois de uma redução em 2006, voltou a subir no ano seguinte, alcançando o pico (gráf. 7.1).

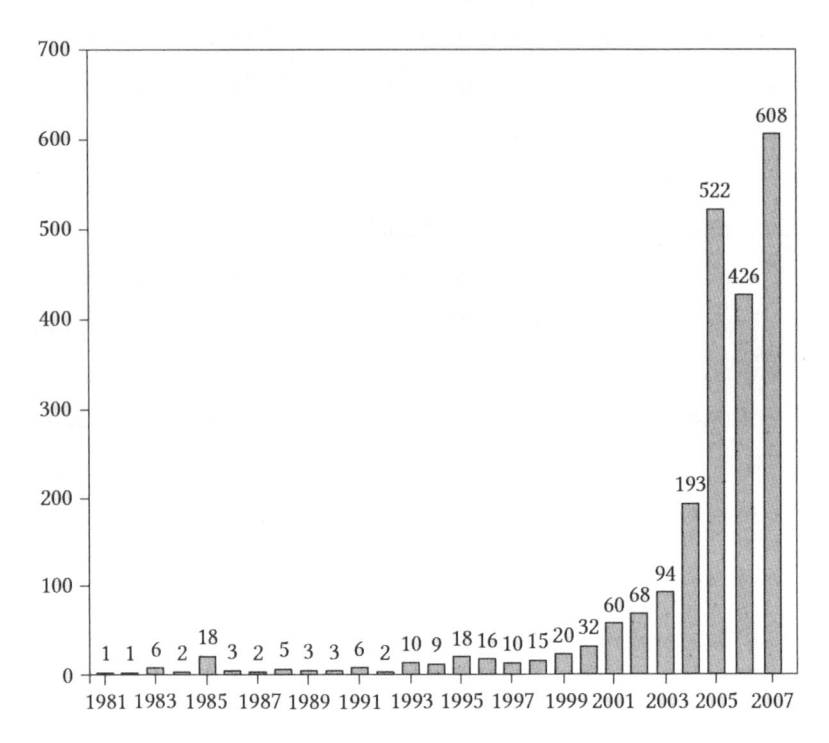

GRÁF. 7.1. Número de ataques suicidas realizados no mundo de 1981 a 2007.
FONTE: MERARI (2010).

7.3 A racionalidade dos atores fracos

Quem examina com cuidado as muitas centenas de ataques suicidas cometidos no mundo nos últimos 25 anos fica impressionado com a sua heterogeneidade[12]. Há, no entanto, alguns aspectos que são comuns à imensa maioria desses ataques. O mais importante, do qual devemos partir, consiste em que quase todos eles são decididos e preparados por uma organização e executados com o seu apoio. Muitas vezes, aliás, são realizados em equipe, como no caso de Dhanu e das cinco pessoas que agiram junto com ela[13]. Além disso, os ataques suicidas não são eventos casuais ou isolados, mas fazem parte de campanhas organizadas que preveem uma pluralidade de ataques realizados num período mais ou menos longo com o objetivo de obter concessões políticas por parte do governo de um país[14]. Assim, por exemplo, entre 1983 e 2002, houve no mundo inteiro dezoito campanhas, algumas das quais duraram poucos meses, outras até quatro ou cinco anos, e produziram um mínimo de dois ataques a um máximo de noventa ataques[15]. Como vimos, os ritos do *sati* na Índia e do *tat'ai* na costa sul-oriental da China também eram celebrados na presença de grande número de pessoas, que davam apoio emocional, supervisionavam e ajudavam a viúva decidida a seguir o marido na tumba. Mas, no caso das missões suicidas, o papel das organizações é incomparavelmente maior. Para ressaltar a sua importância, dois estudiosos recorreram a uma frase do romancista inglês Eric Ambler, apresentando-a num contexto diferente: "o importante, num assassinato ou tentativa de assassinato, é saber não quem atirou, mas quem pagou pela bala"[16].

Levando em conta os seus vínculos e objetivos, pode-se dizer que as organizações agem de modo racional. A adoção das missões suicidas como nova forma de luta é uma escolha estratégica que nasce predominantemente de cálculos sobre a relação entre custos e benefícios. As organizações que fazem tal escolha são sempre fracas, dispõem de parcos recursos financeiros e militares, devem e querem combater estados fortes e, portanto, encontram-se numa posição nitidamente assimétrica. Para muitas organizações, este se torna o último recurso a apelar depois de tentarem inutilmente alcançar seus fins com armas convencionais ou com técnicas de guerrilha. Por isso, é frequente que as missões suicidas surjam depois de um conflito prolongado: não na primeira, mas na segunda guerra da Tchetchênia contra a Rússia, não na primeira, mas na segunda Intifada palestina, não na primeira, mas na segunda revolta dos curdos.

Em relação a outras operações terroristas ou de guerrilha, os ataques suicidas apresentam numerosas vantagens táticas.

Em primeiro lugar, produzem um número maior de vítimas, isto é, de mortos e feridos. Enquanto as outras operações terroristas ou de guerrilha têm um número médio de 3,3 vítimas em tiroteios e de 6,9 se realizadas com explosão de uma bomba a distância, os ataques suicidas provocam em média 82 entre mortos e feridos, se realizados com cinturões ou coletes explosivos, e 92 se realizados com automóvel ou caminhão carregado de bombas[17]. Esse poder de destruição se deve ao fato de que os executantes podem mudar até o último instante tanto o momento da explosão quanto o alvo, e é por isso que às vezes são chamados de "bombas inteligentes" e "mísseis dirigidos". Desse modo, as organizações que usam esse tipo de ataque podem compensar, pelo menos em parte, as suas desvantagens tecnológicas em comparação às grandes potências, pois – como foi observado – essas últimas se empenham em criar armas que substituam a inteligência e a ação humanas, ao passo que os terroristas usam a inteligência e a ação humanas para substituir essas armas[18]. Ramadan Shalah, o secretário-geral do *jihad* islâmico, resumiu a lógica da nova forma de terrorismo da seguinte maneira:

> O nosso inimigo possui as armas mais sofisticadas do mundo e o seu exército é treinado num alto nível [...]. Para rechaçar os seus ataques não temos senão a arma do martírio. É fácil e custa somente as nossas vidas [...] as bombas humanas não podem ser derrotadas, nem pelas bombas nucleares[19].

Em segundo lugar, os ataques suicidas têm um custo econômico relativamente baixo em relação aos efeitos que produzem. Na maioria dos casos (45%), foram até agora realizados com a técnica mais simples, isto é, usando um cinturão explosivo escondido debaixo das roupas. Também tem sido muito frequente a utilização de um carro, de um caminhão ou, como aconteceu depois de 2003 no Iraque, de uma ambulância carregada de bombas. Por outro lado, o recurso a bolsas ou embarcações cheias de bombas é muito mais raro[20]. Calcula-se que bastam apenas 150 dólares para preparar os ataques com o cinturão explosivo escondido sob a roupa. Mas mesmo o maior e mais letal dos ataques até agora realizados, o de 11 de setembro de 2001 contra as Torres Gêmeas de Nova York, que custou 500 mil dólares ao grupo al-Qaeda responsável pela sua organização, produziu danos equivalentes a um valor um milhão de vezes superior[21].

Em terceiro lugar, as operações suicidas permitem entrar em áreas sob alta vigilância e atingir alvos difíceis, visto que não requerem vias de fuga ou complexas operações de salvamento, pois não há volta do executante.

Em quarto lugar, por esse mesmo motivo, essas operações não apresentam o risco de que o executante seja preso e obrigado a revelar informações preciosas ao inimigo.

Por fim, as missões suicidas geram uma repercussão pública e um medo na população incomparavelmente maiores do que todos os demais tipos de ataque. Em sendo verdade que, como há tempos sustentam os estudiosos, os terroristas se propõem a atemorizar e a atrair a atenção da opinião pública, com o objetivo de controlar e dominar, e que "o terrorismo é teatro", por ser encenado com uma coreografia cuidadosamente estudada a fim de atrair a atenção dos meios de comunicação de massa[22], então é inegável que as missões suicidas são, de longe, o meio mais eficaz de alcançar tais objetivos. São tão violentas, tão sangrentas, desconcertantes e envolventes que nenhuma rede de televisão e nenhum jornal pode deixar de apresentá-las ao público. Cometidas por pessoas que renunciam à vida para alcançar os seus fins, apresentam-se como uma ameaça da qual é impossível se defender.

Na utilização dos recursos humanos e na divisão do trabalho, as organizações terroristas agem habitualmente com a racionalidade de uma empresa econômica. Sabendo que os atentados suicidas são operações muito complexas, que exigem notáveis capacidades e competências, essas organizações designam as missões mais delicadas e difíceis às pessoas mais instruídas e especializadas. Pesquisas realizadas sobre os palestinos que cometeram atentados suicidas contra Israel, de 2000 a 2005, mostraram que esses palestinos, quanto mais instruídos e especializados eram, mais frequentemente eram utilizados contra alvos importantes e maior era a sua "produtividade": eram mais raramente capturados antes de levar a termo a tarefa e conseguiam matar um número maior de pessoas[23]. A atribuição das tarefas por sexo é feita de modo a não despertar suspeitas. Assim, por exemplo, os Tigres de Tâmil, nas missões suicidas realizadas com carros ou caminhões, utilizam somente homens, porque no Sri Lanka as mulheres não costumam dirigir[24].

Cientes de todas as vantagens táticas que as missões suicidas apresentam, os líderes das organizações se convenceram de que elas são muito mais eficazes do que as outras formas de terrorismo ou de guerrilha para alcançar os fins pretendidos. "Essa arma", escreveu um integrante do escritório político do Hamas, "é o nosso trunfo, que converteu a nossa fraqueza e fragilidade em força e criou uma paridade nunca antes alcançada na história da luta contra o inimigo sionista"[25]. Essa convicção não é fruto de esperanças irrealistas; mas, como algumas pesquisas mostraram, baseia-se numa atenta análise dos custos e dos benefícios.

Naturalmente, não é fácil avaliar se, e em que medida, os atores fracos que têm recorrido aos ataques suicidas na luta contra os estados fortes vêm a obter alguma concessão e sucesso. Em primeiro lugar, porque toda organização tem objetivos de vários tipos, de curto e longo prazos, transitórios e finais. Em segundo lugar, porque, entre os fins publicamente divulgados por essas organizações, nem sempre fica claro quais são de natureza apenas propagandística, enunciados para amedrontar e convencer a população e os governos, e quais, por outro lado, são considerados realistas pelos seus propositores. Isso explica por que as pesquisas chegam a resultados diferentes. Analisando as campanhas realizadas nas últimas duas décadas do século XX, alguns estudiosos concluíram que, em 55% dos casos, as organizações responsáveis por elas atingiram os objetivos políticos (pelo menos aqueles menos ambiciosos) que se propunham, isto é, conseguiram alterar a linha política do governo contra o qual se bateram[26]. Para outros, porém, isso se deu com frequência muito menor, qual seja, em 24% dos casos[27], e para outros ainda menos[28]. Todavia, é inegável que, em alguns casos, as organizações que realizaram campanhas de ataques suicidas conseguiram obter alguma concessão relevante.

A primeira campanha da história moderna das missões suicidas, realizada pelo Hezbollah, levou à retirada completa do Líbano das forças armadas americanas e francesas e do exército israelense da maior parte desse país. O objetivo alcançado pode, hoje, ser considerado limitado, visto que americanos e franceses estavam naquele país em missão humanitária e Israel manteve ainda por uma década o controle de uma zona meridional. Apesar disso, foi vista como uma vitória importante, que não poderia ter sido obtida com as armas convencionais e as outras formas de terrorismo ou de guerrilha, pelas outras organizações. Depois de muitos anos, Ramadan Shallah, líder do *jihad* islâmico, ressaltou que "a abrasadora derrota sofrida por Israel no Sul do Líbano, que obrigou o seu exército a fugir aterrorizado, não foi alcançada na mesa de negociações, e sim no campo de batalha e por meio do *jihad* e do martírio"[29].

Outros grupos, em determinado momento da sua história, também decidiram recorrer às missões suicidas, tendo os seus líderes concluído que, na situação em que se encontravam, este era o único caminho que lhes permitiria alcançar, com os meios de que dispunham, os ambiciosos objetivos que se propunham. "Com perseverança e sacrifício", disse Prabakaran em 1984, "podemos criar um Estado Tâmil Ilam em cem anos. Mas, se utilizarmos operações suicidas, podemos reduzir os sofrimentos do nosso povo e alcançar esse fim num prazo muito mais curto"[30].

As campanhas de ataques suicidas também serviram para outros fins políticos das organizações que as promoviam, quais sejam, sair da sombra, conquistar legitimidade e prestígio, aumentar o número de seguidores, obter maior financiamento, vencer a concorrência de outros grupos atuando no mesmo cenário[31]. Assim, por exemplo, foi por ter utilizado essa tática que o LTTE, durante os anos de 1980, conseguiu se impor sobre todos os outros grupos que se apresentavam como representantes dos interesses do povo tâmil. O mesmo se pode dizer do Hamas que, quando nasceu em dezembro de 1987, teve de enfrentar um concorrente muito mais forte e experiente: a Organização pela Libertação da Palestina (OLP).

7.4 Nacionalismo e diferenças religiosas

A ideia de que os ataques suicidas se devem apenas ao fundamentalismo islâmico não encontra confirmação nos resultados das principais pesquisas realizadas até agora. Retornando ao início da curta história desses ataques, descobriu-se que, entre as 41 pessoas pertencentes ao Hezbollah que, de 1982 a 1986, realizaram esses ataques suicidas para obrigar as forças armadas israelenses e ocidentais a abandonar o país, somente oito eram fundamentalistas islâmicas, enquanto três eram cristãs e todas as demais pertenciam a movimentos e partidos socialistas e comunistas[32].

A análise das missões suicidas realizadas em todo o mundo de 1983 a 2003 evidenciou que metade ou mais da metade delas foi organizada e lançada por organizações laicas. E também laica ou, pelo menos, não islâmica é aquela que empreendeu o maior número dessas missões: os Tigres do Tâmil[33].

As organizações laicas e as religiosas dirigem os seus ataques contra objetivos diferentes. Nas últimas duas décadas do século XX, cerca de 43% das operações suicidas foram lançadas contra a população civil, 44% contra o exército e as forças da ordem[34]. Contudo, os ataques suicidas das organizações islâmicas foram mais frequentemente terroristas do que os das organizações laicas. A parcela dessas operações voltadas contra a população civil alcançou 74% para o Hamas e oscilou entre 60 e 70% para a Fatah (a principal organização nacionalista laica palestina, fundada em 1959 por Yasser Arafat) e para o *jihad* islâmico, enquanto foi inferior a 30% para o LTTE e até 12% para o Hezbollah[35]. Assim, a organização que, nas últimas duas décadas do século XX, realizou o maior número de missões suicidas contra a população civil não foi o LTTE, e sim o Hamas[36].

Pelo menos nas últimas duas décadas do século XX, um fator que favoreceu o recurso às missões suicidas foi o nacionalismo, isto é, a convicção entre a população de uma determinada zona geográfica de "compartilhar um determinado conjunto de características étnicas, linguísticas e históricas e, portanto, de ter o direito de governar a sua pátria nacional sem nenhuma interferência externa"[37]. Nesse período, os ataques suicidas foram frequentemente usados em campanhas de libertação nacional, contra a ocupação militar de uma zona, com o objetivo laico e estratégico de obrigar as democracias modernas a retirarem as suas tropas de territórios invadidos por elas. Foi para alcançar esses objetivos que, nos anos de 1980, o Hezbollah organizou missões suicidas contra os exércitos dos Estados Unidos, França e Israel, presentes no Líbano por várias razões; e que, nos anos de 1990, a Fatah, o Hamas e o *jihad* islâmico lançaram tais ataques para libertar a Palestina da ocupação israelense. Essas missões foram usadas também em campanhas geralmente definidas como separatistas, a exemplo dos Tigres do Tâmil contra o Sri Lanka, dos tchetchenos contra a Rússia, do PKK contra a Turquia e dos grupos da Caxemira contra a Índia[38].

Outro fator que favoreceu a utilização de missões suicidas foi a diferença de religião entre país ocupante e país ocupado. Tornando mais nítidas e intransponíveis as fronteiras entre os dois povos em luta, essa diferença agudiza o conflito. E, efetivamente, sabemos que, em 87% dos ataques suicidas, a religião das vítimas era diferente da dos *kamikazes*[39]. Isso se deu não só entre muçulmanos e cristãos e muçulmanos e judeus, mas também entre hinduístas e budistas, muçulmanos e hinduístas, e muçulmanos e cristãos ortodoxos. Naturalmente, exceções não faltam. De um lado, houve guerras civis entre grupos de religiões diferentes em que não se adotaram ataques suicidas. Por outro lado, os curdos dirigiram esses ataques contra os turcos, correligionários muçulmanos como eles[40].

7.5 A globalização das missões suicidas

O fenômeno moderno das missões suicidas mudou profundamente depois de 11 de setembro de 2001. No curto prazo decorrido desde então, mudaram os objetivos, a posição ideológica e a estrutura das organizações responsáveis pelo seu planejamento e execução, bem como algumas características dos *kamikazes*.

O aumento, iniciado em 1999[41], da proporção de ataques suicidas lançados por organizações islâmicas tornou-se ainda mais rápido depois de 11 de setembro e após a invasão do Iraque por exércitos de vários países. Nada menos que 98% das missões realizadas entre 1º de setembro de 2001 até o final de 2006 esteve a cargo de organizações islâmicas[42]. Tornou-se cada vez mais frequente utilizar esses ataques como primeira escolha e não apenas depois de lançar mão das táticas convencionais[43]. E se tornou cada vez menos frequente que se realizassem tendo como objetivo a libertação nacional nos conflitos étnicos e a retirada de um exército de ocupação[44].

No decorrer dos anos de 1990 e no início do novo milênio, muitos movimentos islâmicos compartilhavam uma concepção favorável a um *jihad* (ou luta armada) empreendido também fora das fronteiras do país. Embora com eventuais desacordos, esses movimentos acabaram por combater tanto os "inimigos próximos" (os governos do Egito, Arábia Saudita e Argélia), acusados de ter abandonado a tradição religiosa, quanto os "inimigos distantes" (os Estados Unidos e, em geral, todos os países ocidentais)[45]. Segundo a al-Qaeda, o movimento dirigido por Bin Laden, a meta final dessa luta armada contra os "inimigos distantes" é a criação de um Estado islâmico em escala mundial, capaz de defender os interesses dos muçulmanos contra o "ataque" da "aliança sionista cruzada"[46].

Por isso, a partir do final dos anos de 1990, os ataques suicidas frequentemente foram realizados em países onde não havia nenhuma ocupação, como Bangladesh, Indonésia, Jordânia, Marrocos, Arábia Saudita, Turquia ou Uzbequistão, com o objetivo de derrubar governos islâmicos moderados e filo-ocidentais e de substituí-los por outros mais radicais. Isso ocorreu, por exemplo, na Argélia em 1995-1998, no Marrocos em maio de 2003, na Arábia Saudita no primeiro quinquênio do novo século. Mas ocorreu também em países ocupados pelos exércitos dos países ocidentais, como no Afeganistão ou no Iraque. As organizações que, desde março de 2003, lançaram um número extraordinário de ataques suicidas nesse último país pretendiam não só a retirada dos exércitos de ocupação, mas também a queda do novo regime (destruindo as suas forças da ordem e favorecendo a guerra entre xiitas e sunitas) e a instauração de um Estado islâmico. Por isso, enquanto nos anos de 1980 e de 1990 os ataques suicidas eram voltados basicamente contra os exércitos de outros países ou contra civis não muçulmanos, a partir de 2003, no Iraque, passaram a ser dirigidos não contra as forças armadas dos Estados Unidos e dos aliados, mas contra a polícia do novo Estado iraquiano e contra a comunidade xiita.

Desde 2001, as missões suicidas foram com frequência cada vez maior decididas e organizadas em outros países que não os países-alvo. Isso se aplica não só aos ataques de 11 de setembro, planejados com grande cuidado no Afeganistão, em Hamburgo e em Londres, mas também aos de abril de 2002 em Djerba, concebidos no Paquistão, ou de outubro de 2005 em Bali, preparados nas Filipinas.

Além disso, mudou totalmente a relação entre o local de nascimento e o local de morte das pessoas que renunciam à vida para poder matar os inimigos. Enquanto os *kamikazes* libaneses, tchetchenos, curdos ou tâmiles eram nascidos e criados no país ou na região que lutavam para libertar, os que se imolaram na primeira década do novo século provinham, às vezes, de países ou até de continentes diferentes. Como se viu, os jovens que derrubaram as duas Torres Gêmeas provinham da Arábia Saudita ou de outros países árabes. Uma parte dos que explodiram a si mesmos no Afeganistão haviam nascido e vivido até então no Paquistão[47]. O ataque contra os hotéis de Amã, na Jordânia, foi realizado por *kamikazes* iraquianos.

Ao mesmo tempo, porém, uma parte significativa dos executantes de missões suicidas no Iraque vem de outras partes do mundo. Em primeiro lugar, dos países árabes: Jordânia, Kuwait, Arábia Saudita, Síria ou Líbano. Mas, às vezes, também da Europa, França, Bélgica, Espanha ou até Itália. Com frequência são pessoas nascidas no Norte da África, na Argélia, Marrocos e Tunísia, que abandonaram a pátria de origem por dissidências políticas e procuraram refúgio na outra margem do Mediterrâneo. No fim, alguns decidiram ir como voluntários para o Iraque, com pouco dinheiro e um passaporte, passando pela Síria. Quando chegam, são designados para um grupo e moram por algum tempo numa casa, esperando a sua vez, depois de acrescentarem seus nomes a uma lista conservada na "sala dos mártires", como se costuma chamá-la[48].

A partir da segunda metade dos anos de 1990, alguns grupos passaram a participar cada vez mais da chamada *netwar*[49], passando de uma estrutura organizacional piramidal e hierárquica a uma network, descentralizada e flexível. Depois de 11 de setembro de 2001, a al-Qaeda enveredou por esse caminho com decisão ainda maior, para se proteger dos ataques dos serviços secretos e dos exércitos americanos e europeus. Abandonando o modelo de organização monolítica e burocrática, transformou-se num movimento leve e ágil, feito de pequenos grupos, distribuídos em países diferentes e distantes, com grande autonomia, mantendo apenas tênues vínculos com o centro e entre si. Os especialistas consideram que atualmente a al-Qaeda, além de ser composta por um grupo central e outros grupos que colaboraram anteriormente de vários modos com Bin Laden, é formada também por núcleos locais amorfos, com relações tênues e evanescentes com o centro, e por outros núcleos (constituídos, às vezes, por imigrantes de segunda geração que moram em países ocidentais) sem qualquer vínculo, mas que se inspiram nas declarações ideológicas que a al-Qaeda apresenta ao mundo[50]. Cada um desses pequenos núcleos muitas vezes decide com autonomia própria se e contra quem lançará um ataque suicida. Às vezes, aliás, são reconhecidos e aceitos pelo movimento somente depois de executar um ataque do gênero[51].

Assim, segundo muitos estudiosos, a al-Qaeda é cada vez mais uma entidade política transnacional sem uma liderança, um conjunto heterogêneo de núcleos que adquirem uma aparente unidade graças aos manifestos ideológicos do centro e à existência da internet. A afirmação de um jornal americano de que a al-Qaeda é "o primeiro movimento de guerrilha da história que migra do espaço físico para o ciberespaço"[52] é um tanto exagerada. O certo, porém, é que a passagem para a nova estrutura leve e horizontal se fez possível graças às novas tecnologias de comunicação.

7.6 O ciberespaço

Na primavera de 2004, alguns jornais dedicaram poucas linhas para informar os leitores que a polícia da Arábia Saudita encontrara em Riad, num esconderijo da al-Qaeda, não só fuzis, explosivos, granadas de mão, lança-mísseis e milhares de munições, mas também muitos equipamentos eletrônicos, como faxes, câmeras de vídeo, computadores portáteis, gravadores de CD e uma conexão com a internet de alta velocidade[53]. Somente essa concisa informação nos permite entender os meios de comunicação, recrutamento e mobilização que são utilizados pelos grupos que promovem ataques suicidas, e como esses meios favoreceram a mudança da sua estrutura organizacional.

Um dos primeiros grupos a utilizar as novas mídias foi o dos Tigres do Tâmil, que em 1995 criou o site TâmilNet.com na internet, e depois muitos outros, com servidores na Índia, Austrália, Reino Unido, Noruega e Canadá, países estes com comunidades de imigrantes da região nordeste do Sri Lanka. Desde o início, o objetivo desses sites foi o de promover o apoio à luta de libertação do povo tâmil, divulgando informações sobre a sua história, sobre a biografia do líder carismático Velupillai Prabhakaran e de todos os que se imolaram pela causa[54]. Esse mesmo caminho foi adotado por todos os grupos que utilizam missões suicidas. Em primeiro lugar pelo Hezbollah, que criou vinte sites de internet, em inglês, francês e árabe, com finalidades e públicos diferentes um do outro. Mas também pelo Hamas, que lançou sites em seis línguas[55], e pela al-Qaeda que, como dissemos, fez da internet uma espécie de "santuário virtual", em que os militantes da linha de frente podem se comunicar com extraordinária rapidez e eficácia com os seguidores, simpatizantes e apoiadores do movimento que se encontram pelo mundo todo[56]. Assim nasceram alguns milhares de sites ligados de algum modo aos grupos islâmicos, voltados para um enorme público, incentivando e convidando as pessoas a se unirem ao *jihad* e lutarem pelo Islã, além de desenvolver muitas outras funções[57].

Esses sites, que são hoje a grande maioria, servem antes de mais nada para difundir a ideologia e fazer propaganda dos objetivos políticos das organizações, escapando a qualquer forma de controle e censura por parte dos governos. Verdadeiras bibliotecas virtuais de textos em favor da *jihad* oferecem aos visitantes ensaios de caráter teológico, ideológico e político de líderes ou personagens de primeiro plano do mundo islâmico. Apresentam, ademais, informações em primeira mão das suas atividades e sucessos, fornecendo uma imagem da sua organização muito diferente da divulgada pelas mídias.

Ocupam-se, em segundo lugar, do treinamento dos militantes a distância. Nos sites encontram-se verdadeiros manuais, com longas e detalhadas descrições, junto com fotos e, às vezes, filmes curtos, que ensinam como combater o inimigo, usar as armas, tomar reféns e como preparar uma missão suicida, construir em casa os explosivos necessários, escondê-los no corpo, aproximar-se do alvo escolhido sem levantar suspeitas. Mas, em certos casos, esses sites fornecem informações mais específicas. Assim, para dar um exemplo, no site das brigadas Ezzeden al Qassam do Hamas, apareceu esse pedido enviado por uma pessoa que assinava como Abu Jendal: "Meus queridos irmãos na *jihad*, tenho um quilo de peróxido de acetona e gostaria de saber como fazer uma bomba. Aguardo notícias logo". E apenas uma hora depois chegou a resposta, com instruções detalhadas[58].

Os dirigentes e militantes desses grupos utilizam a internet também para preparar as missões suicidas e os outros ataques, pesquisando e analisando fotos, mapas, diagramas e muitas outras informações sobre os potenciais objetivos. Como reconhece o próprio "manual de Manchester", o guia redigido pela al-Qaeda encontrado pela polícia inglesa num esconderijo dessa cidade, "é possível reunir pelo menos 80% das informações sobre o inimigo abertamente, sem precisar recorrer a meios ilegais"[59].

A internet serve, por fim, para colocar em contato pessoas e núcleos que nunca se viram antes, para criar novas relações e para reforçar os vínculos existentes. O fórum e as mensagens por e-mail permitem que simpatizantes e militantes de países diversos e distantes discutam temas do interesse comum e troquem textos, fotos, filmes, gravações de áudio. Permitindo o anonimato, essas comunicações favorecem as confidências pessoais e a intimidade. Ocorrendo entre iguais, com as mesmas convicções ideológicas, elas permitem que se crie o sentimento de pertença a uma comunidade mais ampla, a do Islã[60].

7.7 Tornar-se *kamikaze*

O traço específico das missões suicidas é que só se podem realizar quando há uma organização responsável pela sua decisão, planejamento e preparação. Assim, para explicá-las, é mais importante perguntar quem "pagou a bala" do que quem "deu o tiro", retomando a expressão de Eric Ambler. Mas é igualmente verdade que nenhuma missão desse tipo poderia ocorrer se não houvesse pessoas dispostas a se explodir, acionando o detonador de um cinturão de granadas ou dirigindo um carro, um caminhão ou uma ambulância carregada de explosivos. O que leva essas pessoas a renunciar à vida?

As notícias e imagens de televisão dessas missões causaram em grande parte da população ocidental o mesmo espanto e a mesma surpresa que os viajantes europeus sentiram durante séculos em relação ao *sati*, mas com preocupação muito maior. Os ataques suicidas apareciam como atos obscuros, incompreensíveis, irracionais, gerados pela pobreza econômica e pelo fanatismo religioso, e os *kamikazes* como jovens socialmente alienados sem perspectivas futuras, semianalfabetos e desempregados crônicos, com distúrbios mentais cheios de ódio e ressentimento, presas fáceis do fundamentalismo islâmico. Essas ideias não encontraram confirmação nos resultados das pesquisas até agora realizadas.

Os *kamikazes* se diferenciam sob muitos outros aspectos das pessoas que tiram a vida nos países ocidentais, antes de mais nada pela idade, pela classe social de pertença e pela saúde mental. Os que se matam na Europa, Estados Unidos, Canadá e Austrália têm uma média etária mais alta do que o resto da população e níveis de instrução e de renda mais baixos. Os *kamikazes* que se imolaram de 1983 a 2002 eram, porém, razoavelmente jovens, embora com idade variando segundo o grupo: cerca de 21 anos para os libaneses, 22 para os Tigres do Tâmil, 23,6 para os membros do PKK, quase 27 para os da al-Qaeda e se aproximava dos 30 anos para os tchetchenos[61]. Tinham níveis de instrução e de renda mais altos do que o resto da população. Raramente desempregados, tinham sobretudo ocupações operárias ou de classe média[62]. Entre os *kamikazes* e, mais em geral, os militantes dos grupos islâmicos, há uma parcela mais alta de indivíduos com diploma e, entre eles, há uma super-representação de algumas faculdades universitárias. Mohammed Atta, do grupo de dezenove homens que, em 11 de setembro de 2001, realizou a missão contra as Torres Gêmeas, era filho de um advogado, tinha duas irmãs docentes universitárias e era formado em engenharia civil na Universidade do Cairo. Pode-se pensar que constituía uma exceção. Mas, na verdade, os dados disponíveis mostram que os engenheiros são super-representados entre os islâmicos radicais de todos os países, tanto orientais como ocidentais[63]. Entretanto, os que se explodiram no Afeganistão depois de 2001 constituem uma interessante exceção, porque são em geral pobres e pouco instruídos[64].

Em relação à saúde mental, não dispomos de pesquisas sistemáticas, comparáveis às relembradas na introdução deste livro, sobre a personalidade e os traços psicológicos dos *kamikazes*[65]. Mas as poucas informações biográficas existentes, extraídas principalmente das descrições das mídias ou das investigações policiais e judiciais, levaram muitos estudiosos a pensar que habitualmente não sofrem de distúrbios da personalidade e do humor[66]. É uma hipótese plausível, embora não se baseie em provas sólidas, assim como é plausível a explicação que foi proposta.

É possível que entre esses aspirantes a *kamikaze* haja uma super-representação de indivíduos com traços antissociais, paranoicos e *borderline*, isto é, que tendem a ser violentos, impulsivos e instáveis, a não respeitar as regras, a interpretar o comportamento dos outros como malévolo e agressivo. Mas as organizações que os recrutam seguem um processo intensamente seletivo que descarta as pessoas que não são normais, consideradas menos aptas a ter sucesso na missão que lhe é confiada, seja porque podem dar mais nas vistas e, assim, é mais fácil serem controladas e detidas, seja porque não conseguem trabalhar em grupo ou podem mudar de ideia no último instante, colocando em risco a operação[67].

Portanto, as informações de que dispomos desmentem as ideias, amplamente difundidas na opinião pública dos países ocidentais, de que os que realizam missões suicidas são levados a isso pela pobreza ou por uma condição social de marginalidade, ou são "anormais" e sofrem de doenças mentais e distúrbios da personalidade. A que atribuir então o comportamento deles?

Alguns estudiosos (principalmente economistas) explicam a decisão das organizações de recorrer aos atentados suicidas e a dos indivíduos de realizá-los com as mesmas categorias, considerando-as ambas fruto de uma racionalidade instrumental. Segundo eles, tanto as organizações quanto os indivíduos se comportam do mesmo modo, no sentido de que, dados os fins que buscam e as informações de que dispõem, escolhem o meio mais apropriado para alcançá-los. Sob essa ótica, a disponibilidade de alguns indivíduos em morrer para matar outros (inimigos) nasceria de uma espécie de contrato com Deus, em que pensam obter grandes vantagens não na vida terrena (à qual, precisamente, renunciam), e sim na ultraterrena[68].

Essa abordagem parece inadequada sob muitos aspectos[69]. Em primeiro lugar, esses aspirantes a *kamikaze* devem ter crenças inabaláveis para considerar que o seu pacto em relação aos prêmios no além será respeitado. Mas os verdadeiros crentes, por definição, não precisam de recompensas materiais para agir como agem. Em segundo lugar, uma parte das pessoas dispostas a morrer para matar inimigos é constituída por não crentes.

Todas as pesquisas até agora realizadas evidenciaram que grande parte daqueles que se imolaram em ações suicidas tinham em comum um grande desejo de vingança contra um país inimigo, contra seu governo, seu exército e sua população[70]. Ele nasce, às vezes, de convicções políticas de caráter geral, por exemplo, sobre os sofrimentos, os abusos, as humilhações, as violências sofridas pelo seu povo por parte de Israel, dos Estados Unidos ou de outros países ocidentais. Às vezes, porém, decorrem de razões pessoais, das experiências dolorosas do cotidiano, por aquilo que sofreram os seus entes queridos, os familiares, os parentes, os amigos mais próximos, quando algum deles foi espancado, ferido, estuprado ou morto. Esse sentimento é muito difundido entre as mulheres tchetchenas. Muitas presenciaram os ataques aéreos, os bombardeios, a explosão de minas e muitas outras operações de guerra realizadas pelo exército russo e viram a morte de pessoas que conheciam e às quais estavam ligadas. É por isso, por muitas delas terem perdido o marido ou uma pessoa querida, que foram chamadas de "viúvas negras" pelos russos e pelos meios de comunicação de massa do mundo todo. As fortes emoções que sentiram, a angústia, a ira, o desespero, o sentimento de culpa por terem sobrevivido sem poderem salvar os outros, despertaram-lhes um grande desejo de vingança, que encontrava apoio na sua cultura, nas normas que encorajam a vingança e a retaliação. Todavia, o desejo de vingança é muito difundido também entre os *kamikazes* palestinos. Uma pesquisa realizada com 180 deles evidenciou que cerca da metade deles realizou uma missão suicida depois de ter assistido à morte de uma pessoa que lhes era muito próxima[71].

Todos os que se imolaram em ações suicidas têm em comum outra característica, ainda mais importante: a convicção de morrer por uma causa nobre, de sacrificar-se por motivos não pessoais, mas coletivos, pelos interesses de um grupo ao qual pertencem e com o qual se identificam.

7.8 Por uma causa nobre

Embora a tese de que as missões suicidas se devem somente ao fundamentalismo islâmico não corresponda à realidade, é inquestionável que as preferências religiosas e ideológicas podem impedir ou favorecer a sua utilização. As organizações terroristas ou de guerrilha que se inspiram no marxismo ou as que procuram representar as exigências e interesses de populações de tradição cristã ou budista habitualmente não recorrem aos ataques suicidas. Para dar apenas um exemplo, os militantes do IRA (Exército Republicano Irlandês) às vezes se imolaram pela sua causa com as greves de fome e mataram civis e militares britânicos, mas jamais fizeram uso de ataques suicidas. O mesmo se pode dizer do ETA na Espanha, das Brigadas Vermelhas na Itália e dos grupos de rebeldes e revolucionários que agiram na América Latina[72].

As missões suicidas foram uma inovação cultural, concebida por pequenos grupos de pioneiros que elaboraram também uma ideologia para legitimar o seu uso em determinadas condições. Mas os princípios, as crenças, os mitos, as categorias interpretativas dessa ideologia remetem ao repertório cultural dos povos que, tanto no Oriente Médio como na Ásia, esses pequenos grupos têm procurado representar e defender.

Consideremos, por exemplo, os Tigres do Tâmil, a organização que foi a primeira a adotar a inovação introduzida pelo Hezbollah, adaptando-a à sua situação. Os Tigres do Tâmil sempre atribuíram uma enorme importância ao sacrifício pessoal dos militantes. Já em 1974, treze anos antes de lançar a primeira missão suicida, eles obrigavam os integrantes a trazerem no pescoço uma tira de couro contendo uma ampola de cianureto, chamada *kuppi*, que morderiam em caso de iminente captura, para que o veneno pudesse entrar diretamente no sangue pelas gengivas feridas pelos cacos de vidro. Poesias e músicas enalteciam constantemente as numerosas virtudes do *kuppi*. E, efetivamente, a utilização dessa ampola tem duas funções diferentes: impedir que militante, sob tortura, revele ao inimigo informações preciosas e dar prova de seu firme compromisso e grande lealdade à organização, mostrando ter superado o medo da morte[73]. A morte provocada pelo *kuppi* é considerada pelos tâmiles não como um suicídio em sentido estrito, mas como antecipação da morte que seria infligida pelo inimigo e pela qual este último é inteiramente responsável.

Quando lançou a sua primeira missão, em 1987, o LTTE esclareceu – como vimos – que essa era uma forma não de *thatkolai*, de matar a si, mas de *tahtkodai*, isto é, de autoimolação e de dom de si. Nos seus manifestos político-ideológicos, essa organização declarou que quem escolhia esse caminho e sacrificava a própria vida pela causa do povo tâmil tornava-se um mártir e seria honrado e celebrado. O seu corpo não era enterrado, mas "plantado" no chão, como uma semente, para que renascesse. Hoje, a região no Norte do Sri Lanka onde vivem os tâmiles está cheia de templos erigidos em honra aos que fizeram dom de si e merecem o título de *mavirar* ou "grandes heróis". São relembrados em solenidades com os mesmos ritos reservados às divindades e santos, decorando templos com ofertas de flores e azeite. No calendário tâmil há dez dias de comemorações e celebrações. O mais importante é 27 de novembro, durante o qual é previsto que o líder do movimento, Velupillai Prabhakaran, pronuncie uma oração em honra dos "grandes heróis". A data de 5 de julho, chamada de Dia dos Tigres Negros, é dedicada ao "Capitão Miller" que nesse mesmo dia de 1987 dirigiu um caminhão carregado de explosivos contra um grupo de soldados cingaleses[74]. Em 19 de abril e 26 de setembro, celebram-se outros dois militantes, mortos em jejum de protesto que fizeram contra a presença de algumas unidades do exército indiano no seu território[75].

Essas ideias, essas crenças, essas concepções da vida e da morte, esses valores e ritos são, pelo menos em parte, fruto da capacidade criativa dos líderes do LTTE. Mas dificilmente poderiam ter sido propostos no Ocidente ou em muitos países da América Latina ou da África. Mas mostraram-se plausíveis e convincentes no Sri Lanka, porque estão ligados a temas de uma longuíssima tradição, a do hinduísmo, que sempre atribuiu enorme importância ao sacrifício de si não só passivo, mas também agressivo, não só para, mas também contra alguém, não só ao *sati*, mas também ao *traga* e ao *dharna*, isto é, aos tipos de suicídios cometidos por protesto e por vingança[76].

O caminho seguido pelas organizações árabes foi similar. Na verdade, entre os teólogos e juristas de tradição islâmica houve acesos debates sobre o significado das missões suicidas, o que não surpreende, visto que o Corão (como, aliás, a Bíblia) não traz um juízo claro e de interpretação unívoca sobre a morte voluntária. Em quatro passagens, ele parece abordar a questão, mas o faz de maneira tal que as leituras feitas dessas passagens são muito discordantes. Todavia, é certo que, pelo menos a partir do século VIII, a *hadith*, isto é, a literatura da tradição oral que reúne os ditos do Profeta Maomé, condenou diversas vezes o suicídio como pecado grave.

Numa das passagens mais citadas, lê-se que Deus assim se pronunciou sobre um homem ferido que se havia matado: "O meu servo antecipou a minha ação tirando a sua vida com as próprias mãos: por isso não será admitido no paraíso"[77]. O suicídio foi considerado um gesto de revolta contra Deus e quem o cometia corria o risco de provocar a sua ira e ser punido com o fogo[78]. Quem se matava era condenado a repetir continuamente o seu gesto no inferno[79]. O juízo do islamismo sobre esse ato foi tão severo que uma *fatwa* ((i. é, um parecer jurídico de um jurisconsulto) do século XI chegou a considerar o suicídio mais severamente do que o homicídio (como, aliás, o cristianismo também, por muito tempo)[80]. Na prática, os únicos suicídios vistos com indulgência eram os cometidos pelos chefes militares após uma derrota, para evitar a tortura e a humilhação[81].

TAB. 7.1. PERCENTUAIS DE PESSOAS QUE NUNCA CONSIDERAM JUSTIFICÁVEL O SUICÍDIO EM ALGUNS PAÍSES OCIDENTAIS E NÃO OCIDENTAIS (1999-2001)

Países ocidentais		Países não ocidentais	
Canadá	52	Argélia	94
Dinamarca	51	Arábia Saudita	88
França	26	Egito	95
Alemanha	54	Índia	72
Grã-Bretanha	39	Irã	95
Itália	62	Marrocos	98
Holanda	28	Turquia	90
Espanha	47		
Estados Unidos	57		
Suécia	29		
Suíça	38		

FONTE: ELABORAÇÕES SOBRE DADOS WORLD VALUES SURVEY [DISPONÍVEL EM: HTTP://WWW.WORLDVALUESSURVEY.ORG/].

Em certos casos, proibia-se rezar pelas pessoas que tiravam a sua vida. Diz a tradição, ademais, que Maomé recusou sepultura a um indivíduo que se matara. Contudo, nas populações de religião islâmica é costume celebrar um rito fúnebre também para os suicidas[82].

Esses princípios morais foram reforçados várias vezes nas últimas décadas e são, ainda hoje, pontos de referência no mundo islâmico. Os resultados das pesquisas mostram que a quase totalidade dos argelinos, sauditas, egípcios, iranianos, marroquinos e turcos pensa que o suicídio nunca é justificado, enquanto a parcela dos ocidentais que têm o mesmo ponto de vista varia de 28 a 57%, segundo o país (tab. 7.1). Mesmo os muçulmanos que vivem nas grandes capitais europeias, Londres, Paris, Berlim, compartilham plenamente os princípios morais dos que permaneceram no país de origem e condenam moralmente a morte voluntária (tab. 7.2). Além do mais, tanto os países de tradição islâmica quanto as populações com essa fé religiosa que vivem em estados onde são uma minoria sempre tiveram taxas de suicídio extremamente baixas[83]. Os islâmicos que viviam no Ceilão em meados do século XX punham fim à sua vida com muito menos frequência do que os tâmiles.

TAB. 7.2. PERCENTUAL DE PESSOAS QUE JULGAM O SUICÍDIO MORALMENTE ACEITÁVEL NA FRANÇA, ALEMANHA, REINO UNIDO E NA POPULAÇÃO MUÇULMANA EM PARIS, BERLIM E LONDRES, EM 2008

		Muçulmanos em	
França	40	Paris	4
Alemanha	33	Berlim	6
Reino Unido	38	Londres	4

FONTE: GALLUP, 23/05/2008.

Mas isso não impediu as autoridades religiosas islâmicas de darem um juízo totalmente diferente sobre as missões suicidas. Alguns teólogos e juristas negaram que sejam lícitas, tanto porque causam o massacre de civis indefesos, como mulheres e crianças, quanto porque são cuidadosamente preparadas, ou seja, "premeditadas"[84]. Contudo, a posição que acabou por prevalecer entre os teólogos e os juristas baseia-se na contraposição entre o suicídio e o ato de quem explode a si mesmo para matar os inimigos. O primeiro é expressão de fraqueza, sordidez, vontade de desertar e fugir, ao passo que o segundo, pelo contrário, é uma forma de sacrifício nobre praticado por uma pessoa de coragem e vontade férrea. O primeiro põe fim a um período de desespero, o segundo marca o início de uma nova fase de esperança e de serenidade. O primeiro, portanto, deve ser condenado e desencorajado, o segundo exaltado e emulado[85].

Essa posição foi compartilhada por uma grande parcela da população islâmica de alguns países[86]. Em 2002, ¾ dos muçulmanos que viviam no Líbano e quase a metade dos que residiam no Jordânia, Bangladesh e Nigéria declararam considerar as missões suicidas sempre ou às vezes justificadas. Em 2007, 70% da população dos territórios palestinos expressou a mesma opinião (tab. 7.4).

TAB. 7.3. TAXAS DE SUICÍDIO POR 100 MIL HABITANTES NO CEILÃO (1946) E NO SRI LANKA (1996) E EM OUTROS PAÍSES DE TRADIÇÃO RELIGIOSA ISLÂMICA, HINDUÍSTA, BUDISTA E JUDAICA (1995-2002)

Irã	6,0
Síria	0,1
Egito	0,1
Kuwait	2,0
Turquia	3,9
Israel	
População árabe	2,0
População judaica	7,0
Ceilão (1946)	
Cingaleses	4,9
Tâmiles do Ceilão	10,6
Tâmiles indianos	7,9
Islâmicos	2,1
Sri Lanka	21,6

FONTE: ELABORAÇÕES SOBRE DADOS COLETADOS POR STRAUSS E STRAUSSE (1953); TURKEY'S STATISTICAL YEARBOOK, 2005; CENTRAL BUREAU OF STATISTICS, ISRAEL, 2002 ALIVERDINIA E PRIDEMORE (2008) (MINHA ESTIMATIVA DA TAXA GLOBAL); OMS.

Nasceu assim o culto dos mártires que se explodiam para matar os inimigos. O vocabulário árabe se enriqueceu com novos termos para indicar várias formas de sacrifício de si. Ao termo mártir (*shahid*) acrescentaram-se "operações de martírio", "quem faz dom de si com o martírio", "mártir que morre em batalha", "mártir feliz" (*shahid as-said*) e até "mártir não intencional" (*shaid al-mazlum*). Essa última expressão foi introduzida pelo Hezbollah para designar o passageiro sentado ao lado do motorista de um caminhão carregado de explosivos, quando Israel, partindo do pressuposto (errôneo) de que os *kamikazes* agiam sempre sozinhos, estabeleceu a regra de que somente caminhões com dois motoristas poderiam circular na zona de ocupação. Assim, para descrever um ataque suicida, o motorista passou a ser chamado de "mártir feliz" e o seu acompanhante de "mártir não intencional"[87].

TAB. 7.4. PERCENTUAL DE MUÇULMANOS DE ALGUNS PAÍSES QUE CONSIDERAM OS ATAQUES SUICIDAS SEMPRE OU ÀS VEZES JUSTIFICADOS, DE 2002 A 2009

	2002	2005	2006	2007	2009
Território Palestino				70	68
Líbano	74	39		34	38
Bangladesh	44			20	
Paquistão	33	25		9	5
Jordânia	43	57	29	23	12
Tanzânia	18			11	
Nigéria	47		46	22	43
Turquia	13	14	17	16	4

FONTE: ELABORAÇÃO SOBRE OS DADOS DE PEW RESEARCH CENTER.

O culto desses mártires teve várias expressões. Muitos dos palestinos que se imolaram deixaram uma fita de vídeo com a gravação do seu testamento espiritual. Gravado de pé, com o Corão e um fuzil kalashnikov na mão e a bandeira do grupo ao qual pertencem no fundo, eles se dirigem aos outros pedindo para alcançá-los no paraíso. As suas ações sempre são exaltadas pelas mídias e nas mesquitas. A morte deles geralmente é descrita não como um fim, mas como um novo início; o seu funeral é comparado a um matrimônio, porque no paraíso se casam com um grande número de mulheres de olhos negros. Muitas ruas de grandes e pequenas cidades recebem o nome desses heróis. As suas fotos são exibidas durante as manifestações políticas e religiosas ou estampadas nos calendários para recordar o "mártir do mês". Os seus familiares recebem reconhecimentos e recompensas simbólicas e financeiras. Assim, para dar um exemplo, em 2001, o Hamas lhes ofertava uma soma inicial entre quinhentos e 5 mil dólares e uma mesada de cerca de cem dólares[88]. A data de 11 de novembro foi proclamada como "dia dos mártires", para relembrar a primeira missão suicida organizada pelo Hezbollah em 1982.

O salafismo jihadista, uma ideologia religiosa que assumiu grande importância desde que começou o processo de globalização das missões suicidas, apresenta algumas diferenças. A parcela dos grupos que se remetem a essa ideologia, no total dos grupos que organizam essas missões, passou de 17% em 1998 a 25% no ano seguinte, para alcançar 67% em 2000 e 70% em 2006[89]. O salafismo (a partir de *salaf*, que em árabe significa predecessores, antepassados) é uma doutrina islâmica radical que propugna um retorno à pureza das origens, ao Corão, não contaminado pelas concessões políticas e pelas influências do mundo ocidental. É por sua natureza internacionalista, porque considera que os ensinamentos do Islã valem para todos os países e todos os povos[90]. Denuncia o declínio do Islã do ponto de vista religioso, político, econômico e militar, atribui a culpa ao Ocidente, propõe redefinir e reforçar a identidade dos muçulmanos desorientados, exaltando a sua pertença à *umma*, a comunidade islâmica global, e apresenta um programa de guerra, baseado também nas ações suicidas, para inverter a tendência e retornar aos antigos esplendores. Reafirmando a legitimidade e a necessidade do *tafkir* (o equivalente da excomunhão no mundo católico), sustenta que a guerra deve ser travada não só contra os "infiéis" (os ocidentais), mas também contra os regimes islâmicos "apóstatas".

Também aqui estamos diante de inovações introduzidas pelos líderes desses grupos, para encorajar e apoiar os militantes dispostos a sacrificar a vida pela causa, mas que guardam relação com a tradição cultural do seu povo. O conceito de *jihad* sempre teve uma enorme importância na história desse povo. Em árabe significa esforçar-se, dedicar-se, empenhar-se para a sua própria religião. Mas há tempos é traduzido com a expressão "guerra santa", com "uma ação militar voltada para a expansão e, eventualmente, a defesa do Islã"[91].

Segundo a religião islâmica, o mártir que morre combatendo por essa causa contra os infiéis recebe numerosas recompensas. Em primeiro lugar, a garantia de uma vida após a morte e a entrada no paraíso. "Não chamem de mortos aqueles que foram mortos no caminho de Deus", diz um versículo do Corão. "Estão, pelo contrário, vivos juntos ao Senhor e gozam da sua providência"[92]. Aqui o mártir pode ter muitas coisas desejadas que lhe eram proibidas na terra: comida refinada e deliciosa, vinho, roupas de ouro e seda, belíssimas mulheres com grandes olhos negros (*hur'ni*). Antes mesmo que seque o sangue das suas feridas, duas delas o recolherão. Mas, chegando ao paraíso, cada mártir terá setenta e duas virgens que lhe darão grandes prazeres. Colocado em posição muito elevada, logo abaixo de Deus e dos profetas, ele tem o privilégio de poder interceder em favor de um certo número de muçulmanos no dia do Juízo. Segundo alguns textos, pode fazê-lo para até setenta parentes seus.

Naturalmente, isso não deve nos levar a negligenciar o fato de que, como o cientista político Gaetano Mosca observou no final do século XIX:

> Se todo crente adequasse a sua conduta ao que assegura o Corão, sempre que um exército maometano se encontrasse diante dos infiéis, teria de vencer ou perder até o último homem. Não se pode negar que um certo número de indivíduos se conduz de acordo com o dogma do Profeta, mas a maioria costuma preferir a derrota à morte, ainda que acompanhada pela eterna beatitude[93].

Além de um sistema de normas, crenças e símbolos, as ideologias e práticas modernas das missões suicidas remetem a um repertório de ações utilizadas ao longo do tempo. Entre os séculos XI e XIII, nos montes da Síria e do Líbano, havia a seita de muçulmanos xiitas chamada de Assassinos. Sozinhos e armados com um punhal, os integrantes da seita se aproximavam de um governante do Islã, um ministro, um general ou um religioso e o matavam, pagando essa ação heroica com a sua vida, porque se considerava uma desonra sobreviver a tal missão[94].

Mais semelhantes aos dos últimos trinta anos são os ataques suicidas utilizados muitos séculos mais tarde na Ásia por algumas populações de religião islâmica para se defender da expansão, hegemonia e colonização por parte das potências ocidentais. Em Malabar, no sudoeste da Índia, eles começaram na primeira metade do século XVIII; em Atjeh, na Ilha de Sumatra, e nas Filipinas meridionais, iniciaram-se no século XIX[95]. Chamados de *moors* pelos ingleses e *moros* pelos espanhóis, esses muçulmanos geralmente desferiam ataques contra os dominadores europeus e, às vezes, contra os proprietários de terra hinduístas.

A missão suicida era concebida como uma forma de *jihad* contra os infiéis e fortemente ritualizada[96]. Quem aspirava a realizá-la devia pedir permissão aos pais e a uma autoridade religiosa e prestar juramento (daqui o uso do termo espanhol *juramentado* para indicar tanto a ação quanto o seu autor). Devia depois submeter-se a numerosos preparativos: raspar a cabeça, tomar o banho purificador nas águas de um rio, queimar incenso, rezar a oração. Se mudasse de ideia após todos esses preparativos, era alvo de escárnio geral e chamado de "meio mártir".

Armado apenas com um *kriss*, um punhal com lâmina em forma de serpente, o aspirante *juramentado* procurava um lugar onde houvesse uma concentração de cristãos, lançava-se contra eles gritando "em nome de Deus" e tentava matar o maior número possível, ciente de que não sairia vivo dessa tarefa. Mas acreditava convictamente que, num cavalo alado branco, alcançaria o paraíso, onde o esperavam quarenta esposas e os alimentos mais refinados que pudesse desejar. A partir de então, seria considerado um mártir e venerado por todos.

Também se permitia o *juramento* àqueles que eram motivados por outras razões. Por exemplo, a quem tivesse cometido um crime grave e preferisse morrer matando os cristãos a esperar a execução, ou a quem estivesse cansado da vida, por ter perdido a honra ou por enfrentar sérios problemas econômicos ou familiares, e que assim contornava a proibição do suicídio no islamismo[97]. Nesse caso, o *juramento* era uma forma de suicídio indireto que trazia alguma semelhança com aquele que, como vimos, era realizado em alguns países europeus, nos séculos XVII e XVIII, para evitar a danação eterna[98].

Esse costume sobreviveu pelo menos até o início do século XX, quando o exército americano assumiu o controle da província dos *moros* das Filipinas. O

General John Pershing, que estava no comando, antes de recorrer a força desarmando esses *moros*, tentou combater o costume do *juramento* com um estratagema que usava as crenças islâmicas em benefício dos "infiéis". Deu ordens para enterrarem um porco junto com o corpo de quem houvesse se imolado para matar o maior número possível de soldados americanos, porque aos olhos do mártir isso significava ir para o inferno, e não para o paraíso[99].

7.9 Um exército de rosas

"Quando uma jovem palestina de dezoito anos é induzida a se explodir e matar um jovem israelense de dezessete anos, não há esperanças para o futuro." Essa declaração do presidente dos Estados Unidos, George W. Bush, feita em abril de 2002 após o ataque suicida de Ayat Akhras[100], interpretava bem os sentimentos e opiniões de grande parte da população ocidental, que considerava essas ações ainda mais incompreensíveis do que as cometidas pelos homens, pois contrariavam todas as expectativas e normas tradicionais a respeito das relações de gênero.

Também sob esse aspecto, houve profundas transformações nos últimos vinte anos nos países do Oriente Médio e Extremo Oriente. Tradicionalmente, nas guerras, nas operações terroristas e de guerrilha, as mulheres quase sempre recebiam tarefas não de combate, mas de cuidado dos homens. Uma primeira e inesperada mudança ocorreu no final dos anos de 1960 nas organizações laicas, muitos anos antes que começassem os ataques suicidas. O grupo de militantes da Frente Popular de Libertação da Palestina que, em 29 de agosto de 1969, sequestrou um avião em voo de Roma a Atenas contava com a presença de uma mulher, Leila Khaled. Também havia duas mulheres no sequestro de um avião da Sabena em Bruxelas, três anos depois. Uma segunda mudança, ainda mais imprevisível, verificou-se em 1985, quando o partido socialista nacional sírio enviou Sana'a Mehaydali, uma jovem libanesa de dezessete anos, para se explodir perto de um comboio israelense, matando cinco soldados. O sacrifício de Sana'a, a "esposa do Sul", como passou a ser chamada, foi seguido em curto prazo por outros cinco ataques suicidas cometidos por mulheres e organizados por esse mesmo partido.

Nos anos seguintes, todos os principais grupos que haviam recorrido às operações suicidas decidiram utilizar também mulheres. O primeiro foi o LTTE. Já em 1984, essa organização se abrira às mulheres, que em pouco tempo tornaram-se 15% de cerca dos seus dez mil militantes armados. Sete anos depois, confiou pela primeira vez uma missão suicida a uma jovem: o atentado já citado contra o primeiro-ministro indiano Rajiv Gandhi. O PKK fez o mesmo em 1996. Para as organizações de tradição islâmica, foi muito difícil fazer essa escolha, pois a sua religião não permitia que as mulheres combatessem no *jihad* e em junho de 2000 coube a uma mulher tchetchena, Hawa Barayev, ser a primeira a cumprir tal tarefa para a sua organização.

Os outros grupos de inspiração islâmica tiveram de superar muitas dúvidas e resistências antes de chegar a essa decisão. Em 1987, durante a primeira Intifada (literalmente "revolta") contra a ocupação militar israelense da Palestina, os líderes do movimento nacional palestino sustentaram que as mulheres também deviam participar ativamente na luta, tornando-se as "mães da nação". Nessa luta – lê-se num documento do Hamas do ano seguinte – "a mulher muçulmana tem um papel não diferente do homem, porque é ela que produz os homens". "A mulher que embala o berço com uma mão", afirmava um segundo documento, "move a nação com a outra"[101]. Portanto, se a contribuição feminina consistia principalmente na reprodução, aquelas que se recusavam gerar e criar filhos prejudicavam o seu povo.

Além de nacionalizar o corpo das mulheres e militarizar o seu ventre, os líderes das organizações palestinas fizeram todo o possível para reduzir as outras formas de participação feminina na primeira Intifada. Firmes na defesa da tradição, ligados ao princípio de que o espaço público é reservado aos homens, humilhados pelo espetáculo cotidiano dos soldados israelenses tocando o corpo das irmãs, das esposas, da mães para revistá-las, os líderes do Hamas proibiram que as mulheres palestinas se apresentassem em público sem cobrir a cabeça com o *hijab* e o resto do corpo com o *jilbab*[102].

A guinada ocorreu em 27 de janeiro de 2002 com um discurso de Yasser Arafat, líder do Fatah. "As mulheres e os homens são iguais", disse ele a mil palestinas que foram ouvi-lo, "vocês são o meu exército das rosas que enfrentará os tanques de guerra israelenses". E acrescentou: "Vocês são a esperança da Palestina. Vocês libertarão os maridos, os pais, os filhos da opressão. Vocês se sacrificarão tal como, vocês mulheres, sempre se sacrificaram pelas suas famílias"[103]. Para ressaltar o alcance dessa guinada, o líder da Organização pela Libertação da Palestina cunhou para a ocasião um novo termo, *shahida*, a versão feminina da palavra com que os árabes designam o mártir, *shahide*. E repetiu-o mil vezes, até que as mulheres começaram a repetir junto com ele: "*shahida, shahida*, até Jerusalém. Daremos o nosso sangue e a nossa alma para você e para a Palestina"[104]. Na tarde do mesmo dia, Wafa Idris, uma palestina de 26 anos, explodiu a si mesma no centro de Jerusalém, matando um israelense e ferindo 131 pessoas.

O sacrifício dessa mulher teve enorme repercussão no mundo inteiro e foi saudado por uma parte da população árabe como sinal de uma grande mudança nas relações de gênero. Na oração fúnebre para Wafa Idris, uma dirigente do Fatah disse: "é a mãe do mártir, a irmã do mártir, a filha do mártir, agora a mártir é ela mesma"[105]. Num editorial de 1º de fevereiro de 2002, o semanário egípcio *Al-sha'ab* escreveu:

> É uma mulher! É uma mulher que nos ensina hoje uma lição de heroísmo, que nos ensina o significado do *jihad* e como ter uma morte de mártir. É uma mulher que atingiu e abalou o inimigo com o seu corpo delgado, magro, frágil [...]. É uma mulher que explodiu a si mesma junto com todos os mitos sobre a fragilidade, a docilidade e a servilidade das mulheres[106].

Em 18 de fevereiro de 2002, a brigada dos mártires de al-Aqsa, um grupo muito próximo ao Fatah, criou uma unidade especial para as mulheres *kamikazes* em honra de Wafa Idris[107].

O gesto de Wafa Idris, porém, também despertou críticas e discussões. Poucos dias após a sua morte, o líder espiritual do Hamas, Ahmed Yassin, invocando os princípios da tradição, expressou alguns juízos de valor. Disse que o corpo feminino era materno, protetor, sofredor, e que as mulheres deviam ficar em casa para acolher os fugitivos e enfrentar a perda dos filhos, dos irmãos, do marido. Afirmou que um homem que recrutava uma mulher para uma missão suicida violava a lei islâmica, porque agia sem a permissão dos seus familiares masculinos. Sustentou que, se uma mulher saísse para o *jihad* e passasse fora de casa um dia e uma noite, devia ser acompanhada por um *mahram* (um parente consanguíneo do sexo masculino com quem não poderia se casar)[108]. Mas expressou também alguns juízos que considerava serem reais. Observou que as mulheres eram inconfiáveis, porque revelavam mais facilmente os seus planos aos outros e psicologicamente fracas, porque eram incapazes de ficar sozinhas "na escuridão de um pomar de laranjas ou junto a uma descarga de esgoto" à espera do momento mais adequado para o ataque[109].

Apesar disso, mesmo as duas organizações palestinas mais religiosas seguiram o caminho de todas as outras. Nos primeiros meses de 2003, o *jihad* islâmico começou a recrutar e treinar mulheres, confiando uma primeira missão suicida a uma estudante de dezenove anos e uma segunda a outra estudante de direito. Hamas fez o mesmo em janeiro do ano seguinte, servindo-se da mãe de duas crianças, Rim Salih al-Riyashi.

Todas essas organizações empreenderam todos os esforços para legitimar a mudança e harmonizá-la com as normas tradicionais. Em alguns países, as autoridades religiosas islâmicas justificaram a mudança com uma releitura dos textos sagrados e da história do seu povo. Assim, redescobriram uma passagem do Corão em que se lê que, se um país islâmico for atacado pelo inimigo, a obrigação do *jihad* cabe a todo muçulmano, qualquer que seja o seu sexo. Ademais reformularam enfaticamente a história de Aisha, esposa de Maomé, que esteve no corajoso comando de milhares de fiéis na Batalha de Bassora[110]. Ao mesmo tempo, exaltaram as virtudes femininas tradicionais de Wafa Idris e das outras mulheres que se imolaram pela causa: a beleza, a pureza, a devoção, a religiosidade[111].

O LTTE também redescobriu na mitologia hinduísta a figura de Sathyabama, a esposa de Krishna que combatia ao seu lado e, na história mais recente, o papel desempenhado pelas mulheres no exército de libertação indiano que se bateu pela independência da Inglaterra[112]. As mulheres tâmiles que realizam ataques suicidas começaram a receber o título honorífico de *mavirar*, ou "grandes heróis". Continua-se, porém, a exaltar a sua feminilidade, defendendo-se que a suspendam, mas não a abandonem, quando estão em combate, e que continuem a ser criaturas carinhosas, gentis e apaixonadas quando não estão em guerra[113].

Ademais, para responder aos temores dos que julgavam que a entrada de mulheres na organização "distrairia" os homens, os líderes do LTTE procuraram separar os militantes por sexo (p. ex., durante os treinamentos ou mesmo na rotina diária) e tomar como modelo as relações familiares, obrigando os militantes a se tratarem pelos termos "irmã" e "irmã", proibindo de início o casamento entre eles (ao passo que, agora, é permitido após cinco anos de militância e combate)[114].

As missões suicidas realizadas por mulheres não permaneceram casos esporádicos e isolados. Pelo contrário, o número delas tem crescido ininterruptamente nas duas últimas décadas. De modo geral, correspondiam a 15% do total entre 1985 e 2006[115]. Mas o seu peso variava muito, dependendo das organizações. A proporção de mulheres sobre o total dos *kamikazes* permaneceu muito baixa (inferior a 5%) nas organizações mais ligadas ao fundamentalismo islâmico (al-Qaeda e as palestinas), tocou nos 20% entre os Tigres do Tâmil, 60% ente os tchetchenos e chegou a ultrapassar 70% para o PKK[116].

Aqui também, para entender essa grande mudança, é necessário partir não de quem "dá o tiro", mas de quem "pagou a bala". A utilização de mulheres nas missões suicidas nasceu e se difundiu, em primeiro lugar, devido às exigências dos grupos de terroristas e guerrilheiros que, até então, havia utilizado somente homens. Com isso foi possível enfrentar de modo mais adequado o problema da relação entre demanda e oferta de *kamikazes*. Assim, por exemplo, a abertura do LTTE às mulheres, ocorrida em 1984 e que sete anos depois levaria ao atentado contra Rajiv Gandhi, tornou-se necessária depois que a organização perdeu muitos homens na luta armada e precisava substituí-los[117].

Ademais, a utilização de *kamikazes* do sexo feminino trouxe duas importantes vantagens táticas para as organizações. A primeira está relacionada com a repercussão das operações praticadas e a capacidade de despertar terror na população. Os ataques suicidas das mulheres conseguem obter nos meios de comunicação de massa um espaço oito vezes maior do que o dedicado aos dos homens[118]. Além disso, causam maior medo no público, porque dão a impressão de que não se está mais ao abrigo de ninguém, nem daquelas que sempre se dedicaram a cuidar e apoiar os outros. Por isso, pode-se ler num documento dos rebeldes tchetchenos de julho de 2000:

> A jovem mulher martirizada, Hawa Barayev, é uma das poucas mulheres que será lembrada na história. Inquestionavelmente, com o seu sacrifício, deu o mais magnífico exemplo. Os russos podem esperar que a morte lhes chegue de todos os lados e os seus corações estarão cheios de pavor ao pensar que existem mulheres como esta [...]. Ela fez o que poucos homens fizeram[119].

A segunda vantagem tática é que as mulheres despertam menos suspeitas do que os homens e podem chegar a locais e alvos inacessíveis a eles, pois têm mais facilidade em esconder explosivos sob a roupa, fingindo estarem grávidas, ou simplesmente porque, até poucos anos atrás, ninguém imaginava que iriam se explodir. Se mesmo as organizações palestinas mais tradicionalistas começaram a confiar às mulheres o encargo de realizar missões suicidas, ainda que contrariasse os seus princípios morais, é também porque, a partir de meados dos anos de 1990, tornou-se impossível que os homens árabes solteiros e com menos de quarenta anos passassem pelos postos de controle israelenses[120]. Analogamente, se o LTTE seguiu o mesmo caminho, foi também porque um homem tem mais dificuldade do que uma mulher em conseguir se aproximar de um líder político indiano ou cingalês, para se explodir junto com ele.

Outro aspecto que favoreceu a utilização de mulheres nas missões suicidas foram as transformações ocorridas em muitos países árabes nas relações de gênero e nas reivindicações de igualdade por parte da população feminina mais instruída. Nos primeiros anos do novo milênio, algumas palestinas se rebelaram contra a concepção de "mães da nação", sustentando que não queriam de forma alguma se tornar "mães de *shahid*". "No último mês", escreveu uma delas, "não consegui dormir. Hoje visitei o túmulo dele e gritei: 'Levante-se, acorde, filho, não fique debaixo da terra'". "Não quero um filho herói", disse outra, "quero-o de volta. É meu!"[121] Assim se iniciou uma espécie de reivindicação pela privatização da maternidade. Outras mulheres exigiram mais direitos civis.

As organizações palestinas apresentaram a decisão de confiar as missões suicidas também às mulheres como um passo avante no caminho rumo à igualdade entre gêneros e é possível que ela tenha reforçado a tendência em curso. A posição das autoridades religiosas islâmicas de alguns países de que as mulheres não devem mais pedir permissão aos homens da família para qualquer coisa que queiram fazer fora do espaço doméstico certamente contribuirá para o aumento da sua autonomia. Todavia, dentro das organizações que as usam nos ataques suicidas, as mulheres contam pouco ou nada. É muito raro que façam parte do núcleo dirigente e as decisões geralmente são tomadas sem consultá-las.

Além disso, elas sabem que, ao decidir se imolar, recebem menores recompensas, tanto terrenas quanto ultraterrenas, do que os homens. Para os prêmios mundanos, todas as organizações palestinas (o Hamas, o *jihad* islâmico e a Autoridade Palestina) costumam conceder uma espécie de pensão às famílias do executante de uma missão suicida, cuja importância, porém, é de 400 dólares para um *kamikaze* homem e de 200 para uma mulher[122]. Quanto às recompensas prometidas no paraíso, as mulheres não recebem as gratificações sexuais previstas para os homens. Também no além, terão só um marido, ao qual devem se manter fiéis. Quando chegam ao paraíso – disse Ahmed Yassin –, tornam-se "até mais bonitas do que as setenta e duas virgens [...]. Se não são casadas, é-lhes garantido um marido no paraíso e naturalmente podem levar setenta dos seus parentes, sem sofrer o tormento da tumba"[123]. Mas o Hamas respondeu com clareza ainda maior à pergunta se a mulher mártir teria setenta e dois maridos como recompensa: "Ela recebe a mesma recompensa do marido, com exceção desse único aspecto; consequentemente, a mulher mártir continuará com o marido que tinha na hora da morte [...]. Quem se submete ao martírio e não tem marido se casará com um habitante do paraíso"[124].

Tudo isso nos ajuda a entender por que muitas mulheres que decidem realizar uma missão suicida agem assim por terem transgredido (muitas vezes involuntariamente ou por vontade alheia) as rígidas normas que vigoram na sociedade, perdendo a dignidade e a honra, e procuram readquiri-las com o martírio, imolando-se por uma causa superior. Wafa Idris, por exemplo, casada durante sete ou oito anos com o primo, havia se divorciado porque era estéril. Voltando para a casa dos pais, não tinha mais nenhuma possibilidade de começar uma nova vida e formar uma nova família. Hanadi Garedat, outra palestina que realizou um ataque suicida, encontrava-se na posição pouco honrosa (na sua sociedade) de ter completado 27 anos sem ter ainda se casado. Faiza Iuma, uma terceira palestina que seguira o mesmo caminho, era transexual e chegara aos 37 anos ainda solteira[125]. Analogamente, muitas das mulheres tchetchenas ou tâmiles que decidem se imolar fazem-no por terem sido violentadas[126].

Conclusões

No início do século XIX, alguns viajantes ocidentais narraram as suas visitas a países onde se desconhecia o suicídio. Em 1815, o navegador alemão Otto von Kotzebue escreveu que Kadu, um habitante das Ilhas Carolinas, ao saber que um europeu se matara, pensou que tinha entendido mal e declarou que era a coisa mais ridícula que ouvira na vida[1]. Vinte anos depois, Sir George Grey, ao discorrer sobre os vários aborígenes australianos que encontrara nas suas expedições, observou: "Todas as vezes em que lhes perguntei algo sobre o suicídio, começaram a rir, pensando que eu estava brincando"[2]. Testemunhos como esses, ao lado de várias estatísticas sobre os países europeus, contribuíram para convencer sociólogos e demógrafos que a morte voluntária era uma inevitável consequência da civilização e que os "povos selvagens" não se matavam "a não ser pela fome"[3]. Essa convicção entrou em crise em 1894, quando foram publicados os resultados da primeira pesquisa sistemática sobre as sociedades "primitivas"[4] e os estudiosos foram levados a propor novas interpretações. Foi provavelmente então que Durkheim chegou à conclusão de que, se o suicídio egoísta era desconhecido "nas sociedades inferiores", o altruísta era encontrado "em estado endêmico"[5].

Mas tampouco essa tese encontra confirmação nos dados e nos fatos apresentados neste livro, nem nos provenientes de outras fontes, quais sejam, investigações arqueológicas, pesquisas realizadas no último século pelos antropólogos ou relatos de viagem dos exploradores, mercadores e missionários europeus que, do século XVI em diante, vieram a ter contato com povos muito diferentes. Desse enorme volume de documentação, sobre mais de quatrocentas sociedades caçadoras e coletoras, pastoris e agrícolas[6], podem-se extrair quatro conclusões de fundo, que mostram a inadequação da teoria do ilustre sociólogo francês e da classificação "etiológica" dos tipos de suicídio baseadas nela.

Em primeiro lugar, algumas investigações arqueológicas evidenciaram que, nos países asiáticos, as centenas de corpos encontrados nas tumbas dos imperadores pertenciam não a pessoas que tinham se matado para seguir o soberano, mas sim a escravos ou prisioneiros que haviam sido mortos[7]. As pesquisas antropológicas e os relatos dos viajantes, além disso, mostraram que mesmo nas sociedades caçadoras e coletoras, pastoris e agrícolas, os indivíduos davam cabo da vida, na grande maioria dos casos, não por altruísmo, mas pelos mesmos motivos que costumam levar a essa escolha nos países ocidentais modernos: uma desilusão amorosa, ciúmes, alguma doença, uma dor física insuportável, a morte de um ente querido, a perda da honra, o medo de uma punição, a miséria[8].

Em segundo lugar, mesmo nas sociedades caçadoras e coletoras, pastoris ou agrícolas com orientação mais favorável à morte voluntária, havia grupos contrários. Em meados do século XX, estudando a população da pequena Ilha de Tikopia, no Oceano Pacífico, o antropólogo Raymond Firth apontou que a primeira condição dos "suicidas potenciais" era muito mais "flexível e incerta" do que a teoria durkheimiana previa, porque se viam no centro de obrigações e expectativas sociais contrastantes, por parte de grupos com interesses e com orientações opostos[9]. Como vimos, é exatamente o que costumava acontecer às "solteiras fiéis" chinesas dos séculos XVII e XVIII.

Em terceiro lugar, em algumas sociedades caçadoras e coletoras, pastoris ou agrícolas, a morte voluntária, longe de ser considerada obrigatória ou, em todo caso, louvada e premiada, era considerada um crime ou, pelo menos, moralmente censurável. Assim, por exemplo, os ashanti, que viviam na Costa de Ouro da África Ocidental, condenavam à decapitação quem tirava a própria vida e confiscavam as suas propriedades[10]. Além disso, em algumas dessas sociedades, havia a crença difundida de que as almas dos suicidas deixavam de existir ou, em todo caso, não iam viver com os demais e eram condenadas a ficar pobres e infelizes, alimentando-se de folhas, raízes ou do pouco que conseguiam encontrar na floresta[11]. Os sioux, por sua vez, acreditavam que o Pai da Vida condenava os que se enforcavam numa árvore a arrastarem o tronco por toda a eternidade, o que os levava a procurarem a menor planta possível[12]. Como na Europa medieval, em algumas dessas sociedades também se acreditava que o cadáver do suicida era contagioso e, portanto, era sepultado longe dos outros[13].

Em quarto lugar, nessas sociedades, a pessoa às vezes se matava ou ameaçava fazê-lo para expressar uma censura, pretensão ou reivindicação, para pressionar outra pessoa, para obter alguma coisa dela ou para agredi-la ou prejudicá-la, até mesmo gravemente, por vingança: todos estes, motivos muito pouco "altruístas". No início dos anos de 1920, o antropólogo Bronislaw Kaspar Malinowski, enquanto fazia pesquisas de campo nas Ilhas Trobriandesas (no atual Estado de Papua-Nova Guiné), deparou-se quase por acaso com esse costume. Um jovem de dezoito anos chamado Kima'i, depois de pôr roupas e ornamentos de festa, subiu numa palmeira, dirigiu-se a todos os que haviam se reunido rapidamente ali em frente e se despediu. Explicou as razões do gesto desesperado e lançou acusações contra a pessoa que o levara a tal. Depois, bradando toda a sua dor, lançou-se de uma altura de quase vinte metros e se espatifou no chão[14]. Falando com algumas pessoas da comunidade e acompanhando os acontecimentos posteriores, Malinowski conseguiu entender o que havia acontecido. O suicida tivera um caso com uma filha da irmã da mãe, violando as normas exogâmicas do seu povo e despertando censuras e críticas. Um dia, o ex-namorado abandonado dessa moça o insultara em público, acusando-o de incesto. E então Kima'i, desonrado e ofendido, julgando não haver outra saída, optara pela morte voluntária, para se redimir da culpa e ao mesmo tempo para se vingar, indicando o responsável pelo seu gesto a todos que o fizessem pagar por isso. E, de fato, tanto antes quanto depois do enterro houve escaramuças e brigas, e o seu rival foi espancado e ferido gravemente.

Esse costume foi apontado em muitos outros povos, em todos os continentes do mundo[15]. No Alasca, entre os thlinkets, quem sofria uma injustiça podia se vingar apenas tirando a própria vida e levando os parentes e amigos a lhe fazerem justiça[16]. Na Argentina, entre os indígenas matako do Gran Chaco, muitas vezes se matavam comendo a fruta venenosa de uma planta, para punir alguém que os tivesse ofendido[17]. Em algumas ilhas da Nova Caledônia, as mulheres, quando eram traídas e insultadas, às vezes se matavam por vingança, acreditando que, após a morte, se transformariam em fúrias que iriam atormentar o marido pelo resto da vida[18]. Em algumas populações da Costa do Ouro, na segunda metade do século XIX, as normas vigentes previam que, se a pessoa se matasse por vingança, apontando o responsável pelo seu ato, este deveria ter o mesmo fim, a não ser que os seus familiares desembolsassem dinheiro como forma de ressarcimento[19].

Nesses casos, o suicídio não constituía um gesto impulsivo realizado em segredo, mas era preparado com cuidado, de forma que os outros entendessem as suas intenções. Assim, por exemplo, as mulheres de Kaliai, na Papua-Nova Guiné, indicavam as suas intenções aos outros destruindo alguns objetos pessoais, como a canoa ou as panelas de alimentos. Depois vestiam as roupas mais bonitas que tinham e tiravam a vida na presença de testemunhas, geralmente também diante da pessoa que consideravam responsável, gritando a todos o que estavam para fazer, antes de ingerirem um líquido venenoso ou de se enforcarem numa árvore[20]. Mas, mesmo em outras sociedades, o suicídio por vingança era sempre cometido em público com clara indicação do culpado. Nesses casos, usava-se a expressão "matar-se pela cabeça de alguém", pois quem dava cabo da vida invocava antes o nome de quem o levara àquilo ou o indicava de alguma outra maneira[21].

Formas análogas de suicídio existiram por muito tempo na Índia, na China (como vimos) e no Japão. Em meados do século XVIII, o jesuíta Pierre-François-Xavier de Charlevoix escreveu que, no país do Sol Nascente, "todo homem de armas que recebeu um insulto pensa que deve lavar a mancha com o seu próprio sangue", matando-se na porta da casa de quem o ofendeu, que a partir desse momento deverá escolher se renuncia à vida ou à honra[22].

Formas semelhantes de suicídio existiram também na Europa pré-cristã. Certamente na Irlanda, onde por muito tempo houve o costume do *troscad* (literalmente "jejuar contra uma pessoa" ou "obter justiça com a morte por inanição"). Para garantir o pagamento de uma dívida, o credor ia jejuar diante da porta do devedor. Se nesse gesto perdesse a vida, aquele que se recusara até o final dar-lhe o que lhe cabia era obrigado a pagar à família uma indenização, composta de duas partes: o preço do corpo, que totalizava sete escravas, e o preço da honra, que variava (de uma a vinte escravas) segundo a condição social do credor morto[23].

Mas, mesmo nas sociedades agrárias da Antiguidade greco-romana, às vezes os indivíduos se matavam em represália contra um inimigo de quem não se podia obter satisfação de nenhuma outra maneira. Nos escritos dos historiadores, filósofos, dramaturgos e poetas da Grécia antiga e de Roma encontram-se muitos exemplos de suicídio por vingança[24]. Em Delfos, a órfã Charila se enforcou para se vingar do rei, que a expulsara arremessando-lhe uma sandália, quando ela, durante uma carestia, fora lhe pedir comida. Analogamente, Ájax, tomado de cólera e de vergonha porque os dois átridas, Agamêmnon e Menelau, não lhe concederam as armas do finado Aquiles, decidiu ferir o flanco com uma espada, para se vingar dos inimigos e resgatar a honra. Mas, antes de agir, dirigiu-se aos deuses. Pediu a Hermes que o fizesse adormecer suavemente, a Zeus que protegesse o seu corpo contra os cães e os corvos, e depois invocou em socorro:

> As virgens eternas que eternamente veem os sofrimentos dos homens, as santas Erínias de rápidos pés, para que saibam como morro e a sorte que me reservaram os átridas: e os arrastem para aniquilá-los, os malditos, do mais cruel dos modos. Corram, velozes Erínias da vingança, mordam o exército inteiro, não o poupem[25].

O suicídio de Dido também foi por vingança, cometido não em favor de Enéas, mas contra ele[26], por uma mulher que, não tendo outros meios para detê-lo, dirigiu-lhe essa última e terrível ameaça:

> Faço-lhe votos, se os numes piedosos
> podem algo, que cumpra a pena entre os escolhos,
> e muito invoque Dido. Vou persegui-lo distante
> com negros fogos e quando a fria morte lhe separar
> membros e alma, serei o seu fantasma por toda parte[27].

Além dos poemas épicos, as mortes voluntárias por vingança também ocorrem na vida real da antiga Roma[28].

Sem dúvida, há diferenças significativas entre esses suicídios cometidos com intenções agressivas nas sociedades coletoras e caçadoras, pastoris ou agrícolas, na Ásia e na África, na América e na Europa. Mas também apresentam alguns importantes aspectos em comum. Em primeiro lugar, quem tira a própria vida por esses motivos são sempre os pertencentes às camadas mais frágeis da sociedade, os que não dispõem de nenhuma outra maneira de influenciar as ações dos outros: por exemplo, órfãos e mulheres[29]. Provavelmente era por isso que, na grande maioria das sociedades pré-industriais sobre as quais temos informações, as mulheres se matavam com mais frequência do que os homens[30].

Em segundo lugar, essas formas de suicídio são possíveis quando há determinadas crenças ou determinadas normas sociais ou ambas. As pessoas se matam contra alguém quando, não tendo o poder de se vingarem em vida, atribuem essa tarefa a um ser sobrenatural, quando acreditam nas "santas Erínias de rápidos pés" ou na possibilidade de se tornar fantasma e não dar mais paz a quem as enganou e desiludiu (como dizia Dido). Mas as pessoas também se matam contra alguém quando sabem que a sua sociedade dispõe de normas prevendo penas para quem as levou a esse gesto, maltratando-as e humilhando-as quando estavam em vida.

Em algumas sociedades, havia essas duas condições. Assim, por exemplo, ainda na segunda metade do século XX, a mulher gainij (na Papua-Nova Guiné), que se matava para se vingar dos maus-tratos sofridos às mãos do marido, pensava poder prejudicá-lo de duas formas diferentes. Antes de mais nada, estava convencida de que, morta, poderia intervir mais na vida do cônjuge do que quando estava viva, causando-lhe aqueles sofrimentos que ele nunca deixou de lhe infligir. Em segundo lugar, sabia que o seu desaparecimento o prejudicaria em termos econômicos e sociais. Com efeito, o marido perdia o dinheiro e os bens que dera aos sogros para desposá-la (o chamado "preço da esposa") e, além disso, teria de lhes entregar mais dinheiro para ressarci-los da morte da filha. O seu prestígio social também ficava comprometido, porque se evidenciava a todos que a mulher prevalecera no conflito, tendo-lhe subtraído o poder produtivo e reprodutivo adquirido, às vezes a alto preço, dos sogros. Assim, quando uma mulher dava fim à sua vida para se vingar do marido, muitas vezes ele se tornava objeto de escárnio entre amigos e conhecidos, pois não conseguira manter o controle sobre ela[31].

Todos esses suicídios cometidos por vingança ou, em todo caso, com finalidades reivindicativas e agressivas, longe de decorrerem das condições de absoluta subordinação do indivíduo ao grupo, sempre constituíam um ato de desobediência, de rebelião, de protesto, de desafio. Sempre constituíram o gesto poderoso de um impotente, o gesto de força de um fraco, o gesto de esperança de um desesperado. Representavam um atentado contra a comunidade, tanto que – como observamos – as pessoas, as famílias, as tribos, a cidade se sentiam a tal ponto ameaçadas pelo fantasma vingador do suicida que buscavam proteção mutilando o cadáver, jogando-o num rio ou enterrando-o o mais longe possível dos outros[32].

A inexistência de "uma estreita ligação" entre a absoluta subordinação do indivíduo ao grupo e o suicídio altruísta (como, pelo contrário, pensam os estudiosos que se remetem a Durkheim) também se patenteia nos inúmeros dados e fatos apresentados neste livro. Durante alguns séculos, na China, as viúvas e as "solteiras fiéis" que se matavam após a morte do marido e do noivo não eram mulheres dóceis e passivas, submissas às exigências superiores da sociedade à qual pertenciam. Com efeito, se é verdade que, com tal gesto, frequentemente eram premiadas pela corte e pelo imperador com condecorações, é igualmente verdade que, para ir em busca do seu ideal, para continuar fiéis ao homem ao qual se sentiam ligadas, mesmo não tendo sido elas a escolhê-lo pessoalmente, era frequente entrarem em conflito com familiares e parentes, com consanguíneos e afins, e às vezes era precisamente para vencer essas resistências que elas tiravam a própria vida. Por outro lado, as missões suicidas realizadas em muitos países do mundo depois de 1983 demonstram que se pode renunciar à própria vida por motivos altruístas, pela causa do seu povo ou do seu grupo étnico, mesmo fazendo parte de uma sociedade moderna, possuindo um alto nível de instrução superior, tendo uma postura cosmopolita e conhecendo várias línguas e diversos países.

Portanto, se é verdade que a integração e a regulamentação social não são os únicos nem os mais importantes fatores que influenciam nas variações do suicídio no espaço e no tempo, a famosa tipologia "etiológica" que se baseia apenas nelas não pode nos ajudar a entender o que ocorreu e está ocorrendo nesse campo. No estágio atual dos nossos conhecimentos, é muito mais útil, para explicar essas variações, uma classificação dos tipos de suicídio segundo as intenções de quem o comete e o significado que atribui ao seu gesto. Essa classificação resulta do cruzamento de duas variáveis dicotômicas (gráf. C.1). A primeira diz respeito às pessoas em benefício das quais a pessoa se mata. É possível se despedir do mundo somente em seu próprio favor ou também pelos outros. A segunda variável diz respeito às pessoas contra as quais o indivíduo tira a sua vida. Pode-se agir contra si mesmo ou contra os outros.

O primeiro tipo de suicídio é chamado de egoísta e compreende os que se matam pensando *somente* em si mesmos, para pôr fim a uma dor insuportável devido a algum motivo (a perda de um ente querido, da honra, uma doença grave, o fracasso econômico etc.). O segundo é definido como altruísta e diz respeito a quem renuncia à sua vida *também* para o bem de outrem. Exemplos históricos significativos desse tipo são as viúvas indianas e chinesas ou as "solteiras fiéis" que se matavam após a morte do marido ou do noivo. Mas outros exemplos são os mártires cristãos dos primeiros séculos, que morriam para não renegar a fé. Há quem considere que mesmo as viúvas, as solteiras fiéis ou os mártires (para nos limitarmos a esses exemplos) tiram a sua vida por vantagens pessoais, pela fama ou por recompensas ultraterrenas. Ainda que se aceite essa posição, é inquestionável que tais pessoas também agem pelo bem de terceiros, o marido, o familiar ou a Igreja à qual pertencem. O terceiro tipo é denominado agressivo e se refere àquele que, além de querer deixar uma situação de sofrimento, deseja punir a pessoa que a causou. O jovem de dezoito anos chamado Kima'i, das Ilhas Trobriandesas, ou a Dido da mitologia clássica representam bem esse tipo de intenção. Por fim, o quarto tipo, chamado de arma de luta, abrange aqueles que, morrendo por uma causa (política ou religiosa) considerada nobre, pretendem atingir, prejudicar ou até matar os inimigos. Fazem parte desse grupo o monge budista Thich Quang Duc, que se ateou fogo em Saigon em 11 de junho de 1963 para combater contra o regime de Diem no Vietnã do Sul, os prisioneiros irlandeses que, em 1923, morreram durante a greve de fome contra o governo inglês, os *juramentados* do século XVIII, XIX ou das primeiras décadas do século XX, ou aqueles que, nos últimos vinte e cinco anos, realizaram missões suicidas em muitos países do mundo.

Os dois primeiros tipos (egoísta e altruísta) retomam os nomes utilizados por Durkheim, mas são aqui usados na sua acepção original, a do alienista londrino George Henry Savage, ou seja, referem-se às intenções de quem o comete e ao significado que atribui ao seu gesto, não às causas sociais que os produzem. E assim, tal como os outros dois tipos (agressivo e arma de luta), dependem não só da integração e da regulamentação social, mas também de outros fatores. Lembraremos os mais importantes.

		Contra quem	
		Si mesmos	Também os outros
Por quem	Si mesmos	Egoísta	Agressivo
	Também os outros	Altruísta	Arma de luta

Fig. C.1. Tipos de suicídio, segundo as intenções de quem o comete.

Há, em primeiro lugar, os fatores de natureza psiquiátrica. Eles não têm nenhuma relevância quando a morte voluntária é considerada uma arma de luta. Pelo menos os que executam missões suicidas geralmente não sofrem de distúrbios psíquicos, pelo menos (quando não por outra razão) porque as organizações que os recrutam têm todo o interesse em utilizar pessoas absolutamente normais, que não levantem suspeitas e não cometam erros. É possível que mesmo a morte voluntária por motivos altruístas dependa mais da formação moral do que da saúde mental do indivíduo. Mas, naturalmente, à falta de pesquisas rigorosas, não sabemos (e nunca saberemos) com certeza se a ínfima minoria de viúvas, solteiras fiéis, soldados, generais ou monges que, perante determinadas circunstâncias, imolavam-se em alguns países orientais, apresenta alguma diferença, do ponto de vista da saúde mental, em comparação à grande maioria que preferia permanecer em vida. À falta de dados confiáveis, não temos como levantar hipóteses sobre a saúde mental do jovem Kima'i relembrado por Malinowski ou das mulheres que, nas sociedades caçadoras, coletoras ou agrárias, despediam-se do mundo por vingança contra outrem. Algumas pesquisas, porém, mostraram que, nessas sociedades, muitas vezes as pessoas que sofrem de distúrbio bipolar ou de outras doenças mentais escolhem outras formas de suicídio agressivo[33]. Por fim, sabemos com certeza que quem sofre de depressão grave, esquizofrenia, distúrbios bipolares ou outros transtornos de personalidade corre riscos muito maiores de se matar por motivos egoístas, não só nas sociedades ocidentais, mas também nas orientais[34].

Há, em segundo lugar, fatores concernentes à estrutura social: os graus de integração e de regulamentação. Mesmo não sendo os únicos nem os mais importantes, eles nos ajudam a explicar as variações do índice de suicídio egoísta no tempo e no espaço. Quem integra uma vasta rede de relações fortes e dispõe de várias formas de apoio (cognitivo, emocional, material) consegue enfrentar melhor as adversidades e os riscos de se matar são menores. Por conseguinte, quando esses vínculos se enfraquecem por alguma razão, aumentam as probabilidades de que os indivíduos tirem a vida. É também por isso, isto é, pela redução no grau de integração social, que aumentou a frequência de suicídios egoístas em certas regiões europeias durante o século XIX e a primeira metade do século XX. Analogamente, se essa frequência diminuiu em alguns países durante as duas guerras mundiais, foi também porque os indivíduos se aproximaram para enfrentar o perigo comum, considerando-o como causa dos seus males. Por outro lado, se nos últimos dois séculos, nos países ocidentais, a proporção de suicídios de pessoas casadas ou em união estável era muito menor do que a de núbeis, celibatárias, divorciadas ou viúvas[35], é porque o casamento integra e regula. Cria redes sociais que podem ser ao mesmo tempo sólidas e flexíveis e que fornecem vários tipos de apoio. Disciplina, moderação, contém. Prescreve normas de comportamento para o cotidiano, para o trabalho e o lazer, a alimentação e o descanso. Impõe a obediência a horários, uma alimentação sadia, o cuidado com a saúde, a atenção aos sintomas de doenças, a abstenção de comportamentos de risco. Enfim, o acentuadíssimo aumento das mortes voluntárias que se verificou na Rússia a partir de 1989 pode ser atribuído não só à grave crise do sistema de saúde, mas também à anomia e desorientação que o colapso do regime soviético causou em grande parte da população.

A importância da regulamentação se patenteia também em todos aqueles fatos que, como vimos, indicam que as probabilidades de suicídio aumentam quando o indivíduo se depara na vida com súbitos eventos imprevistos e imprevisíveis, que desorganizam os seus projetos e causam uma séria crise no seu sistema de expectativas quanto aos outros e à vida[36]. Os escravos africanos transportados a força para a América se matavam com mais frequência durante a travessia ou nos dois primeiros meses após o desembarque; os imigrantes apresentam, em geral, taxas de suicídio mais altas do que os autóctones devido ao choque cultural e às dificuldades de integração na nova sociedade; os presos se matam com mais frequência nos primeiros dias de encarceramento.

Há, em terceiro lugar, fatores culturais: o conjunto de esquemas cognitivos e de sistemas de classificação, de crenças e normas, de significados e símbolos, do qual dispõem homens e mulheres. São sobretudo esses fatores que nos ajudam a entender os longos períodos de continuidade, os grandes divisores de água, as mudanças radicais, a explicar por que as pessoas, em certas sociedades e em certas épocas, matavam-se não só pela perda da honra, por uma desilusão amorosa, por uma doença ou pela morte de um ente querido, mas também em favor ou contra terceiros. Os sistemas mais articulados e complexos desses elementos culturais, isto é, as religiões, em especial as universais, tiveram uma enorme influência sobre a história dos quatro tipos de morte voluntária.

O cristianismo inicialmente adotou a atitude de glorificação dos pagãos frente ao suicídio altruísta e, nos dois primeiros séculos, os mártires preferiam morrer a renegar a sua fé, remetendo-se ao modelo dos romanos que haviam renunciado à vida por uma causa nobre[37]. Essa continuidade entre a cultura pagã e a cultura cristã cessou no século V, quando Agostinho condenou toda e qualquer forma de morte voluntária. Desde então, na Europa, o repertório dos tipos de suicídio se restringiu lenta e progressivamente, e o número de pessoas que tiravam a própria vida com intenções altruístas e agressivas diminuiu, tornando-se e permanecendo muito exíguo.

A tese sustentada por psicólogos e psicanalistas de que, às vezes, as pessoas se matam para fazer desfeita a alguém, para puni-lo, para vingar-se dele[38], não deve nos impedir de ver as enormes diferenças entre Ocidente e Oriente nos últimos dois mil anos. Na realidade, essa ideia já fora apresentada em 1637 pelo pastor anglicano John Sym, segundo o qual os seres humanos são, em certos casos, levados a se matar pelo desejo de vingança contra si mesmos ("pelo que se é ou o que se fez")[39] ou contra os outros. Esse último caso podia ocorrer quando alguém sofria uma ofensa tão gravíssima que não comportava "satisfação nem compensação" e "quando a sua morte voluntária podia prejudicar ou desonrar", assim pensava ele, "os que lhe haviam feito mal"[40]. Essa forma de suicídio, segundo John Sym, era empregada sobretudo por aqueles que não tinham outro meio de fazerem valer as suas razões, "as pessoas do sexo frágil ou de baixa condição, as mulheres e os servos e os homens assemelhados a eles nas suas qualidades"[41].

E de fato, mesmo nos países ocidentais, é sobretudo entre os que não dispõem de meios de agressão direta, como, por exemplo, as crianças, que surge com mais frequência a ideia da morte, involuntária ou voluntária, como meio de punir alguém, causando-lhe sentimento de culpa. Assim, por exemplo, Tom Sawyer, o protagonista de um célebre romance de Mark Twain, fantasiava se vingar da tia Polly, que o tratara injustamente, dando-lhe uma palmada porque achava, erroneamente, que ele tinha quebrado o açucareiro:

> imaginou a si mesmo na cama doente e à beira da morte e a tia que se inclinava sobre ele, implorando uma única, uma breve palavra de perdão; e viu a si mesmo virando-se para a parede e morrendo sem ter pronunciado aquela palavra. Ah, o que então a tia Polly iria sentir?[42]

Essa ideia veio acompanhada por outra ainda mais comovente. Imaginou atirar-se ao Rio Mississipi, sendo depois transportado para casa:

> morto, com todos os cachos encharcados e as pobres mãos imóveis para sempre e o coração aflito parado eternamente. Como a tia, então, iria se arrojar sobre ele, e com quantas lágrimas semelhantes à chuva iria inundá-lo, e como rogaria a Deus para lhe devolver o seu menino, jurando não o maltratar mais, nunca mais! Mas ele ficaria ali, gelado e branco, sem fazer o menor sinal [...] um pobre, um pequeno mártir cujos sofrimentos teriam cessado[43].

Afogando-se nas águas do rio, Tom Sawyer queria que a tia sentisse remorso e arrependimento. O suicida por vingança de que falava John Sym pretendia, por outro lado, desacreditar e prejudicar a pessoa que o ofendera. Mas, ao contrário das sociedades da Antiguidade greco-romana ou de muitos países orientais, nunca houve na Europa cristã, nos últimos dois mil anos, qualquer crença ou norma social que permitisse aos suicidas alcançarem esses objetivos. Como bem escreveu Albert Camus: "Como sei que não tenho amigos? Muito simples. Descobri no dia em que pensei em me matar para lhes pregar uma peça, para puni-los, de certo modo. Mas punir a quem? Alguém talvez ficasse surpreso, ninguém se sentiria punido"[44]. Mas, mesmo que isso não ocorra, o máximo que o suicida por vingança pode obter num país ocidental é gerar um pouco de sentimento de culpa em outra pessoa. Ele sabe, com efeito, que nem as "santas Erínias de rápidos pés", nem os fantasmas, nem os familiares, nem os magistrados podem punir quem o fez sofrer.

O cristianismo teve enorme influência também sobre o suicídio egoísta, o único (ou praticamente o único) que continuou a existir na Europa após a afirmação do cristianismo. O nascimento, a partir do século V, de um sistema complexo e coerente de crenças, valores, normas, sanções, símbolos e significados, e de categorias interpretativas que desencorajavam de mil maneiras, com controles internos e externos, o suicídio de homens e mulheres teve o efeito de conter o número dessas mortes. Por outro lado, o enfraquecimento e depois a queda desse sistema ético e simbólico gerou um aumento extremamente rápido e à primeira vista irrefreável do índice de suicídios egoístas entre o final do século XVII e início do século XVIII, que começou nos países centro-setentrionais da Europa e se difundiu mais tarde nos países meridionais e do Leste Europeu.

Nas áreas, como na Ásia e no Oriente Médio, onde se afirmaram e se desenvolveram outras religiões e outros sistemas de crenças e normas, de símbolos e significados (o hinduísmo, o confucionismo, o budismo, o xintoísmo), os homens e mulheres continuaram a buscar a morte voluntária também por vingança ou por motivos altruístas. Enquanto na Europa deixou-se de seguir o modelo do Império Romano, na Ásia as normas que previam, após derrota em batalha, o suicídio dos generais, soldados e, às vezes, também dos funcionários, tornaram-se cada vez mais importantes. Isso ocorreu não só na Índia e na China, como vimos. No Japão, desde o século XII, os guerreiros, os samurais, em caso de derrota recorriam ao *seppuku* (que consistia em rasgar o ventre da esquerda para a direita), para não perder a honra e não cair nas mãos dos inimigos. Algumas vezes, seguindo o mesmo procedimento, cometiam um *junshi*, isto é, matavam-se quando o seu senhor morria. Com esse gesto, fortaleciam o clã a que pertenciam, por lhe aumentarem o prestígio, ao passo que na Europa, nesse mesmo período histórico, quem punha fim à sua vida corria o risco de arruinar a família[45].

Essa diferença cultural nos ajuda a entender por que algumas variáveis independentes influíram de diferentes maneiras, na Europa e na Ásia, sobre a frequência com que as pessoas se despediam do mundo. Uma delas é, sem dúvida, o gênero. Nos países ocidentais, os homens sempre apresentaram uma taxa de suicídio muito mais alta do que as mulheres. Pelo menos sob esse aspecto, a afirmação da moral cristã, a partir do século V, não gerou uma fratura. Com efeito, todas as informações disponíveis indicam que, também na Antiguidade greco-romana, a população masculina se matava com maior frequência do que a feminina[46]. A principal causa dessa diferença, portanto, também era cultural, no sentido de que o gesto suicida era considerado tipicamente viril. Para explicar por que Lucrécia se matara, Valério Máximo escreveu no século I que ela, "por um maligno erro da sorte", possuía uma alma masculina num corpo feminino. Nos lugares onde essa cultura se afirmou, como nos países da América do Norte e do Sul, os homens hoje têm, e provavelmente tiveram nos séculos XIX e XX, uma taxa de suicídio mais alta do que as mulheres.

Fora desse universo de significados e símbolos, as coisas caminharam de maneira muito diversa. Nas sociedades caçadoras, coletoras ou agrárias em que se previa o suicídio agressivo, era a população feminina que escolhia com mais frequência esse caminho como resposta aos conflitos e problemas do cotidiano. Mas o mesmo se deu em muitas populações asiáticas. Na Índia, ainda no início do século XX, as mulheres se matavam mais do que os homens. Na China, assim foi por séculos e assim é ainda hoje.

A segunda variável que influenciou diversamente, na Europa e na Ásia, a frequência com que as pessoas recorrem à morte voluntária é o estado civil. Como mencionei, nos países ocidentais durante os últimos dois séculos, o casamento sempre protegeu da morte voluntária tanto os homens quanto as mulheres, mas mais os primeiros do que as segundas, porque os maridos geralmente recebem das mulheres mais compreensão, mais cuidados, mais atenção, mais afeto do que são capazes de dar. Os dados de que dispomos, porém, sugerem que hoje, nos países asiáticos, o casamento não serve de proteção contra o suicídio. Os cônjuges se matam com mais frequência do que os celibatários e núbeis na China[47], mais do que os divorciados no Japão[48]. Na Índia, os casados tiram a sua vida com mais frequência do que os solteiros na população masculina, e as casadas mais do que as viúvas na população feminina[49]. Não temos dados estatísticos sobre o passado, mas é provável que a situação nos séculos XVII e XVIII fosse diferente da atual. Na Índia, talvez, as mulheres casadas se matavam menos do que as viúvas e eram mais protegidas pelo casamento do que os homens.

A terceira variável é a camada social de pertença. Na Europa, nos últimos três séculos, a relação entre classe e frequência dos suicídios se inverteu. Tendo estado à frente da mudança, a burguesia, a aristocracia e a intelectualidade apresentavam de início taxas mais altas do que os outros grupos sociais. Contudo, com o passar do tempo, as diferenças diminuíram, para ressurgirem mais tarde com características totalmente diferentes. Nos países ocidentais, há muitas décadas são os pertencentes às classes mais desfavorecidas, com mais problemas e menos recursos para enfrentá-los, que recorrem com mais frequência ao suicídio. O mesmo se dá atualmente nos países asiáticos[50]. A documentação existente, porém, indica que antigamente, na Índia, China e Japão, havia tipos de suicídios mais frequentes em algumas camadas sociais e tipos mais difundidos em outras. Os que se matavam com intenções agressivas, por vingança, "para fazer mal aos outros", eram sobretudo os pertencentes às camadas mais frágeis da população. Inversamente, o *sati* e o *seppuku* foram por muito tempo prerrogativa das famílias das castas ou classes guerreiras.

São muito parcos os nossos conhecimentos atuais sobre a influência de uma quarta variável: a orientação sexual. É provável, porém, que os homens e mulheres que se sentem atraídos e se apaixonam por pessoas do mesmo sexo corriam maior risco de suicídio do que os demais, tanto na Europa quanto na Ásia. Havia outras semelhanças entre as populações com sentimentos homoeróticos desses dois continentes. Na primeira metade do século XX, tanto em alguns países europeus quanto no Japão, *gays* e lésbicas cometiam com frequência suicídios duplos, isto é, o casal de amantes se matava de mãos dadas ou num abraço[51]. Há, porém, algumas diferenças no significado atribuído ao suicídio. Assim, por exemplo, na China do século XX, alguns homens apaixonados por um companheiro do mesmo sexo se mataram para se vingar contra quem impedia a sua união com a pessoa amada, na convicção de que retornaria do além para atormentá-lo[52].

A distância entre Europa e Ásia se acentuou com o tempo. Tanto na Índia quanto na China, a importância de algumas formas de suicídio altruísta aumentou por séculos e atingiu o auge no século XVIII ou nas primeiras décadas do século XIX. Surgindo pela primeira vez no século III a.C., o costume do *sati* permaneceu restrito social e geograficamente durante muitos séculos. A sua difusão teve início por volta do século XI, mas foi muito vagarosa. Somente no século XIV tornou-se rápida e atingiu o auge no final do século XVIII, pouco antes que o governador-geral da Índia, Lorde William Bentinck, proibisse esse costume. Na China, o costume das viúvas de recorrerem ao suicídio após a morte do marido, em vez de voltarem a se casar, provavelmente começou mais tarde do que o *sati*, por volta do século III d.C. Mas também se manteve muito restrito por mais de um milênio e adquiriu relevância a partir do século XIV, alcançando a sua maior difusão durante o século XVIII. No Japão, a frequência do *junshi* aumentou sobretudo a partir do século XIV e alcançou o auge no século XVII[53].

A partir do século XIX, porém, as diferenças entre Europa e Ásia nesse âmbito passaram a diminuir continuamente. Isso, em parte, foi decorrência do colonialismo. Os muçulmanos, que governaram a Índia por longos períodos, tentaram desencorajar o costume do *sati* de inúmeras maneiras, mas não conseguiram. Já os ingleses, que começaram a sua penetração no país no século XVIII, depois de muitos debates, muitas dúvidas, muitas incertezas, muitos testes, promulgaram em 1829 um regulamento que proibia que as viúvas se imolassem na pira dos maridos, o que certamente veio, com o tempo, a desencorajar essa prática e favorecer o seu declínio.

Em parte, entretanto, a crise dos repertórios culturais dos países asiáticos foi favorecida por outras transformações sociais. No Japão, em 1912, após a morte do Imperador Meiji, o General Nogi Maresuke, depois de tirar o uniforme militar e vestir as vestes tradicionais, cometeu um *junshi* diante da foto do seu senhor. Esse gesto teve enorme repercussão em todo o mundo, mas foi um dos últimos exemplos de um costume que existira durante séculos e entrara num declínio irreversível várias décadas antes. Na China, em 12 de agosto de 1900, seguindo uma longa tradição, 570 mulheres se enforcaram ou se afogaram para se subtraírem às violências sexuais dos soldados japoneses, russos, americanos, britânicos, franceses e italianos, que faziam parte do corpo de expedicionários que entrou em Pequim para reprimir a Revolta dos Boxers[54]. Por outro lado, mesmo depois da queda do império, em 1911, ainda sobreviviam resquícios do antiquíssimo costume de premiar os virtuosos. O primeiro presidente da república, Yuan Shikai, lançou em 1914 um decreto sobre as condecorações a serem dadas aos que agiam de modo exemplar, incluindo as mulheres castas e as "solteiras fiéis". Mas, cinco anos depois, o movimento de 4 de Maio submeteu essa prática a uma crítica feroz e marcou o seu fim[55]. Na Índia, na última década do século XX, os casos de *sati* foram poucas unidades.

A análise da relação entre gênero e risco de morte voluntária também mostra que as diferenças entre Europa e Ásia estão diminuindo há pelo menos cem anos. Em grande parte da Índia, não é mais a população feminina, e sim a masculina que se mata com mais frequência. Na China, a primeira tem um índice de suicídio mais elevado do que a segunda nas zonas rurais, mas não mais nas áreas urbanas. Por outro lado, em muitos países europeus, a distância entre homens e mulheres nesse campo diminuiu no último século.

Apesar de tudo, as antigas diferenças entre Europa e Ásia ainda não desapareceram por completo. Na China, algumas pessoas ainda se matam "para fazer tremer os poderosos", por vingança, embora não se delegue mais a tarefa a um espírito que lhe faça justiça. Ademais, hoje tal como nos séculos XVII e XVIII, as mulheres se matam com mais frequência do que os homens. A Índia, sob esse aspecto, assemelha-se mais à China do que aos países ocidentais, porque os suicídios femininos são pouco menos frequentes do que os masculinos. Além disso, ainda hoje 15% das mulheres se matam ateando-se fogo, mesmo que não seja para seguir o marido na sepultura[56].

No Japão, o que resta da cultura do passado impediu e continua a impedir aquele processo de medicalização da morte voluntária que, no Ocidente, começou séculos atrás e está quase totalmente encerrado. Os psiquiatras têm, por vezes, dificuldade em convencer os pacientes japoneses com sérios distúrbios mentais que tentaram o suicídio a aceitarem tratamento, porque interpretam o gesto de modo muito diferente e se recusam a considerar patológica a condição que os levou a isso. Tais dificuldades foram bem ilustradas pelas reações públicas ao suicídio do crítico literário Eto Jun, ocorrido em 1999. Muitos médicos e psiquiatras o atribuíram ao grave estado de depressão em que se encontrava o célebre periodista, devido à morte da esposa e de um AVC que sofrera naquele período, privando-o do prazer de escrever. Mas essa interpretação não convenceu os intelectuais japoneses que, remetendo-se aos modelos do passado, descreveram aquela morte em termos heroicos e estéticos[57].

Há, enfim, os fatores políticos, as relações de poder, os conflitos surgidos entre os mais fortes e os mais fracos, as ações que uns e outros realizam para mudar ou preservar a situação existente. Nas sociedades em que essas relações são fortemente assimétricas e há uma absoluta dependência dos mais fracos (escravagista e feudal), o suicídio assumiu um papel e um significado totalmente diferentes no Ocidente e no Oriente. Na Europa, foi por muito tempo proibido e punido, por dois motivos diferentes. O primeiro é que, numa situação em que "o ato de matar é anunciado como monopólio e privilégio do detentor do poder", quem tira a própria vida transgride essa regra e se "subtrai a qualquer submissão"[58]. O segundo é que, decidindo despedir-se do mundo, o subordinado anula essa prerrogativa do poderoso, rouba-a a ele e, portanto, causa-lhe dano. Na China, por outro lado, o vassalo durante a Idade Média podia ameaçar o senhor com o seu suicídio por vingança e assim influía nas suas decisões, e os filhos podiam fazer o mesmo com os pais.

Por muito tempo, na Ásia e no Oriente Médio, os grupos ou os povos mais fracos recorreram ao suicídio como arma de luta. Foram verdadeiras inovações culturais, propostas por um pequeno número de líderes criativos, para dar uma resposta às exigências prementes da peculiar situação política ou militar em que se encontravam, aceitas pela grande maioria dos seus seguidores e que logo se demonstraram eficazes. Os idealizadores dessas novas práticas sempre se inspiraram no repertório cultural do seu povo, geralmente nas formas de suicídio agressivas e nas altruístas, mas convertendo esses atos de intenções apenas individuais em armas com objetivos coletivos.

Os casos importantes de adoção do suicídio como arma para a causa do povo de que tenho conhecimento são cinco. O primeiro teve início na Índia, quase dois séculos atrás. Naquele país, o costume de "sentar-se em *dharna*", isto é, o jejum feito para levar o devedor a cumprir a sua obrigação, nasceu pelo menos no século IV d.C. e persistiu enquanto a vítima de uma injustiça ou incapaz de receber um crédito que lhe era devido tinha mais confiança na capacidade de vingança de um morto do que na capacidade do Estado de fazer justiça. Ainda no final do século XVIII, em Benares, o brâmane ia armado à porta do devedor, ameaçando se matar se as suas solicitações não fossem atendidas. Mas, algumas décadas depois, quando foram criados alguns tribunais que resolviam essas disputas privadas de outra maneira, o costume de ficar sentado em *dharna* começou a perder importância[59]. Ademais, em 1861 foi proibido pelo governo em toda a Índia. Mas, antes disso, ele foi redescoberto, transformado e empregado para fins não mais individuais, e sim coletivos.

Essa mudança, ocorrida no início do século XIX, foi bem descrita por Reginald Heber, bispo anglicano em Calcutá desde 1823. Ele registrou no seu diário que um imposto domiciliar criado pela administração inglesa gerou um grande descontentamento na população indiana. Os moradores de Benares, depois de lhes ter sido negado um recurso e temendo novos impostos, decidiram "ficar em *dharna*", isto é, ficar imóveis na mesma posição, sem comer, até que as suas demandas fossem atendidas. À frente deles colocaram-se alguns brâmanes, que enviaram panfletos escritos a mão para toda a cidade e aos vilarejos próximos, em que explicavam as suas razões e convidavam todos os que "amavam o seu país" a se unirem a eles. Em apenas três dias, iniciou-se um grande e inesperado movimento:

> Trezentas mil pessoas abandonaram as suas casas, fecharam as suas lojas, interromperam os trabalhos nos campos, abstiveram-se de acender o fogo e foram se sentar, de braços cruzados e cabeça curvada, como se fossem inúmeras ovelhas, na planície que cercava Benares[60].

O governo inglês começou a ficar preocupado que algum deles morresse e poucos dias depois revogou o imposto domiciliar. Um século depois, a arma da greve de fome foi retomada por Mahatma Gandhi, despertando viva comoção não só na Índia, mas em muitos países do mundo, e ingressou definitivamente no repertório das formas de protesto dos grupos mais fracos, mesmo perdendo uma parte das suas características originais.

O segundo caso, em certos aspectos muito semelhante ao primeiro, ocorreu no século XX na Irlanda. Nesse país, o costume do *troscad* era de origem antiquíssima, mas, a crer no que dizem alguns especialistas, durou menos do que o "sentar-se em *dharna*" indiano – a partir do século IX mudou completamente de natureza, porque as normas sociais prevendo severas punições para quem provocasse a morte do credor por inanição caíram em desuso[61]. No entanto, ele também foi redescoberto e relançado com finalidades totalmente distintas das originais. Essa retomada se deu em 1913, num período de sérias tensões entre republicanos irlandeses e o governo inglês. Na década seguinte, houve pelo menos cinquenta greves de fome, das quais participaram mais de nove mil prisioneiros, e sete deles morreram[62]. Outras duas greves de fome, organizadas pelos militantes do IRA, ocorreram em 1980 e 1981 no cárcere de Long Kesh, na Irlanda do Norte, e dez pessoas perderam a vida.

Pelo menos em parte, as diferenças históricas do *troscad* em relação ao "sentar-se em *dharna*" indiano e à adoção do suicídio como arma pela causa do seu povo devem-se ao cristianismo. Ele chegou à Irlanda somente no século V e durante algum tempo manteve práticas de culto diferentes das do resto da Europa. Apesar disso, é provável que tenha favorecido o declínio do costume do *troscad*. É certo, em todo caso, que a recuperação e a retomada desse costume como arma de luta política, nas primeiras décadas do século XX, foram combatidas por uma parte do clero católico. Em 1923, um capelão católico se negou a dar a extrema-unção a Denis Barry, um irlandês à beira da morte devido à greve de fome, e o bispo não permitiu que o corpo entrasse na igreja nem que fosse sepultado com o rito cristão[63].

O terceiro caso ocorreu no Japão, na última fase da Segunda Guerra Mundial, entre outubro de 1944 e agosto do ano seguinte[64], quando o país se viu numa situação muito difícil do ponto de vista militar. Em 15 de junho de 1944, os fuzileiros navais americanos desembarcaram na Ilha de Saipan e por três semanas combateram contra o exército japonês, dizimando-o. No fim, centenas de civis, homens e mulheres, muitas vezes com crianças no colo, jogaram-se ao mar e se mataram, para evitar a desonra da captura.

Já tendo perdido grande parte dos navios e aviões e receando que as tropas americanas conquistassem as Filipinas, para de lá desferir o ataque final, as supremas autoridades políticas e militares japonesas decidiram recorrer a uma nova forma de combate, os ataques suicidas, considerando-os capazes de utilizar melhor os recursos disponíveis para causar o maior dano possível ao inimigo. Assim, em outubro de 1944, foi criado o corpo especial de ataque *Shinpu* (cujos caracteres foram lidos como *kamikaze* pelos tradutores ocidentais), "vento divino", alusão aos terríveis furacões que, em 1274 e 1281, teriam salvado o Japão das invasões mongóis.

Esse corpo operava com uma espécie de planador (chamado *oka*) carregado de explosivos de alta potência que, preso a um avião-mãe, era levado a cerca de quarenta quilômetros do alvo, um enorme porta-aviões americano. Nesse momento, o *kamikaze*, que até então ficara sentado ao lado do piloto do avião-mãe, entrava no *oka* e se soltava, iniciando uma descida em altíssima velocidade em direção do alvo, e durante a descida ele devia manter os olhos abertos até o último instante para poder corrigir a trajetória. Com esta e outras formas de ataque suicida, mais de três mil soldados japoneses perderam a vida.

Esta também foi uma inovação, que se instaurou como uma reinterpretação do repertório cultural nipônico, remetendo-se à tradição dos samurais, também formada por heróis vencidos, capaz de apreciar a nobreza da derrota, pois baseada na ideia, expressa num antigo provérbio daquele país, segundo o qual "o valor da vida, em comparação ao cumprimento do dever, tem o peso de uma pluma". O poder simbólico desse repertório foi, de fato, inúmeras vezes relembrado naquele difícil período de guerra, com os nomes escolhidos para as primeiras quatro unidades de ataque, que retomavam os versos de um famoso escritor nacionalista do século XVIII sobre as "flores de cerejeira silvestre" que se abriam ao "sol nascente". Com efeito, como disse um dos *kamikazes*, essas flores "desprendem o seu esplendor e depois perdem as pétalas sem lamentos; é assim que devemos nos preparar para morrer, sem lamentos"[65].

O quarto caso se deu vinte anos depois no Vietnã do Sul, com a autoimolação. Na China, essa prática foi seguida durante séculos, mesmo porque o conceito de autoimolação sempre foi muito fluido e reinterpretado várias vezes. Nas últimas décadas do século XX, quando se pensava que a autoimolação já estava em declínio, ela foi reproposta no Vietnã do Sul, numa situação e com fins totalmente diversos e voltou a se afirmar outra vez. Essa mudança inesperada teve início em 11 de junho de 1963, quando em Saigon o monge Quang Duc, de 66 anos de idade, parou durante uma procissão budista, sentou-se na posição de lótus, a mais adequada para a meditação segundo as técnicas iogues, e, fazendo com que outros monges lhe encharcassem o corpo de gasolina, ateou fogo em si e morreu entre as chamas, ostentando a maior calma, enquanto as pessoas em redor gritavam.

Esse caso se deu no auge de um período de grande tensão entre os budistas e o regime de Ngo Dinh Diem, um político de formação católica que, tão logo chegou ao poder, no final dos anos de 1960 baixou uma série de medidas de discriminação dos budistas, que constituíam mais de 80% da população do país. Em 8 de maio de 1963, dia do aniversário do Buda, o regime proibiu que os seguidores budistas empunhassem as suas bandeiras. Eles organizaram uma demonstração de massa e a polícia matou oito dos participantes. Foi então que o monge Quang Duc propôs aos líderes do movimento despedirem-se do mundo em público, sob os olhos de milhares de pessoas, como "dom à luta".

A autoimolação de 11 de junho de 1963 foi, como se notou, uma "inesperada combinação de tecnologia moderna e tradição religiosa"[66] e constituiu uma inovação cultural relevante. Pela primeira vez, consumou-se com gasolina e foi imortalizada por um fotógrafo profissional, Malcolm Browne, cujas impressionantes imagens foram publicadas na primeira página dos jornais do mundo todo, ganhando o Prêmio Pulitzer. Retomou-se um gesto praticado durante séculos nos países asiáticos com objetivos bastante diversos. Antes de morrer, Quang Duc fez a seguinte invocação:

> Rogo ao Buda que ilumine o Presidente Ngo Dinh Diem para que ele aceite as cinco demandas mínimas dos budistas vietnamitas. Tenho a honra de apresentar as minhas palavras ao Presidente Diem para lhe pedir que seja gentil e tolerante em relação ao seu povo a ponto de proporcionar uma política de igualdade religiosa[67].

O seu gesto causou enorme impressão e produziu grandes efeitos no país e no mundo, desacreditando definitivamente o regime de Diem e marcando o seu fim.

Assim a autoimolação, como forma de suicídio altruísta, passou a ser uma arma de luta coletiva contra os adversários políticos e religiosos. E continua a ser usada enquanto tal até hoje, em 1964 pelos tâmiles, que ainda não haviam descoberto o poder das missões suicidas, e depois por muitos outros, pelos curdos ou por pessoas de países em que fora praticada durante séculos, como a Índia, o Vietnã e a Coreia[68].

Por fim, o quinto caso teve início em outubro de 1983, quando os militantes do Hezbollah lançaram no Líbano as primeiras missões suicidas contra os soldados americanos, franceses e israelenses. Tratava-se de uma forma de combate diferente da adotada pelo Japão na última fase da Segunda Guerra Mundial, porque não foi utilizada por um Estado e porque podia ser empregada também contra a população civil. O resultado obtido pelo Hezbollah foi tão clamoroso que a inovação foi retomada e adotada por muitas outras organizações (de diferentes credos religiosos), convencidas de que esta, com os parcos meios disponíveis, era a única maneira de alcançar os objetivos que se propunham. Mas aqui também elas se inspiravam na tradição cultural do seu povo.

Na realidade, o ataque suicida mais antigo que conhecemos é o de Sansão em Gaza, o qual, segundo o Antigo Testamento, matou ao derrubar o templo mais inimigos do que matara em toda a sua vida. Os ocidentais, porém, não seguiram o seu exemplo. Em primeiro lugar porque, após a guinada de Agostinho, esse seu exemplo deixou de fazer parte do repertório dos modos de pensar e agir dos ocidentais. Mas, em parte, também porque, após o enfraquecimento dessa tradição cultural, eles nunca foram levados a adotá-lo por razões de força maior. Dispondo de armas sofisticadas, faz tempo que não precisam mais usar o corpo como bomba.

Apêndice

As estatísticas sobre o suicídio

Uma parte das pesquisas realizadas para este livro foi dedicada à obtenção, elaboração e análise das estatísticas sobre o suicídio, tanto para identificar as tendências e mudanças dos índices ao longo do tempo quanto para traçar comparações entre países e para aprofundar o estudo do que tem ocorrido na Itália nos últimos cento e cinquenta anos.

Quanto aos dois primeiros pontos, o gráfico 1.1 apresenta a taxa de suicídio (sobre o número de mortes) em Londres, de 1686 a 1750; o gráfico 3.1 compara o número de suicídios e de homicídios em Zurique, de 1500 a 1798; o gráfico 4.1 apresenta a taxa de suicídios de 1898 a 2003 da Alemanha Oriental e da Ocidental; o 4.2, a de Viena e da Áustria entre 1980 e 2004; o 4.6, a taxa da Suécia, Dinamarca, Áustria e Rússia, de 1960 a 2003; o 4.7, a de homens e mulheres na Rússia, de 1956 a 2002. As tabelas 1.1, 4.1 e 6.1 trazem a relação entre o número de suicídios masculinos e femininos ou, quando possível, entre a taxa de suicídios dos homens e a das mulheres para alguns países ocidentais e orientais em diversos períodos históricos.

As tabelas A.1-A.4 trazem as séries históricas da taxa de suicídios por 100 mil habitantes, de 1841 a 2005, que consegui reconstruir para 19 países da Europa Ocidental, 6 da Europa Oriental e 12 de outros continentes. Nessa documentação, como o leitor pode facilmente ver, os primeiros constituem a maioria.

A Suécia foi o primeiro país europeu a começar a reunir, desde meados do século XVIII, dados estatísticos sobre o número de mortes por causas e, portanto, também sobre os suicídios e sobre as vítimas de homicídio[1]. A Noruega, a Áustria, a Prússia e Macklemburg seguiram o exemplo setenta anos depois, entre 1815 e 1820. Nos quinze anos seguintes, a França, a Bélgica, a Dinamarca e a Inglaterra começaram a elaborar e publicar estatísticas sobre o suicídio. No que se refere à Itália, temos dados sobre o Reino Lombardo-Vêneto de 1819 a 1854[2] e sobre os estados sardos de 1824 a 1838[3]. As primeiras estatísticas sobre o país como um todo remontam a 1864[4].

No início, esses dados (e, de modo mais geral, os dados sobre as mortes violentas) foram reunidos por pessoas muito diferentes conforme o país: às vezes pelas autoridades eclesiásticas, às vezes pelas judiciárias, às vezes pelas médicas, às vezes, enfim, pelos departamentos de registro civil[5]. Na Suécia e Noruega, por exemplo, foram inicialmente os párocos a reunir e transmitir as informações sobre as mortes violentas. Na Áustria, a coleta desses dados ficou a cargo das autoridades eclesiásticas até 1871, passando depois ao encargo das autoridades de saúde. Na Itália, desde 1864 os dados sobre as mortes violentas foram reunidos pelos departamentos municipais de registro civil, com base nas declarações dos médicos legistas. Aos poucos, porém, em todos os países europeus (e depois extraeuropeus) a tarefa de certificar e transmitir as informações sobre as mortes violentas foi atribuída às autoridades médicas. Há muito tempo, esses dados são reunidos e publicados pela Organização Mundial da Saúde[6].

Na Itália, desde 1955 há duas fontes de dados sobre o suicídio: a das causas da morte, certificadas por uma autoridade judiciária (médicos assistentes e legistas); a outra referente aos casos apurados pela polícia de Estado e pelos carabineiros nas denúncias encaminhadas pela autoridade judiciária. A segunda fonte subestima amplamente o número de suicídios que ocorrem a cada ano. Em 2000, por exemplo, houve 4.108 suicídios na Itália, de acordo com a primeira fonte, e apenas 3.093 de acordo com a segunda.

Muito menor é a quantidade de estatísticas sobre os suicídios para os países dos outros continentes. Basta pensar que, em 1991, somente 56 dos 166 países membros da ONU reuniam e transmitiam dados sobre os suicídios à Organização Mundial da Saúde. Além disso, não são muitos os países que dispõem de longas séries históricas. Sobretudo em relação aos países asiáticos, os primeiros dados sobre o Japão remontam a 1878[7], os da Índia começam em

1965[8], enquanto as primeiras estatísticas sobre a China remontam ao início dos anos de 1990. Mas, como já disse, há dados estatísticos sobre os suicídios na Índia britânica em 1907, em Taiwan e algumas cidades chinesas em 1929.

Para aprofundar a análise do que ocorreu na Itália no último século e meio, empreendi três pesquisas distintas. Em primeiro lugar, criei um *data set* sobre o número dos suicídios (e as taxas sobre a população residente) de 1881 a 2002 por província, sede de província e não sede de província, obtendo os dados nos tomos sobre as *Causas de morte* (publicados anualmente, de 1881 a 1965, antes pela Direção Geral de Estatísticas e depois pelo Istat) ou nos arquivos informatizados do Istat. Esses dados serviram de base para os gráficos 4.3, 4.4 e 4.5.

Em segundo lugar, calculei a taxa de suicídio por idade, grau de instrução e área geográfica em 1981, 1991 e 2001 (tab. A.5), trabalhando com os arquivos informatizados do Istat relativos às causas de morte e aos dados dos censos demográficos desses três anos.

Em terceiro lugar, calculei a frequência dos diferentes métodos usados pelos suicidas na Itália em 2001 e 2002, por grau de instrução e gênero (tab. A.6), trabalhando sobre os arquivos informatizados do Istat relativos às causas de morte.

Tab. A.1. Taxa de suicídio por 100 mil habitantes dos países da Europa Ocidental, de 1841 a 1991

	1841-1850	1881-1885	1901	1910	1920	1930	1940	1950	1960	1970	1980	1990	1991
Áustria	4,5	16,2	17,3	–	22,4	38,3	–	23,8	23,1	24,2	25,7	23,6	22,6
Bélgica	9,1	10,7	12,7	14,2	13,2	16,8	18,1	12,9	14,6	16,5	22,1	19,0	18,0
Dinamarca	23,8	24,8	22,7	–	13,9	17,6	17,8	23,3	20,3	21,5	31,6	23,9	–
Finlândia	4,0	3,9	6,1	8,7	10,6	23,1	20,9	15,6	20,4	21,3	25,7	30,3	29,8
França	9,1	19,4	22,8	21,8	17,5	19,0	18,7	15,2	15,8	15,4	19,4	20,0	20,2
Alemanha	11,5	21,1	20,8	21,6	21,7	27,8	–	18,8	22,7	23,5	23,6	17,8	17,5
Alemanha Ocidental	–	–	17,3	–	–	–	–	19,2	20,3	21,5	20,9	15,6	15,6
Alemanha Oriental	–	–	30,8	–	–	–	–	29,4	30,1	30,5	33,6	24,6	25,1
Grã-Bretanha	–	–	–	–	–	–	–	9,5	10,7	7,9	8,8	8,1	7,9
Inglaterra e Gales	6,7	7,5	9,6	10,0	9,0	12,7	11,3	10,2	11,1	8,0	8,8	7,8	7,6
Escócia	–	5,3	5,3	6,1	4,9	10,3	7,9	5,2	–	–	10,0	10,5	10,3
Grécia	–	–	–	–	–	4,7	–	–	3,8	3,2	3,3	3,6	3,7
Irlanda	–	–	2,9	3,6	2,1	2,8	3,3	2,6	2,9	1,8	6,3	9,5	9,8
Itália	3,1	4,9	6,2	8,4	7,3	9,6	5,9	6,5	6,1	5,8	7,3	7,6	7,8
Luxemburgo	–	–	–	–	–	16,8	14,5	14,5	–	14,2	12,9	17,8	19,9
Noruega	–	6,7	5,5	5,5	4,8	7,2	6,9	7,4	6,4	8,4	12,4	15,5	15,8
Holanda	–	5,3	5,8	6,2	7,3	8,1	10,8	5,5	6,6	8,1	10,1	9,7	10,7
Portugal	–	–	–	6,0	6,2	6,9	11,6	10,1	8,7	7,5	7,4	8,8	9,5
Espanha	–	2,5	2,0	4,5	5,1	5,7	6,1	5,4	5,5	4,2	4,4	7,5	7,5
Suécia	6,7	9,7	13,1	17,8	14,7	15,8	17,1	14,9	17,4	22,3	19,4	17,2	17,2
Suíça	–	23,3	22,4	22,7	22,6	26,1	23,6	23,5	19,0	18,6	25,7	21,9	–

Tab. A.2. Taxa de suicídio por 100 mil habitantes dos países da Europa Ocidental, de 1993 a 2003

	1993	1994	1995	1996	1997	1998	1999	2000	2001	2002	2003	2004	2005
Áustria	21,3	22,1	22,2	22,1	19,7	19,3	19,2	19,6	18,3	19,3	–	17,3	16,9
Bélgica	21,2	21,1	21,3	19,8	21,1	–	–	–	–	–	–	–	–
Dinamarca	–	19,1	17,7	17,0	15,5	14,4	14,3	13,6	13,6	–	–	–	–
Finlândia	27,6	27,3	27,2	24,3	25,7	23,8	23,3	22,5	23,2	21,0	–	20,3	18,9
França	21,2	20,8	20,6	19,3	19,0	17,9	17,5	18,4	–	17,8	18,0	–	17,3
Alemanha	15,6	15,6	15,8	14,9	14,9	14,2	13,6	13,5	13,5	13,5	13,5	13,0	12,4
Alemanha Ocidental	14,6	14,8	14,9	14,0	14,1	13,7	13,0	12,9	13,0	13,0	13,0	12,6	12,3
Alemanha Oriental	19,1	18,7	19,1	18,3	18,0	16,2	15,9	15,4	15,7	15,5	15,6	14,7	13,0
Grã-Bretanha	7,7	7,5	7,4	7,1	7,0	7,4	7,5	7,2	6,8	6,9	–	7,0	6,8
Inglaterra e Gales	7,2	7,0	6,9	6,6	6,6	6,9	7,0	6,6	6,2	6,2	–	–	–
Escócia	12,1	12,2	12,2	11,7	11,8	12,8	12,6	12,8	12,0	12,6	–	–	–
Grécia	4,0	3,4	3,5	3,4	3,6	3,8	3,6	3,5	3,1	–	3,4	3,2	3,6
Irlanda	9,1	11,0	11,2	11,3	12,7	13,4	11,3	12,2	12,7	11,5	–	–	9,7
Itália	8,2	7,9	8,0	8,2	8,2	7,8	7,1	7,1	7,1	7,1	–	–	–
Luxemburgo	16,1	18,3	15,4	17,3	19,2	15,2	17,6	14,4	17,1	19,3	–	14,6	10,7
Noruega	13,7	12,2	12,6	11,8	12,1	12,3	13,1	12,1	12,1	–	11,0	11,5	11,5
Holanda	10,2	10,3	9,8	10,2	10,1	9,7	9,6	9,4	9,2	9,7	9,2	9,3	9,6
Portugal	7,9	7,7	8,2	6,6	6,3	5,6	5,5	5,1	7,4	11,7	11,0	–	8,6
Espanha	7,8	8,1	8,1	8,5	8,6	8,3	8,1	8,4	7,9	–	8,3	8,2	7,8
Suécia	15,7	15,1	15,3	14,2	13,6	13,9	13,8	12,7	13,4	13,2	–	–	13,5
Suíça	–	–	20,2	–	–	–	18,1	19,1	–	19,8	–	17,4	–

TAB. A.3. TAXA DE SUICÍDIO POR 100 MIL HABITANTES DE OUTROS PAÍSES, DE 1841 A 1991

	1841-1850	1881-1885	1901	1910	1920	1930	1940	1950	1960	1970	1980	1990	1991
Europa Oriental													
Bulgária	–	–	–	–	–	–	–	–	–	11,9	13,6	14,6	15,4
Polônia	–	–	–	–	–	–	–	–	8,2	11,2	11,2	13,0	13,9
Rep. Tcheca	–	–	–	–	–	–	–	–	–	–	–	19,3	18,5
Romênia	–	–	–	–	–	–	–	–	–	–	–	9,0	9,3
Rússia	2,6	4,0	4,8	–	–	–	–	–	15,2	30,2	34,8	26,9	27,1
Hungria	–	8,4	17,6	–	–	–	–	–	24,8	34,8	44,9	39,9	38,5
Outros países													
Argentina	–	–	–	–	–	–	–	–	–	9,9	7,1	6,5	5,9
Austrália	–	11,1	11,3	11,8	11,9	14,6	10,6	9,3	10,6	12,4	11,0	12,9	13,2
Brasil	–	–	–	–	–	–	–	–	–	–	3,3	3,2	3,4
Canadá	–	–	–	–	6,7	9,9	8,3	7,7	7,6	11,3	14,0	12,7	13,2
Chile	–	–	–	–	3,1	5,8	4,6	4,2	7,5	6,0	4,9	5,6	5,9
Cuba	29,7	–	14,9	–	–	–	–	18,2	10,3	11,8	–	20,2	–
Japão	–	14,4	17,6	18,9	19,1	21,8	13,8	19,6	21,5	15,2	17,6	16,3	16,1
Índia	–	–	–	–	–	–	–	–	–	8,0	6,3	8,9	–
México	–	–	–	–	–	–	–	1,8	1,9	1,1	1,7	2,2	2,4
Nova Zelândia	–	–	10,2	10,1	11,2	13,6	10,9	9,2	9,6	9,6	10,8	12,4	13,6
Sri Lanka	–	1,5	3,8	–	–	5,2	6,3	6,5	9,9	–	29,0	31,0	31,3
Estados Unidos	–	–	10,4	15,4	10,2	15,6	14,4	11,4	10,6	11,5	11,8	12,4	12,2

TAB. A.4. TAXA DE SUICÍDIO POR 100 MIL HABITANTES DE OUTROS PAÍSES, DE 1993 A 2005

	1993	1994	1995	1996	1997	1998	1999	2000	2001	2002	2003	2004	2005
Europa Oriental													
Bulgária	17,4	17,3	17,0	18,2	17,6	18,2	15,9	16,9	16,6	16,7	–	13,0	12,7
Polônia	14,6	14,3	14,3	14,1	–	–	14,9	15,1	15,2	15,5	15,3	15,9	15,8
Rep. Tcheca	18,6	18,1	17,5	15,2	16,2	15,7	15,7	16,1	15,9	15,0	–	15,5	15,3
Romênia	12,2	12,7	12,3	12,5	12,7	12,6	12,2	12,6	12,1	14,1	–	12,5	12,0
Rússia	40,0	43,2	42,8	40,6	38,8	36,6	40,9	41,2	41,8	40,6	–	34,3	–
Hungria	35,7	35,0	32,9	33,3	31,2	31,6	32,5	32,6	29,2	28,0	27,7	–	26,0
Outros países													
Argentina	6,6	6,6	6,4	6,4	6,2	6,5	6,6	7,5	–	–	–	–	–
Austrália	11,5	12,8	12,0	13,2	14,3	14,1	13,1	12,5	–	11,8	–	–	–
Brasil	3,6	3,7	4,1	4,1	4,2	4,2	3,9	3,9	–	4,3	–	–	–
Canadá	13,1	12,8	13,4	13,3	12,3	12,2	13,4	11,7	–	11,6	–	–	–
Chile	5,4	5,7	5,7	6,4	6,2	7,0	6,9	9,7	–	–	–	–	–
Cuba	21,9	20,9	20,3	18,3	18,3	18,5	18,4	16,5	–	–	–	–	–
Japão	16,6	16,9	17,2	17,8	18,8	25,4	25,1	24,1	–	23,8	–	–	–
Índia	–	–	9,7	–	–	–	–	10,6	–	10,5	–	–	–
México	2,7	2,9	3,1	3,3	3,6	3,5	3,4	3,5	–	–	–	–	–
Nova Zelândia	12,4	14,2	15,3	14,5	14,9	15,1	13,5	11,9	–	–	–	–	–
Sri Lanka	–	–	31,0	21,1	–	–	–	–	–	–	–	–	–
Estados Unidos	12,1	12,0	11,9	11,6	11,4	11,3	10,7	10,4	–	11,0	–	11,0	11,0

TAB. A.5. TAXA DE SUICÍDIO POR 100 MIL RESIDENTES NA ITÁLIA, DE 1981 A 2001, POR GRAU DE INSTRUÇÃO, IDADE E ÁREA GEOGRÁFICA

Ano	Idade	Itália Centro-setentrional					Itália Meridional e Insular					Itália				
		Diploma universi-tário	2° grau	1° grau	Primá-rio ou nenhum título	Total	Diploma universi-tário	2° grau	1° grau	Primá-rio ou nenhum título	Total	Diploma universi-tário	2° grau	1° grau	Primá-rio ou nenhum título	Total
1981	0-44 anos	4,4	3,8	4,2	2,9	3,9	4,5	3,5	2,6	2,1	2,6	4,4	3,7	3,7	2,6	3,4
	≥ 45 anos	11,6	9,2	11,1	14,1	14,9	9,2	6,4	6,9	9,4	9,9	10,9	8,5	10,1	12,6	13,3
	Total	6,9	4,9	5,6	8,4	8,1	6,0	3,9	3,2	4,9	4,9	6,7	4,6	4,8	7,1	6,9
1991	0-44 anos	4,4	4,1	6,4	3,1	4,9	4,4	3,5	3,9	2,1	3,2	4,4	3,9	5,5	2,6	4,2
	≥ 45 anos	7,5	8,8	8,4	16,3	14,3	8,0	6,8	8,9	10,6	10,5	7,7	8,3	8,5	14,4	13,1
	Total	5,6	5,2	6,9	11,0	8,9	5,7	4,1	4,7	5,9	5,6	5,6	4,8	6,2	9,0	7,7
2001	0-44 anos	3,0	3,1	7,1	2,5	4,9	2,4	3,2	4,2	1,6	3,6	2,8	3,2	5,9	2,1	4,4
	≥ 45 anos	5,9	6,1	8,5	13,4	11,5	5,2	2,7	8,1	8,0	8,0	5,6	5,1	8,4	11,5	10,3
	Total	4,3	4,0	7,6	9,9	8,0	3,7	3,1	5,2	5,3	5,4	4,1	3,7	6,8	8,2	7,1

TAB. A.6. Métodos usados pelas pessoas que se mataram na Itália em 2001 e 2002, por gênero e grau de instrução

	Homens				Mulheres			
	Diploma universitário	2º grau	1º grau	Primário ou nenhum título	Diploma universitário	2º grau	1º grau	Primário ou nenhum título
Enforcamento	32,1	41,9	50,3	52,8	17,2	30,1	33,6	32,6
Envenenamento	8,6	11,1	9,3	5,8	8,6	13,3	9,0	9,3
Afogamento	3,6	2,5	3,1	5,4	3,4	4,3	6,2	14,6
Armas de fogo ou material explosivo	21,7	21,7	17,7	16,3	3,4	6,6	5,0	1,6
Armas de corte	2,7	1,8	1,2	1,8	3,4	6,6	5,0	1,6
Queda	29,0	16,4	13,6	15,4	56,9	36,9	39,3	37,1
Outros	2,3	4,7	4,8	2,5	6,9	8,2	6,2	2,9
Total de suicídios	100,0	100,0	100,0	100,0	100,0	100,0	100,0	100,0
N	221	794	1.832	2.576	58	256	420	874

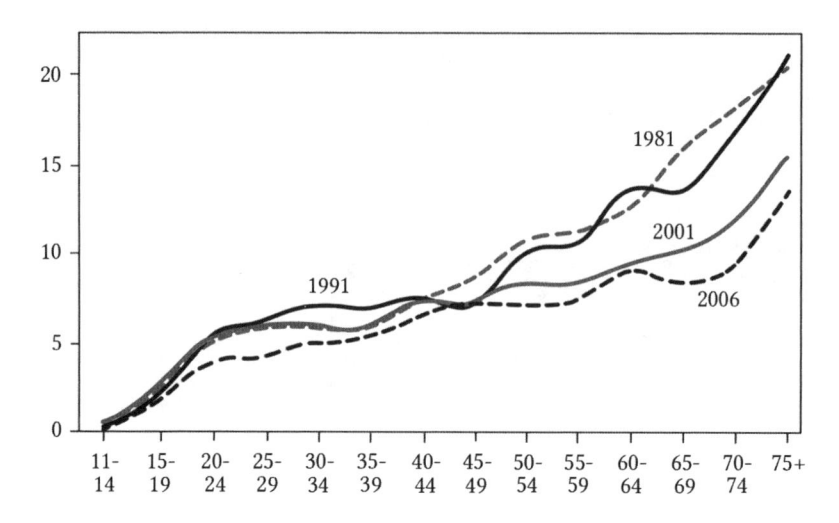

Fig. A.1. Taxa de suicídios na Itália nos anos 1981, 1991, 2001 e 2006 por faixa etária.

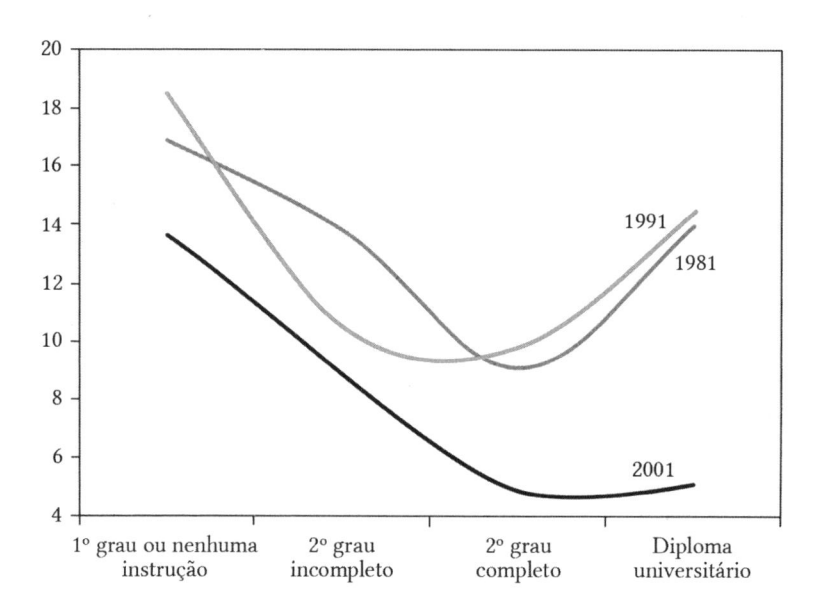

Fig. A.2. Taxa de suicídio das pessoas com 65 anos ou mais e residentes na Itália em 1981, 1991 e 2001, por grau de instrução.

Notas

Introdução

1 Durkheim (1897; trad. ital.: 1969, 340).
2 Ibid., 264.
3 Ibid., 429.
4 Ibid., 270.
5 Ibid., 268.
6 Ibid., 301.
7 Ibid., 307.
8 Ibid., 334.
9 Sobre isso e sobre a recepção e a fortuna do livro de Durkheim, cf. o importante ensaio de Besnard (2000).
10 Para uma resenha das críticas e do debate sobre o livro de Durkheim, cf. Pope (1976); Pickering e Walford (2000); Berk (2006). Para as fontes estatísticas e médicas de Durkheim, cf. o importante trabalho de Borlandi (2000).
11 Johnson (1965) foi um dos primeiros estudiosos a propor essa tese. Mas já Halbwachs (1930, 7 e 312) sustentara que somente um dos dois fatores da teoria de Durkheim – a integração social – era importante. Dúvidas sobre a distinção entre suicídio "egoísta" e "anômico" foram expressas por Giddens em 1968 (Giddens, 1971, 98). A tese de Johnson foi sustentada, nos seus primeiros trabalhos, também por dois dos maiores especialistas dos escritos do sociólogo francês: Lukes (1967, 139) e Poggi (1972, 200), que, contudo, mudaram de opinião a seguir (Lukes, 1973, 206; Poggi, 2000).
12 Pope (1976, 30-31).
13 Para Douglas (1967, 54), o conceito de integração social se presta a três diferentes interpretações; para Berk (2006, 62-69), até a cinco.
14 Douglas (1967, 163-231). Sobre essa questão, cf. tb. Timmermans (2005).
15 A questão começou a ser discutida mais de um século atrás por Krose (1906a, 7-10) e depois por Halbwachs (1930, 19-40). "As estatísticas sobre o suicídio são muito discutidas e com razão", escreveu esse estudioso (ibid., 19), que demonstrou como a reforma do sistema de investigação prussiano de 1883 produziu um aumento do número de suicídios (ibid., 23-24). Isso não impediu que tais estudiosos utilizassem as estatísticas oficiais de diversos países.
16 Besnard (1976); Pescosolido e Mendelsohn (1986); Diekstra (1995). Essas estatísticas são confiáveis também para as comparações internacionais, como mostraram numerosos estudos realizados sobre os processos migratórios nos Estados Unidos, Canadá e Austrália (Sainsbury e Barraclough, 1968; Whitlock, 1971; Burvill, 1998), evidenciando também que, quando o sistema de registro é o mesmo (o do país de chegada), entre os imigrantes permanecem algumas diferenças nas taxas de suicídio por nacionalidade semelhantes às existentes entre as populações dos países de origem. Sainsbury e Barraclough sustentaram que as estatísticas sobre os suicídios são "as mais precisas" no que se refere às causas de morte, porque são submetidas ao controle de várias autoridades independentes (a polícia, a magistratura, os oficiais sanitários). Para ulteriores informações sobre as estatísticas e as fontes, cf. o Apêndice.
17 Biggs (2005).
18 Durkheim (1897; trad. ital.: 1969, 184-185).
19 George Henry Savage (1842-1921), médico especialista em doenças mentais, foi codiretor do *Journal of Mental Science* e teve uma certa notoriedade na sua época. Sobre as suas pesquisas sobre o suicídio, cf. Gates (1980).

20 É provável que Durkheim tenha retomado de George Henry Savage a distinção entre suicídio egoísta e altruísta, mesmo tendo usado numa acepção diferente. Cf. Goldney e Schioldann (2004).
21 Douglas (1967, 23-32); Lukes (1973, 200-202); Poggi (2000; trad. ital.: 2003, 92-95). Lukes acrescenta que uma tipologia etiológica como a proposta por Durkheim impede ver: "1) que podem existir 3 outras tipologias que correspondem melhor aos dados sobre os suicídios. 2) Que podem existir outros fatores causais".
22 Lukes (1973, 202).
23 Em 1951, num importante ensaio sobre a utilização do suicídio de vingança em algumas populações africanas (republicado numa nova versão em 1971), Jeffreys propôs acrescentá-lo como quarto tipo aos três principais previstos por Durkheim (Jeffreys, 1971, 185-186). Bohannan (1960, 12) sustentou, porém, que Jeffrey estava errado, porque "o critério do suicídio por vingança não tem relação com o grau e o tipo de integração do grupo social, que é o critério principal da classificação de Durkheim". Ambos tinham uma parcela de razão. O primeiro porque o suicídio de vingança teve uma difusão e uma importância ainda maior do que então ele pensava (cf. *infra*). O segundo porque estava consciente do fato de que a tipologia durkheimiana era etiológica e dizia respeito não às intenções dos atores, mas às causas sociais do seu gesto. Jeffreys não podia então saber que Gabriel Tarde, num ensaio de 1897, que permaneceu inédito até 2000, sustentara a inadequação da tipologia de Durkheim para examinar o suicídio de vingança (Tarde, 1897) (cf. *infra*, nota 25).
24 Durkheim sustentou, desde as primeiras páginas do seu livro, que os propósitos dos atores têm pouca importância: "a diversidade dos moventes que podem ter ditado essas resoluções só pode dar vida a diferenças secundárias" (Durkheim, 1897; trad. ital.: 1969, 62). Essa escolha foi criticada por numerosos estudiosos (Halbwachs, 1930; Douglas, 1967; Lukes, 1973, 199-201).
25 Durkheim jamais fala do suicídio por vingança. Apenas relembra (1897; trad. ital.: 1969, 343) que alguns suicídios são "ameaças e queixas contra uma pessoa em particular a quem o indivíduo atribui responsabilidade pelas suas desgraças". Halbwachs fala do suicídio por vingança somente nas conclusões do seu livro (1930, 465-469). A importância do suicídio por vingança, porém, não escapou a Gabriel Tarde (1897). Tendo acabado de ler um ensaio de Matignon (1897) sobre a China, na revista que dirigia, ele observava que esse tipo de suicídio não encontra lugar na tipologia de Durkheim. "O suicídio por vingança, que é uma característica do suicídio chinês", certamente não era altruísta, escrevia. "É egoísta e maléfico num grau superlativo. O *fim* é o mesmo dos nossos *homicídios*, somente o meio utilizado pelo suicida difere, devido aos preconceitos chineses. Podemos talvez dizer que os nossos homicídios por vingança são *altruístas*?" (Tarde, 1897, 250). Por outro lado, o suicídio por vingança recebeu muitas páginas em Baechler (1975).
26 Ricci (1942, n. 159/9).
27 Summer Maine (1875) e Tamassia (1897) ocupavam-se do *dharna* (cf. mais adiante); Steinmetz (1898) e Lasch (1898) também dos suicídios por vingança na África, China e América do Sul.
28 Wisse (1933, 49, 62, 77, 115, 142, 311, 315, 436, 493); Metraux (1943); Jeffreys (1971); Strathern (1972); Panoff (1977); Baechler (1975, 534-542); Counts (1980; 1984; 1990); Bonnemère (1992); Ropp et al. (2001); Theiss (2004b).
29 Como escreveu Giddens (1965, 10), "a análise do suicídio tornou-se uma questão crítica na luta pelo reconhecimento da sociologia como disciplina acadêmica na França, uma luta sobre um terreno escolhido por Durkheim". À *thèse psychiatrique* sobre as causas do suicídio contrapôs-se a *thèse sociologique*. Naturalmente, psicólogos e psiquiatras ignoraram e atacaram duramente o livro de Durkheim (Giddens, 1965; Besnard, 2000). Vale lembrar que o estudo psicológico do suicídio tido por muito tempo como mais importante (Menninger, 1938) jamais citava o livro de Durkheim. Recentemente, Berrios e Mohanna (1990), reconstruindo as teorias sobre o suicídio dos psiquiatras oitocentistas franceses, sustentaram que Durkheim levou em consideração apenas pouquíssimos deles e fez uma apresentação cômoda das suas posições, a fim de podê-las criticar melhor.
30 É bom lembrar, contudo, que Durkheim (1897; trad. ital.: 1969) procurou construir não só uma sociologia, mas também uma psicologia do suicídio. No sexto capítulo do seu livro, ele procurou deduzir "as características morfológicas" a partir das "etiológicas", "classificar os atos e os atores num certo número de

categorias que correspondem, nas linhas essenciais, aos tipos de suicídio anteriormente construídos segundo a natureza das causas das quais derivavam e que são o seu prosseguimento no interior do indivíduo" (ibid., 345-346). O que caracteriza o suicídio egoísta passa a ser, assim, "um estado de melancólico langor, que reduz os estímulos da ação [...]. O indivíduo está a tal ponto envolvido em si mesmo" que "se afasta cada vez mais de tudo o que não lhe diz respeito de perto" (ibid., 337). O suicídio anômico é produzido pela "cólera e tudo o que habitualmente acompanha a desilusão" (ibid., 343; Poggi, 2000, trad. ital.: 2003, 95) apontou "uma excessiva desenvoltura nesse modo de proceder". Baudelot e Establet (2006, 246) disseram que Durkheim escreveu "esse capítulo quimérico [...] animado por um imperialismo sem complexos".

31 O leitor encontrará nas notas dos capítulos deste livro muitas indicações sobre tais pesquisas. Muitas informações sobre a história do direito encontram-se em Marra (1987). Para uma primeira revisão das pesquisas históricas sobre o suicídio, cf. Healy (2006) e Lederer (2006), para a Europa; Roop (2011) para a China; Andriolo (1993), Weinberger-Thomas (1996) e Major (2007), para a Índia. Sobre as missões suicidas: Gambetta (2005); Pedahzur (2005); Moghadam (2008). Falta uma boa e recente revisão das pesquisas antropológicas. O trabalho mais rico de informações continua a ser o de Wisse (1993), que naturalmente deveria ser atualizado. Sobre os fatores psicológicos e psiquiátricos: Cavanagh et al. (2003); Joiner et al. (2005).

32 E, no entanto, como observou Thomas Scheff (2006, 205) referindo-se a duas dessas disciplinas, "um exemplo de especialização prematura é o modo como os estudos sociológicos e psicológicos sobre o suicídio se concentraram numa abordagem disciplinar e não interdisciplinar. Cada uma dessas disciplinas sente justo orgulho pelos progressos realizados com a abordagem monodisciplinar, de modo que tendem a se repetir sem dar mais passos à frente. É evidente que a necessidade de integração das abordagens é um remédio amargo, que, contudo, deve ser tomado".

33 Poggi (2000; trad. ital.: 2003,14). Essa ideia foi expressa, com outras palavras, por um aluno de Durkheim, Albert Bayet (1922), num livro que continua fundamental para a documentação reunida, em que escreveu que, "depois de ter consagrado mais de trezentas páginas ao suicídio como fenômeno social", o mestre havia consagrado "somente dez ao estudo da avaliação do suicídio, fenômeno moral", levara em consideração somente o direito, servira-se somente do trabalho de Garrison, que "contém graves erros", que ele repetira (ibid., 7-9; cf. tb. Marra, 1987). Acrescento, para não ser mal-entendido, que Durkheim trouxe importantes contribuições ao estudo da cultura em suas outras obras. O seu *As formas elementares da vida religiosa*, de 1912, é hoje considerado por alguns estudiosos como o texto clássico fundador da análise cultural em sociologia. Não, entretanto, no seu livro sobre o suicídio, todo ocupado, como estava, com os problemas da desorganização social da Europa Ocidental.

34 Berk (2003, 67).

35 É desse modo que hoje um grupo cada vez mais numeroso e influente de estudiosos define o conceito de cultura. Além do clássico trabalho de Geertz (1973), cf. Swidler (1986); Di Maggio (1977); Santoro e Sassatelli (2009).

36 Sêneca, *De ira*, 3, 15, 4.

37 Elster (1993; 1999).

38 É esta, de modo extremamente sintético, a tese principal da teoria do *appraisal*. Para uma útil introdução ao estudo das emoções, cf. Anolli (2002).

39 Há importantes exceções. Giddens (1971) propôs uma nova tipologia justamente para levar em conta esses fatores. A esses fatores dedicou muito espaço Baechler (1975). Baudelot e Establet (2006, 248-250) abraçaram a tese do epidemiologista Jean-Pierre Kahn de que os fatores de risco primário de suicídio são constituídos pelos distúrbios psiquiátricos (além de precedentes familiares), os de risco secundário pelos eventos negativos da vida (perda precoce de um dos pais, viuvez) e que as variáveis das quais se ocupam habitualmente os sociólogos (gênero, idade, classe social de pertença) sejam fatores de risco terciário, que não têm nenhum valor preditivo na ausência dos fatores de risco.

40 Harris e Barraclough (1997); Cavanagh et al. (2003); Joiner et al. (2005).

41 Palmer et al. (2005).

42 Harris e Barraclough (1997); Joiner et al. (2005); Kapu (2006).

43 Dumais et al. (2005); Swann et al. (2005); Zouk et al. (2006).

44 Moeller et al. (2001, 1.784).
45 Woolf (1988; trad. ital.: 1989, 41).
46 Woolf (1999, 1.375).
47 Durkheim (1897; trad. ital.: 1969, 125).
48 Martin (2006).
49 Roy (1987); Joiner et al. (2005); Voraceck e Loibl (2007).
50 Courtet et al. (2005).
51 Joiner et al. (2005); Courtet et al. (2005).
52 Sobre as pesquisas sobre as estatísticas sobre o suicídio que realizei para este livro, cf. o Apêndice.
53 O nível de conhecimento sobre as normas sociais e jurídicas a respeito do suicídio na Europa entre os séculos XVIII e XIX varia muito segundo os países e é mais elevado na Inglaterra, Holanda, Alemanha, Suíça, França, Suécia e Rússia do que na Espanha e na Itália. As pesquisas que realizei a esse respeito sobre o nosso país, trabalhando sobre fontes impressas, chegaram a resultados insatisfatórios. Para uma primeira orientação, cf. Pertile (1876, vol. V); Massetto (2004).

Capítulo 1

1 Morselli (1879, 51).
2 Durkheim (1897; trad. ital.: 1969, 437).
3 Plaut e Anderson (1999, 47).
4 Engels (1845; trad. ital.: 1973, 152).
5 Morselli (1879, 51).
6 Durkheim (1893 trad. ital. 1962, 11).
7 Cf. as tabelas apresentadas no Apêndice.
8 Morselli (1879, 92).
9 Fedden (1938, 146-150).
10 Krose (1969a, 25-26); Murray (1998, 356-362). R. e M. Wittkower (1963; trad. ital.: 1968, 160) lembram que, no diário florentino iniciado em 1450 por Luca Landucci e mantido por um anônimo até 1542, são mencionados somente oito suicídios. Mas veem-se também as suas observações sobre os suicídios dos artistas europeus de 1350 a 1800 (ibid., 163-164).
11 Midelfort (1996).
12 Minois (1995, 75).
13 Murray (1998, 368-378) e Lederer (2005a, 61-69), que apresentam uma série histórica do número de suicídios cometidos em Augsburgo, na Baviera, de 1555 a 1694.
14 Robbins (1986); Robson (1995).
15 Bartel (1959-1960, 147).
16 Ibid.
17 Miller (1937, 371).
18 Wade (1931, 30); Hmp (1950, 110).
19 Apud Gidal (2003, 23-24).
20 Cheyne (1733, i-iii).
21 Montesquieu (1749; trad. ital.: 1989, 395-396).
22 Voltaire (1759; trad. ital.: 1974, 62).
23 Madame de Staël (1813, 189).
24 Apud Bernardini (1999, 267).
25 Esses dados são da primeira (e já esquecida) tabela estatística sobre o suicídio publicada na Europa. Foi apresentada num livro de Johann Peter Sussmilch (1761), um pastor protestante alemão considerado hoje como um dos pais fundadores da demografia. Para o período compreendido entre 1686 e 1750, esse estudioso trazia, a respeito de Londres, uma série histórica de dados anuais do número de suicídios, dos

encontrados mortos por causa ignorada, dos assassinados e do total de mortos. Assim, por exemplo, na capital inglesa, em 1686, morreram 22.609 pessoas das quais 11 por suicídio, 14 assassinadas, 11 encontradas mortas por causa desconhecida. É possível que entre essas últimas estivessem também suicidas, uma hipótese apresentada por Krose (1906a, 24). Nos 64 anos considerados, contudo, o número de suicidas e os de encontrados mortos por causa ignorada tiveram o mesmo andamento crescente, enquanto diminuiu o número de pessoas assassinadas, pelos motivos que veremos no terceiro capítulo.

26 Montagu (1837, 303).
27 Minois (1995, 217).
28 Longino Farrell (1992).
29 De Sévigné (1972; trad. ital.: 1993, 70-71).
30 McManners (1981; trad. ital.: 1984, 592).
31 Mercier (1781, 60-61).
32 Ibid.
33 Stendhal (1829, 425).
34 Merrick (1989, 1-2).
35 Todos os estudiosos do século XIX sustentaram, baseando-se em dados estatísticos, que Paris tinha uma taxa de suicídio muito mais alta do que a de Londres. Segundo Quételet (1835, 147), por volta de 1820, Paris tinha uma taxa de suicídio de 49 por 100.000 habitantes, Hamburgo 45, Berlim 34, Londres 20. A capital francesa conservou por muito tempo essa primazia. Com um intervalo de quinze anos um do outro, baseando-se em dados estatísticos de fontes diferentes a respeito das principais cidades europeias, tanto Brierre de Boismontt (1865, 492) quanto Morselli (1879, 282) mostraram que Paris era a cidade em que o suicídio fazia mais vítimas. Pouco tempo depois, Oettingen (1881, 49) apresentava essas taxas, relativas a 1875-1879: Londres 8,5; São Petersburgo 16; Berlim 28; Paris 40; Leipzig 45. Mas cf. tb. Morselli (1885, 31-33).
36 Krose (1960a, 26; Watt (2001, 66).
37 Krose (1960a, 26).
38 Outram (1989, 90-91).
39 Jansso (1998, 25-26 e 138).
40 Morselli (1879, 58-69).
41 Verkko (1951, 1.222).
42 Schär (1985, 31-35, 261-265).
43 Watt (2001, 24) e comunicação pessoal desse autor.
44 Watt (2001, 322).
45 Wagner (1864, 197-207); Brierre de Boismont (1865, 491-493); Morselli (1879, 270-287).
46 Voltarei no terceiro capítulo sobre a questão das classes nas quais começou essa mudança.
47 Morselli (1879, 270-287); Halbwachs (1930, 169-196).
48 Para ulteriores dados estatísticos sobre as diferenças entre suicídios masculinos e femininos para muitos países europeus durante o século XIX, cf. Krose (1906b, 15-24).
49 Watt (2001, 34-35).
50 Remeto-me também nesse caso aos resultados da pesquisa de Watt (2001, 273-276). Não sabemos, entretanto, nada (e provavelmente jamais conseguiremos saber alguma coisa) sobre a relação entre idade e frequência com que as pessoas se tiravam a vida na Idade Média, apesar da extraordinária documentação reunida por Murray (1998, 395-399).
51 Quételet (1835, 156); Lisle (1856, 42-51); Morselli (1879, 308-311).
52 Durkheim (1897; trad. ital.: 1969, 396-397).
53 Ibid., 397.
54 Ibid.
55 Beccaria (1965, 79).
56 Geiger (1889b, 389-390; 1891, 5-6); Murray (2000, 23-24). Segundo Dieselhorst (1953, 63), em Nuremberg o costume de fazer sair o suicida pela janela durou até meados do século XVIII.
57 Joblin (1994).

58 Giansante (1993).
59 Porteau-Bitker (1999).
60 Murray (2000, 188-191).
61 Manara (1668, 699); Le Brun de la Rochette (1661), apud Joblin (1994, 118-119).
62 Iodocus Dambhouderius (1601), apud Massetto (2004, 142).
63 Burton (1932, vol. III, 408).
64 Murray (1998, 132-133).
65 Pertile (1876, vol. V, 171); Carbasse (2006, 305-306).
66 Montesquieu (1721; trad. ital.: 1997, 166).
67 Apud Vandekerckhove (2000, 54).
68 Ibid.
69 Bayet (1992, 440).
70 Murray (2000, 34-35).
71 Pertile (1876, 510).
72 Ibid. Para outras sanções contra os suicidas na Itália, do século XIII ao XV, cf. Murray (2000, 29-30, 35-37).
73 Kohler et al. (1909, 88-89 e 203).
74 Watt (2001, 85ss.).
75 Mäkinen (1997, paper III, 6 e 11).
76 Kushner (1991, 22).
77 Paperno (1997, 55-56); Morrissey (2005, 130).
78 Silving (1957, 83).
79 VV. AA. (1839, 175).
80 Westermarck (1912, vol. II, 254-257).
81 Wacke (1980, 33).
82 Joblin (1994, 11).
83 Van der Made (1948, 37).
84 Fedden (1938, 140).
85 Watt (2001, 82-83).
86 Massetto (2004, 148).
87 Murray (2000, 37-41).
88 Massetto (2004, 162-163).
89 Apud Vandekerckhove (2000, 60).
90 Bayet (1922, 438).
91 Carbasse (2006, 277).
92 Bayet (1922, 437).
93 Apud Vandekerckhove.
94 Groot (2000).
95 Geiger (1889b, 391-392; 1891, 15).
96 VV. AA. (1805, 23). O advérbio "appensatamente", de origem catalã, significa "deliberadamente". Devo essa informação a Anna Oppo e Giovanni Lupiu.
97 Watt (2000, 83).
98 Signori (1994, 29).
99 Motta (1888). Conflitos, nesse campo, entre o poder eclesiástico e o temporal ocorreram também em outras partes da Europa, por exemplo, em alguns estados alemães (Koslofsky, 2004).
100 Guiance (1998, 367-369).
101 Vivanco (2004, 88).
102 Platão, *As leis*, ix.
103 Murray (2000,42).
104 Ariés (1977); Brown (1981).

105 Alvis (2004).
106 Sobre os luteranos, cf. Diselhorst (1953, 78-79).
107 Besta (1908-1909, vol. II, 219).
108 Vandekerckhove (2000, 63-64).
109 MacDonald e Murphy (1990, 47).
110 Westermarck (1912, vol. II, 255).
111 Vandekerckhove (2000).
112 Massetto (2004, 159); Koslofsky (2001, 51); Vandekerckhove (2000, 21).
113 Jr 22,19.
114 Koslofsky (2001, 51). Segundo a pesquisa de Schimdt-Kohlberg (2003), em Württemberg, no século XVII, se o suicida tinha má reputação, o seu cadáver era enterrado debaixo da forca; do contrário, era sepultado num local distante e deserto.
115 Jansson (1998, 29).
116 Massetto (2004, 159).
117 Joblin (1994, 109).
118 Massetto (2004, 159); Lederer (2006, 251).
119 Kushner (1991, 14).
120 Bayet (1992, 441).
121 Lederer (2005, 51-55).
122 Murray (2000, 38).
123 Lederer (2005a, 51-53; 2006, 251-252).
124 Koslofsky (2001, 51).
125 Joblin (1994, 109).
126 Jansson (1998, 29); Koslofsky (2001, 51).
127 Vidor (2008).
128 Morrissey (2006, 28-29).
129 Geiger (1891, 11).
130 Diselhorst (1953, 139-143).
131 Vandekerckhove (2000, 67).
132 De l'Arbe (1921, 25-27).
133 Vandekerckhove (2000, 68).
134 Tognina (2003).
135 Para os escravos e os soldados, cf. mais adiante.
136 Na antiga Roma, o suicídio por enforcamento era considerado um ato vergonhoso, que suscitava uma grande reprovação moral (Voisin, 1879).
137 Grisé (1982, *passim*); Van Hoof (1990).
138 Como escreveu Plínio o Velho (1982, 227): "Quanto à imperfeição da natureza humana, a maior consolação é que nem Deus pode tudo – de fato, mesmo que quisesse, não poderia tirar a própria vida (a maior dádiva para o homem, diante das grandes dores do viver)".
139 Griffin (1986).
140 Macróbio (2007, 343).
141 Volterra (1933); Grisé (1982, 263-279); Murray (2000, 165-177).
142 Bels (1975).
143 Amundsen (1999).
144 Agostinho (1992, 38 e 32-33).
145 Como observou Van der Horst (1971), a diferença entre Agostinho e Macróbio é que, para o primeiro, o suicídio é um pecado contra Deus.
146 Agostinho (1989, 32).
147 Agostinho (1992, 40).
148 Ibid.

149 Ibid., 39.
150 Ibid., 34-35.
151 Bels (1975, 173).
152 Agostinho (1992, 35).
153 Lívio (2007, 151-153).
154 Amundsen (1999, 99-102).
155 Eusébio de Cesareia (1979, 462-463).
156 Agostinho (1992, 30).
157 Ibid., 30.
158 Ibid., 32.
159 Ibid., 35.
160 Durkheim (1897; trad. ital.: 1969, 390).
161 Bayet (1992, 377-378).
162 Ibid.
163 Vandekerckhove (2000, 21).
164 Midelfort (1996).
165 Paperno (1997, 49-53); Morrissey (2006, 29).
166 Donaldson (1982, 23-25).
167 Senault (1644; trad. ital.: 1700, 309).
168 Tibbetts Schulenberg (1986).
169 Ibid.
170 Müller (1989, 19-21).
171 Ibid., 22.
172 Ibid.
173 Ibid., 23-32.
174 Hitchcock (2008, x).
175 Drees (1990, 70).
176 Safran (2001). Mesmo os árabes sentiram a influência da cultura dos vencidos, quando menos porque muitos muçulmanos se casaram com mulheres cristãs.
177 Wolf (1988, 23); Hitchcock (2008, 29-30).
178 Wolf (1998, 30).
179 Ibid., 35.
180 Dress (1990, 74).
181 Safran (2001).
182 Drees (1990, 83-89).
183 Sorabji (2000).
184 Evágrio Pôntico (1992, 84-86).
185 Casagrande e Del Vecchio (2000, 182-183).
186 Schmitt (1976).
187 Bunge (1999; trad. ital.: 1999, 47-49).
188 Ibid., 30 e 55.
189 Cassiano (1563, 58).
190 Cutter (1983, 135-137).
191 Katzenellenbogen (1939, 8, nota 1).
192 João Crisóstomo (2002, 25).
193 Apud Bunge (1995; trad. ital.: 1999, 89).
194 João Crisóstomo (2002, 44-45).
195 Evágrio Pôntico, apud Bunge (1995; trad. ital.: 1999, 89).
196 Cassiano (1563, 63).
197 *Segunda Epístola aos Coríntios*, vii, 10.

198 Cassiano (1563, 65).
199 *Segunda Epístola aos Coríntios*, ii, 6-7
200 Evágrio Pôntico (1990, 51).
201 Cassiano (1563, 64).
202 Evágrio Pôntico, apud Bunge (1995; trad. ital. 1999, 58).
203 Wenzel (1960).
204 Murray (2000, 376).
205 Sachs (1964).
206 Porteau-Bitker (1999, 306-307); Murray (2000, 382).
207 Agostinho (1992, 28).
208 Murray (2000, 323-330); Robson (2002).
209 Bourquelot (1841-1842); Sachs (1964).
210 Cutter (1983, 156-162).
211 Scnitzler (1996; 2000).
212 Marro (1925); Plesh (2006).
213 Plesh (2006, 206).
214 Snyder (1965); Harris e Newhauser (2005).
215 Midelfort (1996).
216 Apud MacDonald e Murphy (1990, 34).
217 MacDonald (1998, xviii).
218 Sym (1637, 246-247).
219 Spenser (1590; trad. ital.: 1954, 337).
220 Ibid.
221 Frank (1994, 169-175).
222 É uma tese sustentada por muitos estudiosos das crenças populares (cf. Lederer 2005a), mas não compartilhada por Murray (2000, 38).
223 Westermarck (1912, vol. II, 255-256).
224 Ivanits (1992).
225 Joblin (1994, 110).
226 Murray (1998, 111-113).
227 Bayet (1992, 93).
228 Lederer (1998, 361-364).
229 Watt (2001, 86).
230 Burckhardt (1860; trad. ital.: 1980, 482).
231 Lederer (1998, 360-361).
232 Morrissey (2005, 117 e 142).
233 *Fédon*, 62C.
234 Hirzel (1908, 273).
235 Cícero (1998, 221).
236 Macróbio (2007, 343).
237 Bayet (1992, 203); Grisé (1982, 270-276).
238 Grisé (1982, 277-278).
239 Bayet (1922, 503).
240 Apud Van der Made (1948, 47-48).
241 Timbal (1943-1944, 78).
242 Apud Vandekerckhove (2000, 96-97).
243 Gomez (1998, 119-120).
244 Walker (2004, 23-26).
245 Piersen (1977, 152-154).
246 Steinmetz (1894, 51); Lasch (1898, 38).

247 Jeffreys (1971, 193-194).
248 Courcelle (1958, 229).
249 Petrarca (1993, 927).
250 Dumont (1948, 557).
251 Assim escreveu nas suas memórias, publicadas em 1718 em Amsterdã: *"facius novum, nec admodum credibile"*. Stuart apresenta um longo trecho (2008, 422).
252 Ibid.
253 Paul Wulf deixou uma longa confissão escrita de próprio punho. Jansson a sintetizou (1998, 551-552; 2004).
254 Jansson (1998; 2004); Lind (1999, 61-62, 175-177, 180-181); Martschukat (2000); Koslofsky e Rabin (2005); Stuart (2008).
255 Jansson (1998, 59).
256 Stuart (2008, 415).
257 Koslofsky e Rabin (2005, 53).
258 Ibid.
259 Schreiner (2003, 61). A expressão usada por Hommel é "mittelbarer Selbstmord".
260 Lind (1999, 61-63, 189-192, 335-338) chamou-o "suicídio escondido", Stuart (2008) *suicide by proxy*.
261 Lind (1999, 335); Stuart (2008, 429-430).
262 Diselhorst (1953, 126-129); Lind (1999, 325-334).
263 Stuart (2008, 41).
264 Jansson (2004, 97).
265 Ibid., 81-82.
266 Stuart (2008, 440).
267 Jansson (2004, 98-99).
268 Lind (1999, 62-63).
269 Assim dizia a lei da Prússia (Stuart, 2008, 443).
270 Fedden (1938, 152).
271 Morillo (2001).
272 Robson (2002, 34).
273 Mac Donald e Murphy (1990, 50).
274 Villon (1971, 76-77).
275 Cellini (1973, 261-262).
276 Apud Vandekerckhove (2000, 128).

Capítulo 2

1 Sprott (1961, 154).
2 Bernardini (2001, 348).
3 Trevor (2000).
4 Ramsay Roberts (1947).
5 Beauchamp (1976).
6 Bourquelot (1841-1842, 475).
7 Patrick (1984); Garavini (1991); Bernardini (2001).
8 Montaigne (1966, 449).
9 Moro (1981, 97).
10 Cahn (1998, 95-122).
11 Moro (1981, 98).
12 Montaigne (1996, 466).
13 Donne (1624; trad. ital.: 1994, 80).

14 Siemens (2001); Kitzes (2006, 105-122).
15 Donne (1608; trad. ital.: 1993, 45).
16 Ibid., 131.
17 Apud Trevor (2000,93).
18 Collmer (1969).
19 Borges (1974; trad. ital.: 1984, 996).
20 Montesquieu (1721; trad. ital.: 1997, 166).
21 Radicati di Passerano (1732; trad. ital.: 2003, 137).
22 Beccaria (1965, 79-82).
23 Cahn (1998, 104-108).
24 Montaigne (1996, vol. I, 450-451).
25 Ibid., 451.
26 Hume (1874-1875; trad. ital.: 1992, 49).
27 Donne (1608; trad. ital.: 1993, 23).
28 Ibid., 131.
29 Ramsay Roberts (1947); Allison (1991).
30 Apud Ramsay Roberts (1947, 958).
31 Montesquieu (1721; trad. ital.: 1997, 283).
32 Radicati di Passerano (1732; trad. ital.: 2003, 131-132).
33 Beccaria (1965, 79).
34 Montesquieu (1721; trad. ital.: 1997, 166-167).
35 Hume (1874-1875; trad. ital.: 1992, 57).
36 Montesquieu (1721; trad. ital.: 1997, 167).
37 Ibid.
38 Radicati di Passerano (1732); Cavallo (2003).
39 Hume (1874-1875; trad. ital.: 1992, 56).
40 Ibid., 52.
41 Cahn (1998, 110).
42 Bayet (1992, 455-460).
43 Ibid., 481-493).
44 Rolfs (1981, 33-34).
45 Boccaccio (1963, 371).
46 Ibid., 269.
47 Rolfs (1981); Iventosch (1974).
48 Bayet (1992, 524). O título do romance é *Le lit d'honneur de Chriclée*.
49 Paulin (1977, 264-269, 310, 462-476); Wymer (1982).
50 Paulin (1977, 462-479).
51 Wymer (1982, 156). Por mais que se preste a várias interpretações (Donaldson 1982; Hults 1991; Bousquet 2002), a vastíssima produção artística e literária que, principalmente nos séculos XVI e XVII, em muitos países da Europa, representou e contou a história de Lucrécia faz pensar que a condenação moral do seu suicídio por parte de Agostinho suscitou sempre mais dúvidas e perplexidades nos pintores, escritores e no seu público. Alguns forneceram uma imagem sempre mais erotizada dessa esposa romana, outros a apresentaram como uma mulher exemplar, digna da maior admiração pelas suas virtudes, a sua coragem e a sua castidade. O seu suicídio foi sempre visto mais como um ato compreensível, se não até aceitável. De resto, eram muito distantes dos ensinamentos de Agostinho os ilustres personagens que, no início do século XVI, conversavam amavelmente na corte de Urbino (em *Il libro del cortigiano* [*O livro do cortesão*] de Baldassare Castiglione), tecendo os louvores das mulheres que naqueles anos, depois do saque de Cápua pelos franceses ou em outras ocasiões, tinham "eleito a morte antes do que perder a honestidade" e se haviam afogado "pela dor da perda da virgindade" (Castiglione 1998, 316-319).
52 Grisé (1982, 23).

53 Porteau-Bitker (1999, 307).
54 Daube (1972).
55 Bayet (1992, 678).
56 Barraclough e Shepherd (1994); Shepherd e Barraclough (1977).
57 Dolev (1999, 134) lembra que, na vida monástica do século XV, havia três classes e que os convertidos se encontravam na segunda.
58 Wittkower e Wittkower (1963; trad. ital.: 1968, 123-128); Midelfort (1999, 26-32); Dolev (1999).
59 Gowland (2006a; 2006b).
60 Lederer (2006, 19).
61 Bright (1586; trad. ital.: 1990, 216).
62 Burton (1932, vol. III, 431-432).
63 Ibid., 438.
64 Klibansky et al. (1964).
65 É o autor anônimo do *De mundi constitutione*, atribuída por alguns a Beda.
66 Apud Klibansky et al. (1964; trad. ital.: 2002, 7).
67 Brann (1979).
68 Guaccio (1626, 186).
69 Simonazzi (2004, 155-161).
70 Shakespeare (1981, 693).
71 Gowland (2006b, 86).
72 Bright (1586; trad. ital.: 1990, 344).
73 Ibid., 348.
74 Simonazzi (2004, 125-129, 134-138).
75 Babb (1951, 26-30).
76 Schmidt (2007, 152).
77 Cheyne (1733, ii).
78 Simonazzi (2004, 185-252).
79 Durkheim (1897; trad. ital.: 1969, 390-391).
80 Bayet (1922, 666-678); Minois (1995, 326-328).
81 Voltaire (1977, 15 de fevereiro, art. V).
82 Apud Bayet (1992, 675).
83 Merrick (1989, 29-30).
84 Mercier (1781, 60).
85 Bayet (1922, 674-676).
86 Ibid., 677.
87 Burgess-Jackson (1982, 75).
88 Seabourne e Seabourne (2000).
89 Groot (2000), Seabourne e Seabourne (2000); Butler (2006a).
90 MacDonald e Murphy (1990).
91 Ibid., 29.
92 Seaver (2004, 25).
93 Seaver (2004).
94 Bosman (2004).
95 Ibid.
96 Porret (2007, 173).
97 Watt (2001).
98 Porret (2007, 174).
99 Watt (2001, 81 e 123).
100 Lind (1999); Lederer (2006).
101 Dieselhorst (1953, 122-123).

102 Lederer (2006, 251).
103 Ibid., 242-256.
104 Lind (1999, 347-362).
105 Minois (1995, 327-328).
106 Alvis (2004, 244-246).
107 Kselman (1988, 320-321).
108 Morrissey (2006, 235).
109 Kushner (1991, 30).
110 Lind (1999, 56).
111 Bernardini (1994, 94-96); Lind (1999, 57-58).
112 Bernstein (1907, 33-34).
113 Bayet (1922, 698).
114 Bernstein (1907, 44-45).
115 Bosman (2004).
116 Geiger (1891, 30).
117 MacDonald e Murphy (1990, 346-347).
118 Anderson (1987, 266-269).
119 VV. AA. (1839, 174).
120 Morrissey (2006, 93-105).
121 *Catecismo da Igreja Católica* [disponível em: http://www.vatican.va/archive/cathechism_po/index_new/p3s2cap2_2196-2557_po.html].
122 Assim o definiu MacDonald (1989).
123 Bernardini (1994, 94-95).
124 Apud Wymer (1982, 20-21).
125 Trevor (2004, 108).
126 MacDonald e Murphy (1990, 157-159, 273-274, 319-321).
127 Lind (2004, 68-69).
128 Ibid., 70.
129 Donne (1611; trad. ital.: 2007, 689-691).
130 Thomas (1971); Macfarlane (2000).
131 A proposta foi apresentada por Lazare Carnot. O artigo 5 do seu texto dizia: "todo cidadão tem o direito de vida e de morte sobre si mesmo; o de falar, escrever, imprimir, publicar os seus pensamentos; o de adotar o culto que lhe convém; a liberdade, enfim, de fazer o que julga adequado, desde que não perturbe a ordem civil" (Saitta, 1975, 300). A sua proposta não foi aprovada e não entrou na constituição de 24 de junho de 1793, que, aliás, nunca chegou a vigorar.

Capítulo 3

1 Goethe (1816-1817; trad. ital.: 1970, 324-325).
2 Ibid., 324.
3 Ibid.
4 Segundo as estimativas de Eisner (2003, 99), a Itália tinha uma taxa de homicídio de pelo menos 10 por 100 mil habitantes, enquanto, segundo as minhas estimativas, a de suicídio era provavelmente inferior a 2 por 100 mil habitantes.
5 Murray (1998, 359-362).
6 Schär (1985, 263); Spierenburg (1996, 80); Watt (2001, 24 e 56); Jansson (1998, 16 e 26).
7 Segundo os dados publicados por Süssmilch (1761, 541-552), no quinquênio 1686-1690, houve 89 suicídios e 101 pessoas "mortas" (*ermordete*). Mas entre elas incluíam-se também as que haviam sido executadas por sentença em tribunal. Assim, é provável que, excetuando-se esses casos, as pessoas assassinadas eram

em número inferior ao de suicidas. Em todo caso, em 1691-1695, os suicídios passaram para 93 e as pessoas "mortas" para 86. Desde então, o número de suicídios continuou a aumentar (como já se viu), passando a 235 no quinquênio 1721-1725, enquanto o de pessoas "mortas" diminuiu constantemente, chegando a 42 nesse mesmo quinquênio.

8 Schär (1985, 263); Watt (2001, 24 e 56); Jansson (1998, 16 e 26).
9 Na Prússia, em 1876, o número de suicídios era quase dez vezes maior do que o de vítimas de homicídio (Direção geral da estatística, 1879, CCLXI).
10 Shoemaker (2001, 191). Mas já Süssmilch (1761, 551) havia observado que em Londres, no final do século XVII, os homicídios eram poucos e que as mortes decorrentes de furtos e roubos eram em número muito menor do que em Paris.
11 Esses dados provêm de um *data set* que criei durante as minhas pesquisas para este livro. Cf. o Apêndice, p. 433.
12 Eisner (2003, 101).
13 Spierenburg (1996, 94).
14 Cf. os dados apresentados por Eisner (2003, 99).
15 Segundo os dados de Eisner (ibid.), na Itália isso ocorreu por volta de meados do século XIX.
16 Eisner (ibid., 99-101).
17 Não há estimativas sobre a evolução das taxas de homicídio e de suicídio na Rússia para o século XIX. Contudo, segundo os resultados das pesquisas de Hermann (1833-1834), em 1821-1822 na Rússia o número de suicídios era o triplo do de homicídios.
18 Unnithan et al. (1994); He et al. (2003).
19 Guerry (1833, 65).
20 Morselli (1886).
21 Ferri (1925, 729).
22 Durkheim (1897; trad. ital.: 1969, 403).
23 Ferri (1925, 722).
24 Henry e Short (1954); He et al. (2003).
25 Agostinho (1989, 31).
26 Mauss (1896).
27 Gauvard (1991, 798-813); Carbasse (2006, 300-310).
28 Leveleu (2001, 125, 128-132, 166).
29 Flynn (1995); Nash (2007).
30 Kantorowicz (1957; trad. ital.: 1989, 12).
31 Ibid., 14.
32 Jousse (1771, 709-710).
33 Carbasse (2006, 306).
34 Muyart de Vouglans (1757, 537).
35 Eisner (2003).
36 Zorzi (2002, 140).
37 Zorzi (2002).
38 Hanawalt (1979, 59-61).
39 Eisner (2003, 129).
40 De Beaumanoir (1899, vol. I, 430).
41 Gauvard (1991, vol. I, 281); Smail (2003, 167).
42 Zorzi (2002, 140).
43 Onori (2009).
44 Alguns estudiosos falam de "infrajustiça".
45 Zorzi (2007).
46 Petkov (2003); Niccoli (2007, 76-85); Spierenburg (2008, 43-57).
47 Niccoli (2007, 81).

48 Petrile (1876, 194-211); Carbasse (2006, 91-93 e 117-118).
49 Rousseaux (1999b, 254).
50 Waardt (1996).
51 Gauvard (2001, 378-379).
52 Gauvard (1991).
53 Ibid., 798-806; Gauvard (2005, 60-65).
54 Leveleux (2001, *passim*).
55 Gauvard (1991, 808).
56 Rousseaux (1999a).
57 Angelozzzi e Casanova (2003, 19).
58 Ruff (2001, 45-49).
59 Ibid.
60 Eisner (2003, 127-128).
61 About (1861a, 140-142).
62 Shoemaker (2000).
63 Spierenburg (2006).
64 Ibid., 20.
65 Larner (1972, 66-68).
66 Delumeau (1983; trad. ital.: 1987, 390).
67 Niccoli (2007, 172).
68 Ibid., 183.
69 Ibid., 190.
70 Lisle (1856, 59-64).
71 Durkheim (1897; trad. ital.: 1969, 207).
72 Morselli (1879, 361).
73 Krose (1906b, 109). Mas cf. tb. Morselli (1885, 52-55); Von Mayr (1917, 330-336); Rice Miner (1922, 47-59). Os resultados dessas pesquisas – observa Krose (1906b, 109) – "contradizem o preconceito difundido de que habitualmente as causas do suicídio são a necessidade material ou as condições financeiras desfavoráveis". Rice Miner (1922, 50) assinala que, segundo os dados relativos à Itália e à Inglaterra, mesmo os serviçais tinham uma taxa de suicídio relativamente alta.
74 Ibid., 363.
75 Durkheim (1897; trad. ital.: 1969, 211).
76 Watt (2001, 147-191).
77 Chesnais (1981; trad. ital.: 1982, 261-262).
78 Lorant et al. (2005).
79 Zorzi (2002, 156).
80 Smail (2001, 93-94).
81 Blanshei (1982, 123-124).
82 Ruggiero (1980; trad. ital.: 1982, 144).
83 Ibid., 150-151.
84 Eisner (2003, 117).
85 Romei (1586, 131).
86 Eisner (2003, 117).
87 Angelozzi e Casanova (2003, 19-20).
88 Ibid., 63-71.
89 Doneddu (1991, 600-602).
90 Shoemaker (2001, 196-197).
91 Spierenburg (1998a; 1998b).
92 Boschi (1998); Gallant (2000).
93 About (1861b, 132).

94 Huizinga (1919; trad. ital.: 1966, 3).
95 Ibid., 4 e 10.
96 Ibid., 12.
97 Elias (1968; trad. ital.: 1982, 357).
98 Elias (1980; trad. ital.: 1983, 101).
99 Elias (1968; trad. it 1982, 357-358).
100 Elias (1980; trad. ital.: 1983, 298).
101 Ibid., 315.
102 Algumas são lembradas por Rosenwein (2002) e Pollock (2004).
103 Reddy (2000).
104 Falando dessa concepção hidráulica da ação humana, Rosenwein (2002, 834-837; 2006, 10-14) observa corretamente que Elias sente a influência de Freud, além da de Weber.
105 Cf., sobre esses estudos, Rosenwein (1998; 2002; 2006); Reddy (2000); Smail (2001); Petkov (2003, 137-187); Pollock (2004).

Capítulo 4

1 Halbwachs (1930, 91ss., cit. em 99).
2 Uma tendência à estabilização da taxa de suicídio na Europa fora notada, oito anos antes, por Rice Miner (1922, 7-8).
3 Ibid., 107.
4 O termo "medicalização" foi frequentemente usado de modo crítico e negativo pelos estudiosos de ciências sociais (Conrad, 1992). Emprego-o, porém, em sentido neutro.
5 Cf., mais adiante, os dados da tab. 7.1.
6 Por "eutanásia ativa" entendem-se aqueles atos dos médicos visando a acelerar ou causar a morte de uma pessoa, quando ela se considera numa condição de sofrimento não mais tolerável. Com a expressão "eutanásia passiva", por outro lado, referimo-nos à abstenção do médico em realizar atos que possam prolongar a vida de um doente. Por fim, o "suicídio assistido" é aquele realizado por um doente com a ajuda do médico que, por exemplo, prescreve-lhe os fármacos necessários.
7 Midelfort (1996).
8 Wagner (1864, 179-189).
9 Morselli (1879, 210).
10 Ibid., 220. Contudo, Morselli não apresentava dados estatísticos (então menos disponíveis do que agora) referentes aos que chamava de "os seguidores de Maomé".
11 Ferracuti (1957).
12 Merton (1949; trad. ital.: 1996, 154-156).
13 Pope e Danigelis (1981).
14 Halbwachs (1930, 256-259).
15 Ibid., 244-246.
16 Referimo-nos aos territórios correspondentes, de 7 de outubro de 1949 a 3 de outubro de 1990, à República Federal Alemã (ocidental) e à República Democrática Alemã (oriental).
17 Cf. os dados nas tabelas A.1 e A.2 apresentadas no Apêndice.
18 Helliwell (2006).
19 Arendt (1943; trad. ital.: 2001, 39-40).
20 Durkheim (1897; trad. ital.: 1969, 196).
21 Durkheim (1906).
22 Halbwachs (1930, 244).
23 Ruppin (1930, 247-248).
24 Kwiet (1984, 142-144). Foi talvez por despertarem essas preocupações que, desde 1927, os dados estatísticos sobre os suicídios deixaram de ser separados por denominação religiosa.

25 Ruppin (1930, 247-248); Kwiet (1984, 144-146).
26 Goeschel (2007, 23).
27 Kwiet (1984, 148).
28 Dawidowicz (1975, 232).
29 Lester (2005b, 83-84).
30 Hartig (2007, 261).
31 Kwiet (1984, 155).
32 Goeschel (2007, 34-35).
33 Maurer (2005, 367).
34 Goeschel (2007, 33).
35 Guthmann Opfermann (1999, 44-46).
36 Baumann (2001, 373-375).
37 Arendt (1943; trad. ital.: 2001, 38-39).
38 Kaplan (1998, 182).
39 Apud Maurer (2005, 367).
40 Apud Kwiet (1984, 160).
41 Goeschel (2007, 24).
42 De Felice (1988, 336).
43 Arendt (1943; trad. ital.: 2001, 38).
44 Goeschel (2007, 27).
45 Lester (2005b, 92).
46 Levi (2003, 46-52).
47 Lester e Krysinka (2000-2001).
48 Rossi (1963, 545).
49 Matard-Bonucci (2007).
50 Sarfatti (2000, 207-211).
51 Milano (1987, 100-117).
52 Segre (1995, 221).
53 Lombroso (1945, 63-64).
54 Goffman (1961).
55 Viktor Frankl (1995, 121).
56 É somente a esses campos de concentração que eu me refiro.
57 Ibid., 86.
58 Minois (1995, 235-236).
59 Morselli (1879, 376-380); Liebling (1992, 17-67).
60 Fruehwald et al. (2000a; 2000b).
61 Bernheim (1987); Liebling (1992; 1999); Fruehwald et al. (2000a; 2000b); Duthé et al. (2009).
62 Langbein (2003, 122).
63 Arendt (1951; trad. ital.: 1996, 623).
64 Viktor Frankl (1995, 46-47).
65 Arendt (1951; trad. ital.: 1996, 623).
66 Soljenítsin (1973; trad. ital.: 2001, vol. I, 1.430).
67 Levi (2003); Bettelheim (1963); Améry (1966); Cohen (1953); Mandelstam (1970); Bronisch (1996); Stark (2001).
68 Bettelheim (1963; trad. ital.: 1965, 128-130); Sofsky (1993).
69 Bronisch (1996).
70 Levi (2003, 43).
71 Kogon (1947, 219-220).
72 Soljenítsin (1973; trad. ital.: 2001, vol. I, 1.427).
73 Levi (2003, 8).

74 Apud Appelbaum (2003, 312).
75 Arendt (1951; trad. ital., 1996, 623).
76 O campo de concentração de Dachau foi o primeiro a ser aberto, em março de 1933.
77 Bettelheim (1963; trad. ital.: 1965, 128).
78 F. Kral, apud Bronisch (1996, 135).
79 Apud Stark (2001, 97).
80 Conquest (1968; trad. ital.: 2002, 432).
81 Bronisch (1996).
82 Levi (1976, 110); Frankl (1995, 27).
83 Apud Levi (2003, 60).
84 Assim Adelsberger, apud Cohen (1953, 159).
85 Cohen (ibid., 162).
86 Améry (1966; trad. ital.: 1987, 50-51).
87 Cf., a propósito, Gambetta (1999).
88 Levi (2003, 120).
89 Ibid., 58.
90 Ibid.
91 Soljenítsin (1973; trad. ital.: 2001, vol. I, 1.427).
92 Langbein (2003, 121).
93 Ibid.
94 Bland et al. (1998); Rasmussen et al. (1999); Fazel e Danesh (2002).
95 Sattar (2001); Sattar e Killias (2005).
96 Durkheim (1897; trad. ital.: 1969, 253-254).
97 Chesnais (1976, 53-55).
98 Ibid., 58-60.
99 Ibid.
100 Durkheim (1897; trad. ital.: 1969, 257).
101 Baechler (1975, 449).
102 Ibid., 450-451.
103 Skog (1993).
104 OMS (1956); Rojcewicz (1971); Noomen (1975); Van Tubergen e Ultee (2006).
105 OMS (1956, 245).
106 Elsner (1983).
107 Bessel (2005, 199).
108 Goeschel (2006, 160-161).
109 Baumann (2001, 376-377); Bessel (2005, 200).
110 Heyer (2007, 440).
111 Woolf (1979-1985, vol. V, 166).
112 Ibid., 215.
113 Ibid.
114 Ibid., 284.
115 Ibid., 288.
116 Ibid., 292-293.
117 Van Tubergen e Ultee (2006).
118 Noomen (1975, 176).
119 Van Tubergen e Ultee (2006).
120 Baumann (2001, 358).
121 Malaparte (1979, 328).
122 Ibid., 350-368.

123 Arendt (1945; trad. ital.: 2001, 74).
124 Andreas-Friedrich (1986, 22).
125 Mark (2005).
126 Pasteur (2000).
127 Naimark (1995); Grossmann (2007, 48-86).
128 Grossmann (2007, 48-86).
129 Grossmann (2007, 291).
130 Anônimo (2003; trad. ital.: 2004, 76).
131 Ibid., 144.
132 Ibid., 63-64.
133 Grossmann (1995, 53).
134 Beevor (2002; trad. ital.: 2002, 107).
135 Anônimo (2003; trad. ital.: 2004, 109).
136 Naimak (1995, 81).
137 Ibid., 82.
138 Beevor (2002; trad. ital.: 2002, 437). Epp (1977, 73-74).
139 Andreas-Friedrich (1986, 23).
140 Beevor (2002; trad. ital.: 2002, 410).
141 Pasteur (2000).
142 Lilly (2003).
143 Gribaudi (2005, 510-574); Baris (2004, 93-112).
144 OMS (1956).
145 Goeschel (2005, 98).
146 Weinberg (1998).
147 Goeschel (2006, 160). Sobre o suicídio na Alemanha durante o nazismo, cf. Goeschel (2009).
148 Brahimi (1980); Khlat e Courbage (1995); Singh e Siahpush (2002b).
149 Bhugra (2004).
150 Bhugra (2004); Fung et al. (2006).
151 Apud Kushner (1991, 151-152).
152 Cavan (1928); Dublin (1963).
153 Sainsbury e Barraclough (1968). Já fora assinalado por Rice Miner (1922, 16), estudando a taxa de suicídio em 1906-1914 dos imigrantes em Nova York segundo o país de origem.
154 Kliewer e Ward (1988); Burvill (1998); Kliewer (1991); Wadsworth e Kubrin (2007).
155 Wadsworth e Kubrin (2007).
156 Morselli (1879, 449).
157 Burvill et al. (1973; 1983).
158 Luca de Caltanisetta (1973, 171).
159 Zuchelli de Gradisca (1712, 356).
160 Eltis (2000, 157).
161 Walker (2004, 25); Snyder (2007).
162 Piersen (1977, 147).
163 Piersen (1993, 6-7).
164 Piersen (1977, 149-150).
165 Thornton (2003).
166 Cap. 1.
167 Pérez (2005, 36).
168 Edwards (1794, 76).
169 Rawley e Behrendt (2005, 42).
170 Baecler (1975, 379-381).
171 Lester (1998).

172 Oquendo et al. (2001).
173 Early (1992, 10-12).
174 Hendin (1969).
175 Early (1992); [cf. http://webappa.cdc.gov/sasweb/ncipc/mortrate10_sy.html].
176 Burrow e Laflamme (2006).
177 Early (1992, 31).
178 Mattis (2002).
179 Kendal (2007).
180 Early (1992).
181 Holland Barnes (2006).
182 Higonnet (1985).
183 Esquirol (1838, 584).
184 Culbertson (1997).
185 Hopcroft e Bradley (2007).
186 Para vê-lo, levei em consideração dois índices diferentes: o *gender related development index* [disponível em: http://hdrstats.undo.org/indicators/269.html] e o *global gender gap index* [disponível em: http://weforum.org/pdf/gedergap/report2007.pdf]. O coeficiente de correlação entre a relação entre taxa de suicídio masculina e feminina, de um lado e o primeiro índice, do outro, é -0,17, o com segundo é -0,10.
187 Canetto e Sakinofsky (1998).
188 Murphy (1998).
189 Kerkoff (2000).
190 Cf. a "Carta de adeus" [*Lettera di adio*] de Alfredo Ormando (1958-1998) [disponível em: http://www.giovannidallorto.com/testi/gaylib/ormando/ormando.html#1a].
191 Foi esta, por exemplo, a posição de um respeitado expoente do movimento *gay* como Giovanni Dall'Orto [cf.: http://www.giovannidallorto.com/testti/gaylib/ormando/ormando.html#1a].
192 Russel (2003); Fitzpatrick et al. (2005); Lhomond e Saurel-Cubizolles (2006).
193 O autor se baseou em uma notícia do site *Gay News* [http://www.gaynews.it/view.php?ID=71736]. Contudo, esse endereço não se encontra mais disponível [N.E.].
194 Tamagne (2000, 261-264, 296-297).
195 Hirschfeld (1914; trad. ingl.: 2000, 1.010-1.011).
196 Ibid., 1.022-1.023.
197 Ibid., 1.022 e 1.024.
198 Ibid., 1.011-1.018. Essa obra de Hirschfeld (1914; trad. ingl.: 2000, 1.010-1.024) é o melhor estudo existente sobre o suicídio dos homossexuais no final do século XIX e início do XX. Bray (1995, 91 e 94-95) documentou, também com gravuras do início do século XVIII, que alguns dos homossexuais descobertos pela polícia nas *molly houses* tiravam a sua vida.
199 http://www.geocities.com/kruppcapri/krupp.html; Tamagne (2000, 430).
200 Tamagne (2000, 317).
201 Ibid., 124.
202 Durkheim (1897; trad. ital.: 1969, 299).
203 Ibid.
204 Halbwachs (1930, 355-374).
205 Chesnais (1976, 64-67).
206 Ibid., 66. Nos Estados Unidos, Espanha e Áustria a taxa de suicídio cresceu de 25% a 29% em relação a 1928, alcançando o pico em 1932. Na Alemanha e Inglaterra, por outro lado, aumentou 15%.
207 Baudelot e Establet (2006, 85-107).
208 Cf. os dados apresentados no Apêndice (tab. A.1 e A.2).
209 Chesnais (1991; trad. ital.: 1982, 193-194); Baudelot e Establet (2006, 133-161).
210 Clarke e Lester (1989).
211 É o que sustentam alguns estudiosos entrevistados por Anderson (2008).

212 Lester (1990).
213 Clarke e Lester (1989, 87-88).
214 Halbwachs (1930, 177). Kapusta et al. (2008).
215 Kapusta et al. (2008).
216 Chessnais (1976, 86).
217 Saunderson et al. (1998); Singh e Siahpush (2002a).
218 Baudelot e Establet (2006, 169-171).
219 McKeown et al. (2006).
220 Morell et al. (2007); Biddle et al. (2008).
221 Jervis (2002).
222 Os especialistas consideram que, mesmo nos países ocidentais mais avançados, quase metade das pessoas que sofrem de depressão não procura tratamento (Jervis, 2002, 79).
223 Nordentoft et al. (2004).
224 Meltzer (2005). Na segunda metade do século XX, houve nos países ocidentais um claro declínio dos casos de esquizofrenia. Ainda que insatisfatórios, os dados reunidos por pesquisas realizadas em zonas diferentes permitem pensar que diminuiu a parcela de pessoas que sofrem dessa doença mental. Esse declínio foi atribuído a importantes mudanças realizadas na alimentação e nos tratamentos das gestantes e dos recém-nascidos: a racionalização da dieta, o consumo de vitaminas, a imunização às doenças infecciosas (incluídas a rubéola e a poliomielite), o aleitamento materno. Cf. Bresnaham et al. (2003).
225 Baldessarini et al. (2006a; 2006b); Yerevaninb et al. (2007).
226 Ludwig et al. (2007); Erlangsen et al. (2008); Castelpietra et al. (2008) sobre a Itália.
227 Harris e Barraclough (1994).
228 Twombly (2006); Schraier et al. (2006).
229 Larant et al. (2005).
230 Hem e Loge (2004); Björkenstam et al. (2005); Kendal (2007).
231 Harris e Barraclough (1994).
232 Björkenstam et al. (2005).
233 Hem e Loge (2004); Björkenstam et al. (2005); Lorant et al. (2005).
234 Plínio o Velho (1985, 635).
235 Penttinen (1995).
236 Fishbain (1996); Fisher et al. (2001).
237 Paperno (1997, 76).
238 Mäkinen (2006, 312).
239 Grashoff (2006, 276-277).
240 Pinnow (2007).
241 Pinnow (2003, 661).
242 Pinnow (2003).
243 Pinnow (2007, 139).
244 Serge (1951; trad. ital.: 1999, 219-220).
245 Fitzpatrick (1999, 175).
246 Pinnow (2003, 670-675).
247 Pridemore e Spivak (2003); Pridemore e Chamlin (2006).
248 Soljenítsin (1973; trad. ital.: 2001, 1.428-1.429).
249 Mandelstam (1970; trad. ital.: 1971, 68).
250 Ibid., 67.
251 Pridemore e Chamlin (2006).
252 Pridemore e Spivak (2003).
253 Ibid.
254 A taxa de suicídio da Lituânia era de 25 para cada 100 mil habitantes em 1970 e chegou a 46 para cada 100 mil em 1996. Estônia e Letônia alcançaram o pico no ano anterior com uma taxa de 41 para cada 100 mil habitantes (Värnik et al., 2000).

255 Grashoff (2006).
256 Fitzpatrick (1999, 172-175).
257 Biggs (2005).
258 Grashoff (2006, 340-371).
259 Skog (1991). Sobre as hipóteses explicativas apresentadas por vários estudiosos sobre a relação entre consumo de álcool e risco de suicídio, cf. Andreeva (2005, 68-69).
260 Pridemore (2006).
261 Ibid.
262 Andreeva (2005); Leon et al. (1997).
263 Durkheim (1897; trad. ital.: 1969, 307).
264 Aleksievic (1993; trad. ital.: 2005, 253).
265 Ibid., 254.
266 Ibid., 55-67.

Capítulo 5

1 Narasimhan (1998); Sen (2001).
2 Chen (2000, 51-52); Vijayakumar (2004).
3 Thompson (1928); Stratton Hawley (1994); Weinberger-Thomas (1996).
4 Chen (2000, 44).
5 As primeiras gravuras sobre o *sati* remontam a 1598 e são obra do viajante holandês Jan van Linschoten, que viveu na Índia de 1583 a 1588. Para as gravuras dos três séculos seguintes, cf. Hardgrave (1998) e Schürer (2008). Entre as mais famosas estão as realizadas em 1796 pelo artista flamengo Baltazar Solvyns, que viveu em Calcutá de 1791 a 1804 ou por Thomas Rowlandson em 1815. Especialmente vívidas são as numerosas miniaturas, encomendadas no final do século XVIII a alguns artistas indianos pelo veneziano Nicolò Manuzzi (ou Manucci) para ilustrar a sua *Storia del Mogol*, seis delas sobre viúvas e o *sati*. Sobre a extraordinária vida de Manuzzi, que emigrou para a Índia por volta de 1652 e lá permaneceu até a morte, sobre a sua obra e sobre as miniaturas que encomendou a artistas locais, cf. Falchetta (1986), Bussagli (1986) e Subrahmanyam (2008).
6 Sobre a atitude dos viajantes europeus em relação ao *sati*, cf. Rubies (2001) e Major (2006). Sobre os diversos modos de representação, cf. Schürer (2008).
7 Vincenzo Maria di Santa Caterina da Siena (1678, 345).
8 Hardgrave (1998).
9 Weinberger-Thomas (1996, 15-18).
10 Sobre este e outros aspectos da celebração do rito, cf. Colebrooke (1795), que apresenta normas e instruções para essa celebração extraídas de muitos importantes textos em sânscrito.
11 Michaels (1998, 150).
12 Dubois (1825, 30).
13 Ibid.
14 Kennedy (1843, 242). O estudo de Richard Hartley Kennedy é um dos mais detalhados relatórios da celebração do *sati* de que dispomos.
15 Della Valle (1667, 241).
16 Ibn Battuta (2006, 453).
17 Federici (1587, 1.031).
18 Balbi (1590, 83).
19 Della Valle (1667, 241).
20 Ibid., 241.
21 Dubois (1825, 29-30).
22 Federici (1587, 1.031).
23 Ibid.

24 Zachariae (1904, 204 e 398).
25 Manucci (1964, 268).
26 Pigafetta (1524-1525, 941).
27 Barbosa (1554, 609).
28 Manucci (1964, 269-270).
29 Tavernier (1676, 388).
30 Diodoro Sículo (1988).
31 Conti (1492, 791).
32 Ibid.
33 Colebrooke (1795).
34 Fisch (1998; trad. ingl.: 2006, 241-242).
35 Federici (1587, 1.031).
36 As informações subsequentes sobre os ritos e símbolos foram retomadas dos estudos de Zachariae (1904; 1905); Van den Bosch (1995); Weinberger-Thomas (1996).
37 Zachariae (1904; 1905); Weinberger-Thomas (1996).
38 Zachariae (1904, 309-310 e 395-400) apresenta uma resenha crítica do significado atribuído pelos diversos estudiosos ao uso do limão. Para alguns, era símbolo de pureza. Segundo Angelo de Gubernatis, era "o símbolo da vida que se tornou amarga depois da morte do esposo". Por outro lado, Zachariae sustenta, com uma documentação convincente, que o limão era um talismã.
39 Van den Bosch (1995).
40 Zachariae (1904, 209).
41 Zachariae (1904; 1905); Weinberger-Thomas (1996).
42 Weinberger-Thomas (1996, 215-216).
43 Ibn Battuta (2006, 454).
44 Barbosa (1554, 609).
45 Varthema (1535, 60).
46 Bernier (1670; trad. ital.: 1991, 235).
47 Apud Weinberger-Thomas (1996, 102).
48 Hodges (1794, 82).
49 Major (2006, 167).
50 Tavernier (1676, 391).
51 Major (2006, 166).
52 Weinberger-Thomas (1996, *passim*).
53 Della Valle (1667, 241).
54 Ibid., 248-249.
55 Rubies (2001, 399-400).
56 Ibid., 399.
57 Altekar (1959, 134-138).
58 Mzumdar (1978).
59 Della Valle (1667, 249).
60 Thompsom (1928); Mani (1998, 171).
61 Conti (1492, 811).
62 Varthema (1535, 60).
63 Conti (1492, 811).
64 Thompson (1928); Altekar (1959).
65 Filliozar (1967); Caillat (1977); Olivelle (1978); Andriolo (1993); Keith (2003).
66 Andriolo (1993, 60).
67 Thakur (1963, 39).
68 Ibid., 54.

69 Ibid., 58.
70 Murray (2000, 544-545).
71 Olivelle (1978, 20).
72 Justice (2005).
73 Andriolo (1993, 32).
74 Polo (2001, 258).
75 Filliozat (1967).
76 Thakur (1963, 96-101).
77 Ibid., 161-169.
78 Andriolo (1993, 44-47).
79 Ibid., 48-49.
80 Thakur (1963, 77-111).
81 Ibid., 63-64.
82 Whitehead (1921, 124).
83 Steinmetz (1898); Hopkins (1900).
84 Steinmetz (1898,43).
85 Ibid., 52.
86 Winternitz (1915, 57-59); Garzilli (1997, 209-212).
87 Yang (1989, 15).
88 Garzilli (1997, 212).
89 Ibid., 215-225 e 339-349.
90 Apud Piretti Santangelo (1991, 25).
91 Banerjee (2003, 137-173).
92 Federici (1587, 1.032).
93 Essa tese foi sustentada por todos os principais especialistas: Thompson (1928, 21-23).; Altekar (1959, 122-125); Thakur (1963, 113, 139-141).
94 Thompson (1928, 30-35).
95 Harlam (2003, 99).
96 Altekar (1959, 129); Thakur (1963, 141).
97 Sharma (1988, 29).
98 Ibid., 30.
99 A viúva de que fala Hodges (1794, 81) pertencia a uma casta de mercadores.
100 Roy (1987); Yang (1989, 23-24).
101 Thompson (1928, 38).
102 Piretti Santangelo (1991, 128).
103 Thompson (1928, 30-35).
104 Sobre o significado da suástica, cf. Zachariae (1905, 77).
105 Apud Altekar (1959, 124).
106 Dutt (1938, 677-678). As "leis de Manu" são um texto sagrado que a tradição atribui a Manu, mítico filho de Brahma, ancestral da humanidade.
107 Vijayakumar (2004, 77).
108 Yang (1989, 18-20).
109 Altekar (1959); Thakur (1963).
110 Thompson (1928, 60).
111 Roy (1987); Yang (1989).
112 Fisch (1998; trad. ingl.: 2006, 237).
113 Altekar (1959, 132-138); Yang (1989, 22-23).
114 Yang (1989, 25).
115 Esses dados publicados por um estatístico alemão antigamente muito conhecido, Von Mayr (1917, 266-267 e 299-300), não suscitaram na época nenhum interesse entre os estudiosos do suicídio, provavelmente

porque se ocupavam apenas dos países europeus e posteriormente foram esquecidos. São, porém, muito importantes porque constituem a primeira prova estatística de que, em algumas populações asiáticas, as mulheres praticavam o suicídio mais do que os homens.

116 Cf. a tabela A.1 no Apêndice.
117 Em alguns estados indianos as mulheres continuaram a se matar mais frequentemente do que os homens também na segunda metade do século XX (Venkoba Rao, 1983, 220).
118 Tafur (2004, 90).
119 Apud Fisch (1998; trad. ingl.: 2006, 225).
120 Marco Polo (2001, 258-259).
121 Barbosa (1554, 610).
122 Sharma (1988, 77-78).
123 Bernier (1670; trad. ital.: 1991, 234).
124 Sharma (1988); Harlan (1944); Van den Bosch (1995); Chakravarti (1998); Sogani (2002).
125 Thapar (1998, agora 2007, 456-457).
126 Harlan (2002, 122).
127 Leslie (1989, 293-294).
128 Ibid., 292.
129 Major (2007, xxvii).
130 Chen (2000, 25).
131 Ibid., 28.
132 Sogani (2002, 7).
133 Dubois (1825, 12).
134 Ibid., 15.
135 Chakravarti (1998, 77).
136 Leslie (1989, 303).
137 Dubois (1825, 14).
138 Leach (1958); Hershman (1974).
139 Dutt (1938, 671-672); Leslie (1989, 299).
140 Colebrooke (1795, 211-213).
141 Thompson (1928, 71-72).
142 Winternitz (1915, 34-41).
143 Altekar (1959, 83-84).
144 Winternitz (1915, 47-48).
145 Altekar (1959); Piretti Santangelo (1991).
146 Dutt (1938, 663).
147 Altekar (1959, *passim*).
148 Bernier (1670; trad. ital.: 1991, 231).
149 Ibid.
150 Grandpré (1801, 71-73).
151 Kennedy (1843, 243-244).
152 Thompson (1928); Cassels (1965); Mani (1988); Banerjee (2003).
153 Bernier (1670; trad. ital.: 1991, 230).
154 Fisch (1998; trad. ingl.: 2006, 350).
155 Hardgrave (1998).
156 Cf., a propósito, o *pamphlet* de 1827 do missionário J. Peggs, que, mesmo sendo parcial, contém algumas informações úteis.
157 Thompson (1928, 69).
158 Bentnick (1922).
159 Apud Stein (1988, 470).
160 Hardgrave (1999).

Capítulo 6

1 Phillips et al. (1999; 2002a).
2 Meijer (1971, 103-105); Diamant (2000, 111-117, 165-166).
3 Chang (2005, 328-329).
4 Ibid., 329.
5 Diamant (2001).
6 Lester (2005a).
7 Lau (1989).
8 Ricci (1942, n. 159/9).
9 Huc (1879).
10 Gray (1878, vol. I, 329).
11 Pumpelly (1918, 326).
12 Ball (1893, 434).
13 Matignon (1897, 367).
14 Morrison (1902, 111).
15 Pim (1863, 205).
16 Cohen (1971, 315).
17 Ibid., 316.
18 Apud Pérez (2005, 59).
19 Pérez (2005, 55).
20 Matignon (1897, 369).
21 Gamble (1921, 116-117 e 418-419).
22 Wolf (1975).
23 Liu e Yip (2008) e Zhang et al. (2009).
24 No Irã, a taxa geral de suicídio é muito baixa. 80% das mulheres que se matam recorrem à autoimolação: Ahmadi (2007); Aliverdinia e Pridemore (2008).
25 Sobre essas zonas da Turquia: Altindag et al. (2005).
26 Nas tribos Aguarana no Peru Setentrional, a relação numérica entre os suicídios masculinos e femininos é 0,46 (Brown, 1986). Mas também na Papua-Nova Guiné as mulheres se matam mais do que os homens (Lyons Johnson, 1981).
27 Pritchard (1996).
28 Phillips et al. (1999).
29 Reardon (2002).
30 Phillips et al.
31 Giles (1876, 143). O mesmo sustentara Murray (1836, 298-299).
32 Fielde (1887, 139).
33 Ross (1912, 198).
34 Johnston (1910, 224).
35 Wolf (1975).
36 Levy (1949, 117 e 306).
37 Wolf (1975).
38 Em 1905-1910, a população de Taiwan tinha uma taxa de suicídio de 57 por 100 mil residentes da mesma faixa etária, entre 20 e 24 anos, e de pouco mais de 15 por 100 mil acima dos 60 anos (Wolf, 1975, 122).
39 É o que resulta da comparação entre os dados apresentados por Wolf (ibid., 122 e 130) e os dados para 1901-1905 publicados por Von Mayr (1917, 312-315). No início do século XX, Suíça, França e Dinamarca eram os países europeus com a taxa mais alta de suicídio.
40 Hu (1995); Ikels (2004).
41 Ikels (1983).
42 Doolittle (1865, vol. I, 140).

43 Zhang (2004, 78).
44 Yan (2003); Ikels (2004); Whye (2004); Miller (2004); Jing (2004); Zhang (2004).
45 Eberhard (1967, 94-116); T'ien Ju-K'ang (1988); Ropp (2001); Zamperini (2001); Theiss (2004a; 2004b).
46 Amiot et al. (1779, 437-438).
47 Tao Yi (1919, 84).
48 Witke (1967).
49 Mao Zedong (1919, 86).
50 Witke (1967, 141).
51 Durkheim (1897; trad. ital.: 1969, 334).
52 Tao Yi (1919, 84).
53 Ebrey (2003).
54 Ko (1994); Ropp (2001).
55 Zamperini (2001); Fong (2001); Ropp (2001); Theiss (2004a; 2004b).
56 Matignon (1936, 193).
57 Apud Bisetto (2000, 23).
58 Hsieh e Spence (1980); Lee e Kleinman (2000).
59 Lau (1989, 722).
60 Bisetto (2004, 13).
61 Martin (1988, 177); Whyte (1988, 306).
62 Matignon (1936, 180-181).
63 Ahao et al. (2006, 1.295).
64 Filliozat (1963); Benn (2007).
65 Elvin (1984, 115).
66 Para os outros arcos comemorativos em pedra previstos para as diversas ações virtuosas, cf. Hoang (1898, 243-253).
67 Lu (2008, 82-86).
68 Elvin (1984); Mann (1987); T'ien Ju-K'ang (1988); Carliz (1997); Elliott (1999); Theiss (2001); Du e Mann (2003); Theiss (2004b).
69 Elvin (1984, 118-122).
70 Hoang (1898, 251).
71 Lu (2008, 69).
72 Elvin (1984, 151-152).
73 Carliz (2000, 25).
74 Bisetto (2000, 25).
75 Theiss (2001).
76 Elvin (1984, 128-129); Theiss (2004b, 33-34).
77 Ibid., 129.
78 Du e Mann (2003, 229).
79 Elvin (1984, 140); Lu (2008, 156-157).
80 Zamperini (2001, 80).
81 Bisetto (2004, 28).
82 Zamperini (2001, 80).
83 Spence (1978; trad. ital.: 2002, 146).
84 Lu (2008, 30).
85 Liu (2001, 1.059).
86 Raphals (1998, 240-241); Fong (2001, 106).
87 T'ien Ju K'ang (1998, 1).
88 Du e Mann (2003, 231).
89 Wolf e Huang (1980).

90 Du e Mann (2003, 236).
91 Conversa com Weijing Lu (10 de março de 2008).
92 Matignon (1897, 404-408).
93 Ross (1912, 196).
94 Ibid., 150.
95 T'ien Ju K'ang (1988).
96 Ibid., 51.
97 Doolittle (1865, vol. I, 108-110); Medhurst (1873, 112-114).; Gray (1878, vol. I, 338-340). Segundo Medhurst (1873, 114), o gesto das viúvas chinesas era "um ato totalmente voluntário".
98 T'ien Ju K'ang (1988, 54).
99 Lu (2008).
100 Ibid., 142.
101 T'ien Ju K'ang (1988, 61-62).
102 Lu (2008, 106-107).
103 Hoang (1898, 250).
104 Ibid., 89-96.
105 Lu (2008, 185-190).
106 Ebrey (1993, 62-64).
107 Comunicação pessoal de Wijing Lu (14 de março de 2008).
108 Diamant (2000, 106).
109 Davis (1996, 4).
110 Ibid., 112.
111 Smith (1998).
112 Backhouse e Bland (1914, 102).
113 Segundo Weijing Lu (comunicação pessoal de 16 de setembro de 2008), de acordo com outras versões, o imperador ficou com os dois pés descalços. Escrever na barra do manto não tinha nenhum significado simbólico.
114 Ibid., 103.
115 Davis (1996, 78).
116 Wakeman (1895, 568-569).
117 Fong (2001).
118 Davis (1996, 116).
119 Fong (2001).
120 Du e Mann (2003, 230).
121 T'ien Ju K'ang (1988, 42).
122 Du e Mann (2003, 230).
123 Lu (2008, 40-48).
124 Davis (1996, 117).
125 Paderni (1991, 135-136).
126 Ibid., 143-144.
127 Du e Mann (2003, 226).
128 Theiss (2004a; 2004b).
129 Theiss (2004b, 189).
130 Paderni (1991); Zamperini (2001); Fong (2001); Theiss (2001; 2004a; 2004b).
131 Theiss (2004b, 179).
132 Paderni (1991, 153-154).
133 Theiss (2004b, 198-199).
134 Ibid., 177-178.
135 MacCormack (1991, 43-44); Paderni (2005).
136 Paderni (1991, 150).

137 Theiss (2004a, 521).
138 Zamperini (2001).
139 Huntington (2005, 20-21).
140 Yu (1987).
141 Stockard (1989).
142 Ibid., 108-109.
143 Gray (1878, vol. I, 185-186); Smith (1899, 287).
144 Holmgren (1985); Ebrey (1993); Birge (1995; 2002).
145 Elvin (1984, 123-124).
146 Du e Mann (2003).
147 T'ien Ju K'ang (1988, 17).
148 Theiss (2004b, 26-30).
149 Elvin (1984, 137-138).
150 Theiss (2004a, 513).
151 Wolf (1975, 112).
152 Ibid., 112.
153 Apud Wolf (1975, 113).
154 Dalby (1982); Bianco (2001).
155 Ricci (1942, n. 159/9).
156 Granet (1929; trad. ital.: 1968, 257-258).
157 Ibid., 291.
158 Morrison (1902, 112).
159 Giles (1911, 219).
160 Ibid., 219-220.
161 Huc (1879, 304-305).
162 Amiot et al. (1779, 439).
163 Ibid., 440.
164 Huc (1879, 306).
165 Danton (1938, 162).
166 Bianco (1978, 280).
167 Matignon (1897, 374).
168 Simon (1885, 227).
169 Matignon (1897, 373).
170 Reclus e Reclus (1902, 604-605). A expressão francesa é: "*le mort saisira le vif*".
171 Baker (1979, 115).
172 Meijer (1991, 66).
173 Alabasater (1899, 311-312).
174 Ibid., 313-314.
175 Matignon (1936, 124-125).
176 Meijer (1991, 21).
177 Mac Cormack (1991, 38-39).
178 Pérez (2005, 53-64).
179 Apud Pérez (2005, 58).
180 Smith (1899, 286).
181 Xiajing (2001); Liu (2002); Person e Liu (2002).
182 Liu (2002, 307-308).
183 Peason e Liu (2002).
184 Lee e Kleinman (2000, 230).

Capítulo 7

1. Hoffman (2006, 143).
2. Crenshaw (2007, 135-140).
3. Bloom (2005, 76); Ricolfi (2005, 78-80); Hafez (2006, 4); Moghadam (2006b).
4. Hafez (2006, 72).
5. Alonso e Reinares (2006).
6. Hoffman (2006, 160).
7. Strenski (2003, 22).
8. Pape (2005; trad. ital.: 2007, 90).
9. Pedahzur (2005, 54-55).
10. Unama (2007).
11. Metari (2007; 2009).
12. Gambetta (2005).
13. Pape (2005; trad. ital.: 2007, 234-235).
14. Pedahzur (2005, 13); Pape (2005; trad. ital.: 2007, 31-32).
15. Pape (ibid., 32 e 60).
16. Hoffman e MacCormicK (2004, 248).
17. Pedahzur e Perliger (2006, 2).
18. Lewis (2007).
19. Sprinzak (2000, 66).
20. Pedahzur e Perliger (2006).
21. Hoffman (2006, 134).
22. Ibid., 173-174.
23. Benmelech e Berrebi (2007).
24. Stack-O'Connor (2007, 53).
25. Hafez (2006, 26).
26. Pape (2005; trad. ital.: 2007, 89-92).
27. Moghadam (2006a, 713).
28. Abrahams (2006).
29. Pape (2005; trad. ital.: 2007, 100).
30. Gunaratna (2000).
31. Bloom (2005).
32. Pape (2005; trad. ital.: 2007, 260-262).
33. Ibid., 33-34; Gambetta (2005, 262).
34. Pedahzur (2005, 18).
35. Ibid., 18-19.
36. Tosini (2007, 94).
37. Pape (2005; trad. ital.: 2007, 105).
38. Moghadam (2006a, 716).
39. Berman e Laitin (2006, 39).
40. Gambetta (2005, 288-291).
41. Ibid., 298.
42. Merari (2007, 29).
43. Hafez (2007).
44. Pedahzur e Perliger (2006, 2-4).
45. Gerges (2005).
46. Hafez (2006; 2007).
47. Unama (2007).
48. Hafez (2007, 165-211).

49 Zanini e Edwards (2002).
50 Hoffmann (2006, 282-289); Sageman (2008, *passim*).
51 Sageman (2008, 136).
52 Moghadam (2006a, 523).
53 Hoffman (2006, 226).
54 Ibid., 205-206.
55 Weimann (2006, 82-87).
56 Hoffman (2006, 214-216).
57 Roy (2004); Moghadam (2006a).
58 Weimann (2006, 123).
59 Hoffman (2006, 219).
60 Sageman (2008, 112-123).
61 Pape (2005; trad. ital.: 2007, 263-264). Esses dados referem-se ao período 1980-2003.
62 Krueger e Maleckova (2003); Sageman (2004, 73-79); Pape (2005; trad. ital.: 2007, 269-272); Bergman e Pandey (2006).
63 Gambetta e Hertog (2007).
64 Unama (2007).
65 Lester et al. (2004).
66 Sageman (2004, 80-91).
67 Ricolfi (2005, 106-107).
68 Wintrobe (2006).
69 Hoffman e McCormick (2004, 252).
70 Bloom (2005, 86-87); Elster (2005, 241); Kalyvas e Sanchez-Cuenca (2005,230); Pedahzur (2005, 142-151); Ricolfi (2005, 106, 111-112); Berko (2007, *passim*).
71 Pedahzur (2005, 147).
72 Gambetta (2005, 292-293); Kalyvas e Sanchez-Cuenca (2005, 209 e 213-215).
73 Hopgood (2005, 68); Roberts (2005, 494-496).
74 Hoffmann e MacCormick (2004).
75 Roberts (2005, 497).
76 Weinberger-Thomas (1996, 64-71).
77 Rosenthal (1946, 244).
78 Patton (2003).
79 Rosenthal (1946, 245).
80 Ibid.
81 Ibid., 251-255.
82 Patton (2003).
83 São extremamente baixas as taxas de suicídio no Iraque, segundo os dados relativos ao período 1934-1974 publicados por Al-Kassir (1983, 291-292), e na Jordânia, de acordo com os dados do período 1968-1981 publicados por Barhoum (1983, 325-326). Cf. tb. a documentação de Kester (2006).
84 Reuter (2002, 120-125).
85 Cook (2005a; trad. ital.: 2007, 213-221).
86 Merari (2007).
87 Reuter (2002, 65).
88 Levitt (2005, 59).
89 Moghadam (2008).
90 Hafez (2007, 64-83); Moghadam (2008).
91 Cook (2005a; trad. ital.: 2007, xvii-xviii).
92 Ibid., 37.
93 Mosca (1953, vol. I, 267).
94 Lewis (1967).

95 Dale (1988).
96 Ewing (1955); Kiefer (1972, 132-134); Andriolo (2002).
97 Ewing (1955, 149); Andriolo (2002, 739).
98 O *amok*, praticado antigamente na Malásia pela população islâmica, também apresenta alguma semelhança com o *juramento*. O termo, que alguns pensam derivar do grito de batalha dos piratas, indica-se um estado de frenesi homicida de um homem.
99 Smythe (1962, 243-244).
100 Ness (2005, 354).
101 Tzoreff (2006, 14).
102 Victor (2003, 12-13).
103 Ibid., 19-20.
104 Ibid., 20.
105 Hasso (2005, 34).
106 Cunningham (2003, 183).
107 Victor (2003, 30-31).
108 Hasso (2005, 31); Victor (2003, 30-31).
109 Victor (2003, 197-198 e 208).
110 Yadlin (2006, 53).
111 Ness (2005, 366).
112 Ibid., 363.
113 Ibid., 364.
114 Ibid.; Stack-O'Connor (2007, 50).
115 Schweitzer (2006, 8).
116 Pape (2005; trad. ital.: 2007, 265-266). Esses dados referem-se ao período 1980-2003.
117 Stack-O'Connor (2007, 47).
118 Bloom (2007, 100); Schweitzer (2006, 28-29).
119 Ness (2005, 360-361).
120 Bloom (2005, 143).
121 Tzoreff (2006, 19).
122 Victor (2003, 35).
123 Ibid., 112.
124 Cook (2005a; trad. ital.: 2007, 220).
125 Tzoreff (2006, 18-20).
126 Van Knopf (2007, 400).

Conclusões

1 Kotzebue et al. (1821, 195).
2 Westermarck (1912, vol. II, 230).
3 Morselli (1879, 205).
4 Steinmetz (1894).
5 Durkheim (1897; trad. ital.: 1969, 266).
6 Arbois de Joubainville (1866); Steinmetz (1894; 1898); Lasch (1898; 1899); Hopkins (1900); Glotz (1904); Westermarck (1912, vol. II, 229-264); Malinowski (1926); Wisse (1933); Delcourt (1939); Metraux (1943); Bohannan (1960); Firth (1961); Berndty (1962); Hoskin et al. (1969); Jeffreys (1971); Strathern (1972); Panoff (1977); Healey (1979); Johnson (1981); Counts (1980; 1984; 1990); Grisé (1982); Brown (1986); Marra (1987); Van Hooff (1990); Bonnemère (1992); Hill (2004); Wardlow (2006); Bargen (2006); Hamlin e Brym (2006).
7 Lewis (1990, 26-27); Bargen (2006, 18-19).
8 Westermarck (1912, vol. II, 233); Wisse (1933, 460, 494); Van Hooff (1990, 126).
9 Firth (1961).

10 Hoebel (1954; trad. ital.: 1973, 335-336).
11 Westermarck (1912, vol. II, 236-240); Wisse (1933, 80, 132, 149, 189, 225-226, 481-482).
12 Bradbury (1817, 89).
13 Wisse (1933, 132, 189-190, 256-259); La Fontaine (1960, 110-111).
14 Malinowski (1926, 77-96).
15 Steinmetz (1984); Wisse (1933, 49, 62, 77, 115, 142, 311, 315, 436, 493); Jeffreys (1971); Strathern (1972); Panoff (1977); Baechler (1975, 534-542); Counts (1980; 1984; 1990); Bonnemère (1992).
16 Westermarck (1912, vol. II, 234).
17 Metraux (1943).
18 Counts (1984, 73).
19 Westermarck (1912, vol. II, 233).
20 Counts (1984, 87).
21 Steinmetz (1898, 49); Jeffreys (1971, 191).
22 Apud Duchac (1964, 413).
23 Arbois de Jubainville (1886, 246-247).
24 Glotz (1904, 63-69); Delcourt (1939); Grisé (1982).
25 Sófocles (2007, 55).
26 Delcourt (1939, 170).
27 Virgílio, *Eneida*, IV, 382-386.
28 Grisé (1982, 135).
29 Panoff (1977, 55).
30 Wisse (1933, 524).
31 Johnson (1981).
32 Glotz (1904, 66).
33 Andriolo (1998).
34 Phillips et al. (2004).
35 Besnard (1997).
36 Collin (2009).
37 Droge e Tabor (1992); Bowersock (1995, 72-73).
38 Zilboorg (1936); Maltsberger e Buie (1980).
39 Sym (1637, 232).
40 Ibid., 236.
41 Ibid. Para um caso corrente de suicídio e protesto na Itália, cf. Santoro (2010).
42 Twain (1876; trad. ital.: 2003, 27).
43 Ibid., 27-28.
44 Camus (1987; trad. ital.: 1988, 1.063).
45 Morillo (2001, 254-255). Alguns estudiosos sustentaram que a cultura de alguns países asiáticos (em especial China e Japão) atribui mais importância à vergonha do que à cultura ocidental (Creighton, 1988; Inki Há, 1995). Por outro lado, várias pesquisas (Mokros, 1995; Lester, 1997) mostraram que um grande sentimento de vergonha desperta o desejo de se esconder, de desaparecer ou de se suicidar.
46 Van Hooff (1990, 21-22).
47 Phillips et al. (2002c). numa pesquisa sobre Taiwan para o período de 1997-2003, Yeh et al. (2008) mostraram que as mulheres solteiras com menos de 35 anos e as viúvas com mais de 65 anos se matam menos do que as casadas.
48 Stack (1992).
49 Mayer e Ziaian (2002). Infelizmente, porém, nos dados estatísticos que apresentam sobre a relação entre estado civil e taxa de suicídio, os dois autores não levam em consideração a idade.
50 Phillips et al. (2002c); Vijayakumar et al. (2005a).
51 Robertson (1999).
52 Hinsch (1990, 123).

53 Bargen (2006, 26-28).
54 Judge (2008, 179-182).
55 Lu (2008, 253-254).
56 Em 2006, na Índia, entre 42.410 suicídios de mulheres, 6.809 ocorreram desse modo (National Crime Records Bureau, 2008 [disponível em: http://ncrb..nic.in/accdeaths.htm]).
57 Kitanaka (2008a; 2008b).
58 Popitz (1992; trad. ital.: 2002, 44-45).
59 Steinmetz (1898).
60 Heber (1856, 185).
61 Binchy (1973).
62 Sweeney (1993b).
63 Ibid., 430.
64 Morris (1975); Hill (2005).
65 Morris (1975; trad. ital.: 1983, 280).
66 Biggs (2005, 178).
67 Joiner (1964, 918).
68 Biggs (2005, 180-188).

Apêndice

1 Verkko (1951, 13-15).
2 Foram apresentados por Wagner (1864, 110-113).
3 Foram publicados também por Morselli (1879, 90).
4 Somogyi e Somogyi (1995).
5 Direção geral da estatística (1879, CCLXI-CCLXX); Morselli (1879, 509-510).
6 OMS (1951; 1956) [para dados mais recentes, cf.: http://www.who.int/mental_health/prevention/suicide/country_reports/en/index.html].
7 Von Mayr (1917, 279).
8 Venkoba Rao (1983).

Referências

About, E. (1861a). *La question romaine*. Paris: Michel Lévy.

_____ (1861b). *Rome contemporaine*. Paris: Michel Lévy.

Abrahms, M. (2006). Why terrorism does not work. *International Security*, p. 42-79.

Agostinho (1992). *La città di Dio*. Turim: Einaudi.

_____ (1989). *La pazienza*. Parma: Battei.

Ahmadi, A. (2007). Suicide by self-immolation – Comprehensive overview, experiences and suggestions. *Journal of Burn Care & Research*, p. 30-41.

Alabaster, E. (1899). *Notes and Commentaries on Chinese Criminal Law and Cognate Topics with Special Relation to Ruling Cases*. Londres: Luzac & Co.

Aleksievic, S. (1993). *Zacarovannye smert'ju*. Moscou: Slovo [trad. ital.: Incantati dalla morte. Roma: Edizioni e/o, 2005].

Al-Hakim, K. (1983). "Syria". In: Headley, L.A. (org.). *Suicide in Asia and the Near East*. Berkeley: University of California Press, p. 296-320.

Aliverdinia, A. & Pridemore, W.A. (2008). Women's fatalistic suicide in Iran: A partial test of Durkheim in an Islamic Republic. *Violence Against Women* [no prelo].

Al-Kassir, M.A. (1983). "Iraq". In: Headley, L.A. (org.). *Suicide in Asia and the Near East*. Berkeley: University of California Press, p. 284-295.

Allison, M. (1991). Re-visioning the death wish: Donne and suicide. *Mosaic*, inverno, p. 31-46.

Alonso, R. & Reinares, F. (2006). "Maghreb immigrants becoming suicide terrorist: A case study on religious radicalization processes in Spain". In: Pedahzur, A. (org.). *Root Causes of Suicide Terrorism*. Londres: Routledge, p. 179-197.

Altekar, A.S. (1959). *The Position of Women in Hindu Civilization*. Nova Délhi: Motilal Banarsidass.

Altindag, A. et al. (2005). Suicide in Batman, Southeastern Turkey. *Suicide and Life-Threatening Behavior*, p. 478-492.

Alvis, R.E. (2004). Hallowed ground, contagious corpses, and the moral economy of the graveyard in early nineteenth-century Prussia. *The Journal of Religion*, p. 234-255.

Améry, J. (1966). *Jenseits von Schuld und Sühne*. Stuttgart: Klett-Cotta [trad. ital.: *Intellettuale ad Auschwitz*. Turim: Boringhieri, 1987].

Amiot, J.-M. et al. (1779). *Mémoires concernant l'histoire, les sciences, les arts, les mœurs, les usages, & c. des Chinois*. Vol. IV. Paris: Nyon.

Amundsen, D.W. (1999). *Medicine, Society, and Faith in the Ancient and Medieval Worlds*. Baltimore: Johns Hopkins University Press.

Anderson, O. (1987). *Suicide in Victorian and Edwardian England*. Oxford: Clarendon Press.

Anderson, S. (2008). The urge to end it all. *The New York Times*, 06/07.

Andreas-Friedrich, R. (1986). *Schauplatz Berlin* – Tagebuchaufzeichnungen 1945 bis 1948. Frankfurt a.M.: Suhrkamp.

Andreeva, E. (2005). *Mortality due to External Causes of Death in the Russian Federation*: Spatial Aspects and Explanatory models. Berlim [tese de doutorado].

Andriolo, K. (2002). Murder by suicide: Episodes from Muslim history. *American Anthropologist*, p. 736-742.

_____ (1998). Gender and the cultural construction of good and bad suicides. *Suicide and Life-Threatening Behavior*, p. 37-49.

_____ (1993). Solemn departures and blundering escapes: Traditional attitudes toward suicide in India. *International Journal of Indian Studies*, p. 1-68.

Angelozzi, G. & Casanova, C. (2003). *La nobiltà disciplinata* – Violenza nobiliare, procedure di giustizia e scienza cavalleresca a Bologna nel XVII secolo. Bolonha: Clueb.

Anolli, L. (2002). *Le emozioni*. Milão: Unicopli.

Anônimo (M. Hillers) (2003). *Eine Frau in Berlin*. Frankfurt a.M.: Eichborn [trad. ital.: *Una donna a Berlino. Diario aprile-giugno 1945*. Turim: Einaudi, 2004].

Appelbaum, A. (2003). *Gulag* – A History of the Soviet Camps. Londres: Allen Lane.

Arbois de Joubainville, H. (1886). La procédure du jeune en Irland. *Revue Celtique*, p. 245-249.

Arendt, H. (1951). *The Origins of Totalitarianism*. Nova York: Harcourt [trad. ital.: *Le origini del totalitarismo*. Milão: Comunità, 1996].

_____ (1945). Organized guilt and universal responsibility. *Jewish Frontier*, p. 19-23 [trad. ital.: Colpa organizzata e responsabilità universale. In: *Ebraismo e modernità*. Milão: Feltrinelli, 2001, p. 63-76].

_____ (1943). We refugees. *The Menorah Journal*, jan., p. 69-77 [trad. ital.: Noi profughi. In: *Ebraismo e modernità*. Milão: Feltrinelli, 2001, p. 35-49].

Ariès, P. (1977). *L'homme devant la mort*. Paris: Seuil [trad. ital.: *L'uomo e la morte dal Medioevo a oggi*. Roma/Bari: Laterza, 1979].

Babb, L. (1951). *The English Malady* – A Study of Melancholia in English Literature from 1580 to 1642. East Lansing, Michigan State College Press.

Backhouse, E. & Bland, J.O.P. (1914). *Annals and Memoirs of the Court of Peking*. Londres: Heinemann.

Baechler, J. (1975). *Les suicides*. Paris: Calmann-Lévy.

Baker, C. (1969). *Ernest Hemingway*: A Life Story. Nova York: Charles Scribner's Sons [trad. ital.: *Ernest Hemingway*. Milão: Mondadori, 1970].

Baker, H.D.R. (1979). *Chinese Family and Kinship*. Londres: Macmillan.

Balbi, G. (1590). *Viaggio dell'Indie Orientali*. Veneza: Appresso Borgominieri.

Baldessarini, R.J. et al. (2006a). Decreased risk of suicides and attempted suicides during long-term lithium treatment: A meta-analytic review. *Bipolar Disorder*, p. 625-639.

_____ (2006b). Suicide in bipolar disorder: Risks and management. *CNS Spectrum*, p. 465-471.

Ball, J.D. (1893). *Things Chinese*: Or Notes Connected with China. Nova York: Charles Scribner's Sons.

Banerjee, P. (2003). *Burning Women*. Londres: Palgrave Macmillan.

Barbosa, O. (1554). "Libro di Odoardo Barbosa". In: Ramusio, G.B. (org.). *Navigazioni e viaggi*. Vol. 1. Turim: Einaudi, 1979, p. 543-709.

Bargen, D.G. (2006). *Suicidal Honor*. Honolulu: University of Hawaii Press.

Barhoum, M.I. (1983). Jordan. In: Headley, L.A. (org.). *Suicide in Asia and the Near East*. Berkeley: University of California Press, p. 321-332.

Baris, T. (2004). *Tra due fuochi*. Roma/Bari: Laterza.

Barraclough, B. & Shepherd, D. (1994). A necessary neologism: The origin and uses of suicide. *Suicide & Life-Threatening Behavior*, p. 113-126.

Barry, R.L. (1994). *Breaking the Thread of Life*. New Brunswick: Transaction.

Bartel, R. (1959-1960). Suicide in eighteenth-century England: The myth of a reputation. *Huntington Library Quarterly*, p. 145-158.

Baudelot, C. & Establet, R. (2006). *Suicide* – L'envers de notre monde. Paris: Seuil.

Baumann, U. (2001). *Vom Recht auf den eigenen Tod*. Weimar: Herman Boehlaus.

Bayet, A. (1922). *Le suicide et la morale*. Paris: Librairie Félix Alcan.

Beauchamp, T.L. (1976). An analysis of Hume's essay "On Suicide". *Review of Metaphysics*, p. 73-95.

Beccaria, C. (1965). *Dei delitti e delle pene*. Turim: Einaudi.

Beevor, A. (2002). *Berlin*: The Downfall, 1945. Londres: Viking [trad. ital.: *Berlino 1945*. Milão: Rizzoli, 2002].

Bels, J. (1975). La mort volontaire dans l'œuvre de saint Augustin. *Revue de Histoire des religions*, p. 147-180.

Benmelech, E. & Berrebi, C. (2007). *Attack assignments in terror organizations and the productivity of suicide bombers*. Cambridge: National Bureau of Economic Research Working Paper n. 12910.

Benn, J.A. (2007). *Burning for the Buddha*. Honolulu: University of Hawaii Press.

Bentinck, W. (1922). "Minute on Sati". In: Keith, A.B. (org.). *Speeches and Documents on Indian Policy (1750-1921)*. Londres: Oxford University Press [agora in: Major, A. (org.). *Sati* – A Historical Anthology. Oxford: Oxford University Press, 2007, p. 102-115].

Bergman, P. & Pandey, S. (2006). The Madrassa scapegoats. *The Washington Quarterly*, p. 117-125.

Berk, B.B. (2006). Macro-micro relationships in Durkheim's analysis of egoistic suicide. *Sociological Theory*, p. 58-80.

Berko, A. (2007). *The Path to Paradise*. Westport: Praeger Security International.

Berman, E. & Laitin, D.D. (2006). *Hard target* – Theory and evidence on suicide attacks [artigo inédito].

Bernardini, P. (2004). "I have the keys of my prison in mine own hand". Prime note sul "Biathanatos" di John Donne. *Materiali per una storia della cultura giuridica*, jun., p. 3-17.

_____ (2001). Le rive fatali di Keos – Montaigne o il cauto inizio del moderno trattamento morale del suicidio. *Materiali per una storia della cultura giuridica*, dez., p. 335-351.

_____ (1999). "Melancholia gravis" o della relazione fra suicidio e malinconia. *Intersezioni*, 2, p. 257-268.

_____ (1994). Dal suicidio come crimine al suicidio come malattia. *Materiali per una storia della cultura giuridica*, 1, p. 81-101.

Berndt, R.M. (1962). *Excess and Restraint*: Social Control among a New Guinea Mountain People. Chicago: The University of Chicago Press.

Bernheim, J.C. (1987). *Les suicides en prison*. Montreal: Editions du Meridien.

Bernier, P. (1670). *Histoire de la dernière révolution des Etats du Grand-Mogol*. Paris: Barbin [trad. ital.: *Viaggio negli Stati del Gran Mogol*. Pavia: Ibis, 1991].

Bernstein, O. (1907). *Die Bestrafung des Selbstmords und ihr Ende*. Wrocław (Breslau): Schletter'sche Buchhandlung.

Berrios, G.E. & Mohanna, M. (1990). Durkheim and French psychiatric view on suicide during the 19th century – An intellectual history. *British Journal of Psychiatry*, p. 1-9.

Besnard, P. (2000). "La destinée du "Suicide" – Réception, diffusion et postérité". In: Borlandi & Cherkaoui (2000, 185-218).

_____ (1997). Mariage et suicide: la théorie durkheimienne de la régulation conjugale à l'épreuve d'un siècle. *Revue française de sociologie*, p. 735-758.

_____ (1976). Anti ou ante-durkheimisme? Contribution au débat sur les statistiques officiels. *Revue française de sociologie*, p. 313-341.

Bessel, R. (2005). Hatred after war Emotion and the Postwar history of East Germany. *History and Memory*, p. 195-216.

Besta, E. (1908-1909). *La Sardegna medievale*. 2 vols. Palermo: Reber.

Bettelheim, B. (1963). *The Informed Heart*. Glencoe: The Free Press [trad. ital.: *I prezzo della vita*. Milão: Adelphi, 1965].

Bhugra, D. (2004). Migration and mental health. *Acta Psychiatrica Scandinavica*, p. 243-258.

Bianco, L. (2001). "Xiedou et équité". In: Thireau, I. & Hansheng, W. (orgs.). *Disputes au village chinois*. Paris: Editions de la Maison des sciences de l'homme, p. 287-327.

_____ (1978). "Peasant movements". In: *The Cambridge History of China*. Vol. 13: Republican China 1912-1949. Cambridge: Cambridge University Press, p. 270-328.

Biddle, L. et al. (2008). Suicide rates in young men in England and Wales in the 21st century: Time trend study. *BMJ – British Medical Journal*, p. 539-542.

Biggs, M. (2005). "Dying without killing: Self-immolations, 1963-2002". In: Gambetta, D. (org.). *Making Sense of Suicide Missions*. Oxford: Oxford University Press, p. 173-208.

Binchy, D.A. (1973). Distraint in Irish law. *Celtica*, p. 22-71.

Birge, B. (2002). *Women, Property and Confucian Reaction in Sung and Yuan China (960-1368)*. Cambridge: Cambridge University Press.

_____ (1995). Levirate marriage and the revival of widow chastity in Yuan China. *Asia Major*, p. 107-146.

Bisetto, B. (2004). *La morte le si; addice* – Etica ed estetica del suicidio femminile nella Cina imperiale [tese de doutorado, pesquisa em Civilização da Índia e da Ásia Oriental].

_____ (2000). La retorica del suicidio femminile nella letteratura cinese. *Asiatica veneziana*, p. 21-34.

Bjorkenstam, C. et al. (2005). Are cancer patients at higher suicide risk than the general population? A nationwide register study in Sweden from 1965 to 1999. *Scandinavian Journal of Public Health*, p. 208-214.

Bland, R.C. et al. (1998). Psychiatric disorders in the population and in prisoners. *International Journal of Law and Psychiatry*, p. 273-279.

Blanshei, S.R. (1982). Crime and law enforcement in medieval Bologna. *Journal of Social History*, p. 121-138.

Bloom, M. (2007). Female suicide bombers: A global trend. *Daedalus*, p. 94-102.

_____ (2005). *Dying to Kill* – The Allure of Suicide Terror. Nova York: Columbia University Press.

Boccaccio, G. (1963). *Il Decameron* (1348-53). Turim: Einaudi.

Bohannan, P. (1960). "Theories of homicide and suicide". In: Bohannan, P. (org.). *African Homicide and Suicide*. Princeton: Princeton University Press, p. 3-29.

Bonnemère, P. (1992). Suicide et homicide: deux modalités vindicatoires en Nouvelle--Guinée. *Stanford French Review*, p. 19-43.

Borges, J.L. (1974). *Obras completas*. Buenos Aires: Emecé [trad. ital.: *Tutte le opere*. Milão: Mondadori, 1984].

Borlandi, M. & Cherkaoui, M. (2000). *"Le suicide" un siècle après Durkheim*. Paris: PUF.

Borlandi, M. (2000). Lire ce que Durkheim a lu. Enquête sur les sources statistiques et médicales du "Suicide". In: Borlandi & Cherkaoui (2000, 9-46).

Boschi, D. (1998). "Homicide and knife fighting in Rome, 1845-1914". In: Spierenburg, P. (org.). *Men and Violence*. Columbus: Ohio State University Press, p. 128-158.

Bosman, M. (2004). "The judicial treatment of suicide in Amsterdam". In: Watt, J.R. (org.). *From Sin to Insanity*. Ithaca: Cornell University Press, p. 9-24.

Bourquelot, F. (1841-1842). Recherches sur les opinions et la législation en matière de mort volontaire. *Bibliothèque de l'école des Chartes*, III (p. 539-560); IV (p. 242-266, 457-475).

Bousquet, P. (2002). Le suicide féminin au XVIIe siècle: un acte héroïque? In: Hodgson, R.G. (org.). *La femme au XVIIe siècle*. Tübingen: Gunter Narr, p. 183-200.

Bowersock, G.W. (1995). *Martyrdom and Rome*. Cambridge: Cambridge University Press.

Bradbury, J. (1817). *Travels in the Interior of America, in the Years 1809, 1810, and 1811*. Londres: Sherwood, Neely & Jones.

Brahimi, M. (1980). La mortalité des étrangères en France. *Population*, p. 603-622.

Brainerd, E. (2001). Economic reform and mortality in the former Soviet Union: A study of the suicide epidemic in the 1990s. *European Economic Review*, p. 1.007-1.019.

Brann, N.L. (1979). Is acedia melancholy? A re-examination of this question in the light of fra Battista da Crema's Della cognitione et vittoria di sé stesso (1531). *Journal for the History of Medicine and Allied Sciences*, p. 80-99.

Bray, A. (1995). *Homosexuality in Renaissance England*. Nova York: Columbia University Press.

Bresnahan, M. et al. (2003). "Temporal variation in the incidence, course and outcome of schizophrenia". In: Murray, R.M. et al. (orgs.). *The Epidemiology of Schizophrenia*. Cambridge: Cambridge University Press, p. 34-48.

Brierre de Boismont, A. (1865). *Du suicide et de la folie suicide*. Paris: Librairie Germer Baillière.

Bright, T. (1586). *A Treatise of Melancholy*. Londres: Vantrollier [trad. ital.: *Della melancholia*. Milão: Giuffré, 1990].

Bronisch, T. (1996). Suicidality in German concentration camps. *Archives of Suicide Research*, p. 129-144.

Brown, M.E. (1986). Power, gender and the social meaning of Agaruna suicide. *Man*, p. 311-328.

Brown, P. (1981). *The Cult of the Saints*: Its Rise and Function in Latin Christianity. Chicago: The University of Chicago Press [trad. ital.: *Il culto dei santi*. Turim: Einaudi, 1983].

Brown, R.M. (2001). *The Art of Suicide*. Londres: Reaktion.

Bunge, G. (1999). *Drachenwein und Engelsbrot*. Würzburg: Der Christliche Osten [trad. ital.: *Vino dei draghi e pane degli angeli*. Magnano: Qiqajon, 1999].

_____ (1995). *Akedia*. Würzburg: Der Christliche Osten [trad. ital.: *Akedia*. Magnano: Qiqajon, 1999].

Bunle, H. (1954). *Le mouvement naturel de la population dans le monde de 1906 a 1936*. Paris: Ined.

Burckhardt, J. (1860). *Die Kultur der Renaissance in Italien*. Basileia: Schweighauser [trad. ital.: *La civiltà del Rinascimento in Italia*. Florença: Sansoni, 1980].

Burgess-Jackson, K. (1982). The legal status of suicide in early America: A comparison with the English experience. *Wayne Law Review*, p. 57-87.

Burrow, S. & Laflamme, L. (2006). Suicide mortality in South Africa. *Social Psychiatry and Psychiatric Epidemiology*, p. 108-114.

Burton, R. (1932). *The Anatomy of Melancholy* (1621). 3 vols. Londres: J.M. Dent & Sons.

Burvill, P.W. (1998). Migrant suicide rates in Australia and in country of birth. *Psychological Medicine*, p. 201-208.

Burvill, P.W. et al. (1983). Comparison of suicide rates and methods in English, Scots and Irish migrants in Australia. *Social Science and Medicine*, p. 705-708.

_____ (1973). Methods of suicide of English and Welsh immigrants in Australia. *British Journal of Psychiatry*, p. 285-294.

Bussagli, M. (1986). "Figurae Mogoricae: nota all'iconografia". In: Falchetta, P. (org.). *Storia del Mogol di Nicolò Manuzzi veneziano*. Vol. 1. Milão: Franco Maria Ricci.

Butler, S.M. (2006a). Degrees of culpability: Suicide verdicts, mercy and the jury in medieval England. *Journal of Medieval and Early Modern Studies*, p. 263-290.

_____ (2006b). Women, suicide and the jury in later medieval England. *Signs*, p. 141-166.

Cahn, Z.G. (1998). *Suicide in French Thought from Montesquieu to Cioran*. Nova York: Peter Lang.

Caillat, C. (1977). Fasting unto death according to the Jaina tradition. *Acta orientalia*, p. 43-66.

Camus, A. (1987). *Œuvres complètes*. Paris: Gallimard [trad. ital.: *Opere*. Milão: Bompiani, 1988].

Canetto, S.S. & Sakinofsky, I. (1998). The gender paradox in suicide. *Suicide and Life-Threatening Behavior*, p. 1-23.

Carbasse, J.-M. (2006). *Histoire du droit pénal et de la justice criminelle*. Paris: PUF.

Carlitz, K. (2001). "The daughter, the singing-girl, and the seduction of suicide". In: Ropp et al. (2001, 22-46).

_____ (1997). Shrines, governing-class identity, and the cult of widow fidelity in mid-Ming Jiangnan. *Journal of Asian Studies*, p. 612-640.

_____ (1994). "Desire, danger and the body: Stories of woman's virtue in late Ming China". In: Gilmartin, C.K. et al. (orgs.). *Engendering China* – Women, Culture and the State. Cambridge: Harvard University Press, p. 101-124.

Casagrande, C. & Vecchio, S. (2000). *I sette vizi capitali*. Turim: Einaudi.

Cassels, N.G. (1965). Bentinck: Humanitarian and imperialist – The abolition of Suttee. *The Journal of British Studies*, p. 78-87.

Cassiano, J. (1563). *Delle costitutioni et origine de monachi, et de remedij & cause de tutti li vitij*. Veneza: Michele Tramezzino.

Castelpietra, G. et al. (2008). Antidepressant use and suicide prevention: A prescription database study in the region Friuli Venezia Giulia, Italy. *Acta Psychiatrica Scandinavica*, p. 382-388.

Castiglione, B. (1998). *Il libro del cortegiano* (1528). Turim: Einaudi.

Cavallo, T. (2003). "Introduzione". In: Radicati di Passerano, A. *Dissertazione filosofica sulla morte*. Pisa: ETS, p. 9-64.

Cavan, R.S. (1928). *Suicide*. Chicago: The University of Chicago Press.

Cavanagh, J.T.O. et al. (2003). Psychological autopsy studies of suicide: A Systematic review. *Psychological Medicine*, p. 395-405.

Cellini, B. (1973). *La vita*. Turim: Einaudi.

Chakravarti, U. (1998). "Gender, caste and labor: The ideological and material structure of widowhood". In: Chen, M.A. (org.). *Widow in India* – Social Neglect and Public Action. Londres: Sage, p. 63-92.

Chandler, C.R. & Tsai, Y.M. (1993). Suicide in Japan and in the West. *International Journal of Comparative Sociology*, p. 244-259.

Chang, J. (2005). *Mao*. Nova York: Knopf.

Chen, M.A. (2000). *Perpetual Mourning* – Widowhood in Rural India. Oxford: Oxford University Press.

Cheng, A. (1997). *Histoire de la pensée chinoise*. Paris: Seuil [trad. ital.: *Storia del pensiero cinese*. 2 vols. Turim: Einaudi, 2000].

Cheng, A.T. & Lee, C.S. (2000). "Suicide in Asia and the Far East". In: Hawton, K. & van Heeringen, K. (orgs.). *The International Handbook of Suicide and Attempted Suicide*. Nova York: Wiley, p. 29-48.

Chesnais, J.-C. (1981). *Histoire de la violence en Occident de 1880 à nos jours*. Paris: Laffont [trad. ital.: *Storia della violenza in Occidente*. Milão: Longanesi, 1982].

_____ (1976). *Les morts violentes en France depuis 1826* – Comparaisons internationales. Paris: PUF.

Cheyne, G. (1733). *The English Malady or a Treatise of Nervous Diseases of all Kinds*. Londres: G. Strahan.

Cícero (1998). *La vecchiezza*. Milão: Bur.

Clarke, R.V. & Lester, D. (1989). *Suicide*: Closing the Exits. Nova York: Springer.

Cobb, R. (1978). *Death in Paris*. Oxford: Oxford University Press.

Cohen, E.A. (1953). *Human Behavior in the Concentration Camp*. Nova York: The Universal Library.

Cohen, L.M. (1971). The Chinese of the Panama railroad: Preliminary notes on the migrants of 1854 who "failed". *Ethnohistory*, p. 309-320.

Colebrooke, H.T. (1795). On the duties of a faithful Hindu widow. *Asiatic Researches*, IV, p. 209-219 [agora in: Colebrooke, H.T. *Miscellaneous Essays*. Londres: W.H. Allen, 1837, p. 114-122].

Collins, R. (2009). One hundred years advance on Durkheim. *Sociologica*, 2/3.

Collmer, R.G. (1969). Donne and Borges. *Revue de littérature comparée*, p. 219-232.

Conquest, R. (1968). *The Great Terror*. Londres: Macmillan [trad. ital.: *Il grande terrore*. Milão: Bur, 2002].

Conrad, P. (1992). Medicalization and social control. *Annual Review of Sociology*, p. 209-232.

Conti, N. (1492). "Viaggio di Nicolò di Conti". In: Ramusio, G.B. (org.). *Navigazioni e viaggi*. Vol. II. Turim: Einaudi, 1979, p. 789-820.

Cook, D. (2005a). *Understanding Jihad?* Berkeley: University of California Press [trad. ital.: *Storia del Jihad*. Turim: Einaudi, 2007].

_____ (2005b). Women fighting in Jihad? *Studies in Conflict & Terrorism*, p. 375-384.

Coope, J.A. (1995). *The Martyrs of Cordoba*: Community and Family Conflict in an Age of Mass Conversion. Lincoln: University of Nebraska Press.

Counts, D. (1990). "Suicide in different ages from cross-cultural perspective". In: Leenaars, A.A. (org.). *Life Span Perspectives of Suicide*. Nova York: Plenum, p. 215-230.

_____ (1984). "Revenge suicide by Lusi women: An expression of power". In: O'Brien, D. & Tiffany, S. (orgs.). *Rethinking Women's Roles*: Perspectives from the Pacific. Berkeley: University of California Press, p. 71-93.

_____ (1980). Fighting back is not the way: Suicide and the women of Kaliai. *American Ethnologist*, p. 332-351.

Courcelle, P. (1958). La postérité chrétienne du songe de Scipion. *Revue des études religieuses*, p. 205-234.

Courtet, P. et al. (2005). Suicidal behavior: Relationship between phenotype and serotonergic genotype. *American Journal of Medical Genetics*, 133C, p. 25-33.

Courtright, P.B. (1994). "The iconographies of Sati". In: Stratton Hawley, J. (org.). *Sati* – The Blessing and the Curse. Oxford: Oxford University Press, p. 27-49.

Courtright, P.B. (1995). "Sati, sacrifice and marriage". In: Harlan, L. & Courtright, P.B. (orgs.). *From the Margins of Hindu Marriage*: Essays on Gender, Religion and Culture, p. 184-203.

Creighton, M.L.R. (1988). Revisiting shame and guilt cultures: A forty-year pilgrimage. *Ethos*, p. 279-307.

Crenshaw, M. (2007). Explaining suicide terrorism: A review essay. *Security Studies*, p. 133-162.

Culbertson, F.M. (1997). Depression and gender. An international review. *American Psychologist*, p. 25-31.

Cunningham, K.J. (2003). Cross-regional trends in female terrorism. *Studies in Conflict & Terrorism*, p. 171-195.

Cutter, F.E. (1983). *Art and the Wish to Die*. Chicago: Nelson-Hall.

Dalby, M. (1982). Revenge and the law in traditional China. *American Journal of Legal History*, p. 267-307.

Dale, S.F. (1988). Religious suicide in Islamic Asia: Anticolonial terrorism in India, Indonesia, and the Philippines. *The Journal of Conflict Resolution*, p. 37-59.

Danton, G.H. (1938). *The Chinese People*. Boston: Marshall Jones Company.

Darbagh, N.T. (2005). *Suicide in Palestine*. Londres: Hurst & Company.

Daube, D. (1972). The linguistic of suicide. *Philosophy and Public Affairs*, p. 387-437.

Davis, R.L. (1996). *Wind against the Mountain – The Crisis of Politics and Culture in Thirteenth-century China*. Cambridge: Harvard University Press.

Dawidowicz, L.S. (1975). *The War against the Jews, 1933-1945*. Nova York: Holt, Rinehart & Winston.

De Beaumanoir, P. (1899-1900). *Coutumes de Beauvaisis*. 2 vols. Paris: A. Picard et fils.

De Felice, R. (1988). *Storia degli ebrei italiani sotto il fascismo*. Turim: Einaudi.

De l'Arbre, A. (1921). De la Confiscation des biens des suicides. *Bulletin de la Commission Royale des Anciennes Lois et Ordonnances de Belgique*, p. 9-44.

De Sévigné, M. (1972). *Correspondance*. Paris: Pléiade [trad. ital.: *Alla figlia lontana*. Roma: Editori Riuniti, 1993].

Delcourt, M. (1939). Le suicide par vengeance dans la Grèce ancienne. *Revue de Histoire des religions*, p. 154-171.

Della Valle, P. (1667). *Viaggi di Pietro della Valle, il Pellegrino descritti da lui medesimo in 54 lettere familiari*. Veneza: Paolo Baglioni.

Delumeau, J. (1983). *Le péché et la peur*. Paris: Fayard [trad. ital.: *Il peccato e la paura*. Bolonha: Il Mulino, 1987].

Desjarlais, R. et al. (1995). *World Mental Health*. Oxford: Oxford University Press [trad. ital.: *La salute mentale nel mondo*. Bolonha: Il Mulino, 1998].

Di Maggio, P. (1997). Culture and cognition. *Annual Review of Sociology*, p. 263- 287.

Diamant, N.J. (2001). "Between martyrdom and mischief: The political and social predicament of CCP war widows and veterans, 1949-1966". In: Lary, D. (org.). *Scars of Wars*. Vancouver: UBC, p. 162-187.

_____ (2000). *Revolutionizing the Family – Politics, Love, and Divorce in Urban and Rural China, 1949-1968*. Berkeley: University of California Press.

Diekstra, R.F.W. (1995). "The epidemiology of suicide and parasuicide". In: Diekstra, R.F.W. (org.). *Preventive Strategies on Suicide*. Leiden: Brill, p. 1-34.

Dieselhorst, J. (1953). Die Bestrafung der Selbstmörder im Territorium der Reichsstadt Nürnberg. *Mitteilungen des Vereins für Geschichte der Stadt Nürnberg*, p. 58-230.

Diodoro Sículo (1988). *Biblioteca storica*. Libri 18-20. Milão: Rusconi.

Direzione generale della statistica (1879). *Movimento dello stato civile: Anni dal 1862 al 1877 – Introduzione con raffronti di statistica internazionale*. Roma.

Dolev, N. (1999). Gaspar Ofbuys' Chronicle and Hugo van der Goes. *Assaph*, 4, p. 125-137.

Donaldson, I. (1982). *The Rapes of Lucretia* – A Myth and its Transformations. Oxford: Clarendon.

Doneddu, G. (1991). "Criminalità e società nella Sardegna del secondo Settecento". In: Berlinguer, L. & Colao, F. (orgs.). *Criminalità e società in età moderna*. Milão: Giuffré, p. 581-632.

Donne, J. (1624). *Devotions upon Emergent Occasions and Several Steps in my Sickness* [trad. ital.: *Devozioni per occasioni di emergenza*. Roma: Editori Riuniti, 1994].

_____ (1611). *An Anatomy of the World* [trad. ital.: *Il primo anniversario* – Una anatomia del mondo in poesie. Milão: BUR, 2007].

_____ (1608). *Biathanatos* [trad. ital.: *Biathanatos*. Milão: Se, 1993].

Doolittle, J. (1865). *Social Life of the Chinese*. Nova York: Harper & Row.

Douglas, J.D. (1967). *The Social Meanings of Suicide*. Princeton: Princeton University Press.

Drees, C.J. (1990). Sainthood and suicide: The motives of the martyrs of Cordoba. *Journal of Medieval and Renaissance Studies*, p. 59-89.

Droge, A.J. & Tabor, J.D. (1992). *A Noble Death* – Suicide and Martyrdom among Christians and Jews in Antiquity. São Francisco: Harper.

Du, E. & Mann, S. (2003). "Competing claims on womanly virtue in late imperial China". In: Ko, D. et al. (orgs.). *Women and Confucian Cultures in Premodern China, Korea, and Japan*. Berkeley: University of California Press, p. 219-247.

Dublin, L. (1963). *Suicide*: A Sociological and Statistical Study. Nova York: The Ronald Press.

Dubois, A.J.A. (1825). *Mœurs, institutions et cérémonies des peuples de l'Inde*. Paris: Imprimerie Royale.

Duchac, R. (1964). Suicide au Japan, suicide à la japonaise. *Revue française de sociologie*, p. 402-415.

Dumais, A. et al. (2005). Risk factors for suicide completion in major depression: A case-control study of impulsive and aggressive behaviors in men. *American Journal of Psychiatry*, p. 2.116-2.124.

Dumont, E. (1948). La répression du suicide. *Revue de droit pénal et de criminologie*, p. 547-570.

Durkheim, É. (1906). Compte rendu: Krose, Die Ursachen der Selbstmordhäufigkeit. *L'Année sociologique*, p. 511-514.

_____ (1897). *Le suicide*: étude de sociologie. Paris: PUF [trad. ital.: *Il suicidio. L'educazione morale*. Turim: Utet, 1969].

_____ (1893). *De la division du travail social*. Paris: PUF [trad. ital.: *La divisione del lavoro sociale*. Milão: Comunità, 1962].

Duthé, G. et al. (2009). Suicide en prison: la France comparée à ses voisins européens. *Population et sociétés*, 462, p. 1-4.

Dutt, N.K. (1938). Widow in ancient India. *The Indian Historical Quarterly*, p. 661-697.

Early, K.E. (1992). *Religion and Suicide in the African-American Community*. Westport: Greenwood.

Eberhard, W. (1967). *Guilt and Sin in Traditional China*. Berkeley: University of California Press.

Ebrey, P.B. (2003). *Women and the Family in Chinese History*. Londres: Routledge.

_____ (1993). *The Inner Quarters*. Berkeley: University of California Press.

Edwards, B. (1794). *The History, Civil and Commercial, of the British Colonies in the West Indies*. 2 vols. Dublin: Luke White.

Eisner, M. (2003). Long-term historical trends in violent crime. *Crime and Justice*: A Review of Research, p. 83-142.

Elias, N. (1980). *Über den Prozess der Zivilisation*. Vol. II. Frankfurt a.M.: Suhrkamp [trad. ital.: *Potere e civiltà*. Bolonha: Il Mulino, 1983].

_____ (1968). Über den Prozess der Zivilisation. Frankfurt a.M.: Suhrkamp [trad. ital.: *La civiltà delle buone maniere*. Bolonha: Il Mulino, 1982].

Elliott, M. (1999). Manchu widows and ethnicity in Qing China. *Comparative Studies in Society and History*, p. 33-71.

Elsner, E. (1983). Der Selbstmord in Berlin. *Berliner Statistik*, p. 218-239.

Elster, J. (2005). "Motivations and beliefs in suicide missions". In: Gambetta, D. (org.). *Making Sense of Suicide Missions*. Oxford: Oxford University Press, p. 233-258.

_____ (1999). *Alchemies of the Mind*. Cambridge: Cambridge University Press.

_____ (1993). Sadder but wiser? Rationality and the emotions. *Social Science Information* [trad. ital.: *Più tristi ma più saggi*. Milão: Anabasi, 1994].

Eltis, D. (2000). *The Rise of American Slavery in the Americas*. Cambridge: Cambridge University Press.

Elvin, M. (1984). Female virtue and the state in China. *Past and Present*, p. 111-152.

Engels, F. (1845). *Die Lage der arbeitenden Klasse in England*. Leipzig: Otto Wigand [trad. ital.: *La situazione della classe operaia in Inghilterra*. Roma: Editori Riuniti, 1973].

Epp, M. (1997). The memory of violence – Soviet and East European Mennonite refugees and rape in the Second World War. *Journal of Women's History*, p. 58-87.

Erlangsen, A. et al. (2008). Increased use of anti-depressants and decreasing suicide rates: A population-based study using Danish register data. *Journal of Epidemiology and Community Health*, p. 448-454.

Esquirol, J.-E.D. (1838). *Des maladies mentales*: considérées sous les rapports médical, hygiénique et médico-légal. Vol. I. Paris: J.-B. Baillière.

Eusébio de Cesareia (1979). *Storia ecclesiastica*. Milão: Rusconi.

Evágrio Pôntico (1992). *Trattato pratico sulla vita monastica*. Roma: Città Nuova.

_____ (1990). *Gli otto spiriti malvagi*. Parma: Pratiche Editrice.

Ewing, J.F (1955). Juramentado: Institutionalized suicide among the Moros of Philippines. *Anthropological Quarterly*, p. 148-155.

Ezzat, D.H. (1983). "Kuwait". In: Headley, L.A. (org.). *Suicide in Asia and the Near East*. Berkeley: University of California Press, p. 272-283.

Falchetta, P. (1986). "Venezia, madre lontana. Vita e opere di Niccold Mannuzi (1638-1717)". In: Falchetta, P. (org.). *Storia del Mogol di Nicolò Manuzzi veneziano*. Vol. 1. Milão: Franco Maria Ricci, p. 15-63.

Fazel, S. & Danesh, J. (2002). Serious mental disorders in 23.000 prisoners: A systematic review of 62 surveys. *The Lancet*, p. 545-550.

Fedden, H.R. (1938). *Suicide* – A Social and Historical Study. Londres: Peter Davies Limited.

Federici, C. de (1587). *Viaggio de M. Cesare de Federici nell'India Orientale, e oltra l'India: nel quale si contengono cose dilettevoli dei riti, di costumi di questi paesi*. Veneza: Andrea Muschio [agora in: Ramusio, G.B. (org.). *Navigazioni e viaggi*. Vol. VI. Turim: Einaudi, 1979, p. 1.017-1.082.

Ferracuti, F. (1957). "Suicide in a catholic country". In: Shneidman, E.S. & Farberow, N.L. (orgs.). *Clues to Suicide*. Nova York: McGraw-Hill, p. 70-77.

Ferri, E. (1925). *L'omicida nella psicologia e nella psicopatologia criminale* – L'omicidio-suicidio: Responsabilità giuridica. Turim: Utet.

Fielde, A.M. (1887). *Pagoda Shadow* – Studies from Life in China. Londres: T. Ogilvie Smith.

Filliozat, J. (1967). L'abandon de la vie par le sage et les suicides du criminel et du héros dans la tradition indienne. *Arts Asiatiques*, p. 65-88.

_____ (1963). La mort volontaire par le feu et la tradition bouddhique indienne. *Journal Asiatique*, p. 21-51.

Firth, R. (1961). Suicide and risk-taking in Tikopia society. *Psychiatry*, p. 1-17.

Fisch, J. (1998). *Tödliche Rituale* – Die indische Witwenverbrennung und andere Formen der Totenfolge. Frankfurt a.M.: Campus [trad. ingl. *Burning Women* – A Global History of Widow-sacrifice from Ancient Times to the Present. Londres: Seagull, 2006].

Fishbain, D.A. (1996). Current research on chronic pain and suicide. *American Journal of Public Health*, p. 1.320-1.321.

Fisher, B.J. et al. (2001). Suicidal intent in patients with chronic pain. *Pain*, p. 199-206.

Fitzpatrick, K.K. et al. (2005). Gender role, sexual orientation and suicide risk. *Journal of Affective Disorders*, p. 35-42.

Fitzpatrick, S. (1999). *Everyday Stalinism* – Ordinary Life in Extraordinary Times: Soviet Russia in the 1930. Oxford: Oxford University Press.

Flynn, M. (1995). Blasphemy and the play of anger in sixteenth-century Spain. *Past and Present*, 149, p. 29-56.

Fong, G.S. (2001). "Signifying bodies: The cultural significance of suicide writings by women in Ming-Quing China". In: Ropp et al. (2001, 105-142).

Frank, M. (1994). Die fehlende Geduld Hiobs – Suizid und Gesellschaft in der Grafschaft Lippe (1600-1800). In: Signori, G. (org.). *Trauer, Verzweiflung und Anfechtung*. Tübingen: Diskord, p. 152-188.

Frankl, V.E. (1995). *Uno psicologo nei lager*. Milão: Ares.

Fruehwald, S. et al. (2000a). Fifty years of prison suicide in Austria – Does legislation have an impact? *Suicide and Life-Threatening Behavior*, p. 272- 281.

Fruehwald, S. et al. (2000b). Prison suicide in Austria, 1975-1997. *Suicide and Life--Threatening Behavior*, p. 360-369.

Fung, W.L.A. et al. (2006). Ethnicity and mental health: The example of schizophrenia in migrant populations across Europe. *Psychiatry*, p. 396-401.

Gallant, T.W. (2000). Honor, masculinity and ritual knife fighting in nineteenth--century Greece. *American Historical Review*, p. 359-382.

Gambetta, D. & Hertog, S. (2007). Engineers of Jihad. *Sociology Working Papers* [Oxford: University of Oxford/Department of Sociology].

Gambetta, D. (2005). "Can we make sense of suicide missions?" In: Gambetta, D. (org.). *Making Sense of Suicide Missions*. Oxford: Oxford University Press, p. 259-299.

_____ (1999). Primo Levi's last moments. *Boston Review*, verão.

Gamble, S.D. (1921). *Peking, a Social Survey*. Nova York: G.H. Doran Company.

Garavini, F. (1991). *Mostri e chimere* – Montaigne, il testo, il fantasma. Bolonha: Il Mulino.

Garzilli, E. (1997). First Greek and Latin documents on Sahagamana and some connected problems. *Indo-Iranian Journal*, p. 205-243 e 339- 365.

Gates, B.T. (1980). Suicide and the Victorian physicians. *Journal of the History of the Behavioral Sciences*, p. 164-174.

Gauvard, C. (2005). *Violence et ordre public au Moyen Age*. Paris: Picard.

_____ (2001). "Conclusion". In: *Le règlement des conflits au Moyen Âge* [Ata do Congresso]. Paris: Publications de la Sorbonne, p. 369-391.

_____ (1997). "La justice pénale du roi de France à la fin du Moyen Age". In: Rousseaux, X. & Levy, R. (orgs.). *Le pénal dans tous ses États*. Bruxelas: Publications des Facultés Universitaires Saint-Louis, p. 81-112.

_____ (1991). *"De grâce spécial"* – Crime, État et société en France à la fin du Moyen Âge. 2 vols. Paris: Publications de la Sorbonne.

Geertz, C. (1973). *The Interpretation of Cultures*: Selected Essays. Nova York: Basic Books [trad. ital.: *Interpretazione di culture*. Bolonha: Il Mulino, 1998].

Geiger, A. (1891). Der Selbstmord im deutschen Recht. *Archiv für Kirchenrecht*, 65, p. 3-36.

_____ (1889b). Der Selbstmord im französischen Recht. *Archiv für Kirchenrecht*, 62, p. 385-399.

_____ (1889a). Der Selbstmord im Kirchenrecht. *Archiv für Kirchenrecht*, 61, p. 225-232.

Gerges, F.A. (2005). *The Far Enemy*: Why Jihad Went Global. Cambridge: Cambridge University Press.

Giansante, M. (1993). Il caso di Lucia da Varignana – Psicopatologia della vita quotidiana in un processo per infanticidio del 1672. *Atti e memorie della Deputazione di storia patria per le province di Romagna*, p. 303-312.

Gibbs, J.T. (1997). African-American suicide: A cultural paradox. *Suicide and Life-Threatening Behavior*, p. 68-79.

Gidal, E. (2003). Civic melancholy: English gloom and French enlightenment. *Eighteenth-Century Studies*, 1, p. 23-45.

Giddens, A. (1971). "A typology of suicide (1968)". In: Giddens, A. (org.). *The Sociology of Suicide* – A Selection of Readings. Londres: Frank Cass, p. 97-120.

_____ (1965). The suicide problem in French sociology. *British Journal of Sociology*, p. 3-18.

Giles, H.A. (1911). *The Civilization of China*. Londres: Holt.

_____ (1876). *Chinese Sketches*. Londres: Truebner & Co.

Glotz, G. (1904). *La solidarité de la famille dans le droit criminel en Grèce*. Paris: Albert Fontemoing.

Goeschel, C. (2009). *Suicide in Nazi Germany*. Oxford: Oxford University Press.

_____ (2007). Suicide of German Jews in the Third Reich. *German History*, p. 22-45.

_____ (2006). Suicide at the end of the Third Reich. *Journal of Contemporary History*, p. 151-171.

_____ (2005). *Suicide in Weimar and Nazi Germany*. Cambridge: Darwin College [tese de doutorado].

Goethe, J.W. (1816-1817). *Italienische Reise*. Stuttgart/Tübingen: Cotta [trad. ital.: "*Viaggio in Italia*". In: *Opere*. Florença: Sansoni, 1970, p. 247-572].

Goffman, E. (1961). *Asylums*. Nova York: Doubleday [trad. ital.: *Asylums*. Turim: Einaudi, 1968].

Goldney, R.D. & Schioldann, S. (2004). Evolution of the concept of altruistic suicide in pre-Durkheim suicidology. *Archives of Suicide Research*, p. 23-27.

Gomez, M.A. (1998). *Exchanging Our Country Marks*: The Transformation of African Identities in the Colonial and Antebellum South. Chapel Hill: University of North Carolina Press.

Goodman, B. (2005). The new woman commits suicide: The press, cultural memory and the new republic. *The Journal of Asian Studies*, p. 67-101.

Gowland, A. (2006a). The problem of early modern melancholy. *Past and Present*, p. 77-120.

_____ (2006b). *The Worlds of Renaissance Melancholy*. Cambridge: Cambridge University Press.

Graham, M. (1814). *Letters on India*. Londres: Longman, Green & Co.

Grandpré, L. (1801). *Voyage dans l'Inde et au Bengale fait dans les années 1789 et 1790*. 2 vols. Paris: Dentu.

Granet, M. (1929). *La civilisation chinoise*. Paris: La Renaissance du livre [trad. ital.: *La civiltà cinese antica*. Turim: Einaudi, 1968].

Grashoff, U. (2006). "*In einem Anfall von Depression*": Selbsttötungen in der DDR. Berlim: Links.

Gray, J.H. (1878). *China*: A History of the Laws, Manners and Customs of the People. Londres: Macmillan.

Gribaudi, G. (2005). *Guerra totale*. Turim: Bollati Boringhieri.

Griffin, M. (1986). Philosophy, Cato, and Roman suicide. *Greece & Rome* [abr., p. 64-77; out. p. 192-202].

Grisé, Y. (1982). *Le suicide dans la Rome antique*. Paris: Les Belles Lettres.

Groot, R. (2000). When suicide became felony. *The Journal of Legal History*, p. 1-20.

Grossmann, A. (2007). *Jews, Germans, and Allies*: Close Encounters in Occupied Germany. Princeton: Princeton University Press.

_____ (1995). A question of silence: The rape of German women by occupation soldiers. *October*, p. 43-63.

Guaccio, F.M. (1626). *Compendium maleficarum*. Milão: Ex. Collegii ambrosiani typographia.

Guerry, A.-M. (1833). *Essai sur la statistique morale de la France*. Paris: Chez Crochard.

Guiance, A. (1998). *Los discursos sobre la muerte en la Castilla medieval: siglos VII-XV*. Valladolid: Junta de Castilla y León.

Gunaratna, R. (2000). Suicide terrorism: A global threat. *Jane's Security News*.

Guthmann Opfermann, C. (1999). "Suicides or murders". In: Cargas, H.J. (org.). *Problems Unique to the Holocaust*. Lexington: The University Press of Kentucky, p. 43-50.

Hafez, M.M. (2007). *Suicide Bombers in Iraq*. Washington: United States Institute of Peace.

_____ (2006). *Manufacturing Human Bombs* – The Making of Palestinian Suicide Bombers. Washington: United States Institute of Peace.

Halbwachs, M. (1930). *Les causes du suicide*. Paris: Alcan.

Hamlin, C.L. & Brym, R.J. (2006). The return of the native: A cultural and social-psychological critique of Durkheim's Suicide based in the Guarani-Kaiowá of Southwestern Brazil. *Sociological Theory*, p. 42-57.

Hanawalt, B. (1979). *Crime and conflict in English communities, 1300-1348.* Cambridge: Harvard University Press.

Hardgrave, R.L. (1998). The representation of Sati: Four eighteenth century etchings by Baltazard Solvyns. *Bengal Past and Present*, p. 57-80.

Hardgrove, A. (1999). Sati worship and Marwari public identity in India. *Journal of Asian Studies*, p. 723-752.

Harlan, L. (2003). *The Goddesses' Henchmen*: Gender in Indian Hero Worship. Oxford: Oxford University Press.

_____ (2002). "Truth and sacrifice: Sati immolations in India". In: Cormack, M. (org.). *Sacrificing the Self* – Perspectives on Martyrdom and Religion. Oxford: Oxford University Press, p. 118-131.

_____ (1994). "Perfection and devotion: Sati tradition in Rajasthan". In: Stratton Hawley, J. (org.). *Sati* – The Blessing and the Curse. Oxford: Oxford University Press, p. 3-26.

Harris, E.C. & Barraclough, B.M. (1997). Suicide as an outcome for mental disorders. *British Journal of Psychiatry*, p. 205-228.

_____ (1994). Suicide as an outcome for medical disorders. *Medicine*, p. 281-296.

Harris, N. & Newhauser, R. (2005). "Visuality and moral culture in the late middle ages". In: Newhauser, R. (org.). *In the Garden of Evil*. Toronto: Pontifical Institute of Mediaeval Studies, p. 234-276.

Hartig, C. (2007). "Conversations about taking our own lives – Oh, a poor expression for a forced deed in hopeless circumstances!" Suicide among German Jews 1933-1943. *Leo Baeck Institute Yearbook*, p. 247-265.

Hassan, R. (1995). *Suicide Explained* – The Australian Experience. Melbourne: Melbourne University Press.

Hasso, FS. (2005). Discursive and political deployments by/of the 2002 Palestinian women suicide bombers/martyrs. *Feminist Review*, p. 24-71.

He, L. et al. (2003). Forces of production and direction. *Homicide Studies*, p. 36-57.

Healey, C. (1979). Women and suicide in New Guinea. *Social Analysis*, p. 89-106.

Healy, R. (2006). Suicide in early modern and modern Europe. *The Historical Journal*, p. 903-912.

Heber, R. (1856). *Narrative of a Journey through the Upper Provinces of India*. 2 vols. Londres: John Murray.

Heilä, H. & Lönnqvist, J. (2003). "The clinical epidemiology of suicide in schizophrenia". In: Murray, R.M. et al. (orgs.). *The Epidemiology of Schizophrenia*. Cambridge: Cambridge University Press, p. 288-316.

Helliwell, J.F. (2006). Well-being and social capital: Does suicide pose a puzzle? *Social Indicators Research*, p. 455-496.

Hem, E. & Loge, J.H. (2004). Suicide risk in cancer patients from 1960 to 1999. *Journal of Clinical Oncology*, p. 4.209-4.216.

Hendin, H. (1969). *Black suicide*. Nova York: Allen Lane.

Henry, A.F. & Short, J.F (1954). *Suicide and Homicide*. Glencoe: The Free Press.

Herrmann, C.T. (1833-1834). Recherches sur le nombre des suicides et des homicides. *Mémoires de l'Académie Impériale des Sciences de St.-Pétersbourg*, II, p. 263-295.

Hershman, P. (1974). Hair, sex and dirt. *Man*, p. 274-298.

Heyer, A. (2007). Suicide in the fiction of Georges Bernanos and Stefan Zweig: The death of two female adolescents. *Christianity and Culture*, p. 437-456.

Higonnet, M. (1985). Suicide: Representations of the feminine in the nineteenth century. *Poetics Today*, p. 103-117.

Hill, P. (2005). "Kamikaze, 1943-1945". In: Gambetta, D. (org.). *Making Sense of Suicide Missions*. Oxford: Oxford University Press, p. 1-42.

Hill, T. (2004). *Ambitiosa mors* – Suicide and Self in Roman Thought and Literature. Londres: Routledge.

Hinsch, B. (2002). *Women in Early Imperial China*. Lanham: Rowman & Littlefield.

_____ (1990). *Passions in the Cut Sleeve*. Berkeley: University of California Press.

Hirschfeld, M. (1914). *Die Homosexualität des Mannes und des Weibes*. Berlim: Marcus [trad. ingl. *The Homosexuality of Men and Women*. Amherst: Prometheus Books, 2000].

Hirzel, R. (1908). Der Selbstmord. *Archiv für Religionswissenschaft*, p. 75-104, 243-289, 417-476.

Hitchcock, R. (2008). *Mozarabs in Medieval and Early Modern Spain*: Identities and Influences. Aldershot: Ashgate.

HMP (1950). English literature seen through French eyes. *Yale French Studies*, p. 109-119.

Hoang, P. (1898). *Le mariage chinois*. Xangai: Imprimerie de la Mission Catholique.

Hodges, W.R.A. (1794). *Travels in India during the years 1780, 1781, 1782 and 1783*. Londres: J. Edwards.

Hoebel, E.A. (1954). *The Law of Primitive Man* – A Study in Comparative Legal Dynamics. Cambridge: Harvard University Press [trad. ital.: *I diritto nelle società primitive*. Bolonha: Il Mulino, 1973].

Hoffman, B. & McCormick, G.H. (2004). Terrorism, signaling, and suicide attack. *Studies in Conflict & Terrorism*, p. 243-281.

Hoffman, B. (2006). *Inside Terrorism*. Nova York: Columbia University Press.

Holland Barnes, D. (2006). The aftermath of suicide among African Americans. *Journal of Black Psychology*, p. 335-348.

Holmgren, J. (1985). The economic foundations of virtue: Widow-remarriage in early modern China. *The Australian Journal of Chinese Affairs*, p. 1-27.

Hopcroft, R.L. & Bradley, D.B. (2007). The sex differences in depression across 29 countries. *Social Forces*, p. 1.483-1.507.

Hopgood, S. (2005). "Tamil tigers, 1987-2002". In: Gambetta, D. (org.). *Making Sense of Suicide Missions*. Oxford: Oxford University Press, p. 43-76.

Hopkins, W. (1900). On the Hindu custom of dying to redress a grievance. *Journal of the American Oriental Society*, p. 146-159.

Hoskin, J.O. et al. (1969). A high incidence of suicide in a preliterate-primitive society. *Psychiatry*, p. 200-210.

Hotchner, A.E. (2005). *Papa Hemingway*: A Personal Memoir. Nova York: Da Capo.

Hsieh, A.C.V. & Spence, J.D. (1980). "Suicide and the family in pre-modern Chinese society". In: Kleinman, A. & Lin, T.Y. (orgs.). *Normal and Abnormal Behavior in Chinese Cultures*. Dordrecht: Reidel, p. 29-47.

Hu, Y.H. (1995). Elderly suicide risk in family contexts: A critique of the Asian family care model. *Journal of Cross-Cultural Gerontology*, p. 199-217.

Huc, E.R. (1879). *L'empire chinois*. Paris: Gaume.

Huizinga, J. (1919). *Herfsttij der Middeleeuwen*. Haarlem: Tjeenk Willink [trad. ital.: *L'autunno del Medioevo*. Florença: Sansoni, 1966].

Hults, L.C. (1991). Dürer's Lucretia: Speaking the silence of woman. *Signs*, p. 205-237.

Hume, D. (1874-1875). "Of Suicide". In: *The Philosophical Works*. 4 vols. Edimburgo: A. Black & W. Tait, 1854, vol. II, p. 399-414 [trad. ital.: *Il suicidio* – L'immortalità dell'anima. Florença: Le Lettere, 1992].

Huntington, R. (2005). Ghost seeking substitutes: Female suicide and repetition. *Late Imperial China*, p. 1-40.

Ibn Battuta (2006). *I viaggi*. Turim: Einaudi.

Ikels, C. (1983). *Aging and Adaptation* – Chinese in Hong Kong and the United States. Hamden: Archon.

Ikels, C. (org.) (2004). *Filial Piety* – Practice and Discourse in Contemporary East Asia. Stanford: Stanford University Press.

Inki Ha, F. (1995). Shame in Asian and Western cultures. *The American Behavioral Scientist*, p. 1.114-1.131.

Ivanits, L. (1992). "Suicide and Volk beliefs in Dostoevsky's Crime and Punishment". In: Offord, D. (org.). *The Golden Age of Russian Literature and Thought*. Londres: St Martin's Press, p. 138-148.

Iventosch, H. (1974). Cervantes and courtly love: The Grisostomo-Marcela episode of Don Quixote. *PMLA*, 1, p. 64-76.

Jacques, K. & Taylor, P.J. (2008). Male and female suicide bombers: Different sexes, different reasons? *Studies in Conflict & Terrorism*, p. 304-326.

Jansson, A. (2004). "Suicide murders in Stockholm". In: Watt, J.R. (org.). *From Sin to Insanity*. Ithaca: Cornell University Press, p. 81-99.

_____ (1998). *From Sword to Sorrow*. Homicide and Suicide in Early Modern Stockholm. Estocolmo: Almquist & Wiksell.

Jeffreys, M.D.W. (1971). "Samsonic suicide: Or suicide of revenge among Africans". In: Giddens, A. (org.). *The Sociology of Suicide* – A Selection of Readings. Londres: Frank Cass, p. 185-196.

Jervis, G. (2002). *La depressione*. Bolonha: Il Mulino.

Jing, J. (2004). "Meal rotation and filial piety". In: Ikels (2004, 53-62).

João Crisóstomo (2002). *A Stagirio tormentato da un demone*. Roma: Città Nuova.

Joblin, A. (1994). Le suicide à l'époque moderne. Un exemple dans la France du Nord--Ouest: à Boulogne-sur-Mer. *Revue historique*, p. 85-119.

Johnson, B.D. (1965). Durkheim's one cause of suicide. *American Sociological Review*, p. 875-886.

Johnson, P.L. (1981). When dying is better than living: Female suicide among the Gainj of Papua New Guinea. *Ethnology*, p. 325-334.

Johnston, R.F. (1910). *Lion and Dragon in Northern China*. Nova York: Dutton & Co.

Joiner, C.A. (1964). South Vietnam's Buddhist crisis. *Asian Survey*, p. 915-928.

Joiner, T.E. et al. (2005). The psychology and neurobiology of suicidal behavior. *Annual Review of Psychology*, p. 287-314.

Jousse, D. (1771). *Traité de la justice criminelle en France*. Paris: Debure pére, vol. II.

Judge, J. (2008). *The Precious Raft of History*. Stanford: Stanford University Press.

Justice, C. (2005). "Drowing oneself in the river Ganges: Problems of religious suicide in India". In: Bahr, A. & Medick, H. (orgs.). *Sterben von eigener Hand* – Selbsttétung als kulturelle Praxis. Colônia: Bohlau, p. 291-307.

Kalyvas, S.N. & Sanchez-Cuenca, I. (2005). "Killing without dying: The absence of suicide missions". In: Gambetta, D. (org.). *Making Sense of Suicide Missions*. Oxford: Oxford University Press, p. 208-232.

Kantorowicz, E.H. (1957). *The King's Two Bodies*. Princeton: Princeton University Press [trad. ital.: *I due del Re*. Turim: Einaudi, 1989].

Kaplan, M. (1998). *Between Dignity and Despair*. Oxford: Oxford University Press.

Kapur, N. (2006). Suicide in the mentally ill. *Psychiatry*, p. 279-282.

Kapusta, N.D. et al. (2008). Rural-urban differences in Austrian suicides. *Social Psychiatry and Psychiatric Epidemiology*, p. 311-318.

Katzenellenbogen, A. (1939). *Allegories of the Virtues and Vices in Medieval Art*. Londres: The Warburg Institute.

Keith, A.B. (2003). "Suicide (Hindu)". In: Hastings, J. (org.). *Encyclopedia of Religion and Ethics*. Vol. XXIII. Nova York: Charles Scribner's Sons, p. 33-35.

Kendal, W.S. (2007). Suicide and cancer: A gender-comparative study. *Annals of Oncology*, p. 381-387.

Kennedy, R.H. (1843). The Suttee: The narrative of an eye-witness. *Bentley's Miscellany*, vol. XIII, p. 241-256.

Kerkhof, J.E.M. (2000). "Attempted suicide: Patterns and trends". In: Hawton, K. & van Heeringen, K. (orgs.). *The International Handbook of Suicide and Attempted Suicide*. Nova York: Wiley, p. 49-64.

Khlat, M. & Courbage, Y. (1995). La mortalité et les causes de décès des Marocains en France 1979 à 1991. *Population*, p. 447-472.

Kiefer, T.M. (1972). *The Tausug* – Violence and Law in a Philippine Muslim Society. Nova York: Holt, Rinehart & Winston.

Kitanaka, J. (2008a). Diagnosing suicides of resolve: Psychiatric practice in contemporary Japan. *Culture, Medicine and Psychiatry*, p. 152-176.

_____ (2008b). "Questioning the suicide of resolve: Medico-legal disputes regarding "overwork suicide" in twentieth century Japan". In: Weaver, J. & Wright, D. (orgs.). *Histories of Suicide*: International Perspectives on Self-Destruction in the Modern World. Toronto: University of Toronto Press, p. 257-280.

Kitzes, A. (2006). *The Politics of Melancholy from Spenser to Milton*. Londres: Routledge.

Klibansky, R.; Panofsky, E. & Saxl, E.F. (1964). *Saturn and Melancholy*. Londres: Nelson [trad. ital.: *Saturno e la malinconta*. Turim: Einaudi, 2002].

Kliewer, E. & Ward, R.H. (1988). Convergence of immigrants' suicide rates to those in the destination country. *American Journal of Epidemiology*, p. 640-653.

Kliewer, E. (1991). Immigrant suicide in Australia, Canada, England and Wales, and the United States. *Journal of Australian Population Association*, p. 111-128.

Ko, D. (1994). *Teachers of the Inner Chambers*: Women and Culture in Seventeenth-century China. Stanford: Stanford University Press.

Kogon, E. (1947). *Der SS-Staat*. Estocolmo: Bermann-Fischer.

Kohler, J. et al. (1909). *Das Florentiner Strafrecht des 14. Jahrhunderts*. Mannheim: Verlag von Bensheimer.

Koslofsky, C. & Rabin, D. (2005). "The limits of the state: Suicide, assassination, and execution in early modern Europe". In: Bahr, A. & Medick, H. (orgs.). *Sterben von eigener Hand* – Selbsttötung als kulturelle Praxis. Colônia: Bohlau, p. 45-63.

Koslofsky, C. (2004). "Controlling the body and the suicide in Saxony". In: Watt, J.R. (org.). *From Sin to Insanity*. Ithaca: Cornell University Press, p. 48-63.

_____ (2001). Suicide and the secularization of the body in early modern Saxony. *Continuity and Change*, p. 45-70.

Kotzebue, O. von et al. (1821). *A Voyage of Discovery*: Into the South Sea and Beering's Straits. Londres: Longman, vol. III.

Krose, H.A. (1906b) *Die Ursachen der Selbstmordhdufigkeit*. Friburgo: Herdersche Verlagshandlung.

_____ (1906a). *Der Selbstmord im 19. Jahrhundert nach seiner Verteilung auf Staaten und der Verwaltungsbezirke*. Freiburg: Herdersche Verlagshandlung.

Krueger, A.B. & Maleckova, J. (2003). Education, poverty and terrorism: Is there a causal connection? *Journal of Economic Perspectives*, p. 119-144.

Kselman, T. (1988). Funeral conflicts in nineteenth-century France. *Comparative Studies in Society and History*, p. 312-332.

Kushner, H.I. (1991). *American Suicide*. New Brunswick: Rutgers University Press.

Kwiet, K. (1984). The ultimate refuge – Suicide in the Jewish community under Nazis. *Leo Baeck Institute Yearbook*, 29, p. 135-167.

La Fontaine, J. (1960). "Homicide and suicide among the Gisu". In: Bohannan, P. (org.). *African Homicide and Suicide*. Princeton: Princeton University Press, p. 94-129.

Lan, H.R. & Fong, V.L. (orgs.) (1999). *Women in Republican China*. Londres: Sharpe.

Langbein, H. (2003). *People in Auschwitz*. Chapel Hill: University of North Carolina Press.

Larner, J. (1972). "Order and disorder in Romagna, 1450-1500". In: Martines, L. (org.). *Violence and Civil Disorder in Italian Cities, 1200-1500*. Berkeley: University of California Press, p. 38-71.

Lasch, R. (1899). Der Selbstmord aus erotischen Motiven bei den primitiven Völkern. *Zeitschrift für Socialwissenschaft*, p. 578-585.

_____ (1898). Rache als Selbstmordmotiv. *Globus*, 16/07, p. 36-39.

Lau, J.S.M. (1989). The courage to be: Suicide as self-fulfilment in Chinese history and literature. *Tamkang Review*, p. 715-734.

Leach, E.R. (1958). Magical hair. *The Journal of the Royal Anthropological Institute of Great Britain and Ireland*, p. 147-164.

Lederer, D. (2006). Suicide in early modern Central Europe: A historiographical review. *German Historical Institute Bulletin*, p. 33-46.

_____ (2005a). "Wieder ein Fass aus Augsburg...": Suizid in der frühneuzeitlichen Lechmetropole. *Mitteilungen des Instituts für Europäische Kulturgeschichte*, p. 47-72.

_____ (2005b). *Madness, Religion and the State in Early Modern Europe*. Cambridge: Cambridge University Press.

_____ (1998). "The dishonorable dead: Perceptions of suicide in early modern Germany". In: Backmann, S. et al. (orgs.). *Ehrkonzept in der Frühen Neuzeit*. Berlim: Akademie, p. 349-365.

_____ (1994). "Aufruhr auf dem Friedhof. Pfarrer, Gemeinde und Selbstmord in frühneuzeitlichen Bayern". In: Signori, G. (org.). *Trauer, Verzweiflung und Anfechtung*. Tübingen: Diskord, p. 189-209.

Lee, S. & Kleinman, A. (2000). "Suicide as resistance in Chinese society". In: Perry, E.J. & Selden, M. (orgs.). *Chinese Society: Change, Conflict and Resistance*. Londres: Routledge, p. 221-240.

Legoyt, A. (1881). *Le suicide ancien et moderne*. Paris: A. Drouin.

Leon, D. et al. (1997). Huge variation in Russian mortality rates 1984-1994: Artefact, alcohol, or what? *Lancet*, 350, p. 383-388.

Leslie, L.J. (1991). "A problem of choice: The heroic Sati or the widow-ascetic". In: Leslie, L.J. (org.). *Rules and Remedies in Classic Indian Law*. Leiden: Brill, p. 46-59.

_____ (1989). *The Perfect Wife* – The Orthodox Hindu Women according to the Stridharmapaddhati of Tryambakayajvan. Nova Délhi: Oxford University Press.

Lester, D. & Krysinka, K.E. (2000-2001). Suicide in the Lodz Ghetto during II World War. *Omega*, p. 209-217.

Lester, D. & Yang, B. (1998). *Suicide and homicide in the 20th century*: Changes over time. Commack: Nova Science.

Lester, D. (2006). Suicide and Islam. *Archives of Suicide Research*, p. 77-97.

_____ (2005a). Suicide and the Chinese cultural revolution. *Archives of Suicide Research*, p. 99-104.

_____ (2005b). *Suicide and the Holocaust*. Nova York: Nova Science.

_____ (1998). Suicidal behavior in African-American slaves. *Omega*, p. 1-12.

_____ (1997). The role of shame in suicide. *Suicide and Life-Threatening Behavior*, p. 352-361.

_____ (1990). The effect of the detoxification of domestic gas in Switzerland on the suicide rate. *Acta Psychiatrica Scandinavica*, p. 383-384.

Lester, D. et al. (2004). Suicide bombers: Are psychological profiles possible? *Studies in Conflict & Terrorism*, p. 283-295.

Leveleux, C. (2001). *La parole interdite* – La blasphème dans la France médiévale. Paris: De Boccard.

Levi, P. (2003). *I sommersi e i salvati*. Turim: Einaudi.

_____ (1976). *Se questo è un uomo*. Turim: Einaudi.

Levitt, M. (2005). *Hamas*: Politics, Charity, and Terrorism in the Service of Jihad. New Haven: Yale University Press.

Levy, M.J. (1949). *The Family Revolution in Modern China*. Cambridge: Harvard University Press [reed.: Londres: Octagon Books, 1971].

Lewis, B. (1967). *The Assassins*: A Radical Sect in Islam. Londres: Weidenfeld & Nicolson [trad. ital.: *Gli assassini*. Milão: Mondadori, 2002].

Lewis, J. (2007). Precision terror: Suicide bombing as control technology. *Terrorisms and Political Violence*, p. 223-245.

Lewis, M.E. (1990). *Sanctioned Violence in Early China*. Albany: State University of New York Press.

Lhomond, B. & Saurel-Cubizolles, M.-J. (2006). Violence against women and suicide risk: The neglected impact of same-sex sexual behavior. *Social Science and Medicine*, p. 2.002-2.013.

Liebling, A. (1999). "Prison suicide and prisoner coping". In: Tonry, M. & Petersilia, J. (orgs.). *Prisons*. Chicago: The University of Chicago Press, p. 283-360.

_____ (1992). *Suicides in Prisons*. Londres: Routledge.

Lilly, J.R. (2003). *Taken by Force*. Londres: Palgrave Macmillan [trad. ital.: *Stupri di guerra*: le violenze commesse dai soldati americani in Gran Bretagna, Francia e Germania, 1942-1945. Milão: Mursia, 2004.

Lind, V. (2004). "Suicidal mind and body – Example from Northern Germany". In: Watt, J.R. (org.). *From Sin to Insanity*. Ithaca: Cornell University Press, p. 64-80.

_____ (1999). *Selbstmord in der frühen Neuzeit*. Gottingen: Vandenhoeck & Ruprecht.

Lisle, E. (1856). *Du suicide* – Statistique, médecine, histoire et législation. Paris: J.B. Bailliere.

Liu, Fei-Wen (2001). The confrontation between fidelity and fertility. *Journal of Asian Studies*, p. 1.051-1.084.

Liu, K.Y. & Yip, P.S.F. (2008). "Mainland China". In: Yip, P.S.F. (org.). *Suicide in Asia. Causes and Prevention*. Hong Kong: Hong Kong University Press, p. 31-48.

Liu, M. (2002). Rebellion and revenge: The meaning of suicide of women in rural China. *International Journal of Social Welfare*, p. 300-309.

Llorente, M.D. et al. (2005). Prostate cancer – A significant risk factor for late-life suicide. *American Journal of Geriatric Psychiatry*, p. 195-201.

Lombroso, S. (1945). *Si può stampare*. Roma: Dalmatia.

Longino Farrell, M. (1992). Writing letters, telling tales, making history: Vatel's death told and retold. *The French Review*, p. 229-242.

Lorant, V. et al. (2005). Socio-economic inequalities in suicide: A European comparative study. *British Journal of Psychiatry*, p. 49-54.

Lotrakul, M. (2006). Suicide in Thailand during the period 1998-2003. *Psychiatry and Clinical Neurosciences*, p. 90-95.

Lu, W. (2008). *True to Her Word* – The Faithful Maiden Cult in Late Imperial China. Stanford: Stanford University Press.

Luca da Caltanissetta (1973). *Il Congo agli inizi del Settecento nella relazione di P. Luca da Caltanissetta*. Florença: La Nuova Italia.

Ludwig, J. et al. (2007). *Anti-depressants and suicide*. Cambridge: National Bureau of Economic Research.

Lukes, S. (1973). *Émile Durkheim* – His Life and Work. Londres: Allen Lane.

_____ (1967). "Alienation and anomie". In: Laslett, P. & Runciman, W.G. (orgs.). *Philosophy, Politics and Society*. Oxford: Blackwell, p. 134-156.

Lyons Johnson, P. (1981). When dying is better than living: Female suicide among the Gainj of Papua New Guinea. *Ethnology*, p. 325-334.

MacCormack, G. (1991). Suicide in traditional Chinese law. *Chinese Culture: A Quarterly Review*, p. 33-47.

MacDonald, M. & Murphy, T.R. (1990). *Sleepless Souls* – Suicide in Early Modern England. Oxford: Clarendon Press.

MacDonald, M. (1989). The medicalization of suicide in England: Laymen, physicians, and cultural change, 1500-1870. *The Milbank Quarterly*, p. 69-91.

_____ (1988). "Introduction". In: Sym, J. *Life Preservative against Self-killing*. Londres: Routledge, p. vii-liii.

Macfarlane, A. (2000). "Civility and the decline of magic". In: Burke, P. et al. (orgs.). *Civil Histories*. Oxford: Oxford University Press, p. 145-159.

Macróbio (2007). *Commento al sogno di Scipione*. Milão: Bompiani.

Maier, P. & Ziaian, T. (2002). Indian suicide and marriage. *Journal of Comparative Family Studies*, p. 297-305.

Major, A. (2007). "Introduction". In: Major, A. *Sati* – A Historical Anthology. Oxford: Oxford University Press, p. xv-lv.

_____ (2006). *Pious Flames*: European Encounters with Sati. Oxford: Oxford University Press.

Makinen, I.H. (2006). Suicide mortality in Eastern European regions before and after the communist period. *Social Science and Medicine*, p. 307-319.

_____ (2000). Eastern European transition and suicide mortality. *Social Science and Medicine*, p. 1.405-1.420.

_____ (1997). *On Suicide in European Countries*. Estocolmo: Almquist & Wiksell.

Malaparte, C. (1979). *Kaputt*. Milão: Mondadori.

Malinowski, B. (1926). *Crime and Custom in Savage Society*. Londres: K. Paul, Trench, Trubner & Co.

Maltsberger, J.T. & Buie, D.H. (1980). The devices of suicide: Revenge, riddance, and rebirth. *International Review of Psychoanalysis*, p. 61-72.

Manara, G. (1668). *Notti malinconiche nelle quali con occasione di assistere ai condannati a morte, si propongono varie difficoltà spettanti a simile materia*. Bolonha: G.B. Ferroni.

Mandelstam, N. (1970). *Hope against Hope*. Nova York: Atheneum [trad. ital.: *L'epoca e i lupi: memorie*. Milão: Mondadori, 1971].

Mani, L. (1998). *Contentious Traditions* – The Debate on Sati in Colonial India. Berkeley: University of California Press.

Maning, F.E. (1863). *Old New Zealand*: Being Incidents of Native Customs and Character in the Old Times. Londres: Smith, Elder & Co. [disponível em: http://www.nzetec.org/tm/scholarly/tei-ManPake-_N65602.html].

Mann, S. (1987). Widows in the kinship, class, and community structures of Qing dynasty China. *Journal of Asian Studies*, p. 37-56.

Manucci, N. (1964). *Usi e costumi dell'India dalla "Storia del Mogol"*. Milão: Dalmine.

Mao Tsé-Tung (1919). "The evil of society" and miss Zhao. 21/11. In: Lan & Fong (1999, 85-88).

Mark, J. (2005). Remembering rape: Divided social memory and the Red Army in Hungary 1944-1945. *Past and Present*, p. 133-161.

Marra, R. (1987). *Suicidio, diritto e anomia*. Nápoles: Edizioni Scientifiche Italiane.

Marro, G. (1925). Il Giuda impiccato del Canavesio (sec. XV) in "Nostra Signora del Fontano". *Archivio di antropologia criminale, psichiatria e medicina legale*, p. 39-60.

Martin, C.D. (2006). Ernest Hemingway: A psychological autopsy of a suicide. *Psychiatry*, p. 351-361.

Martin, E. (1988). "Gender and ideological differences in representations of life and death". In: Watson, J.L. & Rawski, E.S. (orgs.). *Death Ritual in Late Imperial and Modern China*. Berkeley: University of California Press, p. 164-179.

Martschukat, J. (2000). Ein Freitod durch die Hand des Henkers. *Zeitschrift für historische Forschung*, p. 53-74.

Massetto, G.P. (2004). Il suicidio nella dottrina dell'età di mezzo. *Acta Historiae*, p. 139-176.

Matard-Bonucci, A.-M. (2007). *L'Italie fasciste et la persécution des juifs*. Paris: Perrin.

Matignon, J.-J. (1936). *La Chine hermétique* – Superstitions, crime et misère. Paris: Librairie orientaliste Paul Geuthner.

_____ (1897). Le suicide en Chine. *Archives d'Anthropologie criminelle, de criminologie et de psychologie normale et pathologique*, p. 365-417.

Mattis, J.S. (2002). Religion and spirituality in the meaning-making and coping experiences of African American women: A qualitative analysis. *Psychology of Women Quarterly*, p. 309-321.

Maurer, T. (2005). "From everyday life to a state of emergency: Jews in Weimar and Nazi Germany". In: Kaplan, M.A. (org.). *Jewish Daily Life in Germany, 1618-1945*. Oxford: Oxford University Press, p. 271-374.

Mauss, M. (1896). La religion et les origines du droit pénale d'après un livre récente. *Revue d'histoire des religions*, p. 269-295.

Mayer, P. & Ziaian, T. (2002). Indian suicide and marriage: A research note. *Journal of Comparative Family Studies*, p. 297-305.

Mazumdar, V. (1978). Comment on Suttee. *Signs*, 99, p. 269-273.

McKeown, R. et al. (2006). US suicide rates by age groups, 1970-2002: An examination of recent trends. *American Journal of Public Health*, p. 1.744-1.751.

McManners, J. (1981). *Death and the Enlightenment*. Oxford: Oxford University Press [trad. ital.: *Morte e illuminismo*. Bolonha: Il Mulino, 1984].

Medhurst, W.H. (1873). *The Foreigner in Cathay*. Nova York: Charles Scribner's Sons.

Meijer, M.J. (1991). *Murder and Adultery in Late Imperial China* – A Study of Law and Morality. Leiden: Brill.

_____ (1971). *Marriage Law and Policy in the Chinese People's Republic*. Hong Kong: Hong Kong University Press.

Mellow, J.R. (1993). *Hemingway*: A Life without Consequences. Nova York: Addison Wesley.

Meltzer, H.Y. (2005). Suicidality in schizophrenia: Pharmacological treatment. *Clinical Neuropsychiatry*, p. 76-83.

Meng, L. (2002). Rebellion and revenge: The meaning of suicide of women in rural China. *International Journal of Social Welfare*, p. 300-309.

Menninger, K. (1938). *Man against Himself*. Nova York: Harcourt Brace.

Merari, A. (2010). *Driven to Death. Psychological and Social Aspects of Suicide Terrorism*. Oxford: Oxford University Press.

_____ (2007). Suicide attacks as a terrorist tactic: Characteristics and counter-measures. *Strategic Review for Southern Africa*, p. 23-38.

Mercier, L.-S. (1781). *Tableau de Paris*. Vol. II. Hamburgo: Virchaux.

Merrick, J. (1989). Patterns and prosecution of suicide in eighteenth-century Paris. *Historical Reflections*, 1, p. 1-53.

Merton, R.K. (1949). *Social Theory and Social Structure*. Glencoe: The Free Press [trad. ital.: *Teoria e struttura sociale*. Bolonha: Il Mulino, 1966].

Metraux, A. (1943). Suicide among the Matako of the Argentine Gran Chaco. *American Indigena*, p. 199-209.

Michaels, A. (1998). *Hinduism*: Past and Present. Princeton: Princeton University Press.

Midelfort, H.C.E. (1999). *A History of Madness in Sixteenth-Century Germany*. Stanford: Stanford University Press.

_____ (1996). "Religious melancholy and suicide: On the reformation origins of a sociological stereotype". In: Weiner, A.D. & Kaplan, L.V. (orgs.). *Madness, Melancholy and the Limits of the Self*. Madison: Graven Images, p. 41-56.

_____ (1995). "Selbstmord im Urteil von Reformation und Gegenreformation". In: Reinhard, W. & Schilling, H. (org.). *Die katholische Konfessionalisierung*. Münster: Aschendorff, p. 296-310.

Milano, E. (1987). *Angelo Fortunato Formiggini*. Rimini: Misè.

Miller, E.T. (2004). "Filial daughters, filial sons: Comparison from rural North China". In: Ikels (2004, 34-52).

Miller, M.M. (1937). The English people as portrayed in certain French journals, 1700-1760. *Modern Philology*, p. 365-376.

Miller, W.P. (1989). Lucretia and the Medieval canonists. *Bulletin of Medieval Canon Law*, p. 13-23.

Minois, G. (1995). *Histoire du suicide*. Paris: Fayard.

Moeller, E.G. et al. (2001). Psychiatric aspects of impulsivity. *American Journal of Psychiatry*, p. 1.783-1.793.

Moghadam, A. (2008). *The Globalization of Martyrdom*: Al Qaeda, Salafi Jihad, and the Diffusion of Suicide Attacks. Baltimore: Johns Hopkins University Press.

_____ (2006a). Suicide terrorism, occupation, and the globalization of martyrdom: A critique of dying to win. *Studies in Conflict & Terrorism*, p. 707-729.

_____ (2006b). "Defining suicide terrorism". In: Pedahzur, A. (org.). *Root Causes of Suicide Terrorism*. Londres: Routledge, p. 13-24.

_____ (2006c). "The roots of suicide terrorism: A multi-causal approach". In: Pedahzur, A. (org.). *Root Causes of Suicide Terrorism*. Londres: Routledge, p. 81-107.

Mokros, H.B. (1995). Suicide and shame. *American Behavioral Scientist*, p. 1.091-1.103.

Montagu, M.W. (1837). *Letters and Works*. Vol. II. Filadélfia: Carey, Lea & Blanchard.

Montaigne, M. (1966). *Saggi*. 2 vols. Milão: Adelphi.

Montesquieu, C.L. (1749). *L'esprit des lois* [trad. ital.: *Lo spirito delle leggi*. Milão: Bur, 1989].

_____ (1721). *Lettres persanes* [trad. ital.: *Lettere persiane*. Milão: Bur, 1997].

Morillo, S. (2001). Cultures of death: Warrior suicide in medieval Europe and Japan. *The Medieval History Journal*, p. 241-257.

Morrell, S. (1999). Urban and rural suicide differentials in migrants and the Australian--born. *Social Science and Medicine*, p. 81-91.

Morris, I. (1975). *The Nobility of Failure*. Londres: Martin Secker [trad. ital.: *La nobiltà della sconfitta*. Parma: Guanda, 1983].

Morrissey, S.K. (2006). *Suicide and the Body Politics in Imperial Russia*. Cambridge: Cambridge University Press.

_____ (2005). Drinking to death: Suicide, vodka and religious burial. *Past and Present*, 186, p. 117-146.

Morrison, G.E. (1902). *An Australian in China*: Being the Narrative of a Quiet Journey across China. Londres: Horace Cox.

Morselli, E. (1886). Si le nombre des suicides augmente en rapport inverse de celui des homicides. *Actes du premier congrès international d'anthropologie criminelle*. Turim: Fratelli Bocca, p. 202-205.

_____ (1885). *Le leggi statistiche del suicidio secondo gli ultimi documenti (1879- 1885)*. Milão: Civelli.

_____ (1879). *Il suicidio*. Milão: Fratelli Dumolard.

Morus, T. (1981). *Utopia* (1516). Roma/Bari: Laterza.

Mosca, G. (1953). *Elementi di scienza politica*. 2 vols. Bari: Laterza.

Motell, S. et al. (2007). The decline in Australian young male suicide. *Social Science and Medicine*, p. 747-757.

Motta, E. (1888). Suicidi nel Quattrocento e nel Cinquecento. *Archivio storico lombardo*, p. 96-100.

Murphy, G.E. (1998). Why women are less likely than men to commit suicide. *Comprehensive Psychiatry*, 4, p. 165-175.

Murray, A. (2000). *Suicide in the Middle Ages*. Vol. II: The Curse of Self-Murder. Oxford: Oxford University Press.

_____ (1998). *Suicide in the Middle Ages*. Vol. 1: The Violent against Themselves. Oxford: Oxford University Press.

Murray, H. et al. (1836). *An Historical and Descriptive Account of China*. Vol. II. Edimburgo: Oliver & Boyd.

Muyart de Vouglans, P.F. (1757). *Institutes au droit criminel, ou principes généraux sur ces matières, suivant le droit civil, canonique et la jurisprudence du Royaume*. Paris: Chez Le Breton.

Naimark, N.M. (1995). *The Russian in Germany*: A History of the Soviet Zone of Occupation, 1945-1949. Cambridge: Belknap Press of Harvard University Press.

Narasimhan, S. (1998). *Sati – A Study of Widow Burning in India*. Nova Délhi: HarperCollins India.

Nash, D. (2007). Analyzing the history of religious crime. *Journal of Social History*, outono, p. 5-29.

Ness, C.D. (2005). In the name of the cause: Women's work in secular and religious terrorism. *Studies in Conflict & Terrorism*, p. 353-373.

Niccoli, O. (2007). *Perdonare* – Idee, pratiche, rituali in Italia fra cinque e settecento. Roma/Bari: Laterza.

Noomen, P. (1975). "Suicide in the Netherland". In: Farberow, N.L. (org.). *Suicide in Different Cultures*. Baltimore: University Park Press, p. 165-172.

Nordentoft, M. et al. (2004). Change in suicide rates for patients with schizophrenia in Denmark, 1981-1997: Nested case-control study. *British Medical Journal*, p. 261-264.

O'Dea, J.J. (1882). *Suicide* – Studies on its Philosophy Causes and Prevention. Nova York: G.P. Putnam's Sons.

Oettingen, A. (1881). *Über akuten und chronischen Selbstmord*. Karow: Dorpat und Fellin.

Olivelle, P. (1978). Ritual suicide and the rite of renunciation. *Wiener Zeitschrift für die Kunde Südasiens*, p. 19-44.

OMS (Organização Mundial da Saúde) (1956). Mortality from suicide. *Epidemiological and Vital Statistics Report*, 9, 4, p. 243-287.

_____ (1951). *Annual Epidemiological and Vital Statistics 1939-1946*. Parte 1. Genebra.

Onori, A.M. (2009). "'Va' fa' le vendette tue!' – Qualche esempio della documentazione sulla pace privata e la regolamentazione della vendetta nella Valdinievole del Trecento". In: Zorzi, A. (org.). *Conflitti, paci e vendette nell'Italia comunale* – Seminario di studi dell'Università di Firenze. Florença.

Oquendo, M.A. et al. (2001). Ethnic and sex differences in suicide rates relative to major depression in the United States. *American Journal of Psychiatry*, p. 1.652-1.658.

Outram, D. (1989). *The Body and the French Revolution*. New Haven: Yale University Press.

Paderni, P. (2005). "The crime of seduction and women's suicide in eighteenth century China". In: Bähr, A. & Medick, H. (orgs.). *Sterben von eigener Hand*. Viena: Bohlau, p. 241-253.

_____ (1991). Le rachat de l'honneur perdu – Le suicide des femmes dans la Chine du XVIIIe siècle. *Etudes chinoises*, p. 135-160.

Palmer, B.A. et al. (2005). The lifetime risk of suicide in schizophrenia. *Archives of General Psychiatry*, p. 247-253.

Panoff, M. (1977). Suicide and social control in new Britain. *Bijdragen: Tot de Taal-land-en Volkenkunde*, p. 44-62.

Pape, R. (2005). *Dying to Win* – The Strategic Logic of Suicide Terrorism. Nova York: Random House [trad. ital.: *Morire per vincere*. Bolonha: Il Ponte, 2007].

Paperno, I. (1997). *Suicide as a Cultural Institution in Dostoevsky's Russia*. Ithaca: Cornell University Press.

Pasteur, P. (2000). Violences et viols des vainqueurs. Les femmes à Vienne et en Basse--Autriche, avril-août 1945. *Guerres mondiales et conflits contemporains*, p. 123-136.

Patkin, T.T. (2004). Explosive baggage: Female Palestinian suicide bombers and the rhetoric of emotion. *Women and Language*, p. 79-88.

Patrick, H. (1984). The dialectic of suicide in Montaigne's "Coutume de L'Isle de Cea". *Modern Language Review*, p. 278-289.

Patton, W.M. (2003). "Suicide (Muhammadan)". In: Hastings, J. (org.). *Encyclopedia of Religion and Ethics*. Vol. XXIII. Nova York: Charles Scribner's Sons, p. 38.

Paulin, B. (1977). *Du couteau à la plume* – Le suicide dans la littérature anglaise de la Renaissance (1580-1625). Lyon: L'Hermès.

Pearson, V. & Liu, M. (2002). Ling's death: An ethnography of a Chinese women's suicide. *Suicide and Life-Threatening Behavior*, p. 347-358.

Pedahzur, A. & Perliger, A. (2006). "Introduction: Characteristics of suicide attacks". In: Pedahzur, A. (org.). *Root Causes of Suicide Terrorism*: The Globalization of Martyrdom. Londres: Routledge, p. 1-12.

Pedahzur, A. (2005). *Suicide Terrorism*. Cambridge: Polity Press.

Penttinen, J. (1995). Back pain and risk of suicide among Finnish farmers. *American Journal of Public Health*, p. 1.452-1.453.

Pérez, L.A. (2005). *To Die in Cuba*. Chapel Hill: The University of North Carolina Press.

Pertile, A. (1876). *Storia del diritto italiano*. Vol. V: Storia del diritto penale. Pádua: Stabilimento Tipografico alla Minerva.

Pescosolido, B.A. & Mendelsohn, R. (1986). Social causation or social construction of suicide? – An investigation into the social organization of official rates. *American Sociological Review*, p. 80-100.

Petkov, K. (2003). *The Kiss of Peace* – Ritual, Self and Society in the High and Low Medieval West. Leiden: Brill.

Petrarca, F. (1993). *Opere*. Florença: Sansoni.

Phillips, M.L.R. et al. (2004). Suicide and the unique prevalence pattern of schizophrenia in mainland China: A retrospective observational study. *The Lancet*, p. 1.062-1.068.

_____ (2002a). Suicide rates in China, 1995-1999. *The Lancet*, p. 835- 840.

_____ (2002b). Suicide rates in China – Reply. *The Lancet*, p. 2.274- 2.275.

_____ (2002c). Risk factors for suicide in China: A national case-control psychological autopsy study. *The Lancet*, 360, p. 1.728-1.736.

_____ (1999). Suicide and social change in China. *Culture, Medicine and Psychiatry*, p. 25-50.

Pickering, W.S.E. & Walford, G. (orgs.) (2000). *Durkheim's Suicide* – A Century of Research and Debate. Londres: Routledge.

Piersen, W.D. (1993). *Black Legacy*: America's Hidden Heritage. Amherst: The University of Massachusetts Press.

_____ (1977). White cannibals, black martyrs: Fear, depression, and religious faith as causes of suicide among new slaves. *Journal of Negro History*, p. 147-159.

Pigafetta, A. (1524-1525). *Viaggio attorno il mondo fatto e descritto per messer Antonio Pigafetta vicentino, cavalier di Rhodi, e da lui indrizzato al reverendissimo gran maestro di Rhodi messer Filippo di Villiers Lisleadam, tradotto di lingua francesa nella italiana* [agora in: Ramusio, G.B. (org.). *Navigazioni e viaggi*. Vol. II. Turim: Einaudi, 1979, p. 871-948].

Pim, B. (1863). *The Gate of the Pacific*. Londres: Lovell Reeve & Co.

Pinnow, K.M. (2007). "Lives out of balance: The "possible world" of Soviet suicide during the 1920s." In: Brintlinger, A. & Vinitsky, I. (orgs.). *Madness and the Mad in Russian Cultures*. Toronto: University of Toronto Press, p. 130-150.

_____ (2003). Violence against the collective self and the problem of social integration in early bolschevik Russia. *Kritika: Explorations in Russian and Eurasian History*, p. 653-677.

Piretti Santangelo, L. (1991). *Sati* – Una tragedia indiana. Bolonha: Clueb.

Plaut, E.A. & Anderson, K. (1999). *Marx on Suicide*. Evanston: Northwestern University Press.

Plesch, V. (2006). *Painter and Priest* – Giovanni Canavesio's Visual Rhetoric and the Passion Cycle at la Brigue. Notre Dame: University of Notre Dame Press.

Plínio o Velho (1985). *Storia naturale*. Vol. III/2. Turim: Einaudi.

_____ (1982). *Storia naturale*. Vol. I. Turim: Einaudi.

Poggi, G. (2000). *Durkheim*. Oxford: Oxford University Press [trad. ital.: *Durkheim*. Bolonha: Il Mulino, 2003].

_____ (1972). *Immagini della società*. Bolonha: Il Mulino.

Pollock, L. (2004). Anger and the negotiation of relationships in early modern England. *The Historical Journal*, p. 567-590.

Polo, M. (2001). *Milione*. Milão: Adelphi.

Pope, W. & Danigelis, N. (1981). Sociology "one law". *Social Forces*, p. 495-516.

Pope, W. (1976). *Durkheim's Suicide* – A Classic Analyzed. Chicago: The University of Chicago Press.

Popitz, H. (1992). *Phänomene der Macht*. Tübingen: Mohr [trad. ital.: *Fenomenologia del potere*. Bolonha: Il Mulino, 2002].

Porret, M. (2007). *Sul luogo del delitto* – Pratica penale, inchiesta e perizia giudiziaria a Ginevra nei secoli XVIII-XIX. Bellinzona: Casagrande.

Porteau-Bitker, A. (1999). "Une réflexion sur le suicide dans le droit penal laïque des XIIIe et XIVe siècles". In: Bontems, C. (org.). *Nonagesimo anno*. Paris: PUF, p. 305-323.

Pridemore, W.A. & Chamlin, M.B. (2006). A time-series analysis of the impact of heavy drinking on homicide and suicide mortality in Russia, 1956-2002. *Addiction*, p. 1.719-1.729.

Pridemore, W.A. & Spivak, A.L. (2003). Patterns of suicide mortality in Russia. *Suicide and Life-Threatening Behavior*, p. 132-150.

Pridemore, W.A. (2006). Heavy drinking and suicide in Russia. *Social Forces*, p. 413-430.

Pritchard, C. (1996). Suicide in the People's Republic of China categorized by age and gender: Evidence of the influence of culture on suicide. *Acta Psychiatrica Scandinavica*, p. 1-6.

Pumpelly, R. (1918). *My Reminiscences*. Vol. I. Nova York: Henry Holt & Co.

Quételet, A. (1835). *Sur l'homme et le développement de ses facultés ou essai de physique sociale*. Vol. II. Paris: Bachelier.

Radicati di Passerano, A. (1732). *A Philosophical Dissertation upon Death Composed for the Consolation of the Unhappy* – By a Friend to Truth. Londres: Mears [trad. ital.: *Dissertazione filosofica sulla morte*. Pisa: Eta, 2003].

Raphals, L. (1998). *Sharing the Light* – Representation of Women and Virtue in Early China. Albany: State University of New York.

Rasmussen, K. et al. (1999). Personality disorders, psychopathy, and crime in a Norwegian prison population. *International Journal of Law and Psychiatry*, p. 91-97.

Rawley, J.A. & Behrendt, S.D. (2005). *The Transatlantic Slave Trade*: A History. Lincoln: University of Nebraska Press.

Reardon, D.C. (2002). Suicide rates in China. *Lancet*, 29/06, p. 2.274.

Reclus, E. & Reclus, O. (1902). *L'empire du milieu*. Paris: Hachette.

Reddy, W.M. (2000). Sentimentalism and its erasure: The role of emotions in the era of the French revolution. *The Journal of Modern History*, p. 109-152.

Reuter, C. (2002). *My Life as a Weapon*. Princeton: Princeton University Press.

Ricci, M. (1942). *Storia dell'introduzione del Cristianesimo in Cina* – Scritta da Matteo Ricci, SJ, nuovamente edita e ampiamente commentata col sussidio di molte fonti inedite da Pasquale M. D'Elia, SJ, Professore di sinologia nella Pontificia Università Gregoriana e nella Regia Università di Roma. Vol. I, parte I, liv. I-III: Da Macao a Nanciam. Roma: La Libreria dello Stato, 1942.

Rice Miner, J. (1922). Suicide and Its Relation to Climatic and Other Factors. *The American Journal of Hygiene Monographic Series*, n. 2.

Ricolfi, L. (2005). "Palestinians, 1981-2003". In: Gambetta, D. (org.). *Making Sense of Suicide Missions*. Oxford: Oxford University Press, p. 77-129.

Robbins, T. (1986). Religious mass suicide before Jonestown: The Russian old believers. *Sociological Analysis*, p. 1-20.

Roberts, D.R. (1947). The death wish of John Donne. *PMLA*, p. 958-976.

Roberts, M. (2005). Tamil tiger "martyrs": Regenerating divine potency? *Studies in Conflict & Terrorism*, p. 493-514.

Robertson, J. (1999). Dying to tell: Sexuality and suicide in imperial Japan. *Signs*, p. 1-35.

Robson, J. (2002). "Fear of falling: Depicting the death of Judas in late medieval Italy". In: Scott, A. & Kosso, C. (orgs.). *Fear and its Representations in the Middle Ages and Renaissance*. Turnhout: Brepols, p. 33-65.

Robson, R. (1995). *Old believers in modern Russia*. De Kalb: North Illinois University Press.

Rogan, A. (2006). *Jihadism Online*: A Study of How al-Quaida and Radical Islamist Groups Use the Internet for Terrorist Purposes. Kjeller: Norwegian Defense Research Establishment.

Rojcewicz, S.J. (1971). War and suicide. *Suicide and Life-Threatening Behavior*, p. 46-54.

Rolfs, D. (1981). *The Last Cross*: A History of the Suicide Theme in Italian Literature. Ravena: Longo.

Romei, A. (1586). *Discorsi di Annibale Romei* [agora in: Solerti, A. *Ferrara e la corte estense nella seconda metà del secolo decimosesto*. Città di Castello: Lapi Tipografo, 1891].

Ropp, P.S. (2001). "Introduction". In: Ropp et al. (2001, 47-76).

Ropp, P.S. et al. (2001). *Passionate Women* – Female Suicide in Late Imperial China. Leiden: Brill.

Rosenthal, F. (1946). On suicide in Islam. *Journal of American Oriental Society*, p. 239-259.

Rosenwein, B.H. (2006). *Emotional Communities in Early Middle Ages*. Ithaca: Cornell University Press.

_____ (2002). Worrying about emotions in history. *American Historical Review*, p. 821-845.

_____ (1998). *Anger's Past* – The Social Uses of an Emotion in the Middle Ages. Ithaca: Cornell University Press.

Ross, E.A. (1912). *The Changing Chinese* – The Conflict of Oriental and Western Cultures in China. Nova York: The Century.

Rossi, E. (1963). *Elogio della galera* – Lettere 1930-1943. Bari: Laterza.

Rousseaux, X. (1999a). "From case to crime – Homicide regulation in medieval and modern Europe". In: Willoweit, D. (org.). *Die Entstehung des öffentlichen Strafrechts*. Colônia: Bohlau, p. 143-166.

_____ (1999b). "Eléments pour une histoire du controle social dans les Pays-Bas méridionaux 1500-1815". In: Schilling, H. (org.). *Institutionen, Instrumente und Akteure sozialer Kontrolle und Disziplinierung im frühneuzeitlichen Europa*. Frankfurt a.M.: Klostermann, p. 251-274.

_____ (1994). "Ordre moral, justices et violence: l'homicide dans les sociétés européennes (XIIIe-XVIIIe s.)". In: Garnot, B. (org.). *Ordre moral et délinquances, de l'Antiquité au XXe siècle*. Dijon: EUD, p. 65-82.

Roy, B.B. (1987). *Socioeconomic Impact of Sati in Bengal and the Role of Raja Rammohun Roy*. Kolkata: Naya Prokash.

Roy, O. (2004). *Globalized Islam:* The Search for a New Ummah. Nova York: Columbia University Press.

Rubies, J.-P. (2001). *Travel and Ethnology in the Renaissance*: South India through European Eyes, 1250-1625. Cambridge: Cambridge University Press.

Ruff, J.R. (2001). *Violence in Early Modern Europe 1500-1800*. Cambridge: Cambridge University Press.

Ruggiero, G. (1980). *Violence in Early Renaissance Venice*. New Brunswick: Rutgers University Press [trad. ital.: *Patrizi e malfattori* – La violenza a Venezia nel primo Rinascimento. Bolonha: Il Mulino, 1982].

Ruppin, A. (1930). *Soziologie der Juden*. Berlim: Jüdischer.

Russel, S.T. (2003). Sexual minority and suicide risk. *American Behavioral Scientist*, p. 1.241-1.257.

Sachs, A. (1964). Religious despair in medieval literature. *Medieval Studies*, p. 231-256.

Safran, J.M. (2001). Identity and differentiation in ninth-century al-Andalus. *Speculum*, p. 573-598.

Sageman, M. (2008). *Leaderless Jihad* – Terror Networks in the Twenty-First Century. Filadélfia: University of Pennsylvania Press.

_____ (2004). *Understanding Terror Networks*. Filadélfia: University of Pennsylvania Press.

Sainsbury, P. & Barraclough, B. (1968). Differences between suicide rates. *Nature*, p. 1.252.

Saitta, A. (1975). *Costituenti e costituzioni della Francia rivoluzionaria e liberale (1789-1875)*. Milão: Giuffré.

Santoro, M. & Sassatelli, R. (orgs.) (2009). *Studiare la cultura* – Nuove prospettive sociologiche. Bolonha: I Mulino.

Santoro, M. (2010). *Effetto Tenco*. Bolonha: Il Mulino.

Sarfatti, M. (2000). *Gli ebrei nell'Italia fascista*. Turim: Einaudi.

Sattar, G. & Killias, M. (2005). The death of offenders in Switzerland. *European Journal of Criminology*, p. 317-340.

Sattar, G. (2001). Rates and Causes of Death among Prisoners and Offenders under Community Supervision. *London Home Office Research Study*, n. 231.

Saunderson, T. et. al. (1998). Urban-rural variations in suicides and undetermined deaths in England and Wales. *Journal of Public Health Medicine*, p. 261-267.

Schär, M. (1985). *Seelennöte der Untertanen* – Selbstmord, Melancholie und Religion im alten Zürich. Zurique: Chronos.

Scheff, T. (2006). *Goffman Unbound*: A New Paradigm for Social Science. Boulder: Paradigm.

Schmidt, J. (2007). *Melancholy and the Care of the Soul* – Religion, Moral Philosophy and Madness in Early Modern England. Londres: Ashgate.

Schmidt-Kohlberg, K. (2003)."Und hat sich selbsten an einem Strikbalter hingehenckt... Selbstmord im Herzogtum Württemberg im 17. und 18. Jabrundert". In: Dillinger, J. (org.). *Zauberer-Selbstmörder-Schatzsucher*. Trier: Kliomedia, p. 113-130.

Schmitt, J.-C. (1976). Le suicide au moyen âge. *Annales*, p. 3-28.

Schnitzler, N. (2000). Judas' death: Some remarks concerning the iconography of suicide in the middle ages. *The Medieval History Journal*, p. 103-118.

_____ (1996). "Der Tod des Judas. Ein Beitrag zur Ikonographie des Selbstmordes im Mittelalter". In: Löther, A. et al. (orgs.). *Mundus in imagine*: Bildersprache und Lebenswelten im Mittelalter – Festgabe für Klaus Schreiner. Munique: Fink, p. 219-245.

Schraier, C. et al. (2006). Suicide after breast cancer: An international population-based study of 723.810 women. *Journal of the National Cancer Institute*, p. 1.416-1.419.

Schreiner, J. (2003). *Jenseits vom Glück. Suizid, Melancholie und Hypochondrie in deutschsprachingen Texten des 18. Jahrhunderts*. Munique: Oldenburg.

Schürer, N. (2008). The impartial spectator of sati, 1757-1784. *Eighteenth. century Studies*, p. 19-44.

Schweitzer, Y. (org.) (2006). *Female Suicide Bombers*: Dying for Equality? Tel-Aviv: Jaffee Center for Strategic Studies.

Seabourne, G. & Seabourne, A. (2000). The law on suicide in medieval England. *The Journal of Legal History*, p. 21-48.

Seaver, P.S. (2004). "Suicide and the Vicar General in London: A mystery solved?" In: Watt, J.R. (org.). *From Sin to Insanity*. Ithaca: Cornell University Press, p. 25-47.

Segre, R. (org.) (1995). *Gli ebrei a Venezia. 1938-1945*. Veneza: Il Cardo.

Sen, M. (2001). *Death by Fire*. Londres: Phoenix.

Senault, J.-F. (1644). *L'homme criminel, ou la corruption de la nature par le péché* – Selon les sentiments de Saint Augustin. Paris: Jean Camusat [trad. ital.: *L'uomo caduto ovvero la corruttione della Natura per il peccato* – Conforme a' sentimenti di S. Agostino. Tomo I. Bolonha: Per il Longhi, 1700].

Serge, V. (1951). *Mémoires d'un révolutionnaire*. Paris: Seuil [trad. ital.: *Memorie di un rivoluzionario*. Roma: Edizioni e/o, 1999].

Shakespeare, W. (1981). "Amleto". In: *Teatro*. Vol. III. Turim: Einaudi, p. 644-771.

Sharma, A. (1988). *Sat – Historical and Phenomenological Essays*. Nova Délhi: Motilal Banarsidass.

Shepherd, D.M. & Barraclough, B.M. (1997). Suicide – A traveler's tale. *History of Psychiatry*, p. 395-406.

Shoemaker, R. (2001). Male honor and the decline of public violence in eighteenth-century London. *Social History*, p. 190-208.

_____ (2000). The decline of public insult in London 1660-1800. *Past and Present*, p. 97-131.

Siemens, R.G. (2001). "I have often such a sickly inclination": Biography and the critical interpretation of Donne's suicide tract, "Biathanatos". *Early Modern Literary Studies*, n. 1, maio, p. 1-26.

Signori, G. (1994). "Rechtskonstruktionen und religiöse Fiktionen. Bemerkungen zum Selbstmordfrage im Mittelalter". In: Signori, G. (org.). *Trauer, Verzweiflung und Anfechtung*. Tübingen: Diskord, p. 9-54.

Silving, H. (1957). "Suicide and the law". In: Shneidman, E.S. & Farberow, N.L. (orgs.). *Clues to Suicide*. Nova York: McGraw-Hill, p. 79-95.

Simon, G.E. (1885). *La cité chinoise*. Paris: La Nouvelle Revue.

Simonazzi, M. (2004). *La malattia inglese*. Bolonha: Il Mulino.

Singh, G.K. & Siahpush, M. (2002a). Increasing rural-urban gradients in US suicide mortality, 1970-1997. *American Journal of Public Health*, 7, p. 1.161-1.167.

Singh, G.K. & Siahpush, M. (2002b). Ethnic-immigrant differentials in health behaviors, morbidity, and cause-specific mortality in the United States: An analysis of two national databases. *Human Biology*, p. 83-109.

Skog, O.-J. (1993). Alcohol and suicide in Denmark 1911-1924 – Experiences from a "natural experiment". *Addiction*, p. 1.189-1.193.

_____ (1991). Alcohol and suicide – Durkheim revisited. *Acta sociologica*, p. 193-206.

Smail, D.L. (2003). *The consumption of justice* – Emotions, publicity, and legal culture in Marseille, 1264-1423. Ithaca: Cornell University Press.

_____ (2001). Hatred as a social institution in late-medieval society. *Speculum*, p. 90-126.

Smith, A.H. (1899). *Village Life in China* – A Study in Sociology. Edimburgo: Oliphant, Anderson & Ferrier.

Smith, R.L. (1998). Review: "Wind against the Mountain". *Harvard Journal of Asian Studies*, p. 603-614.

Smythe, D. (1962). Pershing and the disarmament of the Moros. *The Pacific Historical. Review*, p. 241-256.

Snyder, S. (1965). The left hand of God: Despair in medieval and renaissance tradition. *Studies in the Renaissance*, p. 18-59.

Snyder, T.L. (2007). What historians talk about when they talk about suicide: The view from early modern British North America. *History Compass*, p. 658-674.

Sófocles (2007). *Le tragedie*. Milão: Mondadori.

Sofsky, W. (1993). *Die Ordnung des Terrors*. Frankfurt a.M.: Fischer [trad. ital.: *L'ordine del terrore*. Roma/Bari: Laterza, 1995].

Sogani, R. (2002). *The Hindu Widow in Indian Literature*. Nova Délhi: Oxford University Press.

Soljenítsin, A. (1973). *Archipelag Gulag*. Paris: Ymca Press [trad. ital.: *Arcipelago Gulag*. 2 vols. Milão: Mondadori, 2001].

Somogyi, S. & Somogyi, R.A. (1995). *Il suicidio in Italia dal 1864 ad oggi*. Roma: Kappa.

Sorabji, R. (2000). *Emotion and Peace of Mind – From Stoic Agitation to Christian Temptation*. Oxford: Oxford University Press.

Spence, J.D. (1978). *The Death of Woman Wang*. Nova York: Viking [trad. ital.: *La morte della donna Wang*. Milão: Adelphi, 2002].

Spenser, E. (1590). *The Faerie Queen*. Londres [trad. ital.: *La regina delle fate*, libro I. Florença: Sansoni, 1954].

Spierenburg, P. (2008). *A History of Murder*. Londres: Polity.

_____ (2006). Protestant attitudes to violence: The early Dutch republic. *Crime, Histoire et Sociétés*, p. 5-31.

_____ (1998a). "Masculinity, violence, and honor: An introduction". In: Spierenburg, P. (org.). *Men and Violence*. Columbus: Ohio State University Press, p. 1-29.

_____ (1998b). "Knife fighting and popular codes of honor in early modern Amsterdam". In: Spierenburg, P. (org.). *Men and Violence*. Columbus: Ohio State University Press, p. 103-127.

_____ (1996). "Long-term trends in homicide: Theoretical reflections and Dutch evidence, fifteenth to twentieth centuries". In: Johnson, E.A. & Monkkonen, E.K. (orgs.). *The Civilization of Crime*. Urbana/Chicago: University of Illinois Press, p. 63-105.

Sprinzak, E. (2000). Rational fanatics. *Foreign Policy*, p. 66-74.

Sprott, S.E. (1961). *The English debate on suicide from Donne to Hume*. Londres: Open Court.

Stack, S. (1992). The effect of divorce on suicide in Japan: A time series analysis. *Journal of Marriage and the Family*, p. 327-334.

Stack-O'Connor, A. (2007). Lions, tigers, and freedom birds: How and why the Liberation Tigers of Tamil Eelam employs women. *Terrorism and Political Violence*, p. 43-63.

Staël, M. (1813). *Réflexions sur le suicide* [agora in: Œuvres complètes. Vol. I. Genebra: Slatkine Reprints, 1967, p. 176-196.

Stark, J. (2001). Suicide after Auschwitz. *The Yale Journal of Criticism*, p. 93-114.

Steen, D.M. & Mayer, P. (2004). Modernization and the male-female suicide ratio in India, 1967-1997: Divergence and convergence. *Suicide and Life-Threatening Behavior*, p. 147-159.

Stein, D.K. (1988). Burning widows, burning brides: The perils of daughterhood in India. *Public Affairs*, p. 465-485.

_____ (1978). Women to burn: Suttee as a normative institution. *Signs*, p. 253-273.

Steinmetz, S.R. (1898). Gli antichi scongiuri giuridici contro i creditori. *Rivista Italiana di Sociologia*, p. 36-65.

_____ (1894). Suicide among primitive people. *American Anthropologist*, p. 53-60.

Stendhal (1829). *Promenades dans Rome*. Paris: Delaunay.

Stockard, J.E. (1989). *Daughters of the Canton Delta* – Marriage Patterns and Economic Strategies in South China, 1860-1930. Stanford: Stanford University Press.

Strathern, M. (1972). *Women in Between* – Female Roles in a Male World. Mount Hagen: London Seminar Press.

Stratton Hawley, J. (1994). "Introduction". In: Stratton Hawley, J. (org.). *Sati* – The Blessing and the Curse. Oxford: Oxford University Press, p. 3-26.

Straus, J. & Straus, M. (1953). Suicide and social structure in Ceylon. *American Journal of Sociology*, p. 461-469.

Strenski, I. (2003). Sacrifice, gift and the social logic of Muslim "human bombers". *Terrorism and Political Violence*, p. 1-34.

Stuart, K. (2008). Suicide by proxy: The unintended consequences of public executions in eighteenth-century Germany. *Central European History*, p. 413-445.

_____ (1999). *Defiled Trades and Social Outcasts*: Honor and Ritual Pollution in Early Modern Germany. Cambridge: Cambridge University Press.

Subrahmanyam, S. (2008). Further thoughts on an enigma: The tortuous life of Nicolò Manucci. *The Indian Economic and Social History Review*, p. 35-76.

Sumner Maine, H. (1875). *Lectures on the Early History of Institutions*. Londres: Murray.

Süssmilch, J.P. (1761). *Die göttliche Ordnung in den Veränderungen des menschlichen Geschlechts aus der Geburt, Tod und Fortpflanzung desselben*. Vol. 1. Berlim: Im Verlag des Buchladens der Realschule.

Swann, A.C. et al. (2005). Increased impulsivity associated with severity of suicide attempt history in patients with bipolar disorder. *American Journal of Psychiatry*, p. 1.680-1.687.

Sweeney, G. (1993a). Self-immolation in Ireland. *Anthropology Today*, p. 10-14.

_____ (1993b). Irish hunger strikes and the cult of self-sacrifice. *Journal of Contemporary History*, p. 421-437.

Swidler, A. (1986). Culture in action: Symbols and strategies. *American Sociological Review*, p. 273-286.

Sym, J. (1637). *Lifes Preservative against Self-killing or An Useful Treatise Concerning Life and Self-murder*. Londres: M. Flesher.

Tafur, P. (2004). *Travels and Adventures 1435-1439*. Londres: Routledge.

Tamagne, F. (2000). *Histoire de l'homosexualité en Europe* – Berlin, London, Paris, 1919-1939. Paris: Seuil.

Tamassia, N. (1897). Il "Dharma" in Germania e in Grecia?. *Rivista scientifica del diritto* [agora in: *Scritti di storia giuridica*. Milão: Giuffré, 1964, vol. I, p. 143-150].

Tao Yi (1919). "Commentary on Miss Zhao's Suicide", 21/11. In: Lan & Fong (1999, 83-85).

Tarde, G. (1897). *Contre Durkheim à propos de son Suicide* [agora in: Borlandi & Cherkaoui (2000, 219-255)].

Tatai, K. (1983). "Japan". In: Headley, L.A. (org.). *Suicide in Asia and the Near East*. Berkeley: University of California Press, p. 12-58.

Tavernier, J.-B. (1676). *Les six voyages de Jean-Baptiste Tavernier ecuyer baron d'Aubonne, qu'il a fait en Turquie, en Perse, et aux Indes*. Livro III/1. Paris: Gervais Clouzier.

Thakur, U. (1963). *The History of Suicide in India* – An Introduction. Nova Délhi: Munshiram Manoharlal.

Thapar, R. (1988). In history. In: *Seminar* [agora in: Major, A. (org.). *Sati* – A Historical Anthology. Oxford: Oxford University Press, 2007, p. 452-465].

Theiss, J.M. (2004a). Female suicide, subjectivity and the state in eighteenth-century China. *Gender and History*, p. 513-537.

_____ (2004b). *Disgraceful Matters* – The Politics of Chastity in Eighteenth Century China. Berkeley: University of California Press.

_____ (2002). "Femininity in flux: Gendered virtue and social conflict in the mid--Qing courtroom". In: Brownell, S. & Wasserstrom, J.N. (orgs.). *Chinese Femininities/Chinese Masculinities*. Berkeley: University of California Press, p. 47-66.

_____ (2001). "Managing martyrdom: Female suicide and statecraft in mid-Quing China". In: Ropp et al. (2001, 47-76).

Thomas, K. (1971). *Religion and the Decline of Magic*. Londres: Weidenfeld & Nicolson [trad. ital.: *La religione e il declino del magico*. Milão: Mondadori, 1985].

Thompson, E. (1928). *Suttee*. Londres: George & Unwin.

Thornton, J. (2003). Cannibals, witches, and slave traders in the Atlantic world. *The William and Mary Quarterly*, p. 273-294.

Tibbets Schulenburg, J. (1986). "The heroics of virginity: Brides of Christ and sacrificial mutilation". In: Beth Rose, M. (org.). *Women in the Middle Ages and the Renaissance*. Nova York: Syracuse University Press, p. 29-72.

Tien Ju-K'ang (1988). *Male Anxiety and Female Chastity* – A Comparative Study of Chinese Ethical Values in Ming-Ch'ing Times. Leiden: Brill.

Timbal, P. (1943-1944). La confiscation dans le droit français des XIIIe et XIVe siècles. *Revue historique de droit français et étranger*, p. 44-79 (1943) e p. 35-62 (1944).

Timmermans, S. (2005). Suicide determination and the professional authority of medical examiners. *American Sociological Review*, p. 311-333.

Tito Lívio (2007). *Storia di Roma*. Milão: Mondadori, vol. I.

Tognina, A. (2003). *"Gran peccato e scandalo"* – Tre casi di suicidio a Brusio e il problema della sepoltura nel XVIII secolo [disponível em: www.ssvp.ch].

Tosini, D. (2007). *Terrorismo e antiterrorismo nel XXI secolo*. Roma/Bari: Laterza.

Trevor, D. (2004). *The Poetics of Melancholy in Early Modern England*. Cambridge: Cambridge University Press.

_____ (2000). John Donne and scholarly melancholy. *Studies in English Literature*, p. 81-102.

Twain, M. (1876). *The Adventures of Tom Sawyer*. Londres: Chatto & Windus [trad. ital.: *Le avventure di Tom Sawyer*. Milão: Mondadori, 2003].

Twombly, R. (2006). Decades after cancer, suicide risk remain high. *Journal of the National Cancer Institute*, p. 1.356-1.358.

Tzoreff, M. (2006). "The Palestinian Shahida: National patriotism, Islamic feminism or social crisis". In: Schweitzer (2006, 13-24).

Unama (United Nations Assistance Mission in Afghanistan) (2007). *Suicide Attacks in Afghanistan* [disponível em: http://www.unama-afg.org/docs/_UN-Docs/UNAMA %20 -%20SUICIDE% 20ATTACKS %20STUDY %20-%20SEPT %209th %202007.pdf].

Unnithan, N.P. et al. (1994). *The Currents of Lethal Violence*: An Integrated Model of Suicide and Homicide. Nova York: State University of New York.

Vallerani, M. (2005). *La giustizia pubblica medievale*. Bolonha: Il Mulino.

Van den Bosch, L.P. (1995). "The ultimate journey. Sati and widowhood in India". In: Bremmer, J. (org.). *Between Poverty and the Pyre*: Movements in the History of Widowhood. Londres: Routledge, p. 171- 203.

Van der Horst, P.W. (1971). A pagan Platonist and a Christian Platonist on suicide. *Vigiliae Christianae*, p. 282-288.

Van der Made, R. (1948). Une page de l'histoire du droit criminel. La répression du suicide. *Revue du droit pénale et de criminologie*, 1, p. 22-51.

Van Hooff, A.J.L. (1992). Female suicide between ancient fiction and fact. *Laverna*, 3, p. 142-172.

_____ (1990). *From Autothanasia to Suicide* – Self-killing in Classical Antiquity. Londres: Routledge.

Van Knopf, K. (2007). The female Jihad: Al Qaeda's women. *Studies in Conflict and Terrorism*, p. 397-414.

Van Tubergen, F. & Ultee, W. (2006). Political integration, war and suicide – The Dutch paradox? *International Sociology*, p. 221-236.

Van Tubergen, F. et al. (2006). Denomination, religion context, and suicide: Neo--Durkheimian multilevel explanations tested with individual and contextual data. *American Journal of Sociology*, p. 797-823.

Vandekerckhove, L. (2000). *On Punishment* – The Confrontation of Suicide in Old--Europe. Lovaina: Leuven University Press.

Varnik, A. et al. (2000). Suicide trends in the Baltic states, 1970-1997. *Trames*, p. 79-90.

Varthema, L. (1535). *Itinerario de Lodovico de Varthema Bolognese nello Egitto, nella Siria, nella Arabia deserta et infelice, nella Persia, nella India e nella Etiopia*. Veneza: Francesco di Alessandro Bindone.

Venkoba Rao, A. (1983). "India". In: Headley, L.A. (org.). *Suicide in Asia and the Near East*. Berkeley: University of California Press, p. 210-237.

Verkko, V. (1951). *Homicides and Suicides in Finland and Their Dependence on National Character*. Copenhague: Gads.

Victor, B. (2003). *Army of Roses* – Inside the World of Palestinian Women Suicide Bombers. Emmaus: Rodale Books.

Vidor, G.M. (2008). *Biografia di una necropoli italiana del XIX secolo*: il Cimitero della Certosa di Bologna. Módena: Fondazione Collegio San Carlo [tese de doutorado em História e Civilizações].

Vijayakumar, L. (2004). Altruistic suicide in India. *Archives of Suicide Research*, p. 73-80.

Vijayakumar, L. et al. (2005a). Suicide in developing countries (1) – Frequency, distribution, and association with socioeconomic indicators. *Crisis*, p. 104-111.

_____ (2005b). Suicide in developing countries (2) – Risk factors. *Crisis*, p. 112-119.

Villon, F. (1971). *Opere*. Milão: Mondadori.

Vincenzo Maria de Santa Catarina de Siena (1678). *Il viaggio all'Indie orientali*. Veneza: Giacomo Zattoni.

Vivanco, L. (2004). *Death in Fifteenth-century Castile*: Ideologies of the Elites. Woodbridge, Tamesis.

Voisin, J.L. (1979). Pendus, crucifiés, oscilla dans la Rome païenne. *Latomus*, p. 423-450.

Voltaire (1777). Prix de la justice et de l'humanité. *Gazette de Berne*, XIV, 15/02 [disponível em: http://www.jura.uni-osnabrueck.de/institut/ivr/Voltaire/PrixJustice.htm].

_____ (1759). *Candide ou l'optimisme* [trad. ital.: *Candido o l'ottimismo*. Milão: Bur, 1974].

Volterra, E. (1933). Sulla confisca dei beni dei suicidi. *Rivista di storia del diritto italiano*, p. 393-416.

Von Mayr, G. (1917). *Statistik und Gesellschaftslehre*. Vol. 3. Tübingen.

Voracek, M. & Loibl, L.M. (2007). Genetics of suicide: A systematic review of twin studies. *Wiener klinische Wochenschrift*, p. 463.

VV. AA. (1805). *Le costituzioni di Eleonora, giudicessa d'Arborea, intitolate Carta de Logu*. Roma: Antonio Fulgoni.

_____ (1839). *Codice penale per gli Stati di S.M. il Re di Sardegna*. Turim: Stamperia Reale.

Waardt, H. (1996). "Feud and atonement in Holland and Zeeland. From private vengeance to reconciliation under state supervision". In: Schuurman, A. & Spierenburg, P. (orgs.). *Private Domain, Public Inquiry*: Families and Life-styles in the Netherlands and Europe, 1550 to the Present. Hilversum: Verloren, p. 15-38.

Wacke, A. (1980). Der Selbstmord im römischen Recht und in der Rechtsentwicklung. *Zeitschrift der Savigny Stiftung für Rechtsgeschichte Abteilung*, p. 26-72.

Wade, I.O. (1931). Destouches in England. *Modern Philology*, p. 27-47.

Wadsworth, T. & Kubrin, C.E. (2007). Hispanic suicide in U.S. metropolitan areas: Examining the effects of immigration, assimilation, affluence, and disadvantage. *American Journal of Sociology*, p. 1.848-1.885.

Wagner, A. (1864). *Die Gesetzmässigkeit in den scheinbar willkürlichen menschlichen Handlungen vom Standpunkte der Statistik*. Hamburgo: Boyes & Geisler.

Wahl, C.W. (1957). "Suicide as a magical act". In: Shneidman, E.S. & Farberow, N.L. (orgs.). *Clues to Suicide*. Nova York: McGraw-Hill, p. 22-30.

Wakeman, F. (1985). *The Great Enterprise* – The Manchu Reconstruction of Imperial Order in Seventeenth-century China. Berkeley: University of California Press.

Walker, D.E. (2004). *No More, No More* – Slavery and Cultural Resistance in Havana and New Orleans. Minneapolis: University of Minnesota Press.

Wardlow, H. (2006). *Wayward Women* – Sexuality and Agency in a New Guinea Society. Berkeley: University of California Press.

Watt, J.R. (2001). *Choosing Death* – Suicide and Calvinism in Early Modern Geneva. Kirksville: Truman State University Press.

Weimann, G. (2006). *Terror on the Internet*: The New Arena, the New Challenges. Washington: United States Institute for Peace.

Weinberg, G.L. (1998). Unexplored questions about the German military during World War II. *The Journal of Military History*, p. 371-380.

Weinberger-Thomas, C. (1996). *Cendres d'immortalité* – La crémation des veuves en Inde. Paris: Seuil.

Wenzel, S. (1960). *The Sin of Sloth*: Acedia. Chapel Hill: The University of North Carolina Press.

Westermarck, E. (1912). *The Origin and Development of the Moral Ideas*. 2 vols. Londres: Macmillan.

Whitehead, H. (1921). *The Village Gods of South India*. Kolkata: Oxford University Press.

Whitlock, F.A. (1971). Migration and suicide. *Medical Journal of Australia*, p. 840- 848.

Whyte, M.K. (2004). "Filial obligations in Chinese families: Paradoxes of modernization". In: Ikels (2004, 106-127).

_____ (1988). "Death in the People's Republic of China". In: Watson, J.L. & Rawski, E.S. (orgs.). *Death Ritual in Late Imperial and Modern China*, p. 289-316.

Winternitz, M. (1915). *Die Frau in den indischen Religionen*. Würzburg: Curt Kabitzsch.

Wintrobe, R. (2006). *Rational Extremism* – The Political Economy of Radicalism. Cambridge: Cambridge University Press.

Wisse, J. (1933). *Selbstmord und Todesfurcht bei den Naturvölkern*. Zutphen: Thieme.

Witke, R. (1967). Mao Tse-tung, women and suicide in the May Fourth era. *The China Quarterly*, p. 128-147.

Wittkower, R. & Wittkower, M. (1963). *Born under Saturn*. Londres: Weidenfeld & Nicolson [trad. ital.: *Nati sotto Saturno*. Turim: Einaudi, 1968].

Wolf, A.P. & Huang, C. (1980). *Marriage and Adoption in China, 1845-1945*. Stanford: Stanford University Press.

Wolf, K.B. (1988). *Christian Martyrs in Muslim Spain*. Cambridge: Cambridge University Press.

Wolf, M. (1975). "Women and suicide in China". In: Wolf, M. & Witke, R. (orgs.). *Women in Chinese Society*. Stanford: Stanford University Press, p. 111-141.

Woolf, B.K. (1987). *Christian Martyrs in Muslim Spain*. Cambridge: Cambridge University Press.

Woolf, L. (1988). *Mein Leben mit Virginia*. Frankfurt a.M.: Fischer [trad. ital.: *La mia vita con Virginia*. Milão: Serra e Riva, 1989].

Woolf, V. (1979-1985). *The Diary of Virginia Woolf*. 5 vols. Londres: Penguin.

Woolf, V. (1999). *Romanzi*. Milão: Mondadori.

Wymer, R. (1982). *Suicide and Despair in the Jacobean Drama*. Essex: The Harvester Press.

Xiaojing, L. (2001). "L'art de desserrer les nœuds". In: Thireau, I. & Hansheng, W. (orgs.). *Disputes au village chinois*. Paris: Editions de la Maison des sciences de l'homme, p. 125-166.

Yadlin, R. (2006). "Female martyrdom: The ultimate embodiment of Islamic existence?" In: Schweitzer (2006).

Yan, Y. (2003). *Private Life under Socialism*. Stanford: Stanford University Press.

Yang, A.A. (1989). Whose Sati? Widow burning in early 19th century India. *Journal of Women's History*, p. 8-33.

Yang, C.K. (1959). *Chinese Communist Society*: The Family and the Village. Cambridge: MIT Press.

Yeh, J.-Y. et al. (2008). Does marital status predict the odds of suicidal death in Taiwan? A seven-year population-based study. *Suicide and Life-Threatening Behavior*, p. 302-312.

Yerevanian, B.I. et al. (2007). Bipolar pharmacotherapy and suicide behavior. *Journal of Affective Disorders*, p. 5-11.

Yu, A.C. (1987). "Rest, rest, perturbed spirit!" Ghosts in traditional Chinese prose fiction. *Harvard Journal of Asiatic Studies*, p. 397-434.

Zachariae, T. (1905). Zur indischen Witwenverbrennung. *Zeitschrift des Vereins für Volkskunde*, p. 74-90.

_____ (1904). Zur indischen Witwenverbrennung. *Zeitschrift des Vereins für Volkskunde*, p. 198-211, 302-313 e 395-407.

Zamperini, P. (2001). "Untamed heart: Eros and suicide in late imperial Chinese fiction". In: Ropp et al. (2001, 77-104).

Zanini, M. & Edwards, S.J.A. (2002). "The networking of terror in the information age". In: Arquilla, J. (org.). *Network and Netwars*. Santa Monica: Rand, p. 29-60.

Zhang, H. (2004). "'Living alone' and the rural elderly: Strategy and agency in post--Mao rural China". In: Ikels (2004, 63-87).

Zhang, J. et al. (2009). Economic growth and suicide rate changes: A case in China from 1982 to 2005. *European Psychiatry*, p. 159-163.

Zhao, H.L. et al. (2006). The short-lived Chinese emperors. *Journal of American Geriatric Society*, p. 1.295.

Zilboorg, G. (1936). Differential diagnostic types of suicide. *Archives of General Psychiatry*, p. 270-291.

Zorzi, A. (2007). La legittimazione delle pratiche della vendetta nell'Italia comunale. *E-Spania* [disponível em: http://e-spania.revues.org/document2043.html].

_____ (2002). "La cultura della vendetta nel conflitto politico in età comunale". In: Delle Donne, R. & Zorzi, A. (orgs.). *Le storie e la memoria*. Florença: Firenze University Press, p. 135-170.

Zouk, H. et al. (2006). Characterization of impulsivity in suicide completers: Clinical, behavioral and psychosocial dimensions. *Journal of Affective Disorders*, p. 195-204.

Zucchelli da Gradisca, A. (1712). *Relazioni del viaggio e missione di Congo nell'Etiopia inferiore occidentale*. Veneza: per Bartolomeo Giavarina, al ponte del Lovo, all'insegna della Speranza.

Índice analítico

About, Edmond 165, 173
Acídia 72-77, 98, 113, 126s.
Afeganistão 371, 380s., 386
Afro-americanos 221-224
Agamêmnon 411
Agostinho de Hipona 60-69, 72, 77s., 97, 102, 104, 113, 117s., 142, 155, 249, 418, 431
Aijtsingh, rajá de Marwar 269
Ájax 411
Akbar, imperador mogul da Índia 297
Alberuni 288
Álcool, consumo
   na Dinamarca durante a Primeira Guerra Mundial 203
   na Rússia 256
Alemanha 11, 32s., 41, 45, 49, 51, 53, 56s., 85, 93, 103, 123, 136, 144, 149, 152, 184, 187, 198, 202-213, 245
Alexandre Magno 281
Alighieri, Dante 113
Allen, Richard 133s.
Al-Nabulsi, Shahar 369
Al-Qaeda 370s., 374, 380-385, 402
Ambler, Eric 373, 385
Ambrósio, santo 64
Améry, Jean 195, 199
Amsterdã 134s., 140, 149, 152, 172, 184, 196
Andersdotter, Brita 95
Anomia 179, 233, 257, 303, 417

Antiga Tchecoslováquia 11, 254
Anugamana 263
Anumarana 263
Apúlia 167
Arábia Saudita 380-382
Arafat, Yasser 378, 400
Arendt, Hannah
   o suicídio dos judeus 183, 187s.
   o suicídio na Alemanha 207s.
   o suicídio nos campos de concentração 195, 197-199
Argélia 380s.
Aristóbulo 281
Ashanti 408
Assassinos, seita dos 396
Ataques suicidas (ou missões suicidas)
   apropriados para alvos difíceis 374s.
   atitude dos muçulmanos 362s.
   campanhas organizadas 372
   culto dos mártires 393s.
   custos econômicos 373s.
   definição 365
   diferença de religião entre país ocupante e ocupado 379
   e diferença de gênero 398-405
   e nacionalismo 377
   e sacrifícios heroicos 366
   e terrorismo 365-367
   estatísticas 372-374
   "inimigos distantes" 380
   "inimigos próximos" 380

kamikaze 365, 379, 381, 385-388, 394, 400, 402-404, 428s.
   papel das organizações 373
   potência destrutiva 374
   racionalidade instrumental 387
   recompensas materiais 387
   repercussão pública 375s.
   riscos 375
   tentativas e consumações 365-371
   vantagens táticas 373s.
Atmahatya (ou *atmatyaga*) 277
Atta, Mohammed 386
Augsburgo 86, 88
Aurangzeb, imperador mogul da Índia 272
Austrália 202, 216s., 225, 238, 302, 305, 307, 312, 383, 385
Áustria 11, 32, 50, 93, 96, 140, 149, 182, 189, 194, 202, 204, 209, 211, 215, 233s., 237, 242, 252
Autoimolação 254, 283, 320, 389, 429s.

Babeuf, François-Noël 140
Balbi, Gasparo 265, 270
Bali 263, 381
Ball, Dyer 305
Bana 285
Bangladesh 380, 393
Barayev, Hawa 399, 403
Barbosa, Odoardo 272, 289
Baretti, Giuseppe 119
Baviera 136, 140, 184
Beaucourt, Jean 46
Beard, Thomas 80
Beaumanoir, Philippe de 158s., 173
Beccaria, Cesare 44, 107, 110, 119, 143
Beirute 11, 368
Belarus 252

Bélgica 32, 149, 152, 179, 203, 205, 215, 381, 433
Benares 426s.
Bengala 263, 285, 297-299
Bentinck, Lorde William 299-301, 423
Benxun 333
Berenice 62
Beria, Lavrenty 210
Berlim 41, 186s., 189s., 204-206, 208-212, 392
Bernier, François 272, 289, 296s.
Bettelheim, Bruno 195
Bezeneger 265
Bílis negra 122, 125-130
Bin Laden, Osama 380, 382
Bisinigar, cidade de 269
Blasfêmia 70s., 156-158, 163, 166
Boccaccio, Giovanni 114
Bogdanovna Bosh, Evgenia 250
Bolonha 46s., 57, 164, 171
Borges, Jorge Luis 107
Boulogne-sur-Mer 45, 205
Bourbotte, Pierre 140
Boveri, Margaret 210
Braak, Menno Ter 206
Bracton, Henry de 13, 131s.
Braun, Eva 213
Bright, Timothie 124, 127s.
Browne, Malcolm 430
Browne, Thomas 118
Brüsewitz, Oskar 255
Bruxaria 128, 156-158
Bruxelas 119, 121, 152, 398
Budapeste 184
Burckhardt, Jacob 87
Burton, Robert 48, 123-126, 128
Bush, George W. 398

Calábria 151, 233
Calvino, João 80, 102, 117
Camarões 92
Campos de concentração 186, 192-201, 206
Camus, Albert 419
Canadá 216, 312, 383, 385
Canavesio, Giovanni 79
Câncer 77, 245s.
Canibalismo dos brancos, crença 219
Cárcere 192-194, 417
Carlos Alberto de Saboia 50, 141
Carlos VI 136, 163
Carolinas, Ilhas 407
Casamentos arranjados 318s., 344s.
Cassiano, João 73-75
Catão Uticense 37, 113, 118, 212, 355
Cellini, Benvenuto 99
Cervantes, Miguel de 98
Cesário de Heisterbach 78
Ceteu 268, 283
Ch'eng Yi 328
Cheyne, George 35, 129
Chile 307
China
   adultério 343, 355
   campanha contra a corrupção 304
   casamento com transferência adiada 344s.
   casamentos arranjados 304, 315-319, 334-336, 344-348, 361
   Corte dos censores 323
   culto da castidade feminina 347-351
   decreto do Imperador Yongzheng sobre as vítimas de violências sexuais 342s.
   devoção filial 312-314, 321s., 335, 346-349
   Dinastia Ming 322-327, 332, 336, 338, 348, 351
   Dinastia Qing 322-327, 332, 336, 348, 351
   Dinastia Song 336
   dote 333, 346s.
   família patriarcal 318, 361
   fidelidade 321, 324-329, 338, 341s., 348
   formação da família 312s., 317s., 345-347, 358
   invasão mongol 336-339, 347
   lealdade 321s.
   lei sobre o matrimônio de 1950 304
   levirato 347
   lótus de ouro, ideal 318, 349
   Ministério dos ritos 323, 325
   neoconfucionismo 318s.
   noivado precoce 336
   normas sucessórias 346s.
   paradigma do 4 de Maio 315-319
   política do filho único 310
   queda das dinastias 336-338
   relações de parentesco 303, 346
   retidão 320-322, 338
   revolução cultural 304, 336
   segundas núpcias 327, 346-349
   taxa de suicídio 302-315
   virtudes confucianas 321
Chiodini, Giulio Cesare 123
Chongzhen 336
Chunari 261
Cícero, Marco Túlio 88, 92, 248
Claviére, Etienne 40
Cohen, Elie 195, 199

Companhia Britânica das Índias Orientais 298
Concepção moral do suicídio
　anglicanismo 66
　budismo 319s.
　calvinismo 66
　comunismo soviético 247-249
　confucionismo 319-321
　cristianismo ortodoxo 67
　cristianismo 59-69, 72, 98, 418-421, 427
　hinduísmo 269, 278, 299-301, 390
　islamismo 391s.
　luteranismo 66
　nazismo 185, 206
　protestantismo 80, 153, 166, 181
　Roma antiga 60, 89, 412
Confisco dos bens
　abolição 139-142
　em Genebra 53
　na Alemanha 53
　na Espanha 53s.
　na França 52
　na Inglaterra 51
　na Roma antiga 60s.
　na Sardenha 52
　segundo a constituição carolina 136
Confúcio 319
Confucionismo
　e virtudes 321-324
　　prêmios honoríficos pelas virtudes 321-324
Congreve, William 34
Conti, Nicolò di 269, 276
Coreia 11, 312, 430
Costa do Marfim 92

Crenças hinduístas sobre o significado dos sonhos 273
Crenças sobre o suicídio
　sobre as causas 72-80, 349-357
　sobre as consequências 85-88, 342-344
Crise econômica de 1929 234
"Crises felizes" 234
Cuba 33, 306, 357

Dalila 62
Damhouder, Joos de 50s., 134
Danton, Georges 354
Darthé, Augustin 140
Defoe, Daniel 34
Delaware 139
Della Valle, Pietro 265, 270, 274s., 296
Deorala 261s., 301
Depressão 32, 72, 75, 77, 134, 179, 187, 192, 194, 201, 214, 220, 225s., 233, 244, 247, 310, 425
Desespero 76-78, 80-85, 87, 124, 126s., 134-137, 144, 173, 318, 392
Destouches (Philippe Néricault) 35
Devara 295
Dhanu 363-365, 372
Dharna, sentar-se em 280, 390, 426s.
Di Franco, Eddie 367
Diabo 70s., 76-80, 94, 98s., 127s., 134, 137, 146, 218
Dido 411s., 415
Diem, Ngo Dinh 429s.
Dinamarca 11, 32, 93, 96, 115, 182, 194, 202, 215, 225, 234, 237, 242, 244
Diodoro Sículo 267s., 281, 283
Distúrbio bipolar 20, 416
Distúrbios mentais 20s., 129, 132, 139, 214, 255
　cf. tb. Doenças mentais

Doenças mentais
   depressão 20
   distúrbio bipolar 20s.
   distúrbio *borderline* de personalidade 20
   esquizofrenia 20
   "mal inglês" 34, 36
   síndrome obsessivo-compulsiva 19
Donatismo 61, 63
Donne, John 102s., 105-107, 109, 144s.
Dubois, Jean Antoine 264, 292s.
Durkheim, Émile 7-10, 13s., 22, 31-33, 43s., 65, 101, 130, 154, 168, 180s., 184s., 233s., 257, 277, 287, 302, 317, 325, 407, 413, 415

Edgar da Inglaterra, rei 131
Egito 107, 371
Elias, Norbert 174, 176
Emília 151
Emoções
   segundo Norbert Elias 174-177
   segundo o cristianismo 73-80
Engels, Friedrich 31
Epicteto 88
Erasmo de Roterdã 33
Escravos 89, 91, 218, 417
Espanha 49, 98, 115, 119, 180, 182, 202, 215, 234, 366, 370, 381, 388
Esquizofrenia 225, 243
Estados Unidos 11, 32, 170, 202, 205, 214-217, 220-222, 234, 238, 368, 370s., 379
Estocolmo 40s., 92-95, 149
Estônia 252
Estrabão 281
Estupro (ou violência sexual)
   e adultério 65, 67-69
   estatísticas 340
   na China 322s., 339-344
   na Segunda Guerra Mundial 209-213
Eto, Jun 425
Eusébio de Cesareia 64
Eutanásia 104, 179
Evágrio Pôntico 72, 74-76

Fatah 378s., 400
Federici, Cesare de' 265s., 270, 282
Fejkiel, Wladyslaw 201
Felo de se 132s., 140
Ferri, Enrico 154
Fiele, Adele 311
Filipinas 309, 381, 397, 428
Finlândia 40, 170, 237, 242
Firth, Raymond 408
Formiggini, Angelo Maria 189-191
França 11, 32, 37-41, 45, 49, 51, 57, 86s., 103, 107, 113, 115, 122, 130s., 137, 149, 157s., 162, 165, 171, 175, 202s., 206, 211, 214, 234, 237, 242
Frankl, Victor 193, 195
Frederico Guilherme I 139
Frederico II da Prússia 139, 143
Fujan 330, 333
Funerais 332, 357

Gandhi, Rajiv 262, 363s., 369, 399, 403, 427
Garedat, Hanadi 405
Genebra 41, 50s., 53, 139, 149
Gêngis Kahn 336
Giaccamà 274s., 283, 296
Giamboni, Bono 158
Giles, Herbert Allen 311, 352
Giordano de Pisa 98
Giotto 80

Gnedin, Evgeny 197
Goebbels, Paul Joseph 208, 212s.
Goes, Hugo van der 121
Goethe, Johann Wolfgang von 148s.
Goodyer, Henry 109
Gorbachov, Mikhail 256
Goutte, Etienne 140
Grandpré, Louis-Marie-Joseph, conde de 296
Gray, John Henry 305
Grécia 152, 215, 251, 411
Gregório Magno 73
Grey, George 407
Guaccio, Francesco Maria 127
Guérin, Jean 140
Guerras 202-213
Guerry, André-Michel 152

Halbwachs, Maurice 178, 233
Hamas 369, 376-379, 383s., 394, 399-401, 404s.
Hamburgo 186, 381
Harrington, John 102
Heber, Reginald 426
Hemingway, Ernest 22
Heresia 156-158
Heroísmo 33, 208, 212, 282, 348, 353
Hezbollah 11, 368-370, 376, 378s., 383, 389, 395, 430s.
Hillers, Marta 209
Himmler, Heinrich 207, 213
Hindes, Mary 94
Hipócrates 125
Histeria 128-130
Hitler, Adolf 185, 205, 212s., 233
Hodges, William 272
Holanda 55, 135, 161, 166, 171, 203, 205s., 234

Holbach, Paul Henri Thiry d' 112, 119
Homicídio de si 46, 65, 106, 118, 163
Homicídio e suicídio
  em Zurique 40, 149s.
  juízo moral de Agostinho 60-66
  na Itália 119, 141, 149-152, 168, 182, 202, 217, 234, 238-241
Homicídio
  camada social 168-173
  estatísticas 149-152
  por vingança 158-163
Hommel, Karl Ferdinand 94
Hong Kong 304s., 312
Honra
  concepção de Agostinho 63s.
  concepção do nazismo 211s.
  e vingança 159s.
  na China 341-343
Hsiang, Liu 319
Huangpu, rio 304
Huc, Evariste 305, 353s.
Huet, Pierre-Daniel 92
Hume, David 103s., 109, 111s.
Humores, teoria dos quatro 125-127, 130

Ibn Battuta 264, 272, 283
Idris, Wafa 400s., 405
Iessênin, Sêrguei 249
Iessenismo 249
Igreja Católica
  condenação do suicídio 66, 68s.
  mudança de atitude frente ao suicídio 65-67
Ikkeri 265
Imigração 213-217, 417
Índia
  ataques suicidas 363-365, 378s.
  poligamia 267-270

relações de gênero 294s.
segundas núpcias 294
sistema de castas 282-284
taxa de suicídio 286s.
Indonésia 371, 380
Inglaterra 31s., 34-37, 41, 48, 51s., 56, 66, 80, 93, 99, 115, 117, 119, 123, 131, 140, 149s., 152, 157s., 164-166, 194, 201s., 211, 215, 232, 234-238, 299, 368
Integração social 8-15, 32, 142, 169, 180s., 203, 235, 243, 302s., 416
campos de concentração 198
guerras mundiais 203
Irã 308, 369
Ira 72-75, 77, 85, 98, 173-176, 277
Iraque 369, 371, 374, 379-381
Irlanda 140, 182, 215, 234, 251, 411, 422, 427
Irreversibilidade da decisão de tirar a própria vida 279
Israel 365, 369, 375, 377, 379, 387, 393
Itália 114, 118s., 123, 141, 149-153, 158, 165, 168, 182, 189-191, 202, 217, 228s., 234, 238-242
Iuma, Faiza 405

Jackson, Elisabeth 128
Japão 202, 237, 309, 410, 420, 422-425, 428, 431, 434
Jauhar 279
Jefferson, Thomas 139
Jerônimo, São 64
Jihad 377, 380, 383s., 397, 399-401
definição 395
Jihad islâmico 374, 377-379, 401, 404
João de Salisbury 92

Johnston, Reginald Fleming 311
Jona, Giuseppe 190
Jordânia 371, 380s., 393
José II 140
Judas 78-80, 98
Judeus
durante a República de Weimar 184s.
e o fascismo 190s.
e o nazismo 185-189
Junshi 420, 423s.
Juramentado 397, 415

Kalanta, Romas 255
Kamikaze
camada social de pertença 385s.
desejo de vingança 387
gênero 398-404
idade 385
local de nascimento e morte 381
recrutamento 383
saúde mental 385s.
Kanwar, Roop 261, 301, 363
Karman, doutrina do 291
Kautilya 277
Kautzsky, Benedikt 201
Kennedy, Richard Hartley 264, 297
Keos, Ilha de 104, 248
Khaled, Leila 398
Klinger, Anton 40
Kolkata (Calcutá) 285, 296, 300, 426
Kotzebue, Otto von 407
Ksatriyas 282-284
Kumkum 292
Kuppi 389
Kuwait 381
Kwantung, província de 344

Lafargue, Paul 248
Lácio 151
Lesa-majestade, crimes de 156, 163
Letônia 252
Levi, Primo 195, 197, 199
Líbano 367s., 376s., 379, 381, 393, 396, 430
Lipsius, Justus 102
Lituânia 255
Lodz 184, 190
Londres 34, 36, 39, 41, 94, 105, 107, 128s., 133s., 144, 150, 172, 205, 381, 392
Ltte, cf. Tigres do Tâmil
Luca da Caltanissetta 217
Lucrécia
  juízo de Agostinho 64s., 67-69
  juízo dos canonistas 68s.
  segundo Tito Lívio 63
Luís XIV 37, 92, 157, 194
Lutero, Martinho 33, 67, 80, 102, 117

Macaulay, Thomas Babington 300
Macróbio 60, 88
Madras 285, 363
Malabar (Kerala) 285
Malinowski, Bronislaw Kaspar 409, 416
Manchus 336s.
Mandelstam (Jakovlevna Chazin), Nadezda 195, 251
Mandelstam, Ossip 251
Manu, leis de 285
Manucci, Nicolò 266
Mao Tsé-Tung 304, 315-318
Maria Madalena 78
Marrocos 370, 380s.
Martauschin, Johanna 94

Mártires
  cristãos 69s., 414
  islâmicos 393-397
Marx, Karl 31
Marx, Laura 248
Matako 410
Matignon, Jean-Jacques 305
Mauss, Marcel 156
Medhatithi 285
Medicalização do suicídio 179, 243-245, 425
Mehaydali, Sana'a 398
Mehring, Franz 248
Melancolia 123-130
Mêncio 320
Menelau 411
Mercier, Louis-Sébastien 39, 131
Mercuriale, Girolamo 123
Milão 240
Monges budistas 293, 320
Montagu, Mary Wortley, *lady* 36
Montaigne, Michel de 33, 103-105, 108, 116, 118, 146, 248
Montesquieu, Charles-Louis de Secondat de 35, 49, 103s., 107, 109-111, 143
Montini, Giovanni Battista 210
Monumentos comemorativos do *sati* 284
  para as noivas fiéis na China 334
More, Thomas 103s.
Morrison, George Ernest 305, 352
Morselli, Enrico 31s., 153, 168, 180
Mosca, Gaetano 396
Mounda (cabeça raspada) 293
Moros 397
Mumbai (Bombaim) 191, 285, 300
Mutinot, Achille 45

Napier, Richard 99, 145
Napoleão Bonaparte 92

Negapatan 265
Nepal 264
Netwar 381
Nigéria 393
Niyoga 294
Nogi, Maresuke 424
Noivas fiéis 12, 332-335
    atos de desfiguramento do corpo 335
    casamento "em espírito" 332
    prêmios honoríficos 334
Non compos mentis 132s.
Nova York 184, 215, 217
Nuremberg 57, 93, 96

Ocalan, Abdullah 369s.
Ofhuys, Gaspar 120, 122
Oka 428
Onesícrito 281

Palach, Jan 11, 254
Palatine, Elizabeth Charlotte, princesa 37
Panamá, Canal do 305
Pandit 298, 300
Paquistão 371, 381
Paris 38-41, 56, 80, 130, 137, 392
Pastoret, Claude-Emmanuel de 100
Pativrata 291
Paulo III 99
Paulus, Friedrich 212
Pedro Leopoldo, grão-duque da Toscana 139
Penas para a tentativa de suicídio 50
Penas para o suicídio
    confisco dos bens 52
    damnatio memoriae 46
    em Módena 49
    enforcamento 49
    estrangulamento 49
    Montesquieu 49
    na Espanha 49
    na Inglaterra 48
    no Piemonte 49
    sepultura asinina 56
Pensilvânia 138
Pequim 306
Perkins, William 127
Persdotter, Barbro 95
Peru 306
Pétion de Villeneuve, Jéréme 40
Petrarca 92
Pigafetta, Antonio 267
Pim, Bedford 306
Pitágoras 88
PKK 369, 379, 385, 399, 402
Plínio o Velho 246
Poligamia 267-270
Polônia 190, 202
Porfirio 60
Portugal 182, 194
Potsdam 137
Prabhakaran, Velupillai 364, 383, 390
Prayag 278s.
Prévost, Antoine François 34, 119
Primeira Guerra Mundial 151
Prosdoce 62
Prússia 96, 168, 184, 186, 209s.
Pumpelly, Raphael 305
Punjab 285

Quang Duc, Thich 254, 415, 429

Radicati, Alberto, conde de Passerano 104, 107, 110, 112, 144
Rajastão 261, 271, 283, 285

Rajput 280, 283
Raleigh, Walter 143
Ravage 51, 53, 90
Reagan, Ronald 368
Regulamentação social 8-14, 16, 19, 32, 142, 179, 303, 414-417
Religião
  catolicismo 180-183
  hinduísmo 269, 278, 284, 289-292, 298-301, 363s., 390, 393, 402
  islamismo 69-72, 378-380, 391s., 395-398
  judaísmo 183-191
  protestantismo 180-183
República Democrática Alemã 255
Revolução Francesa 147
Riad 382
Ricci, Matteo 14s., 305, 351, 353
Rinnen, uso 56
Robeck, Johann 103
Robespierre, Maximilien de 140
Roland de la Platiére, Jean-Marie 40
Roma 148s., 166, 240, 398
  antiga 60, 105, 117, 411
Romance cortês 113
Ross, Edward Alsworth 311, 329
Rossi, Ernesto 190
Rügen 45
Rússia 11, 34, 48, 50, 57, 67, 86, 88, 141, 179, 247, 252-254, 257, 284, 417
  crenças sobre as consequências dos suicídios 86
  movimento dos "Velhos Crentes" 34
  suicídios coletivos 34

Sacerdoti, Giuseppe 191
Sahagamana 263, 281, 283
Sahamarana 263
Saigon 11, 254, 415, 429
Saint-Simon, Louis de Rouvroy de 38
Salafismo 395
Sannyasin 278s.
Sansão 62s., 106, 431
Sanscritização, processo de 284
São Petersburgo 247
Sati (ou *suttee* ou *sutty*)
  abolição 299-301
  difusão 285s.
  estatísticas 285
  fosso 265, 267
  fratura do crânio 270
  livre-escolha ou coerção 271-276
  nas várias castas 282-284
  origem 282s.
  papel dos brâmanes 276
  pira 266
  poderes sobrenaturais 261, 266
  proibição de holandeses, franceses, dinamarqueses e muçulmanos 297
  rito fúnebre 265, 270
  rito nupcial 263, 270
Sati Mata 261
Savage, George Henry 14, 415
Schleswig-Holstein 96, 137
Segunda Guerra Mundial 202-213
Sêneca, Lúcio Aneu 17
Seppuku 420, 422
Sepultura, formas
  asinina ou canina 56
  em silêncio 57
  em solo consagrado 55, 57
Serotonina 24, 244
Serpillon, François 157
Sévigné, Marie, madame de 37s.

Shakespeare, William 116, 118
Shinpu 428
Shudra 282-284
Sima Qian 320
Símbolos
   coco 265s., 270s.
   cores 266
   espelho 265s., 270s.
   flecha de bambu 271
   limão 265, 270
   lua 284
   sol 284
   suástica 284
   vassoura na mão do suicida 355
Singapura 309, 312
Sipaios 300
Síria 369, 381, 396
Smith, Arthur 358
Soljenítsin, Aleksandr 195s., 200
Speer, Albert 212
Spenser, Edmund 80s., 118
Sri Lanka 309, 364, 367-369, 375, 379, 389s.
   mavirar 389, 402
   tahtkodai 367, 389
   Tâmil 367
   taxa de suicídio 393
   thatkolai 367, 389
Staël, madame de 35, 103
Stalin, Josif (Josef Vissarionovitch Djougachvili) 250s., 258
Starace, Achille 189
Stavorinus 272
Stendhal (Henri Beyle) 39
Suécia 11, 32, 40s., 50, 56s., 93, 96, 140, 194, 202, 215, 225, 237
Suíça 11, 32, 57, 152, 201-203, 236s.

Suicídio indireto
   leis contra 96s.
   na Ásia 397
   na Europa nos séculos XVII e XVIII 92-97
Suicídio
   agressivo 15, 62, 349-357, 415s., 422s.
   altruísta, segundo Durkheim 8-12, 413
   altruísta, segundo Savage 13s., 415
   anômico 8s.
   após a morte do marido 261-301
   após a morte do noivo 331-333
   assistido 179
   camada social 39, 422
   cena 17, 344
   classificação etiológica 13, 408, 414
   coletivo ou de grupo 337s., 357s.
   com jejum 104, 331, 427
   como "morte bela" 327
   como arma de luta 15s., 19, 22, 62, 415, 426, 430
   componente hereditário 22
   concepção hidráulica 155
   contra os casamentos arranjados 344s.
   crime gravíssimo 47
   diante ou dentro da casa do responsável 343
   egoísta, segundo Durkheim 8s., 11, 13-15, 407, 415
   egoísta, segundo Savage 13s.
   emoções 17
   entre afro-americanos 220-224
   escravos 88-92, 218-221
   estado civil 417, 421
   estatísticas 9s., 39-42, 96, 149-152, 182-191, 195, 202-204, 211, 218, 222, 225, 235-245, 251-254, 256s.,

285s., 304-309, 340, 371s., 377s.,
  391-394, 433-441
fatalista 13
fatores políticos 18
fatores psiquiátricos 415
gênero e 41s., 188, 224-229, 252-254,
  286, 307-312, 314s., 398-405, 421
idade e 42s., 242, 309s.
imigrações e 213-217
intenções 13s.
interpretação das causas 17, 350s.
interpretação dos efeitos 17, 342s.
métodos 17, 213s., 216, 226, 229
orientação sexual e 229-233, 422
para defender a castidade 338, 421s.
para evitar a decapitação 320
pecado gravíssimo 77, 143, 279
por amor 114
por honra 320s., 328
por lealdade ao soberano 338
por vingança 14, 18, 60, 91, 280, 345,
  350-357, 410-412, 422, 424s.
processo contra o cadáver 45s.
repertório das formas 16, 18, 59-61,
  277-281, 319-321, 389-396
ritos precedentes 17, 263-266,
  278-280, 329-333, 338
ritos subsequentes 17, 44-47, 50-52,
  54-57, 277, 334, 390, 393-395
taxa 8, 10s., 14, 16, 22, 25s., 36, 40-43,
  96, 149, 151, 153, 168, 170, 178-189,
  194, 197-199, 200-204, 214-217,
  221-223, 225, 233-242, 247,
  250-257, 286s., 302-304, 306-312,
  314s., 417, 419-425, 433-441
tipologias 13-15, 410, 414

tumores 223, 245s.
zonas urbanas e rurais 310-312
Sym, John 13, 80, 418

Tafkir 395
Tafur Pero 288
Tahly 292
Taiwan 306, 309, 311s.
Tanutyaga (ou *dehatyaga*) 277
Tanzhou (agora Changsha) 336
Tasso, Torquato 115
Tat'ai 330s., 333, 373
  anúncio da cerimônia 330
  rito 330s., 333
Tavernier, Jean-Baptiste 267, 273
Tchetchenos 370, 373, 379, 381, 385, 402s.
Teatro elisabetano 115, 117
Temple, William 129
Tentativas de suicídio 226
Territórios palestinos 369, 393
Thlinkets 410
Tigres do Tâmil (Ltte) 364, 368, 378s.,
  383, 385, 389, 402
  assassinato de líderes políticos 369
  kuppi 389
  Tigres negros do Tâmil 375
Tikopia, Ilha de 408
Tomás de Aquino 66
Toscana 151, 160
Tristeza 17s., 72-78, 98, 124s., 173
Trobriandesas, Ilhas 409, 415
Troscad 411, 427s.
Turquia 308, 369, 379s.
  ataques suicidas 369
Twain, Mark 419

Ucrânia 252
Úmbria 151

Umma 395
Usbek 107, 109

Vaishya 282-284
Varsóvia 184
Vasanthan, Vallipuram (Capitão Miller) 369
Vassen, Padre Tomás 119
Vatel, François 37s.
Velickin, Vladimir Ivanovitch 249
Veneza 51, 86, 119, 171, 190s.
Viena 58, 184, 189, 209, 238s.
Vietnã 11, 415, 429s.
Villon, François 99
Vincenzo Maria de Santa Caterina da Siena 263
Vingança
   homicídio por 158, 163
   suicídio por 13s., 18, 60, 91s., 280, 345, 350-358, 410s., 422, 424s.
Virgílio Marrão, Públio 113
Viuvez
   condição na China 327-329
   condição na Índia 288-295
   crenças na Índia sobre sua origem 289
   passagem na Índia à 292-294

Voltaire (François-Marie Arouet) 35, 104, 107, 119, 130, 143, 298, 300
Vouglans, Muyart de 157

Wagner, Adolph 180
Wallington, Nehemiah 99
Warburton, William 103
Willis, Thomas 129s.
Wolf, Margery 350
Woolf, Leonard 205
Woolf, Virginia 21, 205
Wu-chieh, Chao 315-318
Wullf, Paul 93

Xangai 304s.

Yassin, Ahmed 369, 400, 404

Zalesk, Zoja 250
Zimmermann, Jacob 36
Zucchelli, Antonio 218
Zurique 40, 51, 56, 149, 159, 433
Zweig, Stefan 205

Índice geral

Sumário, 5

Introdução, 7

    1 Integração e regulamentação social, 8

    2 Conceitos e dados, 9

    3 Duas mudanças imprevistas, 10

    4 Tipologias dos suicídios, 13

    5 Uma pluralidade de causas, 15

    6 Plano do livro, 24

I – No Ocidente, 29

1 O pecado e o delito mais grave, 31

    1.1 O aumento dos suicídios, "fato dolorosíssimo", 31

    1.2 O início do aumento, 33

    1.3 As causas do crescimento, 43

    1.4 Reações do passado, 44

    1.5 As penas contra quem se matava ou tentava fazê-lo, 47

    1.6 A sepultura desonrosa, 54

    1.7 A formação da ética cristã em relação à morte voluntária, 59

    1.8 Castidade, estupro e adultério, 67

    1.9 Árabes, cristãos e mártires, 69

    1.10 As crenças cristãs sobre as causas do suicídio, 72

    1.11 Desespero e o cavaleiro da Cruz Vermelha, 81

    1.12 Crenças pré-cristãs sobre as consequências do suicídio, 85

1.13 O suicídio com roubo e como deserção, 88

1.14 Um delito "novo, quase inacreditável", 92

1.15 Controles internos e externos, 97

2 A chave da nossa prisão, 101

    2.1 A licitude do suicídio, 102

    2.2 Mudanças de sensibilidade na literatura, 113

    2.3 Um nome novo para um ato velho, 118

    2.4 Causas naturais e sobrenaturais, 119

    2.5 Melancolia, hipocondria e histeria, 123

    2.6 A descriminalização de fato, 130

    2.7 A descriminalização de direito, 138

    2.8 A liberdade de tirar a própria vida, 142

3 Matar a Deus, a si mesmo e aos outros, 148

    3.1 Dois andamentos opostos, 149

    3.2 Uma correnteza de água e dois canais, 152

    3.3 Delitos públicos e privados, 155

    3.4 As causas das mudanças, 163

    3.5 Liderando a mudança, 168

    3.6 Desespero, ira, ódio, 173

4 Se a miséria não protege, 178

    4.1 O que resta da "única lei" da sociologia, 180

    4.2 Quando os judeus perderam o "antigo privilégio", 183

    4.3 Os efeitos do nazismo e do fascismo, 185

    4.4 Campos de concentração e prisões, 192

    4.5 As grandes guerras, 202

4.6 Imigrações, 213

4.7 Uma "coisa de brancos", 217

4.8 Uma questão um pouco menos masculina, 224

4.9 Orientações sexuais, 229

4.10 Depressões econômicas e crises felizes, 233

4.11 As consequências imprevistas da passagem para o gás natural, 234

4.12 A inversão de tendência na Europa Centro-setentrional, 237

4.13 A medicalização do suicídio e os seus efeitos, 243

4.14 O tratamento da dor e de outras doenças, 245

4.15 O forte aumento na Europa Oriental, 247

II – No Oriente, 259

5 Antes de enviuvar, 261

5.1 *Sati*, 262

5.2 O rito, 263

5.3 Os efeitos da poligamia, 267

5.4 Cerimônias fúnebres e nupciais, 270

5.5 Por amor ou a força, 271

5.6 Suicídios condenados e admirados, 277

5.7 Origem e difusão do uso do *sati*, 281

5.8 *Sati* ou viúva, 287

5.9 Conflitos de culturas, 295

6 Para fazer tremer os poderosos, 302

6.1 O passado, 304

6.2 Peculiaridades chinesas, 307

6.3 Continuidade e mudanças, 310

6.4 Os idosos e a devoção filial, 312

6.5 O suicídio das mulheres chinesas, 314

6.6 Mao Tsé-Tung e o paradigma de 4 de Maio, 315

6.7 O repertório cultural dos suicídios, 319

6.8 O Estado e as condecorações aos virtuosos, 321

6.9 Após a morte do marido, 324

6.10 Diferenças em relação ao *sati*, 328

6.11 Após a morte do noivo, 332

6.12 Para não se submeter aos inimigos, 336

6.13 Após os molestamentos e as violências sexuais, 339

6.14 Contra os casamentos arranjados, 344

6.15 A origem das mudanças, 346

6.16 Contra si e contra os outros, 349

6.17 O suicídio feminino na última década, 358

7 O corpo como bomba, 363

7.1 Ataques suicidas e terrorismo, 365

7.2 O fenômeno moderno das missões suicidas, 367

7.3 A racionalidade dos atores fracos, 372

7.4 Nacionalismo e diferenças religiosas, 377

7.5 A globalização das missões suicidas, 379

7.6 O ciberespaço, 382

7.7 Tornar-se *kamikaze*, 385

7.8 Por uma causa nobre, 388

7.9 Um exército de rosas, 398

Conclusões, 407

Apêndice – As estatísticas sobre o suicídio, 433

Notas, 443

Introdução, 443

    Capítulo 1, 446

    Capítulo 2, 452

    Capítulo 3, 455

    Capítulo 4, 458

    Capítulo 5, 464

    Capítulo 6, 468

    Capítulo 7, 472

    Conclusões, 474

    Apêndice, 476

Referências, 477

Índice analítico, 531

EDITORA VOZES
Editorial

CULTURAL
Administração
Antropologia
Biografias
Comunicação
Dinâmicas e Jogos
Ecologia e Meio Ambiente
Educação e Pedagogia
Filosofia
História
Letras e Literatura
Obras de referência
Política
Psicologia
Saúde e Nutrição
Serviço Social e Trabalho
Sociologia

CATEQUÉTICO PASTORAL

Catequese
Geral
Crisma
Primeira Eucaristia

Pastoral
Geral
Sacramental
Familiar
Social
Ensino Religioso Escolar

TEOLÓGICO ESPIRITUAL
Biografias
Devocionários
Espiritualidade e Mística
Espiritualidade Mariana
Franciscanismo
Autoconhecimento
Liturgia
Obras de referência
Sagrada Escritura e Livros Apócrifos

Teologia
Bíblica
Histórica
Prática
Sistemática

VOZES NOBILIS
Uma linha editorial especial, com importantes autores, alto valor agregado e qualidade superior.

REVISTAS
Concilium
Estudos Bíblicos
Grande Sinal
REB (Revista Eclesiástica Brasileira)

VOZES DE BOLSO
Obras clássicas de Ciências Humanas em formato de bolso.

PRODUTOS SAZONAIS
Folhinha do Sagrado Coração de Jesus
Calendário de mesa do Sagrado Coração de Jesus
Agenda do Sagrado Coração de Jesus
Almanaque Santo Antônio
Agendinha
Diário Vozes
Meditações para o dia a dia
Encontro diário com Deus
Guia Litúrgico

CADASTRE-SE
www.vozes.com.br

EDITORA VOZES LTDA.
Rua Frei Luís, 100 – Centro – Cep 25689-900 – Petrópolis, RJ
Tel.: (24) 2233-9000 – Fax: (24) 2231-4676 – E-mail: vendas@vozes.com.br

UNIDADES NO BRASIL: Belo Horizonte, MG – Brasília, DF – Campinas, SP – Cuiabá, MT
Curitiba, PR – Fortaleza, CE – Goiânia, GO – Juiz de Fora, MG
Manaus, AM – Petrópolis, RJ – Porto Alegre, RS – Recife, PE – Rio de Janeiro, RJ
Salvador, BA – São Paulo, SP